판문점 체제의 기원

판문점 체제의 기원 : 한국전쟁과 자유주의 평화 기획

1판1쇄 | 2015년 3월 23일
1판2쇄 | 2015년 6월 30일

지은이 | 김학재

펴낸이 | 정민용
편집장 | 안중철
책임편집 | 정민용
편집 | 윤상훈, 이진실, 최미정, 장윤미(영업)

펴낸 곳 | 후마니타스(주)
등록 | 2002년 2월 19일 제300-2003-108호
주소 | 서울 마포구 양화로 6길 19(서교동) 3층
전화 | 편집_02.739.9929 제작·영업_02.722.9960 팩스_0505.333.9960
홈페이지 | www.humanitasbook.co.kr

인쇄 | 천일_031.955.8083 제본 | 일진_031.908.1407

값 27,000원

ⓒ 김학재 2015
ISBN 978-89-6437-226-5 93340

이 도서의 국립중앙도서관 출판시도서목록(CIP)은 e-CIP 홈페이지(http://www.nl.go.kr/ecip)에서
이용하실 수 있습니다.(CIP제어번호: CIP2015007811)

한국전쟁과 자유주의 평화기획

판문점
체제의
기원

김학재 지음

후마니타스

| 일러두기 |

1. 본서는 필자의 박사 학위논문 "한국전쟁과 자유주의 평화기획"(서울대학교, 2013)을 수정, 보완한 것이다.
2. 주석은 본문상의 개념 중에 추가 설명이 필요한 경우를 제외하고 모두 후주로 처리했다.
3. 한글 전용 원칙에 따라 주요 개념어와 명칭들은 처음에만 원어 병기를 했다.
4. 국호의 경우 과거의 명칭을 처음에만 병기하고 현재의 명칭을 사용했다. 한국의 경우 글의 맥락상 의미의 혼란이 없는 경우에 대체로 '한국'을 사용했고, 지정학적 위치와 남북한 전체를 아우르는 의미일 때 '한반도'를 사용했다. 상호간 협상이나 토론이 진행되는 경우에 한해 혼란을 피하기 위해 '남한' 혹은 '남한 정부'와 '북한' 명칭을 구분해 사용했다.

추천사

•••

국제관계의 사회이론을 논하는 사람들은 많다. 그러나 한반도와 동아시아
의 평화를 고민하면서 에밀 뒤르켐을 생각하는 학자를 과연 본 적이 있는
가? 이 책은 세계 냉전의 역사와 한반도의 분단 체제를 진정한 의미에서 이
론화하려는 훌륭한 시도이다.

_권헌익(영국 케임브리지 대학교 트리니티 칼리지 석좌교수)

•••

참신한 분석과 새로운 시야를 열어 주는 책을 마주하는 일은 언제나 즐겁
다. 이론과 현실 분석, 국제정치학과 사회학을 함께 아울러 한반도의 전쟁
과 분단 현실을 설명하는 이 책은 기존의 모든 분석을 빛바랜 것으로 만들
어 버리고, 우리에게 새로운 인식의 지평을 열어 준다. 저자는 1950년 6·25
직후 유엔의 개입에서 1953년 7월 휴전 협정까지의 한반도와 판문점이라
는 특정 지역에서의 전쟁, 갈등, 협상 과정을 주로 분석하면서 기존의 냉전
인식론, 미국 주도의 자유주의 평화론과 수많은 국제정치학 분석의 한계를
들추어냄과 동시에 한반도와 동아시아에서의 진정한 평화를 위해 사회적
연대와 평등, 정의의 수립이 반드시 필요하다고 강조한다.

_김동춘(성공회대학교 교수)

●●●

『판문점 체제의 기원』은 하나의 지적 경이로 다가온다. 시야의 넓이, 이론의 수준, 문제의식의 깊이는 새롭고 놀랍다. 현실은 인간의 사유와 철학, 이론과 대안의 수준을 넘어서 창조될 수 없다. 사유의 깊이와 문명의 수준은 비례한다. 오늘의 고통스런 한국적 삶은 한국 사회와 한국 문제에 대한 불철저한 사유와 낮은 학문의 산물이라 해도 틀린 말이 아니다. 특히 냉전과 독재와 이념의 틀에 갇혀 있던 평화의 건설과 구축 문제에서 그러하다. '평화의 기원'이라는 발본적인 발상의 전환을 통해 이 책이 도달한 최고 수준의 성취는 전쟁으로 고통 받아 온 우리가 오래 기다려 온 평화 대안과 평화 경로의 시원과 출발을 가장 보편적이고도 구체적으로 사유할 수 있는 지평을 열어 준다. 한국전쟁을 세계와 평화의 관점에서 포착해 낸 한 연구자의 장인적 탁월성을 통해 우리 사회는 오랫동안 닫히고 막혀 왔던 지식과 사유의 전환 문턱을 비로소 열어 제치게 되었다. 그리하여 이제 한국전쟁 연구는 사례연구에서 보편 주제로, 한국학에서 세계학으로, 전쟁학에서 평화학으로 상승하고 도약하게 되었다.

_박명림(연세대학교 교수)

●●●

필자의 연구는 한국전쟁과 전쟁의 평화적 종식이 결국 자유주의적 국제주의의 실패로 귀결되는 과정에 대한 예리한 통찰이다. 이 책은 한국전쟁을 동아시아라는 지역적 맥락에 확고히 위치지우면서도, 판문점 평화 체제의 계보를 1815년 비엔나 협약 이래 전개된 국제법적 논쟁들과의 깊은 연관을 통해 흥미롭게 보여주고 있다. 결과적으로 이 책은 오늘날까지 우리에게 그 영향을 미치고 있는 한국전쟁에 대한 매우 새롭고 고무적인 글로벌한 관점을 제공해 준다.

_세바스찬 콘라드(Sebastian Conrad, 베를린자유대학교 교수)

• • •

『판문점 체제의 기원』은 한국전쟁 연구에 있어 패러다임적 전환을 가져오는 학문적 대사건으로 평가될 수 있다. 오늘날 지난 시대의 냉전적 적대 관계가 악화되고 있는 한반도에서 평화를 제도화하고 이를 안정적으로 관리하는 노력만큼 중요한 일은 없다. 그동안 한국 사회에서 평화의 가치를 실현하는 데 지속적으로 실패해 왔던 이유는 정치적·외교적 실패가 아니라 한국전쟁을 원천으로 하는 남북한 간 적대 관계를 평화의 시각에서 이해할 수 있는 이론의 부재에 기인하는 바 크다. 민주화와 탈냉전이라는 환경에 힘입어 나타났던 한국 현대사와 한국전쟁 연구가 민주화 이후 한국 학계에서 사실상 사라졌다는 것은 커다란 아이러니이다. 그 이후 오랫동안 우리는 '냉전의 인식론'이라고 부르는 깊은 지적 자폐증의 심연 속으로 빠져들었다. 김학재 박사는 '전쟁의 기원'에 초점을 두면서 한국전쟁 연구에 집중했던 1세대 연구자들의 역할이 사실상 끝난 이후 '평화의 기원'이라는 새로운 문제의식과 더불어 2세대 연구를 여는 개척자로서 우리 앞에 나타났다. 평자가 놀랍게 느끼는 것은, 자료의 새로운 발굴과 그에 대한 해석보다 한국 사회의 척박한 지적 풍토에서 어떻게 문제를 새롭게 볼 수 있는 이론을 구성할 수 있었는가 하는 점이다.

_최장집(고려대학교 명예교수)

들어가는 글

이 책은 사실 한국전쟁 포로에 대한 관심에서 시작되었다. 한국전쟁 당시 19만 명의 포로들이 수용된 거제도 포로수용소에서는 수많은 폭력과 갈등이 발생했다. 포로들이 수용소 내부에서 대대적인 폭력을 경험하는 것도 드문 일이지만, 전쟁 포로들이 수용소 당국에 조직적으로 대항하는 것도 전쟁사에 유례가 없는 일이었다.

이 갈등의 진실과 원인에 대해 더 공부할수록 한국전쟁 시기 포로수용소는 마치 해방 이후 내전과 분단으로 치달은 당시 한국 사회의 모습이 집약된 축소판 같다는 생각을 하게 되었다. 최인훈의 『광장』에서부터 하진의 『전쟁 쓰레기』 등 여러 주요 문학작품들이 한국전쟁 포로들을 주제로 했던 것은 단지 우연이 아니었다.

그런데 포로 문제에 대해 알아 갈수록 매우 괴로운 장면들을 대면해야 했다. 워싱턴의 국립 아카이브를 방문해 주로 포로수용소에 대한 자료들을 수집했는데, 미군이 직접 기록한 자료들은 수용소 내부에서 적대적인 조직들이 암살과 배신, 세뇌와 선전 활동에 개입하는 등 냉전 시기 발생할 수 있는 모든 권력투쟁의 모습이 존재했음을 보여 주었다. 이 아비 규환의 갈등에 대해 어떤 판단을 내리고, 이념 전장의 폐허로부터 어떤 의미를 건져 올릴 수 있을지 막막했다.

냉전 이념 대립의 어느 한쪽을 선택하는 것이 아니라 그보다 상위의, 혹은 좀 더 근본적이고 보편적인 판단의 잣대가 필요했다. 자연스럽게 국제법들에 대한 관심을 갖게 되었다. 처음에는 포로 보호에 관한 제네바 협약 같은 국제법의 기능이 너무나 미약하다고 생각해서 큰 관심을 기울이지 않았다. 그러나 점차 포로에 대한 해외의 많은 연구들이 제네바 협약에 대해 논의하고 있다는 것, 특히 9·11 이후 관타나모에 억류된 테러 용의자들의 법적 지위에 대한 논의들이 한국전쟁 포로들의 경우와 유사한 문제를 다루고 있다는 것을 확인하게 되었다. 조르지오 아감벤Giorgio Agamben이 카를 슈미트Carl Schmitt의 개념을 재해석해 강조한 '예외 상태' 개념 등이 대표적이다.

전쟁과 평화에 대한 국제법의 역사 전체로 관심이 확대된 것은 우연한 계기 때문이었다. 2011년부터 베를린자유대학교의 프리드리히 마이네케 연구소에서 세바스찬 콘라드 교수가 주관하는 지구사Global History 연구 프로젝트 연구원으로 합류하게 되었는데, 2년간 워크숍, 콜로키엄, 연구 지원 등을 통해 큰 지적 충격을 받았다. 어떻게 보면 필자의 박사논문은 한국에서 가져온 문제의식에 기반해, 독일에서 접한 수많은 연구들에서 받은 지적 충격에 반응한 결과물이 아닐까 싶다.

먼저 지구사라는 역사학의 새 지평은 늘 비교적 관점에서 역사적 사건을 볼 뿐만 아니라, 그것이 서로 어떻게 연결되어 있는지를 주목할 수 있도록 지적 토양을 제공해 주었다. 예컨대 제2차 세계대전 이후 동유럽 지역에서 스탈린Joseph Stalin이 취한 포로 송환 정책을 이해하지 않고서는, 유럽의 20세기사와 대화하기 어려웠고, 한국전쟁 시기 미국의 '자원 송환 정책'이 왜 특이한지도 설득력 있게 논할 수 없었다. 턱없이 큰 보편 이론과 작은 사례를 무리하게 직접 연결시킬 수 없었고, 한 사례를 아무리 구체적으로 밀도 있게 다룬다고 해도 문제의식이 보편적 맥락과 연결되어 있지 않으면 대화가 어려웠다. 수많은 비교 사례라는 거울들을 통해 내 관심사를 비춰 볼 필요가 있었다.

자연스럽게, 한국전쟁을 종식시킨 군사 정전 체제인 '판문점 체제'가 유럽의 베스트팔렌 체제, 베르사유 체제, 유엔 체제와 어떻게 다르고 어떻게 연결되어 있는지를 설명해야 했다. '판문점 체제'를 좀 더 입체적이고 정확하게 이해하기 위해, 거제도 포로수용소에서 출발한 관심이 제네바와 파리, 베를린과 샌프란시스코, 반둥과 연결되기 시작했다.

국제법을 현실과 괴리된 것으로 여겼던 인식도 국제법에 대한 풍부한 학술적 논의들과 제도를 직접 체험하며 변하기 시작했다. 논문을 쓰는 중에 파리에서 열린 전쟁 포로 관련 국제 학회에 참석해 유럽의 여러 전문가들을 만날 수 있었다. 제1, 2차 세계대전 시기 포로, 이라크 전쟁 포로와 관타나모 수용소 문제까지 역사와 현재를 아우르고 학술과 실천을 종합한 수많은 논의가 있었다.

더구나 이 학회에 참석한 국제기구 아카이브 담당자들과의 인연으로, 이후 제네바 국제적십자 아카이브를 방문했다. 전 세계에서 발생한 수많은 전쟁들에 대한 자료들이 제네바에 수집되어 있다는 사실 자체가 매우 인상적이었다. 또한 제네바에 즐비한 수많은 국제기구들을 보면서, 한국 사회에 부재하고 따라서 절실하게 필요한 것이 무엇인지 생각하게 되었다. 이런 배경에서, 한국전쟁 전개 과정을 국제법 역사의 한 사례로 분석해 보려는 충동이 생겨났다. 실제로 이 연구의 뼈대를 이룬 것은 국제법적 쟁점과 논쟁을 기준으로, 한국전쟁 시기별 쟁점들과 논쟁의 구조 및 패턴을 선별하는 작업이었다.

국제법에 대한 관심은 자연스럽게 전쟁 예방이나 갈등 해소를 지향하는 평화와 인도주의적 관점으로 나아가게 되었다. 반면 냉전에 대한 기존의 해석들이 늘 전쟁에 대한 정념에 사로잡힌 것은 아니었나 하는 생각을 하게 되었다. 기존 냉전 연구의 전쟁 지향적 관점을 극복하고, 냉전사를 20세기 평화사의 관점에서 재검토할 필요가 있겠다는 생각을 하게 된 것이다. 만일 평화에 관한 국제법의 발전사를 고려한다면, 냉전은 어떻게 이해해야 할지 의문이 생겨났다.

기존의 냉전 연구들을 재검토할 때, 우선 전 세계 냉전의 전개 속에서 동아시아의 문제가 무엇인지 생각할 필요가 있었다. 유럽에 '독일 문제'가 있듯이, 동아시아에서 '한국 문제' 그리고 '일본 문제'가 있었다. 그런데 한국에 대한 기존 냉전 연구들이 동아시아 연구라는 미국 지역학 분과의 작은 한 분야로 특화된 것이어서, 더 큰 맥락의 연구들과 잘 연결되지 않았던 것은 아닌가 하는 의문이 들었다.

뿐만 아니라 기존 냉전 연구의 주요 패러다임들이 미국 국제관계학의 이론적 관점들에 영향을 받아 왔음을 알게 되었다. 특히 '현실주의'로 대표되는 냉전의 인식틀 자체를 벗어나지 못하면 '한국전쟁'에 대한 인식 역시 늘 제자리에 머물 것이라는 확신을 하게 되었다.

반대로 기존의 '현실주의'를 비판하며 여러 국제기구와 제도들에 주목하는 '자유주의 평화론'에도 동의하기 어려웠다. 자유주의 국가들끼리는 전쟁을 하지 않는다는 단순한 논리가 진지한 학술적 토론으로 이어지고, 유엔이 현재 시도하고 있는 평화 유지, 평화 구축 기획들의 지적 자원이 되고 있었다. 한국전쟁의 사례를 검토함으로써 이 학술적 논의에 응답할 필요가 있다는 생각을 하게 되었다.

이렇게 현실주의와 자유주의적 접근법의 한계를 대면하고 대안을 모색하면서, 이 관점들 사이의 논쟁들이 대체로 카를 슈미트와 한스 켈젠

Hans Kellsen 사이의 결단주의, 실증주의에 관한 법철학적 논쟁에 뿌리를 내리고 있다는 점을 알게 되었다. 결국 냉전적 해석의 틀에서는 한국전쟁을 단지 한반도라는 전장에서 발생한 군사적 충돌로 바라보았지만, 평화와 국제법에 주목하려는 시도는, 한국전쟁을 국제법의 지성사가 다뤄야 할 중요한 역사적 사건으로 재해석해야 한다는 생각에 도달했다.

학위를 마치고 책 출간을 준비하는 과정에서는 좀 더 경험주의적인 경향의 제도주의 연구들을 접할 기회가 있었다. 베를린자유대학교 동아시아 대학원의 박사후 전임연구원으로 일하며, 독일 역사주의에 철학적 기반을 두고 있는 제도주의 연구와 '다양한 자본주의론'을 접하게 된 것이다. 이후 특정한 이념과 제도로서의 전쟁과 평화에도 역사적으로 '다양한 유형들'이 있을 수 있다는 생각을 하게 되었다. 결국엔 현실주의와 자유주의적 접근을 넘어서 '사회적 평화' 개념을 전개한 뒤르켐적 사상을 대안적인 평화의 철학과 원칙으로 삼아야 한다는 결론에 이르게 되었다.

책의 초고가 완성된 이후인 작년 10월 헬싱키에서 열린 국제법 역사 관련 학회에 참석하였다. 독일·프랑스·영국·미국을 아우르는 국제법의 지성사를 집필한 마티 코스케니미Martti Koskenniemi 교수가 조직한 모임이었다. 그는 이 책 작업의 이야기를 듣고 반가워하며 전반적 내용과 방향에 대해 기대와 지지를 표명해 주었다. 한국 사회를 포함한 아시아와 국제법의 관계에 대한 지구사, 평화의 지성사에 대한 연구 분야를 열어가는 데 조금의 기여를 할 수 있다면 더없이 기쁠 것이다.

이 책은 결국 여러 평화의 이념형들을 통해 볼 때, 한국전쟁에는 어떤 평화 기획들이 도입되고 어떤 유산을 남겼는가에 대한 한 가지 해석이다. 무엇보다 '판문점 체제'가 얼마나 불완전하고 낮은 지위의 군사적 평화에 불과한지, 그리고 무엇이 이런 한계를 초래했는지를 역사적으로 평가해 보려 했다.

이는 비록 한국 사회가 겪은 역사적 사건에 대한 한 가지 해석에 불과하지만, 기존의 닫힌 해석틀 속에서 정해진 정답 찾기에 골몰하는 지적 타성에서 벗어나려는 시도였음을 언급하고 싶다. 평화에 관한 사상과 국제법의 역사에 대한 폭 넓은 조망들에 기반해, 앞으로 한반도에 도래할 영구 평화를 구축하기 위한 수많은 정치적 상상력들이 촉발되기를 소망한다.

2015년 3월 베를린에서

김학재

● ● ●

지구사 프로젝트와 동아시아 대학원 연구원으로 재직한 시간은 수많은 분야의 전문가들로부터 다양한 지적 자극을 받고, 아울러 연구에만 전념할 수 있는 특혜를 누렸던 시간들이었다. 그동안 도움을 주신 모든 분들께 감사드린다.

제1부

판문점 체제와
20세기
자유주의 평화 기획

1

아시아의 '패러독스'와
판문점 체제

1. 판문점 체제란 무엇인가?

탈냉전·민주화·세계화의 시대로 정의되고 있는 오늘날 동아시아 국제
질서의 모습은, 마치 유럽연합EU이나 북대서양조약기구NATO 같은 지역 공
동의 정치·경제·안보 체제를 구축하기 이전, 즉 공격적인 민족주의가 국
가 간 경쟁과 적대를 강화했던 19세기 후반의 유럽 질서와 유사해 보인
다. 실제로 아시아에는 공동의 안보 기구나 상설 국제기구가 없거나, 있
더라도 매우 취약한 반면, 해결하기 어려운 갈등과 적대의 양상은 끊임없
이 만들어지고 있다. 2008년 금융 위기 이후 전 지구적 패권 질서가 변화
하고 중국이 부상하면서 동아시아에서는 미국과 중국 사이에 권력 경쟁
이 심화되어 왔다. 미국은 2011년부터 본격적인 '아시아로의 회귀'Pivot to

Asia 노선을 천명했고, 일본과의 동맹 관계를 강화하며 환태평양경제동반자협정TPP을 추진하는 등 아시아 지역에서 영향력을 강화하고자 노력하고 있다. 일본의 아베 체제는 이에 부응해 평화 헌법 개정과 러-일 평화 협약 논의를 시작하는 등 공세적 외교에 나서고 있다. 여기에 대응해 중국은 방공식별구역Air Defense Identification Zone을 설정하며 일본과의 영토 분쟁에 맞서고 있고, 중국의 모든 수출입 물자와 에너지가 수송되는 통로인 남중국해에 해군력을 급속히 증강시켜 이 지역을 경비하고 있다. 천안함과 연평도 사태 이후 남북 관계는 더욱 악화되었고, 북한의 핵 개발은 동북아의 지정학에 또 다른 긴장 요소가 되고 있다. 이에 주요 아시아 국가들이 모두 군비경쟁에 참여하고 있다. 그런데 왜 아시아에는 공동의 협력을 위한 노력이 제도화되지 못하는가? 왜 아시아에는 북대서양조약기구나 유럽연합이 없는가?[1]

이 질문은 이른바 아시아 '패러독스', 즉 경제적으로는 엄청난 규모와 밀도로 협력과 교환을 하고 있는 동아시아 국가들이 이에 걸맞은, 지역 차원에서 협력하고 공동으로 논의하고 결정하는 제도와 기구 없이 마치 유럽의 19세기 민족국가들처럼 서로 경쟁하고 전쟁과 군사적 충돌의 위협을 감수하고 있는 모순적 현상을 겨냥한 것이다.[2] 유럽과 아시아의 지역 안보 구조 사이의 극적인 차이는 하나의 '경험적 수수께끼'[3]로서 많은 학자들의 연구 대상이 되었을 뿐만 아니라 정치·외교적 논의에서도 중요한 주제가 되고 있다.[4]

60여 년간 평화 체제로 전환되지 못한 한국전쟁 정전 체제는 그 자체로 아시아 패러독스의 가장 현저한 물질적 증거 중 하나이다. 정치 회담이나 평화 협상으로 분명히 해결되지 않은 전쟁 상태와, 서로를 헌법적으로 부정하고 군사적으로 적대하는 두 개의 정치체제가 맞물려 있는 것이다. 이 적대적인 정전 체제는 주변의 권력 균형 변화에 따라 더 불안해지기도 하고, 반대로 분단 체제 자체가 지역 안보 질서를 불안하게 하는 원인이 되기도 한다.

그런 점에서 한반도는 '냉전의 박물관'이라 불린다. 왜냐하면 정전 체제 외에도 한국전쟁 당시 만들어진, 동아시아에서 가장 무장된 비무장지대DMZ, 남과 북의 대규모 지상군과 강제 징병제, 정전 협상armistice negotiation이 진행된 판문점, 심지어 유엔군 사령부 같은 냉전의 역사적 유물들이 전쟁이 종식된 지 60여 년이 지난 현재까지도 존속되고 있기 때문이다.[5] 전쟁 상태뿐 아니라 냉전적 적대가 60여 년간 보존되고 있다는 것은 역사적으로 희귀한 현상이 아닐 수 없다.

이 연구는 이렇게 한반도에 형성된 냉전의 유물들, 아시아 패러독스의 핵심 기반 중 하나인 한국전쟁 군사 정전 체제를, 하나의 특수한 평화 체제로서 '판문점 체제'Panmunjom regime라고 부를 것이다. 판문점 체제의 기원은 무엇인가? 판문점 체제는 다른 평화 체제들과 무엇이 어떻게 다른가? 판문점 체제는 어떤 특성과 문제를 갖고 있는가? 이에 답하기 위해 이 연구는 다음과 같은 통찰에서 출발해 보려 한다.

폭력에 의해 강요된 휴전은 잠정적일 수밖에 없으며 사람들의 정신을 평온하게 만들지 못한다. 인간의 열정은 그들이 존중하는 도덕적 힘 앞에서만 멈춘다. 만약 이런 종류의 모든 권위가 존재하지 않는다면, 결국 현실은 잠재적이건 격렬하건 간에 가장 힘센 세력이 지배하게 된다. 이들이 지배하는 것이 법칙이며, 전쟁 상태는 필연적으로 만성적인 것이 된다. 이런 아나키가 건강하지 못한 현상이란 것은 매우 분명하다. 왜냐하면 이는 가장 강력한 자가 지배한다는 물리 법칙을 더 고도의 법에 종속시킴으로써 사람들 사이의 전쟁을 제거하거나 적어도 완화시키려는 사회의 운영 목적 자체에 반하기 때문이다.[6]

이 분석은 사실 전쟁과 평화에 대한 것이 아니라 사회 분업social division of labor에 대한 에밀 뒤르켐Emile Durkheim의 사회학적 분석에서 도출된 것이다. 뒤르켐의 통찰에 따르면, 분업화가 충분히 진행된 사회에서는 유기적인 사회연대organic solidarity가 발생하지만, 분업이 발전하지 못한 사회에서는 기계적 연대mechanical solidarity나 적나라한 힘이 지배한다. 이렇게 연대가 발전하지 못한 아노미 상태에서는 강요된 잠정적 휴전과 전쟁 상태가 만성적인 것이 된다. 요컨대, 강요된 휴전, 전쟁 상태, 무정부 상태는 곧 도덕적 힘, 권위, 사회연대의 부재와 직결되어 있다.

이런 진단은 판문점 체제의 기원과 성격뿐 아니라 동아시아의 패러독스 전반에 대한 사회학적 질문의 통로를 열어 준다. 예컨대 왜 남북 간에는 사회적 연대가 아닌 강요된 정전 체제가 유지되고 있는가? 동아시아에는 왜 사회적 연대보다 아노미적 경쟁 상태와 힘의 지배가 만연해 있는가? 동아시아의 전쟁과 갈등을 완화하고 종식시킬 도덕적 권위는 무엇인까?

여기서 판문점의 정전 체제와 동아시아의 무정부 상태에 결여된 도덕적 권위란 단지 한 사회 수준에서 작동하는 개인 윤리가 아니라 국가와 지역, 국제사회와 전 지구적 수준에서 작동하는 초국적 권위의 차원을 가리킨다. 이 권위가 부재하다는 것은 곧 그에 관한 갈등과 논쟁이 끊이지 않는다는 것을 의미한다. 그리고 이런 맥락에서 한국전쟁에 대한 수많은 정치적·학문적 논쟁들이 있음을 알 수 있다. 이 가운데 가장 격렬했고, 지금까지도 분명하게 정리되지 않은 가장 큰 쟁점으로, 한국전쟁이 국가 간 전쟁Inter-national war이냐 아니면 내전civil war이냐 하는 한국전쟁 성격 논쟁을 들 수 있다.[7] 이른바 전통주의, 수정주의, 후기 수정주의 등 미국 학계와 그 영향을 받은 한국의 연구들은 수십 년간 이 단일 쟁점을 둘러싸고 일종의 비학문인 정치 논쟁을 벌여 왔다.[8]

이렇게 한국전쟁의 성격에 대한 논쟁이 격렬했던 것은, 사실 이 논쟁이 전쟁의 참혹한 결과와 고통, 상흔을 전쟁 발발의 기원에 있다고 여기고, 전쟁의 가공할 결과들을 모두 전쟁을 시작한 '적들의 책임'으로 귀속시키고 '단죄'하고 '처벌'하려는 형법적 사고방식에 사로잡혀 있었기 때문이다. 대다수의 한국전쟁 연구들은 '적'에 대한 '처벌'과 '단죄'라는 이 형법적 사고에서 벗어나지 못했다. 문제는 이런 형법적 정서가 전쟁의 성격과 책임 자체를 냉정하고 깊이 있게 성찰하려는 노력으로 이어지기보다는, 늘 어느 한쪽의 정치적 입장을 선택하고 강화하는 정치투쟁에 의해 압도된다는 것이다. 소련과 북한을 만악의 근원으로 만들려 해왔던 쪽이나, 미국이라는 제국의 책임에만 주목하는 입장이 마치 작용과 반작용처럼, 이분법적 구도 안에서 국가 간 '비난 게임'을 강화해 온 것을 우리는 오랫동안 지켜봐야 했다.

　　하지만 이제는 이 처벌적인 충동 자체가 어디에서 어떻게 시작되었는지를 분석하고, 이런 영구 투쟁 상태를 극복할 필요가 있다. 이 연구는 이를 위해 '전쟁의 기원'이라는 문제의식에서 '평화의 기원'이라는 패러다임으로의 전환을 제안하려 한다. '전쟁의 기원'을 찾아내 책임을 물으려는 냉전의 인식 틀을 넘어서 그동안 '평화'를 위해 어떤 노력이 있었는지에 대해 주목하고 더 많은 지혜를 모을 필요가 있다는 것이다. 사실 전쟁을 어떻게 정의하고 그 원인을 어떻게 보느냐에 따라 평화의 해법도 달라진다. 즉 '전쟁'의 성격과 원인은 '평화'의 성격 및 방향과 반드시 맞물려서 논의된다. 그런데 만일 한국전쟁 자체가 처음부터 (내전이나 국제전 같은) 특정한 '형태'의 전쟁임과 동시에 특정한 평화 기획들과 맞물려 그 자장 속에서 전개되고 종식되었다면 어떻게 할 것인가?

　　이 연구는 자연스럽게 한국전쟁이 국제전인지 내전인지를 식별하려는 시도 자체가 언제 왜 시작되었는지에 대한 궁금증에서 출발했다. 사실 한국전쟁의 총체적 진실은 처음부터 끝까지 '국제전이냐 내전이냐'라는 이분법적 규정으로 완전히 포괄할 수 없는 복합성을 갖고 있다. 그런데 이 모호함에도 불구하고 어느 순간부터 이 전쟁의 성격을 단순 구획하려는 정치적 시도가 시작되었다.

그렇다면 전쟁의 성격은 무엇을 기준으로 구분되는가? 지극히 상식적인 차원에서 국제전은 두 개 이상의 국가가 벌인 전쟁을 의미하고, 내전은 한 국가 내부에서 발생한 전쟁을 일컫는다.[9] 즉 국제전과 내전을 구분하는 데 있어 핵심은 전쟁 행위자가 '주권국가인가 아닌가'라는 단순한 문제이다. 따라서 한국전쟁을 국제전이라고 주장하면 전쟁 당사자들을 주권국가로 인정하는 것이다. 반대로 내전이라고 주장하는 것은 어느 한쪽의 주권을 부정하는 것이다. 그런데 한국전쟁 연구에서는 '국제전'과 '내전'의 의미가 상식과 전혀 다르게 사용되고 있다. 내전은 외부와 무관한 사회 내적 모순에 의해 촉발된 것으로, 국제전은 내부의 원인보다는 외부의 지원과 개입이 전쟁을 추동한 것으로 이해되고 있는 것이다. 여기서 주목할 점은 한국전쟁의 성격 구분에서 문제는 전쟁 행위자가 주권국가인지의 여부가 아니라 바로 외부 개입이 있었는가 없었는가였다는 점이다.

즉, 국제전과 내전을 구분하는 것이 갖는 정치적 중요성의 핵심에는 바로 전쟁에 대한 '외부 개입'의 국제법적·정치적 정당성 문제가 있다. 한 국가의 내부 사안에 대한 외부 개입은 부당하다는 비개입non-intervention 원칙이 전제되어 있을 때, 한국전쟁이 국제전이라면 개입이 정당하고 내전이라면 개입이 부당하다는 법적·정치적 논쟁 자체가 시작되는 것이다. 즉, 한국전쟁의 성격을 둘러싼 논쟁은 외부 개입에 대한 국제법적 원칙에서 촉발된 것이다.

그런데 한국전쟁에서 부당한 외부 개입이란 누구의 개입일까? 보수적 입장이 특히 부당한 개입으로 여긴 것은 바로 소련의 개입과 지원이었다. 반대로 비판적 입장에서 그것은 미국의 개입과 지원이었다. 하지만 냉전 구도가 세계적으로 확대된 상황에서 거의 모든 지역 분쟁에 양 대국의 개입이 있었다는 것은 이제 명백히 드러난 상식이다. 미국과 소련은 모든 것에 개입했다.

사실 이 외부 개입의 정당성 논쟁에서 핵심은 미국과 소련의 개입이 아니라 바로 유엔의 개입이다. 미국과 소련의 개별적 개입은, 아무리 '자유세계 수호'와 '세계 혁명'을 강조하더라도 온전히 정당화될 수도, 보편적 차원을 획득할 수도 없다. 반면에 국가 간 전쟁이면 정당하고 내전이면 부당한 개입이란 바로 유엔의 개입이다. 여기에 바로 기존 '냉전 연구'의 틀에서 미국과 소련 혹은 남과 북 가운데 어느 한쪽만을 비난하던 연구들이 간과해 온, 핵심적인 국제적 권위의 차원이 있다.

한 국가의 내부 사안에 대한 모든 종류의 외부 개입이 잘못된 것이라고 여기는 국제법law of nation의 비개입 원칙은 서구적 국가 간 질서의 기원으로 상정되는 1648년 베스트팔렌 평화 협약에서 영토 국가의 평등한 주권 원칙으로 등장하여,[10] 서반구에 대한 유럽의 개입을 거부한 미국의 1823년 먼로 독트린에서 지역regional 원칙으로 확대되었고, 20세기에 민족자결 원칙이 대두되면서 전 세계로 확산된 국제법의 대원칙이다.

하지만 모두가 알고 있듯이 20세기에 비로소 전 세계로 확산된 이 비개입 원칙은 20세기에 가장 적나라하게 위반되었다. 냉전 내내 미국과 소련은 독일·일본·동유럽은 물론이고 중동·아시아 등 제3세계에 광범위하게 개입했고, 외부 개입은 오히려 더 일반화되었다.[11] 이렇게 한편에서는 모든 국가는 평등한 주권을 갖는다는 대원칙이 수립되고, 다른 한편으론 비개입 원칙이 심각하게 위반되면서 주권이 사실상 조직적 기만[12]이 되어 버린 냉전 국제 질서의 근본 모순 자체가 '개입'의 정당성을 둘러싼 끝없는 논쟁의 불씨를 제공했다.

그럼에도 불구하고 주목할 것은 1945년 이후에는 유일하게 국제적으로 정당화·합법화된 개입이 하나 등장했다는 것이다. 그것은 바로 유엔 안전보장이사회가 '전쟁'이나 '무력 충돌'로 규정하고, 국제 평화를 유지·회복하기 위해 강제 조치enforcement action를 결정하는 경우가 그것이다. 유엔은 제2차 세계대전이라는 지구적 참화의 산물로서 '평화'라는 가치를 초국가적 상위 규범으로 제시하며 설립된 국제기구였다.

이런 유엔이 한국전쟁에 개입하기 위해서는 반드시 한국전쟁이 국가 간 전쟁인지 내전인지, 한국과 북한이 주권국가인지, 유엔 결정과 집행의 절차가 합법적인지에 대해 논의하고 공식 결정들을 내려야 했다. 여기서 강조되어야 할 것은 바로 유엔과 국제법 논쟁의 역사에서 한국전쟁은 전무후무한 이례적 사례였다는 점이다. 20세기 말까지, 무력 사용을 금지한다는 유엔 헌장의 정신에 입각해 유엔 회원국들이 공동으로 강제 조치에 참여한 것은 단 세 번뿐이었다. 그 첫 번째 사례가 유엔 창설 이후 최초로 유엔에 의한 집단 행위가 이루어진 한국전쟁이었다. 나머지 두 건은 냉전 종식 이후의 사례로서 1991년 이라크 전쟁, 그리고 1994년 아이티 군부독재 문제에 개입한 경우였다. 결국 냉전 내내 유엔이 대규모 군사 개입을 한 것은 한국전쟁이 유일했다.[13]

그런데 개입 결정 과정에서 유엔 헌장 내부에 존재하던 두 가지 이질적인 원칙들이 충돌했다. 첫 번째 원칙은 유엔이, 국제 평화에 대한 위반breach of peace이 발생할 경우 개입할 수 있다는 새로운 20세기적 원칙이었고, 두 번째는 주권국가 내부 사안에는 어떤 외부 개입도 금지되어야 한다는 전통적인 근대적 원칙이었다. 이 두 가지 원칙의 충돌이 바로 한국전쟁의 성격(국제전/내전)을 둘러싼 논쟁의 근원이자 국제법적 배경인 것이다.

그리고 이 두 원칙의 충돌은 한국전쟁 사례에서만 발생한 것이 아니다.[14] 유엔 설립 이후 외부 개입의 정당성 문제에 대한 논쟁에서는 늘 '전쟁', '평화', '(국가) 주권', '(신생국의) 인정'을 누가 어떻게 정의하고 결정하고 해석하는가라는 국제법 논쟁과 직결되어 있었다. 이 경우 국제 평화, 인권, 환경, 발전과 같은, 개별 국가의 주권보다 상위의 새로운 규범적 가치들을 한 국가에 적용하려는 하강적descending 움직임과, 개별 국가의 특수성과 예외적 조건을 근거로 주권 원칙을 통해 이를 방어하려는 상승적ascending 움직임이 지속적으로 충돌했다.[15] 지금까지도 19세기적 국가 주권 원칙과 20세기적 자유주의 국제법 원칙은 충돌하고 있으며, 한국전쟁의 국제전/내전 논쟁은 이 하강/상승 구도의 가장 교과서적인 사례이다.

따라서 한국전쟁의 성격 논란과 직결된, 유엔 차원에서 제기된 질문들은 단지 남북 분단이나 미-소 냉전 대립이라는 정치적 갈등의 해석 틀로 수렴시켜 해소해 버릴 수 있는 것들이 아니다. 이는 냉전의 정치적 비난 게임으로 해소되지 않는, 냉전이 대면했지만 결코 해결하지 못했던, 혹은 냉전 질서 자체의 기원에 자리 잡고 있는 시원적 문제들이다.

즉, 새롭게 등장한 초국적 가치와 규범들이 기존 주권국가 질서와 충돌하는 문제는, 냉전이 본격화되기 이전부터 진행된 19세기 유럽 국제법 질서로부터 20세기 질서로의 이행, 제2차 세계대전 이후 유엔의 창설과 미국이 주도한 전 지구적 국제 질서의 변동이라는 거시적 국제정치, 국제법의 역사적 변동이 마주해야 했던 문제들이다. 또한 이는 냉전이 끝났다는 탈냉전의 수사와는 달리, 실제로는 냉전 이전부터 등장해 지금까지도 극복하지 못한 채 지속되고 있는 문제들인 것이다.

그런데 기존 냉전 연구들은 한편으로는 국제법이나 유엔을 지나치게 미화하거나 정당한 것으로 당연시했고, 다른 한편으로는 유엔을 형식적이고 무기력한 기구, 혹은 미국에 의해 일방적으로 조종된 것으로 여겨

폄하했다. 기존 연구들은 한국전쟁에 적용된 유엔과 국제법의 초국적 규범들과 원칙, 논쟁들이 어떤 함의가 있으며 어떤 결과를 초래했는지 거의 주목하지 않았다. 냉전 시기 이루어진 수많은 결정들은 모두 적나라한 현실 정치적 대립과 권력투쟁의 산물로만 이해되었고, 국제적 규범과 원칙 그리고 '법치'의 정신과는 무관한 것으로 여겨졌다.

하지만 전쟁 및 평화와 관련된 국제법과 제도들은 그 정치적 투쟁의 형태와 쟁점의 틀을 제공하고, 결정을 정당화하고 제도화하는 데 큰 영향을 미쳤다. 나는 이런 법·제도적 유산들이 바로 '판문점 체제'와 동아시아 냉전 질서를 구성한 것이며, 따라서 그것의 발전적 극복 없이는 새로운 평화 질서를 위한 공동의 권위와 제도에 대한 고민으로 나아갈 수 없다고 주장할 것이다.

한국전쟁과 관련된 국제법적 가치와 권위를 검토하는 데 있어 주목해야 할 것은 20세기 후반 이 원칙들을 수립하고 주도한 새로운 전 지구적 질서가 곧 자유주의 질서liberal international order였다는 점이다. 자유주의는 원래 매우 포괄적인 정치·경제·사회·문화적 이념이다. 자유주의는 유럽의 근대 계몽주의에서부터 시작되어 네덜란드와 영국에서 부르주아적 사유재산권, 과학과 이성, 경험주의를 강조하는 사조로 발전했다. 구체제를 전복한 프랑스혁명에서 그 영향력은 정점에 달했으며, 자유무역을 강조하는 영국의 정치경제학으로 확산되었다. 그리고 양차 세계대전 전후로 전체주의나 공산주의를 반대하는 보수적인 냉전 자유주의가 형성되었다. 주목할 점은 18세기 즈음에는 약하고 소수적 입장에 있던 자유주의 국가들의 영향력이 지난 2백 년간 점점 커져서 전 지구적 우세를 점하게 되었다는 것이다.[16]

특히 미국은 제2차 세계대전 이후 역사상 가장 야심차고 방대한 규모로 자유주의 국제 질서를 구축하고자 한 자유주의적 리바이어던liberal

Leviathan이었다.[17] 따라서 20세기 국제 질서를 이해하기 위해서는 미국 자유주의의 성격에 대한 이해와 평가가 필요하다. 많은 연구들이 지적하듯이 자유freedom and liberty 개념은 영국으로부터의 독립과 노예제의 철폐, 제1차 세계대전 이후 우드로 윌슨Woodrow Wilson의 14개조 선언Fourteen Points에서부터 뉴딜과 제2차 세계대전 시기 루스벨트Franklin Roosevelt의 '네 가지 자유'Four Freedom, 레이건의 신자유주의와 부시의 이라크 침공에 대한 자유주의적 정당화까지 미국의 역사에서 매우 중요한 역할을 해왔다.[18]

자유주의의 영향력은 영국이나 미국의 국내 영역 안에만 머물러 있지 않았다. 자유주의 원칙과 기획들은 1945년 이후 설립된 다양한 국제 기구들(세계무역기구WTO, 국제통화기금IMF, 경제협력개발기구OECD, 유엔, 유럽연합, 북대서양조약기구, 관세및무역에관한일반협정GATT)을 통해 전 지구적으로 확대되었고, 탈냉전 이후에는 바야흐로 전 지구적 규모의 자유주의 세계질서nomos를 구축했다는 평가를 받고 있다.[19] 하지만 9·11 사태와 이라크 전, 중국의 부상과 2008년 금융 위기를 통해 이 질서가 위기에 직면함에 따라 그 미래에 대해 수많은 논쟁이 발생하고 있다.

현재 이에 대한 입장과 평가는 매우 극단적으로 분열되어 있다. 한편에는 1945년 이후 국제 질서의 변동을 제국주의가 아닌 제국으로 보아야 한다는 네그리의 입장[20]에서부터, 1945년 만들어진 유엔 헌장을 세계 헌법으로 삼자는 유럽의 전 지구적 입헌주의자들의 주장[21]도 있고, 1945년 질서가 비록 위계적이기는 하지만 자유주의 특유의 합의와 동의를 기반으로 질서가 구축되었다는 점에서 긍정적 측면을 강조하는 연구들이 있다.[22]

벤하비브Seyla Benhabib[23] 같은 정치철학자는 1945년 유엔 등장 이후 '베스트팔렌적 주권'Westphalian sovereignty으로부터 '자유주의적 국제 주권'liberal international sovereignty으로 이행하는 본질적인 변화가 있었다고 진단한다. 베스트팔렌 질서를 대체한 자유주의적 국제 질서의 특징은 개별 국가들의 주권적 평등이 당연히 전제되는 것이 아니라, 개별 국가들이 인권이나 법치, 민주적 자기 결정 같은 초국적 공통 가치와 원칙을 얼마나 지키느냐에 달려 있게 되었다는 것이다. 벤하비브는 유엔 설립 이후에 등장한 1948년 유엔 인권선언이나 반인도주의 범죄에 대한 국제 협약들은 더 나아가 보편적인 코스모폴리탄적 규범으로의 이행, 혹은 새로운 전 지구적 시민사회로의 진화 국면을 상징한다고 보았다.[24]

이렇게 국제 질서가 탈베스트팔렌적 질서, 전 지구적 시민사회로 변화했다는 진화론적이고 우호적인 평가에 맞서, 1945년 이후 자유주의적 국제 질서로의 전환은 대대적인 군사주의의 전개를 동반했으며, 전례 없이 위계적인 질서가 형성되었다는 비판적 지적들이 있다.[25]

마크 마조워Mark Mazower는 자유주의 질서에 대한 기존 견해들이 사실에 대한 회피, 자연화, 물신화에 기반한 유토피아적 인식이라고 비판한다. 사실 유엔의 근본적 구조와 가치들은 영국의 제국주의적 사고에서 기원한 것들이었고, 개별 민족이나 소수집단에 대한 존중 없이 기존 국제법들을 일방적으로 폐기한 것이며, 무엇보다 제2차 세계대전 동맹을 유지하기 위한 정치적 타협의 산물이었다는 것이다. 이런 유토피아적 시선들의 문제는 유엔을 둘러싼 정치적 역학을 회피하고, 자유주의를 전 지구적 질서의 기본 전제로 자연화시키며, 자유주의만을 세계의 여러 문제들에 대한 유일한 정치적 합리성으로 물신화시키는 것이다.[26]

자유주의 질서에 대한 더 근본적인 비판은 이 질서가 제국주의적이라는 것이다.[27] 자유주의 진영과 두 차례 세계대전을 치른 독일의 정치철학자 카를 슈미트의 경우, 영국과 미국의 자유주의 기획들을 유럽의 근대적 공법 질서를 무너뜨리고, 경제적인 지배를 앞세운 무공간적 보편성을 추구한 자유주의적 제국주의liberal imperialism라고 비판했다.[28]

그렇다면 한국전쟁에서 자유주의 국제법과 원칙들은 어떻게 적용되었을까? 자유주의 기획은 어떤 부작용을 초래했을까? 거꾸로 한국전쟁은 자유주의 기획의 전개에 어떤 영향을 주었을까? 이것이 이 연구 전체가 검토하여 답하고자 하는 핵심 질문들이다.

결국 판문점 체제의 기원과 성격에 대한 연구는 곧 20세기 자유주의 국제 질서에 대한 검토이자 평가이다. 한국전쟁의 사례에서 자유주의 기획은 단순히 유토피아적 미화나 부정적 악마화로 온전히 포착할 수 없는 매우 복잡하고 다양한 모습을 보였다. 이 연구는 기존의 냉전적 이분법을 지탱하는 두 정치적 입장 중 하나를 선택하는 데 머물지 않고, 한국전쟁이라는 구체적 사례와 국면들에서 발생한 국제법적 결정과 논쟁들을 대면함으로써, 20세기 자유주의 국제 질서 자체에 내적으로 포함되어 있는 결함과 복합성들, 내적 원칙들의 모순적 충돌을 포착하고자 한다.

한국전쟁의 전개와 결과는 자유주의 질서가 구축되는 방식들이 집약된 사례이자 자유주의 기획이 대면한 역사상 최대의 난제 중 하나였다. 왜냐하면 한국전쟁의 전개 과정에서 한국뿐 아니라 동아시아의 지정학, 미국과 소련의 냉전 대립, 제2차 세계대전 이후 국제정치가 층층이 누적되어 복합적 갈등을 촉발했기 때문이다. 자유주의 질서를 구축하려는 측에서는 이미 한국전쟁 시기에, 탈냉전 이후 지금까지도 뚜렷한 해법을 찾지 못해 지속적으로 곤란을 겪고 있는 거의 모든 딜레마들을 대면했다.[29]

이런 난제들에 직면해 유엔과 미국, 서구 국가들과 동아시아 국가들은 어떤 논쟁 끝에 어떤 결정을 내렸는가? 유엔과 미국은 특정한 형태의 제도와 정당화 논리를 통해 한국전쟁에 대한 수많은 결정을 내리거나 결정을 유보했다. 유엔과 미국은 가장 이상적인 자유주의적 원칙을 택하기도 했고, 가장 현실적인 타협을 하기도 했으며, 대립이 극단으로 치닫는 경우 완전히 무기력해졌고, 때로는 해결해야 할 문제를 의도적으로 방치하거나 외면하기도 했다.

이런 자유주의 기획에 의한 결정과 타협, 방치와 무기력의 과정의 산물이 바로 3년간 단일 전장에서 벌어진, 동아시아 현대사의 최대 전쟁인 한국전쟁이며, 60여 년간 평화 체제가 유예된 판문점 체제이다. 이 연구의 핵심 주장은, 판문점 체제는 단지 냉전 대립과 군사적 전투의 산물이 아니라, 자유주의 기획이 반영된 국제법과 정치적 기획이 충돌한 산물이라는 것이다. 이 연구는 한국전쟁을 '군사적인 것'의 해석 틀로 한정하려는 인식론 자체가 군사 정전 체제로서의 판문점 체제와 마찬가지로 냉전과 한국전쟁의 산물이며, 그 배경에는 한국전쟁의 전개 과정에서 발생한 국제법적 결정과 이를 둘러싼 적나라한 정치투쟁이 있었음을 보일 것이다.

이 논란과 결정의 과정에 대한 치밀한 검토와 분석은 곧 판문점 체제의 극복을 위한 몇 가지 원칙과 방향들을 점검하는 기회가 될 것이다. 이 연구의 궁극적 지향은, 판문점 체제를 뒤르켐적 의미에서 '도덕적 권위와 연대가 부재'한 상태로 재평가함으로써, 이런 역사적 결과를 초래한 자유주의 평화 기획들의 한계를 도출하고 한국, 동아시아, 나아가 보편적 차원에서 가능한 평화의 도덕적 권위를 새롭게 모색하는 것이다. 뒤르켐의 사회학적 질문 자체가, 자유주의가 한 사회 내부에서 가져온 변화와 그 결과에 대한 대응과 해법을 고민하며 등장한 것이었다는 점을 환기하려 한다. 뒤르켐은 자본주의적 산업화로 인해 발생하는 전통적 집단 가치의 혼란과 무기력, 특히 애덤 스미스Adam Smith의 자유주의 정치경제학이 주목하지 못한, 사회 분업이 초래한 사회적 갈등과 아노미 같은 사회문제를 고민했던 것이다. 따라서 진정한 의미의 평화란 무력에 의한 일방적 강요나 권력 균형에 의한 임시 휴전, 법적 처벌이나 합의가 아니라, 관계의 불평등을 최소화하며 상호 의존적 관계에서 발생하는 연대로서의 평화peace as solidarity라는 것이 이 연구의 종착점이 될 것이다.

2. 평화 연구로서의 판문점 체제 연구

1) '냉전의 인식론'을 넘어서

서두에서 밝혔듯이, 판문점 체제에 대한 연구는 단지 한국전쟁뿐만이 아니라 아시아 패러독스라는 좀 더 폭넓은 현상을 이해하기 위한 시도이다. 이는 한국전쟁과 그 유산의 문제를 아시아 지역 차원뿐만 아니라 좀 더 보편적인 역사 전개의 맥락에서 이해하고 거시적·간학문적 접점을 모색하려는 것이다. 따라서 판문점 체제의 기원과 성격에 대한 입체적 검토는 곧 아시아 패러독스의 기원에 대한 하나의 설명을 지향하는 것이다.

그동안 전개된 아시아 패러독스에 대한 국제 관계학의 질문들은 한편으로는 동북아에서 합의를 통해 평화적 협력을 유도할 제도나 기구가 부재하다는 사실을 환기시키는 매우 적실하고 절실한 질문임이 틀림없다. 하지만 다른 한편으로는 이 질문은 경제적 협력에 걸맞은 효율적인 제도들이 자연스럽게 발전한다는 1990년대 이후 등장한 신자유주의적 제도주의institutionalism의 전제에 기반한 것으로, 유럽의 북대서양조약기구를 더 발전되고 완성된 형태의 다자간 안보 기구로, 동아시아가 발전해 나아가야 할 목적론적 지점으로 상정하는 경향이 있다.

이 논쟁을 가장 체계적으로 정리하고 구성주의constructivism적 설명을 제시한 카첸슈타인Peter J. Katzenstein은 기본적으로 기존의 유럽 중심주의적 시선과는 거리를 두었다.[30] 그는 기존의 입장을 현실주의realism와 자유주의적 제도주의라는 입장으로 나누고, 각 입장들이 모두 유럽이나 아시아의 사례에만 근거해 무리한 보편화를 시도했다고 비판했다. 또한 그는 특정 방법론을 우선시하는 입장 싸움보다는 현실의 문제를 더 잘 설명하기 위한 절충주의적 문제의식을 택했다. 물론 그는 구성주의적 입장을 주로 선택하여, 미국의 대외 정책 입안가들이 각 '지역'을 어떻게 인식했고, 그들이 어떤 집단적 정체성을 갖고 있었는지가 유럽과 아시아의 안보 구조 차이를 만들어 내는 데 중요한 역할을 했다고 주장했다.[31]

하지만 그의 종합적 설명에는 여전히 충분히 채워지지 않은 점들이 몇 가지 있다. 첫째, 그는 다자주의와 양자주의라는 이분법적 구분에 근거해 북대서양조약기구와 동남아시아조약기구SEATO를 비교했다. 과연 이 이분법적 구분이 타당한가? 서유럽 안보 기구와 동남아시아에 일시적으로 존재했던 기구를 비교하는 것으로 유럽과 아시아의 차이를 설명할 수 있는가? 즉 그의 연구는 아시아의 안보 문제에서 가장 중요한 축을 담당하고 있는 동북아시아의 상황에 대한 검토가 부족하다.

둘째, 그의 분석은 사실상 구성주의적 관점에 방점이 찍혀 있기 때문에 현실주의나 자유주의적 설명의 장점들이 충분히 고려되었는지, 혹은 단점들이 충분히 극복되었는지의 의문이 남는다. 여전히 오늘날 동아시아의 상황은 현실주의적 설명이 더 적실해 보이고, 유럽의 상황은 자유주의적 설명이 더 적합해 보이기 때문이다.

셋째, 결정적으로 이런 한계는 유럽과 아시아의 지역적 차이가 형성되는 20세기 냉전 질서 자체에 대한 직접적이고 역사적인 논의가 부재하다는 점에서 비롯된다. 북대서양조약기구(1949년)와 동남아시아조약기구(1954년)는 모두 냉전 초기 동서 갈등의 직접적인 산물들이다. 심지어 현실주의나 자유주의적 관점 역시 이 시기에 등장해 국제 관계를 설명하고 정책을 비판 혹은 정당화한 관점들이다. 즉 서유럽과 아시아 안보 레짐의 차이, 그것을 바라보는 관점들 자체가 바로 냉전이라는 현실을 우회할 수 없는 직접적인 역사적 산물인 것이다.

따라서 동아시아와 유럽의 지역적 차이를 이해하기 위해서는 냉전에 대한 연구들이 기본이 되어야 한다. 그런데 여기서 미국의 냉전 연구들은 미국의 외교정책에 대한 연구, 혹은 미국의 사회과학으로서 국제 관계학의 이론적 틀과 관점의 자장 속에서 진행되었다는 점을 인식할 필요가 있다. 이 국제 관계학의 관점을 이 연구는 '냉전의 인식론'이라고 부르고 이와 비판적 거리를 두고자 한다.

'냉전의 인식론', 즉 국제 관계학의 이론적 관점들은 크게 현실주의 관점과 자유주의 관점이 충돌하고 있다. 먼저, 현실주의란 냉전이 시작된 1940년대에 미국 학계에 도입되었다. 독일 출신 망명 유대인 학자인 한스 모겐소Hans Morgenthau는 1940년대에 미국에서 국제 관계학을 창설하면서 현실주의 관점을 도입했으며, 이후 오랜 기간 현실주의가 국제 관계학의 주류를 형성했다. 현실주의자들에게 핵심 개념은 '권력'power과 '권력 균형'balance of power이었다. 현실주의는 국제 관계를 개별 국민국가들을 중심으로 사고하며, 국익national interest을 향한 국가들 간의 무한 권력 투쟁이라는 홉스적 이미지를 근거로 국제정치를 힘의 정치power-politics로 여기고, 이런 가정하에 권력 균형에 입각한 외교정책을 수립할 것을 주창했다. 이는 냉전 기간 내내 그리고 지금까지도 보수와 진보, 좌와 우를 막론하고 널리 전제되어 있는 관점이다.[32]

기존 냉전 연구들은 이러한 현실주의 관점의 영향을 크게 받았다. 냉전 연구들은 동시대에 존재한 모든 국가 간, 사회 내부 관계와 갈등을 미국과 소련의 적대적 권력 경쟁이라는 단일한 방식으로 바라보는 경향이 있다.[33] 하지만 오늘날 이에 대한 다양한 비판들이 제기되면서 현실주의적 입장은 단순한 권력/구조 결정론, 환원주의로 비판받고 있으며, 특히 국제적 갈등에 대해 해법이 없는 무한 대결에만 주목하고 정치·외교·경제적 접근만 중시한다는 지적을 받고 있다.[34]

　현실주의 이후에 등장한 논의들이 제도주의나 자유주의, 구성주의 관점이다. 1980~90년대에는 신현실주의와 제도주의가 국제 관계론을 지배했고, 1990년대 중반 이후 구성주의적 관점이 전면에 등장했다.[35] 특히 최근 미국 학계의 주류로 부상한 구성주의-자유주의적 연구들은 문화적 구조를 중시한다며, 물질적 구조를 중시하는 현실주의적 관점과 스스로 차별화한다. 이들은 국민국가나 제도의 역할보다 문화와 일상적 실천을 강조하며 풍부한 사회·문화·지성사를 제공하고 있다. 1990년대 이후 진행된 냉전 연구들은 대체로 구성주의의 영향을 받으면서 관념과 이데올로기, 문화의 역할에 주목했다.[36]

　이런 관점들은, 현실주의의 영향을 강하게 받으며 진행된, 냉전 시기 사회학적 연구들도 권력과 군사적인 것을 강조하는 권력 환원론이라고 비판한다. 즉 찰스 틸리로 대표되는 전통적인 역사사회학 연구들이 주권, 국제적 원칙을 군사력의 문제로 축소시켰다는 것이다. 찰스 틸리Charles Tilly는 국제 관계를 전쟁-진화론적 관점으로 보아 주권 개념이 순전히 규범적 관념이 되었다고 주장한 학자로 비판받는다.[37]

　하지만 이런 자유주의적 해석은 기존 연구들의 다양한 차이를 지나치게 단순화한 것이다. 기존의 국가 중심적 현실주의를 비판하며 실제 역사 사회적 전개 과정을 중심으로 검토한 연구도 있고,[38] 국제 관계론과 역사사회학의 긍정적 상호 기여에 주목하는 흐름들도 이러한 문제점을 극복하고 복합적인 국제적 변동에 대한 사회학적 시선을 제시하기 위한 노력들이었다.[39]

　즉 현실주의를 단지 경제결정론, 권력 환원론, 현실 정치론으로 거부하고, 이데올로기와 규범을 중시하는 자유주의-구성주의적 입장의 이분법적 틀은 과장된 단순화이다. 물론 현실주의가 지역의 구체적 맥락과 행위자agency의 문제를 무시하고 위로부터의 구조적 권력에만 주목하며, 무엇보다 국가·지역·사회 간 협력적 관계의 형성이나 정치·문화적 이념과 제도의 등장, 변형에 무지하다는 비판은 정당한 것이다. 하지만 자유주의적 관점 역시 탈냉전 이후 정치적으로 자유주의를 가장 우월한 것으로 여기는 입장을 반영하는 동시에, 주제 중심적이고 파편적이며, 무엇보다 권력의 물질성과 정치 경제적 기반에 관심이 부족하고 관념적이라는 비판을 받는다.

과연 자유주의와 현실주의를 상호 배제적인 것으로 보는 것이 정당한가? 미국의 자유주의와 적나라한 군사주의는 과연 대립되는 것인가? 구성주의의 입장처럼 냉전이 과연 도덕적·문화적 규범, 사회적으로 구성된 인식에 불과했는가? 현실주의자들이 주장하듯이 냉전은 단지 군사적 경쟁, 국민국가 간 적대적 권력 투쟁에 불과했는가?

사실 구성주의의 관점과 다르게 역사적으로 자유주의의 핵심은 오히려 문화와 규범이 아니라 자유무역과 시장경제에 기반한 경제 시스템 등 물질적 토대의 확산과 관련된 것이었다. 또한 현실주의 입장과 달리 미국의 냉전 전략은 미국식 자유주의적 가치 체계와 제도의 성격을 이해하지 못하면 온전히 파악할 수 없다.

즉 냉전은 자유주의나 현실주의 어느 한 입장에서 이념만 강조할 수도 없고, 국가의 권력 추구나 양대 강국의 적대적 경쟁만으로 모두 설명될 수 없는 더 복잡한, 경쟁과 협력, 개입과 비개입, 하위 파트너와의 지원과 순응 관계 등 복잡한 상호작용의 산물이었다. 이데올로기와 지정학 중 어느 하나가 모든 것을 결정한 것이 아니라 이들이 어떤 조건에서 어떻게 결합되고 상호작용했는가 하는 새로운 질문, 즉 '냉전의 인식론' 자체가 어떻게 형성되었는지에 대한 검토가 필요한 것이다.

표 1-1 | 냉전 연구의 관점 변화

냉전 연구 관점	강조점	장점	비판과 함의
전통주의	냉전의 원인 소련과 스탈린의 적대적 정책	동시대적 인식	정치적 음모론, 일괴암적 공산주의 진영 가정
수정주의	냉전의 원인 미국의 적대적인 대외 정책	구조주의적 인식, 냉전 전략에 대한 분석	경제주의, 전통주의에 대한 반작용, 미국의 힘 과장
탈수정주의	냉전의 원인과 전개 세부적인 사건별 판단, 소련의 책임	구체적 사료에 근거, 포괄적 이해	동구권 문서 의존, 전통주의로의 회귀, 승자 중심적 해석
현실주의	냉전의 지속성 국익의 무한 경쟁과 권력 균형 체제	국가 간 체제에 대한 사회과학적 이론화	국가 중심적·홉스주의적 현실 인식, 권력 환원론
구성주의/ 문화주의	냉전 체제의 변화 냉전의 인식 이데올로기와 문화, 규범	일상, 언어, 문화, 사회에 대한 새로운 이해	주변적 영역, 파편적 관념론
세계체계론 제3세계론 지역사	냉전의 위계 구조 전 지구적 남북 불평등 제3세계의 관점에서 본 냉전 세계, 지역 냉전의 상호작용	냉전의 중층적 위계와 상호작용 파악, 배제된 서사의 복원	민족주의/제국주의 단순 구도

이렇게 '냉전의 인식론'에 대해 비판적 거리를 확보하는 것과 동시에 고려해야 할 또 다른 문제는 냉전 시기 이른바 '제3세계'로 불린 대다수 지역들의 역사적 위상의 변화이다. 오늘날 이 지역들에 존재했던 냉전의 역사를 강대국의 관점으로만 쓴다는 것은 불가능하다.[40] 일찍이 아시아의 입장에서 냉전을 연구한 사람은, 1950년대 중반 아이젠하워Dwight Eisenhower 정부 시기 미국이 대美아시아 정책에 있어 인도네시아·파키스탄 등지에서 식민주의 문제를 어떻게 다루었는지를 검토한 맥마흔Robert J. McMahon이었다.[41] 이후 아키라 이리에Akira Iriye를 중심으로 1970년대부터 유럽이 아닌 동아시아에서의 냉전에 대한 관심이 더욱 본격화되어 브루스 커밍스Bruce Cumings 등 미국의 아시아 연구자들에게 영향을 주었다.[42] 최근에는 유럽에서는 직접적인 군비경쟁이 이루어졌지만, 아시아에서 소련과 미국은 각각 탈식민과 발전의 근대화를 약속해야 했다는 점에서 아시아인들을 대상으로 "마음에 대한 전쟁"을 체계적으로 전개한 측면에 대한 관심이 증가하고 있다.[43] 아시아의 시선에서 바라본 냉전은 기본적으로 동서 갈등이기 이전에 서구 엘리트들의 프로젝트였고, 냉전은 양대

진영에 편입되는 과정만이 아니라 식민화와 탈식민화가 발생하고 세계 체제의 주변부가 되어 가는 과정이었다. 미국과 소련 모두 아시아 국가들을 포섭하고 영향력을 미치려 했으며, 동시에 이 지역의 혁명이나 급진 민족주의 운동을 억제하고 진압하려 했다.

이른바 '제3세계'에서는, 초강대국에 의한 권력 경쟁으로서의 동-서 냉전보다는, 남반구와 북반구 간의 경제·권력 격차가 더 중요하다는 종속이론이나 세계 체제론적 인식이 큰 영향을 미쳤다. 그런데 웨스타드Odd Arne Westad는 냉전이라는 개념과 초강대국 간의 대립이 (소위 '제3세계' 국가들이 위치한) 남반구에는 분석적으로 어울리지 않는다는 월러스틴Immanuel Wallerstein 류[44]의 단순한 기각은 두 가지 의미에서 문제가 있다고 지적한다. 그 이유는 첫째, 미국과 소련의 개입주의가 이 지역의 정치·사회·문화적 변화의 국내적 틀과 국제적 틀을 실제로 만들어 냈고, 둘째, 이 지역 엘리트들은 두 냉전의 경쟁자들이 제시한 발전 모델에 반응해 자신들의 정치적 의제를 의식적으로 제시했기 때문이다. 웨스타드는 냉전 개입의 동기는 신제국주의와 매우 유사하지만, 소련과 미국은 이 국가들을 과거의 식민주의처럼 착취하거나 종속시키려는 것이 아니라 통제하고 개선시키려 했다는 것이다. 미국은 개인의 자유와 진보, 시민권과 자유주의적 근대화를 주장했고 소련은 근대성의 집단적 형태를 주장했다. 결국 웨스타드의 시각에서 냉전이란 단순한 제국주의가 아니라 '자유의 제국'으로서의 미국과 '정의의 제국'으로서의 소련이 '제3세계'에 개입해 온 역사였다.[45]

이런 점에서 냉전 시기 이루어진 외부 개입의 문제를 중심에 두고 전 지구적 냉전global cold war과 지역 냉전regional cold war의 관계를 어떻게 볼 것인가가 중요한 설명 대상이 되고 있다. 최근 대두되고 있는 지구사global history 접근법은 전 지구화와 아시아의 부상을 반영해, 그동안 주변부로 여겨져 온 국가들의 역사에 좀 더 많은 관심을 기울이고 있으며, 특히 탈식민주의 관점에 기반해 냉전 시기 전 지구적 냉전의 이분법적 대립 구도에 억눌려 있던 지역 냉전의 역사와 탈식민주의적 쟁점들을 재검토하고 있다.[46]

결국 냉전에 대한 새로운 검토는, 한편으로는 세계 체제론이 강조하는 보편적 자본주의 경제 질서를 고려할 때 냉전 자체가 허구였다는 단순화를 넘어서고, 다른 한편으로는 아시아 지역이 대면해야 했던 냉전의 복합적 현실들을 예외적 민족주의의 서사로 가두어 두지 않으려는 노력이 필요하다.

기존 냉전 연구들이 갖는 한계를 살펴보면서, 우리는 '냉전의 인식론' 자체를 새롭게 검토할 필요가 있다는 점을 알게 된다. 냉전은 현실주의적 관점만으로도, 자유주의적 관점만으로도, 구성주의의 보충으로도 온전히 이해할 수 없는 복합적 현상이다. 냉전이란 단순히 현실주의적 인식이 정형화했듯이 미국과 소련이라는 초강대국들 간의 경쟁만도 아니고, 서구 국가들 사이에서 '사실상의 긴 평화'를 창출한 자유주의적 지혜의 산물도 아니며,[47] '제3세계'의 경우 강대국의 개입과 내전의 역사만도 아니기 때문이다.[48] 냉전은 권력의 충돌이자 관념의 충돌, 군사·정치·경제·문화적인 다층위적인 충돌이었다.

2) 한국전쟁 연구들의 성과와 한계

한국전쟁에 대한 기존 연구들은 대부분 특히 미국에서 주도한 냉전 연구, 동아시아 지역연구area studies의 하위 분과로 다루어졌다. 따라서 한국전쟁 연구에는 냉전 연구의 흐름과 그 한계가 그대로 반영되어 있다. 어떤 쟁점을 연구할 것인가마저도 서구의 연구 경향과 냉전적 대립 구도 그 자체가 부과해 왔다.

즉 그동안 한국전쟁 연구는 미국의 냉전 연구, 즉 소련의 책임을 묻고 비난하는 전통주의와, 미국의 책임을 강조하는 비판적 수정주의, 그리고 탈냉전 이후 소련과 동구권 문서고의 실증적 역사 자료를 바탕으로 다시 기존의 정치적 주장들을 반박하고 수정하는 탈수정주의의 영향을 강하게 받아 왔다. 특히 연구들이 오랫동안 전쟁 발발의 기원 문제에 천착했던 것에는 전쟁의 책임을 둘러싼 냉전 정치가 강하게 반영되어 있었으며, 그 결과 한국전쟁은 국제전인가 내전인가라는 이분법적 선택의 구도로 논쟁이 주도되었다.[49]

학계의 논쟁을 본격적으로 촉발시킨 커밍스에게는 기본적으로 전쟁의 사회적 기원이라는 문제의식이 있었다. 한국전쟁을 단지 북침/남침의 문제가 아니라 전쟁의 사회적 기원과 전개라는 차원에 주목해 볼 필요가 있다는 선구적 문제의식이 있었던 것이다. 하지만 문제는 한국전쟁이 사회 내부에서 발생한 것만이 아니라 냉전사에 뚜렷한 기록을 남길 만큼 국제적이고 전 지구적 차원의 전쟁이자, 동아시아 지역 전체가 관여된 전쟁이었다는 점이다.

더욱 중요한 것은 전쟁의 기원에 대한 연구들에는 한반도 평화의 기원이나 성격에 대한 본격적인 고민이 부족하다는 점이다. 평화 연구의 관점에서 한국전쟁을 검토하면 한국전쟁의 유산들에 대해 어떤 평가가 가능할까? 평화 연구의 관점에서 한국전쟁에 접근하면 여기에 얼마나 압도적인 국제 질서, 국제법, 국제정치의 차원이 관여되었는가를 대면하지 않을 수 없다.

이 차원을 고려할 때, 가장 먼저 지적해야 할 것은 한국전쟁의 성격과 의미에 대한 기존 논쟁들이 주목했던, 한국전쟁이 내전이냐 아니냐의 문제는 수많은 쟁점 중 하나에 불과했다는 것이다.[50] 이런 논쟁은 한국전쟁에 개입한 유엔에서 실시간으로 전개되었으며, 국제법과 유엔 헌장의 법적 절차에 대한 논쟁에서부터 시작되었다. 한국전쟁의 성격을 둘러싼 논쟁은 유엔 행위의 성격에 대한 논쟁, 개별 국가의 주권과 전 지구적 차원의 상위 규범 사이의 대립, 사법주의와 현실주의의 대립 같은 좀 더 거시적인 쟁점들의 하위 쟁점으로 제기되었던 것이다.

그러나 기존의 한국전쟁 연구들은 냉전에 대한 현실주의적 관점의 연구들이 그랬듯이 주로 미국과 소련의 경쟁과 미국의 전략, 군사적 결정들에 주목하거나 한국전쟁의 전술적 의미라는 냉전 연구의 시각 내부에 머물러 왔다. 한국전쟁이 내전이냐 아니냐, 미국의 냉전 정책이 제한전이었는가 아니면 원자폭탄 사용까지 고려하고 전략폭격을 퍼부은 호전적 전쟁이었는가 등을 둘러싼 논쟁들이 대표적이다.[51]

하지만 이런 논쟁 역시 앞서 밝혔듯이 한국전쟁에 대한 미국과 유엔의 결정들로 시작되어 유엔에서 이루어진 논쟁들, 그리고 이에 대한 각국의 대응을 통해 촉발되고 형성된 것이었다. 따라서 이 논쟁 자체가 언제 어떻게 시작되었고, 어떤 국제법적 정치적 규범과 원칙이 작동했는지를 재검토하기 위해서는 이 논쟁이 전개된 핵심 장소로서 유엔이라는 국제기구의 역할을 재검토할 필요가 있다. 한국전쟁에 대한 역사적 의미는 유엔과 미국의 주요 결정들과 그것의 역사적·법적·정치적 의미를 재검토함으로써 더욱 폭넓게 접근할 수 있는 것이다.

물론 한국에서도 유엔의 한국전쟁 개입에 대한 외교·정치학적 연구들이 진행되었다. 하지만 대다수 연구들은 모두 유엔의 활동을 성공적인 것이었다고 우호적으로 평가하는 냉전적 구도를 반복할 뿐 유엔에서의 논쟁 자체를 좀 더 넓은 맥락에서 입체적으로 검토하는 데 이르지는 못했다.[52]

유엔이 한국전쟁에 개입했다는 것은, 곧 제2차 세계대전 동맹국들을 중심으로 형성된 최초의 상설 집단 안보 기구가 냉전의 구도 속에서 한국전쟁의 발발과 책임에 대한 결정을 내리고 직접적인 군사 개입을 했다는 것을 의미한다. 더군다나 유엔은 전쟁이 진행되는 내내 한국전쟁 문제에 대한 핵심적인 논쟁의 장이었고, 전쟁을 중단시키기 위해 휴전을 중재하고 포로와 관련된 결정의 타협점을 도출하려 했다. 한국전쟁 문제의 사후적 처리는 미국·소련·중국·영국·프랑스 등 주요 강대국들의 정치 회담을 통해 해결하려 했다. 이는 한국전쟁이 엄청난 국제정치의 자장 속에 들어간다는 것을 의미했다. 한국전쟁의 결정과 전개, 종식에는 단지 냉전의 압력만이 아니라 국제기구의 상시적 개입이라는 압력까지 더해진 것이다. 따라서 유엔의 개입이 갖는 역사적 함의란, 그로 인해 한국전쟁이 단순한 군사적 충돌이 아니라 매우 '과도하게' 전 지구적 수준에서 정치적 의미가 부여된 정치 전쟁이 되었다는 점이다. 즉, 한국전쟁은 단순히 군사적 전투나 경제적 이해관계의 산물이라기보다는, 기본적으로 정치적인, 너무나 정치적인 전쟁이었다.

이처럼 한국전쟁이 과도하게 정치적인 성격을 갖게 되는 데 있어 중국의 개입은 매우 중요한 의미를 갖는다. 기존 연구들은 중국이 실제로 어떤 이해관계와 관점에서 한국전쟁에 참전했는지에 주목했다. 그러나 이 연구들은 그동안 배제되었던 중국의 입장을 반영하는 데 그쳐, 한국전쟁 시기 중-미 대결 구도가 유엔과 국제 질서, 동아시아 차원에 어떤 영향을 주었으며, 이에 대한 미국의 대응이 한국전쟁과 일본과의 전후 처리에 어떤 영향을 주었는지는 검토하지 않았다.[53]

한국전쟁을 종식하고 평화 체제를 수립하려 했던 과정과 결과도 재검토해야 한다. 그동안 한국의 정전 협상과 포로 문제에 대한 연구,[54] 해외에서 이루어진 정전 협상 연구,[55] 미국 측의 전략과 정책에 집중한 연구들,[56] 중국의 협상 노력에 대한 연구,[57] 정전 협상의 타결과 정전 체제의 형성 및 제네바 회담에 대한 연구,[58] 평화 협약을 통해 영구 평화 체제로 전환하자는 논의[59] 등은 구체적 사실과 정치적 쟁점에 있어 엄청난 성과들을 축적했다.

하지만 냉전 연구의 틀 안에서 이뤄진 이들 연구에는 중요한 질문이 빠져 있다. 즉, 기존의 냉전 연구들은 한국전쟁의 협상을 누가 주도했고, 누가 책임이 있으며, 그것이 성공인지 실패인지 하는 책임 공방과 기능적 성패 문제에만 주목했지, 특정한 평화 체제로서 판문점 체제의 제도적 '형태'와 '평화의 성격'에 대해 크게 고민하지 않았다. 예컨대 이런 기본적인 질문을 던져 볼 수 있다. 한국전쟁은 왜 군사적 실무 차원의 정전 협상으로 종식되고, 평화협정이 체결되지 않았는가?

오늘날 누구나 평화 협상과 평화 체제의 필요성을 말하지만 누구도 이 중요한 역사적 결과에 대해 체계적인 설명을 하려 하지 않았다. 필자는 이 책에서 한국전쟁의 종식이 군사 정전의 형태를 띠게 된 것 역시 제2차 세계대전 이후 진행된 전 지구적 자유주의 국제법 질서의 구축과 관련이 있다고 주장하려 한다. 즉 한국전쟁을 종식시킬 평화 체제의 성격과 형태에 대한 논쟁에는 제2차 세계대전의 무조건 항복과 뉘른베르크 재판, 도쿄 재판, 그리고 유엔 헌장과 제네바 협정, 냉전과 중국의 개입 같은 너무나 무거운 국제법적 쟁점과 논란들이 연계되어 있었다.

또한 기존의 한국전쟁 연구들은 한국전쟁이 동아시아 차원에서 제2차 세계대전의 전후 처리, 특히 탈식민 문제와 어떤 관계에 있었는지, 즉 서로 연결된 것으로 바라보지 못했다. 결과적으로 냉전 연구로서의 한국전쟁 연구들은 이런 국제적 수준의 정치와 지정학, 이념과 제도의 형성보다는 대부분 국지적인 군사적·전략적 쟁점에 한정된 주제들을 탐구해 온 경향이 있다.

냉전 연구로서의 한국전쟁 연구들은 스스로 '정치'와 '전쟁'의 문제를 군사적 '전투'의 문제로 단순 환원시키거나, 문제를 한반도 내부에 국한해 보려 했다. 좀 더 나아가더라도 미국과 소련의 냉전 대립이라는 구도 속에 갇혀 있었다. 요컨대, 대다수의 기존 한국전쟁 연구들은 자유주의 국제 질서와 동아시아 탈식민주의 모순의 조우라는 복합적 문제에 대한 이론적 질문이 부재했다. 이 같은 한계는 결과적으로, 냉전기 동아시아 국가들의 국가 건설과 체제 변동, 냉전 이후 사회주의 국가들의 자유주의 질서 편입 등 좀 더 포괄적인 동아시아의 체제 변동 및 체제 형성과 관련된 주제들과 오늘날 신냉전의 문제 간의 상호 연관을 보지 못하게 한다.

평화 연구로서 한국전쟁에 대한 연구는 이를 극복하기 위해 한국전쟁의 시기에 국제적으로 숱하게 제기되었던, 평화에 대한 구상들과 원칙들을 포괄적으로 검토한다. 이를 통해, 전체 냉전 역사에서 한국전쟁이 갖는 의미뿐만 아니라 동아시아 지역에서의 역할, 나아가 한국전쟁의 세계사적 의미를 조명하려 한다.

3. 자유주의 평화론과 평화의 이념형들

1) 자유주의 평화의 한계

평화와 안보 문제에 대한 수많은 이론들 가운데 20세기 자유주의 국제 질서가 전쟁에 어떻게 대응했고 어떤 차별적 결과를 낳았는가에 대한 문제를 가장 직접적으로 제기한 이론이 바로 자유주의 평화론이다.

자유주의와 전쟁의 관계에 대한 이론적 논쟁은 1983년 마이클 도일 Michael W. Doyle의 논문에 의해 본격적으로 촉발되었다. 그는 역사적으로 '자유주의 국가들끼리는 전쟁을 하지 않았다'라는 이른바 '자유주의 평화'liberal peace(혹은 민주적 평화democratic peace)라는 도발적 주장을 제기했다. 자유주의 평화론은 기본적으로 1980년대 이후 현실주의를 비판하며 등장한 것이어서 도일은, 국제 관계를 기본적으로 무정부적 질서로 전제하며 전쟁과 갈등을 자연스러운 것으로 보는 현실주의에 비판적이었다.

도일은 18세기 이래 스위스·프랑스·미국·영국·네덜란드 등을 필두로 수많은 국가들이 자유주의 국가가 되었고, 자유주의 국가들은 비자유주의 국가들과는 전쟁을 했을지라도 "헌법적으로 보장된 자유주의 국가끼리는 단 한 번도 전쟁을 하지 않았다."고 주장했다. 그는 자유주의 국가들이 공동의 자유 시장에 편입되면서 점차 자유주의 평화지대liberal zone of peace가 형성·유지되고 있다고 주장했다.[60] 즉 현실주의적 전제와 달리, 자유주의 국가들은 자유민주주의적 체제를 전 세계에 확산시켜 모든 국가를 점진적으로 평화로 이끌려 한다는 점에서 차별성을 갖는다는 주장이다.

실제로 1990년대부터 유엔을 포함한 국제기구들이 세계 각지에서 발생한 분쟁에 대한 해법으로 자유주의 평화 구축을 추진하면서 이 논쟁의 정치적 파장은 더욱 확대되었다. 국제기구들이 추구하는 자유주의 평화 구축이란, 일반적으로 제1차 세계대전 시기부터 등장해 냉전 기간에 더욱 확대되고 변형된 기획으로서, '국제연맹이나 유엔 등 국제기구를 통해 전 지구적 수준의 사법·도덕적 질서를 구축하고, 자유세계의 연합을 촉진하며, 독재 국가의 민주화와 재교육을 추진하는 것'을 지칭한다.

이후 많은 연구들이 자유민주주의와 국가 간 폭력의 관계에 대한 면밀한 경험적 연구를 수행했다.[61] 대다수의 경험적 연구들은 도일의 주장을 뒷받침하는 결론에 도달했으며, 민주주의 국가 간에 전쟁이 부재하다는 경험적인 규칙성이 확인되었다고 주장했다.[62] 심지어 럼멜Rudolph Joseph

Rummel은 민주주의 체제에는 혁명, 쿠데타, 정치적 암살, 반정부 테러, 게릴라전, 반란, 내전, 폭동 등 국내적 폭력도 덜하다고 주장했다. 민주주의 국가에서는 폭력으로 치달을 수 있는 사회적 갈등이 선거와 민주적 규범과 문화로 인해 투표·협상·타협과 중재로 해결된다는 것이다.[63] 노르웨이의 국제평화연구소는 잘 확립된 자유민주주의 체제에서는 내전이 거의 발생하지 않는다는 연구 결과를 발표했다.[64]

하지만 자유주의만이 평화를 보장한다는 자유주의 평화론에 대해 수많은 비판이 제기되었다.[65] 반론의 극단에는 오히려 자유주의는 평화가 아니라 폭력과 지속적이고 구조적 관계를 맺어 왔다는 주장이 있다. 예컨대 영국은 지정학적 확장을 추구하면서 노예제를 옹호하거나 식민지에 대한 착취, 적나라한 폭력에 의존해 왔고,[66] 미국은 지역에서 발생한 전쟁을 심화시키거나, 그 지역에 강제로 자유주의 국가를 구축하고, 자유 시장으로 강제 편입시키고, 개인주의적 자유주의만을 이상화해 왔다는 것이다.[67]

대체로 자유주의 평화론은 자유민주주의가 국제 평화에 어떤 영향을 미쳤는가라는 인과론에 대한 단일 가설만을 검증했다는 점에서 인식 틀이 협소하다는 비판을 받았다. 국가마다 역사가 다르고, 민주주의·자유주의·평화·전쟁 등에 대한 정의도 다르다는 점을 검토하지 않고, 단순하고 고정된 유럽과 서구 중심적 정의에 기반해 단일 가설을 검증하려 한 것이다. 바카위Tarak Barkawi는 이런 관점은 과거와 현재의 현실을 분석할 수 없는 지극히 단순한 틀이라고 비판한다.[68]

자유주의 평화론이 민주주의에 대한 단순한 정의를 바탕으로 하고 있다는 비판도 제기되었다. 민주주의와 자유주의는 동의어가 아니다. 민주주의와 자유주의는 다른 형태를 띠었고, 제도적으로도 사회와 시대에 따라 다른 결과를 가져왔다. 기본적으로 민주주의는 민중의 지배popular rule에 대한 것이고, 자유주의는 개인의 권리를 둘러싸고 조직화된 특정한 종류의 사회질서를 의미하는 것이다.[69] 민주주의는 단순히 자유선거라는 제도적 틀의 문제가 아니라 '대중이 직접 자신의 삶의 조건을 틀 짓고 참여할 수 있는 정도'를 둘러싼 정치적 투쟁[70]이다. 결국 하나의 기획으로서 민주주의 역시 정치·역사적 맥락에서 틀 지워진 역사적 산물이다.

그러나 자유주의 평화를 통계적으로 증명하려는 기존 시도들은 이런 다양한 맥락과 층위의 복합적 관계를 무시하고 특정한 맥락, 즉 북미 사회과학과 북대서양 민주주의 국가들의 정치체제를 반영해 민주주의의 의미를 고정시키며 자유주의와 그 결과를 물신화시킨다.[71]

결국 자유주의 평화론에 대한 가장 본질적인 비판은 자유주의 평화가 학문적으로도, 현실에서도 서구의 자유주의 국가들에게만 해당된다는 것이다.[72] 사실 서구를 중심으로 자유민주주의가 확대되는 지난 수백 년간 세계 정치는 여전히 부와 권력의 엄청난 격차뿐만 아니라 폭력적인 갈등이 끝없이 지속되는 과정이었다.

그 결과 서구의 핵심적 '평화 지대'는 더욱 평화롭고 풍요로워졌지만, 그 바깥의 '전쟁 지대'의 대다수는 빈곤과 갈등 상태에 머물고 있다. 심지어 혹자는 세계를 세 가지 지대로 구분했다. 평화로운 포스트모던 지대postmodern peace zone, 전근대적 혼란의 지대pre modern chaos zone, 근대적인 민족국가의 지대modern nation state zone가 그것이다. 즉, 첫 번째에 해당하는 서구 국가들의 경우 균형과 안보를 위한 이중, 삼중의 지역 레짐과 안전장치들이 구축되어 있으며, 이 지역에 통합되지 못하고 방치된 두 번째 지역에서는 국가가 약하고 사회 갈등과 반란, 내전 등이 빈번해 서구의 개입이 이루어지고 있다. 셋째, 나머지 근대국가들이 속하는 중간 지대는 국가 간 상호 경쟁으로 불안한 균형 상태에 놓여 있다는 것이다.[73]

따라서 자유주의 평화론을 포함해 기존의 냉전 연구와 아시아 패러독스에 대한 연구들은 모두 이 넓은 그림 속에서 재평가되고 재검토되어야 한다. 자유주의 평화론은 오로지 첫 번째 지대에만 주목하고 있으며, 아시아의 패러독스에 대한 논의들은 혼란의 지대를 고려하지 않고 두 지역을 단순 비교하고 있다. 게다가 냉전의 역사에 대한 검토 또한 부족하다.

즉, 기존 자유주의 평화론은 20세기 자유주의 기획 자체의 전개와 그것의 냉전적 변형, 특히 아시아에서의 냉전이나 한국전쟁 등 지역의 구체적 상황에 대한 역사·사회적 접근이 부족하다. 따라서 자유주의 평화론의 이론적 관점은 한국전쟁 사례를 통해 그 적실성이 재검토되어야 할 것이다.

2) 다양한 평화의 이념형들

사실 자유주의 평화는 다른 수많은 평화에 대한 논의와 기획들 가운데 하나에 불과하다. 여기서는 자유주의 평화론만의 특성을 구체적으로 검토하기 위해 유럽의 역사에 존재했던 네 가지 평화의 이념형들을 구분해 보려 한다.

그보다 먼저 언급하고 싶은 것은 20세기 후반 평화 연구[74]의 출발점이 되었던 '적극적 평화'와 '소극적 평화'의 이분법적 구분이다. 긍정적 평화 개념은 사람들과 사회 간에 협력이 존재하는 상태를 의미하고, 부정적인 평화는 폭력 상태가 부재한 것 혹은 휴전을 의미한다. 요한 갈퉁Johan Galtung은 이 적극적/소극적 평화 개념을 더 정교화해, 전쟁과 폭력적 갈등에 대한 '안보 중심적 접근'과 '평화 중심적 접근'을 구분한다. 즉 안보 중심적 접근은 어떤 갈등 상황을 대면할 때, 악마적 의도와 강한 역량을 보유한 악한 세력의 존재를 상정하고, 그로부터 폭력의 실재적 혹은 잠재적 위험이 등장한다고 이해하며, 이 세력들을 패배시키거나 억제할 강력한 힘을 통해 '안보'를 창출하는 것이 평화를 위한 최선의 길이라고 본다. 이에 비해 평화 중심적 접근은 어떤 갈등이 해소되는 과정에서 폭력이 발생할 위험이 있을 때 비폭력을 통해 이 갈등을 변형시켜 평화를 창출하는 것이 최선이라는 입장이다.[75]

이 두 가지 구분은 기존의 안보 중심적 접근을 비판하기 위한 출발이 되었지만, 더욱 복잡하고 다양한 수많은 역사적 평화 기획들을 구별하기에는 단순한 인식 틀이다. 예컨대 갈퉁이 정의했던 안보 중심적 접근이란 곧 사회질서에 대한 홉스적 해석과 다르지 않다. 홉스적 인식이란 곧 위험한 세력들을 상정한 후 위협의 목록들을 만들고, 이들에 대한 우월함을 통해, 즉 폭력 수단을 국가에 집중·독점시키는 불평등한 구조를 선호하여 자기방어를 달성하려 하는 것이다. 기존 평화 연구의 단선적인 인식 틀을 보충하고 자유주의 평화 기획의 차별적 성격을 뚜렷이 구분하기 위해, 중세 유럽에서부터 20세기 초에 이르는 기간 동안 등장한 다양한 역사적 평화 개념들을 검토해 네 가지 역사적 이념형을 도출해 보자.

3) 중세의 사회·종교적 평화 개념

중세 게르만 전통의 평화friede 개념은 원래 '사랑'과 '보호'의 상태를 의미했다. 즉 평화란 원래 국가의 전유물이 아닌, 사람들 간의 사회적 관계의 상태를 의미하는 사회적 개념이었다.[76] 이때 '사랑'으로서의 평화는 '생각과 행동에 있어서 상호 결속의 상태'로, '보호'로서의 평화는 '단순한 비폭력 상태'로 볼 수 있다. 즉 평화란 한편으로는 '상호 간 우정과 애정의 상태'라는 적극적 의미로 볼 수 있고, 다른 한편으로는 '폭력 행위가 중지된 상태'라는 소극적 의미로 이해할 수 있다.[77]

이후 전개된, 종교적 의미에서의 평화 개념에는 주목해야 할 두 가지 특징이 있었다. 첫째, 평화는 '정의'iustitia라는 가치와 밀접하게 연결되어 있었다. 예컨대 아우구스티누스의 기독교 사상에서 평화는 '질서의 고요함'이고, 질서란 동등한 것과 동등하지 않은 것들을 각각 자기 자리에 앉히고 배치하는 것이다. 여기서 모든 사물에 걸맞은 올바른 자리를 배정하는 능력과 의지가 바로 정의였다. 평화는 이런 정의와 별개로 성립할 수 없고, 정의도 평화의 배양 없이 성립할 수 없었다. 나아가 토마스 아퀴나스Thomas Aquinas 역시 "좋음과 안녕은 연대한 다중의 것이다. 그래서 그들의 하나됨이 보존되는데, 이를 평화라 부른다."고 하여 사회적으로 결합하고 연대한 다중의 상태를 평화라고 불렀다.

종교적 평화 개념의 두 번째 특징은 참된 평화vera pax와 거짓 평화mala pax의 구분이다. 아우구스티누스Aurelius Augustinus는 참된 평화와 나쁜 평화를 구분했다. 완전한 의미의 평화와 정의는 피안의 완전함의 상태에서만 가능했고, 반대로 지상의 평화는 불완전한 모방이고, 현실에서는 기껏해야 일시적 평화pax temporalis만이 주어졌다. 정의에 기반하지 않은 평화는 강요된 거짓 평화였고, 자발적 의지가 아니라 위협적인 강요에 못 이겨 합의된 평화 역시 진정한 평화가 아니었다.[78]

4) 근대 초기 홉스의 평화 개념

이렇게 사랑이나 정의 같은 긍정적 의미와 연결된 중세의 평화 개념과는 달리, 16~18세기경에는 새로운 근대적 평화 개념이 등장했다. 이 근대적 평화 개념은 곧 중세 유럽 종교전쟁의 산물이었다. 유럽 종교전쟁은 무엇이 '정의'인가에 대해 의견 일치를 이루지 못한 상태에서 벌어진 '정의로운 전쟁'just war[79]이었고, 이단자에게는 평화가 용납되지 않고 처벌과 절멸만이 추구되었다. 이 결과 평화 개념에 큰 변화가 초래되었으며, 토마스 홉스Thomas Hobbes(1588~1679년)[80]의 '시민 평화'civil peace, 즉 국가의 평화 개념이 등장했다.[81]

잘 알려져 있듯이 영국 내 신교와 구교 간 내전이 한창이던 시기에 살았던 홉스는 인간의 자연 상태state of nature란 모두가 모두에 대한 전쟁bellum omnium contra omnes을 치르는 상황이라고 보았다. 홉스는 이런 상태에서 '국가만이 시민들에게 평화를 보장해 줄 수 있으며, 평화를 실제로 보장해 주는 공동체만을 국가로 인정할 수 있다'며 강력한 국가를 내적 질서의 보증자로 제시했다.[82]

내전 이후 등장한 시민 평화의 본질은 곧 안전security[83]이었다. 홉스는 안전 개념을 근대국가의 핵심 개념으로 만들었다. 그에게 평화의 안전securitas pacis이 가장 중요한 가치였다. 홉스는 안전은 합의나 약속에 의해서가 아니라, 이 약속을 지키지 않은 것에 대한 처벌, 효과적인 폭력, 즉 '힘'으로만 보증될 수 있다고 주장했다. 이런 제재를 부여할 최종적 권위가 바로 국가의 주권과 힘이었다.[84] 이렇게 홉스가 '안전'이라는 요소를 절대화하자 전통적 평화 관념에서 내려온 평화와 정의의 결합은 무의미해졌다. 정의라는 가치가 안전에 종속되었고, 막강한 국가 사법이 보증하는 평화만이 평화로 여겨졌다.[85]

물론 이 시기에도 홉스의 평화 개념에 대한 반발이 있었다. 예컨대 국제법의 창시자들이던 자연법 합리주의자들은 홉스적 시민 평화 개념을 '피지배자들이 지도자들에 대항해 반란을 일으키는 것을 원하지 않고 독재 체제를 평화적으로 받아들이기를 바라는 강제 평화'라고 비판했다. 이들에게 평화란 인간들이 사회를 이루기 전부터 이미 존재했던 자연스러운 상태였고, '사람들이 서로 결합함으로써 창출되는 것'이었다. 이런 의미에서 푸펜도르프Samuel Pufendorf는 평화란 '다른 사람들에 대한 인간의

의무를 준수하는 상태'를 일컫는 것으로 이해했다.[86]

그런데 홉스가 국내 안보 외에는 국제 질서에 크게 관심을 보이지 않았다는 점도 중요한 지점이다. 그는 국제 문제는 전쟁이나 전후 상호 협약을 통해 해결하거나, 균형을 통한 억제로써 관리할 수 있다고 보았다.[87] 하지만 자연법 합리주의자들은 국내에서뿐만 아니라 국제 질서에서도 평화 상태를 정상이자 자연스러운 것으로 상정할 수 있다고 보았다. 여기서 '보편적 평화'에 대한 사고가 시작되는데, 이들에게 평화는 특수한 평화와 보편적 평화로 나눌 수 없는 것이었다. 모든 평화란 보편적 평화이며 모든 사람이 예외 없이 자연권에서 비롯되는 의무를 이행하여 유지되는 것이어야 했다. 특별한 동맹, 상호 의무에 의존하는 특수 평화, 특별한 관계 속에 있어야 유지되는 평화는 보편적 평화가 아니었다.[88]

하지만 종교전쟁 이후 약 250년간 홉스의 '시민 평화'는 거의 의문시되지 않는 가치로 자리 잡게 되었다. 또한 이 시기에는 국가 간 평화를 국내 평화보다 중요하지 않은 것으로 여기는 태도가 있었다. 즉, 국내 평화와 국제 평화는 공존할 수 없다고 보거나 심지어 국내 평화를 위해 국제 평화를 희생시킬 필요가 있다고 보기도 했다. 실제로 유럽 국가들 내부에서 내전이 사라지고 국내 평화가 이미 실현된 18세기부터 비로소 보편적 국제 평화 기획들이 출현하기 시작했다.

5) 칸트의 자유주의 평화론

보편적인 국제 평화에 대한 사상은 18세기 말 칸트Immanuel Kant(1724~1804년)에 의해 종합되었다고 평가할 수 있다. 평화에 대한 칸트의 사고는 크게 세 가지 요소로 이루어져 있다.

첫 번째는 계몽주의적 사고의 영향을 받아 절대주의 체제에 반대했던 공화주의적 사고이다. 프랑스혁명기 계몽주의자들은 홉스의 시민 평화는 이성·자유·도덕을 억압하는 전제정치의 강제력에 기반한 것으로 간주했다. 이들은 국내의 강제 평화와 국가 간 균형에 의존하는 평화 모두를 '국가의 평화'로 보고 이를 거부했다. 평화란 무력이나 계산에 의한 것이 아니라, 모든 인간과 민족에 대한 박애로부터 비롯되며, 절대주의 국가 체제를 제거하면 도래할 보편적 인류의 평화였다. 이런 인식에서 국내에서는 폭정, 국외에서는 정복을 일삼는 비도덕적 절대 국가에 대해 시민사회가 혁명으로 대결해야 한다는 관념이 성장했다. 압제자들에 대한 피압제자들의 전쟁은 곧 악에 대한 선의 전쟁이었다. 이러한 시민전, '세계시민의 전쟁'은 곧 영구 평화를 위한 정의로운 전쟁으로 간주되었다.[89]

계몽주의의 영향을 받은 칸트는 홉스의 시민 평화나 국가 간 권력 균형에 의한 평화를 강요된 평화, 불완전한 평화로 간주했다. 칸트에게 평화란 '이성의 절대적 명령에 의해 요청된 합법적인 정의의 상태'였다. 칸트는 국내 평화와 국제 평화가 연결되어 있기 때문에 영구 평화를 위해서는 국내 평화의 구조를 변화시켜야 한다고 보았다. 따라서 칸트는 "모든 국가의 시민 헌법은 공화주의적이어야 한다"[90]고 주장했다.

칸트 영구 평화론의 두 번째 요소는 국제 평화를 보증하기 위해서는 국제 연합과 법적 규제가 필요하다는 생각이다. 사실 이 시기 국제 평화라는 개념은 주로 평화 조약과 동일시되었으며, 그 결과 점점 더 실증주의positivism 법학에 전유되고 있었다.[91]

칸트의 영구 평화론 역시 국가 간 평화 조약의 초안 형태로 제시된 것이었다. 그러나 칸트는 '평화조약 체결'의 관습을 '단순한 휴전'으로 간주해 평가 절하했다. 국제 평화에 대한 그의 입장은 당시 생 피에르Saint Pierre의 평화 제안과 비교할 때 더 정확히 파악할 수 있는데, 생 피에르는 유럽 평화를 달성하기 위해 유럽 연방 정부를 수립할 것을 제안했다.[92] 칸트는 이런 이상을 받아들였지만 통일된 세계 공화국weltrepublik, 세계 국가 수립에는 반대했다. 왜냐하면 정부가 커질수록 법이 효력을 잃고 영혼 없는 전제주의가 결국 무정부주의로 귀결될 것이라고 보았기 때문이다.[93]

칸트는 국제연맹Völkerbund이나 법적 규제면 충분하다고 보았다. 칸트는 국가들 간에도 법적인 규제 안에서만 안녕과 안전이 보장될 수 있다고 확신했다. 칸트는 국제 관계에서 영구 평화란 '국가들 간에 폭력이 아니라 정의가 지배하고, 분쟁들이 정의의 개념에 의거해 결판나는 상태'라고 보았다. 이는 '도덕에 합당하게 법을 제정하는 최고의 권좌에 앉아 전쟁을 무조건 금지시키고, 평화 상태를 즉각적인 의무로 만드는 것이 이성'이라는 칸트의 의무 사상에서 기원한 것이었다. 칸트의 주장은 법률적 강제 질서로 평화를 확립할 수 있다는 홉스의 염세적 전제를 기반으로 생피에르의 전망에 도달하려는 입장이라고도 볼 수 있다. 이 점에서 칸트는 계몽주의에서 19세기 사회적 유토피아주의로 이어지는 낙관적 진보주의와 어느 정도 거리를 둔 것으로 평가된다.[94]

칸트 영구 평화론의 세 번째 요소는 바로 자유무역이 평화를 보증한다는 믿음이었다. 칸트는 '전쟁과 공존할 수 없는 무역 정신'der Handelsgeist이 모든 국가로 확산되어 평화를 보증할 실질적 힘이 될 것이라고 보았다.[95] 이 역시 계몽주의적 사고와 관련이 있었다. 당시 계몽주의자들이 보기에 영구 평화가 확산되지 않는 중요한 이유 가운데 하나는 계몽되지 않은 경제사상, 즉 무역 제한 정책을 추진하는 중상주의적 사고 때문이었다. 계몽주의는 상업의 정신을 우월한 것으로, 정치적 정신은 정복적이고 비도덕적인 것으로 간주했다. 사회적 진보에 대한 신념을 공유하던 프랑스 계몽주의자들은 '호전적 사회'와 '산업사회'를 구분했고, 산업화로 인해 생겨난 새로운 사회문제들은 새롭게 발전한 사회물리학 혹은 사회학으로 대응할 수 있다고 보았다.[96]

특히 영국의 자유주의 사상가들, 특히 공리주의 철학자들은 국가 간 무역과 교통의 자유가 지속적인 평화를 보증할 것이라고 좀 더 직접적으로 주장했다. 애덤 스미스(1723~90년)의 정치경제학은 산업화와 노동 분화에 따른 정규군의 발전을 바람직하게 보며, 경제적 발전과 무역이 평화를 보증한다고 주장했다.[97] 제러미 벤담Jeremy Bentham(1748~1832년)은 '전쟁은 최대의 해악'이라고 생각했으며, 중상주의와 식민주의 모두를 비판했고, 평화를 보증하고 모두에게 상호 이익이 된다며 자유무역의 확대를 옹호했다. 그는 국가들 간 교환을 완전히 공식화하면, 무역에 의존하고 있는 시민들의 이해관계가 전쟁을 일으키려 하는 정부의 입장과 충돌하게 될 것이라고 주장했다.[98]

결국 칸트는 한편으로는 계몽주의적 이상을 공유하면서 국내에서 절대주의 폐지와 공화주의 수립을 영구 평화의 첫 번째 조건으로 삼았고, 국제적으로는 세계정부나 세계 공화국보다는 국가 간 연합이나 국제법적 규제를 최선으로 보았으며, 프랑스 중농주의나 영국의 공리주의처럼 산업화와 자유무역의 확대가 국제 평화를 위한 최대의 보증이 될 것이라는 자유주의적 판단을 따랐다. 계몽주의의 영향을 받은 공화주의, 홉스적 비관에 근거한 국제법과 연합, 자유무역이라는 자유주의적 경제관, 이 세 가지 요소가 곧 칸트 영구 평화론의 핵심 요소들이었다.

6) 뒤르켐의 연대로서의 평화

칸트의 종합은 19세기 이후 여러 갈래로 나뉘었다. 19세기에는 반평화적 주전론이나 강력한 유기적 국가론이 대두되기도 했고, 계몽적 낙관주의에서 기원한 사회 유토피아론들은 보편적 평화론을 주장했다.[99]

특히 사회 유토피아주의에서 평화란 전쟁을 초래하는 사회적 조건들이 제거되면 저절로 도래하는 것이었다. "전쟁이 억압에서 나오듯, 평화는 자유에서 나온다"는 생시몽의 말은 자유주의/사회주의적 평화 개념이 사회적 조건에 기반하고 있음을 잘 보여 준다.[100] 이러한 생시몽주의적 낙관주의에 기반해, 콩트와 뒤르켐은 19세기 후반에서 20세기 초, 사회학적 실증주의를 학문적 틀로 하고, 정치적으로는 자유방임주의나 공산주의에 반대하며 '사회적 연대'를 대안으로 제시하고, 국제적으로는 연방주의를 추구하는 흐름을 형성했다.[101]

일부 국제법 학자들은 '사회 분업'에 따른 연대의 발전이라는 뒤르켐의 생각을 국제사회에 그대로 적용하려 했다.[102] 이들에게 법이나 국가는 사회 영역 즉, 경제적 산업화, 노동 분업, 사회적 연대라는 객관적 법칙의 기능을 담당하는 기구이자 사회 발전의 지표였고, 궁극적으로는 세계연방주의로 나아가기 위한 도구에 불과했다.[103] 국제법에 대한 사회학적 이해는 셀르Georges Scelle(1878~1961년)[104]에 의해서 집약되었는데 국제법에 대한 그의 사고는 다음과 같은 특징을 갖고 있다.

첫째, 셀르는 사회가 궁극적으로 개인들 간의 관계로 구성된다고 보았다.[105] 개인은 여러 다른 형태의 사회적 관계 속에 들어가며, 국가는 그 가운데 단지 가장 밀도가 높은 것에 불과했다. 국제사회 역시 다른 모든 사회처럼 개인들로 이루어졌으며 이를 부정하는 것은 반과학적 집단주의였다. 셀르는 국제무대에는 (국제기구와 국제연맹와 같은)초국가적인 사회supra-State, (기독교 단체나 유대교 위원회와 같은) 국가 외 사회extra-State 등이 존재하고 이들에 의해 평화와 질서가 이루어질 수 있다고 보았다.[106]

둘째, 법이란 사회적 연대라는 '객관적 법'social law이 번역된 것이다. 입법은 곧 사회의 필요에 대한 과학적 분석을 반영하는 과학적 작업이다. 셀르에게 법이란 연방주의로 나아갈 사회학적이고 생물학적인 사회 현실을 '번역'한 것이었다. 그는 "사회학은 연방주의가 인류 공동체의 항구

표 1-2 | 평화의 네 가지 역사적 이념형

	배경	평화의 정의	평화의 조건	우선순위와 지향	국제 평화 수단
사회·종교적 평화	국가 이전의 중세 사회	사랑과 보호, 정의로운 질서	자발과 합의, 상호 결속, 조화로운 질서	정의, 사랑, 평온	-
홉스의 평화 국가의 평화	영국 내전 (1642~51) 유럽 종교전쟁 (1524~1648)	국가의 평화	강력한 국가의 평화	내부 안보	전쟁, 국가 간 협약, 억제, 권력 균형
칸트의 평화 자유주의적 평화	프랑스혁명 (1789) 나폴레옹 전쟁 (1803~15)	계몽과 이성의 보편적 의무	공화주의 국제법의 의무화 공리주의적 자유무역	절대주의 체제 극복, 영구 평화 확보	국제법과 국제연맹
셀르/뒤르켐의 평화 사회·연대적 평화	19세기 말 혼란 제1차 세계대전 (1914~18)	개인으로 이뤄진 사회의 요구	객관적 과학 노동 분업과 연대 사회-반국가	과학에 근거한 사회의 진보, 연대	세계 연방, 국제법, 노동 분업과 연대

적인 진화의 법칙임을 보여 준다."며 사회학을 사회연대와 연방주의를 달성할 학문적 틀로 인식했다. 그는 법이 사회의 필요나 연대를 반영해야한다는 점에서 국내법과 국제법, 사법과 공법은 서로 차이가 없다고 보았다. 하지만 그에게는 국제적 차원이 일반 사회나 국가보다 높은 권위를 갖는 것이었다. 그는 국제법을 일종의 국제사회의 헌법으로 간주해, 개별 국가에 위로부터 부과되는 것으로 보았다. 그에게 전 지구적 연대는 지역적 수준의 연대보다 상위의 것이었다.[107]

　　사회를 가장 우위에 두고, 그것을 반영한 연방주의에 가장 높은 권위를 부여하는 두 가지 사고가 결합됨으로써 셀르에게 국가의 위상은 상대적으로 낮았다. 즉 그는 '국가가 인간의 집단 중 특권적 자리를 차지하고 있는 것은 그저 역사적 사고에 불과'하며, 국가는 개인의 연대를 현실화시키기 위한 도구일 뿐이라고 보았다. 이런 사고에 따르면 홉스가 강조한 국가의 주권이나 특권적 지위는 가장 반사회적인 것이었다. 같은 맥락에서 셀르는 국제법을 통한 위로부터의 전쟁 금지를 지지했다. 전쟁은 불법적이고, 국제법을 집행하기 위한 전쟁만이 합법적이었다. 그런데 그는

그림 1-1 | 평화의 네 가지 역사적 이념형

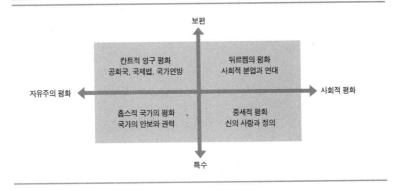

'전쟁은 잘못된 것이어서 불법적인 것이 아니라 그것이 반사회적이기 때문에 불법적'이라고 보았다.[108] 즉, 전쟁이 국제법에 의해 불법화되는 것은 국제법 자체에 당연히 전제된 권위 때문이 아니라, 근본적으로는 전쟁 자체가 반사회적이며, 법은 이러한 사회적 요구를 반영해 정당한 권위를 갖게 되었기 때문이다. 이를, '불법성' 판단을 법적 논리에서만 찾는 것이 아니라 '사회적 정당성'에 근거했던 사회 중심적 국제법 사상이라 부를 수 있을 것이다.

추가로 언급할 것은 국제법에 대한 셀르의 사회학적 사고는 개인의 자유와 공동체가 화해 가능할 뿐만 아니라 서로 의존한다고 가정했다는 점에서, 개인을 특권시하는 영미 자유주의와 다소 다른 결을 보이는 프랑스 공화주의의 유산이었다는 점이다. 또한 도덕주의 대신 과학적 인식을 강조했던 셀르의 객관주의는 당시 무기력한 현실 정당정치에 대한 대응이기도 했다. 이는 뒤르켐이 살았던 프랑스 제3공화국 시기, 19세기적 정치 시스템이 수많은 사회 갈등으로 말미암아 작동하지 않는 상황에서, 사회문제를 종교나 전통적 도덕으로 해결하려 하지 않고 하나의 사회현상

으로 이해해 과학적 해법을 모색하려 했던 시도의 연장선에 있었다.[109]

이처럼 중세로부터 홉스, 칸트, 셀르로 이어져 온 평화론을 네 가지 역사적 이념형으로 나누어 보았다. 첫째, 중세의 평화관은 사회와 인간관계에서의 평화를 의미했고, 종교적 의미에서 정의에 입각한 진정한 평화와 가짜 평화가 구분되었다. 둘째, 홉스의 평화는 곧 내전에 반대하는, 국가의 평화였다. 내부의 안전이 가장 중요시되었고 이런 평화는 국가의 강력한 권위에 의해 확보되어야 했다. 국제 평화는 전쟁이나 조약, 무력을 통한 억제를 통해 달성될 수 있었다. 셋째, 칸트의 평화는 절대주의 체제에 반대하고 세계정부와도 거리를 두는 공화주의적 평화였다. 국내에서는 절대주의 국가와 시민사회의 대결을 통해 공화주의를 이루고, 국외에서는 국제법과 국제연맹을 통해 영구 평화를 이룰 수 있다는 것이었다. 넷째, 셀르 혹은 뒤르켐의 평화는 곧 개별 국가를 극복한 세계연방을 통한 사회·연대적 평화였다. 사회는 개인으로 이루어져 있으며, 국가는 가장 반사회적인 것이다. 노동 분업의 전개에 따라 연대가 발전되듯이 사회의 요구를 반영한 세계연방을 수립함으로써 국내외를 구분하지 않는 보편적 평화를 이룰 수 있다는 것이었다. 평화의 이 네 가지 이념형들은 제한적인 특정 시공간의 평화로부터 국가의 평화를 거쳐 국제 평화, 그리고 보편적 영구 평화로 나아가는 큰 흐름이었다고 할 수 있다.

7) 평화의 이념형으로 본 유엔과 냉전기의 국제적 평화 기획

그렇다면 이 이념형을 통해 볼 때 20세기 자유주의 평화 기획은 어떤 특징을 갖고 있을까? 이 책은 냉전 이전부터 형성되어 온 자유주의 평화 기획의 장기적인 역사적 형성과 변화에 주목하며 이를 분석할 것이다. 자유주의는 원래 시장경제에 근거해 권력을 팽창·유지하고 이를 위해 사회구조를 변화시키고 유지하던 경제·정치적 사상이지만, 19세기 유럽에서 점차 고전적인 근대적 전쟁관, 처리 방식, 관리 방식과는 다른 특유의 국제적 관리 방식을 만들어 왔다. 즉 자유주의는 '전쟁'이나 무력 충돌이라는 큰 위기 상황에 대한 특유의 정치 경제적 계산, 대응, 국제적 관리 방식을 형성시킨 것이다.

자유주의 평화론이 주장했듯이 만일 서구 자유주의 국가들 간에 평화로운 관계가 유지되고 그것이 더 확고해져 왔다면, 이는 어떤 역사적 과정을 거치면서 형성된 것일까? 전쟁과 평화에 대한 자유주의 제도와 관념, 계산과 전략은 어떤 역사적 과정을 거쳐 형성되었을까? 그리고 냉전기에는 무엇이 어떻게 변형되었을까? 이것이 이 책의 2장, 3장에서 구체적으로 검토할 첫 번째 질문이다.

특히 2장에서는 20세기 자유주의 평화 기획의 전 지구적 전개와 냉전 시기 변화를 다룬다. 유럽에서 권력 균형 질서와 주권 원칙이 등장해서 19세기에 영국을 중심으로 자유주의 국제 질서가 등장하는 과정, 제1차 세계대전 이후 베르사유에서 미국에 의해 등장한 민족자결, 전쟁의 범죄화, 국제연맹이라는 자유주의 평화 기획의 성격을 검토할 것이다. 하지만 이 기획이 실패로 돌아가고 제2차 세계대전에서 '무조건항복'이라는 무차별적 전쟁이 도래한 이후, '유엔 창설'이라는 전후 질서 구상이 다시 등장하기까지 어떤 연속과 단절, 새로운 변화와 절충의 지점들이 생겨났는지를 살펴볼 것이다. 전 지구적인 전쟁 및 무력 사용 자체를 위법화한 유엔 헌장, 전쟁과 대공황 등 전쟁과 경제·사회문제의 연관성에 대한 고려, 신탁통치제도에서 드러나는 탈식민주의적 기획, 소수민족의 집단적 권리보다는 개인의 인권에 대한 고려의 강조 등 국제법의 형성 과정을 검토할 것이다.

그리고 3장에서는 이러한 자유주의적 이상주의 기획이 냉전으로 인해 어떤 변화를 겪었는지도 검토할 것이다. 전 지구적 자유주의 질서를 구축하려던 미국의 기획으로서 냉전은 현실주의를 대두시킨다. 미국은 제2차 세계대전 이후 수많은 지역 문제들을 모두 소련과의 적대적 대립이라는 이분법적 대립 구도로 해석함으로써, 자유주의 체제가 공격받고 있다는 인식을 바탕으로 더 공격적이고 방어적인 봉쇄정책을 추구하게 된다. 냉전 전략은 지정학적 사고와 고전적 권력 균형 관점에 기반해 안보라는 틀로 산업·자원·기술·노동력·영토·군사력·정보·문화·이념의 문제를 통합시킨다. 자유의 조건으로서 안전의 문제를 결합시킨 냉전 전략은 거대한 군비경쟁을 기본으로 하는 복합적 경쟁 구도로서 전 지구적 영향을 확대하게 된다.

2

칸트의 자유주의 기획과
초국적 법치로서의 평화

국제연맹은 '매우 모순에 가득 찬 구성물'이다. _카를 슈미트

유엔 헌장은 세계 최초의 위대한 헌장인 베스트팔렌 평화를 떠올리게 한다.

_레오 그로스

자유주의는 전쟁과 평화에 대해 어떤 차별적 인식과 대응 방식을 갖고 있을까? 다른 평화 기획들과 다른 자유주의 평화 기획만의 특성들은 무엇일까? 자유주의 기획은 어떻게 제도화되었을까?

기존 연구들은 대체로 자유주의 평화 기획의 사상적 기원을 칸트로 설정한다. 그런데 여기서 주의할 점은, 탈냉전이라는 새로운 시대적 맥락에서 칸트에 대한 일종의 자유주의적 재해석이 이뤄졌다는 점이다. 즉 도일은 칸트가 제시한 공화주의적 헌법, 평화 연합pacific union, 코스모폴리탄

적 법이라는 세 가지 평화의 조건들을, 각각 자유주의적 헌법, 자유주의 국가들의 초국적 연합, 보편적 국제법으로 해석했다.[1] 하지만 다수의 학자들이 지적했듯이 이런 해석들은 칸트의 주장에 담긴 폭넓은 철학적 가치들과 역사적 맥락을 제거했다.[2] 적어도 칸트는 자유주의적 재해석과는 달리 여전히 공화주의의 전통 속에 있었다. 칸트는 세계를 자유주의 국가와 비자유주의 국가로 단순 구분해 전자를 특권화하려고 시도하지 않았으며, 비자유주의 국가가 개혁되어야 한다고 주장하지도 않았다. 더욱이 그는 자유주의의 확산만이 평화를 확보할 유일한 길이라며 국제정치 시스템을 동질화시켜야 한다고 주장하지 않았다.[3]

또한 18세기 말에 제시된 칸트의 자유주의적 평화 구상이 20세기에 어떻게 실제로 제도화되었는지는 또 다른 문제이다. 이에 대한 기존의 역사적 평가는 크게 두 가지로 나뉘어 대립하고 있다. 첫 번째는 20세기적 홉스라고 할 수 있는 슈미트의 현실주의적 관점이고,[4] 두 번째는 20세기적 칸트라고 할 수 있는 레오 그로스Leo Gross[5]나 켈젠 등 국제법 학자들의 자유주의적 관점이다.

먼저 슈미트는 자유주의 평화 기획을 미국의 제국주의적 행태라고 규정했다. 뿐만 아니라 슈미트는 이런 시도가 유럽이 오랜 시간이 걸려 이루어 낸 국가 간 공법 체계를 완전히 붕괴시켰다고 비판했다. 즉, 슈미트는 자유주의 국제 질서의 등장을 제국주의의 등장으로, 자유주의 평화 기획을 유럽 근대의 붕괴로 묘사했다. 이런 슈미트의 관점은 『대지의 노모스』Der Nomos der Erde im Volkerrecht des Jus Publicum Europaeum(1950년)라는 책에 집약되어 있다. 그가 20세기 자유주의 국제 질서를 분석할 때 사용한 '노모스'nomos라는 단어는 지정학적 용어였다는 사실에 우선 주목해야 한다. 노모스는 법에 의해 중재되지 않는 법 외적 권력을 의미했고, 슈미트는 이 개념에 근거해 유럽의 기존 실증주의 국제법을 비공간적·비역사적·탈정치적이라고 비판했다. 즉, 슈미트가 바라보는 국제 질서는 법학의 영역이 아닌 현실 권력의 영역이었다.[6] 현실의 권력을 중시한 슈미트는 한편으로는 자유주의 국제 질서가 기존 유럽 공법 질서를 붕괴시켰다고 비판하면서 기존 법질서를 옹호했고, 다른 한편 독일 국내 정치에 대해서는 법적 형식주의보다는 현실의 권력투쟁과 결정을 중요시했다. 결국 그는 자유주의적 국제질서에 대항해 독일의 주권을 옹호하고, 국내 사회로부터의 도전에 대해서는 보수적 국가주의[7]를 내세웠던 것이다.

이와 반대로 현실 정치보다 법을 중시했던 자유주의적 국제법주의자들은 개별 국가의 주권보다는 자유주의 국제 질서의 등장과 전개를 우호적으로 평가했다. 한스 켈젠은 신칸트주의의 영향하에서 법학의 대상에서 정치를 배제한 순수 법 이론을 발전시키며 슈미트와 대립했다. 그는 법적 타당성의 궁극적 근거로 선험적인 근본 규범Grundnorm을 상정하며, 국제법질서와 이질적으로 공존하고 있는 국가 주권 개념을 비판했다. 켈젠은 하나의 일원화된 규범 체계를 강조했기 때문에 국가 주권이나 정치 권력보다 헌법과 코스모폴리탄적 국제법을 우선시했다. 그는 국제연맹에 입법권이 없는 것, 전쟁을 금지하고 제재할 강제력이 없는 것, 국제사법재판소의 권위가 약한 것 등을 비판했다.[8] 이런 그의 입장을 전 지구적 법치 기획이라고 규정할 수 있을 것이다. 이런 관점에서 유엔의 수립은 자유주의 평화 기획이 점차 단점들을 보완하며 최종적인 발전 단계로 나아간 것으로 평가한다.

그러나 반동적 국가주의나 자유주의적 법치 기획은 모두 자유주의 평화 기획의 한 면만을 과장하고 있다. 슈미트의 극우적 관점은 제1, 2차 세계대전의 패전국인 독일 민족주의의 관점에 근거해 자유주의의 전개를 영·미 제국주의의 세계 지배가 일방적으로 관철되는 것, 나아가 유럽적 근대의 붕괴와 종말로 과장한다. 반대로 자유주의 국제법주의자들은 자유주의 국제법의 전개를 우호적으로만 바라보고, 이 기획이 현실화되는 과정에서 발생하는 적나라한 정치투쟁을 적절히 대면하지 못한다. 유엔을 이상적으로만 묘사하면, 베르사유 체제를 실패로만 규정하게 되어 이 제도들이 성취한 것을 식별하지 못하고, 이들이 설립되는 과정에서 작동한 권력 투쟁과 정치적 타협들을 균형 있게 평가하지 못하게 된다.

그렇다면 어떻게 이 두 가지 지배적 관점의 오류를 극복하고 자유주의 평화 기획의 역사적 전개 과정과 그 특성을 균형 있게 바라볼 수 있을까? 이를 위해 이 장에서는 독일이나 미국의 입장에서 어느 한 면만을 강조하기보다, 19세기 유럽적 근대 질서로부터 20세기적 질서로의 역사적 전환과 변형의 과정을 포괄적으로 시야에 넣으려 한다. 즉 비엔나 체제에서부터 유엔의 창설로 이어지는 시기까지 전쟁과 평화에 대한 자유주의 제도와 관념, 계산과 전략들이 어떻게 형성되었는지를 추적하는 것이다.

나는 이 과정을 단지 순수한 법적 발전의 과정으로, 혹은 권력 투쟁과 정치적 타협의 산물로만 바라보지 않을 것이다. 여러 갈등과 협상의 동학을 통해 새로운 제도들이 형성되어 가는 복합적인 과정을 포착할 것이다. 이렇게 형성된 20세기 자유주의 전쟁 관리 기획은 유럽의 19세기적 전쟁 관리 제도와 어떻게 다르며, 어떤 특성을 갖고 있는가?

1. 20세기 자유주의 평화 기획의 기원

1) 19세기 '권력 균형 원칙'의 붕괴

20세기에 등장한 자유주의 평화 기획은 무엇보다 고전적인 유럽의 전쟁 관리 제도와 원칙들을 극복하려던 기획이었다. 전통적인 유럽의 국가 간 시스템의 원칙이자 국제법적 규범의 정치사회적 토대는 바로 '권력 균형' 원칙이었다. 권력 균형 원칙은 16세기 이탈리아에서 기원해 유럽으로 확산되었는데, 특히 '유럽 균형 정책의 최초의 현시'로 평가되는 것이 바로 30년 종교전쟁을 마감한 베스트팔렌 체제이다. 이 권력 균형 원칙이 확립된 시기에 대해서는 연구자들에 따라 다양한 이견이 존재하지만 대체로 17세기에 기원해 19세기에 확연히 자리 잡아 유럽의 '백년 평화'를 이룬 것으로 평가된다.[9] 따라서 19세기 유럽의 국제법에 반영된 근대적 전쟁 개념과 그와 관련된 원칙들은 유럽의 권력 균형 체제를 유지하기 위한 기반이자 그 산물이라고 할 수 있다.

19세기 국제법의 근대적 전쟁 개념은 중세 유럽의 그것과 큰 차이가 있었다. 원래 중세의 '정의로운 전쟁'이라는 개념하에서 전쟁은 상대의 범죄에 대한 사법적 행동이자 신의 심판이었다. 하지만 유럽의 권력 균형 체제가 발전된 이후 근대적 의미에서 전쟁이란 국가들 간의 전쟁이 되었다. 그리고 국가가 국내적으로 전쟁에 대한 권리를 독점하게 되자, 국가 간 전쟁에는 일종의 법적·정치적 정당성이 부여되었다.[10]

"전쟁은 인간과 인간 사이의 관계가 아니라 국가와 국가 사이의 관계"[11]라는 루소의 정의는 이 원칙의 핵심을 드러낸다. 즉 18세기 유럽에서 주권 원칙이 자리 잡히면서 전쟁권Jus ad bellum[12]은 국가의 근본적인 권리로 여겨졌고 국가만이 전쟁을 선포할 권리를 갖게 되었다. 베버Max Weber의 정식화처럼 국내에서 모든 폭력은 국가에 의해 독점되는 한편, 국제적으로는 모든 국가가 전쟁을 할 동등한 권리를 갖게 되면서 상대 교전 국가를 범죄국으로 취급하거나 차별적으로 대우하는 것은 더 이상 가능하지 않았다.[13]

이러한 근대적 전쟁 개념은 국가에 대한 근대적 사유의 변화와 밀접한 관련이 있었다. 17~18세기에 국가정책이 점차 과학에 근거하게 되면서 국가정책을 단지 신앙이나 도덕성에 근거했던 중세적 사고와 결별하기 시작했다. 이 시기는 수학과 공학의 정신이 확산되는 계산의 시대age of calculation였고, 국가정책은 '국익의 극대화'라는 목적을 갖게 되었다.[14]

국제법에 이런 경향이 반영되면서 등장한 것이 19세기 실증주의 국제법이었다. 실증주의는 기존의 자연법 체제를 극복하고 법을 자연의 산물이 아닌 '인간의 산물'로 간주했다. 실증주의는 주권 개념에 넘어설 수 없는 숭고한 가치를 부여했으며, 국가만을 국제법적 영역에서 법적 주체로 인정하고, 따라서 국가에만 교전권을 부과했다.[15]

그 결과 발생한 중요한 변화는 바로 중세식 '정의로운 전쟁' 개념이 더욱 약화된 것이다. 실증주의적 관점에서 전쟁은 더 이상 한 세계 안에서 공동체의 가치를 옹호하는 것이나 정의의 도구 같은 것이 아니라, 경쟁적인 국익의 도구였다. 이런 점에서 실증주의는 국가들이 무정부 상태에서 각자 국익을 추구하고 있다는, 홉스적 이해를 근거로 했다.[16]

실증주의는 전쟁을, 법적으로 보호된 권리와 권익을 집행하기 위해 국제법에 의해 제공되고 규제되는 '절차'로 간주했다. 이에 따라 실증주의는 국제법의 자원과 근거를 국가 간 합의, 협약과 관습법들 그 자체에서 찾았다. 즉 협약들 자체가 바로 주권적 의지의 표현이었고, 주권 의지의 발현이 곧 관습법들과도 합치한다고 보았다. 이에 따라 실증주의는 다소 과학적이고 기술 관료적인 지향을 갖게 되었다. 당시 유럽 국제법 학자들에게는 평화 협약의 초안을 작성하는 기술적인 세부 사항과 관습법에 대한 식견, 정부에 대한 자문 등이 중요해졌다.[17]

이 시기부터 전쟁에 대한 수많은 국제법들이 등장하기 시작했다. 평화 협약, 동맹, 보증, 중립성 협약 등 정치적 협약뿐만 아니라 무역 협약, 영사 문제에 대한 별도 협약과 법률 지원 등이 등장했다.[18] 동시에 이 협약들의 법적 구속력도 증가했다.[19] 그런 점에서 19세기는 일반적으로 국가 간 계약적 충실성의 시대an age of contractual fidelity로 평가된다.

그 결과 19세기에는 전쟁이 국가 간 평화 협약들로 종식되는 관행이 분명하게 자리 잡았다. 16, 17세기에는 전체 전쟁의 3분의 1 정도가 평화 협약으로 종식되었지만, 18세기에는 절반 이상이, 19세기에는 3분의 2가, 그리고 1920년 이전에 발생한 전쟁의 대부분이 평화 협약을 통해 종식되었다. 특히 제1차 헤이그 평화회의가 열린 1899년부터 제1차 세계대전을 종식시킨 베르사유 협약에 이르기까지 유럽에서 발발한 모든 국가 간 전쟁은 1907년 제2차 헤이그 평화회의에서 채택한 협약에 따라 선전포고로 시작되었고 평화 협약으로 종식되었다.[20]

그런 점에서 나폴레옹 전쟁 이후 이를 종결짓고 19세기 1백 년 평화의 시작을 알린 비엔나 회의Congress of Vienna(1814~15년)[21]는 유럽 국제법의 실증주의적 발전을 상징하는 산물이었다. 특히 카를 슈미트는 이 비엔나 회의를 유럽 공법 질서의 큰 성과로 평가했다. 슈미트는 비엔나 회의에서 전쟁법 개념이 재건되어 전쟁이 '평등한 교전권을 가진 주권 국가들 사이에서 이루어지는 전쟁', 즉 국가들 사이의 전쟁이 된 것에 주목했다. 이에 따라 전쟁의 양 당사자는 기본적으로 서로를 국가로 승인했다고 판단했다. 슈미트는 이로써 적은 파괴해야 할 범죄자가 아니라 '합법적인 적'으로 여겨졌고 주권국가 원칙을 통해 전쟁을 제한하는 데 성공했다고 보았다.[22]

그러나 비엔나의 실증주의 체제가 이룬 제도적 성취는 실제 역사·사회적 맥락에서 재평가할 필요가 있다. 테슈케Benno Teschke는 비엔나 체제가 실제로 전쟁의 잔인함이나 피해를 전혀 억제하지 못했고, 유럽 공법하에서 근대 초기 전쟁이 신사적인 결투duel였다는 주장은 신비화된 것이라고 비판한다. 즉, 이 시기 유럽에서 전쟁의 선포, 목적, 종식 및 전쟁 행위가 국제적 규제와 관리의 대상이 된 것은 전쟁이 오늘날의 의미에서 주권국가들에 의해 치러진 것이 아니라 기본적으로 구체제적인 왕국 내부의 갈등이었기 때문이다. 비엔나 회의의 당사국인 5대 열강 중 오스트리아, 프러시아, 러시아는 여전히 절대주의 왕정 체제였다. 따라서 전쟁의 목적이 국제법에 의해 엄밀하게 제한된 것이 아니라, 지배자들의 주요 권력 자원인 땅과 주민에 대한 전후 정리 절차가 제도적으로 잘 발달한 것이라고 볼 수 있다.[23] 또한 전쟁은 합리적인 계획에 의해서가 아니라 재정·군사적 소진과 공공 부채 증가와 파산 때문에 종식된 것이었고 국가 간 계약 관계는 이를 정리하기 위해 필요한 것이었다.[24]

비엔나 체제 아래 유럽의 국가 간 질서 역시 평등한 주권국가들의 연합과는 거리가 멀었다. 비엔나 회의 이후 유럽의 주요 열강들은 프랑스에서 발생한 혁명을 이전 상태로 되돌리려 했고, 사실상 유럽 대륙은 오스트리아, 프러시아, 러시아라는 세 열강이 기독교적 가치에 근거해 결성한 신성동맹(1815년)이 지배했다. 그런 점에서 오시안더Andreas Osiander는 사실상 비엔나 체제는 평등한 국가들 간의 권력 균형이 아니라 2층의 국가 간 시스템을 도입한 계기였다고 평가한다. 즉 여러 국가들 중 5개의 열강(영국, 프러시아, 러시아, 오스트리아, 프랑스)이 별도의 관리 위원회를 형성하고 국제적 안정성을 유지할 책임을 지게 되면서 '열강'great powers 개념이 등장한 것이었다. 따라서 19세기에 확립된 것으로 여겨진 권력 균형 원칙은 사실상 19세기부터 열강의 지위가 허용되면서 후반부에는 점차 쇠퇴했다.[25]

슈미트가 권력 균형 체제와 유럽의 고전적 국제법의 수립에만 주목했던 것과 달리 비엔나 체제는 또 다른 변화의 시작이었다. 비엔나 체제 이후 유럽의 신성동맹은 영국의 영향 아래 유럽 협조 체제concert of Europe로 변화했다. 즉 19세기 유럽의 평화가 오래 지속된 것의 배경에는 열강들 간의 권력 균형만이 아니라, 일종의 전 지구적 영향력을 행사하는 유럽의 균형자로서 군, 재정, 경제적 역량이 압도적으로 우위에 있던 영국의 존재가 있었다. 19세기 동안 유럽은 영국의 통제력에서 벗어나지 못했다. 영국이 신성동맹의 이데올로기와 거리를 두고 유럽 대륙에 대한 정책을 변화시키자 신성동맹도 결국 영국의 대외 정책을 따르게 되었다. 다만 영국은 기존 국제 질서를 유지하는 것이 자국에 이익이었기에 국가 간 중재 arbitration 개념을 적극적으로 옹호하며 스스로 국가 간 협약의 존엄성, 신성함의 주창자가 되어 실증주의적 경향을 뒷받침했다.[26]

따라서 19세기 유럽에서 균형자로서 영국의 역할은 한편으로는 유럽의 실증주의적 국제 협약의 전개를 강화했으며, 다른 한편 영국을 중심으로 한 산업 자본주의의 전개는 중상주의적 경제 질서로부터 전 지구적 자유주의, 자유무역의 확산으로 나타났다. 이 경제적 변화의 맥락은 유럽의 기존 국가 간 질서와 국제법에 또 다른 변화를 가져왔다.

즉, 과거 실증주의와 권력 균형 체제의 경제적 기반은 바로 식민 무역 독점에 기반한 중상주의 체제였고, 권력 균형은 새로운 제국주의의 대두를 막기 위해 필요한 원칙이었다. 중상주의는 양자 간 무역 불균형이 커지는 경우 통상을 제한하는 등 패권에 대한 견제로 작동하는 권력 균형 원칙에 적합한 정책이었다. 하지만 영국을 중심으로 자본주의와 자유무역이 확대되자 전 지구적 규모로 자유주의적 원칙들이 확산되기 시작했다. 그 변화의 두 가지 대표적인 사례가 자유로운 경쟁과 순환을 주장하는 18~19세기 해양법maritime law의 변화와, 계몽주의와 국제기구를 통해 평화를 수립한다는 자유주의 평화 프로젝트들이었다.

사실 국제법의 창시자로 불린 그로티우스Hugo Grotius부터 항해와 무역의 자유를 주장했다. 영국의 보호주의와 독점에 대항하던 국가들이 공해 公海 개념을 통해 자유무역 원칙을 제도화할 것을 요구했고, 미에빌China

Mieville이 지적했듯이 미국 식민지를 상실한 영국도 중상주의 노선을 포기할 수밖에 없었다. 강대국 간 경쟁으로 영국 동인도회사의 인도 무역 독점도 1813년에 끝이 났다. 아이러니하게도 자유무역주의가 대두되면서 미국을 필두로 기존의 유럽 식민지가 유럽 국제법 체제에서 인정되기 시작했다. 다시 말해 제국주의적 중상주의에서 자유무역 체제로의 전환은 식민지를 국제법 체제로 새롭게 포섭하기 시작했다.[27]

영국이 자유무역의 이념을 주도하기 시작한 것은 19세기 중반부터였다. 영국의 자유주의 정치가인 리처드 콥든Richard Cobden이 자유무역 독트린의 선도적 주창자가 되었고 보호주의적 항해조례들[28]이 폐기되면서 1846년부터 1860년 사이 영국의 대외 정책은 자유무역 시스템으로 완전히 선회했다. 1856년 파리 평화회의에서 이뤄진, 해양법에 대한 파리 선언은 해전법규 및 해양 중립성과 관련된 근대 법 가운데 가장 중요한 성문화였다. 이런 발전은 1907년 해양 중립성에 대한 헤이그 협약과 1909년 해전법규에 대한 런던 선언을 통해 완성되었다.[29]

그런 점에서 19세기는 바야흐로 자유주의의 시대라고 할 수 있다.[30] 경제 사상의 측면에서도 18세기 중반 이후 등장한 중농주의[31]와 애덤 스미스의 자유주의 정치경제학은, 시장의 자유와 경쟁을 중시하며 주변국과의 상업 교역을 통해 자국과 주변국이 모두 부유해질 수 있다고 보았다. 자유주의 경제학에 따라 유럽은 로마 제국식의 유럽도 아니고, 고전적인 권력 균형으로서의 유럽도 아닌, 집단적 부를 추구하는 유럽이 되었다. 유럽의 무제한적인 경제 발전, 유럽의 진보라는 주제가 영국 자유주의 기획의 중심에 있었다. 따라서 자유무역 원칙은 단순히 경제 교류의 원칙이 아니라, 일종의 새로운 통치성의 등장을 상징했다. 푸코Michel Paul Foucault는 이런 변화를 유럽의 통치 권력에 있어 새로운 형태의 전 지구적 계산이 도입된 것이라고 평가했다. 즉, 푸코가 보기에 중농주의와 정치경

제학은 전 지구적 지평을 고려한 새로운 통치 이성, 세계에 대한 새로운 형태의 측정과 계산이었다.[32]

사실 이런 변화는 슈미트가 권력 균형 체제, 유럽 공법의 상징으로 간주했던 비엔나 체제에도 반영되어 있었다. 비엔나 회의는 나폴레옹의 제국주의적 관념의 부활을 끝내고 유럽 균형을 재구축하려 한 시도, 즉 유럽 균형의 결정적인 발현이기도 했지만, 오스트리아의 방식과 영국의 방식 간의 간과할 수 없는 차이가 드러난 계기이기도 했다. 즉, 오스트리아는 17세기 형태의 경찰국가들 간 힘의 균형을 추구하려 했지만, 영국은 유럽과 세계 사이의 경제적 중재자로서 역할을 자임하며 유럽 지역의 경제를 전 지구화하는 것에 더 큰 관심을 보였다.[33]

자유주의 평화 기획의 시조로 여겨지는 칸트의 계몽주의적 영구 평화론에도 바로 이런 변화의 산물이 반영되어 있다. 18세기부터 등장한 국제법과 영구 평화론은 그 기반을 기존의 실증주의적 국제법이나 유럽의 권력 균형 원칙이 아니라, 시장과 자유로운 교역에 두었다. 칸트는 이른바 권력 균형에 기반한 평화는 권력의 격차에 따라 언제든 위협받을 수 있다며 거부했다.[34] 그는 외부 시장이 클수록 경계와 한계가 없고, 그것이 영구 평화를 보증할 수 있다고 믿었다.

칸트는 그의 책 『영구 평화론』Zum ewigen Frieden에서 영구 평화를 보증하는 것은 '자연'natur이라고 지적했다. 영구 평화는 전 지구에 살고 있는 인구와 전 세계로 뻗어 나간 상업적 관계라는 '자연'에 의해 보증된다. 따라서 영구 평화를 보증하는 것은 상업적 전 지구화이다. 그는 무역 정신의 확산을 영구 평화의 가장 강력한 추동력으로 보았던 것이다.[35]

자유주의 경제학자들은 기본적으로 유럽 실증주의의 기반이 되었던 유럽의 근대적 국가관과는 다른 사고를 갖고 있었다. 그들이 보기에 국가 권력은 시장의 힘과 합리성을 기준으로 평가해 그 힘을 제한해야 했고,

국가정책의 목적은 기본적으로 인간의 물질적·도덕적 행복well-being을 진전시키는 것이며, 세계의 국가들은 전 지구적 공동체 전체를 위해 복무하는 기구로 바뀌어야 했다. 자유주의적 정치경제학은 국가의 의무는 개별 국가의 국익을 추구하는 것이 아니라 인류 전체의 복지를 촉진하는 것이며, 따라서 국제 관계의 지배적 정서는 경쟁이 아니라 협력이라는 원칙, 전 지구상에서 개인들의 기회의 극대화, 즉 완전한 무역의 자유뿐만 아니라 자본과 노동 이동의 완전한 보장, 모든 무역과 해외 투자에 대한 장벽의 철폐라는 원칙을 국제법의 기준으로 제시했다.[36]

이러한 자유주의적 사고의 대두는 국가의 통치 목적, 국제기구에 대한 철학뿐만 아니라 사회와 개별 인간 차원의 인도주의적 보호에 대한 관념들을 만들고 확산시켰다. 다시 말해, 개인에 대한 인도주의적 보호에 대한 관념들은 영국 자유주의의 전개와 정치경제학적 사고의 산물이었다.

영국의 자유무역주의가 정점에 있던 19세기 후반에 이르면 자유주의적 정치·사회 사상을 확산시키기 위해 국제법을 제도화하려는 노력도 본격적으로 전개되었다. 코스케니미Martti Koskenniemi는 1862년 9월 브뤼셀에서 창설된 국제사회과학진보협회를 이런 노력의 일환으로 보고 주목했다. 이곳에 모인 젊은 자유주의 국제법조인들은 유럽 대륙의 공법학파적 전통에서 벗어나려 했다. 이들은 기존의 국가 간 평화 협약들이 왕조적 절대주의에 기반한, 정치적으로 의심스러운 결과를 정당화하는 것이었고, 보수적인 권력 균형 원칙에 따라 왕과 외교관들이 주도한 것에 불과하다고 보았다. 대신에 이들은 종교적 관용과 의사 표현의 자유, 자유무역뿐 아니라 사람들 간의 교류의 발전이라는 새로운 가치를 추구했다. 이런 움직임은 1868년 최초의 국제법 저널을 창간하는 것으로 나타났으며, 여기에는 노예제의 폐지, 처벌 시스템의 개혁, 결사의 자유 같은 자유주의적 의제들과 함께 전쟁과 분쟁 행위의 제한에 대한 인도주의적 사유도 대두되었다. 부상당하고 병든 군인들의 처우에 대한 제네바 협약이 최초로 등장한 것도 1864년이었다.[37]

이처럼 비엔나 체제에서 중요한 것은 슈미트의 주장처럼 그것이 19세기 유럽의 1백 년 평화를 만들어 낸 공법 질서여서가 아니라, 자유주의의 대두와 확산으로 기존 관념과 제도의 균열, 새로운 변화의 조짐을 드러냈기 때문이다. 비엔나 체제는 중세적인 정의로운 전쟁 개념에서 완전히 결별한, 유럽의 근대적 국가와 전쟁에 대한 관념이 19세기 실증주의 국제법으로 귀결되는 정점에 있는 것이기도 했지만, 영국을 중심으로 자유무역과 자유주의 사상들이 확산되면서 유럽을 넘어 식민지까지 포괄하는 보편적 국제 질서의 기획이 등장한 계기이기도 했다. 전쟁을 전면적으로 금지시키고, 코스모폴리탄적 국제기구를 통해 이를 의무화한다는 칸트의 영구 평화론, 표현의 자유, 노예제의 철폐, 인도주의적 처벌과 같은 자유주의적 가치들이 확산되었고, 그런 점에서 이미 전 지구적 기획이 출현한 것이었다.[38] 이는 곧 유럽 국가 간 체제에서 홉스의 시대를 넘어 자유주의적 평화의 시대가 본격적으로 등장한 셈이다.

2) 베르사유 체제와 세 가지 자유주의 평화 기획

그렇다면 이런 기획은 제1차 세계대전이라는 위기를 겪으면서 어떻게 변화했을까? 유럽의 공황이 시작되던 1880년부터, 자유무역으로부터 방어적 경제 민족주의로의 후퇴가 시작되었다. 경쟁적이고 폐쇄적인 민족주의로 촉발된 제1차 세계대전은 자유무역과 자유주의적 통치를 확산시키려던 영국의 기획을 좌절시켰다. 이에 따라 네프Stephen C. Neff는 제1차 세계대전 이후 전후 질서를 만든 베르사유 협약이, 사실 이전까지 중시된 경제적 자유주의를 반영하기보다는 오히려 정치·군사적 의제를 더욱 중요시했다고 평가했다. 베르사유 체제의 기본 지향은 자유무역으로 통합된 하나의 단일한 세계 사회를 만드는 것이 아니라 침략에 맞서 주권국가들의 동맹을 구축하려 했다는 것이다.[39]

하지만 이는 단지 자유무역이라는 경제적 측면에만 주목한 일면적 평가이다. 제도적 차원에서 보면 베르사유에서는 새로운 국민국가에 자기 결정 원칙을 적용하는 민족자결 원칙이 도입되었고, 독일에 전쟁 죄 조항의 형태로 처벌을 가하고 기존 동맹국들에게 경제적 배상을 의무화했으며, 역사상 처음으로 국제연맹이라는 시스템을 창설했다. 이는 여전히 칸트 이래 전개된 자유주의 평화 기획들의 제도적 산물인 것이다.

그동안 베르사유 체제가 제2차 세계대전을 초래함으로써 철저히 실패한 것으로 사후 평가되어 왔던 것은, 한편으로는 유엔 창설을 성공의 역사로 쓰려던 미국의 인식과, 다른 한편으로는 제2차 세계대전의 원인이 된, 배상 제도에 대한 독일 민족주의의 반발, 그리고 케인스주의에 의한 비판 등이 반영된 정치적 해석의 산물이다.[40] 하지만 베르사유 체제는 20세기의 자유주의적 전쟁-평화 관리 제도의 역사적 전개에서 가장 중요한 분기점이라는 점에는 의심의 여지가 없다.[41]

기본적으로 베르사유 협약 이후에는, 주권국가 원칙에 근거한 국제법의 실증주의가 더욱 심각한 위기를 겪게 되었다. 제1차 세계대전 이후에는 특히 전쟁에 관한 한 개별 국가의 주권에 제약을 가해야 한다는 것에 누구도 이의를 제기하기 힘들었다. 뿐만 아니라 이때부터 민족적 소수자에 대한 보호, 개인의 인권이 더욱 진지하게 고려되면서[42] 국제기구나 공동체에 의해 한 국가의 주권을 제약하는 것이 정당화되기 시작했다. 무엇보다 국제연맹은 역사상 처음으로 국제적 법 공동체를 조직하여 전쟁이나 무력 분쟁을 예방하고 해결하며, 국가의 평화적 교류를 규제하는 보편적 도구를 만들고자 했던 시도였다. 즉 국제연맹은 주권적인 교전권을 폐지하며 전쟁에 대한 제약을 도입하기 시작했다. 그리고 이런 기획은 단지 국제연맹에서 멈추지 않았고 이후 전쟁을 완전히 도덕적·사법적으로 위법화시키는 과정으로 나아갔다.[43] 좀 더 구체적으로 베르사유 체제는 자유주의적 전쟁 관리 제도로서 세 가지 특징을 갖고 있다. 민족자결 원칙의 대두, 전쟁 자체의 위법화, 국제연맹의 창설이 그것이다.

먼저 민족자결 원칙의 대두와 소수자 권리 관련 국제 규범들의 부상이다. 이는 19세기 유럽의 정치에서 전면에 부상한 민족주의와, 전 지구적 헤게모니 국가로 떠오른 미국이 개별 국가들에게 적용한 자유주의적 원칙, 즉 민족자결 원칙이 결합된 산물이었다. 민족주의에 대한 이런 고려는 제1차 세계대전이 전형적인 민족주의적 경쟁과 전쟁의 산물이었다는 점을 배경으로 하고 있다. 19세기 후반 이후 유럽에서는 민족주의가 강화되면서 국가 간 협조보다는 경쟁이 선호되었는데, 특히 경제공황이 도래한 19세기 말, 20세기 초에는 국가 간 보편적 협력이나 자유무역보다는 공격적인 민족주의, 주전론, 국가주의가 주요 국가들의 여론을 지배하고 있었다. 이런 민족주의 정서에서 파리 평화회의에 참석한 유럽 대표들은 대체로 고전적인 균형주의적 입장을 견지했다.[44] 하지만 새로운 자유주의 체제의 지도적 국가로 등장한 미국, 특히 우드로 윌슨의 자유주의적 기획은 이 무한 패권 경쟁에 기반한 권력 균형 체제를 제1차 세계대전의 주범으로 보고 이를 극복하고 폐지하려 했다.

우드로 윌슨은 권력 균형 체제를 극복하기 위해, "평화를 사랑하는 모든 국가들이 이기적인 침략에 맞서 자기 결정을 하는 새로운 종류의 세계"를 보편적인 국제 공동체의 기준으로 제시했다.[45] 1918년 1월 윌슨의 14개조 선언[46]의 핵심은 자유무역주의와 민족자결주의, 상설 국제기구(국제연맹)의 창설 등 세 가지로 요약될 수 있다.

여기서 가장 중요하게 평가받았던 민족자결 원칙은 국가들의 개인주의라는, 국제 관계에 대한 자유주의적 유비의 산물이었다. 한 국가와 사회 내부에서 개인들이 독립적 권리를 갖듯이 국제사회에서도 개별 국가들이 동등한 자기 결정권을 가져야 한다는 것이다.[47] 이때까지 이런 동등한 주권 원칙은 유럽 강대국들에만 적용되었지만 윌슨은 새로운 신생국과 약소국들에게도 적용될 수 있다는 희망을 제시한 것이다.

이 민족자결 원칙은 실제로 제1차 세계대전의 전후 처리 문제에서 중요한 원칙이 되었다. 즉, 이전까지는 유럽의 전후 평화 협약에서 인구와 영토의 분배는 권력 균형 원칙에 따라 이루어졌다. 즉, 고전적으로 왕국들은 전쟁이 끝난 후 승전국의 안보를 지키는 데 필요한 영토들을 재분배하는 관습이 있었기에, 1814년 비엔나 회의에서는 열강 원칙에 따라 약한 국가들은 강대국의 결정을 받아들여야만 했다. 하지만 베르사유에서는 민족국가 스스로 전후 국경을 결정하고, 인구의 분배도 민족적 동일성 원칙에 입각해야 한다는 민족 원칙이 등장했다.[48]

이 민족주의 원칙은 전후 처리에 있어 영토 문제 이외에도 전쟁으로 인한 주민들의 이동과 귀환을 처리하는 복잡한 인구 정치population politics를 발생시켰다. 제국주의적 전쟁 이후 어떤 민족, 어떤 주민이 새롭게 영토와 주권을 가질 수 있는가를 새로 결정해야 했기 때문이다.

와이츠Eric D. Weitz는 베르사유에서 특히 이런 인구 문제를 처리하기 위한 정치적 프로젝트로서 두 가지 해법이 등장한 것에 주목했다. 먼저 민족주의적 원칙하에 한 국가의 인구 동질성을 강조하는 정치체제를 구축하려는 뚜렷한 흐름이 나타났다. 즉, 다양한 민족들이 분명한 영토적 구획과 국경에 대한 특별한 원칙 없이 생활하던 이전 시기와 달리, 단일한 민족이 뚜렷하게 구획된 국경 내에서 하나의 민족국가를 이룬다는 민족주의 기획이 적용된 것이다. 이 원칙을 적용하는 데 가장 결정적인 장소는, 제국이 해체되고 새로운 국가들이 건설되면서 볼셰비키 혁명의 영향을 받고 있던 중부·동부·남동부 유럽의 경계 지대borderlands였다. 경계 지대의 민족국가들은 주권이 인정되었으며, 민족 동일성 원칙이 교과서적으로 적용되었다. 그 결과 민족 동일성 원칙에 어긋나는 이질적 인구들(예컨대, 아르메니아·유대인)을 보호/추방하는 일들이 발생했다. 그러자 이런 문제를 완화하고 해결하기 위해 이 소수민족들의 집단적 권리를 보호하고자 소수자 권리 보호minority right 개념[49]이 등장했다. 이는 20세기 후반에 등장하는 개인의 인권에 대한 강조와 뚜렷이 대비되는 집단적 권리였다.[50]

민족자결 원칙을 적용하는 데 있어 두 번째로 중요한 것은 그동안 민족국가로 인정되지 못한 약소국과 식민지 국가들을 '점진적으로 문명화'한다는 프로그램civilizing mission이 등장했다는 점이다. 이 기획이 적용되는 결정적인 지역은 바로 식민지 아프리카였다. 주권 자체가 인정되지 않던 이 국가들에게는 이들을 '문명화'한다는 명분으로 다양한 위계와 단계가 설정되었다. 베르사유에서 등장한 위임mandate 통치 제도[51]는 한편으로는 19세기 영국의 제국주의적 식민지 국제법 시스템이 점차 제거되기 시작한 계기라고 볼 수 있다. 하지만 다른 한편으로는 이는 유럽의 바깥, 외부의 토착민들로 하여금 자기 통치self government를 통해 점진적으로 문명화하도록 한다는 유보적이고 위계적인 외부 간섭의 통로를 열어 둔 것이었다. 즉 이는 문명의 정도[52]에 따라 한 국가를 국제 시스템에 포함 혹은 배제시키는 유럽 중심주의의 잔재였다. 그런 점에서 국제연맹은 민족자결을 기준으로 볼 때 강대국이나 작은 국가들 모두에게 정치적 독립의 전망을 결코 채워 주지 못했다. 이에 따라 베르사유에 참석한 아르메니아·인도·인도차이나·한국 및 아프리카 국가들 사이에서 환멸과 실망감은 상당했다. 윌슨의 약속을 진지하게 받아들였던 호치민의 경우 민족자결 원칙이 백

인들의 지배하에 있는 황색·갈색·흑색 인구들에게는 적용되지 않는다는 것을 깨닫게 되었다.[53]

　　결국 윌슨이 제시한 민족자결 원칙은 한편으로는 제국주의적 전쟁의 결과 동유럽과 아프리카 국가들의 요구를 반영해 진보적 자유주의의 가치로 제시된 것이지만, 다른 한편으로는 자국의 이해관계를 지키려던 미국과 유럽 각국들이 타협한 산물이기도 했다.

　　주목할 것은 민족자결 원칙의 배경에 있던 당시의 역사·사회적 맥락이다. 테슈케는 이 민족자결 원칙에 담겨 있는 미국의 지정학적 이해관계에 주목했다. 미국의 관심은 미국을 중심으로 한 자본주의 질서였다. 미국은 이를 위해 전후 유럽에 작은 자유주의적 입헌주의 국가들의 건설을 촉진하는 동시에 이들을 세계 시장에 통합시키려 했다. 그런 점에서 새로운 민족자결 원칙은 독일, 오스트로 헝가리, 오토만 제국이라는 추축국들을 해체하는 장치였다. 미국이 중부 유럽에 민족자결 원칙을 적용한 결과 전략적으로 관리 가능한 작은 국가들이 늘어났고 소련에 대항하는, 안보의 완충지대가 건설되었다. 무엇보다 이 신생 국가들이 국제연맹에 가입하기 위해서는 자유주의적 법치국가의 헌법을 갖고 있어야 했다. 이렇게 해체된 제국의 신생 국가들은 민족자결의 원칙하에서 미국적 헌법과 경제 규범 아래로 정렬되어 자유주의적 자본주의 시스템에 포함될 수 있게 했다.[54] 미국뿐만 아니라 영국도 베르사유 협약을 통해 해양의 패권을 유지하면서 자신의 제국을 보호할 수 있었다. 프랑스 또한 대륙 권력으로서의 지배력을 다시 확립했고, 베르사유의 구상대로라면 나머지 세계는 이 승전국들에게 상품과 싼 노동력과 넓은 시장을 제공하는 공간이 될 것이었다. 물론, 미국·독일·러시아 등은 국제연맹에 가입하지 않았기 때문에 해상 안전도 확보되지 않았고, 이후 자유무역이 확산되기보다는 오히려 관세 장벽이 수립되는 방향으로 나아갔다는 점에서 이런 의도가 바로 현

실화된 것은 아니다.[55]

국제법에 담긴 이상적 원칙보다는 현실의 권력관계에 주목했던 슈미트 역시 제1차 세계대전 이후 미국의 국제적 이해관계, 즉 초국적 자본주의의 전개를 지적했다. 슈미트는 미국이 정치적으로는 유럽에 직접 개입하지 않으면서도 경제적 영향력은 남기는, 정치와 경제의 분리를 미국식 제국주의 전략이라고 보았다. 여기서 슈미트는 미국의 전략을 기존의 적나라한 제국주의와 구분해, 자유무역이라는 간접적 수단을 통해 정치적 영향력을 행사한다고 보았다.[56]

베르사유 체제의 두 번째 특징은 국가 간 권력 균형 원칙이 거의 폐기되고 전쟁 자체를 범죄화하는 방향으로 나아가기 시작했다는 것이다. 1919년 이후 '침략 전쟁'을 부정의한 전쟁으로, '방어 전쟁'을 정의로운 전쟁으로 간주하는 경향이 나타났는데, 이는 19세기와 20세기 국제법의 가장 중요한 차이로 볼 수 있다. 중세 시기의 '정의로운 전쟁' 개념과 같은 차별적인 전쟁법이 다시 등장하기 시작한 것이다. 그리고 전쟁을 위법화하는 국제법과 기구의 수립은 주로 미국·영국·프랑스의 자유주의적 국제법 전문가들[57]에 의해 발전된 것이었다.[58]

슈미트는 자유주의 질서에 의해 전 지구적 수준에서 전쟁이 범죄화되었다는 점을 지적했다. 슈미트는 제1차 세계대전(1914~18년) 시기부터 주권국가들 간 전쟁의 전통적인 의미가 변화했다고 보았다. 즉 벨기에가 독일의 국제법적 지위를 박탈하기 위해 정당한 전쟁과 부당한 전쟁을 구별하자고 주장하기 시작했고, 1919년 베르사유 조약 227조에 국제법상 범죄로 규정된 전쟁의 종류들이 나열되었다. 이런 흐름은 이후 미국이 독일 황제 빌헬름 2세를 겨냥해 침략 전쟁 자체를 범죄로 규정하고 국가 원수를 '인도에 반하는 범죄'로 처벌할 것을 요구하는 것으로 이어졌으며, 결국 1924년 제네바 의정서에 의해 침략 전쟁 자체가 본격적으로 범죄화되기 시작했다.[59] 슈미트는 전쟁-죄war-guilt와 전쟁범죄war crime 개념이 국제법에 포함되자 1919년 이후 국제법은 국가 간 공법이 아니라 일종의 '세계의 국내법'이 되었으며, 새로운 전쟁 개념의 도입을 통해 정치적인 것을 '재도덕화하고 사법화'했다고 비판했다. 즉 슈미트는 전쟁의 문제에 관한 한 국가 간 주권 원칙이 아닌 전 지구적 주권, 전 지구적 사법 질서, 전 지구적 통치성이 등장했음을 악의적인 표현으로 지적한 것이다. 또한 슈미트는 윌슨이 중세의 정의로운 전쟁 독트린을 부활시켜 정당한 적 개념을 부정했고 차별적인 자유주의적 전쟁 방식을 초래했다고 비판했다. 이런 경향은 '동지와 적의 새로운 이분법'을 만들었고, "자유주의 국제 질서에 대항하는 자는 더 이상 합법적인 적, 동등한 법적 권리를 가진 적이 아니라 평화의 파괴자이자 범죄자, 법 밖의 존재이자 비인간이 된다."[60]

이렇게 국제연맹 체제에 반영된, 전쟁에 대한 처벌적 성격은 패전국에 막대한 전쟁 비용을 부과하는 경제적 처벌과도 연결되어 있었다. 이것이 곧 베르사유 체제의 핵심적인 특징으로 지적되었던 전쟁-죄 개념과, 베르사유 협약 231조에 따라 독일이 져야 했던 '배상' 책임 문제였다.[61]

사실 독일의 배상 문제에 가장 큰 관심을 보인 것은 미국이 아니라 프랑스였다. 프랑스는 약 850만 명이 참전해 530만 명의 사상자가 발생했는데, 이 엄청난 피해를 보상받으려 했다. 상대적으로 미국은 앞으로 독일이 자유주의적 세계관을 갖게 될 것으로 전망해 처벌에 그리 적극적이지 않았으며 영국도 미국의 입장에 가까웠다. 하지만 프랑스의 클레망소Georges Clemenceau가 배상 문제에 적극적으로 관여하면서 결국 배상금 조항이 협약에 포함되었다.[62]

케인스John Maynard Keynes는 프랑스의 배상금 요구를 처벌적 평화 협약(카르타고식 화평Carthaginian peace)이라고 비판했다. 그는 베르사유 협약에서 윌슨의 14개 원칙과 클레망소의 처벌적인 평화가 충돌하고 있으며, 베르사유 협약이 독일을 완전히 경제적 파탄 상태로 몰아갈 것으로 보았다. 실제로 케인스는 베르사유 협약 당시 영국 대표에 대한 자문으로 참여하여 클레망소의 처벌적 배상제 도입에 반대했으며, 전후 유럽 경제의 재건 및 독일과 오스트리아에 대한 식량 원조 등을 강조하다가 협상에 반영되지 않자 사임했다. 하지만 전쟁의 경제적 결과에 대한 케인스의 사고는 곧 전쟁의 원인과 경제문제에 대한 인식으로 이어졌으며, 그 결과 제2차 세계대전 이후 미국이 주도한 전후 질서 구상에서 큰 역할을 했다.[63]

베르사유 체제의 세 번째 특징은 미국이 선호한 보편적 국제기구, 즉 세계 질서를 유지하기 위한 국제연맹의 수립이었다. 이것은 칸트와 켈젠이 꿈꾸던 코스모폴리탄적 국제기구의 수립이 현실화된 것이었다고도 평가할 수 있다. 윌슨은 1916년 5월 처음으로 국제연맹 창설을 제안했고, 이를 위해 베르사유에서도 주도적인 역할을 했다. 윌슨은 국제연맹의 최우선 과제를 '평화 유지'로 규정했다. 윌슨은 고전적 권력 균형 체제하에서 전통적인 군사동맹을 구성할 필요 없이 국제연맹의 존재만으로도 세계 평화를 깨뜨리려는 자들을 국제 여론의 압력에 노출시켜 억제할 수 있다고 보았다. 윌슨은 국제연맹의 창설이 향후 대규모 전쟁의 반복 가능성에 대항하는 견고한 장벽이 될 것이라고 주장했다.[64]

하지만 슈미트는 이런 낙관적 전망에 대해 전면적인 비판을 가했다. 그는 국제연맹을 자유주의의 규범적 보편주의의 정점으로 평가했으며 이 기획의 기원은 칸트의 영구 평화론이 아닌, 미국이 1823년에 선포한 먼로 독트린의 지역주의라고 분석했다.[65] 슈미트는 이 먼로 독트린이 '전 지구적인 공간적 혼돈의 기원'이며 국제 질서에 혼란을 가져왔다고 혹평했다.[66] 이런 입장에서 그는 1917년 1월 윌슨이 '먼로 독트린이 전 세계를 위한 독트린이 되어야 한다'고 주장한 것에 대해 극도로 비판적이었다. 그는 먼로 독트린이 단순히 아메리카 국가들의 독립과 탈식민화, 비개입을 위한 원칙이 아니라 미국의 자유무역을 확산하기 위한 제국주의적 원칙으로 왜곡되었다고 비판했다. 슈미트는 미국이 방어적인 비개입주의에 머물지 않고 전 세계로 미국의 자유민주주의 원칙을 무국경적이고 무차별적으로 확장하려는 것으로 보았다.[67]

슈미트는 미국이 주도하는 자유주의 평화 기획 전반에 대해 매우 비판적이고 회의적이었다. 슈미트는 유명한 '우적友敵 테제'를 제시한 『정치적인 것의 개념』The Concept of the Political(1927년)에서 "미국이나 자유주의 국가들에서 진행되는 '개인'들의 평화 선언이나, 자발적 무장해제로는 세계가 '탈정치화'될 뿐이며, '합법성'과 '경제성'의 상태로 이행할 수 없다"고 비판한다. 그는 세계에 우호적인 동지만 있다는 판단은 '어리석은 생각'이고, 무저항은 '흐리멍덩한 정신'이며, 국가가 상대를 법적인 적으로 규정하는 선포권 및 교전권을 포기하고 전 인류가 순수하게 도덕적이고 경제적인 측면만 고려하는 상태가 된다는 건 '불가능'하다고 보았다. 세계국가 또한 불가능하다며 반칸트주의, 반윌슨주의, 반국제연맹의 입장을 분명히 했다. 그는 자유주의가 과거 군주제와 구체제를 붕괴시킨 이후 역사적 정당성을 이미 상실하고 보수화되었다고 비판했다. 즉 칸트가 말하고 국제연맹에서 실현된, 국가들의 동맹은 기존의 반군주제적 의미에서는 진보였지만, 군주제의 소멸로 오히려 제국주의 국가들의 도구가 되었다는 것이다. 따라서 그에게 국제연맹은 '매우 모순에 가득 찬 구성물'이자 '비정치적인 이상 상태를 조직하려는 탈정치화로의 불명확한 경향의 산물'이었다. 국제연맹은 국가도 전쟁 가능성을 '해소'하지도 못했으며 오히려 새로운 전쟁 가능성을 도입하고, 전쟁을 허용하고, 연합 전쟁을 촉진하고, 특정 전쟁을 '합법화'했다. 슈미트는 20세기 자유주의 국가들이 말하는 '인류'라는 개념은 오히려 제국주의의 윤리적·인도적 정당화 수단일 뿐이라며 국제연맹 체제의 취약성과 모순 지점들을 날카롭게 지적했다.[68]

이렇듯 슈미트의 총체적 비판은 미국이 유럽의 국가 간 질서를 변형시키고, 독일에 처벌적인 배상 의무를 부과한 베르사유 체제의 초국적 권위에 대한 극도의 부정적 평가를 담고 있다. 하지만 기본적으로 슈미트의 관점은 제1차 세계대전 이후 미국과 서구 자유주의 국가들에 의해 주권을 제약당한 독일의 보수적 입장이 집약된 것으로 보아야 한다. 즉 슈미트의 주장은 자유주의 원칙이 일방적으로 관철된 패전국 독일의 특수한 상황에서 그에 대한 반작용을 순수하게 구현하고 있는 것이다.[69] 슈미트는 독일의 실존적 위기를 상정하고, 적과 우리를 구분하는 것을 국가와 정치의 핵심으로 규정하면서 이런 싸움은 결코 사라지지 않을 것이라는 반동적 보수주의[70]의 논거를 마련했다. 더구나 슈미트의 비판은 궁극적으로는 나치의 지역주의적 준제국주의 기획을 옹호하는 목적으로 환원되었다. 이는 제국주의를 비판하는 준제국적 민족주의 기획들에서 이후 반복되듯이, 자신의 제국주의적 행태를 더 큰 악으로써 정당화하는 기만적 태도였다. 그런 점에서 자유주의에 대한 슈미트의 비판은 자유주의 기획의 배경에 있는 지정학적 이해관계와 자유주의 가치의 정치적 도구화를 날카롭게 지적하는 장점이 있지만, 궁극적으로는 극우적 국가주의에 기반해 단순한 제국/민족의 이분법적 구도를 설정함으로써 상대적 차악들을 반동적으로 정당화한 시도였다.

슈미트는 미국의 제국주의적 면모가 보편적·일방향적으로 관철되었다고 과장하고 단순화하지만 이 모든 것이 갑작스런 미국의 '제국주의적 행태'의 결과는 아니었다. 국제연맹의 창설에는 미국의 이해관계가 작용한 것이 사실이지만, 이는 단순히 미국의 기획이 아니라 앞서 살펴본 것처럼 유럽에서 이전부터 전개된 칸트의 국제연맹과 영구 평화론, 그리고 영국의 자유무역주의, 자유주의적 국제법의 전개의 연장선상에서 등장해 국제 질서로 확대된 것이었다.

국제연맹에 반영된 자유주의 평화 기획들의 특성은 이런 총체적 부정과 긍정의 양극화를 넘어 구체적인 제도적 특성을 살펴봄으로써 식별할 필요가 있다. 이런 점에서 주목할 것은 국제연맹의 규약covenant[71]이다. 국제연맹은 1920년 1월, 스위스 제네바에서 창설된 상설 국제기구로, 전 지구적 공동체 정신과 공유 가치를 중시한, 집단 안보 원칙을 구현한 기구였다. 이 새로운 공동체 감각, 즉 집단 안보 원칙은 "회원국에 대한 전쟁이나 전쟁 위협은 자동적으로 국제연맹 전체의 문제이다."라고 선언한 11조에 반영되었다.[72]

국제연맹은 국제 분쟁을 해결하기 위한 구체적인 두 가지 방식을 갖고 있었다. 하나는 국제연맹 위원회League Council를 통한 정치적 방식이고, 다른 하나는 새로 설립된 세계 법원World Court을 통한 사법적 방식이었다.[73] 그리고 국제연맹은 전쟁에 대한 두 가지 제재 방식도 보유하고 있었다. 하나는 10조에 있는, 외부 침략에 대한 '집단 보장', 즉 침략에 연맹 회원국 전체가 대응한다는 원칙이었다. 하지만 규약에는 이 보장을 실제로 어떻게 시행할지에 대해서는 적시하지 않았다. 두 번째 방식은 16조에 포함된 구체적 집행 조치로, 평화적 해결 절차를 거치지 않고 전쟁을 일으킨 국가에 대해 연맹 회원국들은 자동적인 경제 제재economic sanction를 부과할 수 있었다.[74]

그러나 국제연맹의 분명한 한계는, 이후 실제 국제 분쟁이 발생해 군사 행동이 필요한 상황에서 전혀 대응할 수 없었다는 점이다.[75] 국제연맹의 첫 번째 위기는 1931년 일본의 만주 침공이었다. 당시 중국은 즉시 국제연맹의 도움을 청했으나, 집행위원회 상임 회원국인 일본이 국제연맹의 개입 행동 결의안에 거부권veto power을 행사했다. 이후 1932년에 국제연맹 조사위원회가 일본을 만주에 대한 침략자로 규정하고 병력 철수를 요구하자, 창설 회원이자 4개 상임이사국 가운데 하나였던 일본은 1933

년에 국제연맹을 탈퇴해 버렸다.[76] 이런 실패 사례는 연이어 발생했다. 예컨대 독일의 히틀러는 1933년 국제연맹을 탈퇴했고 3년 후에 라인란트 지역을 점령했다. 이탈리아의 무솔리니는 1935년에 에티오피아를 침략했다. 국제연맹은 이탈리아에 대한 경제 제재를 부과하기로 했지만 독일과 일본이 여기에 동참하지 않아 제재의 효과가 크지 않았다. 스페인 내전에서도 국제연맹은 무기력했다. 1940년 겨울에는 소련이 나치의 대두와 일본으로부터의 위협에 대항해 갑자기 국제연맹 회원국인 핀란드를 점령했다. 국제연맹은 1940년 12월에 러시아를 제명했지만, 국제연맹이 할 수 있는 것은 기껏해야 회원국에 대한 '권고' 정도였다.[77]

국제연맹 체제는 분명히 19세기 실증주의적 관점에서 벗어나 전쟁 자체를 불법화하고 폐지하려는 시도였다. 하지만 침략자와 기존 세계 질서를 위협한 국가들을 제재하고 국제법을 집행하기 위한 전쟁, 자기방어 전쟁도 정당한 것으로 간주되었으며, 무엇이 침략인지, 어떻게 제재를 부과하는지에 대한 원칙이 수립되지 못했다.[78]

이런 결정적 한계로 인해 국제법을 통해 전쟁을 제약하고 제재하려는 제도적 노력들은 지속적으로 전개되었다. 이후 또 다시 전쟁에 대한 전면적인 금지가 시도된 것은 1928년 8월 27일 체결된 켈로그-브리앙 협약Kellogg-Briand Pact이었다. 켈로그-브리앙 협약은 전쟁을 '국가정책으로서 폐지'함으로써 국제연맹보다 한발 더 나아간 것이었다.

그런데 영국이나 국제연맹이 아니라 미국이 이 협약을 추진했다는 사실에 주목할 필요가 있다. 슈미트는 "모두가 평화를 바라지만 문제는, 평화가 무엇이고, 무엇이 질서와 안전이며, 무엇이 용납될 수 있고 무엇이 용납될 수 없는 사안인지를 누가 정의하고 해석하고 결정하는가."라는 질문을 제기한다.[79] 슈미트가 보기에는 미국이 기존 국제연맹을 넘어선 파리 협약(켈로그-브리앙 협약)을 만들자 지구상의 평화에 대한 결정이 미국의 권한으로 넘어가게 되었다는 것이다. 슈미트는 히틀러의 초헌법적 결정들을 '예외 상태를 결정하는 주권자의 결단'으로 정당화해 놓고, 미국식 결단주의를 비판하고 있는 셈이다. 하지만 슈미트는 전쟁이 비난과 지탄을 받게 되었지만 결코 폐지되지 않았다며 새로운 변화의 양상을 지적했다. 새로운 변화란 곧 일본이 중국을 침공하고 이탈리아·프랑스·벨기에 등 수많은 외국군들이 다른 국가에 진주하는 행위가 전쟁이 아니라 '평화적 군사 점령'으로 정의되는 것을 의미했다. 또한 켈로그-브리앙 협약은 특히 공격에 대한 자기방어라는 개념도 남겨 두었다. 이로써 미국은 전 세계를 대상으로 자신의 이해관계에 위협이 되는 전쟁에 개입할 수 있는 권한을 갖게 된 것이다.[80]

나아가 미국은 이른바 스팀슨 독트린(1932년)을 통해 국제 관계에서 미국의 주도권을 확보하게 되었다. 스팀슨 독트린은 당시 미 국무부 장관이던 스팀슨Henry L. Stimson이 파리 협약 이후 '두 개의 국가가 무력 분쟁에 관여하면 그중 하나 혹은 둘 다 협약을 위반'[81]한 것으로 규정한 선언이다. 좀 더 구체적으로 스팀슨 독트린은 1932년 1월 7일 일본의 만주 점령에 대해 "1928년 파리 협약의 의무와 협약을 위반한 전쟁은 권리의 자원이나 주체가 될 수 없다."고 규정했다. 즉 스팀슨 독트린은 국제연맹과 파리 협약을 위반한 어떤 전쟁, 상황, 전쟁 이후의 조약도 인정하지 않는 비인정 원칙의 결정체였다. 이 비인정 원칙들은 처음에는 아메리카 대륙 국가들에 의해 수용되었고, 국제연맹도 1932년 3월 11일 총회 결의안을 통해 스팀슨 독트린을 채택했다. 이에 따라 1933년 2월 24일 만주 상황에 대한 최종 보고서에서 국제연맹은 만주 정권을 사실상, 혹은 법률상으로 인정하지 않는다고 선언했다.[82]

스팀슨 독트린은 미국이 국제 무대에서 주도해 만들어 낸, 전쟁과 국제 질서에 대한 하나의 상징적 대원칙이 되었다. 이는 전쟁을 금지한 원칙을 위반한 국가, 그리고 전쟁의 결과로 수립된 국가를 인정하지 않는다는, 일종의 '평화'라는 것을 기준으로 한 초국가적 원칙이었다. 이 불인정 정책은 이후 냉전 시기 미국이 구축하려던 자유주의적 세계 질서 기획과 맞물려 전쟁과 관련된 비자유주의 국가에 대한 불인정 원칙으로 계승되었다.

슈미트는 새 정부에 대한 인정 문제가 미국이 패권을 행사하는 매우 효율적인 수단이었다고 지적했다. 특히 라틴아메리카에서는 혁명이나 쿠데타가 빈번하게 일어났는데, 이를 통해 집권한 정권으로서는 미국의 인정을 받는 것이 재정적으로나 정치적으로 매우 중요했다. 미국은 이에 대해 혁명정부는 인정하지 않고 합법적인 정부만을 정당한 것으로 간주한다는 원칙을 적용했다. 특히 내전의 경우에는 불법/합법을 구분하기 매우 어려운데, 이 상황에서 미국이 인정이라는 수단을 통해 라틴아메리카 국가들에 대한 합법성/불법성을 결정하게 된 것이다.[83]

결국 국제연맹 규약 이후 미국이 주도한 전쟁 금지 기획은 전쟁에 대한 개별 국가의 정치적·사법적·도덕적 정당성을 박탈하기 시작했고 이는 전 지구적 권력의 구조를 크게 변화시켰다. 그 결과 19세기에 유럽에서 고도로 발달한 실증주의적 국제법, 법적 제도로서의 전쟁 개념이 점차 사라지게 되었다. 그 결과에 대해 최초의 전쟁 사회학자 라이트Quincy Wright는 1920년 이후 전쟁이 금지되었다기보다는, 선전포고 없이 전쟁이 시작되고, 평화 협약 없이 끝나며, 전시법과 중립성이 심각하게 훼손되는 상황이 도래했음을 지적했다. 침략자와 방어자에게 다른 지위가 부여되고 중립성은 무용지물이 되었다.[84] 새로운 초국적 법치 기획의 전개가 심대한 국제법적 혼란을 초래한 것이다.

결론적으로 베르사유 체제 이후 자유주의 평화 기획의 역사적 전개는 몇 가지 특징들을 갖고 있다. 베르사유 체제의 평화는 한편으로는 과

표 2-1 | 베르사유 체제에 반영된 자유주의 평화 기획의 세 가지 유형

평화의 유형	성격
승자의 평화	군사적 승리와 승자의 패권·지배·보상에 의한 평화 처벌적 평화
제도적 평화	국제연맹 등 상설 국제기구와 합의, 국제법을 통한 평화
헌법적 평화	자유주의적 헌법, 자유무역, 개인 인권이라는 자유주의적 가치에 기반한 국가 건설을 통한 평화

거 열강의 평화이자 유럽의 평화였던 권력 균형 체제를 극복하고 민족자결과 같은 새로운 원칙을 제시한 자유주의적 이상주의의 산물이었다. 하지만 베르사유 체제는 비자유주의 체제를 배제하고 자유주의 규범을 따르는 자유주의 국가를 수립하고 자유무역 시스템으로 포섭한다는 의미에서 가장 원형적인 형태의 승자의 평화, 국가 건설을 통한 자유주의 평화 기획의 형태를 띠고 있었다. 그리고 전쟁 자체를 원천적으로 금지하는 초국적 법치 기획은 미국의 주도하에 파리 협약과 스팀슨 독트린에서 전개되었다. 하지만 이는 국제연맹의 틀에서 전 지구적 합의를 통해 확립된 것이 아니라 미국이 주도함으로써, 이를 위반한 국가나 전쟁 자체를 국제법적으로 인정하지 않는 불인정 정책으로 나타났고, 이는 미국의 강력한 외교적 도구가 되기도 했다.

베르사유의 자유주의 기획을 좀 더 일반적인 수준에서 평가하자면, 첫째, 이는 패전국의 권리를 전혀 인정하지 않는다는 점에서 가장 원형적인 형태의 승자의 평화 기획이었다. 둘째, 새로운 국가들을 자유주의 규범에 따르는 자유주의 국가로 만들고 이들을 자유무역 시스템으로 포섭한다는 점에서 자유주의 국가 건설 기획이었다. 셋째, 베르사유 체제는 비자유주의 체제, 즉 1917년 볼셰비키 혁명이 일어난 러시아를 초대하지 않았다는 점에서 사회주의 체제를 배제한 자유주의 국가들만의 '분리된 평화'separated peace 질서였다.[85] 당시 윌슨은 미국 관료들로부터 볼셰비즘의 대두에 강하게 대처하라는 압력을 받았고, 이에 대응해 레닌 역시 베르사유 체제를 거부했다. 결국 베르사유 체제는 자유주의 승전국들과 적대적인 동유럽 정권들 간의 대립을 유산으로 남겼다.[86] 따라서 민족자결 원칙은 한편으로는 유럽의 고전적 권력 균형 원칙을 극복한 진보적 자유주의의 관념이었지만 제국주의적 한계를 넘어서지 못했고, 다른 한편으로는 사회주의 체제를 배제하고, 자유주의 국가를 수립하고, 자유무역 시스템으로 포섭한다는 배제적인 평화 구축 기획이었다. 베르사유의 평화는 여전히 전 지구적 평화가 아닌 유럽 제국들의 평화imperial peace를 달성하는 데 주력한 산물이었다. 즉, 베르사유 이후 자유주의 평화 기획은 승자의 평화 기획, 헌법적 평화 기획, 제도적 평화 기획의 형태로 발전했고, 이는 국제적 합의를 통해 이뤄졌다기보다는 미국이 주도한 다소 일방적인 초국적 법치 기획이었다고 할 수 있다.

2. '자유주의적 순간'과 유엔의 창설

1) 제2차 세계대전 이후 전후 질서의 구상

그렇다면 제2차 세계대전 이후 자유주의 평화 기획은 어떻게 전개되었을까? 전쟁 자체를 금지하려던 기획은 국제연맹의 수립을 통해 개별 국가의 주권 원칙을 넘어선 초국적 규범이 되고자 했지만 제1차 세계대전 이후 뉴딜·파시즘·사회주의가 등장했고, 경제적 민족주의에 기반한 제국주의적 경쟁이 더욱 심화되었다. 이 시점에서 평화는 새로운 진보적 가치라기보다는 자유주의적 국가들의 현존 유지를 위한 필수적인 선택이 되어 가고 있었다.

　제2차 세계대전은 역사상 가장 파괴적인 전쟁이었을 뿐만 아니라, 교전국들이 고전적인 19세기적 전시법의 근본 규칙들을 모두 무시한 전쟁이었다. 제2차 세계대전은 기존의 국가 간 전쟁과 관련된 모든 경계를 무너뜨렸다. 이데올로기와 프로파간다, 잔혹 행위, 나치에 의한 유대인의 절멸 수용소, 대량 이주, 강제 노동, 융단 폭격 등이 난무했다. 전 세계에 걸쳐 적敵은 주권국가의 합법적인 적이 아니라 인류의 적으로 선포되어 절멸의 대상으로 설정되었다. 제2차 세계대전부터 본격화된 총력전은 이데올로기적으로 정당화된 '이념 전쟁'으로서, 단순히 적을 제압하는 것이 아니라 상대 국가와 국민을 괴멸시키고, 적을 섬멸하는 것을 정당화했다.[87] 그런 점에서 세계적 규모에서 제2차 세계대전보다 더 도덕적인 전쟁은 없었다. 마치 중세 유럽의 종교전쟁이 전 세계로 확대된 것처럼, 전쟁 자체를 금지시킨다는 전 지구적 기획이 수립된 이후 전쟁은 오히려 전 지구적 규모의 선과 악의 대립이 되었고, 19세기의 실증주의적 전쟁 개념은 완전히 사라졌다. 동맹국들은 기본적으로, 공격을 먼저 시작한 추축국은 정상적인 교전 국가가 아니라는 입장을 고수했다. 결국 이들은 무조건 항복을 요구했고 승자의 평화를 추구했다.

　제2차 세계대전이 끝난 1945년 이후에는 그 전의 베스트팔렌 회의, 비엔나 회의, 베르사유 평화 협약과 같은 대대적인 평화 협약과 협상이 사라졌다. 미국 대통령 트루먼Harry S. Truman은 전투가 끝난 지 1년이 지난 1946년 12월 31일에야 '전쟁의 종식'을 일방적으로 선언했을 뿐이었다. 제2차 세계대전 이후 평화 협약은 이탈리아·불가리아·루마니아·헝가리·핀란드와 1947년 2월 10일에 이루어졌는데, 이는 추축국이 비준을 하건 말건 승전국에 의해 발효되었고 일방적으로 선언되었다. 미국은 6년 후 1951년 9월 8일에야 일본과 샌프란시스코에서 평화 협약에 서명했다. 반면 독일과의 공식적인 평화 협약은 1990년대까지 체결되지 않았으며, 서구 열강들이 1951년 서독만을 대상으로 일방적인 평화 선언을 했을 뿐이다.[88]

이런 조건에서 전신인 국제연맹을 이은 새로운 유엔의 성격을 분석할 필요가 있다. 비록 1648년(베스트팔렌), 1815년(비엔나), 1919년(베르사유)과 비교할 만한 근대의 거대한 평화 협약은 없었음에도 불구하고, 1945년은 국가 간 질서가 근본적으로 재조정되고, 권력이 새롭게 재편된, 국제 법질서의 중요한 전환점이었다.[89] 유엔 시스템은 기존 국제연맹 체제와 어떤 차이가 있을까? 유엔을 창설하는 과정에서 핵심 쟁점은 무엇이었는가? 베르사유 체제의 민족자결 원칙, 전쟁의 범죄화와 국제연맹의 제도적 장치들은 어떻게 변화했으며 어떤 새로운 기획들이 등장했을까?

베르사유 질서와 1945년 이후 질서의 가장 뚜렷한 차이는, 이 시기 세계 권력의 무대는 여전히 유럽에 있었지만, 1919년에는 상상할 수 없던 수준으로 전후 세계의 미래에 대한 협상과 결정들이 이루어졌다는 점이다. '관세및무역에관한일반협정'과 브레턴우즈 기구들, 유엔 시스템의 기관들은 국제연맹이 하지 못했던 기획들을 좀 더 확대된 규모로 추진했다. 1945년 이후에는 전후 국제경제 질서뿐만 아니라 정치·안보, 경제·사회 및 개인 인권 등 훨씬 포괄적인 주제들이 전후 질서 구상의 주제로 다뤄졌으며, 전례 없는 수준으로 국제적인 규범과 제도들이 수립되었다. 인권의 제도화와 성문화가 이루어졌으며, 역사상 가장 확대된 규모로 강력한 군사적 질서도 수립되었다. 그런 점에서 바야흐로 1945년 이후 수년간은 전 지구적 자유주의 국제 질서가 상승하고 확산되는 '자유주의적 순간'liberal moment이라고 부를 수 있다.[90]

자유주의 질서의 등장과 전개에서 1945년은 여러 차원에서 자유주의적 근대성이 전 지구적으로 확산될 결정적인 계기와 조건을 제공했다.

먼저 자유주의 국가들은 1930~40년대에 세 가지 거대한 전 지구적 위기를 경험했다. ① 파시즘이라는, 개인주의와 정치적 자유주의 시스템의 위기, ② 대공황이라는, 자유주의 시장경제의 위기, ③ 세계대전이라는, 전지구적 자유주의 질서 파괴의 위기가 그것이었다. 이 삼중의 위기 이후 파시즘이 패배하면서 국가 주권, 자기 결정, 대표 정부, 자유주의적 권리가 유럽 대부분에서 부활했다. 유럽 밖에서도 제2차 세계대전 이후 민족의 자기 결정이라는 원칙과 연관된 반식민 운동이 대두되었다. 또한 경제적으로도 대서양 경제가 전쟁과 파시즘적 통제로부터 벗어나자 열린 자유무역 시장을 구축하기 위한 다자주의적 제도들이 재구축되었고, 국제적 교환의 주요 장벽들이 제거되었다. 마지막으로 제2차 세계대전을 자유주의와 비자유주의 국가 간의 전쟁으로 규정한 미국은 전후 처리 과정에서 자유주의 질서를 구축하는 데 주도적인 역할을 하게 되었다. 즉 파시즘·공황·전쟁이라는 세계적 위기에 대응해 자유주의적 세계 질서를 구축하기 위해 미국은 국제통화기금과 세계은행, 유엔과 북대서양조약기구를 구축해 나갔다. 이를 주도한 미국의 관료들은 무엇보다 전 세계에 자유주의적 경제 시스템을 구축하여 사실상의 전후 처리를 진행한다는 전제하에 여러 국제기구들을 설계했다.

이런 자유주의적 순간에 미국을 포함한 승전국들은 자기 결정, 민족독립, 주권의 평등, 인권 보장, 모든 개인에 대한 차별 방지, 전쟁을 폐지하고 평화 질서를 제공할 새로운 세계 질서의 구축이라는 고도의 이상주의를 추구했다. 이 이상주의의 배경에는 미국이 자유무역 질서를 유지하고 자국의 경제 성장을 위해 전 지구적인 정치·군사적 안정이 필요했다는 맥락이 있다. 유엔은 경제기구와는 별도로 전쟁과 분쟁, 정치적 갈등 등 안보 문제를 전담할 기구였다.[91]

안보 문제를 전담한다는 유엔의 기본적인 성격에도 불구하고, 유엔의 자유주의 기획은 여러 이해관계가 결합된 복합적 정치의 산물이었다. 그 과정은 1942~43년경부터 미국 정부 내에서 시작된, 전후 질서에 대한 구체적인 제도적 구상들로부터 시작되었다. 이 과정의 핵심에 미 국무부 관료들의 역할이 있었다. 미국은 사실 1939년 9월 16일부터 전후 기획 준비를 시작했다. 처음에 중요한 역할을 한 인물은 국무부 장관 헐Cordell Hull과, 러시아 태생 경제학자 레오 파스볼스키Leo Pasvolsky[92]였다. 그리고 이 전후 기획에 관여한 대부분의 미국 관료들은 권력 균형 등의 유럽적 구시스템을 거부하는 윌슨주의자들이었다.[93]

이들은 국제연맹의 실패를 보완하기 위해 새로운 국제기구는 더 확대된 위상과 역량, 즉 강제력enforcement을 보유해야 한다고 보았다. 이에 따라 이들은 유엔 지상군과 유엔 공군 창설을 포함한 다양한 방식을 고려했고, 집단 안보를 위해 열강들이 전후에도 상당 기간 대규모 무장을 유지할 필요가 있다고 가정했다. 나아가 이들은 기본적으로 평화에는 군사적 기초뿐만 아니라 경제적 기초가 있어야 한다고 생각했다. 모든 인구가 경제적 권리를 누릴 기반이 마련되지 않는 한 평화는 공허한 것이거나 유지될 수 없다는 것이었다.[94]

더 강력해진 국제기구, 평화의 경제적 기초라는 인식은 베르사유 체제에 담겨 있던 승자의 평화, 제도적 평화, 헌법적 평화를 넘어선 더 진전된 형태의 자유주의 평화 기획이었다. 하지만 이 기획은 결코 미국의 의도대로 실현되지 못했다. 왜냐하면 같은 시기 이 기획에 참여한 영국과 소련은 각각 전쟁과 평화에 대해 미국과 근본적으로 다른 접근 방식을 갖고 있었기 때문이다.

영국의 경우, 처칠Winston Churchill은 중앙 집중화된 국제기구 중심의 집단 안보보다는 지역 차원의 조직들을 먼저 만들고, 제2차 세계대전 승전국 4대 강국만으로 구성된 최고 위원회가 있어야 한다고 보았다. 이는 강대국에 의한 권력 균형이라는 고전적 사고방식의 연장이었다. 다만 영국은 기본적으로 전 지구를 포괄하는 국제기구를 창설해야 미국을 유럽 방위에 끌어들일 수 있고, 미국 정부가 유럽의 집단 안보에 참여하는 것에 대해 상원의 동의를 얻을 수 있으리라는 계산을 하고 있었다. 즉 영국에게 유엔은 권력 균형 게임을 위한 전형적인 수단이었다.[95]

반면, 스탈린에게 가장 중요한 것은 국제 관계, 전쟁의 원인, 평화의 조건이 아니라 바로 독일 문제였다. 유럽 전장을 거의 전담했던 소련[96]의 스탈린에게는 독일이 재기하지 못하도록 하고, 누구도 소련을 침략하지 못하게 하는 것이 가장 중요했다. 이를 위해 스탈린은 이미 1941년경 독일을 국제사회에서 추방하기로 했고 독일에 대한 막대한 배상, 탈무장화 등 전후 처리 계획을 발전시켰다. 스탈린은 가장 일방적이고 가장 완전한 독일의 패배를 추구했고, 소련과 독일 사이에 가능한 한 많은 장벽이 세워지길 바랐다. 스탈린은 계속해서 폴란드·루마니아·발트공화국을 점령하고 핀란드와 가혹한 정전 협약을 맺음으로써 독일과 소련 사이에 거대한 안보 벨트를 구축하고 있었다. 즉 이는 베르사유에서 추진된 '승자의 평화 기획'의 소련식 형태였다.[97]

하지만 미국 정부의 구상은 달랐다. 루스벨트는 한편으로는 '무조건 항복'이라는 원칙을 추구했지만, 전후 처리에 있어서는 베르사유 체제의 실패가 반복되지 않도록 최소한의 경제적 배상을 부과한 후 영토적으로는 1939년 이전으로 돌아가려는 구상을 갖고 있었다. 처벌적 배상을 부과함으로써 전쟁의 불씨를 남겨서는 안 된다는 케인스적 시각도 미국식 자유주의 평화의 일면이 된 것이다. 바로 여기서 '비처벌적 평화 협약'으로서의 자유주의 평화라는 구상이 등장했다.

2) '네 명의 경찰관'과 안보리

이렇게 미국, 소련, 영국의 서로 다른 전후 질서 구상을 절충하기 위해 합의의 구심점으로 고안된 것이 바로 안전보장이사회 시스템이었다. 이는 매우 현실적인 이해관계를 반영한 것이었다.

안보리 시스템은 루스벨트가 1930년대 이후 제기한 '네 명의 경찰관'(중국·소련·영국·미국) 개념에서 시작되었다. 루스벨트는 총력전의 시대에 작은 국가들은 더 이상 스스로 안보를 확보할 수 없다고 보았다. 그는 작은 국가들이 열강의 공격에 맞서 무장하기 위해서는 경제적 부담이 크고 파산을 초래할 것이기 때문에, 작은 국가들은 비무장인 채로 남아 자신의 안보 문제를 강대국들, 특히 4대 강국에 맡겨야 한다고 주장했다. 4대 강국을 제외한 대다수 국가가 군비를 지출할 필요가 없게 되면 경제적 번영을 더 쉽게 이룰 수 있다는 것이었다.[98]

루스벨트는 4대 강국의 협력을 구축하기 위해서는 소련의 참여가 절대적이라고 여겼다. 만일 스탈린이 협력하지 않으면 다시 과거의 권력 균형 시스템으로 돌아가는 것이기 때문이었다. 그리고 문제는 네 명의 경찰관을 통제하는 것이었는데, 이 강대국에 의한 지배에 대해 나머지 국가들이 가질 수 있는 두려움을 완화시키기 위해 유엔이 4대 강국 간의 논쟁과 불일치를 해결하는 주요 도구가 되기를 바랐다.[99]

유엔 안보리는 국제연맹보다 강화된 권한을 갖고 있었다. 국제연맹은 권고 권한밖에 없었고, 만장일치 원칙으로는 1930년대에 발생한 전쟁들에 무기력했다. 따라서 안보리는 평화에 대한 위협이나 침공에 대처하기 위해 빠른 결정을 내릴 수 있는 권한이 부여되었고, 그 결정을 강제할 수 있는 장치들을 확보했다. 즉 유엔 헌장 39조에 의거해 특정한 국제적 분쟁 상황에 대해 '평화에 대한 위협threat, 위반breach, 침략aggression 행위라는 세 가지 경우'로 구분해, 각각 군사적·비군사적 제재 조치를 결정할 수 있었다. 또한 침략을 당한 국가를 지원하도록 권고할 수 있었으며, 유엔이 직접 군사적으로 개입할 수 있었다.[100]

1944년 8~9월 사이에 워싱턴 근교 덤바턴 오크스Dumbarton Oaks[101]에서 열린 회의에서도 이런 기본 틀에 대한 합의가 이루어졌다. 이와 더불어 유엔은 추축국과는 전후 처리에 대한 협상을 하지 않기로 했고, 전후 국제 질서는 4개 승전국이 주도하기로 했으며, 마지막으로 독일은 국제 질서에서 추방하고, 탈나치화하고, 비무장시키고, 점령하기로 했다.[102] 결국 이 시기 유엔 창설 구상에 반영된 평화 기획은 무조건 항복을 통해 승자의 평화를 강제하는 기획이 기본적으로 전제되어 있었다.

3) 샌프란시스코 회담과 유엔의 창설

1945년 4월 12일, 유엔의 창설을 수년간 주도해 온 루스벨트가 사망하고, 이 일에 깊이 관여하지 않았던 부통령 트루먼이 그 뒤를 잇게 되었다.[103] 하지만 우여곡절을 거쳐 1945년 6월 샌프란시스코에서 유엔 헌장이 서명되었고, 1945년 10월 24일 효력을 발휘하게 되었다.

유엔 헌장은 윌슨 이래 등장한 미국의 자유주의적 이상주의와 트루먼 시기 현실주의의 기묘한 혼합이었다. 전반적으로는 샌프란시스코 회의에 미국의 목소리가 절대적으로 반영되어 유엔 헌장의 용어들은 매우 자유주의화되었다고 평가된다.[104]

먼저 유엔의 창설은 기본적으로 국제적 근본 규범을 모든 국내외 법의 근거로 삼을 것을 주장해 온 자유주의 국제법학자들의 지지를 받았다. 특히 20세기의 칸트라고 할 수 있는 한스 켈젠은 유엔 창설을 위한 샌프란시스코 회의에 직접 참여해, 국제 사법 체계를 각 국가의 근본 규범으로 삼자는 1910~20년대부터의 주장을 개진했다. 그는 보편적인 세계정부가 국가 간 권력 균형의 논리를 넘어 개별 국가들을 조직하기를 원했다. 비록 수년 후 켈젠은 유엔의 법리적 문제점에 대해 비판을 제기했지만 기본적으로 유엔은 기존 국제연맹보다 진전되어 국제법적 사고를 더욱 체계화한 기구라고 보았다.[105]

하지만 유엔은 열강들 간의 지속적인 권력 경쟁과 타협의 산물이었고, 그 결과 유엔 헌장에는 상호 갈등하는 수많은 요소들이 포함되어 있었다. 대표적인 것이 헌장 23장에 반영된, 5개 상임이사국이 안보리에서 행사할 수 있는 거부권이었다. 거부권은 안보리의 민주적 의사 결정구조를 심각하게 제약했고, 이는 헌장 1조에 명시된, 모든 회원국의 주권은 동등하다는 원칙과 거의 해결할 수 없는 긴장 상태에 있었다.[106]

이 밖에도 유엔 헌장에는 여러 상충하는 전후 질서 구상들이 반영되어 있었다. 최종 합의 과정에서 유엔에 권력을 집중시키려는 기존 방침으로부터 다소 물러나 각 지역 조직에도 더 많은 권력이 부여되었으며, 국내 주권 문제에 개입할 수 없도록 하는 개별 국가 주권 보호 조항이 추가되었다.

다른 한편 유엔 총회의 역할도 다소 강화되어 다양한 전 지구적 문제에 대한 제안과 논쟁이 가능해졌고, 안보리 외에도 경제사회이사회와 국제재판소가 설치되어 다양한 영역에 대해 책임을 지게 되었다. 신탁통치라는 개념도 헌장에 자리를 잡았으며, 차별 없는 개인의 '인권', '정의', '완전고용', '교육' 등의 케인스주의적 개념도 반영되었다.

미 국무부의 국제주의자들은 자유무역을 강화하고, 투자와 금융에 관한 국제 제도를 만들고, 민족 자결 원칙을 전 세계에 적용하려 했다. 이들은 국제적인 제도를 구축함으로써 국제 질서를 변화시킬 수 있으리라 기대한 제도주의자들이었다. 또한 이들은 미국의 국내 정치에서 작동했던 연방주의 원칙과 뉴딜적 사고를 세계 질서에 확대 적용하려 했다. 하지만 영국의 처칠은 열강들 간의 영토적·군사적 균형, 즉 고전적 권력 균형 원칙으로 사고했고, 스탈린은 거부권과 국가 주권을 중시하는 입장을 고수하면서 민족주의적인 팽창과 독일로부터의 방벽 쌓기에 골몰하고 있었다.[107]

결국 유엔 체제는 미국의 제도주의적 자유주의와 영국의 권력 균형, 소련의 방어적 영토주의가 뒤섞여 충돌하고 있었다. 이런 점에서 스미스Neil Smith는 유엔이 전 지구적인 집단 안보를 창조하는 데 실패했다고 평가했다. 그는 유엔이 결국 제대로 기능하지 못하게 된 것은 지역주의나 개별 국가 주권을 넘어서지 못하고, 오히려 영토 국가의 주권에 기반해 그것을 지역적, 전 지구적으로 확대하려 했기 때문이라는 점을 지적했다. 이에 따라 스미스는 유엔의 실체는 '민족주의의 국제주의'로서 개별 국가 주권과 국가 간 이해관계의 문제를 결코 넘어서지 못했다고 평가했다.[108] 특히 유엔 헌장의 전쟁 관리 장치들도 실효성이 부족했다. 무력 충돌에 대한 안보리의 강제 권한도 충분하지 않았고, 유엔 상비군을 창설한다는 의견도 반영되지 않았으며, 국제 사법재판소의 위상과 권위에 대해서도 미-소 간의 대립이 있었다. 이 과정에서 무장해제와 군축 문제도 의제에서 사라졌고, 결정적으로 헌장 51조((집단적) 자기방어)가 추가되면서 이후 미국이 개별 국가들과 전통적인 동맹 구축으로 나아가는 길이 마련되었다.[109]

결국 유엔에는 윌슨의 이상적 자유주의 기획보다 더 진전된 요소를 담고 있었지만, 보편주의적 기획으로부터 상당 정도 일탈된 요소들 또한 포함되어 있었다고 할 수 있다.

4) 유엔 체제의 세 가지 특성

(1) 전쟁의 전면적 금지

유엔의 상당한 한계에도 불구하고 전쟁과 관련된 유엔 헌장의 국제법적 의미는 컸으며 제도적으로 뚜렷한 차별점이 존재했다. 강조할 것은 유엔 창설의 가장 결정적인 구심점 자체가 제2차 세계대전의 참화 속에서 전쟁의 재발을 막기 위해 전쟁을 전면적으로 금지했다는 점이다. 국제연맹 규약과 켈로그-브리앙 협약을 넘어서 국제법적 의미의 전쟁뿐만 아니라 모든 종류의 무력 사용, 위협까지도 위법화시키는 포괄적인 무력 사용 금지가 유엔 시스템의 핵심에 담겨 있었다.[110]

유엔 헌장 2조(4)는 다음과 같이 규정한다. "모든 회원국은 영토적 통합이나 다른 국가의 정치적 독립에 대해 무력이나 위협을 사용하거나 유엔의 목적과 불합치하는 어떤 다른 방식을 사용하는 것을 자제해야 한다." 이에 따라 유엔 헌장에서는 아예 국가 간 전쟁이라는 개념 자체가 제거되었다. 고전적인 '전쟁'이라는 용어 대신, 더 다양한 상황을 포괄할 수 있는 '무력 충돌'armed conflicts이라는 용어로 대체되었다. 이는 과거 국제연맹 규약에 전쟁과 침략aggression 개념이 들어갔다가 1931년 일본의 만주 침공을 법적으로 어떻게 규정할 수 있느냐를 둘러싸고 소모적 공방이 벌어졌던 경험을 고려해 일부러 전쟁이나 침략이라는 용어의 사용을 피한 것이었다.[111]

그리고 헌장의 7장에 있는 집단 안보 시스템은 안보리에 국제 평화와 안보를 회복하고 유지할 집행 수단만 준 것이 아니라 평화에 대한 위협, 위반, 침략 행위의 존재 자체를 결정할 권한(39장)도 주었다.

국제연맹 규약에서 공동체의 질서를 유지하기 위한 수단은 불법적 전쟁을 자행한 국가에 대해 해상 무역을 금지해 경제적 제재를 가하는 조항이 유일했다. 하지만 안전보장이사회는 달랐다.

유엔의 전쟁 관리 체제는 무력 사용 금지 규정을 위반하는 경우 다섯 가지 조치를 취하도록 했다. 첫째, 불법적 전쟁으로 인한 손해에 대한 보상의 법적 책임, 둘째, 전쟁 당사자가 아닌 제3국들이 중립을 지키기보다는 가해 국가에 대한 일종의 보복 수단으로서 피해 국가를 공개적으로 지원하는 것, 셋째, 불법적인 무력 사용으로 취득한 것은 국제사회에서 인정받지 못한다는 것이다. 이 세 가지는 모두 베르사유 체제부터 스팀슨 독트린까지 등장한 내용들을 반영한 것이었다.

유엔 헌장에서 새롭게 등장한 것은 네 번째, 침략을 기획하고 실행한 책임이 있는 개인을 국제재판소에 범죄자로 기소하는 것으로, 이는 1946년 뉘른베르크 재판을 지휘한 국제 군사재판소 헌장과 '평화에 반하는 범죄'라는 규정으로 나타났다.[112] 하지만 뉘른베르크 재판과 도쿄 재판 이후에는 '침략'에 대한 법적 정의를 확립하는 데 실패해 '평화에 반하는 범죄'로 기소되는 경우가 없었다. 다섯 번째는 유엔 안보리의 원조하에 국제 공동체에 의해 직접적인 무력 행동이 취해질 가능성이었다.[113]

하지만 유엔 헌장이 전제로 한 국제 분쟁의 모델은 매우 단순했다. 헌장이 가정하는 전쟁의 모델은 1930년대의 침공 행위들을 바탕으로 한다. 유엔은 ① 평화에 대한 위협이나 침략 행위를 대상으로 했는데, ② 쉽게 식별될 수 있는 위협과 침략 행위가 존재해야 하고, ③ 침략이나 위협의 행위자가 국가인 경우를 전제로 했다. 이에 따라 헌장을 작성한 사람들은 비국가 행위자가 무력을 활용하거나 군인들의 국적이 분명하지 않은 경우, 해외의 후원 세력과 개입이 이뤄지는 경우 등을 고려하지 않았다. 민족 해방 전쟁, 게릴라 분쟁, 식민 당국에 대항한 무장 반란 등은 국제적 지평에서 가시화되지도 고려되지도 않았으며, 국가 내부의 반란 행동도 포함되지 않았다.[114]

뿐만 아니라 유엔의 틀은 엄밀하게 제도화된 형태가 아니라 소수 강대국 간의 정치적 합의의 결과였다. 그에 따라 유엔 헌장에서 안보리는 '국제법에 대한 위반'에 대응하는 것이 아니라 유엔 헌장 39조에 의해 '평화에 대한 위협, 평화에 대한 위반, 침략 행위'로 안보리 회원국의 합의에 따라 결정된 상황에 대해 행동을 취할 권한을 갖고 있었다. 이는 법 위반에 대한 처벌이 아니라 안보리 회원국들의 이해관계에 따른 합의의 형태로 작동하게 되어 있었다.[115]

결국 어떤 면에서 유엔 헌장 시스템은 제한적 의미에서만 새로운 '정의로운 전쟁' 체제의 출현을 상징하는 요소들이 포함되어 있었다고 할 수 있다. 유엔 헌장은 평화 상태를 국제 질서의 정상적인 상태로 상정했는데, 이는 실증주의에 깔려 있던 홉스적 전제와 다른 것이었다. 그리고 어떤 조건에서 예외적으로 무력 사용이 정당한가에 대한 규정이 있었다. 유엔 헌장에 따르면, 무력 발동이 가능한 두 가지 예외는, 첫째, 유엔에 의한 공동의 법 집행 행위로서 침략을 패퇴하기 위해 무력 개입하는 행위이고, 둘째, 침략에 대한 자기방어 전쟁이었다. 결국 1945년 이후 유엔 체제 하에서 전쟁은 폐지된 것이 아니라 재개념화되었다고 할 수 있다.[116]

이를 좀 더 자세히 살펴보면, 먼저 1945년 이후 가능한 전쟁의 첫 번째 범주는 유엔의 공동 질서 유지 행위였다. 즉, 안보리에 의한 국제적 법 집행 행위는 국가 간 무력 충돌이 아니라 일종의 공동 치안 활동이 되었고, 따라서 합법적이고 윤리적인 기능을 수행하는 활동이 되었다.[117] 두 번째 범주는 자기방어 전쟁이었다. 유엔의 강제 집행 행위가 공세적이고 처벌적인 성격의 것이라면 자기방어는 임시적이고 긴급한 상태에서 제한된 목적으로 이뤄지는 것이었다. 결국 유엔의 집행 행위는 무제한적이고 공세적으로 나갈 수 있는 성격을 갖고 있었으며, 세계에서 발생하는 무력 분쟁 사례를 다루기에 '자기방어' 개념보다는 유엔의 개입이 더 적합

하게 되어 있었다.[118]

하지만 안보리는 냉전의 경쟁 구도로 인해 무기력해졌는데, 특히 유엔에 의한 집행 행위는 한국전쟁 이후 적용이 중지되었다. 그 결과 자기방어 개념만이 점차 중심적인 역할을 하게 되었고 이후 무력행사를 정당화할 수 있는 유일한 개념이 되었다. 원래 자기방어란 영토적 통합성과 국가를 방어한다는 매우 좁은 의미의 것이었지만 이후 그 의미가 확대되었다. 먼저 자기방어 개념은 시간적으로도 확대되어 방어를 위해서는 선제적인 행동도 가능하다는 해석이 이루어지기도 했고,[119] 국익의 범위에 대한 해석이 확장되면서 방어의 대상과 방법 또한 확대되었다.[120]

특히 이 자기방어 전쟁 개념에는 미국의 지역주의적 의도가 크게 반영되어 있었다. 사실 소련이 먼저, 독일의 군사적 부활을 막기 위해 동유럽 국가들과 맺은 기존의 협약들은 '모든 지역 기구의 강제력을 안보리 권한하에 종속시킨다는 원칙'의 적용에서 제외시키려 했다.[121] 그러자 미국 대표인 반덴버그Arthur H. Vandenberg 또한 안보리가 지역별로 존재하던 기존의 협약들을 부정하면 미국의 오랜 전통인 먼로 독트린이 종식될 것이라며 기존의 지역 안보 기구 기구들에 대한 안보리의 통제를 반대했다.[122]

그러나 좀 더 보편주의적인 유엔을 구상했던 파스볼스키는 만일 안보리 회원국이 미국이 아메리카 대륙에서의 외교적 조치를 취하는 것에 거부권을 행사하는 경우, 미국은 항상 자위권을 발동할 것이라며 반덴버그의 주장을 반박했다. 미 국무부 차관 넬슨 록펠러Nelson A. Rockefeller와 남아메리카 국가들 사이에, 아메리카 지역에서 미국이 갖는 특권적 지위를 인정하는 차풀테펙Acuerdo de Chapultepec 협정이 맺어진 상태였고, 반덴버그는 이 내용을 유엔 헌장의 지역 조항에 포함시키려 했다. 그러자 국무부는 자기방어 개념을 지역 규모로 확대할 수 있게 새 조항을 만들게 했고,

차풀테펙 협정과 같은 기존 협약에 따라 침략에 대항할 자기방어 권리가 있다는 지역 규모의 자기방어 개념을 도입할 것을 제안했다. 영국은 이에 대해 미국의 적나라한 예외주의라며 반대했지만 곧 미국의 설득에 동의했다. 최종적으로는 차풀테펙 협정을 구체적으로 언급하지 않으면서 자기방어를 지역주의적 기존 협약에 근거해 확장할 수 있는 내용이 유엔 헌장 51, 52조 자기방어 조항에 포함되었다. 결국 이 조항으로 인해 유엔의 보편 기획 안에 지역주의가 내재되었고 이후 미국은 자유롭게 지역주의적 기획을 전개했다.[123]

이런 한계에도 불구하고, 전쟁에 대한 강력한 결정권들을 바탕으로 전쟁을 종식시키고 집단 안보를 추구한다는 기치하에 유엔이 출범한 이후, 모든 전쟁은 국가 간 시스템의 관리하에 들어갈 수밖에 없었다.

(2) 신탁통치와 경제사회이사회

유엔의 등장으로 초래된 국제 질서의 두 번째 근본적인 변화는 식민지에 관한 국제법적 제도가 소멸한 것이었다. 이는 기존의 모든 국제법과 차별되는 지점이었다. 이 시기 전후 질서에 대한 미국의 구상에는 유럽의 구 시스템을 새로운 국제정치 시스템으로 교체하려는 시도의 일환으로 반식민적 요소가 포함되어 있었다.[124]

식민 지배에 관한 제도들을 폐지하고 이를 대체하기 위해 독립을 인정하거나 유엔을 통해 구식민지를 신탁 통치한다는 구상이 등장했다. 하지만 신탁통치 제도조차도 현실화되기 위해서는 열강들 간의 타협이 이루어져야 했다. 얄타에서 처칠은 유엔이 영국의 식민지로부터 손을 때야 한다고 압력을 넣었고, 루스벨트와 스탈린은 신탁통치 대상 지역을 "기존 국제연맹의 관할이던 위임통치 지역들, 제2차 세계대전 축축국에 의해

점령된 영토들, 자발적으로 혹은 유엔의 후원하에 공동 관리 대상이 된 모든 영토"로 한정시켰다.[125]

1945년 샌프란시스코 회의에서 중국과 소련 대표의 경우 처음에는 반식민주의 입장을 분명히 하면서 신탁통치의 최종 목적으로 '독립'independence이라는 단어가 들어가야 한다고 주장했다. 중국과 소련은 분명히 작은 국가들의 편에 섰다. 하지만 영국과 프랑스가 꺼렸고 미국 역시 거리를 두고 있었다. 미국의 경우 트루먼 정부 내 전쟁부와 국무부의 의견이 갈려 있었다. 전쟁부는 미군이 제2차 세계대전 동안 장악했던 마셜 군도 등을 포함해 일본의 섬들을 안보를 목적으로 계속 통제하기를 바랐고 신탁통치 문제에 반대하고 있었다. 하지만 국무부는 그 영토들을 미국의 소유로 하되 유엔 총회의 감시하에 두기를 바랐다.[126]

유엔 헌장의 신탁통치 조항들에 대한 논의 과정에서 미국의 지리학자 보우먼Isaiah Bowman이 큰 역할을 했다. 그는 소련이 '독립'이라는 용어를 앞세워 기존 식민지들에 대해 팽창주의적 야망을 갖고 있다고 비난하면서, 이를 '자기 통치'self-government라는 모호한 개념으로 대체하는 데 주도적인 역할을 했다. 이 '자기 통치' 개념이 베르사유 이후 다시 등장하게 된 것은 영국과 프랑스, 두 식민 동맹국이 신탁통치 조항에서 '독립'에 대한 언급을 체계적으로 제외하려 했던 노력의 결과였다. 동시에 미국 정부는 전쟁부의 요청을 반영해, 신탁통치에 관한 11개의 최종 가이드라인을 만들면서 이른바 '전략적 지역'을 신탁통치 대상에서 제외했고, 미군이 이 지역을 독점적으로 통제하기로 했다. 이렇게 영국과 프랑스가 반발하고 미국이 자국의 이해관계를 챙기는 상황에서 중국과 소련은 여전히 '독립'이라는 용어를 고집했으며, 그 결과, '비非 자기 통치 영토'에 대한 조항인 11장에서는 최종적으로 독립이라는 단어가 삭제되었지만, 신탁통치에 관한 12장에는 포함될 수 있었다. 즉, 헌장 76조에는 각 영토의 상황에 맞게 자기 통치 혹은 독립을 향한 점진적 발전을 유도한다는 문구가 포함되어 신탁통치의 최종 목표는 독립이라는 점을 규정한 것이다. 하지만 얄타에서 신탁통치 대상국의 결정은 전쟁 해당 국가들 간의 추후 평화 협약을 통해 해결되어야 한다고 합의되어 결과적으로 신탁통치에 대한 유엔 헌장의 일반적인 원칙보다는, 이해관계가 얽힌 국가들 간의 합의를 통해 미국이 최종 결정을 할 수 있게 되었다.[127] 결국 유엔은 매우 제한된 권한만을 갖고 있는 신탁통치 위원회를 수립했고, 영국·프랑스·네덜란드에 탈식민화를 요구하지 않았으며, 일본의 지배로부터 벗어난 태평양 섬들에 대해 미국의 통제권을 허용했다.[128]

이로써 1945년 유엔 헌장에 반영된, 신탁통치에 대한 합의는 영국과 프랑스 등 구舊제국주의 국가들의 권한을 상대적으로 약화시켰지만, 소련과 미국이라는 새로운 초강대국에게는 평화 협상을 통해 점령 지역의 운명을 결정할 수 있는 여지를 남겨 준 제도적 타협이었다. 그럼에도 불구하고 유엔 창설 후 대부분의 지역에서 10년 안에 고전적 식민주의가 사라졌다는 것 또한 역사적 사실이다.[129]

유엔의 등장으로 인한 국제법의 또 다른 변화는 경제사회이사회의 등장이었다. 19세기 영국의 보편주의적 자유주의는 유럽 대륙의 구정치 질서를 새로운 자유주의적 경제 질서로 완전히 대체하기를 바라는 코스모폴리탄주의자들 혹은 제국주의의 산물이었지만, 1940년대의 유엔을 기획한 전문적인 외교관들과 법조인들, 협상가들, 그리고 숙련된 입안가들은 좀 더 현실주의적이었고, 정치와 경제를 분리한 세계 질서를 만들어 냈다.

미국의 전후 기획에서 정치와 경제 시스템은 별도로 존재했다. 즉, 1944년에 전후 경제 문제를 다루기 위해 브레턴우즈에서 국제통화기금과 국제부흥개발은행IBRD/World Bank 등의 전문적 경제기구가 설치되었으며,

정치적 문제는 유엔의 관리 대상이 되었다.[130]

각 국제기구들과 국제 규범의 분업 관계는 모두 세계 평화를 위한 중요한 요소로 여겨졌다. 앞서도 말했듯이 유엔은 무력 사용을 금지하고, 긴급 상황의 경우 집단 집행 행위를 제공하고, 분쟁의 평화적 해결을 촉진하는 역할이 주어졌다. 유엔이 물리적 전쟁을 예방하고 막는 부정적이고 협소한 평화를 지향했다면, 다른 한편 더 넓고 완전한 의미의 평화, 즉 국가들 간의 지속적인 협력과 인간 조건의 개선은 경제 시스템의 임무였다. 이 같은 분업은 제2차 세계대전으로 생겨난 세계 문제들에 대한 해법이었다.[131]

제2차 세계대전 이후 경제기구는 전쟁 발발의 결정적인 요소 가운데 하나로 여겨진 거대한 전 지구적 디플레이션, 즉 대공황에 대응하기 위한 것이었다. 기본적으로 브레턴우즈 체제와 관련된 많은 관점들은, 통화의 안정성과 교환 가능성이 중요하며, 단기 유동성 문제를 겪는 정부를 돕기 위해 안정 기금이 필요하고, 국제적인 자본의 흐름과 무역을 관리할 기법과 완전고용을 촉진하는 정책이 필요하다는 것을 전제로 한다는 점에서 케인스주의적 관점[132]을 공유하고 있었다.[133]

그리고 이런 케인스주의적 관점과 대공황에 대한 관심은 곧 전쟁의 원인에 대한 경제적 인식과 밀접한 관련이 있었다. 미 국무부 장관 헐은 1930년대에 일본이 전쟁을 가속화한 것은 자원과 천연 물자의 필요라는 경제적 이유 때문이라고 생각했다. 이런 측면에서 제2차 세계대전 시기 미국에서 등장한 자유주의적 국제 경제 질서는 대공황과 보호 무역주의의 대두가 전쟁과 관계가 있다는 인식을 전제로 한 것이었다. 특히 전쟁과 분쟁의 경제적 원인에 대한 사고는 루스벨트의 인식에 반영되어 있었다.[134]

루스벨트는 세계적 수준의 무력 분쟁을 국내 사회 갈등의 문제와 동일하게 여겼고 비슷하게 대응하려 했다. 루스벨트가 1944년 1월 발표한 네 가지 자유에 대한 연설은 뉴딜의 철학적 토대를 국제사회에 적용하려는 의사를 분명히 한 것이었다. 그는 국제기구의 목적은 단지 군사적 안보뿐이 아니라 경제적 안보, 사회적 안보, 도덕적 안보를 포함해야 한다고 주장했다.[135] 공포fear로부터의 자유, 결핍want으로부터의 자유라는 개념은 경제적 조건을 국제적 갈등의 원천으로 이해한 것이었다. 전후 자유주의적 국제무역 기구들과 유엔의 경제사회이사회는 이런 인식에 기반해 창설된 것이었다.[136]

소련은 유엔이 평화와 안보 문제에만 집중하자며 반대했지만, 미국은 안보리가 평화와 안보 문제에만 집중할 수 있도록 별도의 경제사회이사회를 만들어야 한다고 제안했다.[137] 샌프란시스코에서는 "침략자에 대응하는 억압적 수단보다 전쟁의 경제적이고 사회적인 원인을 제거하는 것"이 강조되었다. 경제사회이사회는 전쟁이 주로 빈곤과 경제적 불만족으로부터 비롯된다는 이론에 기반해 유엔이 전 세계적인 삶의 표준을 향상시키기 위해 노력해야 한다고 간주했고, 이에 따라 유엔 헌장에는 '완전고용'이라는 케인스주의적 구호가 반영되었다.[138]

결국 유엔은 정치와 경제의 분리, 제2차 세계대전의 원인에 대한 케인스주의적 사고를 반영한 산물이었다. 즉 유엔에는 전쟁의 문제를 단순히 정치·군사적으로만 보지 않고, 경제·사회적 원인에 대응해야 한다는 인식을 담고 있었다.

(3) 인권의 부상과 국제 인도주의 법 계열의 전개

유엔 체제의 세 번째 큰 전환은 개인 인권의 부상과 국제 인도주의 법의 발전이었다. 원래 유엔 초기에 국제법위원회에서는 전쟁 발발 시 교전 국가의 행위를 규제하는 전쟁법을 새롭게 성문화해야 한다는 제안이 있었다. 유엔의 창설은 다시는 전쟁이 발발하지 않도록 완전히 금지할 수 있으리라는 낙관주의적 인식의 산물이었으므로, 유엔 국제법위원회는 전쟁 발발 자체를 금지하는 것이 아니라 전쟁 행위를 규제하는 방향으로 법을 개정하는 것은 그 자체로 '유엔의 평화 유지 수단에 자신감이 결여되어 있음을 보여 주는 것으로 해석될 수 있다'며 전쟁법 개정에 반대했다. 이처럼 유엔의 낙관적 분위기는 19세기 유럽에서 기원한 실증주의적 전쟁법들의 유용성을 의문시했을 뿐만 아니라 개정 기획을 가로막았다.[139]

하지만 이런 분위기는 오래가지 않았다. 특히 국제적십자위원회가 주도해 인도주의적 원칙에 따라 법을 갱신하고자 노력함에 따라 1949년 네 개의 제네바 협약(1949년 8월 12일)이 탄생했다. 제네바 협약 공통 2조는 "모든 선포된 전쟁의 경우나 모든 무장 갈등, 한 국가가 다른 교전국에 의해 인정되지 않은 전쟁 상태"이더라도 이 조항들이 적용될 것이라고 규정했다(GC 1949. 8. 12.). 즉 1949년 제네바 협약은 인도주의적 원칙을 국가 간 분쟁이 아닌 국내 분쟁, 다양한 무력 충돌 상황에 적용되도록 했다. 이는 새로운 진보였고 과거의 실증주의적 국가 중심주의로부터의 변화였다.[140]

물론 1949년 제네바 협약이 만들어지기까지 논의 과정에는 본격적인 냉전 정치가 작동했다. 소련 대표들은 원자폭탄의 사용 금지라는 안건을 제기했으나 부결되었고, 대신 포로 문제가 뜨거운 주제로 부상했다. 첫 번째 쟁점은 포로가 되기 전에 저지른 '전쟁범죄'에 대한 재판 문제였다. 국제적십자위원회는 유죄가 완전히 증명될 때까지는 포로로서 보호를 받아야 한다고 제안했다. 냉전이 심화되자 영국과 미국은 이에 동의했고, 이에 따라 1949년 제네바 협약 85조에 의해 전범일 경우에도 포로의 지위를 유지한다는 내용이 포함되었다. 하지만 소련은 전범과 인도에 반하는 범죄를 저지른 사람을 보호하는 것은 지킬 수 없는 원칙이라고 주장했다. 소련은 전범 처벌을 지속적으로 요구했던 것이다.[141]

이런 한계에도 불구하고 1949년경에는 뉘른베르크 재판과 도쿄 재판이 다루었던 '전쟁범죄'라는 개념 대신 점차 '평화에 반하는 범죄', '인도에 반하는 범죄'crime against humanity 개념이 대두되었다. 반인도주의 범죄는, 전통적인 전시법에서 범죄로 포함할 수 없었던, 추축국 지도자들이 후방에서 저지른 행위를 전시뿐 아니라 평시에도 고소할 수 있도록 한 것이었다. 하지만 이런 인도주의 법의 개정 작업에도 강대국의 영향력과 이해관계가 반영되었다. 4대 강국들은 자국에게 불이익이 될 전례를 만들지 않으려 했고 '반인도주의 범죄'는 오직 전쟁 중에 발생한 것이어야 한다는 내용이 덧붙여졌다. 이러한 새로운 인도주의 법은 과거의 전시법과 달리 극단적인 상황에 있는 인간들, 즉 전쟁 피해자들에게 주된 관심을 기울이고 있었다. 제네바 협약은 기본적으로 전쟁의 피해자를 보호하는 데 관심을 기울여 그 범주를 확장한 것이었다.[142] 이런 측면에서 반인류·반인도주의 범죄에 대한 논의들은 점차 희생자 이데올로기를 발전시켜, 이른바 '희생자들의 경쟁'이라고 할 만한 새로운 20세기적 현상을 등장하게 했다.[143]

한편 이와 별도로 점차 인권이 국제사회의 규범으로 확산되었는데, 네 가지 주요 인권 도구(1950년의 유럽 협약, 미국의 1969년 협약, 두 개의 1966년 국제 협약)가 마련되었다. 인권에 대한 관심과 전시 인도주의 법들은 상호작용하고 있었고, 특히 새롭게 전면에 부상하고 있는 인권의 원칙들이 전시법에도 다양한 방식으로 반영되었다. 당시 이런 발전은 1948년 12월 10일 유엔 인권선언으로 가시화되었다.[144]

그런데 인도주의적 법과 인권의 전면적 부상에는 또 다른 정치적인 배경이 존재했다. 미국은 제2차 세계대전이라는 계기를 통해 그동안의 고립주의를 넘어 세계 무대의 전면에 나서기 위해 국제적인 보편적 의무를 만들고자 노력했다.

　미국이 인권을 내세우기 시작한 과정에서 중요한 것은 베르사유에서 대두되었던 소수자 권리보다는 보편적인 '인권'과 '개인'에 대한 강조가 부상했다는 것이다. 특정 지역의 소수민족이나 인종의 집단적 권리보다는 보편적 인권, 그리고 영미식 자유주의적인 개인 인권이 1945년 이후 국제사회의 수많은 차이를 아우르는 틀이 되기 시작했다. 그 결과 유엔 헌장에는 소수자 권리와 인권 원칙이 동시에 들어갈 수 없었고, 집단적 권리로서의 소수자 문제는 유엔 헌장이나 인권선언 안에서 사라졌다. 대신 유엔 헌장에는 인권에 대한 조항이 전례 없는 수준으로 전면에 등장했다. 1조에는 특히 인종·성·언어·종교에 대한 차별 없는 근본적 자유, 인권을 촉진한다는 내용이 포함되었다. 2조에는 국내 관할권 조항이 들어갔으며, 인권 원칙의 적용과 강제 수단이 없었다. 한스 켈젠은 인권 조항들이 사실상 빈말일 뿐이라고 비판했고, 인도, 뉴질랜드, 남아메리카 국가들로부터 국제연맹보다 후퇴한 것이라는 비난이 이어졌다.[145]

　물론 유엔의 인권 담론은 탈식민 투쟁에 인권 의제를 연결시키는 것을 가능하게 했으며 전례 없는 수준으로 인권 담론이 넘쳐 났다. 하지만 다른 한편, 인권에 대한 구체적 정의와 강제 메커니즘 없이 이는 실효성이 없었다. 강대국들은 인권을 상대방을 비난할 수 있는 무기로 보았고, 유엔 헌장과 1948년 인권선언은 곧 냉전 정치의 도구가 되었다. 이에 따라 유엔 총회는 전례 없이 격렬한 수준으로 모든 인권 의제가 제기되어 상대방을 공개적으로 비난하며 논란이 벌어지는 장이 되었다.[146]

　제네바의 피해자 보호법과 유엔의 인권선언 등 인도주의 법의 발전은 전쟁이나 무장 갈등을 다루는 제도의 목적과 특징에 매우 근본적인 변화를 가져왔다. 유엔 헌장이 그랬듯이 인도주의 법 역시 기본적으로 전쟁

표 2-2 | 유엔의 창설과 국제법의 영역 분업화

국제법 영역	관련 제도와 특성
전쟁의 위법화	유엔 안보리의 무력 사용 금지, 안보리의 집행 행위와 자기방어 전쟁의 존속
신탁통치	식민 지배의 소멸, '자기 통치'와 '신탁통치'(↔ 독립)
경제사회이사회	전쟁의 경제·사회적 원인의 제거(케인스주의)
인권	유엔 인권선언, 개인의 인권(↔ 소수민족 보호)
국제인도법	뉘른베르크 재판 : 전쟁범죄에 대한 조사와 처벌 제네바 법 계열 : 전쟁 피해자, 군인, 포로, 민간인 보호 헤이그 법 계열 : 특정 무기와 전술 등 전쟁 '행위'에 대한 규제

을 경쟁하는 국익의 충돌로 보지 않았고, 좀 더 보편적 차원에서 인간의 비극으로 바라보았다. 즉 '국제 인도법'의 분명한 특징은 19세기 실증주의가 주목했던, 국가들 간의 공정함, 국가의 권리가 아니라 전쟁 피해자의 고통을 덜어 주는 데 최우선적 관심을 보였다는 것이다.

결국 유엔 창설 이후 이처럼 인도주의 법이 발전함에 따라 안보리와 국제 인도주의 법 계열이 다루는 문제 영역 사이에 일종의 분업 관계가 생겨났다. 즉 안보리 차원에서는 주로 전쟁과 무력 사용 자체에 대한 정당화 문제jus ad bellum가 다루어졌고, 제네바(1929년, 1949년)와 헤이그법(1907년) 그리고 이후 발전한 인도주의적 법 계열들은 주로 전쟁의 '행위'와 관련된 문제jus in bello를 다루었다. 이 가운데 '제네바 법'으로 부를 수 있는 법들은 전쟁 피해자를 구제하는 것, 특히 부상당하고 병에 걸린 군인과 포로 등을 보호하는 것이었고,[147] 반면 헤이그 법 계열은 특정 무기나 특정 전술을 금지함으로써 경쟁자들 사이의 적대 행위를 규제하는 법이었다.[148]

이렇게 유엔 체제는 전후 국제법의 발전과 국제기구의 재건 과정에서 중요한 거점 역할을 했다. 유엔 헌장은 국제 관계에 대한 국제법적 규제의 근본 규범이 되었고, 동시에 규범들을 지지하고 확산하려는 모든 새로운 국제기구들의 설립 근거가 되었다.[149] 또한 유엔의 등장으로 더욱 강조되기 시작한 개인의 인권에 대한 논의와 인도주의 국제법들은 20세기 후반의 수많은 국내외 정치적 논쟁과 연결되기 시작했다.

3. 초국적 법치 기획으로서의 유엔

이상의 논의를 통해 우리는 유엔 시스템에 반영된 20세기 자유주의 기획의 특징과 경향을 다음과 같이 요약해 볼 수 있다.

첫째, 슈미트의 주장과 달리 비엔나 체제는 19세기 유럽의 1백 년 평화와 공법 질서의 상징이 아니라, 자유주의의 대두와 확산으로 인해 기존 관념과 제도가 균열되고 새로운 변화가 발생한 계기였다. 비엔나 체제에는 영국이 주도하는 자유무역과 자유주의 사상들이 반영되어 있었다. 그런 점에서 비엔나 체제는 칸트의 영구 평화론이 유럽적 규모에서 최초로 제도화되기 시작한 것이라고 평가할 수 있다. 하지만 이는 켈젠의 관점과 달리 법적 논리의 제도적 진화가 아니라 철저한 정치적 갈등과 협상의 산물로서 매우 제한적인 성격을 갖고 있었다.

둘째, 베르사유 체제는 분명히 이런 경향을 강화해 과거의 권력 균형 체제를 극복하고 새로운 원칙을 제시한 자유주의적 이상주의의 산물이었다. 그러나 자유주의 평화 기획의 구체적인 제도적 형태를 살펴보면, ① 패전국의 권리를 전혀 인정하지 않고 막대한 배상과 처벌을 부과한, 원형적인 형태의 승자의 평화 기획이었다. ② 민족자결 원칙을 실제로 적용하는 과정에서 동유럽의 새로운 국가들은 자유주의 헌법을 가진 자유주의 국가로 건설되었고, 이들을 자유무역 시스템으로 포섭하려 했다는 점에서 헌법적 자유주의 국가 건설 기획이었다. ③ 베르사유 체제는 상설

표 2-3 | 전쟁과 평화에 대한 초국적 법치의 전개와 경향

	19세기 실증주의	20세기 베르사유 체제	1945년 이후 유엔 체제	점진적 경향
규모와 범위	유럽 지역주의	국제적 보편주의	국제적 보편주의	보편주의적 경향의 확대
전쟁 종식의 방식	평화 협약	무조건 항복, 종전 선언	휴전과 협상 중재	평화 협약의 소멸, 유엔의 상시 개입과 관리, 분쟁의 지역화
최상위의 가치	국가 주권	민족자결, 국제 평화	국제 평화, 개인 인권	국제 평화와 개인 인권의 강화
국제평화의 유지 수단	권력 균형, 유럽 공법	전 지구적 경찰관, 국제 공동체와 국제법	유엔 안보리, 유엔 헌장, 국제 인도주의 법	평화유지군으로의 발전, 강대국의 무력 독점, 전쟁 금지의 강화
전쟁의 의미	국가의 합법적·정치적 행위	불법 침략, 경제적 위기의 결과	불법 침략, 강제 집행 행위, 방어 전쟁, 경제적 관리 대상	법적 전쟁 개념의 소멸, 자기방어 전쟁 개념의 확대
식민주의	식민주의 유지	민족자결, 자기 통치	신탁통치	식민 지배의 폐지
전쟁에서의 개인	국가의 종복	피해자, 소수민족	피해자, 자유로운 개인	집단 권리에서 개인의 권리로, 인도주의적 피해자 보호로

국제기구의 합의와 결정, 국제법의 적용을 통해 평화를 달성한다는 제도적 구상이 중심이 되었다. 이런 구상은 미국의 주도하에 전개되었으며, 전쟁 자체를 원천적으로 금지하는 초국적 법치 기획이 발전했지만 다소 일방적으로 추진됨에 따라 외교적 도구로 활용되는 경향도 있었다.

셋째, 제2차 세계대전 이후 유엔 체제는 이 다양한 기획들을 포괄하는 더 큰 규모의 초국적 법치 기획을 진행했다. 전쟁이 무조건 항복으로 끝나고 상설 기구인 유엔이 수립되면서, 대규모 평화 회담을 통해 국가 간 평화 협약을 맺는 관행이 거의 사라지고 유엔에 의한 결정과 제도적 처방이 이루어졌다. 유엔은 집단 안보 기구로서 국제연맹 체제보다 좀 더 진보된 제도적 전쟁 억제 기능을 보유했고, 국가 간에 전쟁과 모든 종류의 무력 사용 자체가 법적으로 범죄화되는 경향이 뚜렷해졌다. 하지만 강대국들 간의 타협과 현실주의적 인식 때문에 전쟁 상황에 대한 판단과 결정 권한을 유엔 총회가 아닌 안보리가 독점적으로 갖게 되었다. 경제사회이사회는 전쟁의 경제적 원인과 결과를 고려하는 케인스주의적 사고의 영향을 받았으며, 구식민지 영토의 처리와 관련해서는 신탁통치 제도가 등장했다. 무엇보다 유엔의 등장 이후 국제법에서는 전쟁과 평화 관련 제도들 간의 분업 체제가 형성되었다. 개인의 인권에 대한 보장 원칙은 기존의 소수자 권리를 대체하는 20세기적 원칙이었고, 전쟁 시 행위를 규제하고 전쟁 피해자를 보호하기 위한 인도주의 법 계열들이 별도로 발전했다. 이런 국제법적 분업 구조의 발전으로 기존의 국가 주권의 권위는 위, 아래로부터 침식되었으나, 현실에서는 개별 국가의 힘이나 지역별 동맹 체제를 완전히 넘어서지 못했다.

이런 한계에도 불구하고 중요한 것은 초국적 법치 기획이 보편적으로 확대되었다는 점이다. 그 결과 법적인 전쟁 개념이 소멸하고 '방어 전쟁'이 주된 전쟁 개념이 되었으며, 모든 무력 분쟁에 유엔이 개입하고 관리하기 시작함에 따라 전쟁을 종식하는 방법으로서 평화 협약이 사라져 갔고, 점차 분쟁의 규모가 지역화되기 시작했다. 무엇보다 국제 평화나 개인의 인권이라는 가치가 국가 주권보다 상위의 가치로 부상하기 시작했고, 집단적 권리보다는 개인의 인권이, 피해자 보호가 강조되기 시작했으며 식민 지배가 점차 사라지게 되었다.

동시에 이 과정에서, 제2차 세계대전 이후 세계적 수준에서의 무력이나 무력 사용의 정당성이 안보리 상임이사국들을 중심으로 소수의 국가들에게 독점되는 경향이 나타났다. 물론 현실에서는 유엔을 통해 '네 명의 경찰관'이 무력을 독점하려는 시도가 무산되면서 유엔 지상군 창설 기획도 포기되었지만, 적어도 정치적 상징과 제도로서의 유엔은 전 지구적 차원에서 무력행사의 정당성을 규범적으로 독점하려는 시도의 산물이다.

따라서 종합적으로 고려할 때 유엔은 불완전한 초국적 법치 기획, 무력 독점 기획의 결합으로서, 일종의 전 지구적 주권 기획의 출현을 상징한다고 볼 수 있다. 즉 유엔은 국가 간 질서를 넘어 전 지구적 질서로, 무엇보다 최초의 탈유럽 중심적인 전 지구적 권력, 초국적 주권 권력의 입헌화[150]를 시도한 것이라고 평가할 수 있다.

이는 세계국가를 거부했던 칸트의 연방주의적 사고와 분명히 다른 경향이었다. 차라리 이는 전 지구적 규모로 일종의 홉스적 리바이어던을 수립하려던 것에 가까웠다. 그렇다면 이런 초국적 법치 기획과 전 지구적 주권 기획은 과연 성공했을까?

3

홉스의 차별적 위계질서와
안보로서의 평화

20세기의 초국적 법치 기획, 칸트적인 유엔 기획은 곧 두 초강대국 간의 적대적 냉전으로 전환되었다. 왜 보편적 평화를 지향한 칸트적 기획이 냉전이라는 전 지구적 대립 구도로 전환되었을까? 이 전환의 원인과 과정, 결과는 어떻게 설명할 수 있을까?

이에 답하기 위해서는 먼저 '냉전이란 과연 무엇인가'라는 기본 질문에서 출발해야 할 것이다. 냉전은 흔히 앞서 살펴본 자유주의 국제 질서의 전개와 무관한, 미국과 소련이라는 초강대국의 권력 투쟁으로만 인식되어 왔다. 이런 현실주의적 인식의 문제는, 20세기 전반 국제질서의 변화와 1946~47년 이후 냉전의 전개를 단절적으로 분리해 바라본다는 점이다. 이렇게 좀 더 장기적인 관점에서 20세기 질서의 연속성을 포착하지 못하면, 20세기 역사에서 냉전만이 갖고 있는 역사적 차별성을 분명히 인식할 수 없고, 따라서 우리가 흔히 '냉전 문제들'이라고 불렀던 것들이 소위 탈냉전 이후에도 지속되고 있는 이유를 설명하기 어렵다..

그러나 냉전은 적어도 두 가지 차원에서 냉전-이전의 역사 및 냉전-이후의 역사와 연속성을 갖는다. 전쟁으로서의 냉전과 평화 기획으로서의 냉전이 그것이다. 먼저 '전쟁으로서의 냉전'이 갖고 있는 성격들은 제2차 세계대전의 양상에서 이미 예비되어 있었다. 제2차 세계대전은 단순히 국익을 추구하는 개별 국가들 간의 경쟁이 아니라 파시즘과 자유주의를 내세운 세력들 간의 '이념 전쟁'이었다. 이념전쟁은 하나의 이념에 반대하거나 이를 저지하려는 모두를 적으로 간주한다는 점에서 '세속화된 종교 전쟁' 혹은 '미래의 평화 제국을 위한 십자군 전쟁'의 성격을 내포한다.[1] '전쟁으로서의 냉전'은 이 연장선상에서 이뤄진 전 지구적 규모의 '이념 전쟁'이었다. 미국은 세계에 자유의 제국을 건설하려 했고, 소련은 세계에 공산주의 제국을 건설하려 했다. 따라서 냉전은 제2차 세계대전에 이어서, 하나의 이념을 믿지 않거나 지지하지 않는 모두를 각각 자유의 적, 공산주의 체제의 적으로 간주한, 전 지구적 규모에서 진행된 '세속화된 종교전쟁' 혹은 가상의 전 지구적 내전global civil war[2]이었다고 할 수 있다.

더 중요한 연속성은, 냉전이란 특정한 형태의 자유주의 기획으로서의 성격을 갖고 있었다는 점이다. 이 연구는 냉전을 19세기에서 20세기로의 전환, 특히 전 지구적 자유주의 질서의 구축 과정의 한 국면으로서 이해하고자 한다. 지구사적 관점에서 1945년 이후의 시기는 자유주의 국가들이 전 지구적으로 부상하고, 자유주의적 국제 질서가 전례 없는 규모로 형성되는 '자유주의적 순간'이었다. 그런 점에서 그리고 이 기획들은 1945년 이후에 갑자기 등장한 것이 아니라 1920~30년대의 역사적 경험 속에서 형성되었고, 특히 1946~47년경 변화와 발전이 이루어졌으며, 1950~51년을 전후로 더욱 완연히 형성된 것이었다. 즉 냉전이란 20세기를 관통하는 하나의 역사적인 자유주의 기획이었던 것이다.

역사적 자유주의 기획으로서 냉전을 바라볼 때, 냉전이 갖는 두 번째 연속성의 차원이 중요하게 부각된다. 즉, 냉전이란 특정한 전쟁인 동시에 특정한 평화를 추구했던 기획이다. 이때 냉전을 하나의 평화 기획으로 바라본다는 것은, 냉전이 사실 표면의 호전적 수사rhetoric에도 불구하고 현실에서는 전쟁으로 치닫지 않은 '상상된 내전'imagined civil war이었다거나,[3] 실제로는 선의에서 비롯된 평화 기획이었다는 식의 비역사적이고 왜곡된 주장[4]을 반복하려는 것이 아니다. 특히 한국전쟁과 베트남전쟁 등 아시아의 열전을 생각하면, 아시아의 냉전은 평화 상태와는 거리가 먼 지속적인 갈등과 직접 충돌이었기 때문이다.[5]

그럼에도 불구하고, 냉전을 특정한 형태의 평화 기획으로 보아야 하는 이유는, 냉전의 저변에는 홉스적 평화 기획이 자리 잡고 있었기 때문이다. 냉전을 적대적인 국가 간 경쟁으로만 이해하면 바로 이 지점을 놓치게 된다. 미국과 소련은 각기 자신의 이념과 방식으로 상대방의 전 지구적 전쟁 위협에 대응하려 했다. 이들은 주로 핵무기를 통한 무력 독점과 안보, 권력의 우위를 달성하기 위해 무한 무력 경쟁을 추동했다. 미국과 소련뿐만 아니라 냉전에 참여한 모든 국가는 이 지구적 내전의 상황에 직면해 국내외의 정의보다는 내부 안보internal security를 최우선시하고 강력한 힘의 우위(억제)를 통해 평화를 유지하려 했던 것이다.

냉전이 홉스적 평화 기획이었다면, 이 기획은 기존의 칸트적 평화 기획과 무엇이 다른가? 홉스적 기획을 뒷받침했던 '냉전 담론', 혹은 '냉전의 인식론'은 어떤 성격을 갖고 있는가? 왜, 어떻게 칸트적 기획이 홉스적 기획으로 전환되었는가?

이 장에서는 홉스적 평화 기획으로서 포착되는, 냉전의 제도적·인식론적 특성을 좀 더 면밀하게 분석할 것이다. 구체적으로는 다음 세 가지 차원에서 분석을 진행할 것이다. 첫째, 냉전 초기 미국의 대외 정책에 대한 모겐소의 현실주의적 분석을 비판적으로 이해함으로써 냉전 자유주의의 담론적 특성을 규명할 것이다. 둘째, 1945년 이후 자유주의 세계 질서의 구축이 왜 대대적인 군사주의와 위계질서를 초래했는지, 즉 자유주의적 국제주의와 군사주의의 상호 관계에 대해 검토할 것이다. 마지막으로는 냉전 시기에 가장 중요해진 원칙으로서 안보 개념과 제도가 갖고 있는 특성을 푸코의 자유주의 통치성에 대한 분석을 통해 검토할 것이다.[6]

홉스적 평화 기획으로서 냉전의 제도적·담론적 특성을 살펴본 후에, 이것이 실제로 세계의 각 지역별로 제도화되는 과정을 개괄할 것이다. 마지막으로는 홉스적 국제질서의 수립이 초래한 두 가지 큰 변화, 즉 전쟁과 평화의 성격과 형태 변화를 검토할 것이다.

요컨대, 이 장은 냉전기 홉스적 평화 기획의 이념·제도적 특성을 이해함으로써, 이 기획이 남긴 지역별 차이를 포괄적으로 검토하고, 궁극적으로 이 기획이 초래한 전쟁과 평화의 형태 변화와 위계적 분업 구조의 형성 과정을 이해하고자 한다.

1. 냉전이란 무엇인가?

1) 냉전 자유주의와 홉스적 현실주의

자유주의 기획으로서 냉전은 어떤 특성을 갖고 있는가? 냉전 시기 자유주의는 어떤 특성을 갖고 있었는가? 냉전시기의 자유주의, 혹은 '냉전 자유주의'는, 18세기 이후 유럽에서 자유주의가 부상한 이래 그 이상과 열정이 쇠퇴하고 보수화된 자유주의로 평가받고 있다. 예컨대 서구 자유주의의 역사적 전개를 고찰한 아블라스터Anthony Arblaster는 이미 19세기 후반 무렵 자유주의의 이상과 열기가 소진되고 있었으며, 특히 20세기 자유주의는 민족주의와 사회주의, 전체주의의 도래에 직면해 희망을 상실하거나 보수적인 자유주의의 전통을 좀 더 전투적으로 방어하는 태도를 취하게 되었다고 말한다.[7]

1945년 이후 재등장한 냉전 자유주의는 자유주의 자체의 실현보다는 공산주의에 반대한다는 방어적 반공주의의 특성을 갖고 있었다. 냉전 자유주의는 이 반공주의라는 단일한 목적과 기준에 입각해 자유주의 자체의 근본적인 원칙들을 희생시키곤 했다. 즉, 반공이라는 정치적 목적을 달성하기 위해 자유주의 이외의 다른 정치 이념에 대해서는 언론의 자유와 관용, 다양성을 박탈했고, 국제적으로는 다른 억압적·비자유주의적 정권들과 동맹을 맺었다. 이런 모순적 성격 때문에 아블라스터는 냉전 자유주의는 진정한 자유주의가 아니라 "스스로를 자유주의자라고 부르는 자들에 의한, 자유주의에 대한 배신"이었다고 간주했다. 나아가 냉전 자유주의는 모든 급진적 기획들에 방어적이고 보수적이었다는 점에서 '서구 자유주의의 최종적 쇠퇴 지점'을 구현해 준다고 보았다.[8]

그런데 이 보수적이고 공격적인 냉전 자유주의의 특성을 단지 자유주의적 전통으로부터의 일탈이라고 여길 수 있을까? 이 냉전 자유주의의 모순적 성격과 관련하여 다시 검토해야 할 것이 바로 자유주의와 대비되는 것으로 여겨진 한스 모겐소의 현실주의적 관점이다.

흔히 현실주의적 관점은 냉전을 자유주의 기획과는 무관한 국가 간 군비경쟁과 권력 투쟁으로 간주한다고 여겨진다. 이런 점에서 현실주의는 자유주의와 상호 배제적인 대립적 관념이라는 사고가 지배적이었지만[9] 이런 교과서적 이해, 기계적 이분법은 사실이 아니다.[10] 또한 냉전 시기 미국의 대외 정책이 완전히 현실주의적 입장에 의해 지배되었다는 것도 과장이다. 미국의 대외 정책은 늘 모순적인 여러 관점과 이해관계들의 복합적인 산물이었다. 미국의 대외적 국익 추구가 국내의 자유주의적 가치를 보호하고 확산하려는 열망에 뿌리를 내리고 있었다는 지적처럼[11] 자유주의와 현실주의의 관계는 늘 국내외 상황의 복합적인 상호작용과 연관되어 있었다.

결국, 자유주의와 현실주의를 상호 배제적으로 보는 기존의 기계적 이분법으로는 냉전의 특성을 제대로 이해하기 어렵다. 사실 냉전의 패러다임으로 여겨지는 현실주의적 인식은 자유주의와 단순 대립하는 것이 아니라, 자유주의적 가치를 확산하는 방식에 대한 이상주의적 전제들을 비판한 입장이다.[12] 좀 더 구체적으로 말하면, 현실주의는 미국 대외 정책을 지배하고 있던 자유주의적 도덕주의, 윤리주의, 이상주의를 비판한 것이었다.

현실주의적 관점의 창시자로 여겨지는 모겐소는 1949년 시점에서 미국 대외 정책의 네 가지 오류를 지적하며 그 첫 번째로 유토피아주의를 신랄하게 비판했다. 그가 보기에 미국은 스스로 평화와 질서, 전 지구적 복지를 추구하는 이타적이고 도덕적인, 세계의 경찰로 여기고, 미국에 반대하는 타국은 이기적이고 부도덕한, 심지어 악마적인 범죄자로 간주했다. 윌슨, 루스벨트, 트루먼으로 이어진 미국의 대외 정책은 당시 전 지구적 소요와 위협, 불확실성을 모두 강대국의 독재, 추축국의 독재의 책임으로 돌렸으며, 국제정치를 음모론적으로 해석하며 소련을 전 세계적 음모의 중심으로 몰았다. 이런 인식은 미국의 도덕적 자부심을 만족시키고, 국제정치와 관련된 복잡함과 모호함들을 모두 하나의 근본 원인에서 초래된 것으로 단순화시켰다. 해법은 간단했다. 적을 패퇴시키고 무조건 항복을 강제하여 그들을 민주국가, 평화를 사랑하는 국가로 재교육한다는 것이었다. 그 결과 모든 곳에 민주주의 체제가 설립되면 전 세계에서 평화와 선의가 확보될 것이라고 믿었다. 국제연맹과 유엔에 반영된 미국의 세계관에서 볼 때 국제적 분쟁은 끝없는 국가 간 권력 투쟁의 산물이 아니라 일부 세력들의 범죄적 소요였고, 이런 일부의 범죄에 대항한 '치안 활동'이 이뤄지면 '평화를 사랑하는 국가들'이 무기를 내려놓고 새로운 세계를 맞이할 것이라고 여겼다. 미국과 함께하는 모든 국가는 정의상 선하고 평화를 사랑하므로 예방 조치를 취하지 않아도 된다. 전쟁은 악마적 국가에 의해 이뤄진 침략 행위이므로 국제정치에서 전쟁이란 곧 '침략자를 물리치는 것'으로 이해된다.[13]

모겐소는 이렇게 이상주의가 갖고 있는 선과 악의 이분법으로 공산주의를 적으로 재단하고 봉쇄하려는 전 지구적 개입은 실패할 것이라고 비판했다.[14] 심지어 그는 이런 '비성찰적 자유주의 국제주의자들'의 기획이 결국 모든 국가의 민족주의를 강화했으며 파시즘이라는 통제할 수 없는 괴물을 낳았다며 비판했다. 그는 윌슨의 국제주의적 자유주의를 전 세계에 민족주의를 촉발시킨 '타락한 자유주의'라고 진단했다.[15]

모겐소는 제1차 세계대전 이후 윌슨의 이상주의적 전제에 깔려 있는, '평화를 사랑하는 국가들'의 공동체를 건설한다는 낙관주의 대신, 다양한 국익들이 치열하게 경쟁하고 있다는 아나키적 전제에 기반한 현실주의적 인식을 제시했다. 그는 국제사회에서 갈등과 분쟁은 늘 존재하는 일이라고 전제하며, 따라서 상대 국가를 범죄화·악마화하기보다는 외교를 통해 타협과 협상으로 이를 해결해야 한다고 보았다. 모겐소는 냉전이 본격적으로 전개되는 상황을 목도하며 국제질서 전체의 위기를 초래할 군사주의의 팽창을 억제하기 위해 '권력 균형'의 윤리적 가치를 더욱 강조했다.[16]

이렇게 모겐소의 현실주의적 인식은 한편으로는 윌슨으로부터 시작되어 유엔으로 이어진 자유주의적 이상주의를 비판하며, 다른 한편으로는 19세기 유럽의 경험에서 비롯된, 주권국가 간 권력 균형을 강조하며 그에 기반한 외교를 역설한 것이었다. 이런 점에서 모겐소의 현실주의는 유엔을 건설하려던 칸트적 기획에서 미국이 주도하는 권력 질서를 구축하려는 홉스적 기획으로의 전환을 뚜렷이 보여 준다. 그러나 여기서 중요한 것은 그럼에도 불구하고 모겐소의 주장은 자유주의적 입장을 대변했다는 것이다. 즉 모겐소의 현실주의는 미국 주도하에 자유주의적 국제질서라는 목적을 이루기 위해, 19세기적 권력 균형 체제라는 방법을 선택한 것이다.

모겐소는 특히 미국의 학자들과 정책 엘리트들을 이 권력 균형이라는 정치의 소명을 제도적으로 현실화시킬 핵심 주체로 여겼다.[17] 실제로 국익과 '권력'을 중심으로 사고하며, 대규모 재무장 정책과 외교의 중요성을 강조하는 것은 당시 미국 냉전 정책의 입안가들이 매우 폭넓게 공유한 인식이었다.[18]

냉전 내내 미 국무부에서 가장 중요한 역할을 했던 애치슨Dean G. Acheson은 유엔 헌장에 대한 미국 의회의 비준 업무를 맡아 임무를 충실히 하면서도, 항상 유엔 헌장은 '실천 불가능한 것'이라고 믿고 있었다.[19] 애치슨이 보기에는 헌장의 1장은 인간의 완벽함에 대한 19세기적 신념에 근거해 보편적 평화와 법의 출현을 말하고 있었다. 이런 19세기적 열정들은 대서양을 건너 미국의 우드로 윌슨과 미국 이상주의자들에게 영향을 주었지만, 이미 '유럽에서는 죽어 가고 있던 신념들'이었다. 애치슨은 "유엔 헌장을 신성한 성서처럼 여기고, 복음주의적 열정으로 선전해서 대중적인 희망을 불러일으키는 것은 더 큰 실망으로 귀결될 뿐"이라고 보았다.[20]

애치슨은 유엔의 이상을 믿는 사람들에게 "유엔 총회는 세계의 타운미팅town meeting이고, 평화를 사랑하는 나라들 사이에서 폭력은 이성에 의해 극복될 수 있고 극복되어야" 했지만, 불행히도 유엔의 역할은 외교적 수단으로 축소되었고, 유엔은 약한 국가들의 사안에 간섭하는 잠재적 도구가 되었다고 보았다. 애치슨이 보기에 외교는 권력의 도구가 되었고, 그 권력은 늘 무력과 폭력의 동의어였다.[21]

이렇게 모겐소의 현실주의는 기본적으로 19세기 유럽의 국민국가들처럼 모든 국가가 각자의 국익을 추구한다는 것을 전제로 하고 권력 균형 체제를 지향한 것이었다. 그러나 모겐소의 현실주의는 보수적 자유주의, 반집단주의적 개인주의, 엘리트주의적 기획이라는 미국 냉전 자유주의의 핵심 특징을 갖고 있었다. 즉 현실주의적 관점은 단지 자유주의에 대한 반대가 아니라 월슨과 유엔으로 대표되는 이상주의에 대한 비판이자, 이상주의와 결합된 냉전 초기 무제한적 군사주의에 대한 비판이었다. 다시 말해, 모겐소에 의해 제시된 현실주의적 전환은 자유주의 국제 질서를 구축하고 평화를 유지하는 데 있어 칸트적 '방식'이 지향하는 사법적·도덕주의적 접근에 대한 일종의 대립적 보충물로서, 홉스적 '방식'으로의 방법론적 전환을 주창한 것이었다.

2) 자유주의적 순간과 봉쇄 전략

그렇다면 이런 전환의 원인은 무엇일까? 바로 여기서 미국의 냉전 봉쇄 전략 자체에 대한 새로운 이론적 재해석이 필요해진다. 흔히 미국의 냉전 봉쇄정책은 미국의 이상적 자유주의와 대립되는 적나라한 권력 투쟁의 산물 혹은 군사주의적 지배 전략으로 이해된다.[22] 하지만 위에서 보았듯이 현실주의는 오히려 과도한 이상주의와 결합된 군사주의적 팽창을 경계했다. 따라서 우리는 유엔으로 상징되는 칸트적인 보편 기획이 오히려 전례 없는 군사주의적 팽창을 초래했다는 가설을 세워 볼 수 있다.

래덤Robert Latham은 정확히 이 점을 지적했다. 그는 1945년 이후 미국이 세계적으로 추진한 보편적 자유주의 기획 자체가 바로 서구의 군사화를 창출했다며 자유주의의 팽창과 군사주의의 상호 상승 효과를 지적했다. 그에 따르면, 1945년 이후 수년간은 '자유주의적 순간'이었다. 즉 이 시기는 미국 헤게모니의 전례 없는 상승기였으며, 자유주의 역사의 '결정적인 전환점'이었다. 제2차 세계대전에서 전체주의의 위험성을 대면하고, 전후에 이에 맞서는 자유주의의 정당성이 더욱 확대됨에 따라 자유무역·인권·민족자결이라는 원칙에 근거한 자유주의적 국제 질서가 전 지구적 규모로 확대·심화되었다.[23]

래덤에 따르면 냉전은 소련과의 전면적 대립과 경쟁 때문에 갑작스럽게 출현한 것이 아니다. 오히려 자유주의 질서의 무제한적 확장 자체가 자유주의의 위기와 한계 지점들을 수없이 노출시켰고 이것이 군사주의를 촉발했다. 래덤은 특히 자유주의적 경제 질서와 경제 안보economic security[24]를 중시하던 태도가 바로 냉전이 출현하게 되는 조건과 힘, 긴장을 창조했으며, 서구의 군사화를 창출했다고 주장한다.[25] 그 결과, 제2차 세계대전 이후 자유주의 국제 질서에는 일종의 내장된 군사주의embedded militarism가 자리 잡게 되었다는 것이다.[26]

좀 더 구체적으로 왜 미국은 자유주의적 국제 질서를 구축하기 위해, 국가 간 협상이나 국제기구, 제도가 아닌 군사력을 가장 중요한 수단으로 선택했을까? 래덤에 따르면, 미국은 보편적 자유주의 질서를 구축하는 과정이 초래한 복잡한 상황에서 자국의 상대적 자율성을 확보하기 위해 유엔이나 국제기구, 외교를 통한 합의나 협상 정치보다는 핵과 북대서양조약기구, 해외 군사 기지를 통한 압도적 군사력을 질서유지의 핵심 수단으로 선택했다는 것이다. 다시 말해 여기서 등장한 냉전 '봉쇄' 전략은 자유주의와 대비되는 군사주의가 아니라, 미국이 전 지구적 자유주의 질서를

구축하기 위해 군사력이라는 특정한 방식을 채택한 것이다.[27]

따라서 냉전 봉쇄정책이란 '자유주의적 순간'으로 상징되는 자유주의 국제 질서의 팽창 자체가 만들어 낸 한계와 긴장, 위기들에 대면하기 위해 다양한 국제정치적 제도들보다는 '정치적 비용'을 절감할 수 있는 군사력의 확대를 선호하며 국제 질서를 구축하던 자유주의 기획의 한 형태이다. 즉 홉스적 기획은 칸트적 기획의 정치적 거래 비용을 절감하려던 계산의 산물인 것이다.

물론 미국은 기존의 제국주의 국가들과 달리 영토를 직접 통제하기보다는 헤게모니를 통해 적극적으로 정책을 도입하고 동의를 유도했다. 즉 미국은 20세기의 '탈식민적 제국'[28]으로서, 기존의 영국·프랑스 등의 영토 제국주의와는 분명히 다른 모습을 보였고, 특히 유럽에서는 헤게모니적 지도를 통해 지역 질서를 구축해 갔다.[29] 그러나 미국은 유럽에서도 압도적인 군사력의 우세를 추구했다. 북대서양조약기구는 다자주의적 안보 기구이기 이전에, 미국으로 하여금 유엔이라는 보편적 정치 토론의 장을 벗어나 유럽에 대해 엄청난 수준의 군사·경제적 관여를 할 수 있도록 영구적으로 제도화한 군사 기구였다.

특히 대다수가 유엔 회원국이 아니던 동아시아 국가들의 경우, 압도적 군사력의 격차로 인해 미국과 매우 위계적인 권력관계를 형성하게 되었다. 동아시아 국가들은 거의 예외 없이 1945년 이후 미국이 주도한 지역 안보 및 경제 네트워크에 중심과 주변이라는 위계적 관계로 포섭되었다.[30] 이 위계적 국제 질서의 특징은 이것이 자유주의 국가들 간의 다자주의적 연합으로 구성된 것이 아니라, 미국이 자유주의 국제 질서를 유지하기 위해 전략적·경제적·정치적 목적에 따라 비자유주의 국가들과 체결한 협력적 관계들로 이루어졌다는 것이다. 미국이 장제스蔣介石나 박정희 정권 등 비자유주의 독재국가를 기능과 필요에 따라 '부분적으로 포섭'한 것이 바로 그런 사례이다. 래덤은 자유주의 국제 질서를 구축하고 유지하기 위해 각 지역에서 핵심적인 책임을 떠맡은 국가들 가운데 특히 독일이나 일본, 한국을 최전선의 외부 국가external state라고 규정했다.[31]

이렇듯 봉쇄 전략을 통한 자유주의 질서의 구축은 칸트가 구상했던 자유주의 국가들끼리의 평등한 연합이 아니라, 기본적으로 초국적 권위를 강대국이 독점하고 해당 지역과 국가, 사회의 다양성에 따라 다양한 분업적 관계들을 형성한 홉스적 위계 질서였다.

3) 자유와 안전의 변증법

그렇다면 이 지역별 위계질서의 차이는 어떤 메커니즘으로 생겨났는가? 이 전 지구적 위계 구조는 단지 카첸슈타인이 설명한 것처럼 지역의 공동 정체성에 대한 미국 정책 입안자들의 차별적 인식의 산물만도 아니고, 어떤 일관되고 보편적인 의도적 기획의 산물도 아니다.

테슈케는 자유주의적 세계 질서 구축 전략의 지역별 차이와 우연성, 다양성을 잘 지적했다. 그에 따르면 자유주의적 세계 질서는 어떤 일관된 단일 프로젝트(제국주의)도, 두 개로 나뉜 프로젝트(자유주의/군사주의)도 아닌, 다양한 사례에 특정화된 방식으로 국가 간 관계를 유지하고 관리하는 과정이다. 그는 미국의 대외 전략은 세계 정부도 아니고 무공간적 보편주의도 아닌, "자유주의를 반대하는 것에 맞서는 의지들의 유동적인 최전선"a flexible front of the willing against the unwilling이라는 표현을 통해 이 복합성을 포착했다.[32]

따라서 자유주의 기획은, 보편적 자유주의의 국내·국제법 원칙을 각 사례에 맞게 수립하거나 중지하는 것, (반)자유주의 국가들의 위성국화, 국내 정치에 대한 공개적/비공개적 개입, 이 기획이 설정한 기준을 벗어난 국가와 사회 전체의 전면 개조, 협상을 통한 이해관계 조정 등 수많은 전략들로 구성되어 있다. 이렇게 냉전 자유주의 기획의 우연성과 다양성을 인정한다면, 남은 문제는 무엇을 기준으로 이 자유주의 기획들이 지역과 사례마다 서로 다르게 적용되며 다른 결과를 낳는가 하는 점이다.

1945년 이후 서구 자유주의가 가장 넓은 규모로 확대된 시기에 국제관계에서 가장 중요시되기 시작한 것이 바로 안보라는 원칙이다. 냉전 시기 '국가 안보'national security 개념의 부상은 미국이 주도한 자유주의적 기획의 홉스적 특성이 정확히 발현된 것이었다. 그런데 여기서 안보는 단지 자유주의와 대비되는 적나라한 현실주의적 무력 사용, 혹은 구시대적인 독재와 음모론적 권력의 상징이 아니다.

푸코는 이 자유와 안전의 게임이 자유주의 통치성의 핵심에 있다고 주장했다. 자유주의를 사상이나 이념이 아닌 통치 기예 혹은 통치성[33]으로 파악한 푸코는 자유주의가 자유를 소비하기 위해 늘 새로운 자유를 생산해야 한다는 점을 지적했다. 즉 시장의 자유, 사고팔 자유, 재산권의 자유, 토론의 자유, 표현의 자유 등이 만들어지는 것처럼 자유는 주어진 것이 아니라, 항상 오직 부분적으로 지역적으로 특정한 경우에 생산되고 확보되는 것이다. 그 결과 자유주의는 자유를 생산하는 동시에 자유의 제한과 통제, 강제 방식, 의무 등도 만들어 내는 역설이 있다. 즉 자유주의적 실천의 핵심에는 항상 자유의 생산과 그 자유를 제한하고 파괴할 위험 사이의 관계에 대한 고민이 있다. 자유주의는 개인의 이익은 모두의 이익에 얼마나 위협이 되는지, 어디까지는 안전한 것인지를 항상 결정해야 한다. 자유주의가 자유를 만들고 제약하는 데 드는 경제적 비용의 문제를 고민할 때, 이 비용 계산의 원칙이 되는 것이 바로 안전security이다.[34]

푸코의 논의는 자유주의가 왜 자유의 생산과 유지만큼이나 끝없이 그것의 안전 문제에 집착하고 그에 대응하는 방식들을 만들어 내는지에 대한 통찰을 제공한다. 왜 미국의 자유가 커질수록 미국의 안보 기구와 군사력이 확대되는가? 왜 역사상 유례없는 규모로 확대된 자유주의 세계 질서는 역사상 유례없는 수준의 군사주의의 확장, 그리고 압도적 권력과 기술을 보유한 비대한 정보기관들의 형성을 동반하는가?

푸코는 자유주의 통치성 내부에 자유와 안전 사이를 위험이라는 개념을 통해 끊임없이 중재하는 메커니즘이 있다고 설명한다. 자유주의 체제에서는 자유가 확산될수록 이에 상응해 통제와 제한, 강제 절차가 확대되며, 나아가 개인들이 끊임없이 무언가 위험에 노출되는 것을 전제하는 '위험의 문화'가 확산된다. '위험의 문화'는 자유주의의 핵심이고, 위험을 상정하지 않는 자유주의는 존재하지 않는다.[35] 이런 상황에서 자유주의의 위기란 바로 여러 위험들로부터 특정한 자유를 확보하고 보증하는 데 필요한 '비용'이 증가하는 것이다. 따라서 자유주의 통치성에서 '위기' 개념은 특정한 자유를 행사하는 데 드는 경제·정치적 비용을 계산함으로써 구성된다.[36]

요컨대 푸코는 자유, 위험, 안전의 관계에 대한 놀라운 통찰을 보여 준다. 자유주의가 특정한 종류의 자유를 만들어 내면, 그런 자유가 언제 어떻게 제한되어야 하는지에 대한 기준을 만들어야 한다. 이 기준은 자유를 확대하고 유지하는 데 필요한 경제·정치·군사·사회적 비용을 계산함으로써 마련된다. 따라서 군사·정치·경제·사회·문화적 자유가 확대될수록 이를 유지하는 데 들어가는 경제적 비용이 증가하는 위기가 발생하고 이때 안전을 기준으로 제한과 통제, 강제가 이루어진다. 즉 자유가 확대될수록 그에 대한 위협도 커지며, 푸코가 말한 '안전장치'가 확대되면서 이를 통한 계산과 처방이 이루어진다.

정리하면, 홉스적 자유주의 기획으로서 봉쇄란 1945년 이후 자유주의 국제 질서를 생산하고 유지하기 위한 비용 계산에 기반해 위험risk과 위기crisis상황에 대한 정의와 경계가 규정되고, 이 위기들에 대응하기 위해 구성된 국가 안보 관련 제도와 절차, 분석과 성찰, 계산과 전술의 복합체라고 정의할 수 있다. 냉전 시기 자유세계의 '유동적인 최전선들'은 자유의 성격과 그것의 위기, 그리고 그에 대한 안전장치의 대응의 산물로 형성되고 유지되고 변화했다.

따라서 미국이 정의하는 유럽의 자유와 그것의 위기에 대한 인식, 위기에 대한 대응 비용은 중동이나 동남아시아, 동북아시아의 그것과 다르다. 따라서 때로는 유엔에서의 정치적 협상과 토론으로, 혹은 북대서양조약기구 같은 집단 안보 기구나 양자 간 방위 협상으로, 때로는 직접적인 무력 개입과 좀 더 공격적인 군사 작전들이 선택되며 유동적인 냉전의 전선들이 형성되는 것이다.

자유와 안전의 상호 구성적 관계에 대한 이론적 통찰을 바탕으로, 이제는 20세기 후반의 역사에서 홉스적 평화 기획으로의 전환이 실제로 어떻게 이루어졌는지를 검토해 볼 것이다. 냉전의 '안보' 정책은 어떤 비용 계산과 어떤 우선순위와 위계를 설정했을까? 냉전 자유주의 기획은 지역별로 각각 어떤 정책을 전개했을까?

2. 홉스적 평화 기획의 제도화 과정

1) '전 지구적 내전'

실제로 미국은 제2차 세계대전 이후 전 지구적 권력으로 부상하면서 세계 곳곳에서 탈식민화, 경기 불황, 전쟁으로부터 발생한 세계적인 사회경

제적 불안정성과 정치적 대변동과 대면하고 있었다. 레플러Melvyn P. Leffler
는 냉전 초기 미국이 전 세계에서 직면한 도전은 크게 네 가지였다고 지
적했다. 첫째는 소련군이 철수하지 않고 동유럽과 동북아에 남아 있는 상
황, 둘째는 이란·이탈리아·프랑스·중국·한국에서 좌파가 부상하는 상
황, 셋째는 핵심 산업 기지인 독일과 일본의 사기 저하와 침체, 넷째는 동
남아와 중동의 혁명적 민족주의였다. 이렇게 유럽 전체의 전후 회복과 개
혁, 독일과 일본 문제, 아시아의 내전, 제3세계의 혁명적 민족주의를 해
결하려던 미국은, 1946년 초부터 이런 국제적 상황을 모두 제2차 세계대
전의 동맹인 소련의 책임으로 돌리고, 적과 아의 이분법적 적대 관계로
해석하기 시작했다.[37]

　　1946년 2월 10일 처칠의 미국 방문과, 2월 22일 미 국무부 고문 케넌
George F. Kennan이 국무부에 보고한 '긴 전문telegram'은 결정적인 계기였다. 소
련이 자본주의 대 공산주의라는 적대적 구도를 전면화한다는 케넌의 분
석과 여기에 체계적으로 대응해야 한다는 제안은 미국의 상충하는 대외
정책들을 하나의 구심점으로 통합해 주는 호소력이 있었다.[38] 케넌은 미
국이 전 세계에서 대면한 문제들은 서로 다른 원인과 성격을 갖고 있는
것이 아니라, 모두 소련이라는 적과 소련과의 경쟁에서 기원한다는 해석
의 틀을 제공했다. 이는 점차 소련과의 분쟁이 심해지는 상황에 대한 아
주 설득력 있는 설명과 해법을 제공했다. 결국 1946년 가을 즈음에는 미
국의 정책 결정 관료들 내에서는 소련이 이데올로기적인 '적'이라는 일반
적 합의가 형성되었다.[39] 1947년 7월 케넌은 『포린어페어스』Foreign Affairs
에 기고한, 이른바 'X문건'X article을 통해 다시 한 번 소련의 심리적 측면을
강조하며 봉쇄정책을 주창했다.[40] 케넌의 전 지구적 사고는 트루먼 정부
의 정치적 필요와 잘 부합했다. 봉쇄정책, 곧 전체주의적 공산주의와의
세계적 전쟁은 보통의 미국인들도 쉽게 이해하고 지지할 수 있는 정책 목

표가 될 수 있었다.[41]

하지만 레플러의 지적처럼 미국이 대면하고 있던 모든 문제가 소련에 의해 촉발된 것은 아니었다.[42] 예컨대, 1949년 무렵 미국의 중요 관심사는 소련이 아니라, 유럽이 미국의 물품을 구매할 달러가 부족하다는 점 (달러 갭),[43] 유럽 통합의 더딘 진행, 독일과 일본을 미국의 영향권으로 포섭하는 것 등이었다. 또한 중국에서 마오쩌둥이 권력을 잡고, 호치민이 베트남에서 압도적 지지를 얻고 있는 것이 모두 소련의 책임은 아니었다. 소련과 중국의 원조 협약, (호치민이 결성한 베트남 독립운동 단체인) 베트민에 대한 소련과 중국의 인정 역시 미국에 대한 호전적 도전 행위가 아니었다.[44]

하지만 미국 관료들에게는 소련의 힘과 존재 자체가 악몽이었다. 소련은 혁명적 이데올로기를 가졌으며, 서구의 지배를 벗어나 경제적 진보를 이루려는 제3세계 인민들에게 큰 호소력을 갖는 전체주의 국가였다. 소련은 동유럽을 지배했고 동북아에 상당한 영향력을 미쳤으며, 독일과 일본을 위성으로 만들 역량이 있었다. 미국이 적극적으로 대응하지 않으면 유럽과 아시아의 산업·시장·천연자원이 미국의 궤도를 벗어날 것이고, 그렇게 되면 미국은 적대적인 세계에서 고립될 것이며, 그런 상황에서 미국의 자유롭고 민주적인 체제는 살아남지 못할 것이라는 존재론적 위협에 대한 인식으로 발전되었다.[45]

즉, 소련을 적으로 규정하고 모든 책임의 근원으로 간주하는 냉전적 세계관은 미국이 전 세계에서 대면하고 있는 모든 문제와 위협을 하나로 통합하는 서사를 제공했다. 이런 미국의 냉전 담론은 기본적으로 윌슨 이래 오랜 기간 이어져 온 미국의 이상적 자유주의를 이해하지 않고서는 분명하게 설명될 수 없다. 왜냐하면 미국은 냉전을 국가 간 경쟁이 아니라 기본적으로 '자유세계'와 '전체주의 세계'라는 두 문명 간의 근본적 충돌

로 규정했기 때문이다.[46]

예컨대 북대서양조약기구의 출범 이후 미 국무부 장관 애치슨은 미 의회의 지원을 요청하면서, 유럽인들이 "2억 명의 자유인이 될 것이냐, 2억 명의 노예가 될 것이냐"라는 문제가 의회의 결정에 달려 있다고 호소했다. 그는 미국이 유럽을 지원하지 못하면 '서구 문명의 파괴'가 다가올 것이라고 강조했다.[47]

이런 인식은 사실 제1차 세계대전 시기로부터 비롯된 것이다. 제1차 세계대전 이후 미국은 전 지구적 경제의 중심에 있었고 사회·문화적 영향력이 커지는 만큼 미국에 위협적인 것의 목록이 계속 늘어났다. 특히 1930년대 대공황 이후 유럽에서 전개된 파시즘과 나치즘 등 권위주의적이고 집단주의적인 이데올로기의 대두는 그 자체로 미국에 대한 도전으로 간주되었다.[48] 이 과정에서 미국의 자유주의는 점차 공격적이 되었다. 1940년 12월에 루스벨트는 미국이 '민주주의의 무기고'arsenal of democracy라고 주장했다. 루스벨트는 1941년 1월 6일 네 가지 필수적인 인간의 자유를 언급하며 자유 개념을 '공포로부터의 자유'freedom from fear로까지 확대해 전 지구적 위협과의 대결을 선언했다. 루스벨트는 제2차 세계대전에 임하는 미국의 목적을 '독재에 대한, 모든 곳에서의 영구 투쟁'으로 규정했다.[49]

스테판슨Anders Stephanson은 루스벨트가 어떻게 무조건 항복이라는 개념을 통해 전 지구적 내전의 기획을 만들었는지를 지적했다.[50] 즉 루스벨트가 보는 세계는 전쟁 중이었다. 세계는 자유롭게 되거나 노예가 되거나 둘 중 하나를 선택할 기로에 있었다. 히틀러와 평화롭게 산다는 것은 불가능하며, 히틀러와의 유일한 평화는 완전한 항복 이후에 오는 평화였다. 이런 인식을 바탕으로, 미국 내전 시기의 용어와 개념으로부터 '무조건 항복'이라는 개념이 나왔다.[51] 불법적 침략자와의 어떤 평화도 가짜 평화였으며, 또 다른 정전 협상armistice에 불과한 것이었다. 자유민주주의와 평화에 대한 이 같은 최대 정의는 전통적인 전쟁과 평화 개념을 제거했다. 루스벨트는 미국은 항상 준전시 상태에 있으며, 마지막 독재자가 제거될 때까지, 혹은 '네 가지 자유'가 모든 곳에서 보장될 때까지 이런 상태는 계속된다고 규정했다. 이는 전쟁을, 완전한 승리를 위한 전 지구적 규모의 내전으로 재발명한 것이었다.

웨스타드의 지적처럼, 미국에 있어 대공황에 대한 대응이 전체주의 국가와의 전 지구적 내전이라는 냉전적 세계관의 단초를 제공했다면, 제2차 세계대전은 구체적인 전략들을 형성시켰다. 1942년 6월 22일부터 루스벨트는 전 지구상의 독재자들을 구분하기 시작했고, 평화 세계의 성원이 될 가능성이 있는 독재 정권들을 식별해 냈다. 국내에서는 루스벨트의 정치적 반대자들이, 군사적 차원에서 내부의 적을 의미하는 '제5열'로 규정되어 제거되었다. 미국의 자유주의는 전 세계의 전체주의와 전쟁 중이었고, 미국 내 국가 안보와 직결된 것이 되었다.[52]

이런 사고는 냉전이 본격화된 1947년 이후 트루먼 독트린과 봉쇄정책, 그리고 1950년의 NSC-68이라는 정책 문서에 그대로 반영되었다. 미국 관료들은 소련이라는 전체주의 국가의 존재 자체가 냉전을 유발했다고 확신하고, 압도적인 힘을 보유해 협상을 주도하기 전까지는 이들과 어떤 협상도 할 수 없다고 주장했다. 소련은 동등한 적이 아니라 그들이 존재하는 한 진정한 평화가 불가능하다는 의미에서, 절대적인 적이었다. 이들을 제거해야만 진짜 평화를 이룰 수 있다는 것이었다.[53]

네그리가 지적했듯이, 냉전은 단순히 미국의 군사 전략이 아니라 전 지구적 주권 질서의 구축을 위해 공산주의/전체주의를 봉쇄하고 자유주의 질서를 유지하려던 자유주의 기획이다. 그런데 냉전의 특이성은 이것이 전 지구적 차원에서 미국의 자유에 대한 소련의 잠재적 위협에 맞서려

했다는 점이다. 따라서 냉전은 국가 대 국가의 전쟁이 아니라 전 지구적 기획으로서 '자유세계'의 안전과 치안의 문제였으며, 국민국가의 주권의 경계가 무시되었다. 이런 점에서 냉전은 제1차 세계대전 이후 자유 문명의 수호자를 자임한 미국이 전 세계 전체주의 국가들을 상대로 전개했던 전 지구적 내전의 연속이자 부활이었다.

또한 냉전은 자유세계가 처한 전쟁 위협이라는 위험과 위기를 영구적인 것으로 만들었다. 왜냐하면 냉전은 단순히 어떤 지역에서 벌어지는 전투에서 물리적으로 승리하느냐와 같은 영토 문제가 아니라, 전 지구적 권력 우위 경쟁에서 승리하고, 자유주의적 세계 질서를 수호·확대하기 위한 전쟁이었기 때문이다. 따라서 냉전은 물리적 전투가 끝나더라도 다른 형태의 전쟁이 지속되며 전 지구적 전쟁 상태가 끝나지 않는 영구 전쟁이다.[54]

이렇게 자유주의 기획이 자유를 확대하고 창출하는 능동적 기획이 되면 이것이 대면하는 위기는 영원한 것이 되고, 이 기획은 무한히 열리게 된다. 여기에 냉전이라는 자유주의 기획의 독특함이 있다. 소련이 사라져도, 테러와의 전쟁이 끝나도, 자유의 목록이 늘어나는 한, 자유의 적은 끝없이 만들어지고 전쟁은 끝나지 않는다.

요컨대, 냉전 봉쇄 전략은 소련과의 잠재적인 총력전이라는 전 지구적 내전 상황에 대비하기 위해 압도적 무력과 권위를 가진 리바이어던을 건설하고자 시작된, 미국의 홉스적 영구 평화 기획이었다고 할 수 있다.

2) 미국의 지역별 평화 구축 모델

(1) 자유주의적 경제 통합의 지정학

전 지구적 내전으로서의 냉전은 단지 홉스적 권위만을 강조하는 정치 기획이 아니었다. 냉전은 매우 구체적인 경제적 인식과 계산을 기반으로 구성되었다. 즉, 미국의 냉전 전략에서 가장 특징적인 것은 기본적으로 자유주의적 무역 질서, 곧 경제주의적 사고가 전제되어 있었다는 점이다. 이런 경향에서 '경제적 안보'라는 개념의 역할이 매우 중요하다.[55]

이런 인식은 1949년 1월 트루먼이 제시한 미국 대외 정책의 목표에 잘 집약되어 있다. 그에 따르면 미국은 "민주 세계의 승자로서 평화를 추구하고, 무역을 자유화하고, 국제 경제를 재건하며 자유를 촉진"해야 했다. 스스로를 자유세계의 지도자로 여긴 트루먼은 미국의 전통적인 고립주의 외교로는, 경제공황이 확산됨에 따라 전체주의가 대두되는 상황을 막지 못했다며, 이를 미국의 힘으로 극복할 수 있다고 믿었다. 트루먼은 한편으로는 유엔의 이상을 재확인하며 미국은 유엔을 지지하고 세계경제 회복을 도울 것이라면서, 동시에 '침략의 위험에 대항하는, 자유를 사랑하는 국가들'을 강화할 것이라고 선언했다.[56] 여기서 트루먼이 유엔 창설의 가치였던 '평화'가 아니라 '자유'를 사랑하는 국가들을 강조한 것에 주목해야 한다. 미국이 현실적으로 경제적 이해관계를 계산하면서, 제2차 세계대전 동맹 정신의 상징인 보편적 세계 평화보다는 자유주의 국가들만의 연합을 선호하기 시작한 것이다.

미국이 전체주의에 맞서 '자유세계'를 구축하기 위해서는 우선 자유주의적 경제 통합이 필요했다. 그리고 무역 장벽을 축소하고, 통화 제도를 안정화하고, 세계의 자원을 합동으로 개발함으로써, 미국 경제가 완전 고용을 이룰 수 있을 것이라고 보았다. 트루먼은 미국이 이끄는 "전례 없는 생산적 평화의 시대"를 희망했다.[57] 이런 관점에서는 전쟁을 예방하는 평화 역시 곧 '경제문제'로 간주되었다. 미국은 제2차 세계대전의 원인 자체를 빈곤과 경제 불황에 따른 갈등과 경쟁으로 바라보았고, 따라서 향후 유럽의 평화는 자유화된 국가들의 경제 회복에 달려 있다고 보았다. 혼란스럽고 굶주리는 유럽은 안정적이고 민주적이며 미국에 우호적인 정부가 자라나기에 비옥한 토양이 아니었다.

미국의 경제 안보라는 관점에서 독일의 산업 시설 재건과 경제적 부활은 최우선적인 것이었다. 미국 관료들은 점차 독일을 패전국과 전범국이 아닌 유럽의 재건과 안정화에 필요한 석탄 공급국으로 바라봤다. 결국 냉전이 전개되고 독일의 경제 회복이 중요해지면서 독일은 패배한 적국이 아니라 "공산주의와의 싸움의 최전선에 있는 동맹국"이 되었다.[58]

아시아에서 미국은 처음에는 일본을 탈무장시키고 민주화하여 경제 개혁을 통해 자유주의적 다자간 상업 질서 속으로 통합하려 했다. 하지만 냉전이 전개되자 빠른 시일 내에 일본이 산업 기지로서 기능할 수 있도록 경제 회복을 시키는 것이 더 중요해졌다. 1948년 무렵, 미국의 정책은 단지 일본을 지원하는 것이 아니라 일본을 경제적으로 완전히 자립시키는 것으로 변화했다.[59]

미국의 대유럽 정책의 상징인 마셜 플랜* 또한 서유럽의 더딘 경제

● 마셜 플랜(Marshall Plan) 혹은 유럽 부흥 계획(European Recovery Program, ERP)은 1948년 4월부터 4년간 미국이 제2차 세계대전 이후 유럽의 경제 부흥을 위해 계획한 재건·원조 기획이다. 미국의 국무 장관 조지 마셜이 1947년 6월 이 원조 계획의 필요성을 제창했기 때문에 마셜 플랜이라고 불린다. 당시 미국은 유럽 각국에 170억 달러(2014년 기준 약 1천6백억 달러)에 해당하는 경제 지원을 했고, 산업 시설 재건과 무역 장벽 제거를 통한 시장 통합을 추진했다.

회복과 영국에서 시작된 스털링 위기*에 대해 자유무역 체제를 보호하기 위한 대응이었다. 스털링 위기로 양자주의와 보호주의가 촉발되어 경쟁적 무역 블록이 구축될 것을 우려한 미국은 즉각 지원하지 않는다면 영국의 경제·사회·정치적 해체가 진행될 것으로 판단하고 영국과 서유럽에 대한 경제 지원을 주장했다.[60]

유럽의 경제 위기가 더딘 회복을 보이자 경제적 지원과 관심의 대상 지역이 제3세계로 확대되었다. 즉 1947년경, 서유럽 국가들은 달러가 부족해(달러 갭) 미국으로부터 식량과 천연 자원을 구입할 수 없었다. 따라서 유럽은 다른 국가들과 협력해야 했는데, 북미 이외의 지역으로부터 자원을 구입하는 식으로 달러를 아끼고, 미국이나 미국과 무역균형을 가진 나라로 수출을 늘려 달러를 벌어들여야 했다. 결국 달러 부족 문제로 인해, 제3세계의 천연자원을 생산하는 지역들이 중요한 의미를 갖게 되었다.[61]

이렇게 미국은 산업·경제·무역의 관점에서, 유럽에서는 독일, 아시아에서는 일본의 산업을 재건하고, 전 지구적인 자유주의적 경제의 순환을 위해 중동과 제3세계의 자원 및 시장을 통합하는 정책을 전개했다. 즉, 미국의 냉전 전략은 전후 대외 정책의 문제를 산업, 무역, 화폐 공급과 같은 경제적 순환의 문제로 사고하고 이를 안보 전략의 관점으로 연결시킨

● 파운드 스털링(Pound sterling)은 흔히 파운드라고 부르는 영국의 공식 통화로서, 영국은 제2차 세계대전 초기 대영제국의 영토 대부분을, 단일 환율 정책을 적용하는 스털링 지역으로 규정해 경제 블록을 형성했다. 제2차 세계대전 이후 영국은 이 스털링 지역 내에서의 무역과 미국의 경제적 지원, 국내 완전 고용정책 등을 통해 빠른 경제 회복을 이루고 있었다. 하지만 1949년 여름 영국이 미국과의 무역 적자와 스털링 지역 내 무역 의존 등으로 달러 부족 현상이 극심해졌고, 경기가 침체하면서 위기가 찾아왔다. 영국 정부는 이 위기에 대면해 달러 대비 파운드화 가치를 절반 수준으로 평가절하하기로 결정했다. 이는 스털링 경제 블록을 유지하기보다 미국과 더욱 시장 통합을 이루는 길을 선택한 것이었다(Newton 1985, 169-182).

것이다. 미국 관료들이 생각하는 권력이란 단지 군사력의 우월함이 아니라 세계적 수준에서 경제력의 순환과 공급을 계산하고 관리해 개입하는 문제였다. 경제적 순환과 지정학의 결합은 전형적인 자유주의적 통치성이 전지구적 규모로 확대된 것이다. 그리고 미국의 냉전 전략이 유엔 경제사회이사회 등의 다자주의적·제도주의적 시도와 다른 점은, 미국은 단순히 외부 압력을 통해서가 아니라 직접 그 지역 질서를 주조하고 틀 지웠다는 것이다.

(2) 자유와 안전의 결합

그런데 이런 경제적 사고의 결과 국제무역, 서유럽의 경제적 안정성, 미국의 군사·정치적 목적 간의 복잡한 관련이 생겨났다. 경제문제에 대한 고려가 소련과의 잠재적 총력전을 대비한다는 사고와 결합되자, 국가 안보라는, 고도로 발전된 단일한 제도적·관료적 틀이 구축되었다.

1945년 이후 미국의 국가 안보 개념은 경제 영역뿐만 아니라 군사·정보·사회·정치·문화를 통합시켰고, 이에 따라 지구상의 거의 모든 문제가 미국의 국익과 관련된 것으로 다루어졌다. 즉, 미국의 국가 안보 기구들은 단순히 정권의 안보, 영토의 안전과 같은 수준이 아닌 매우 복합적인 전 지구적 힘의 순환 문제를 관리하는 제도적·관료적 틀이었다. 미국의 국가 안보는 자유주의 경제 체제, 자유주의 정치체제, 미국의 국익과 근본적 자유주의 신념 등 다양한 차원을 방어하기 위한 것이었다. 자유시장경제의 상황은 유럽 및 각지의 국내 정치 상황과 연결된 것으로, 이는 곧 미국 국내의 경제 상황과 직결된 것으로 여겨졌다. 그리고 이는 안보 문제, 나아가 미국의 근본적 신념 체계와 연결된 것으로 이해되었다.

예컨대 미국은 유럽의 경제 문제가 악화됨에 따라 세계 자본주의 체제를 되살려야 하는 상황이었다. 그러지 못할 경우 유럽 경제는 폐쇄적 자급 경제가 될 것이고, 유럽 정치는 민족주의 혹은 공산주의와 사회주의로 나갈 것이라고 보았다. 따라서 미국은 유럽의 경제력을 회복시키기 위해 한편으로는 재정적 지원을 제공하고 동시에 유럽 경제를 주변부 경제와 통합시키려 했다. 만일 유럽 국가들에서 공산주의의 영향력이 커지고 유럽 내 권력 균형이 미국에 적대적으로 변한다면, 이는 단순한 정치적 변화가 아니라 미국의 시장이 줄어들며 자유 시장 메커니즘에 변화를 가져올 경제적 변화를 의미했다. 궁극적으로 이런 경제적 변화는 다시 미국 내 정치제도들을 변화시킬 것이고, 결국 그것이 미국의 근본적인 자유를 침식할 것이라는 논리였다.

아시아의 경우도 마찬가지였다. 만일 만주, 중국 북부, 한국, 인도차이나에서 공산주의가 확산되어 통제력을 얻게 되면 소련의 힘과 영향력이 증대될 것이었다. 또한 아시아에서 혁명적 민족주의 운동이 승리하면 서유럽 민주주의는 경제적·정치적 안정에 결정적으로 중요한 시장과 천연 자원을 잃을 것이고, 이는 다자주의적인 자유무역 질서에 참여할 역량을 상실하는 것을 의미했다.[62]

이처럼 전 지구적으로 연결되어 있는 경제·정치·군사적 상황을 관리하고 대처하기 위해 미국의 국가 조직의 변화가 필요했다. 미국은 자유세계의 안전을 방어하고 관리하기 위한 기구로서 역사상 유례없는 규모와 역량을 보유한 거대한 안보 기구를 창설했다. 1947년 7월 미 의회는 국가안보법National Security Act을 통과시키면서 공군에 독립적인 지위를 부여했고, 상설 기구인 합동참모본부JCS를 만들었고, 국가안보회의NSC와 중앙정보국CIA, 국가안보자원국NSRB, 군수국, 연구개발국 등을 창설했다.[63]

1947년 국가안보법은 지금까지 존재하는 미국의 모든 국가 안보 기구들을 창설시킨 기념비적인 법이었다. 스튜어트Douglas T. Stuart는 1947년 국가안보법에 의해 만들어진 제도들의 네트워크를 '진주만 시스템'이라고 명명했다. 즉 미국의 국가 안보 기구는 냉전의 산물이 아니라 미국이 제2차 세계대전에 참전하며 전 지구적 자유주의 헤게모니 국가로 부상하던 시기에 이미 구상이 시작되었으며, 특히 1937년 일본의 진주만 공격을 기점으로 등장한 것이었다. 스튜어트는 진주만 사건을 계기로 미국에서 국가 안보 개념이 대외 정책 결정에 있어 가장 중요한 원칙으로 확립되었다고 강조했다.[64] 진주만 사건의 경험은 미국이 제2차 세계대전 이후 전 지구적 군사력 확보를 추진하는 것을 정당화하는 데 큰 역할을 했으며, 특히 미국이 잠재적인 적에 대항해 시의 적절하게 공격을 감행할 수 있는 '전략적 최전선'a strategic frontier[65]을 구축하고 유지하는 것을 우선시했다. 뿐만 아니라 첩보를 수집해 공유하고, 군과 민간 자문이 서로 협력하여 향후 발생 가능한 전쟁에 대비할 목적으로 국가의 경제력과 과학지식을 활용하기 위한 정책 개혁을 추진했다.[66] 이 과정에서 미국은 세계정세를 분석하는 데 고전적인 국익 개념이 아니라 국가 안보라는 새로운 개념을 통해 사고하게 되었다.[67]

특히 국가안보회의는 미국의 안보 개념의 형성, 초기 냉전 전략의 형성에서 매우 중요한 역할을 했다. 케넌이 소련과의 전 지구적 전쟁 준비라는, 봉쇄정책의 세계관을 만들어 냈다면, 1948년 11월 23일 완성된 문서 NSC-20/4는 소련의 위협의 성격에 대한 매우 상세하고 포괄적인 평가였다는 점에서 중요했다. NSC-20/4는 케넌이 이끌던 미 국무부의 정책기획국pps이 작성한 초고를 근거로 했다. 이 문서는 소련의 위협을 강조하면서도 미국이 과도하게 반응하는 것에 대해 반대했다. 이후 NSC-20/4는 소련을 봉쇄해야 한다는 케넌의 초기 주장과, 이후 등장하는 무제한적인 군사적 팽창 정책인 NSC-68 사이의 중간 가교 역할을 했다.[68]

1949년에 소련이 핵무기를 개발함에 따라 미국의 핵 독점이 깨지자,

미국의 냉전 전략은 전면적인 변형이 이루어졌다. 이때 대대적인 평시 재무장을 추구하는 그 유명한 NSC-68[69]이 등장했다. 이는 1950년 1월 케넌이 물러난 국무부 정책기획국 국장직으로 임명된 폴 니츠Paul H. Nitze의 작품이었다. NSC-68은 미국의 확대된 국가 안보, 전 지구적 총력전을 대비한 정책이었다. 즉 NSC-68에는, 총력전에 대비할 역량은 한 국가의 산업적 하부구조, 기술적 힘, 천연 자원, 숙련노동에 따라 결정된다는 경제적·지정학적 사고가 반영되어 있었다. 전쟁 역량을 곧 산업 역량으로 보았던 것이다.[70] 그리고 NSC-68은 세계를 양 진영 간의 생사를 건 전장으로 규정함으로써 더 이상 중립국가의 존재 자체를 허용하지 않았다. 이런 관점에서 보면 미국이 관여하고 개입한 모든 곳에는 미국이 대면해야 할 잠재적 '위협'이 존재했으며, 패배는 잠재적으로 적의 역량을 키우는 일이 되었다.[71]

　레플러의 지적처럼 NSC-68은 미국의 이전 대외 정책과 완전히 다른 새로운 목적을 제시한 것은 아니었다.[72] 새로운 점은 소련을 단순히 봉쇄하는 것 이상의 적극적인 방식들이 포함되기 시작했다는 것, 그리고 무엇보다 이런 목적을 달성하기 위해 더 많은 국방비가 투입되어야 함을 역설했다는 것이다. 니츠는 국방 예산을 늘리기 위해 미국 내 사회복지 프로그램이 삭감될 수도 있다고 생각했다. 결국 1951년 국방 예산은 695억 달러로 전년 대비 세 배 증가했고, 이후 수년간 이 규모를 유지하면서 미 육군 17개 사단이 새롭게 창설되었으며, 322개 전투함을 보유하는 등 대대적인 재무장이 추진되었다.[73]

　특히 1950년 6월 발발한 한국전쟁은 이 NSC-68을 현실화시킨 중요한 계기였다.[74] 또한 국가안보회의는 한국전쟁으로 인해 미국 내 정책 입안과 실행에서 주도권을 갖게 되었다. 전쟁 발발 직후인 7월 19일 트루먼은 국가안보회의를 적극 활용하기로 했고, 매주 목요일 정례 회의에 직접 참석하기 시작했다. 트루먼은 국가안보회의 배석자를 줄이면서 좀 더 협력적인 참모진을 구성했으며, 결국 한국전쟁 이후 국가안보회의의 역할은 더욱 중요해지고 가시적인 것이 되었다.[75]

이렇게 진주만 사건 이후 형성되어 한국전쟁을 계기로 한층 발전된 미국의 냉전 국가 안보 전략은 단지 국가 내부의 위협에 대한 정권의 안보나, 영토에 대한 보존 등 협소한 차원의 것이 아니라 미국의 경제적 이해관계와 직결된 전 지구적 자유무역 체제, 자유주의적 산업 생산과 원료, 시장의 순환 전체의 안전과 관련된 것이었다. 즉, 이는 자유주의적 경제 체제의 확보를 통해 소련과의 총력전에 대비하는 기획이었으며, 이를 확보하기 위해서는 대대적인 재무장과 군사력의 배치, 국방 예산의 대폭적인 증가를 필요로 했다. 그 결과 전 지구적 경제의 순환이라는 입장에서 사고하는 자유주의적 통치성이 냉전의 안보 전략과 만나 지구 곳곳을 잠재적 총력전의 자원이자 전장으로 환원시켰다. 한국전쟁 이후 1951년 1월 트루먼의 발언은 미국의 냉전 전략이 유럽·아시아·아프리카를 소련과의 군사력 경쟁을 위한 자원으로 규정하고 있음을 분명하게 보여 준다.

"만일 서유럽이 러시아로 넘어가면 소련으로 가는 석탄 공급이 두 배가 되고 철강 공급은 세 배가 될 것이다. 아시아와 아프리카가 소련으로 넘어가면 핵무기의 원료인 우라늄을 비롯한 수많은 결정적인 천연자원을 잃게 될 것이다. 소련이 유럽과 아시아의 자유 국가들을 장악하면 미국은 결코 대등해질 수 없는 군사력과 대면하게 될 것이다. 그런 상황에서 소련은 분쟁을 일으키지 않고도 경제와 군사력의 우위를 통해 세계에 자신들의 요구를 부과할 수 있을 것이다."[76]

(3) 지역별 냉전의 경계들

이렇게 비대하게 발달한 미국의 안보 기구들은 전쟁에 대한 특정한 대응 방식과 관리 방식을 발전시켰다. 여기서 유엔으로 상징되는 칸트적 기획이 홉스적 냉전 전략과 다른 점을 우선 확인할 필요가 있다. 전자가 지구 공동체의 평화라는 보편주의적 지향을 갖는다면, 후자는 소련과의 잠재적 총력전에 대비해 권력의 우위를 확보하고 자유세계의 안전을 유지하고 확산한다는 점에서 자유세계만의 차별적이고 배제적인 자유주의 평화 separated liberal peace를 지향했다.

냉전은 철저히 미국이 주도하는 자유 진영만의 평화를 수호하려는 시도였다. 특징적인 것은 미국이 이를 위해 끊임없이 지정학적 배치와 개입을 해왔다는 점이다. 미국은 1889년 스페인과의 전쟁을 계기로 쿠바에 개입한 이래 미국 특유의 개입 협약들을 만들어 냈다.[77] 미국은 냉전 이후 더욱 본격적으로 개입권 혹은 경찰권을 발전시켰으며,[78] 제3세계 개입의 역사는 현재까지도 이어지고 있다.[79]

그런데 이런 개입의 방식과 관여의 정도는 처음부터 시기와 장소, 규모와 수준에 따라 달랐다. 냉전 시기 안보 기구들은 세계의 각 지역에 지정학적 중요성과 위상에 따라 서로 다른 지위와 우선순위를 부여하고, 대응 방식과 자원의 할당을 결정하려 했다.[80] 그 결과 유럽과 동유럽, 중동, 아시아에는 각각 다른 위상과 성격이 부여되었다. 이는 단순히 유럽의 고전적 권력 균형의 반복이나 자유주의 국가끼리의 동맹으로 되돌아 간 것이 아니라, 미국 국가 안보 기구의 각 사례별 위기에 대한 차별적 대응과 계산, 자원 배치의 결과였다.

먼저 유럽은 냉전 초기부터 미국의 국가 안보 정책에서 최우선 순위로 설정되어 있었다. 유럽에서는 대규모 경제·군사 지원으로 시작되어 경제 프로그램에 기반한 지역 통합, 그리고 평화조약과 방위조약의 동시 체결

방식이 진행되었다. 일종의 경제적 평화 구축과 집단 안보 구축이 동시에 이루어진 것이다. 구체적으로 유럽에서는 독일연방공화국의 설립과 지역 집단 안보 기구인 북대서양조약기구(1949년), 그리고 초국적 기구인 유럽석탄철강공동체ECSC(1951년)가 창설되었다.[81]

서유럽에 비하면 아시아는 냉전의 제2차 전선이었다.[82] 하지만 유럽에 독일이 있었다면 아시아에는 일본이 있었다. 미국의 정책 입안가들에게 아시아의 미래의 핵심은 일본이었으며, 아시아에서는 일본을 중심으로 한 경제 재건과 통합 프로그램이 추진되었다. 독일과 일본이 달랐던 점은, 독일이 산업 기지로 재건되었음에도 평화조약을 통해 주권을 인정하지 않은 데 비해, 일본은 미국 혼자 점령하고 있어 단독 결정을 통해 평화조약을 조기에 체결했다는 점이다. 1947년부터 시작된 이 기획은 결국 한국전쟁 이후 처벌이나 배상 조항 없는 자유주의 평화조약으로 귀결되었다.

즉 유럽에서는 강력한 집단 안보 체제를 구축함으로써 대규모 전쟁을 대비해 재무장화와 사전 억제를 추진했으며, 일본에서는 평화조약과 방위조약을 동시에 체결해 서유럽보다 미국의 영향을 강하게 받는 하위 파트너로 만들었다.

냉전 시기 아시아에 북대서양조약기구, 유럽석탄철강공동체 같은 지역 안보, 경제 협력 기구가 없었던 가장 큰 이유는 제2차 세계대전 이후 독일 문제와 일본 문제를 다르게 처리했기 때문이다. 독일 문제는 처음부터 영국·프랑스·러시아와 함께 풀어야 하는 지역적 문제였고, 일본 문제는 거의 미국 단독으로 처리했다.

좀 더 구체적으로 말하면 유럽에서 미국은 초국적 관리 기구를 제안함으로써 독일 재건에 대한 프랑스의 반대를 무마해야 했지만, 아시아에서는 제2차 세계대전과 관련해 중국이나 식민지 한국, 타이완을 인정하지 않으려 했으며, 소련과도 논의를 회피하면서 단독 처리를 강행했다. 이 과정에서 일본의 재건과 재무장에 대한 아시아의 반대나 탈식민 전후 처리 문제는 거의 무시되었다. 대신 미국은 일본과 상호방위조약을 체결했다.

이처럼 유럽과 동북아시아에 대한 미국 전략의 차이는 독일과 일본을 처리하는 과정에서 분명히 확인할 수 있다. 미국은 향후 소련과 총력전을 치를 전장이 될 것으로 여긴 유럽 이외의 지역들에서는 당장의 전쟁 위협을 억제하는 것보다는 장기적으로 권력의 우세를 달성하는 데 필요한 지정학적 중요성의 확보를 중요시했다. 즉, 유럽 이외의 지역에서 전쟁이라는 위협은 직접적인 것이 아니었다.

예컨대 중동과 동남아시아는 각각 서유럽과 일본을 중심으로 한 경제 재건에 중요한 지역들이었다. 먼저 중동은 주로 서유럽의 경제 회복과 미국의 산업에 필요한 석유의 공급처로서, 그리고 소련과 전면전이 발생할 경우 전략 폭격을 할 수 있는 주요 공군기지로 여겨졌다. 따라서 팔레스타인에서 벌어지는 아랍과 유대인들의 분쟁은 전시에 중동 군사 기지와 평시의 중동 석유에 대한 미국의 접근을 위태롭게 하는 요인이었다. 이에 따라 미국은 이스라엘의 건설을 지지하면서도 아랍 민족주의의 반발을 무마하려 애썼다.

동남아시아는 일본 경제의 미래에 결정적인 곳이었다. 일본의 향후 경제는 동북아와 동남아의 천연자원과 시장에 달려 있었고, 유럽 경제 역시 여전히 동남아의 기존 식민지들에 의존하고 있었다. 하지만 탈식민 동남아시아는 정치적으로 매우 불안정했고, 미국은 중국을 비롯한 동북아를 통제하지 못하고 있었다. 따라서 미국은 동남아시아와 동북아시아 각 지역의 민족주의적 열망을 지지하는 한편, 이미 미국이 군사·경제적 지원을 하겠다고 약속했던 서유럽 국가들의 경제적 이해관계를 보장하는

표 3-1 | 냉전의 최전선들과 미국의 차별적 대응 전략

지역		냉전 정책의 주요 목표	위기의 성격	위기, 분쟁에 대한 대응 방식
중심 (안전지대)	서유럽 과 독일	독일 경제의 재건, 서유럽 경제 통합(유럽석탄철강공동체)	경제위기, 정치적 위기	집단 안보 체제(북대서양조약기구) 구축, 사전적 억제, 지역공동체 구축
	일본	일본 경제의 재건, 정치체제의 개조	경제위기	조기 평화 조약, 상호방위조약
주변 (경쟁 지대)	중동	서유럽 경제를 위한 석유와 전시 기지 확보, 소련과 영향력 경쟁	전략적 위기	신생국 인정, 아랍과 유엔 중재, 난민 보호
	동남아	일본 및 유럽 경제를 위한 자원과 시장의 확보, 소련의 영향 봉쇄	경제위기, 공산주의 확산	민족주의 인정/억압, 분쟁에 적극 개입, 유엔 중재, 방위조약 체결 (동남아시아조약기구)
공산 (적 지역)	동유럽	소련과의 갈등 유도와 정권의 해체, 정치전	정치적 위기, 공산주의 확산	체제 와해를 위한 공격적 정치전
동아시아 (방치 후 충돌)	중국과 한국	비개입, 유엔을 통한 관리, 유엔을 통한 직접 무력 개입	군사적 위기, 정치적 위기	비개입과 신생국 불인정, 전면전과 직접 개입, 유엔 회부, 휴전(중재)와 방위조약

것 사이에서 균형을 유지하려 했다.[83]

　이렇듯 미국은 중동과 동남아시아에서는 자원과 기지, 시장 등 미국의 이해관계를 보호하기 위해 전면전에 대한 준비가 아닌 국지적 분쟁 관리 정도로 관여하려 했다. 이 지역에서 정치적 영향력을 유지하기 위해 미국은 소련과 경쟁적으로 탈식민 민족주의를 인정하면서도, 다른 한편으로는 소련의 영향력을 봉쇄하기 위해 적극적으로 지원하거나 개입하는 양상을 보였다.

　즉, 미국은 중동과 동남아 지역에서는 자국의 군사력을 직접 배치하기 보다 지역 우방 국가들의 군사력을 통해 지역 질서를 유지하려 했다. 여기서 지역 질서 유지란 곧 해당 국가의 내적 안보를 유지하는 임무를 의미했다. 이를 위해 미국은 냉전 기간 내내 제3세계 지역에서 내전이 소련과의 권력 경쟁에 미칠 영향을 고려하며 직간접적으로 개입했다.[84]

　미국이 중동과 동남아에서 한편으로는 그 지역의 민족주의와 경제적 미래에 대한 지지와 지원을 약속하면서도 자국과 서유럽의 이해관계를 위협하지 않는 선에서 균형을 유지하려 했다면, 이미 소련의 영향권으로 들어간 동유럽에서는 체제의 해체를 직접 겨냥한 훨씬 역동적이고 공격적인 활동을 했다. 이를 정치전political warfare 모델[85]이라고 부를 수 있다. 어떻게 보면 정치전은 냉전의 핵심이었다. 왜냐하면 냉전 시기 미국은 강대국 사이의 전면전을 최대한 지연시키며 대비하되, 전면전이 아닌 모든 작전을 수행하려 했기 때문이다.

케넌은 1948년 무렵부터 동유럽의 해체를 위한 비밀 작전을 전개하고 정치전을 조직했다. 케넌이 주도한 정치전은 미국이 추구하는 목표를 달성하기 위해 외교, 경제, 군사, 문화, 비밀 작전 등 모든 가능한 방법을 통합하려 한 것이었다. 그는 특히 소련 공산주의 지도자들과 위성국 간의 연계가 취약하다고 보았고, 선전을 통해 이들 사이의 균열을 촉진하고 난민 조직과 망명 단체를 지원하려 했다. 1948년 2월 정책조정국opc은 소련 출신 난민을 심리전에 활용해 미국 첩보 서비스에 정보를 제공하자는 제안을 했다.[86] 이에 따라 정치 망명객들을 끌어들일 수 있는 '자유위원회'freedom Committees를 설립해 해당 국가의 자유화나 정권의 전복을 지향하자는 아이디어가 등장했다. 케넌이 보기에 자유위원회의 활동 계획[87]은 소련의 정치 난민들에게 희망을 주고, 소련 체제에 대한 대중적 저항을 지속시키며, 전쟁이 발발하면 이들을 지원한다는 점에서 기존의 마셜 플랜이나 서유럽 국가들에 대한 지원 및 개입과 실천적으로 통합된 것이었다.[88]

중국과 한국에는 서유럽이나 중동과 비교하면 결정적 자원도 없고 전시에 필수적인 기지도 없었다. 하지만 미국은 아시아에 중동보다 많은 돈과 에너지를 투입하고 있었다. 레플러는 이를 세 가지 요인으로 설명한다. 첫째, 이는 한편으로는 앞서 언급한 제2차 세계대전의 유산이다. 미국은 일본을 패배시킨 후 아시아에서 패권적 지위를 차지했고, 아시아에서 물러나는 것은 미국의 위신을 손상시키는 것이라고 믿었으며, 혁명적 민족주의와 소련의 영향력을 막으려 했다. 둘째, 미국은 중동이나 동남아의 문제에 대해서는 영국·프랑스·네덜란드와 논의하며 서로 의존했지만, 중국과 한국에 대해서는 미국 혼자 판단하고 행동해야 했다. 셋째, 미국은 중동보다 아시아에서 위협을 더 크게 인식했다. 이는 아시아에서 소련과 훨씬 직접적으로 대면하고 있었기 때문이다.

또한 미국의 동북아시아 냉전 정책의 형성과 전개에서는 두 가지 결정적인 역사적 계기가 있었다. 1949년 중화인민공화국의 수립과 1950~53년의 한국전쟁이 그것이다. 처음에 문제가 된 것은 중국 내전이었지만 미국은 서유럽과 중동에 신경을 쓰느라 거의 개입하지 않았다. 하지만 마오쩌둥이 승리해 1949년 10월 중화인민공화국이 수립되자 미국 내에서 트루먼 정부의 아시아 정책에 대해 비판의 목소리가 커졌다. 중국에서 공산주의를 봉쇄하는 데 실패한 미국은 한국에서 소련의 영향력을 봉쇄하려 했다. 즉 중국 문제가 미국의 국내 정치적 문제, 국제적 위신의 문제가 된 것이다. 하지만 1947년까지도 한국은 그리스나 이탈리아, 팔레스타인 만큼도 중요하지 않게 여겨졌으며, 미 군정 자체가 사회문제와 불안정의 요인이 되면서, 1947년 7월 무렵 미국은 한국 문제를 유엔으로 넘겼다. 1950년 애치슨의 태평양 방어 라인에서 한국이 제외된 것도 지정학적 중요성이 낮게 평가되었기 때문이다.

그러나 한국전쟁이 발발하자 상황이 달라졌다. 미국은 소련과의 전 지구적 경쟁인 냉전에서 승리하고 싶어 했고, 그런 국제정치적 상징이라는 의미에서 한국은 냉전의 중요한 전장이었다.

결국 미국의 냉전 정책에서 중국과 한국의 사례는 유럽이나 중동과 대비해 뚜렷한 역사적 특이성을 갖는다. 즉, 미국이 이 지역에 적극적으로 관여한 것은 공산주의와의 총력전에 대응하기 위한 경제적·전략적 중요성 때문이 아니라, 소련과의 권력 우세 경쟁에서 이기기 위한, 즉 정치적 정당성 경쟁 때문이었다는 점이다. 이 지역에서 경제적 계산은 상대적으로 약했던 반면, 주요 투쟁은 늘 정치적 정당성에 관한 것이었다.

3. 냉전 초기 유엔 체제의 전쟁 관리

1) 냉전 초기 전쟁의 형태 변화

이렇게 각 지역별로 서로 다른 냉전 질서가 구축된 것은 전쟁과 평화의 형태에 어떤 영향을 주었을까? 주목할 것은 냉전 시기 홉스적 위계, 차별 구조의 형성과 조응하는 역사적 변화가 발생했다는 점이다. 즉 냉전 시기 유엔이 대면해야 했던 전쟁은 국가 간 전쟁이라는 기존의 고전적 개념과 달랐다. 냉전의 역사에서 미국의 북대서양조약기구와 소련의 바르샤바 조약기구는 베를린과 한국, 쿠바에서의 위기를 제외하면 실제로 전쟁을 치른 적이 없다. 전쟁은 다른 매개된 영역에서 발생했다. 실제 전쟁은 군사화된 핵심부로부터 주변부로 대체되었고, 종종 냉전의 양극 질서와 거의 관련 없는 지역적 갈등과 결합되었다.[89]

실제로 냉전 초기로 한정해 전쟁의 유형을 구체적으로 살펴보면, 1945~64년 동안 89건의 분쟁이 있었고, 지역적으로는 유럽 7건, 중동 22건, 극동 30건, 아프리카 13건, 라틴 17건의 무력 분쟁이 발생했다. 미국이 가장 중시했으며 북대서양조약기구가 건설된 서유럽에서는 대규모 분쟁이 거의 발생하지 않았다. 이에 비해 제2차 세계대전 이후 탈식민화가 이뤄지고 점차 냉전의 격전장이 되었던 이른바 제3세계에서는 82건의 분쟁이 발발했다. 이 가운데 40퍼센트는 식민 지배나 식민 지배의 잔재에

표 3-2 | 1945년 이후 주요 전쟁들 : 탈식민 민족주의의 전개

전쟁/ 주요 무장 개입	교전국의 쟁점
인도네시아-네덜란드(1945~49)	민족 해방 국가 건설, 제국의 유지
베트남-프랑스(1946~54)	민족 해방 국가 건설, 제국의 유지
인도-파키스탄(1947~48)	인종 종교 통일, 민족 합병
유대 정착민-영국(1946~48)	민족 해방 국가 건설, 평화 유지 전략적 영토
말레이시아 반란(1948~60)	민족 해방 국가 건설
이스라엘-아랍 연맹(1948~49)	민족 해방 국가 건설, 민족 생존과 보호
북한-한국(1950~53)	민족 통일, 이데올로기 해방, 정권 생존
미국-북한(1950~53)	집단 안보, 동맹국 지원, 권력 균형
중화인민공화국-미국(1950~53)	국가 안보, 동맹국 지원
중국-티베트(1950~51)	민족 통합, 정권 생존
튀니지-프랑스(1952~56)	민족 해방 국가 건설, 국가 보존
모로코-프랑스(1953~56)	민족 해방 국가 건설, 국가 보존
FLN-프랑스(1954~62)	민족 해방 국가 건설, 국가 보존
소련-헝가리(1956)	자율성, 국가 안보
북베트남-남베트남(1958~75)	민족 통일/정권 생존
미국-북베트남(1965~75)	민족 통일/동맹국 지원

출처: Kalevi J. Holsti(1991).

대항한 전쟁이었고, 30퍼센트가 내전이었다.[90]

즉 1945년 이후 전쟁의 지배적 형태는 19세기적 의미의 고전적인 국가 간 전쟁이 아니라 바로 내전이었다. 1816년부터 1988년 사이에 무려 124건의 내전이 발생했는데, 이 가운데 60건은 1945년 이후, 이른바 냉전 시기에 발생한 것이었다. 한국전쟁을 제외하고도 1940년대 중반 이후 냉전적 성격의 그리스 내전 이후, 콩고·예맨·도미니카공화국·캄보디아·앙골라·니카라과에서 내전이 발발했다. 케냐·알제리·베트남·짐바브웨·앙골라 등에서 반식민주의나 민족 해방을 목표로 한 내전이 발생했고, 사이프러스·레바논·스리랑카·필리핀·수단·보스니아·르완다·코소보 등지에서 종교적이고 인종적인 성격의 내전이 발생했다.[91] 이런 반식민주의적 내전들이 지속적으로 발생하자 민족 해방 전쟁 개념에 국제법상 정당성을 부여해야 한다는 주장이 상당 기간 지지를 받기도 했다.[92]

따라서 1945년 이후 전쟁의 대다수는 주권국가들 간의 충돌이라는

19세기적 기준에서 바라볼 때 명확하게 규정되지 않는 성격의 전쟁들이었다. 그리고 이 전쟁들은 미국이 1945년 이후 전 세계에서 직면한 문제들이 그렇듯, 지역 고유의 갈등에서 기원했지만, 미국의 국익과 안보에 영향을 주게 된 분쟁들이었다. 냉전 시기 미국과 소련의 적대적 경쟁과 전략들에 의해 촉발되는 경우도 있지만, 냉전과 무관하게 발생하더라도 냉전의 이해관계로 편입되기도 했다.

냉전 시기 전쟁에서 중요한 점은 외부의 직접적 개입이 사전/사후적으로 이루어졌다는 것이다. 냉전이 진행되면서 주권 원칙에 입각한 내정 불간섭 원칙은 정치적·법적 위장막에 불과한 것이 되었다. 1945년 이후 '개입' 문제는 분명한 현상이었다. 1945년 이후 어떤 '비국제적' 무력 갈등도 외부로부터의 개입이나 영향으로부터 완전히 자유로운 것은 없었다.[93] 그리스 내전, 한국전쟁, 베트남전쟁, 아프간전쟁에서 이들은 군사 고문을 파견하는 것을 넘어 첩보와 보급 장교를 훈련시키고 비밀 작전을 전개하고 직접 참전하는 수준의 직간접적 개입이 이루어졌다. 미국과 소련이 개입한 것은 이를 해결하거나 긴장을 감소시키기 위해서가 아니라 상대방을 봉쇄하고 우세를 달성하기 위해서였다.[94]

결국 냉전 시기에 제3차 세계대전 혹은 중심부 국가들 간의 국가 간 전쟁은 억제되었지만, 전쟁의 장소가 주변부 지역 혹은 주변부 국가 내부로 이동했다. 냉전의 자유주의 평화 기획은 기본적으로 서구 국가들이 구성한 국제적 위계질서였기에 제3세계 신생국가들의 주권은 냉전 원리에 따라 선택적으로 인정 혹은 부인되었고, 주변부 국가들에서 벌어진 전쟁들은 고전적 의미의 '국가 간 전쟁'으로 여겨지지 않았다. 또한 주변부의 전쟁은 냉전의 봉쇄정책과 맞물려 촉발되기도 했고, 그렇지 않더라도 냉전 질서에 영향을 주는 경우 양 진영이 직간접적으로 주변국의 갈등을 관리하고 개입했다.[95]

이 전쟁들이 국제법상 국가 간 전쟁으로 인정되지 못하면서 외부 개입의 대상이 된 것은 칸트적 초국적 법치 기획의 결과였고, 큰 전쟁이 발생하지 않는 지역과 작은 분쟁이 발생하는 지역의 공간적 분화는 홉스적인 차별적 위계 형성 기획의 결과였다.

2) 유엔 창설 이후 평화의 형태 변화

그렇다면 이 시기 평화의 형태에는 어떤 변화가 발생했는가? 이를 위해 냉전 초기 유엔의 실제 활동 방식을 검토해 보자. 이 시기에 냉전적 갈등 상황이 유엔의 활동에 큰 영향을 준 것은 사실이다. 유엔이 다룬 모든 문제가 냉전으로 인해 발생한 것은 아니었지만, 많은 문제들이 냉전과 관련되었고, 유엔은 냉전 시기 정치적 논쟁이 벌어지는 공개적 포럼이 되었다.[96]

창설 초기 유엔에서 대부분의 여론은 서구의 입장을 지지하는 쪽으로 기울었다.[97] 따라서 공산주의 국가들은 유엔 자체의 정당성을 공격했고 소련은 최종 수단으로 거부권을 행사해 안보리에 의한 결정을 막았다. 이런 냉전의 분위기에서 상호 간 협상이나 타협의 시도는 최소화되었고 총회에서는 소수 의견에 대한 고려나 토론 없이 다수의 관점이 관철되었다.[98]

하지만 이런 한계에도 불구하고, 유엔이라는 틀은 냉전과 열전의 적나라한 무력 충돌과 권력 투쟁에 비하면 '다수결 원칙'과 여론 동원, 정치적 주도권 싸움 등이 벌어지는, 상대적으로 안정된 정치적 논쟁의 장이었다. 그리고 유엔은 평화와 전쟁에 대한 상충된 의견과 이념, 분쟁 상황에 대한 해결 방법이 경쟁적으로 제시되고 실험된 제도적 틀이었다. 구체적으로 유엔 창설 이후 한국전쟁 이전까지 유엔은 무력 분쟁에 어떤 절차와 제도로 대응했을까?

3) 이란(아제르바이잔), 시리아 등에서 소련군의 철수 문제

유엔에서 처음으로 군사적 상황이 문제가 된 것은 중동에서 소련군의 철수와 관련된 것이었다. 이는 제2차 세계대전 이후, 영국과 소련이 독일 점령하에 있던 이란을 나누어 점령한 것에서 문제가 시작되었다. 하지만 전후 상당 기간 소련군이 철수하지 않자 이란 대사는 1946년 1월 19일 안보리 첫 회의가 열리기도 전에 소련군이 이란의 북부 아제르바이잔에서 철수하지 않는다며 불만을 제기했다.[99] 이 같은 문제 제기는 세계적 여론을 환기시켰고 결국 소련은 철수할 수밖에 없었다. 3주 후에는 레바논과 시리아에서도 비슷한 문제가 발생했다. 제2차 세계대전 시 이 지역을 점령했던 프랑스군이 철수를 거부하고 프랑스에 유리한 협약을 요구하고 있었다. 이에 1946년 2월, 안보리에서 철수를 요구하는 결의안이 제시되었지만 논란 끝에 채택되지 않았다.[100] 하지만 안보리에서 문제가 제기된 후 국제 여론의 압력으로 2개월 후 영국과 프랑스는 철수에 합의했다.[101]

4) 그리스 내전과 조사위원회

이란 문제에 대해 안보리에서 불만이 제기되자, 이에 반발해 소련은 1946년 2월 1일 안보리 6차 회의에서 영국의 그리스 주둔을 문제 삼기 시작했다. 영국군은 1944년부터 그리스에 주둔 중이었고, 그리스에서는 왕정과 좌파 간의 내전이 발생한 상태였다.[102] 소련은 영국군의 지속적인 주둔은 그리스 내부 사안에 간섭하는 것이며 이 지역의 평화와 안보에 위협이 된다고 주장했다. 또한 영국군이 그리스의 반동적 분파들을 지원하며 그리스 내부 정치 상황에 영향력을 행사하고 있으므로 즉각 철수할 것을 요구했다. 영국은 이를 부인했다.[103] 1946년 11월 그리스 국경 지대의 상황이 더욱 악화되자 그리스가 12월 10일 또 다시 안보리에서 문제를 제기했다. 당시 전 유럽의 공산주의 정당들이 그리스의 빨치산을 지원하려 했으며 실제로 지원이 이루어지고 있었다. 이에 유엔 안보리는 12월 19일 그리스 국경 분쟁을 조사할 위원회를 설치했다.[104]

그리스 내전은 유엔이 처음으로 평화 유지 활동을 시도했던 사례였다. 유엔은 처음으로 국경 지대에 군사 활동을 감시하기 위해 기구를 파견했고 정기적인 보고도 이루어졌다. 유엔은 이 문제를 공개 토론할 포럼을 마련해 국제 여론의 관심을 모았으며, 그리스의 국경을 침범하는 행위들이 공개되었다. 결과적으로 게릴라들을 무장시키고 훈련시키고 보호지를 제공하는 행위들이 2~3년 사이에 중단되었다.

그리스 문제는 이후 유엔이 직면하게 될 수많은 상황을 미리 보여 주었다. 이후 여러 지역에서 국가 간 전쟁이 아닌 내전이 발생했기 때문이다. 하지만 유엔은 미국과 소련, 상임이사국이 개입한 문제를 적극적으로 다룰 수 없었다.

5) 인도네시아 문제 : 영국군의 철수와 네덜란드의 재점령

한편 냉전 시기는 식민지로부터의 민족 해방 혁명이 활발했던 시기이기도 했다. 그리고 유엔 초기 20년간 무력 분쟁의 대다수는 직·간접적으로 이런 문제에서 기원했다. 하지만 역시 이런 유형도 두 강대국에 의해 냉전의 관점에서 해석되었다.

인도네시아 문제는 이란 문제가 안보리에서 제기된 것에 대한 반발로, 소련이 그리스 문제에 이어 두 번째로 제기한 것이었다. 소련은 인도네시아에 주둔 중인 영국군을 문제 삼았다. 1946년 1월 21일 우크라이나 대표가 안보리에서 영국이 인도네시아의 내부 문제에 개입하고 있다고 비판하며 문제를 제기했고 안보리는 이를 논의했다.[105] 이때 네덜란드는 영국을 옹호하면서 "국제법상 평화에 대한 위협에 해당하는 상황은 발생하지 않았으며, 이 문제는 인도네시아 내부 사안이므로 유엔은 조사 권한이 없다."고 주장했다. 하지만 안보리는 영국군이 인도네시아의 민족 해방운동을 탄압했는지를 조사하기 위한 위원회 설립을 승인(2월 13일)했다.[106]

유엔의 개입과 더불어 인도네시아에서는 독자적인 독립운동이 있었다. 1945년 8월 17일, 인도네시아의 독립운동 세력들은 독립을 선언하고 수카르노Achmed Sukarno를 대통령으로 선출했다. 이들은 일본이 패전한 뒤 권력의 공백을 채우며 인도네시아의 여러 지역에 대한 통제권을 획득했고, 공화주의 정부를 수립했다. 하지만 통제력을 유지하려는 일본·영국·네덜란드 정부와 인도네시아 공화주의 세력 간의 무력 충돌이 지속되었다.

이 무력 충돌을 끝내기 위해 1946년 10월 14일부터 네덜란드와 인도네시아 공화주의자들 간의 휴전 협상이 시작되었고 수개월 동안의 협상 끝에 1947년 3월 25일 서명이 이루어졌다. 이 협약으로 1949년 1월 1일까지 인도네시아는 민주 연방 국가를 수립하기로 했고, 네덜란드는 수마트라와 자바에서 인도네시아 공화국 정부의 권위를 인정했다.[107]

하지만 1947년 5월 27일 네덜란드 정부가 기존 합의를 번복해 일종의 '과도정부'를 수립하자는 제안을 했고, 이에 인도네시아 공화주의자들이 반발했다. 그러자 네덜란드는 7월 20일 공화주의자들의 통제하에 있던 지역을 침공했다. 이것이 이른바 네덜란드의 첫 번째 '치안 행동'이었다.[108]

네덜란드의 행동은 세계 여론의 반발에 직면했다. 1947년 7월 30일

오스트레일리아와 인도가 안보리에서 평화적 해결과 분쟁 종식을 요구했다.[109] 오스트레일리아는 이 행위가 단순한 치안 활동이 아니라 국제법에 따른 두 국가 간의 무력 충돌이며, 헌장 39조하의 '평화에 대한 위반'이라고 선언하고 헌장의 7장에 근거해 국제 평화와 안보를 회복하기 위한 강력한 조치를 촉구했다. 인도네시아 사례는 유엔 헌장 7장에 따라 처리할 것이 요구되어 안보리가 무력 침공 여부에 대한 결정을 시도했던 첫 번째 사례였다.[110]

하지만 논쟁 과정에서 네덜란드는 인도네시아가 자신의 주권하에 있으며 국내문제에 안보리가 관여하지 말아야 한다고 주장했다. 결국 네덜란드는 이 전쟁을 국제전이 아닌 내부 분쟁이라고 주장했고, 인도네시아인들은 민족 해방 투쟁으로 보고 있었으며, 유엔 회원국들은 이를 평화에 대한 위반으로 규정한 것이었다.[111]

유엔은 전쟁의 이 같은 복잡한 성격에 대한 논란을 피해 실용적인 '휴전'을 요구했다. 8월 1일 안보리는 전투의 중지를 요청하는 최초의 휴전 결의안[112]을 통과시켰다. 양측은 8월 4일 휴전을 받아들였고, 결의안에 따라 주선위원회good-offices committee[113]를 설치했다.[114]

하지만 충돌은 지속되었고 휴전이 제대로 작동하지 않자, 10월에 안보리가 다시 소집되어 주선위원회를 즉각 파견할 것을 요구했다.[115] 주선위원회는 좀 더 체계적인 정전 계획[116]을 수립했는데, 이 계획이 수정을 거쳐 1948년 1월 17일 렌빌Renville에서 서명되었다. 이 렌빌 협약의 핵심 내용은 연합 정부의 수립을 권고하면서도, 네덜란드가 선포한 분계선을 합법화한 것이었다.[117]

그러나 1948년 12월 11일 네덜란드는 인도네시아와의 양자 간 논의가 더 이상 무용하다는 이유로 대화를 중단했다. 이어 요구사항을 최종 통고한 뒤 18시간의 시한을 주었으나, 받아들여지지 않자 곧 두 번째 군사작전을 시작했다. 네덜란드의 두 번째 군사작전으로 인해 12월 19일 안보리가 소집되었고 오스트레일리아 정부는 유엔에 강력한 조치를 요청했다. 유엔 대표 제섭Philip C. Jessup은 네덜란드에 대해 즉각적인 철수를 요청하고 주선위원회에 분쟁의 책임을 규명하도록 요청했다.[118] 네덜란드의 행위가 안보리에서 지속적으로 문제가 제기되고 일련의 결의안이 채택되자 네덜란드는 세계적인 반대에 직면해, 정책을 재고해야 했다. 네덜란드는 이후 안보리의 결의안과 중재, 인도네시아의 요구를 받아들이기 시작했다.[119]

인도네시아 사례는 유엔의 역사에서 매우 중요한 사건이었다. 이는 본질적으로 식민지 독립운동 지도자들과 기존의 통치자들 간의 갈등을 다루는 식민지 문제였다. 따라서 이는 국내 관할권[120]에 대한 개입이라는, 모든 국제기구가 직면하고 있는 가장 근본적인 문제를 제기했다.

네덜란드는 자국이 여전히 인도네시아 문제에 대해 주권을 보유하고 있으며, 유엔은 개입하지 말아야 한다고 주장했다. 반면, 인도네시아는 네덜란드 정부의 관할 권한이, 일본의 점령이 끝났다고 해서 자동적으로 회복되는 것이 아니며, 새로 수립된 인도네시아 공화국이 네덜란드와 동등한 주권을 가진 분쟁 당사국이라고 주장했다.

이 경우 유엔은 무엇이 개입인지, 무엇이 국내문제인지, 유엔의 강제집행 행위 개념을 처음으로 도입할 것인지 여부도 정하지 못했다. 하지만 안보리는 처음부터 헌장의 7장과 40조에 따른 조치들을 취해 왔고, 국내 관할권 조항은 유예되었다고 주장하며 개입했다. 전쟁의 성격을 법적으로 규정하기보다는 전투가 발생한 상황이 있고, 안보리가 무언가를 하지 않으면 책임을 부인하는 것이라는 합의가 존재했던 것이다. 이는 이후 한국·헝가리·콩고·사이프러스·레바논 등에서 본질적으로 국내 사안이라고 주장되는 경우 안보리가 취해 왔던 전형적인 실용주의적 태도였다.[121]

6) 팔레스타인 문제

중동에서 가장 정치적으로 민감한 지역은 팔레스타인이었다. 팔레스타인은 1922년 이후 영국에 의해 국제연맹의 위임통치가 이루어지던 지역이었다. 하지만 이 지역은 제2차 세계대전이 끝난 이후 유엔의 신탁통치 지역으로 전환되지 않았고, 유대인들의 이민이 점차 증가하면서 아랍 국가들과 분쟁이 심해졌다.[122] 이후 영국은 이 문제를 더 이상 관리하고 해결할 여력이 없다며 1947년 봄에 문제를 유엔으로 넘기기로 결정했다.

그런데 유엔은 기본적으로 무력 분쟁을 해결하고 논의하기 위한 기구로 설계된 것이었고, 이전까지 특정한 영토의 헌법적 미래에 대해 판단을 내린 적이 없었다. 따라서 1947년 4월 28일부터 5월 15일까지 특별 총회가 열렸다. 특별 총회는 팔레스타인 문제를 다룰 준비를 하기 위해 팔레스타인 특별위원회를 구성하기로 했다.[123]

6월 초에 설립된 특별위원회는 팔레스타인·레바논·시리아 등을 방문한 후, 이 지역에 거주하는 유대인 인구가 아랍 국가에 동화되기에는 이미 너무 많고, 사회·정치·경제적으로 너무 이질적이라며, 유대인들만의 영토 수립을 권했다. 아울러 예루살렘·베들레헴 지역은 유엔이 신탁통치할 것을 제안했다.

이 시기 유엔 회원국들은 점차 이 지역을 분할partition한다는 구상을 지지하게 되었다. 예컨대 유엔 총회는 1947년 11월 29일, 팔레스타인 정부와의 무력 분쟁에 대한 결의안GA resolution 181(II)을 통과시켰다. 이 결의안에 따라 팔레스타인을 아랍 국가와 유대 국가로 분할하기로 했고 예루살렘 시는 베들레헴과 함께 신탁 통치를 받게 되었다.[124]

하지만 미국은 분할에 반대했고, 이듬해 3월 30일 안보리에서 유대기구Jewish Agency와 아랍고등위원회Arab Higher Committee를 통해 아랍과 유대인 공동체 간의 정전에 합의하기 위해 대표를 선출하고 즉각적으로 폭력 행위를 중단할 것을 요청하는 결의안을 제시했다.[125] 이는 팔레스타인 문제에 대해 안보리가 전투를 중지시키려 한 최초의 시도였다.[126]

안보리는 4월 23일 추가 결의안(S/727)을 통해 팔레스타인 정전위원회를 구성했다. 하지만 5월 14일에 결국 이스라엘은 독립을 공식 선포했다.[127] 이에 이집트와 트랜스 요르단[요르단의 옛 이름] 정부가 "비무장 아랍인을 보호하고, 질서와 안보를 유지하기 위해" 진입한다고 유엔에 통보하면서 이스라엘과의 무력 분쟁이 전면전으로 치달았다. 이후 3일간 안보리는 완전히 무능했고, 전투는 격화되었다.[128]

이스라엘 지지자인 유엔 사무총장 트리그브 리Trygve Lie는 이스라엘에 대한 아랍의 공격을 유엔 역사상 가장 심각한 침략 행위라고 간주했다. 그는 유엔이 인도네시아와 카슈미르에서 분쟁을 멈추기 위해 해왔던 노력이 팔레스타인에서 실패하면 모두 물거품이 될 것이라고 믿었고, 유엔을 통해 즉각적이고 강력한 대응을 취할 것을 촉구했다.[129]

대규모 전투가 발발하자 정전위원회를 통해 즉각적인 정전을 이루는 것이 중요해졌다. 유엔 총회는 5월 14일 결의안[130]을 통해 팔레스타인 문제의 장기적 해법을 모색하기 위해 중재관mediator을 임명했다. 이로써 스웨덴 적십자 총재 폴세 베르나도테Folke Bernadotte가 중재관으로 지명[131] 되었으며 총회는 해산했다.

전투가 심각해지자 안보리는 5월 29일 어느 쪽이건 결의안을 거부하면 안보리가 유엔 헌장 7장에 따라 제재를 취하기로 하는 등 더 강력한 결의안을 채택해 4주간의 휴전을 요청했다. 양측은 이 결의안에 따라 휴전을 받아들였다. 이는 유엔 역사상 처음으로 안보리가 요청한 휴전이 받아들여진 사례[132]였다.[133]

휴전 기간 동안 좀 더 장기적인 문제의 해결을 위해 미국·벨기에·프랑스·스웨덴 장교로 구성된 정전 감독 기구UNTSO가 조직되었고, 6월경에 유엔 중재관은 '연방제 국가 안'을 제시했다. 그의 구상에 따르면 연방은 유대 국가와 아랍 국가로 구성되어 공통의 발전 정책과 협력적인 대외·방위 정책을 추진하기로 했다. 하지만 양측은 협상보다는 전쟁을 통해 자신에게 유리한 결과를 얻을 계산으로 연방제 수립 제안을 거부했다.[134]

중재는 실패로 돌아가고 7월 12일부터 다시 전쟁이 발발했다. 또 다시 안보리가 소집되었고, 소련과 미국 양국은 전투를 중지시킬 강력한 행위를 촉구했다. 7월 15일 결의안은, 팔레스타인의 상황을 헌장 39조에 따라 평화에 대한 위협에 해당하는 것으로 규정해 24시간 내에 무조건 휴전할 것을 명령했으며, 이를 따르지 않으면 평화에 대한 위반으로 간주해 헌장 7장이 정한 행동이 취해질 것임을 선언했다.[135] 이는 안보리가 유엔 헌장 7장에 근거해 처음으로 공식 결정을 내린 사례였다.[136]

아랍과 이스라엘은 모두 다시 한 번 이 휴전을 받아들였지만, 얼마 가지 않아 국지적인 교전이 벌어졌고, 8월 중순에 다시 분쟁이 재발했다. 분쟁은 점차 암살이나 야간 공습, 폭격 등 비정규적인 성격을 띠게 되었다. 심지어 9월 17일 중재자 베르나도테가 유대 통제하의 예루살렘 지역에서 총격을 받아 사망했다. 유엔은 이 충격적인 사건으로 팔레스타인 상황의 폭발적 성격을 제대로 인지하게 되었고, 유엔이 좀 더 장기적인 해법을 추구해야 한다는 공감대가 형성되었다.[137]

즉, 휴전이 지속적으로 위반되는 상황에서 결국 주력군들이 철수하고, 넓은 비무장 지대를 설치하는 등 더욱 포괄적인 해결책을 통해서만 평화가 가능하다는 의견이 강화되었다. 당시 소련은 이스라엘을 강력하게 지지하며, 직접 협상과 (정전이 아닌) 최종적 평화를 목적으로 해야 한다고 주장했다.[138] 하지만 나머지 국가들은 직접 협상을 통해 정전보다 더 포괄적인 최종적 평화 체제를 수립할 수 있을지에 대해 매우 회의적이었다. 따라서 11월 16일 안보리는 캐나다·벨기에·프랑스가 제안한 정전 결의안을 채택했다. 이 결의안은 영구 평화로 이행하기 위해 팔레스타인의 모든 지역에서 정전이 이루어져야 한다고 결정했다. 휴전을 전면적 정전으로 대체한 이 결의안은 철수와 군축, 정전선 확립 등도 요구했다.[139] 하지만 이 결의안도 큰 효력을 발휘하지 못했고, 유엔 총회는 12월 11일, 토의를 거쳐 정전만이 아니라 최종 해결을 위한 팔레스타인화해위원회[140]를 설치했다(GA resolution 194(Ⅲ)).[141]

새로운 위원회가 아직 효율적인 역할을 할 수 없던 상황에서 직접 협상에 대한 압력이 증가했고, 이집트와 이스라엘이 직접 협상을 시작했다. 이는 일단 기존에 수립된 휴전선에서 정전을 이루기 위한 것이었다. 1949년 1월 12일에 시작된 협상은 2월 24일에 타결되어 일시적 휴전이 전면적인 정전으로 대체되었다. 이 정전 체제는 이후 7년 동안 양자 간 문제 해결의 기반이 되었다. 양측은 이 정전 협상을 팔레스타인의 지속적인 평화를 향한 전 단계로 수용하기로 했다.

정전 이후의 문제들, 즉 팔레스타인 문제의 영구적 해결을 추구할 임무는 새로 수립된 화해위원회에게로 넘겨졌다. 예루살렘에 위치한 위원회는 1949년 1월 24일 업무를 시작했다. 위원회는 아랍 국가와 이스라엘 간의 회의를 조직하는 한편, 정전 이후 주요 문제인 70만 명이 넘는 아랍 피난민들 문제를 관리했다.[142] 하지만 영토 문제에서도 양측 간의 차이는 크게 극복되지 못했으며, 화해위원회의 중재 노력은 실패했다. 결국 1950년 5월 25일 미국·영국·프랑스는 정전협상이 지켜지지 않는 경우 직접 대응하겠다는 별도의 선언까지 했다. 하지만 이스라엘과 아랍 국가들 모두 이에 반발했다.[143]

이후 이집트·레바논·시리아와 이스라엘 간에 포로에 대한 합의가 이루어지는 등 약간의 진전이 있었지만 아랍 국가는 유엔 화해위원회에 대한 신뢰를 잃은 상태였고, 이집트는 이스라엘 선박이 수에즈 운하를 통과하지 못하게 막기 시작했다. 1951년 9월 안보리는 정전 협약이 사실상의 평화 상태를 수립한 것이라고 해석하면서, 이집트는 수에즈 운하 통과 방해를 중단하라는 결의안을 통과시켰다. 하지만 결의안은 이집트에 영향을 미치지 못했고, 팔레스타인 주변 지역의 불안정성은 현재까지도 지속되고 있다.

1948년 아랍-이스라엘 전쟁은 인도네시아나 그리스 등에서 벌어진 작은 규모의 분쟁에 비하면 유엔이 직면한 최초의 가장 중요한 국제적 분쟁이었다. 따라서 이 사태는 유엔의 역량에 대한 시험대였다. 한편으로는 팔레스타인 상황을 처음으로 평화에 대한 위협으로 규정하며 휴전을 요구하는 두 개의 결의안을 통과시켰고, 정전 감독 기구와 같은 기구를 설립했으며, 좀 더 장기적인 해결이라는 궁극적 목적을 시야에서 놓치지 않았다. 중재관을 임명했고, 이후에는 화해위원회를 설치해 이후 양국의 합의 기반을 마련하는 등 유엔은 모든 활동을 전개했다.

하지만 기본적으로 새로운 국가가 지역 내에서 인정되는 장기적 해결은 유엔의 권한 밖의 일이었다. 유엔은 결국 분쟁의 장기적인 원인 자체보다는 표면화된 폭력이라는 증상을 처리했다. 폭력 사태에 대해서는 양측 모두 상대적으로 쉽게 설득되고 휴전과 정전에 이를 수 있었다. 하지만 분쟁의 장기적 원인과 해법에 대해서는 입장 차가 너무 커서 유엔의 노력은 영향력이 없었고, 오히려 유엔의 실패는 이후 30여 년간 지속적인 분쟁의 사유를 만들어 냈다.[144]

7) 카슈미르 문제

카슈미르에서도 제2차 세계대전 이후 탈식민화 과정과 밀접히 관련된 문제들이 발생했다. 카슈미르는 파키스탄과 인도 양측에 근접한 지역으로 중국·티베트·아프간·인도·파키스탄과 국경을 접하고 약 4백만의 인구가 거주하는 전략적으로 중요한 지점이었다. 1947년 인도와 파키스탄이 독립할 때 주변의 왕국들은 모두 자기 결정권을 갖기로 했고, 이들이 자발적인 선택에 따라 인도나 파키스탄에 합류할 것으로 기대했다. 하지만 이는 향후 20년간 인도와 파키스탄 관계에 독이 되었다.

카슈미르도 처음에는 독립을 원했다. 그런데 카슈미르 내부에서 정부의 권위적 통제에 반대하는 저항이 발생하고, 이런 상황에서 파키스탄의 북부 부족들이 카슈미르를 공격해 수도를 함락시키자, 인도가 개입했다.

1947년 12월 31일 인도의 네루Jawaharlal Nehru 수상은 이 논쟁을 안보리에 회부했다. 카슈미르 대표가 1948년 1월 15일 안보리에 출석해 인도의 개입은 카슈미르 지도자들과 합의하에 이루어졌다고 증언했다. 따라서 인도 군의 카슈미르 주둔은 합법적이지만, 파키스탄의 무력 개입은 침략이라는 의견을 표명한 것이었다. 카슈미르는 유엔 헌장 35조에 따라 파키스탄에 카슈미르에 대한 내정간섭 중단을 요청하는 결의안을 통과시켜 달라고 요구했다.[145] 파키스탄 외무 수상은 파키스탄이 부당하게 외부 개입을 한 것이 아니라고 반발했다. 그는 카슈미르의 억압적이고 반무슬림적인 지도자에 대항해 내부에서 반란이 일어난 것임을 강조했다. 파키스탄은 인도의 위협과 강압에 의해 카슈미르가 인도 연합에 가맹한 것이 불법적이라고 주장했다. 이렇게 카슈미르 정부의 정당성 문제와 외국군의 철수 문제를 둘러싸고 20년간 계속될 논란이 시작되었다.[146]

처음 이 문제가 안보리에서 제기되었을 때 안보리의 어느 국가도 사전 정보나 정치적 입장을 갖고 있지 않았으므로, 당장의 군사 분쟁을 중지시키는 것을 목적으로 했다. 따라서 안보리는 1948년 1월 17일 양측에게 상황을 악화시킬 수 있는 행동을 중단하고 상황 변화를 안보리에 보고

할 것을 요청하는 결의안을 통과시켰다.[147] 1월 20일 안보리 의장은 양측이 합의할 결의안을 제안했고,[148] 결의안이 통과되면서 유엔 인도와파키스탄위원회UNCIP[149]가 설치되었다. 위원회는 상황을 조사하고 양측의 충돌을 완화하며 안보리에 보고하는 임무를 수행하게 되었다.[150]

이후 외국군의 철수 시점을 둘러싸고 논쟁이 이루어지다가 4월 21일 인도의 입장이 좀 더 반영된 결의안[151]이 유엔에서 통과되었다. 이 결의안의 골자는 먼저 파키스탄 부족들이 철수하고, 이후 인도 주둔군의 규모도 최소 수준으로 감축한다는 것이었다. 그리고 새로 수립될 카슈미르 민간 정부는 모든 주요 정치 단체들을 포함해야 하며, 카슈미르 지역 주민들 중에서 공직자를 채용해 법과 질서를 유지하기로 했다. 이를 위해 유엔 사무총장이 국민투표 담당관[152]을 임명하고, 그가 카슈미르 정부에서 활동해 국민투표에 적절한 상황을 조성한 후에 인도와파키스탄위원회의 감독하에 투표를 개시하기로 했다.[153]

그런데 위원회가 활동을 시작한 이후 파키스탄군이 지역 분쟁에 개입하는 상황이 벌어졌다. 파키스탄은 인도가 카슈미르 전역을 통제하는 것을 막고, 자기방어를 위한 조치라고 정당화했다. 이에 8월 13일, 유엔 인도와파키스탄 위원회는 휴전과 정전 결의안을 만장일치로 통과시켰다. 결의안은 휴전 이후 파키스탄 부족들과 정규군이 철수하며, 철수 이후 정전 협상을 진행하고, 이후 인도군의 일부가 철수한 후 국민투표를 실시하기로 했다. 인도는 이를 받아들였지만, 파키스탄은 기존의 4월 21일 결의안 내용으로 돌아갈 것을 요구했다. 그러나 결국 결의안을 따라 12월 25일 휴전 협상이 서명되었고, 1949년 1월 1일 효력이 발휘되었으며, 휴전은 이후 약 16년간 큰 문제없이 지속되었다.[154]

휴전 이후에도 안보리는 양측의 입장 차이를 해결하기 위해 1949년 12월 17일 비공식적인 중재관을 임명했다. 중재관 맥너튼Andrew McNaughton

은 특정 지역의 탈무장화라는 기획을 통해 군 철수 문제를 해결하려 했다. 1950년 3월 14일 안보리는 맥너튼의 제안을 일부 받아들였다. 호주 변호사인 딕슨Owen Dixson이 유엔 대표로 임명되어 탈무장화를 추진하기 위해 카슈미르에서 양측 지도자들을 만나 중재를 시도했다. 그런데 딕슨은 이 과정에서 분쟁을 해결하기 위해서는 국민투표가 아닌 분할이 더 적합하다는 새로운 제안을 제시했다. 이는 가장 현실적인 접근 방식이었다. 인도는 점령 지역 이외에 관심이 없었고 파키스탄도 마찬가지였다. 따라서 분할을 통한 현상 유지가 전투 위험을 줄이는 현실적 선택이었다. 하지만 이 시기 안보리는 전 지역에서 선거를 개최하는 이상적 해법을 추구했으며 타협은 심각하게 고려하지 않았다.

카슈미르 문제는 이후 1953~56년 동안 양국 정상 간 협상에서는 어떤 해법도 도출되지 못했다. 오히려 1953년 말 파키스탄이 미국으로부터 군사 지원을 약속받고 1954년에 동남아시아조약기구에 가입하자 인도와의 갈등이 더욱 커졌다. 반대로 소련이 점차 인도를 지원하게 되면서 갈등은 점차 냉전으로 연결되었다.[155]

카슈미르 문제는 국제기구가 개입하기 매우 어려운 종류의 분쟁이었다. 법적 권한은 카슈미르 정부와 합의를 도출한 인도 측에 있었지만, 이는 유엔 결의안을 통해서도, 세계 여론을 통해서도 인정되지 않았다. 이 시기에는 자기 결정 개념에 대한 보편적 지지가 있었기 때문에, 파키스탄은 카슈미르가 스스로 결정해야 한다고 주장하며 인도에 대항하는 세계 여론을 동원할 수 있었다. 하지만 파키스탄에 대한 지지가 소진되자 파키스탄은 무력으로 영토를 차지하려고 시도했고, 결국 유엔은 현실적으로 휴전과 탈무장화, 분할을 유도했다.

8) 유엔 활동의 특징과 평화의 제도적 유형

앞에서 살펴본 것처럼, 1946년부터 1949년까지 유엔에서는 이란과 시리아에서 외국군의 철수 문제가 처음으로 제기된 이래 그리스·인도네시아·팔레스타인·카슈미르 등지에서 발생한 분쟁들에 다양한 방식으로 개입해 왔다. 이 과정에서 전쟁과 분쟁에 대한 특정 유형의 제도적 대응 및 처리 방식을 발전시켰는데, 이는 세 가지로 유형화할 수 있다. 먼저, 초기적 형태의 개입과 낮은 수준의 중재 활동을 위해서는 상황을 조사할 위원회를 수립하고, 중재관이나 군사적 차원의 주선위원회를 설치해 분쟁의 해법을 모색한다.

하지만 이런 시도가 실패하거나 전면적인 무력 충돌이 발생하면, 유엔은 분쟁 중지를 위해 헌장 39조에 따른 결정을 내리고 휴전 결의안을 통과시켰다. 그리고 휴전에서 전면적인 정전으로 이행하는 과정에서 협상을 유도하며 휴전이 지켜지는지를 감독할 정전위원회를 설치했다. 유엔이 강제 집행 행동을 한 적은 없었지만 고려되기는 했다.

당장 전투를 중지시킨 이후에는 좀 더 근본적인 원인과 그에 대한 장기적 해법을 위해 국민투표나 연방제 국가 수립 같은 제안이 이루어졌다. 하지만 갈등을 해소할 수 없는 경우 실용적으로 분할과 정전, 탈무장화를 유도했다. 화해위원회 등을 통해 이를 촉진하고 한편으로는 전쟁으로 생겨난 피난민 문제 등을 해결하기 위해 노력했다.

이런 유엔의 개입과 행동은 기본적으로 19세기적 실천과는 매우 다른 것이었다. 1945년 이후 유엔이 활동한 이후 전쟁의 뚜렷한 특징은 전쟁 선포 같은 제도적 의례들이 구시대적인 것이 되었다는 점이다. 다시 말해 선전포고가 사라졌다는 것이다. 또 다른 특징은 특정한 무력 분쟁 상황에 대해 명시적인 의미에서 '전쟁'으로 규정하는 것 자체를 회피하기 시작했다는 것이다.

평화 협약이 사라졌다는 것 또한 중요한 특징이다. 제2차 세계대전이 한쪽의 완전한 승리와 다른 쪽의 무조건적 항복으로 끝나고, 1945년 이후 무력 분쟁은 비군사적 형태의 외부 개입으로 끝나게 된다. 특히 유엔이 등장하고 나서 전쟁 이후 국가 간 평화 협약은 거의 사라지고, 유엔이 개입해 휴전, 정전, 협약 혹은 반란 진압, 독립 인정, 정부 교체 인정 등 낮은 수준에서 전투를 중지시키는 실용주의적인 방식으로 대체되었다.[156]

이와 관련해 주목할 것이 바로 정전 레짐armistice regime의 등장이다. 앞서 살펴보았듯이 분쟁에 대한 유엔의 대응 방식은 주로 전쟁의 원인과 장기적 해결에 주력하기보다는 실용주의적으로 휴전과 정전 협상을 촉진하는 것이었다. 이는 유엔의 초기 활동을 통해 형성된 하나의 관습적 실천이었다.

1945년 이후 전쟁의 종식은 주로 세 가지 형태, 즉 휴전truce, 전투 중지cease fire, 정전armistice를 통해 이루어졌다. 이 세 가지 용어는 원래 전쟁을 종식하는 절차의 각기 다른 단계와 관련되어 있었다.

19세기 후반에 국제법이 성문화되기 시작했을 때, 휴전은 교전국이 협상에 들어가는 절차[157]를 의미했고, 정전이란 군사작전을 중지하는 실제 협약[158]을 의미했다. 제2차 세계대전 이후 휴전과 정전이 동의어로 간주되기 시작했는데, 이때 정전은 일시적인 분쟁의 중지를 의미하기도 했고, 교전 당사국들끼리 공식적으로 합의한 협약을 뜻하기도 했다. 그렇지만 분명한 것은 정전 협상의 주요 목적은 정치적 혹은 경제적 문제를 궁극적으로 해결하는 것이 아니라 잠시 분쟁을 중지하는 것이었다는 점이다.[159]

1945년 이후 유엔의 활동을 통해 전쟁의 종식과 관련된 용어들이 점차 구별되기 시작했다. 안보리가 처음에 요청한 것은 분쟁의 중단cease

표 3-3 | 유엔 초기 주요 국제적 무력 분쟁에 대한 논쟁과 유엔 개입의 개요

시기	국가 (지역)	쟁점	유엔의 개입, 처리 방식	특성과 의미
1946년	이란, 시리아	소련과 영국군의 철수, 제2차 세계대전 연합군	안보리의 문제 제기와 철수	냉전 초기 상호 견제
1946~49년	그리스	그리스 내전과 외부 개입	조사위원회, 유엔 발칸특별위원회 구성, 총회 논쟁	냉전 개입의 심화
1946~49년	인도네시아	영국군의 주둔, 민족해방운동과 네덜란드의 진압군 투입, 탈식민과 제국적 개입	안보리의 평화에 대한 위반 결의안, 휴전 결의안, 자문 위원회, 주선위원회 설치	국내문제가 국제 평화와 안보 문제로 취급
1947~49년	팔레스타인	영국 위임통치의 종식, 이스라엘 국가의 건설과 아랍 국가들 간의 전쟁	영국이 유엔으로 위임 요구 정전위원회, 중재자 활동, 휴전 명령 결의안, 안보리가 평화에 대한 위협 결정, 분할, 정전 결의안, 화해위원회 설치	양 대국의 지정학적 이해관계와 중재의 실패
1947년	카슈미르	인도와 파키스탄의 경쟁 속 히더라바드와 카슈미르 등 주변국의 독립	안보리의 결의안, 인도와파키스탄위원회 설치, 휴전, 철수, 투표 계획, 유엔 대표를 통한 중재	지역 강국의 충돌과 유엔의 중재, 독립 모델

참조: Bailey(1982, 47-48)에서 재구성.
　　1946.1~1946.7 안보리 활동은 S/172 : 이란 문제, 그리스 문제, 인도네시아 문제, 시리아와 레바논
　　1946.7~1947.7 안보리의 활동에 대해서는 A/366 : 그리스 문제
　　1947.7~1948.7 안보리의 활동에 대해서는 A/620 : 그리스, 이집트, 인도네시아, 카슈미르, 팔레스타인
　　Yearbook of the United Nations 1948-49: 팔레스타인, 인도네시아, 그리스, 카슈미르, 베를린, 한국
　　Yearbook of the United Nations 1950: 한국 문제

hostilities이었다. 1947년 8월 1일 네덜란드가 인도네시아를 침공했을 때, 네덜란드와 인도네시아 무장군에게 요구한 것이 그 첫 사례였다. 휴전, 즉 전투 중지(Cease fire 혹은 cease hostilities)는 안보리의 긴급 호소로 요청되는 것으로, 단순히 군이나 준군사 조직에 의한 폭력 행위의 중지를 의미했고, 이는 예비적이고 임시적인 단계였다.

　　팔레스타인 전쟁 때 안보리의 용어 사용에 다소 혼란이 있었지만, 전투 중지 요청 이후 진행되는 휴전은 주로 안보리의 부속 기구 등 중재자가 개입한 결과를 의미했다. 1948년 인도네시아, 1948년 카슈미르, 1949년 인도네시아가 전투 중지에서 휴전으로 전개된 경우이다.[160]

　　휴전이 유엔에 의해 중재되어 시작되는 절차라면 정전은 교전 당사자들 간의 직접 협상의 결과로 이루어지는 것이다. 정전 협상은 한 번도

표 3-4 | 유엔의 실제 분쟁 개입과 대응 방식

유형	활동, 기구, 방식
① 초기 개입과 중재	조사위원회 : 분쟁의 상황과 사실 관계를 파악해 보고 및 제안 지역위원회 : 지역의 당사자들이 참여하는 논의 기구 중재관 : 분쟁을 중재하고 합의를 도출하기 위한 활동 주선위원회 : 사실관계 조사에서 지역 간 합의 중재까지 포괄하는 상설 기구
② 전쟁 발발 후 분쟁 종식	분쟁 중지 요청 결의안 : 무력 충돌의 중지 요구 헌장 39조에 의거해 '평화에 대한 위협' 결정 : 국제법의 위반 정도에 대한 규정 휴전 결의안 : 휴전을 명령하는 안보리의 결의안 정전위원회 : 정전 협약의 준수 여부를 감독하는 위원회 헌장 7장에 따른 강제 집행과 제재 : 국제법 위반을 직접 개입을 통해 교정
③ 분쟁 후 처리, 정치적 해결	분할 : 휴전 이후 전쟁 재발을 막기 위한 당사자들의 물리적 분리 화해위원회 : 전쟁 이후 포괄적인 정치적 해결과 전후 처리를 위한 기구 피난민 문제 : 전쟁 피난민의 구호·교환·귀향을 합의하고 처리하는 기구 탈무장화 : 분쟁 재발을 막기 위해 특정 지역을 비무장화 국민투표 : 분쟁 이후 통일 국가 수립을 위해 투표를 감독하고 실시를 지원 연방제 국가 : 통일 국가 수립을 위한 분권형 국가기구 유도

안보리에 의해 부과된 적이 없다는 것이 핵심적인 차이다. 결국 유엔의 초기 활동의 결과 전투 중지, 휴전, 정전은 전쟁에서 평화로 가는 세 가지 단계의 과정으로 보는 경향이 생겨났다.[161]

한편, 1945년 이후 정전 레짐이 중요해지는 과정에서 주목해야 하는 것은 ① 정전 협상의 성격이 모호해진 것, ② 정전 협약이 그 자체로 평화 상태를 가져오지는 않는다는 점이다.

먼저 정전 협상의 모호한 성격을 들 수 있다. 제1차, 제2차 세계대전 기간 동안 정전 협약은 전투의 중지에만 한정되는 것이 아니라, 좀 더 포괄적인 정치·경제적인 내용을 포함하게 되었다. 이는 유엔이 등장함에 따라 전쟁이 금지되고, 국가 간 평화 협약이 사라져 가고, 엄밀한 국제법적 의미에서 '전쟁 상태' 개념이 폐지되면서 정치적 해결과 군사적 문제 사이에 뚜렷한 구분이 만들어지지 않은 상황에서 나타난 현상이다. 1948년 이스라엘-아랍의 정전 협약과 1953년 한국전쟁 정전 협상, 1954년 베트남 관련 협상들에서 이런 특성이 나타났다.

그런데 이렇게 정전 협상이 단순한 휴전보다는 포괄적인 것을 다루었음에도 불구하고, 여전히 순수한 군사적 문제로만 한정되었다는 점도 분명했다. 1949년 중동 지역에서 등장한 정전 협상들도 정전 협상을 통해 군사적 충돌을 해결한 뒤 추후에 평화협상을 할 것이라는 전제가 있었고, 1953년 한국전쟁 정전 협상도 이후에 정치 협상이 뒤따를 것이라는 조항이 포함되었다. 이집트-이스라엘 정전 협상 4조, 이스라엘-요르단 정전 협상 2조, 이스라엘-시리아 정전 협상 2조, 한국전쟁 정전 협상 서문에 이 정전 협상은 '군사적 문제만을 다룬다'는 점이 명기되어 있다. 결국 정전 협상은 휴전보다는 포괄적인 문제를 다루었지만, 기존의 평화 협약이라는 포괄적 정치협상의 결과를 완전히 대체하지 못해 모호한 성격을 갖게 되었다.[162]

정전 협상 레짐의 두 번째 특징은 정전 협상 자체가 적대의 결정적인 종식이 아니라는 것, 즉 정전 협상이 자동적으로 평화 상태를 가져오지 않는다는 것이다. 정전 협약은 여전히 일시적이고 예비적인 성격을 가지며, 많은 문제들을 미완의 상태로 남겨 둔다. 무엇보다 정전 협상은 주로 영토 관련 조항을 포함하지 않으며, 전쟁의 중요한 문제에 대한 구체적인 해법을 다루지도 않는다. 국가의 존재, 난민 문제뿐만 아니라 갈등의 배경이 되는 전쟁의 원인도 해결되지 않은 채 남겨진다.[163]

정전 협상은 기본적으로 정치적인 문제나 장기적 해법을 분리해 추후로 미루고 당장 전투를 전면적으로 중지시키는 데 집중하기 위한 제도와 방법이었다. 나머지 정치적 문제들은 유엔 혹은 직접 협상을 통해 해결해야 했다. 예컨대 중동에서 장기적인 문제 해결을 위한 협상의 책임은 팔레스타인화해위원회에 있었고, 이 위원회의 기능 중 하나는 팔레스타인의 향후 상황을 평화롭게 조정하는 것이었다.[164]

이런 결과는 전쟁에 대한 유엔의 개입이 갖는 성격에서 비롯되는 것이기도 하다. 즉 유엔은 기본적으로 사후에 개입했다. 유엔은 분쟁 당사자들이 평화적으로 문제를 해결할 것을 전제로 하고, 그것이 실패한 이후에 개입했다. 유엔은 일단 전쟁이 발발하면 분쟁 당사자들의 장기적인 정치적 목적보다는 무조건적인 종전을 위해 노력했다. 친서구적 성향으로 인해 정치적 이해관계가 개입되기는 했지만, 전투가 확산될 위험이 커질수록 유엔은 당장 전투 자체를 중단시키는 데 역량을 집중했다.[165]

냉전 초기 유엔의 활동을 통해 살펴본 결과, 20세기 후반 평화의 제도적 형태는 크게 달라졌다. 전쟁에 대한 유엔의 실시간 개입과 논쟁을 통해 이뤄지는 제도적 조치들은 매우 잠정적인 성격을 갖고 있었다. 즉, 휴전선 설정과 정전, 탈군사화된 비무장지대의 설치, 사실상의 영토 변경에 대한 인정, 임시적 분할과 균형 상태의 유지는 분쟁을 궁극적으로 종식시키지 못했다. 최초의 전쟁 사회학자 라이트는 이렇게 기존의 국가 간 평화 협약이 유엔의 조치로 대체되면서 분쟁들이 지역적locally, 일시적temporarily, 잠정적provisionally으로만 정리arrangement되기 시작했다고 진단했다.[166]

4. 홉스의 차별적 안보 질서

냉전 초기 홉스적 평화 기획의 등장 과정과 그 성격 및 결과를 검토해 일반적 함의를 정리하면 다음과 같다.

첫째, 냉전 초기 홉스적 평화 기획은 칸트적 법치 기획으로부터의 전환이었다. 이는 기존 기획을 도덕주의적이라고 비판하고 권력 균형 원칙으로 전환하자는 현실주의의 부상에서 확인된다. 또한 냉전 봉쇄 전략은 제2차 세계대전 이후 미국이 세계에서 마주한 여러 문제들을 소련과의 적대적 대결로 인해 발생한 것으로 해석하고, 이를 '전 지구적 내전' 상황으로 간주했다. 냉전 봉쇄 전략은 전 지구적 내전 상황에 맞서기 위해 압도적 무력과 권위를 독점해 리바이어던을 건설하려 했다. 이런 홉스적 기획으로의 전환은 다자주의적 국제기구나 보편적 국제법보다는 미국이 복합적 정치 관계 속에서 상대적 자율성을 보존하고 정치적 거래 비용을 절감하기 위해 군사주의와 위계적 관계라는 제도를 선택한 산물이었다.

둘째, 홉스적 평화 기획은 새로운 국가 안보 개념과 제도를 발전시켰다. 미국의 냉전 전략은 제2차 세계대전 이후 전 세계의 산업, 무역, 화폐 공급 같은 경제적 순환에 대한 고려를 배경으로 하고 있었다. 냉전은 사례별 위기와 위협에 대응해 경제 안보, 국가 안보 같은 기준과 원칙에 입각한 전략적 대안을 선택하고 추진했다. 자유세계 내부의 안보를 최우선으로 고려하는 냉전 시기 '국가 안보' 개념과 제도의 부상은 이 기획의 홉스적 특성이 정확히 발현된 것이었다.

셋째, 냉전 자유주의 기획은 국가 간의 평등한 연합이 아니라 미국과 강대국이 초국적 권위와 무력의 독점적 우위를 추구하고 해당 지역 및 국가와 다양한 분업 관계를 형성한 차별적 위계질서였다. 이 기획은 세계 공동체가 아니라 '자유세계의 안전'을 추구했고 차별적이고 배제적인 평화 질서를 수립하려 했다. 이를 위해 안보 기구들은 세계의 각 지역을 지정학적 중요성, 경제·정치적 우선순위에 따라 서로 다른 위상을 부여하고 관여와 자원의 할당 정도를 결정했다.

이런 냉전 초기 홉스적 기획의 부상과 국가 안보 기구의 형성, 그에 따른 차별적 위계 구조의 형성이라는 역사적 변화에 조응해 두 가지 커다란 변화가 발생했다.

첫째, 전쟁의 형태가 변화했다. 즉 이 시기 전쟁은 전통적 의미의 국가 간 전쟁이 아닌, 내전과 지역 분쟁 등 작은 전쟁들이 대부분이었다. 이

전쟁들은 국제법상 국가 간 전쟁으로 인정받지 못하면서, 유엔 등 국제기구와 냉전의 정치적 갈등의 영향하에서 직간접적인 외부 개입이 상례화되었다.

둘째, 평화의 제도적 형태가 변화했다. 전쟁은 기존처럼 평화 협약에 의해 종식되지 않았고, 유엔을 통해 실시간 논쟁과 결정이 이뤄지고, 합의와 타협으로써 일련의 제도적 처방이 이루어졌다. 결국 이 시기에는 평화 협약 대신 정전이라는 제도가 전쟁에 대한 지배적 처방이 되었고, 평화의 성격은 잠정적이고 일시적이며 국지적인, 불완전한 것으로 변화했다.

이렇게 유엔으로 상징되는 칸트적 기획은 냉전 시기 홉스적 기획으로 전환되었고, 그 결과 전쟁과 평화의 의미나 형태, 양상이 모두 변화했다. 그렇다면 이런 변화는 동아시아에 어떤 영향을 미쳤을까? 특히 한국전쟁에서는 어떤 평화 기획들이 추진되고 적용되었을까?

제2부

판문점 체제와
한국전쟁기
자유주의 평화 기획의 전개

1. 한국전쟁기의 두 가지 평화 기획

20세기 자유주의 평화 기획이 전개되고 냉전적인 변형이 발생한 결과, 한국전쟁에는 크게 칸트적 보편 기획과 냉전 시기 홉스적 차별 기획 두 가지 기획이 큰 영향을 미쳤다.

먼저 칸트적 보편 기획은 2장에서 살펴본 것처럼 비엔나, 베르사유, 유엔으로 이어지는 초국적 법치 기획들을 의미한다. 이 기획은 보편적 국제법을 통한 초국적 사법 주권 질서의 구축, 전쟁 자체의 범죄화와 국제기구의 무력 개입에서부터, 보편적인 집단안보 기획, 보편적인 개인의 인권 원칙 등을 통해 개별 국가의 주권보다 상위의 초국적 보편 원칙과 권위를 구축하려는 목적을 갖고 있다. 이 기획은 지역의 군사 분쟁에 초국적 법을 적용하는 방식으로 개입한다.

반면, 홉스적 차별 기획은 3장에서 살펴보았듯이, 기본적으로 보편 기획이 아니라 냉전 시기 '자유세계'만의 '내적 안보'를 위해 차별적이고 경쟁적인 평화와 안보 시스템을 구축하기 위한 것이다. 이를 주도하는 국가들은 '전 지구적 내전' 상황에 대비하기 위해 '국가 안보' 기구를 통해 전략을 만들고, 군사주의적 권력 우세를 달성하려 하고 그로 인해 군비경쟁이 촉발된다. 뿐만 아니라 자유주의 국가끼리는 군사·경제적 지원을 하며 경제적 통합과 군사동맹의 확대를 추구하지만, 비자유주의 국가들과는 주권조차 인정하지 않으며 배제와 적대로 대응한다. 이 기획은 지역에서 발생한 군사 분쟁을 국지화시켜 안정을 유지하기 위해 개입하고 평화의 법적 형태보다는 정치적 타협과 균형을 추구한다.

마지막으로 고려해야 할 것은 이 기획이 적용되면서 이에 대한 저항과 대응, 반발과 적응이 발생하는 역동적 과정이다. 한국전쟁 시기가 특히 냉전적 갈등 상황 속에서 발생했음을 고려한다면, 그것이 칸트적 기획

표 1 | 한국전쟁 전후 두 가지 자유주의 평화 기획과 대항 기획의 특성

평화 기획의 분류		구체적인 목적과 전략	주요 행위 주체
자유주의 기획	칸트적 보편 기획	세계 공동체의 건설 ① 전 지구적 사법 질서 건설 ② 집단 안보 시스템 ③ 전 지구적 시장경제 ④ 보편적 개인 인권 원칙	유엔, 국제사법재판소, 국제통화기금, 국제부흥개발은행 회원국, 세계 여론
	홉스적 차별 기획	자유세계 내부의 (국가) 안보 ① 권력 우세와 군비경쟁 ② 군사동맹과 직간접적 개입 ③ 자유주의 국가에 대한 차별적 경제 지원 ④ 비자유주의 국가 불인정	미국, 대통령, 국무부, 국가안보회의, 국방부, 합동참모본부, 외교관, 지역사령관 서구 및 동맹국 정부, 한국 정부
대항 기획	칸트적 대응	법치 기획의 적법성, 정당성 논쟁 ① 거부권 행사 ② 국가주권 원칙, 비개입 원칙 강조	소련, 중국, 북한, 공산 진영
	홉스적 대응	공산 진영 내부의 국가 안보 ① 대항적인 군비·권력 경쟁 ② 군사동맹과 직간접적 개입 ③ 탈식민 해방운동 지원	
	대안적 보충	평화공존, 중립주의, 탈식민주의, 비동맹	인도, 동남아 국가들

이건 홉스적 기획이건 자유주의적 기획의 우세와 주도권에 대항하기 위한 반발이 있었음을 충분히 고려해야 한다. 이 기획의 적용과 관철에 저항하는 방식은 매우 다양하다.

칸트적 법치 기획이 적용될 경우 이에 대한 반발로 국제법의 적법성과 정당성에 대한 반론과 논쟁이 발생하고, 이 반론을 위한 근거로 거부권이나 국가주권 원칙, 비개입 원칙 등이 활용될 수 있다. 또한 홉스적 차별 기획이 추진되는 경우, 이에 대항하기 위해 동일한 형태의 군사동맹이나 권력 균형, 대항적인 군비와 권력 경쟁이 추진될 수 있다. 마지막으로는 이 두 가지 기획의 충돌에서 벗어나기 위해 탈냉전적 중립주의나 탈식민주의에 기반한 대항적 이념의 추구, 평화공존 제안이나 사회 정의에 기반한 아래로부터의 평화 같은 보충·대안적 기획들이 형성될 수도 있다.

결국 한국전쟁과 자유주의 평화 기획의 역동적 관계는 특정한 자유주의 기획이 적용되고 이에 대항하는 기획이 등장하는 상호작용의 과정

소련

만주

중국

1950년 11월
유엔군의 최대 전진

압록강

초산군

장진호

북한

평양

1953년 7월
정전선

1950년 6월 25일
한국전쟁 발발

38°

개성

판문점

서울

인천

1951년 1월
북한·중국 연합군의
최대 전진선

남한

1950년 9월
북한군이 최대로
진주했을 때의 전선

부산

일본

| 한국전쟁의 전개 과정(1950년 6월~53년 7월) |

표 2 | 한국전쟁의 네 국면과 주요 쟁점

	1950년 6~10월 정의로운 전쟁	1950년 10월~1951년 9월 권력 균형과 차별화	1951년 7월~1953년 1월 개인의 인권	1953년 7월~1955년 4월 갈등 확산과 대안
계기	한국전쟁 발발, 38선 돌파	중국의 전쟁 개입	정전 협상 포로 협상 교착	아시아 군사동맹 체제 구축
쟁점	유엔 개입, 38선 북진	중국 개입, 한국 휴전, 미-일 평화조약	전쟁 포로 자원 송환	방위협약, 지역안보기구 탈냉전
자유주의 기획	새로운 국제법 원칙 적용 : 전쟁 금지와 무력 개입	차별적 질서 구축 1) 중국 불인정 2) 탈정치적 군사 정전 3) 일본 경제적 포섭	새로운 국제법 원칙 적용 : 보편적 개인 인권	차별적 질서 구축 ① 군사 동맹 ② 정전과 분할 ③ 경제 발전과 근대화
대항 기획	결정의 절차와 적법성 논쟁	1) 중국 승인 요구 2) 휴전과 평화 협상 요구 3) 대일 평화 협약 불인정	전쟁범죄 비난 집단적 민족주의	① 대항 군사동맹 구축 ② 평화공존 외교 ③ 탈냉전 중립주의
범위	한국	동북아시아(한, 중, 일)	한국	동(남)아시아

에서, 또 다른 기획이나 이념이 출현하는 복합적인 과정으로 분석되어야 한다. 즉, 한국전쟁은 단순히 미국과 소련 간 힘의 경쟁의 산물만이 아니라 국제법, 초국적 규범, 원칙에 근거한 정당성 경쟁, 나아가 특정한 종류의 평화 기획들의 충돌, 그것의 가장 중요한 배경이었던 자유주의 국제질서의 구축 과정을 포괄적으로 고려해야 한다는 것이다. 그렇다면 구체적으로 한국전쟁에서 자유주의 평화 기획이 도입되는 과정은 어떻게 분석할 수 있을까?

2. 한국전쟁의 네 가지 국면과 시기 구분

이 연구는 한국전쟁 전후 자유주의 기획의 전개 과정을 네 국면으로 구분한다. 이 같은 구분은 각 국면에서 뚜렷하게 차별적인 계기와 쟁점이 발생했고, 이에 따라 서로 다른 성격의 자유주의 평화 기획이 적용되었으며, 충돌과 논쟁을 거쳐 서로 다른 결과를 낳았다는 사실을 토대로 이루어진 것이다.

먼저 첫 번째 국면은 한국전쟁 발발 초기(1950년 6~10월)이다. 이 시기는 북한의 공격으로 시작된 군사적 갈등의 상황에서 미국의 주도하에 유엔을 통해 이례적으로 직접적인 군사 개입이 이루어지는 시기이다. 이때 가장 큰 쟁점은 유엔 개입의 성격과 정당성, 적법성에 대한 것이었고, 개입 과정은 모두 유엔에서의 논쟁과 결의안에 근거했고, 이를 통해 정당화되었다. 미국의 영향하에서 유엔은 이 상황을, 유엔 헌장이 금지한 '평화에 대한 위반'으로 규정했고 전면적 지원과 군사 개입을 감행했다. 그리고 이런 시도는 9월경 인천상륙작전 이후 미국과 유엔이 38선을 돌파해 무력 통일이나 자유주의 국가의 건설까지 시도했다는 점에서 방어적인 개입을 넘은 공격적이고 팽창적인 성격으로 변화했다. 이는 분명히 유엔 헌장의 전쟁 불법화라는 원칙에 근거한 사법적 처벌 기획, 무조건 항복과 자유주의 헌법을 가진 국가를 건설하려 했던 칸트적 법치 기획의 사례이다.

두 번째 국면은 중국 개입 이후 1년간(1950년 10월~51년 9월)이다. 이 시기에는 중국이 개입하면서 첫 번째 국면에서의 보편적 사법 기획, 군사주의 기획이 좌절되고 일종의 권력 균형 상태가 도래한 상황에서 미국과 유엔이 이에 대항하기 위해 차별적인 전략을 전개했다. 이때 가장 큰 쟁점이 된 것은 중국의 유엔 가입 문제, 한국의 평화협상과 정전 문제, 일본과의 조기 평화 협약 문제였다. 미국은 동아시아 차원에서 세 가지 차별적인 질서를 구축하려 했다. 새로 수립된 중국의 주권을 불인정했고, 한국전쟁의 평화적 해결의 형태를 탈정치화·지역화·군사화시켰으며, 일본은 조기 평화 협약을 통해 자유주의 경제 시스템으로 통합시켰다. 비인정·정전·포섭은 동아시아 질서의 차별적 스펙트럼을 구성한다.

세 번째 국면은 한국에서 정전 협상이 시작된 이후 1년 반의 기간(1951년 7월~53년 1월)이다. 이 시기에는 한국전쟁 포로 문제가 가장 큰 쟁점이 되었다. 군사적 교착상태로 전쟁을 지속하는 것에 대한 정당성 위기가 발생하자 한국전쟁 정전 협상에서는 포로 문제를 처리하는 데 있어 어떤 원칙을 적용할 것인지를 둘러싸고 극심한 논쟁이 발생했다. 미국은 개인의 인권을 강조하며 좀 더 보편적이고 초국적인 원칙으로서 자원 송환 원칙을 추구했다. 이에 기존의 민족 주권 원칙에 근거한 반대가 있었지만 결국 자원 송환 원칙이 무리하게 관철되면서 포로수용소 내 극심한 폭력 사태가 발생했고, 국제·국내 여론에서도 극심한 정치적 논쟁이 발생했다.

네 번째 국면은 한국전쟁 정전 협상이 타결된 이후 동남아로 냉전이 확대되는 2년간(1953년 7월-55년 4월)이다. 이 시기에는 한국뿐만 아니라 아시아 전역에서 미국이 주도하는 자유주의적 군사동맹 시스템이 구축되었다. 가장 큰 쟁점은 군사동맹과 냉전적 외교 관계의 성격과 모델이다. 미국은 한국이나 일본과 맺은 양자 군사동맹 관계를 확산시키려 했고, 소련과 중국도 이에 맞섰으며, 결국 냉전적 경쟁 구도 자체에 반대하는 대안적 평화론, 탈식민주의에 입각한 보완적 요구들이 제기되었다.

3. 두 가지 평화 기획의 선택, 적용, 결과

이 연구가 주목하는 지점은 각 국면에서 작동하는 자유주의 기획의 성격과 규모, 그 결과가 달라지는 양상이다. 한국전쟁에서 각 국면별 위기에 대응하기 위해 차원과 규모, 핵심 원칙과 지향, 방식이 다른 자유주의 기획이 작동했고, 이것이 대항 기획과 충돌하며 협상과 균형을 이루었다.

표 3 | 한국전쟁기 자유주의 기획의 규모와 성격 구분

	칸트적 보편 기획	홉스적 특수 기획
지향	자유주의적 이상주의, 초국적 법치	현실주의적 권력 균형, 차별적 위계질서
수단	군사력과 국제적 권위	국가 간 외교 협상, 정치
대상과 범위	한국(local, nation)	동아시아(region)
기획의 유형	① 전 지구적 사법 기획(1950년 6~10월) : 유엔 헌장의 적용과 군사 개입 ③ 자유주의 인권 기획(1951년 7월~53년 1월) : 포로 자원 송환 원칙과 망명권 심사	② 차별적 배제와 포섭(1950년 10월~51년 9월) : 비인정, 탈정치화, 경제적 포섭 ④ 차별적 군사 동맹과 발전(1953년 7월~55년 4월) : 양자방위조약과 동남아시아조약기구

특히 한국전쟁의 네 국면에서 작동한 자유주의 기획의 성격은 그 기획의 지향, 수단, 범위에 따라 다음과 같은 두 가지 유형으로 구분할 수 있다.

첫 번째 방식은 칸트적 보편 기획으로서 기존의 국제법적 원칙을 넘어서 새로운 결정과 새로운 원칙의 적용을 시도하는 것이다. 이는 전쟁의 불법화라는 기준을 가장 원칙적으로 적용하고, 이를 군사력을 통해 집행하며, 나아가 적대 국가를 패배시켜 자유주의 국가를 수립하려는 형태로 나타났다. 또한 기존의 민족주권 원칙이 아닌 개인 인권 원칙을 적용해 새로운 자원 송환 원칙을 적용하고 집행하려 하는 것이다.

두 번째 방식은 홉스적 차별 기획으로서 자유세계의 안보와 질서 안정을 추구하며, 차별적이고 위계적인 질서를 구축하는 것이다. 비자유주의 국가를 국제적으로 불인정하거나, 국가 대 국가의 평화 협약이 아닌 군사적 정전이라는 낮은 제도적 조치를 도입하거나, 경제적 편입을 위해 평화 협약과 차별적인 군사동맹을 지원하는 형태이다. 이를 더 넓은 지역에 확대해 차별적이고 선택적인 군사동맹, 경제적 지원 관계를 구축하는 것도 여기에 포함된다.

이 두 가지 방식을 구분할 때 제기되는 질문들이 있다. 첫째, 왜 특정 국면에서 서로 다른 기획이 선택되는가? 어떤 경우에 칸트적 기획이 추진되고, 어떤 경우에 홉스적 기획이 추진되는가? 칸트적 기획이 추진되는 경우에는 법치주의적 사고나 국제정치의 정당성 경쟁 상황, 미국의 국내 정치에서의 정당성 문제 등이 강한 영향을 미칠 수 있다. 그리고 홉스적 기획이 추진되는 경우에는 미국의 경제적·군사적 이해관계, 즉 경제적·군사적 역량과 자원의 문제가 강한 영향을 미치고, 또한 이 기획에 대항하는 반발과 저항의 군사적·정치적 강도, 이 기획이 적용되는 사안의 규모와 위상이 큰 영향을 미칠 것이다.

둘째, 이 기획은 어떤 과정을 거쳐 적용되었는가? 그 과정에서 경쟁 기획은 어떻게 대응했고 어떤 국제적 논쟁이 발생했는가? 이는 곧 특정 기획이 선택된 이후 그것이 실제로 적용되는 과정에서 제기되는 핵심 원칙, 규범 등 적법성의 문제, 정치·사회적 정당성 문제를 둘러싼 논쟁을 검토하려는 것이다. 이 과정에서 어떤 특정한 초국적 기준이 일방적으로 적용되었는지, 그 기준이 반발에 직면해 균형과 타협이 이루어졌는지, 아니면 대체로 민주적 논의를 거쳐 사회적 합의에 도달했는지를 점검해 볼 것이다. 이 국제적 규범과 원칙을 둘러싼 논쟁 과정은 기본적으로 냉전이라는 매우 극심한 헤게모니적 경쟁의 상황[167]에서 이루어졌고, 따라서 다층적으로 존재하는 기존 규범들(전 지구적 규범, 국가 규범, 사회적 규범)과의 충돌을 거쳐 제도화되었다고 할 수 있다.[168]

셋째, 이 역동적 충돌 및 논쟁의 결과와 그 영향은 무엇인가? 어떤 기획이 관철되었고 선택되었으며, 그것은 다른 지역과 사례에 어떤 영향을 주었는가? 이는 각 국면에서의 제도적 선택과 결과가 그 이후 국면에서의 논쟁과 충돌에 영향을 주는 것을 확인하는 작업과, 나아가 한국전쟁의 사례에서 나타난 결론들이 다른 국가들과 다른 사례들에 어떤 영향을 주었는지를 파악하려는 것이다. 이는 한국 내부와 동아시아 차원에서 이 결정들의 경로의존적 함의를 드러내고 나아가 그것의 제도적 확산이나 반작용을 검토하려는 것이다.

결국 이 질문들은 특정 기획이 선택되는 요인, 그 선택된 기획이 적용되는 과정과 동학, 마지막으로는 그 기획이 관철되고 선택된 결과에 대한 것이다. 2부의 각 장에서는 이 세 가지 기본 질문들에 답하기 위해 한국전쟁의 네 국면에서 먼저 각 기획의 차별적 유형과 성격을 구분하고, 그 기획이 선택된 요인들을 분석하며, 이 기획이 적용되는 과정에서 발생한 대항기획들과의 충돌과 논쟁들을 면밀히 검토할 것이다. 그리고 이 충돌과 갈등, 결정과 합의가 남긴 제도화의 결과들을 확인할 것이다.

　　먼저 4장에서는 한국전쟁의 발발로 인해 유엔과 미국의 냉전 전략, 자유주의 기획이 어떤 성격을 나타냈는지를 살펴볼 것이다. 한국전쟁은 유엔이 역사상 최초로 전무후무한 규모로 군사 개입을 했던 사례이다. 유엔 헌장에 규정된, 전쟁과 무력 사용의 금지 원칙이 가장 교과서적으로 적용되었고, 최단기일 내에 안보리를 통해 역사적 결정들이 내려졌다. 하지만 유엔에서는 이런 결정과 개입의 성격과 적법성에 대한 수많은 논쟁이 제기된다. 4장에서는 이 논쟁들이 어떤 구도로 이루어졌으며 어떤 문제 제기가 있었고, 그것의 함의가 무엇인지를 검토할 것이다.

　　5장에서는 중국이 한국전쟁에 개입함으로써 유엔과 미국의 기획이 어떻게 변화되었는지, 그리고 그로 인해 자유주의의 세 가지 다른 전략이 등장했음을 검토할 것이다. 중국의 개입으로 인해 한국에서는 군사적인 권력 균형 상태가 대두되고, 유엔은 침략에 대한 패퇴나 방어 전쟁을 위한 집단안보 기구로서가 아니라 휴전과 중재를 위한 활동에 주력하게 된다. 하지만 문제를 근본적으로 해결하기 위해서는 1949년에 수립된 공산주의 중국의 유엔 대표 문제, 국제사회의 승인이라는 거대한 정치적 쟁점이 해결되어야 했으나, 미국이 비자유주의 국가의 불인정 원칙을 고수함으로써 휴전 노력은 실패하게 된다. 그럼에도 국제적 압력에 의해 전개된 한국의 정전 협상은 정치적 쟁점이 제거되고 순수하게 군사·기술적 문제에 한정된 군인들 간의 협상이 된다. 반면 한국전쟁으로 군사기지로서의 중요성이 확인된 일본을 미국의 자유주의 동맹국으로 편입시키기 위한 작업이 이루어짐에 따라 독일에 비해 매우 빠른 속도로, 사전 논의를 통해 모든 것이 합의된 평화 협약, 자유주의 평화 협약으로 귀결된다. 이 장에서는 중국의 개입으로 초래된 세 가지 자유주의적 대응 방식(불인정, 갈등의 국지화, 동맹-시장 통합)과, 그 결과 형성된 아시아 평화 체제의 분할 과정을 보여 줄 것이다.

6장에서는 한국전쟁 포로 문제를 둘러싼 갈등과 개인 인권이라는 자유주의 기획의 역할을 검토할 것이다. 미국은 1949년 제네바 합의에 반영된 민족주의-주권 원칙에 입각해 포로를 전원 송환하는 것에 반대해, 포로 개인으로 하여금 송환 여부를 선택하게 하자는, 개인주의적 자유권에 입각한 새로운 자원 송환 원칙을 제시한다. 민족주의적 국민 형성이 아닌 자유주의적 국민 형성 기획이 도입된 것이다. 미국이 이를 고수하면서 협상은 2년 가까이 교착되었고, 한국전쟁 포로 문제가 유엔 총회에서 논의됨에 따라 자유주의적 정치 이념의 상징적 의제가 된다. 하지만 전쟁이 장기화되면서 이 원칙에 대한 지지는 쇠퇴했으며, 포로수용소에서 심사가 진행되는 과정에서 극심한 폭력 사태가 발생함에 따라 국제 여론에 영향을 주게 된다.

7장에서는 정전 협상의 타결, 한국전쟁 이후 미국의 대아시아 자유주의 평화 기획, 그리고 그에 대한 대응과 반작용으로 등장한 평화 논의를 검토한다. 미국의 정권 교체와 스탈린의 사망 이후 정전 협상이 재개되고 휴전 자체를 거부하던 한국 정부와 미국이 상호방위조약을 체결하고 정전 협상에 동의하면서 한국에는 군사 정전 체제가 등장한다. 하지만 정치적 해결을 위해 개최된 제네바 회담에서 양측은 좁힐 수 없는 의견 차이로 인해 아무런 성과가 없었고, 오히려 베트남 문제를 해결하고자 하는 프랑스, 북대서양조약기구에 대한 프랑스의 비준을 필요로 하는 영국과 미국, 아시아에서 평화공존이라는 외교 노선을 알리고 영국·프랑스 등과 국제적 교류를 하고자 했던 중국의 이해관계가 맞물려 베트남에 분할과 휴전이 강제된다. 아시아에 대한 냉전 양대 세력의 개입이 전개되자 아시아 국가들은 탈식민과 저발전이라는 공통의 경험을 바탕으로 평화 공존, 반냉전적 중립주의라는 대안적 평화 기획을 전개한다.

4

한국전쟁 초기 결정과
칸트적 법치 기획

주권자란 예외 상태를 결정하는 자이다. _카를 슈미트

한국전쟁 초기에는 어떤 평화 기획이 작동했는가? 한국전쟁은 유엔이 설립된 이후 처음으로 집단적 자기방어 혹은 집단 안보 원칙을 교과서적으로 적용한 '제1차 유엔 전쟁'이었다. 유엔이 특정 지역에서 무력 분쟁이 발발하자마자 전면적인 무력 개입을 결정한 경우는 수십 년 냉전의 역사에서 한국전쟁이 유일하다. 이 장에서는 이 전례 없는 역사적 성격이 응축된 한국전쟁 초기 유엔의 결정들을 상세히 검토할 것이다.

그렇다면 먼저, 이런 결정들은 어떻게 가능했는가? 기존의 냉전 연구들을 통해 잘 알려져 있듯이, 한국전쟁 초기의 결정들은 유엔의 결의안을 주도하고 관철시킨 미국의 정책 엘리트들에 의해 가능했다. 따라서 기존 연구들이 대체로 미국과 소련의 최고 결정권자들에게 정치적 책임을 물으려 했던 것은 한편으로는 당연한 일이다. 이런 인식들은 주로 모든 것이 미국과 소련의 국익을 추구하는 지도부와 고위 정책 관료들에 의해 결정되었다는 현실주의적 시선의 영향을 받은 것이었다.

하지만 처음부터 한국전쟁을 둘러싼 국제적 논쟁이 미국과 소련 간의 정치적 충돌로만 이해되었던 것은 아니다. 즉 이런 해석 자체가 한국전쟁시기의 치열한 논쟁을 거치며 사후적으로 구성된 현실주의적 이해이다. 이처럼 역사적 결정들의 의미를 계속해서 '누가 그런 결정을 내렸는가?'라는 슈미트적 질문으로 단순 환원시키게 되면 복합적인 역사의 진실들을 소수의 영웅/악마의 결단이라는 서사의 틀에 가둬 두는 지적 타성에서 벗어나기 어려울 것이다. 한국전쟁 초기의 결정 과정들과 그에 대한 논쟁들은 현실주의적 인식을 넘어 재검토될 필요가 있다.

이 장에서 특히 면밀하게 검토하려 하는 것은 한국전쟁 초기 국면에 내려진 결정들의 국제법적 성격과 그것이 갖는 정치사회적 의미이다. 한국전쟁에 관한 유엔의 결정과 개입은 어떤 국제법적 원칙들에 근거했는가? 이 결정을 둘러싼 정치 논쟁들의 국제법적 논거는 무엇인가? 사실 한국전쟁을 둘러싼 국제적 논쟁들은 매우 근본적인 법·정치적 차원을 건드리고 있다.

이는 유엔 헌장의 위상과 권위에 대한 논쟁, 즉 일종의 초국적 수준의 헌법 논쟁이었다. 이때 핵심적인 대립 구도는 불법적 침략에 집단 안보로 대응하는 유엔 헌장의 보편 원칙을 따를 것인지, 아니면 한 국가의 주권 영역을 침범할 수 없다는 유엔 헌장의 조항을 따를 것인지의 문제였다. 즉 이 논쟁의 최종적인 정치·사법적 정당성의 근거는 궁극적으로는 서로 충돌하는 20세기의 전 지구적 자유주의 기획과 19세기적 국가 주권 원칙에 있었다는 것이 이 장의 핵심 주장이다. 따라서 한국전쟁 초기 결정의 사례는 냉전의 전략과 결정권자의 문제만이 아닌 20세기 자유주의 국제 질서의 초국적 법치 기획이 적용된 사례인 것이다.

그런데 칸트적 법치 기획이 적용되는 과정에서 많은 문제와 충돌이 발생했다. 한국전쟁 초기 결정들이 관철되는 과정에는 어떤 문제가 있었을까?

결론부터 말하자면, 이 과정은 켈젠식으로 보면 '평화라는 근본규범'이 적용된 사례이지만, 슈미트 식으로 말하면 미국의 '평화 제국주의' 기획이 관철된 것이었다. 즉, 가장 보편적인 초국적 규범이 가장 예외적인 방식과 과정을 통해 관철된 것이다. 이 같은 역설이 바로 한국전쟁 첫 국면에 응축된 예외성과 양면성이다.

법질서를 중지시키는 예외 상태와 정치적 결단을 강조하는 슈미트의 입장과, 반대로 근본규범에서 기원한 법의 엄밀한 형식과 절차를 중시하는 켈젠의 입장이 어떻게 한 사례의 양면을 구성할 수 있을까?

이 장에서는 이 야누스적 결합, 모순적 상황을 '이중적 예외 상태'라고 명명할 것이다. 예외 상태란, 슈미트에 따르면 주권자의 결단이 요구되는 비상사태이다. 아감벤은 이를, 특정한 법적 장치를 통해 기존 법질서를 중지하는 것이라고 정의했다. 이때 슈미트가 예외 상태라는 개념으로 정당화하려 했고 아감벤이 비판하려 했던 것은, 주권 권력이 특정한 상황에 대해 법적 조치를 취함으로써, 헌법적으로 보장된 기본권과 민주적 질서가 중지되고 훼손되는 위헌적·반민주적 상황이다.[1] 그렇다면 한국전쟁의 사례는 어떤 의미에서 이중적 예외 상태라고 할 수 있을까? 당시 유엔과 미국의 결정들은 여러 차원에서 슈미트식 결단주의가 가진 예외 상태적 성격들을 드러내 준다. 먼저, 유엔 헌장이라는 초국적 헌정주의의 차원에서 이뤄진 초기 결정들을 살펴보자.

1. 한국전쟁의 발발과 이중적 예외 상태

1) 6월 25일 유엔 안보리 결의안 채택 : 최초의 '평화에 대한 위반' 결정

한국전쟁이 발발한 직후, 모든 냉전 시기를 통틀어 유엔과 미국의 역사에서 유례가 없는 중요한 결정들이 매우 신속하게 이루어졌다. 특히 1950년 6월 25일부터 7월 31일까지의 안보리 결정은 전례도 없고 이후 반복될 수도 없었던 매우 이례적인 결정들이었다. 과연 어떤 조치와 결정들이 어떻게 선택되고 도입되었을까?

이런 이례적 대응의 핵심에는 미 국무부가 있었다. 그 시작은 1950년 6월 25일(미국 시간 6월 24일) 저녁 9시 26분 미 국무부로 전달된 주한 미 대사 무초John J. Muccio의 서신(925번 전문)이다. 전쟁이 발발했다는 소식이 알려진 지 한 시간 후(10시 30분 경) 미 국무부에는 국무부 차관 딘 러스크David Dean Rusk와, 육군부 장관 프랭크 페이스Frank Pace를 비롯한 실무 관료들이 모여들었다.[2]

무초의 서신을 받은 지 한 시간 20여 분이 지난 10시 45분 경 유엔 문제 담당 차관보 히커슨John D. Hickerson은 국무부 장관 애치슨에게 미국이 유엔을 통해 대응해야 한다는 생각을 전했다. 이에 따라 애치슨은 트루먼 대통령에게 저녁 11시 20분 경 전화를 걸어 무초의 보고서에 대해 알리고 안보리 회의 소집을 제안했다. 트루먼은 이에 동의했다. 이에 따라 히커슨은 유엔 사무총장 트리그브 리에게 전화를 걸어 한국전쟁 발발 소식을 알리고, 이 문제를 안보리에 회부하고 싶다는 의사를 전했다. 소식을 들은 트리그브 리의 첫 반응은 이런 공격은 "유엔 헌장 위반"이라고 답한 것으로 기록되어 있다.[3]

그날 밤 동안 히커슨과 러스크, 제섭 등은 향후 트루먼이 취해야 할 조치들을 준비했다. 이런 상황에 대응할 정책의 기반이 될 기존 정책 문서는 없었지만, 국무부, 대통령, 국무부 장관은 모두 이에 대한 최초의 대응은 유엔에 이 문제를 회부하는 것이라는 데 동의하고 있었고, 또 이것만이 유일하게 합리적인 행동 방향이라고 보았다. 이에 따라 실무진인 와인하우스David Wainhouse와 베이컨Ruth Bacon이 ① 유엔의 미국 대사에게 안보리 회의 소집을 요구하는 서신, ② 유엔에서 미국 대표 그로스Ernest Gross가 제안할 결의안 초안, ③ 그로스의 발언 내용을 작성했다.[4]

한국 문제를 안보리에 회부하자는 국무부의 결정은 무초의 첫 번째 서신 한 통에 근거해 이루어졌다. 이것이 결정적인 문서였다. 국무부는 이후 한국의 상황을 알고자 했으나 새벽 두 시까지도 추가 정보를 얻을 수 없었다. 이 문제를 안보리로 회부하는 애치슨의 최종 결정은 새벽 두 시 무렵에 이루어졌다. 이는 각 언론사의 마감 시간 때문이었다. 애치슨의 안보리 회부 결정 내용이, 북한이 침략했다는 뉴스와 함께 아침 신문에 동시에 등장하는 것이 중요했기 때문이다.[5]

결국 새벽 두시에 준비된 유엔 안보리 소집 요청안과 미국 대표가 도입할 결의안 초안이 트루먼에 의해 최종 승인되었고, 문서는 전화를 통해 구두로 유엔에 있는 그로스에게 새벽 2시 30분에 전달되었다. 새벽 3시 5분경 그로스는 회람 전문을 통해 안보리 회원국[6]에 안보리 소집을 요청했고, 같은 시간 사무총장 트리그브 리에게도 전화를 통해 안보리 소집에 대한 미국의 공식 요청을 전달했다.[7] 결국 무초의 서신 한 통을 접수한 지 약 5시간 만에 안보리 회원국들에게 소집 요청까지 완료된 셈이다.

이후의 과정도 급속히 진행되었다. 1950년 6월 25일(뉴욕 시간, 일요일) 오전 안보리 회의가 개최되기 전에 유엔 미국 대표단 안보리 문제 자문 노이에스Charles P. Noyes는 안보리 회원국 대표들과 사전 대화를 했다. 노이에스는 영국·프랑스·인도·이집트·노르웨이 대표에게 결의안 초고 복사본을 보여 주었다.

그런데 최초의 미국 결의안 초안에는 한국에 대한 북한의 무력 침략이 '침략 행위'act of aggression에 해당된다고 되어 있었다.[8] 이 문구는 단순한 수사가 아니라 국제법적으로 중대한 함의를 갖는다. 안보리는 유엔 헌장 39조에 따라 당시 한국 상황이 평화에 대한 위협threat인지, 위반breach인지, 아니면 침략 행위가 이루어진 것인지를 결정해야 했다. 따라서 이를 침략 행위로 규정하면 유엔이 헌장 39조하에서 규정할 수 있는 가장 높은 수준의 폭력이 발생한 것을 의미했다. 그러나 안보리 회원국들은 '침략 행위'라는 단어의 사용에 반대했다. 다수의 회원국들은 분명하게 어느 한쪽에 침략의 책임을 묻는 것을 매우 주저하고 있었다. 특히 이집트와 노르웨이 대표는 자국 외무부와 연락이 닿지 않아 아직 명령을 받지 못했고, 책임을 규정할 충분한 정보가 없다며 난색을 표했다. 처음부터 이들은 현재 상황은 한국인들끼리의 전투, 즉 본질적으로 내전의 성격을 갖고 있으므로 다른 국가에 대한 한 국가의 침략을 의미하는 '침략'이라는 단어를 사용할 수 없다고 생각했다. 이집트 대표는 '침략'이라는 단어만 제외하면 결의안을 지지할 수 있다고 말했고, 인도네시아 역시 안보리가 충분한 정보 없이 행동하는 것에 대해 우려를 표했다. 프랑스 대표는 북한에 대해서만이 아니라 양측 모두에 휴전을 명령하는 것으로 결의안의 문구를 변경하고 싶어 했다.

하지만 미국은 이 모든 우려와 반대를 무시했다. 미국 대표는 북한이 안보리 명령에 '복종'하기 전까지 남한 측에 휴전을 요청해서는 안 된다며 양측에 휴전을 요청하자는 제안을 강하게 반대했다. 그러자 나머지 국가들은 미국의 결정을 지지하기 시작했다.[9]

침략 행위라는 규정에 대해 짧은 논란이 있은 후 유엔 미국 대사와 관료들은 미국이 도입할 결의안이 명령order의 형식을 띨지 아니면 권고

recommendation의 형식을 띨 것인지를 고민했다. 이는 헌장의 7장에 따라 유엔이 강제로 의무를 부과하는 '강제 조치'를 집행할 것인가 하는 법적 문제와 관련이 있었다. 고민 끝에 이들은 유엔이 그동안 특정한 법적 함의를 피하고 의문으로 남겨 두기 위해 사용해 왔던 모호한 용어인 '요청'calls upon이라는 문구를 사용하기로 했다.[10]

이런 사전 조율을 거쳐 오후 2시에 개최된 유엔 안보리 473차 회의[11]에서 사무총장은 이 상황이 국제 평화에 대한 심각한 위협이며, 평화 회복을 위해 필요한 방안을 모색하는 것이 안보리의 분명한 임무라고 선언했다. 미국 대표 그로스는 북한이 남한을 공격했고, 이는 평화에 대한 위반이자 '침략 행위'라고 주장했다. 그로스는 남한을 향한 전면적인 공격은 곧 유엔이 총회 결정을 통해 합법 정부로 승인한 국가에 대한 침략이고, 유엔이 감독한 선거로 수립된 정부에 대한 공격이며, 따라서 이는 "유엔 헌장의 근본적인 목적에 대한 공격"이라고 전쟁의 성격을 규정했다. 그로스는 1947년 유엔이 한국 문제에 개입한 이후 한국의 상황을 몇 분간 설명한 후, 적대를 종식하고 무력을 철수할 것을 북한 측에 요구하는 결의안(S/1497)을 제시했다. 그로스에 이어, 미국 측의 초대로 안보리에 출석한 한국 대표 장면이 발언을 했다. 장면은 북한을 침략자라고 비난하며 휴전과 철수를 강력히 요구했다. 안보리의 첫 회의에 한국 대표는 사전 동의 없이 참석한 데 반해, 북한을 안보리 논의에 초대해야 한다는 유고의 제안은 거부되었다.[12]

이후 진행된 회의에서는 미국 대표의 초안에 대한 약간의 논란과 수정이 이루어졌다. 미국은 계속해서 북한의 공격을 '무력 침공'armed invasion이라고 부르려 했지만 다수가 '무력 공격'armed attack이라는 표현을 선호했다. 또한 미국은 북한에 '침략을 중단'cease aggression할 것을 요청하려 했지만 다수는 '분쟁의 종식'cease hostilities이라는 용어를 선호했다. 회원국들의

표 4-1 | 전쟁에 대한 안보리의 대응 속도

사례	전투 시작일	안보리 상정국	제안일	다뤄진 날짜	휴전 요청	기간
인도네시아 I	1947.7.20	호주, 인도	1947.7.30	1947.7.31	1947.8.1	12일
카슈미르	1947.10.19	인도	1948.1.1	1948.1.6	1948.4.21	6개월
팔레스타인	1947.11.29	총회(영국)	1947.12.2	1948.2.24	1948.4.1	4개월
인도네시아 II	1948.12.19	호주, 미국	1948.12.19	1948.12.20	1948.12.24	5일
한국	1950.6.25	미국, 사무총장	1950.6.25	1950. 6. 25	1950.6.25	당일
시나이-수에즈	1956.10.29	이집트	1956.10.30	1956.10.30	1956.10.30 (영, 미 거부권)	2일
사이프러스	1964.8.8	터키, 사이프러스	1964.8.8	1964.8.8	1964.8.9	2일

출처: Bailey(1982: 65)에서 변형.

반대로 인해 분쟁을 지칭하는 용어의 강도가 다소 약해진 것이다. 그러나 한 회원국이 북한을 조선민주주의인민공화국이라는 공식 명칭으로 부르려 하자, 미국은 이를 거부하며 북한을 국가가 아닌 '당국'authorities으로 명명했다. 그리고 결의안을 월요일로 미루자는 제안도 있었지만 미국은 당장 통과시킬 것을 주장했다.[13] 미국은 이렇게 한국의 상황을 '침략'이라는 국제법적 범죄로 규정하려 했고, 북한의 주권을 부인했으며, 결의안을 신속히 통과시키려 했다.

결국 저녁 6시 무렵에 한국전쟁에 관한 유엔 안보리의 첫 번째 결의안이 9 대 0으로 채택되었다(유고는 기권, 소련은 부재). 안보리는 이 결의안에서 남한에 대한 북한의 무력 공격이 '평화에 대한 위반'에 해당된다고 결정했다. 이는 유엔 역사에서 유엔 안보리가 처음으로 유엔 헌장의 39조 하에서 평화에 대한 '위반'이 발생했다고 결정한 사례였다.[14] 아울러 이 결의안은 분쟁을 중지하고, 군사력을 38선 이북으로 철수할 것을 북한 당국에 요청했으며, 회원국들에게는 이 결의안을 실행하고 북한에 대한 지원을 제한하기 위해 유엔에 모든 지원을 해줄 것을 요청했다.[15]

무초가 보고한 지 5시간 만에 안보리 회부가 결정되고, 한국 상황에 대한 의제가 안보리에 상정된 당일에 바로 '평화에 대한 위반' 결정이 내려진 것이다. 이런 초고속 결정은 유엔이 개입한 다른 주요 지역 분쟁들과 비교하면 분명히 이례적인 것이었다.

기본적으로 유엔은 지역 분쟁이 발생하게 되면 상황에 대한 진상 조사를 실시했고, 그것에 기반해 양측을 중재하고, 휴전을 유도해 왔다. 그나마 1948년 팔레스타인의 경우 최초로 평화에 대한 '위협'이 있다는 결정을 했지만 안보리는 중립적으로 휴전과 철수만을 요청했었다.[16]

사실 이렇게 이례적인 결의안이 통과될 수 있었던 가장 결정적인 이유는 소련이 안보리에 출석하지 않았기 때문이다. 소련은 중국의 유엔 회원 가입 문제로 1월 이후 안보리에 불참했다.[17] 소련이 안보리 결의안이 통과되지 못하도록 막을 수 있었음에도 출석하지 않은 이유는 북한과 직접 연관되어 있다는 인상을 주지 않기 위해서였다는 해석이 있다. 하지만 소련이 복귀했더라도 미국은 다른 방식으로 유엔을 통해 행동을 취했을 것이다. 미국 대표 그로스와 사무총장 트리그브 리는 이미 안보리 회의 전에 만일 소련이 안보리에 돌아오고 거부권을 행사해 결의안이 통과되지 못하면 48시간 안에 비상 특별 총회를 소집하기로 이미 합의한 상태였다.[18] 그만큼 미국은 유엔을 통해 이 사안을 다루고 정당화하려는 강력한 의지를 갖고 있었다.

블레어 하우스 회의 : 무력 지원과 타이완 문제

미국은 처음부터 한국전쟁을 소련의 지원과 전 지구적 냉전의 차원에서 사고하고 있었다. 이는 안보리의 첫 번째 결의안이 통과된 직후 이어진 미국 최고위층의 전략적 판단과 결정에서 잘 드러난다.

1950년 6월 25일, [백악관의 영빈관인] 블레어 하우스에서 트루먼의 주제로 미국 최고위 관료들의 회의가 열렸다. 미국의 핵심 관료들은 기본적으로 이 문제를 지난 수년간 형성되어 온 미국의 냉전 전략이라는 차원에서 사고했다. 즉 애치슨은 처음부터 이 공격은 소련의 지원을 받았다고 보았으며, 무력 사용이 거의 불가피하다고 여기고 있었다. 비록 한국은 소련이 선호하는 베를린·터키·그리스·이란에 비해 우선순위에서 밀리는 곳이었지만, 미국의 입장에서는 일본에 있는 미국의 기지 및 주요 군사력과 너무 가까이 있었다. 애치슨은 현재 군사적 충돌의 수준은 소련에 대한 대항 전쟁을 고려할 만큼의 공격은 아니었지만 일본의 안보에 중요한 남한의 보호자로서 국제적으로 수용된 "미국의 지위에 대한 공개적 도전"이라고 보았다. 여기서 물러나면 한국에서뿐만 아니라 모든 곳에서 "미국의 권위와 신뢰, 그리고 추진 중인 정책들이 무너질 것"이기에 무력을 사용해야 한다는 것이었다. 애치슨은 다른 국가들로부터의 병력 지원은 군사적으로는 크게 중요하지 않으며, 미국의 개입만이 이를 군사적으로 막을 수 있다고 보았다.[19] 즉 미국 관료들은 처음부터 한국전쟁을 단순한 지역 분쟁이 아니라 전 지구적 냉전 상황에서 소련의 위협이 실제로 군사화된 사례, 나아가 미국에 대한 도전 그 자체로 간주했다. 따라서 미국은 유엔 결의안을 통한 휴전 요구가 받아들여질 것이라고 생각하지도 않았고, 처음부터 직접적인 무력 개입을 염두에 두고 있었다.

애치슨의 세 가지 권고가 이를 반영한다. ① 맥아더Douglas MacArthur가 한국에 무기와 장비를 공급하도록 승인한다. ② 북한 지상군이나 공군이 김포 공항을 공격하기 전에 미국인들을 소개할 수 있도록 미 공군으로 공항을 방어한다. ③ 제7함대를 필리핀 북부 해안으로 진주시켜 타이완에 대한 중국의 공격 혹은 타이완의 중국 공격을 억제할 것을 제안했다. 여기에 더해 애치슨은 인도차이나에 대한 군사 지원도 강화할 것을 주장했다.[20] 특히 세 번째 제안에 반영된 타이완의 전략적 중요성은 애초에 맥아더·브레들리·존슨 등 군부를 통해 제기된 것들이었다. 하지만 애치슨은 타이완 문제는 나중에 유엔에 의해 결정되어야 한다고 생각했고, 트루먼도 타이완 문제는 유엔이나 일본과 평화 협약을 통해 해결해야 한다고 말했다.[21]

　　따라서 트루먼은 타이완 문제를 제외하고 나머지 다섯 가지 명령을 승인했다. 다섯 개의 명령은 ① 맥아더에게 한국을 지원할 것을 제안하고, ② 맥아더로 하여금 한국에 조사단을 보내게 하고, ③ 일본으로 함대를 보내며, ④ 미 공군은 극동 지역의 모든 소련 공군 기지 폭격을 준비하기 위한 계획을 작성하고, ⑤ 국무부와 국방부가 소련의 향후 행동을 예측하도록 한다는 것이었다. 트루먼은 이 명령들을 승인하며 "우리는 유엔이 무너지게 놔둘 수 없"으며, 미국은 "전적으로 유엔을 위해 활동하고 있고, 미국은 유엔의 명령이 떨어질 때까지 향후 행동을 기다릴 것"이라고 말했다. 이렇게 한국에 대한 북한의 공격은 유엔의 생존 문제가 되었고, 동시에 미국의 전 지구적 권위에 대한 도전의 문제로 간주되었으며, 미국의 행동은 유엔의 권위로 정당화되었다.[22]

　　다음날(6월 26일) 미국 지도부의 결정은 수위가 더 높아졌다. 월요일 저녁 9시에 블레어 하우스에서 재차 회의가 소집되었는데, 여기서 애치슨은 ① 한국에 대한 미국 공군과 해군의 전면 지원, ② 타이완에 대한 공격을 막기 위해 제7함대 배치, 중국 본토에 대한 타이완의 공격 저지, ③ 필리핀 주둔 미군의 군사력 강화와 필리핀에 대한 지원 가속화, ④ 인도차이나에 대한 지원 강화와 미군 파견을 프랑스에 제안, ⑤ 대통령의 연설, ⑥ 한국에서 평화를 회복하고 무력 공격을 물리치는 데 필요한 도움을 요청하기 위해 새로운 유엔 안보리 결의안을 준비할 것 등을 제안했다.[23] 트루먼은 이 제안들을 모두 승인했다. 이 결정은 미국이 직접 한국에 파병하고, 타이완에 함대를 배치하는, 더 공격적이고 적극적인 결정이었다.

더불어서 주목할 점은 트루먼이 이런 군사개입 결정을 6월 25일 안보리 결의안에 근거해 정당화하려 했다는 점이다. 이후 상세히 살펴보겠지만 안보리의 첫 결의안에는 군사 지원에 대한 내용이 전혀 없었다. 결의안은 한국에 대한 무력 지원을 요청한 것이 아니라 휴전을 요청한 후 휴전을 '실행하기 위한 지원'을 해달라고 요청한 것이었다. 제7함대를 중국과 타이완 해협에 보내는 결정은 유엔 결의안과 더욱 상관이 없었다. 이런 조치는 사실상 아직 끝나지 않은 중국 내전에까지 직접 개입하는 양상이었다. 따라서 미국이 첫 결의안에 근거해 군사개입을 정당화하려면 결의안에 대한 매우 기발한 해석이 필요했다.[24]

이런 문제로 인해 애치슨은 추가적인 안보리 결의안을 준비하자고 제안한 것이었다. 그런데 애치슨도 만일 소련이 안보리로 돌아와 거부권을 행사한다면 어쩔 수 없이 6월 25일 결의안을 근거로 군사 개입을 감행해야 한다고 생각하고 있었다.[25] 이렇게 미국 정부는 다소 과장되게도 한국전쟁을 유엔의 생존과 연결시키는 한편, 유엔의 결의안을 통해 자국의 직접적인 군사 개입을 정당화하려 했다. 미국은 이미 처음부터 첫 번째 결의안만으로도 후속 행동들을 전개할 의도를 갖고 있었던 것이다.

2) 6월 27일 안보리 회의와 결의안: 최초의 군사 지원

트루먼은 계속해서 유엔을 강조했다. 트루먼은 6월 27일 백악관 내각 회의에서 한국전쟁은 "분명히 유엔을 위한 '사례'case이며, 유엔이 보유한 수단들을 실험해 볼 기회"라고 말했다. 같은 시기 타이완과 필리핀에 취해진 조치들은 미국이 독자적으로 행한 것이지만, 한국은 너무나 명확하게 유엔의 역할과 기능으로 해결해야 하는 사례라는 의미였다.

이날 트루먼의 연설에는 미국의 초기 결정과 한국전쟁, 유엔에 대한 그의 인식이 집약되어 있었다. 먼저 트루먼은 안보리의 6월 25일 결의안을 언급하며, 한국이 '공격을 받았고', 유엔 안보리의 분쟁 중지와 철수 요청이 '무시'되었으며, 안보리의 '지원 요청에 따라' 미국 공군과 해군에게 한국을 돕고 지원하라는 명령을 내렸다고 말했다. 사실관계를 오랜 기간 면밀히 검토해야 할 사안들이 모두 미국 지도부에 의해 확정되고 있었다.

이어서 트루먼은 한국전쟁을 '공산주의 세력들이 한 국가의 정권을 전복하는 기존 전략에 머물지 않고, 직접적인 무력 침공과 전쟁을 시작한 것'이라고 해석했다. 그는 또한 한국 문제를 타이완·필리핀·인도차이나 등 아시아 지역 전반의 문제로 이해했다. 트루먼은 특히 타이완이 점령될 경우에는 태평양 지역에서 활동 중인 미군의 안보에 직접적인 위협이 될 수 있다며 다시 한 번 제7함대의 타이완 진주를 정당화했다.[26]

흥미로운 것은 트루먼이 유엔의 활동을 곧 전 지구적 수준에서의 '법치'의 문제로 이해했다는 점이다. 그는 유엔이 '한국에 대한 침략'을 유엔 헌장 '위반'으로 간주하고 있으므로, "이번 사태로 미국은 국제 문제에서 힘의 규칙the rule of force이 귀환하는 것에 맞서 법에 의한 지배rule of law를 지지할 것"이라고 말했다.[27] 즉, 트루먼은 유엔 헌장을 전 지구적인 법치 질서의 상징으로, 자신을 법치의 위반 사례를 결정할 수 있는 결정권자로 규정했다. 물론 이런 트루먼의 연설은 안보리 회의 세 시간 전에 이루어졌다는 점에서, 가능한 한 과장된 수사로 미국의 강한 의지를 드러내, 소련이 안보리에 복귀해 거부권을 행사할 가능성을 견제하려는 것이기도 했다.[28]

이에 따라 미국은 유엔 안보리 474차 회의(6월 27일)에서 더욱 강력한 결의안[29]을 제안했다. 미국 대사 오스틴Warren Robinson Austin은 다시 한 번 이 '공격'은 한국에 대한 공격이 아닌 '유엔 자체에 대한 공격'이라고 규정했다. 그는 전날 애치슨의 제안을 따라 "한국 정부가 북한의 무력 공격을 막아내고 이 지역에서 국제 평화와 안보를 회복하는 데 필요한 지원을 제공할 것"을 회원국들에게 요청하는 결의안을 제시했다. 이 결의안은 수정 없이 7 대 1로 채택되었다(S/1511). 하지만 이 결의안에 대한 표결에서 이집트와 인도[30]는 정부의 지시가 있기 전까지 투표할 수 없다며 기권했다.[31]

같은 회의에서 유고는 이와 다른 결의안을 제시했다. 유고 대표는 한국 문제는 제2차 세계대전 이후 발생한 긴장과 냉전의 직접적인 결과이며, "한국과 한국 민중은 불행하게도 간섭 영역sphere of interfearence이 되어 버린 영향권sphere of influence[32] 정책의 희생자들"이라고 설명했다. 그는 이런 분할 정책과 영향권 정책은 "평화를 강화하는 것이 아니라 오히려 새로운 세계대전에 이르는 악순환을 만들어 낸다"고 지적했다. 따라서 유고 대표는 안보리가 이런 경향에 반대해 "한국인들 스스로 독립과 통일을 추구할 수 있게 도와야 한다"고 호소했다. 그는 전투 발발 이틀 만에 양자 간 협상을 포기하기보다는 분쟁 당사자들 간의 협상을 유도하는 주선조정위원회를 통해 중재 절차를 취하고, 북한을 안보리에 참여시킬 것을 제안했다(S/1509). 이는 기존의 분쟁에서 유엔이 대응하던 방식이었다. 하지만 이 제안은 1 대 7로 부결되었다.[33]

결국 6월 27일 두 번째 결의안의 통과 역시 유엔의 역사에서 매우 이례적이고 중요한 사건이었다. 이는 공격을 받고 있는 국가를 방어하기 위해 유엔이 최초로 회원국들에게 군사 행동을 요청한 것이었다. 따라서 어떤 의미에서는 유엔이라는 기구를 통해 이루고자 했던 집단 안보의 원칙이 실제화된 전형적인 사례였다고 볼 수도 있다. 하지만 엄밀히 따지면 한국과 북한은 모두 유엔 회원국이 아니었기 때문에 이는 회원국에 대한 집단 안보 원칙의 사례가 아니었다. 그리고 이 결의안은 유엔 헌장의 7장에 기반해 회원국들에 대한 '권고' 형식을 취하고 있지, 회원국들이 어떤 행동을 '의무적'으로 해야 하는지를 결정한 것이 아니었다. 이런 점에서 루아드Evan Luard는 공격받은 국가를 지원하라는 권고는 안보리의 결정에 따라 집행해야만 하는 의무가 아니라, 국제연맹 시절에 이루어지던 평화 유지, 방어를 위한 연합 행동에 가까운 것이었다고 평가했다.[34]

6월 30일 미국의 파병 승인과 대통령 권한 논쟁

미국은 결국 이 결의안을 통해 한국에 전투병을 파병했다. 하지만 유엔 결의안에 근거한 파병은 미국 내에서 상당한 법적 논란을 불러일으켰다.

우선 6월 30일 3시부터 5시 40분까지 열린 유엔 안보리 475차 회의에서는 무력 지원 요청을 어떻게 실제로 집행할 것인지부터 논의하기 시작했다. 무력 지원 요청은 유엔 역사상 처음 있는 일이었기 때문이다. 그렇다고 해서 이 시기에 안보리에서 심각한 이견이 존재했던 것은 아니다. 이집트 정부는 왜 6월 27일에 기권했었는지를 상세히 변명했고,[35] 인도 대표는 이 결의안을 지지한다는 성명을 읽을 정도로 태도가 변했다. 그리고 결정적으로, 안보리 의장 라우Benegal Narsing Rau는 유엔 한국위원회UNCOK가 작성한 유엔 문서 S/1518을 읽었다. 이는 전쟁 발발 직전인 6월 24일 38선 부근을 시찰한 후 상황을 보고한 것이었다. 이 보고서는 남한군은 북한을 상대로 대규모 공격을 개시할 수 없는, 전적으로 방어를 위한 군이라고 결론을 내리고 있었다. 따라서 대대적 공격은 오직 북한군에 의해서만 가능하다는 점을 시사한 것이다.[36]

유엔에서 회의가 진행된 날, 트루먼은 한국 시찰을 마친 '맥아더의 요청에 응하는 형태'로 미 전투군의 파병을 승인했다.[37] 트루먼은 이미 파병을 승인한 후인 8시 30분에 블레어 하우스 회의를 소집해 이 결정을 통보하고, 추가 조치를 위한 조언을 구했다. 트루먼은 당시 한국에 파병하겠다는 장제스蔣介石의 제안에도 호의적이었다. 하지만 이는 중국의 개입을 초래할 수 있다며 애치슨과 합동참모본부가 반대해 반려되었다.[38] 주목할 것은 트루먼이 미군의 해외 파병을 결정할 때, 의회에 자문을 구하거나 승인을 받기는커녕, 최고위 미국 관료들의 긴급회의마저 사후에 통보하고 추인을 받았다는 사실이다. 이런 일방적인 결정 과정의 문제로 인해 1950년 6월 30일 트루먼의 한국 파병 결정은 미국 역사상 의회의 승인 없이 군사력을 파병한 가장 중요한 전례로 기록되어 있다.[39]

따라서 미국 의회가 파병의 절차적·법적 정당성의 문제를 제기한 것은 당연한 일이었다. 6월 28일 태프트Robert Taft 미 상원 의원은 트루먼 정부와 국무부의 외교정책을 비난하면서, 의회에 미리 동의를 구하지 않은 대통령 결정이 헌법에 부합하는 것인지 의문을 제기했다.[40]

6월 29일 트루먼의 기자회견 자리에서도 공화당 상원 의원 웨리Kenneth Wherry는 대통령이 왜 미리 의회와 상의하지 않았는지 의문을 제기했다. 당시 트루먼은 "상의할 시간이 없었으며, 그만큼 긴급 상황이었다"고 답했다. 미 국무부는 6월 30일 당시 상황을 설명하기 위해 의회에 출석했는데, 일부 의원들은 "모든 일을 처리한 뒤 의회에 출석하는 것은 의회에 전쟁 선포를 요구하는 격"이라고 지적했다. 이들은 대통령이 의회를 벗어나 문제를 해결하려 하고 헌법 외적 권력을 사용하는 것을 문제 삼았다. 웨리 상원 의원은 대통령이 결단을 내리기 전에 의회와 상의하지 않은 것에 대해 항의하고 대통령의 법적 권한에 의문을 제기했다. 상원 의원 알렉산더 스미스Alexander Smith는 대통령의 행위에 대한 의회의 승인이 필요하다는 결의안을 제출했다.[41]

이렇게 한국 파병에 대한 대통령의 헌법적 권한을 둘러싸고 미 의회에서 문제가 제기되자 애치슨은 7월 3일 블레어 하우스 회의를 통해 대응 방안을 논의했다. 애치슨은 대통령이 의회에서 전반적인 한국 상황을 보고하자고 건의했다. 형식적인 절차일 수는 있지만, 일부 지도부 인사들과 언론을 통해서만 정보를 얻게 되는 국회의원들의 불만을 무마시킬 수 있으리라 생각했다. 하지만 애치슨은 별도로 의회에 승인을 요청할 필요는 없으며, 헌법이 보장하는, 군 통수권자로서 대통령의 권한만으로 충분히 정당화될 수 있다고 조언했다.[42]

이처럼 애치슨과 트루먼 정부는 의회의 문제 제기를 대수롭지 않게 여기고, 의회에 상황을 보고하는 것만으로 해결할 수 있다고 생각했다. 하지만 사태는 그렇게 쉽게 가라앉지 않았다. 이는 유엔 헌장이 등장한 이후 변화한 미국의 헌법 구조, 특히 해외 파병과 미국 대통령의 권한 문제에 대한 중요한 전례로서 지속적으로 논란을 빚었다.

3) 7월 7일 유엔 안보리에서 채택된 결의안 : 최초의 유엔-미국 통합사령부

7월 7일, 유엔의 세 번째 결의안이 통과되었다. 미국은 기존 결의안들과 마찬가지로 이 결의안이 통과되기 며칠 전부터 결의안 초고를 준비하며, 사전에 유엔 회원국과 의견을 조율했다. 미국은 회원국들의 의견을 수렴한 이후 재차 유엔 대표와 국무부 실무진 사이에서 내용을 수정했다. 논의의 주된 의제는 유엔을 통한 군사 지원의 책임을 누가 질 것이며 통합된 조직을 어떻게 구성할 것인지, 즉 최초로 유엔 사령부를 수립하는 문제였다.[43]

7월 7일 안보리 476차 회의[44]에서 프랑스와 영국 대표는 미국이 책임을 맡아 통합사령부를 지휘하고, 이 기구를 통해 한국에 군사력을 비롯한 여타 지원을 제공할 것을 권고했다. 그리고 이들은 미국이 이 기구의 사령관을 임명할 것을 요청했고, 사령관에게는 안보리에 상황을 보고할 의무를 부과했다. 통합사령부에 참여하는 국가들은 유엔 깃발을 사용할

수 있도록 했다. 이 제안은 7 대 0, 기권 3표(이집트·인도·유고)로 통과되었다.[45]

이 결의안은 회원국들에게 군사력 제공을 요청해 최초로 유엔 통합 사령부를 구성한 결의안이었다. 이로써 미국을 비롯한 자유 진영의 군대들은 한국전쟁에서 유엔 깃발을 사용할 수 있게 되었다. 미국이 이 기구의 사령관을 임명하고, 사령관은 안보리에 정기적으로 보고하도록 했다. 미국은 이로써 작전 전체를 지휘할 거의 무제한적인 권위를 부여받게 된 것이다.[46]

7월 7일 유엔 사령부 설치 결의안이 통과되자, 트루먼은 7월 8일 맥아더를 유엔군 사령관으로 임명했고, 7월 15일 남한군이 맥아더 사령부에 부속되었다. 공식적으로 맥아더의 지휘하에 유엔군 사령부가 설치된 것은 7월 25일이었다.

이 역시 여러 측면에서 매우 예외적인 조치였다. 맥아더는 안보리와 미국 정부의 지휘를 동시에 따라야 했다. 맥아더는 이미 미 극동사령관과 일본의 연합군 최고사령관도 맡고 있었다. 맥아더는 유엔의 명령을 받는 것이 아니라 미국 대통령과 합동참모본부에 보고하고 명령을 받았다. 맥아더가 유엔으로 보내는 보고서는 워싱턴으로 먼저 보내 수정 편집된 후에야 안보리로 보내졌다. 유엔 결의안에는 유엔 사령관이 안보리나 총장에게 직접 보고해야 한다는 규정이 없었다. 사실상 미국이 유엔의 주요 활동을 통제하는 상황이었다.[47]

7월 31일 안보리와 소련의 복귀

세 가지 중요한 결정을 내린 이후 7월 25일 안보리가 재차 소집되었다. 이때 미국 주도로 한국에 대한 비군사적 지원에 대한 결의안이 추진되었

표 4-2 | 한국전쟁에 대한 유엔과 미국의 최초 대응과 함의

날짜	결의안	내용	기권/반대	쟁점
1950.6.25	S.1501	최초의 '평화에 대한 위반' 결의 휴전과 철수 요청, 결의안 이행 지원 요청	유고	결정의 불법성, 조사 없는 단기 결정, 소련의 부재, 중국의 대표, 결의안 지원의 성격과 범위
6. 27	S.1511	최초의 '유엔을 통한 무력 지원' 권고	유고, 이집트, 인도	결정의 불법성, 소련의 부재, 중국의 대표, 집단 안보와 집단행동, 특별 합의 없는 권고의 형식
6. 30		한국에 미국 지상군 투입 결정		결정의 위헌성, 미군의 해외 파병에 대한 의회 승인 여부, 유엔 결의와 대통령의 헌법적 권한
7. 7	S.1588	최초의 유엔 통합사령부 구성	이집트, 인도, 유고	해석의 부적합성, 유엔 깃발 사용, 미국 사령관의 권한 범위, 유엔의 부속 기구가 아닌 미국에 위임

다. 7월 31일 프랑스·노르웨이·영국 대표가 한국 구제에 대한 결의안을 유엔 경제사회이사회에 제출했고, 유엔 통합사령부를 통해 한국에 비군사적 지원을 할 수 있도록 회원국에 물자 제공을 요청한 결의안(S/1657)이 9표로 통과되었다.[48] 이 결의안을 통해 수립된 것이 바로 유엔한국재건단UNKRA이다.[49] 같은 날 미국은 북한에 대한 제제, 즉 어떤 지원이나 지지도 하지 말도록 요청하는 새로운 결의안(S/1653)을 도입하려 했다. 미국은 이를, 한국전쟁을 '지역화'localization하기 위한 결의안이라고 명명했다.

하지만 이 결의안에 대한 표결이 이루어지기 직전에 소련이 안보리에 복귀하기로 결정했다. 원래 안보리의 10개국 대표들은 사전 비밀 회담에서, 소련이 지속적으로 안보리를 보이콧할 경우 8월부터는 영국이 의장직을 수행하기로 결정한 상태였다. 소련 대표 말리크Yakov Alexandrovich Malik는 이 소식을 전해 듣고 7월 27일 트리그브 리 사무총장에게 "8월 1일부터 안보리에 복귀해 의장직을 수행하겠다"고 통보했다. 말리크는 안보리로 복귀하자마자 "지난 6, 7월간 이루어진 안보리의 활동이 불법적"이라고 규정했다. 그는 안보리 의장의 권한으로 이후의 안보리 회의 의제로

① 중화인민공화국을 중국 대표로 인정하는 문제, ② 한국 문제의 평화적 해결 문제를 다루겠다고 공표했다.[50]

이후 소련은 8월 한 달간 의장직의 권위를 활용해, 미국이 제안한 결의안에 대한 표결 자체를 저지했다. 9월에 영국 대표가 의장을 맡게 되면서 드디어 결의안이 표결에 부쳐졌지만, 소련이 거부권을 행사해 통과되지 못했다. 따라서 소련이 복귀한 이후 안보리는 아무런 효과적인 결정을 내리지 못하게 되었다.[51] 대신 안보리에서는 기존 결의안들의 절차적 불법성, 유엔 헌장의 해석과 절차적 문제를 둘러싼 중요한 법적·정치적 논쟁이 본격적으로 시작되었다.

2. 유엔 개입의 성격과 절차를 둘러싼 논쟁
: 전 지구적 주권 대(對) 민족 주권

1) 소련이 참여하지 않은 안보리 결의안의 절차적 불법성

소련은 유엔 역사상 유례가 없는 세 가지 중요한 결정이 내려진 이후 안보리에 복귀해 다양한 문제를 제기했다. 이로 인해 정치인들과 국제법 학자들 사이에서 안보리 결의안에 대한 수많은 논쟁이 촉발되었다.

이 논쟁들의 주제와 방향은 이미 전쟁이 발발한 당일부터 어렴풋이 드러나고 있었다. 예컨대 6월 25일 결의안이 통과된 당일 말리크는 사무총장 및 미국 대표와의 대화에서 이미 몇 가지 문제를 제기했다. 그는 ① 사무총장의 태도와 6월 25일 결의안의 일방적 성격, ② 상임이사국 중 소련과 '합법적인' 중국 대표가 참석하지 않은 상태에서 통과된 안보리 결의안의 불법성, ③ 북한의 공격은 남한의 국경 공격에 대한 대응으로 이루어졌다는 것, ④ 미국이 한국의 도시를 폭격하고 있다는 점을 지적했다.[52]

하지만 당시 미국 대표 그로스는 안보리 결의안은 합법적이라고 반박했다. 그에 따르면, 북한이 전면적인 공격을 개시했으며, 한국에서 이뤄지고 있는 미 해군과 공군의 행동은 안보리 결의안을 지지하는 것이며 불법적인 침략을 물리치기 위한 것이었다. 또한 그는 중국의 대표 문제는 한국 문제와 완전히 별개라며 이를 한국전쟁과 연계시키려는 소련의 시도와 분명히 선을 그었다.[53]

말리크는 이런 몇 가지 법적·절차적 문제 제기가 전혀 받아들여지지 않자 다음 날부터, 미국이 한국에서 19세기 제국주의적인 행태를 보이고 있다며 정치적인 비난을 시작했다. 그러자 미국 관료들은 소련이 앞으로도 이런 노선을 따라 대응할 것으로 예상했다.[54] 실제로 소련은 유엔에서 '안보리 결정의 불법성'과 미국 행태의 제국주의적 성격이라는 두 가지 비판을 지속적으로 제기했다.

특히 첫 번째 쟁점, 즉 안보리 결정의 절차적 불법성에 대한 문제가 가장 집중적으로 제기되었다. 소련·중국·북한 등은 결의안이 통과된 이후 공식 서한을 통해 "안보리의 6월 25, 27일 결의안이 상임이사국 5개국 가운데 2개국이 부재인 상태에서 처리되어 헌장의 27조(3)에 위반된다"는 의견을 공식적으로 전달했었다.[55] 특히 소련은 결의안 통과 이틀 후인 6월 29일부터 전문(S/1517)[56]을 통해 이를 공식화했다.

구체적으로 살펴보면, 소련은 두 가지 근거에서 안보리 결의가 법적으로 무효라고 주장했다. 첫째, 중국 대표 문제였다. 중국을 대변할 법적 권리가 없는 국민당 대표의 찬성은 의미가 없으므로 7개국이 아니라 6개국만이 찬성했다는 것이다. 둘째, 안보리가 중요한 문제를 결정하려면 5개 국의 상임이사가 모두 투표해야 하는데 소련과 중국이 없는 상태에서

결의안이 통과되었으므로 법적 효력이 없다는 것이었다.[57]

그 밖에도 절차에 관한 쟁점들이 추가로 제기되었다. 예컨대 폴란드는 미국이 유엔 법무 기구의 판단을 기다리지 않고 군사 개입을 시작했으며, 유엔 헌장의 조항에 반해 일방적으로 행동했다고 비판했다. 북한은 안보리가 북한의 자문을 구하지 않았고, 소련이 없는 상태에서 결정한 것이 합법적인지 의문을 제기했으며,[58] 중화인민공화국은 안보리의 6월 27일 결의안은 한국의 국내문제에 개입한 것으로 '세계 평화에 대한 위반'이라고 주장했다.[59] 미국의 군사 개입의 적법성, 안보리 절차의 불법성, 내전과 내부 문제에 대한 개입 등 모두가 전쟁 발발 초기에 제기된 문제였다.

안보리 회원국들 사이에서도 결의안을 둘러싼 쟁점들에 대해 미묘한 의문이 생겨났다. 그중 하나는 6월 27일 결의안 '이후'에 취해져야 했던 미국의 군사적 조치들이 결의안이 통과되기 '이전'부터 사실상 이루어졌다는 점이다. 6월 25일 결의안은 군사 행동에 대한 아무런 언급이 없으므로, 미국의 성급한 군사 행동은 법적으로 정당하지 않다는 것이었다. 또한 안보리의 공식적인 행위는 27일 결의안에 제시되어 있는 일반적인 '지원' 조항들 이상의 전면적인 군사작전으로 확대되어서는 안 된다는 문제 제기, 그리고 안보리의 조치들이 구체적으로 유엔 헌장 7장의 어느 조항들에 근거한 것인지 등 유엔 행위의 법적 근거에 대한 논란이 발생했다.[60]

이 가운데 가장 중요한 쟁점은 소련의 부재가 과연 안보리에서 기권한 것으로 해석할 수 있는가의 문제였다. 미 국무부는 6월 30일 언론 보도 자료를 통해, 안보리 결의안이 불법적이라는 소련의 주장을 반박했다.[61] 미 국무부는 1946년 이래 선례들을 통해 상임이사국의 기권은 거부권 행사가 아니라는 관례가 만들어졌다고 주장했다.[62] 모든 상임이사국의 의견이 완전히 일치하지 않아도 안보리의 결정은 법적으로 구속력 있는 것으로 이미 받아들여졌다는 것이다. 국무부는 상임이사국이 안보리에 일부러 불참한 것은 거부권 행사가 아니라 기권과 유사하다고 해석했다. 왜냐하면 헌장 28조는 안보리가 지속적으로 기능할 수 있어야 한다고 규정하고 있는데, 만일 불참이 안보리의 중요한 결정을 막게 되면 이 원칙이 작동할 수 없게 되기 때문이었다. 국무부는 중국의 대표 문제 역시, 국민당 정부의 승인을 취소하려는 소련의 시도는 이미 실패했고, 중국 대표의 교체에 대한 유엔의 공식 결정이 없었으므로 국민당 대표가 안보리에서 한국 문제에 대한 결의안에 찬성한 것은 여전히 유효하다고 주장했다.

안보리에 복귀한 소련은 상임이사국 간의 의사 일치concurrence가 이루어지지 않았다고 다시 한 번 주장했다. 안보리 482차 회의[63]에서 소련 대표는 소련과 중국의 참여라는 적법성의 조건이 충족되었을 때에만 안보리가 정상적으로 기능할 수 있다고 주장했다. 5개의 상임이사국이 모두 참여해야 유엔 헌장에 부합하며, 권위 있고 거부할 수 없는 결정을 채택할 수 있기 때문에, 한국전쟁 관련 결의안은 법적 효력이 없다는 것이었다.

이에 대해 487차 회의[64]에서 프랑스 대표는 오히려 소련이 안보리에 출석해야 하는 헌장의 의무를 위반했다고 주장했다. 안보리 출석을 거부하는 것이 오히려 헌장의 정신에 반한다는 것이었다. 이에 대해 소련은, 헌장은 회원국이 어떤 상황에서든 안보리에 반드시 참여해야 한다고 의무로 규정한 것은 아니라며 반박했다. 소련이 안보리 회의 참석을 거부한 것이 절차에 대한 위반으로 간주될 수 없다는 것이었다.[65]

이에 대해 이후 국제법 학자들 사이에서 좀 더 본격적인 논쟁이 이루어졌다. 논쟁은 주로 유엔 헌장 23조[66]를 해석하는 문제에 집중되었다.

즉, 당시 안보리의 11개 회원국 모두가 출석하지 않은 경우, 특히 상임이사국이 부재한 경우 안보리가 유효한 결정을 채택할 수 있는가에 관한 것이었다. 유엔 헌장과 안보리 진행 절차 규칙에도 정족수에 대한 조항은 없었고, 다만 모든 회원국, 특히 상임이사국이 출석해야 유효한 결정을 채택할 수 있다는 암묵적 전제가 깔려 있었다.[67]

자유주의 국제법을 지지하되 법의 형식적 엄밀성을 강조하던 한스 켈젠은 상임이사국이 부재한 상태에서 이루어진 결정은 무효라는 소련의 주장도 가능하고, 동시에 헌장 27조의 문구상 '모든' 상임이사국이 출석해야 하는 것은 아니며 7개 회원국만 출석해도 결정할 수 있다는 해석도 가능하다고 판단했다. 헌장 27조는 상임이사국과 비상임이사국의 부재에 아무런 차이를 두지 않은 불완전한, 정족수에 대한 간접적 조항이라는 해석이었다.[68]

하지만 레오 그로스는 비록 유엔 창설 이후 한국전쟁 이전까지 상임이사국이 기권한 경우에도 결의안이 통과되고 합법적인 것으로 인정된 사례가 약 29차례 있기는 했지만, 단 한 차례(232차 안보리 회의에서 우크라이나의 부재를 기권으로 처리해 인도네시아 문제를 결정한 경우)를 제외하면 부재를 기권으로 처리한 전례는 없었다며 켈젠식 해석과 미 국무부의 주장을 정면으로 반박했다. 그는 유엔 헌장에는 이 정족수 원칙과 관련해 심각한 결함이 있는 것이 사실이지만, 유엔 헌장을 만들 당시 '상임이사국의 만장일치'라는 원칙이 전제되었음을 강조했다. 원칙상 안보리 결의안이 통과되기 위해서는 상임이사국 5개국이 모두 찬성해야 했고, 추가로 비상임 이사국의 찬성표 두 개가 더 있어야 한다는 것에 의심의 여지가 없다는 것이었다.[69]

국제법 학자인 줄리어스 스톤Julius Stone 역시 비록 상임이사국이 기권해도 안보리 결의가 통과된 경우가 많기는 하지만, 헌장의 27조는 '모든 상임이사국의 의사 일치 원칙'을 분명히 규정하고 있으며, 유엔을 창설한 샌프란시스코 회의는, 상임이사국의 부재나 기권은 이 규정에 부합하지 않는다는 것을 전제했다고 보았다. 또한 스톤은 안보리 회원국의 기권과 부재는 그 효과가 같을 수 없으며, 소련이 부재한 상태에서 중요한 결의안이 통과된 적이 없다고 지적했다. 따라서 스톤은 전례가 있다 하더라도 부재가 곧 기권이라는 주장은 정당하지 않으며, 상임이사국의 부재가 곧 거부권 행사라는 주장도 정당화될 수 없다고 결론지었다.[70] 즉 법적 절차의 측면에서 양측의 주장 모두 문제가 있지만, 소련의 부재를 기권으로 볼 수는 없다는 것이 법률가들의 공통된 의견이었다. 즉, 한국전쟁 초기 결정들에서는 안보리 상임이사국의 만장일치 원칙이 지켜지지 않은 것이다.

하지만 미국의 국제법 학자 맥두걸Myres S. McDougal은 미 국무부의 정치적 입장을 대체로 지지했다. 그는 한국에 대한 유엔의 결의안은 전쟁의 참화로부터 다음 세대를 보호한다는 헌장의 의도에 걸맞은, '세계 정치에서 중요한, 획기적 사건new landmark'이라고 평가했으며, 조항을 엄밀하게 적용하는 것보다 헌장을 만든 의도와 목적에 맞도록 해석해 합리적 결과를 이끌어 내는 것이 더 중요하다는 입장이었다. 그는 안보리는 집단 안보의 도구로서 지속적으로 기능해야 하며 그런 점에서 이사국의 출석 의무를 강조했다. 그는 소련이 문제를 제기하기 전까지 의도적인 부재는 안보리의 활동을 가로막을 수 없다는 것이 전반적인 안보리의 관습이었다고 주장했다. 맥두걸은 이 문제는 유엔 기구 자체뿐만 아니라 유엔이 보장하려 했던 평화와 자유의 생과 사를 결정하는 중요한 문제라고 강조했다. 유엔이 침략을 방어하지 못한다면, 유엔이 추구하는 인권의 촉진과 계몽, 건강, 부와 여타 가치들을 위한 협력도 어려워질 것이라며 '법적 절차'보다는 유엔의 목적에 따른 행동이 중요하다고 거듭 강조했다.[71]

오스트리아의 법률가 쿤츠Josef Kunz 역시 안보리의 결의안은 완벽히 합법적인 결정이라고 주장했다. 쿤츠는 기본적으로 상임이사국의 부재로 인해 결의안 채택이 불가능해서는 안 된다는 입장이었다. 그는 북한이 먼저 전면 공격을 시작한 사실이 유엔 한국위원회 보고서에 의해 증명되었고, 한국과 북한이 유엔 회원국이 아니고 한국전쟁이 내전이라 하더라도, 내전도 평화에 대한 위협으로 규정될 수 있으며 안보리는 분쟁 상황을 초래한 단체에 대해 행동을 취할 수 있다고 보았다.[72]

요컨대, 유엔 안보리의 기능과 헌장의 해석을 둘러싸고, 한편으로는 한국전쟁 초기 결의안이 안보리에 대한 헌장의 절차적 규정을 위반해 불법적이라는 주장과, 다른 한편 유엔이 전 지구적인 전쟁 방지 기구로서 효율적으로 기능하기 위한 법 해석이 필요하며, 상임이사국이 부재했더라도 결의안은 합법적이라는 주장이 있었다.

이를 슈미트식으로 말하자면, 한국전쟁 초기 유엔은 미국의 주도하에, 헌장 합의의 기초였던 안보리 상임이사국 만장일치 원칙을 넘어 특정한 예외 상태에 대한 주권적 결단을 내린 것이었다. 반대로 엄밀한 실증주의적 법 해석을 하자면, 한국전쟁 초기 소련이 부재한 상태에서 통과된 안보리의 결의안은 헌장의 법적 절차를 어긴 불법적인 결정들이었다. 미국은 안보리에 관한 유엔 헌장의 규정을 어기고 '헌장의 정신'을 내세우며 예외 상태적인 결정을 한 것이다. 이렇게 미국이 국제법적 절차를 무시하고 대통령과 소수 관료의 판단을 일방적으로 관철시켜 결정을 내린 것이 바로 한국전쟁 초기 결정의 첫 번째 예외 상태적 성격이다.

2) 미국의 안보리 결의안에 따른 해외 파병과 미 대통령 결정의 위헌성

두 번째 예외 상태적 성격은 바로 미군 파병이라는 트루먼의 결정이 미국 국내법 차원에서 갖는 함의에서 나타난다. 이는 유엔 헌장과 미국 헌법의 관계에 대한 것이다. 유엔 헌장이 등장한 이후 해외 파병 문제와 관련해 미국의 헌법 구조는 어떤 변화를 겪게 되었을까?

앞서 살펴보았듯이 트루먼은 유엔의 군사개입을 안보리 결의안으로 정당화하고, 미군의 한국전쟁 파병을 대통령의 권한에 근거해 결정했다. 미 국무부는 이 유엔의 군사개입과 미군의 해외 파병 문제에 관해 체계적인 법적 해석을 제시하며 트루먼의 결정을 정당화하려 노력했다.

국무부는 먼저 6월 27일 결의안 이전에 이루어진 미국의 군사 지원은 6월 25일 결의안에 따르더라도 아무 문제가 없다고 해석했다. 즉 국무부는 6월 25일 결의안은 39조하에서 헌장의 2조 5절에 있는 일반적 원칙을 한국 상황에 적용한 것으로, 결의안을 실행하기 위한 모든 지원을 유엔 회원국에 요청한 것이었다. 그런데 결의안의 목표, 즉 분쟁 종식과 38선 이북으로 북한군을 철수시키기 위한 방법이 특정되어 있지 않기 때문에 방식은 회원국들의 재량에 따를 수 있다고 주장했다. 또한 국무부는 휴전과 38선 이북으로 철수를 요청한 것은 헌장의 2조 6절에 담긴 원칙에 의해 비회원국에게도 집행 가능하며, 따라서 비회원국이자 국가로 인정되지 않은 북한에도 적용할 수 있다고 해석했다. 그리고 국무부는 결의안의 뒷부분은 헌장 2조 5절의 용어를 사용해 북한 당국에 대한 지원 중단refrain을 요청한 것으로, 즉 첫 결의안이 이미 북한에 대한 제재 조치까지 포함하고 있다고 보았다. 이렇게 국무부는 휴전 요청 결의안에 불과한 이 첫 번째 결의안의 적용 범위와 가능성을 최대한 확대하려 했다.[73]

미 국무부는 6월 27일 결의안의 성격도 상식과 다르게 해석했다. 6월 27일 결의안은 헌장 39조하에서 평화를 회복하기 위해 긴급한 군사적 수단이 요청된다는 결론을 내리고, 무력 공격을 방어하고 국제 평화와 지역의 안보를 회복하는 데 필요한 지원을 제공하라고 권고한 것이었다.

문제는 헌장 39조에 따라 결정이 내려진 후 진행된, 유엔에 의한 군사행동의 법적·제도적 성격에 있었다. 사실 유엔 헌장은 유엔이 취할 수 있는 최고 수위의 행동으로서 '강제 조치'를 설정하고 있었고 이 조치를 취하기 위해서는 크게 3단계의 절차가 있었다. 즉, ① 헌장 39조하에서 안보리는 평화에 대한 위협·위반·침략 행위의 발생 여부를 분명히 결정하고, 회원국들에게 권고를 하거나 평화를 회복하고 유지하기 위해 개입의 방식(헌장의 41조 혹은 42조에 따른 조치)을 결정할 수 있다. ② 안보리는 회원국들에게 헌장 41조에 따르는 비군사적 조치, 혹은 42조에 따른 군사적 조치를 명령할 수 있다. 만일 유엔이 군사적 개입을 선택한 경우, 안보리가 헌장 43조에서 언급하고 있는 '특별 합의'special agreement[74]를 통해 유엔 회원국이 제공한 공군, 해군, 지상군으로 행동을 취하게 된다. ③ 5개 상임이사국은 헌장 제106조에 따라 특별 합의가 실제로 효력을 발휘하게 될 때까지 이런 집합 행동에 관해 상호 간 그리고 유엔 회원국들의 의견을 묻고 자문을 구해야 한다.

따라서 유엔 헌장의 조항들을 검토해 보면, 안보리의 27일 결의안에 따라 무력을 사용하는 것에 대해 별도로 '특별 합의'가 이루어진 적이 없었다. 국무부 역시 한국전쟁의 경우 안보리가 헌장의 42조, 43조에 따라 조치를 취한 것이 아님을 인정하고, 소련이 안보리에 부재한 상황에서 "실질적인 군사 지원을 가능하게 하기 위해 유엔의 이름으로 행동하기를 권고한 것"이라고 주장했다. 안보리는 국제 평화와 안보를 유지할 책임이 있는 기관으로서 '권고'할 권한을 갖고 있고, 미국과 여타 회원국은 안보리의 '권고'에 따라 행동했다는 것이다.[75]

이렇게 미 국무부는 유엔의 무력 개입에 관한 단계와 수위별 절차 규정이 유엔 헌장에 분명히 제시되어 있음에도 불구하고 이에 미치지 못했던 초기 결의안들의 의미를 과대 해석했다. 국무부는 한국 정부를 후원하는 미국의 행위는 모두 결의안의 범위 안에 있으며, 미국 행위의 합법성에는 어떤 의심의 여지도 없다고 결론지었다. 사실 국무부는 당시 이 문제를 적극적으로 공개 반박하지 않았는데, 이를 공개적으로 정당화하게 되면 오히려 미국 스스로 합법성에 확신이 없는 것처럼 비춰져 정치적 선전에 이용될 수 있다고 보았기 때문이다.[76]

하지만 결의안에 대한 미 국무부의 해석은, 6월 27일 결의안의 구조가 어떤 의도를 반영할 수 있도록 고안되었는지를 잘 보여 준다. 즉 이 결의안은 유엔 헌장이 41, 42, 43조를 통해 규정한 유엔 개입의 최고 수위인 '강제 조치' 형태를 취하는 부담을 피할 수 있게 해준 것이다. 미국은 단지 유엔의 '권고'만으로도 회원국들에게 유엔의 군사 개입에 무력 지원을 요청할 수 있게 하는 새로운 해석으로 유엔의 대대적인 군사개입을 정당화했다. 켈젠은 미국의 이런 해석과 행동은 원래 유엔을 기획하며 전제했던 통상적 절차와 다르다고 보았다. 그는 "오직 39조의 '권고' 개념이, 안보리가 회원국에게 '무력 사용'을 권고할 수 있다는 의미로 해석할 때에만 6월 27일 결의안은 합헌적일 수 있다"[77]며, 미국이 유엔 헌장에 적시된 권한의 수준과 단계에 어긋나는 해석을 했음을 지적했다. 애초에 유엔 헌장은 유엔의 전면적 군사 개입은 유엔이 할 수 있는 최고 수준의 행동으로서 '집행 행위'를 통해 이루어져야 하며, '권고'란 41조나 42조에 해당하는 행위에 미치지 못하는 소극적이고 간접적인 행동들을 대상으로 하도록 설계했던 것이다.

군사개입과 해외 파병의 법적·절차적 정당성 문제는 특히 미국 내 헌법적 절차의 문제와 더욱 민감하게 연결되어 있었다. 자세히 보면 6월 27일 결의안은 유엔에서 '집행 행위'를 실행하기 위한 공식 절차들을 회피했을 뿐만 아니라 원래는 '특별 합의'의 형태로 유엔이 미 의회와 공식적으로 거쳐야 했던 제도적 절차를 회피하기 위해 고안된 것이기도 했다.[78]

후자의 측면에서, 트루먼이 상임이사국들 간의 공식적인 '특별 합의'도 없이 유엔 결의안의 권고만으로 미군을 파병한 것에 대한 미 의회의 문제 제기가 이어졌다. 미군을 해외로 파병하면서 의회에 승인을 요청하지 않음으로써, 파병 문제와 민주주의적 헌정질서의 충돌이 발생한 것이다. 과연 유엔 안보리의 결의안은 미국의 헌법기관인 의회 절차를 법적으로 대체할 수 있는가? 혹은 특정 전쟁에 미국이 참여할 것인가를 결정하는 의회의 헌법적 역할이 외국이나 국제기구와의 협약 절차에 의해 생략될 수 있는가라는 질문이 대두되기 시작했다.

의회의 문제 제기에 대해 1950년 7월 3일 국무부는 대통령 결정의 헌법적 권한에 대한 역사적 선례들을 들어 응수했다. 이에 따르면 미국 대통령은 군 통수권자로서 군에 대한 최종 통제권을 갖고 있다. 대통령은 또한 미국의 대외 관계를 수행할 권위도 갖고 있다. 따라서 미국의 역사가 시작된 이래 대통령은 여러 차례 이 권한을 사용해 군을 해외에 파병하곤 했다. 평화를 유지하기 위한 유엔의 활동도 미국의 중요한 관심사다. 전통적인 국제법과 유엔 헌장의 39조, 이에 따른 결의안은 미국이 한국에 대한 무력 침략을 패퇴하도록 승인했다. 무력 사용에 대한 대통령의 통제권은 미국 헌법의 2조 2항, '대통령이 육군과 해군의 최고사령관'이라는 규정에 근거하고 있다. 대통령이 해외에 군을 파병할 수 있는 권리가 의회의 승인에 의존하지 않는다는 것은 여러 관료들과 정치인들에 의해 반복적으로 강조되었다.[79] 미 의회에서도 몇몇 의원들은 전쟁 위협이 존재하는 상황에 개입하기 위해 대통령이 통합사령관으로서 선함이나 군을 배치한 경우가 1백회 이상 있었다고 주장했다. 그러나 사실 이 전례들은 어느 것도 한국전쟁에 비교할 만큼 큰 규모의 분쟁이 아니었다. 대부분 해적과 싸우거나 해변에 해군의 일부가 상륙하거나, 멕시코 국경에 무장 세력들을 추적하기 위해 소수의 군부대를 파견하는 정도였다.[80]

사실 1945년 유엔 헌장이 미국 의회에서 비준 받을 때부터 해외 파병에 대한 의회의 승인 문제를 둘러싸고 논쟁이 발생했다. 당시 상원 유진 밀리킨Eugene Millikin 의원은 대통령에 의해 행사되는 '질서유지권'policing power과 의회가 권한을 갖고 있는 진짜 전쟁real war 을 구분한 바 있었다. 당시 존 포스터 덜레스John Foster Dulles는 이런 구분에 적극 동의하면서 "질서유지를 위해 약간의 무력을 사용하는 것이라면, 이는 미국이 창설된 이래 의회의 동의 없이도 대통령이 늘 해왔던 일들이다"라고 발언했다. 이와 관련해 주목할 것은 미국 의회가 공식 전쟁 선포권을 갖고 있는 상황에서 트루먼이 한국전쟁을 '전쟁'으로 규정하지 않으려 했다는 것이다. 트루먼은 6월 29일 기자들이 "미국이 지금 전쟁 상태"에 있는지를 묻자 미국은 전쟁을 하는 것이 아니라 '유엔하에서의 질서유지 행위'a police action에 관여하고 있다고 답했다.[81] 즉 미국이 공식적으로 해외에 전쟁을 선포하는 권한은 상원에 있었다. 상원은 정부가 의회의 전쟁 선포권을 훼손하는 국제기구에 가입하는 경우 결코 이를 재가/승인하지 않겠다는 점을 분명히 밝혀 왔다.[82]

따라서 미국 정부는 전쟁을 수행하기 위해 한편으로는 유엔을 내세우고, 다른 한편으로는 법·제도적 의미에서 '전쟁'으로 규정하지 않으려는 경향이 나타나기 시작했다. 이는 1945년 이후 유엔 헌장의 등장이 미국의 헌법 질서에 미친 매우 역사적인 변화였다. 미국의 대통령들이 해외에 미군을 파병하고자 할 경우 '유엔 작전을 지원하기 위해 미군을 파견한다'는 형식을 취할 수 있었고, 유엔 결의안이 있으면 의회와 사전 합의 없이도 파병할 수 있게 된 것이다. 예컨대 할란 부쉬필드Harlan J. Bushfield 상원 의원은 한국전쟁 시 미군이 파병되는 것을 보고 "이렇게 되면 1명의 권력(대통령), 혹은 10명의 외국인과 1명의 미국인으로 구성된 안보리가 전쟁을 선포하고, 그런 전쟁에 미군이 파병되는 것"이므로, 이는 헌법을

직접적으로 위반한 것이라며 근본적인 문제를 제기했다.[83]

　유엔의 이름으로 파병이 이뤄지더라도 '특별 합의'을 통해 군사행동을 취하게 되는 경우 의회의 승인이 필요했다. 왜냐하면 원래 유엔이 창설된 이후 1945년 미국의 제79대 의회에서 채택된 〈유엔 참여법〉United Nations Participation Act에 따르면, 미국은 안보리가 42조에 따라 결정하는 경우에만 무력을 사용할 수 있었다. 즉, 이 법은 ① 안보리가 유엔 헌장 41조에 부합하는 결정을 내리는 경우, 미국 대통령은 무력 사용 이외의 조치를 취할 수 있고, ② 안보리가 42조에 따른 결정을 내리고 요청하는 경우, 의회의 승인 없이 미국 대통령과 안보리의 '특별 합의'만으로도 유엔에 무력을 제공할 수 있다. 그 밖에는 의회의 입법이나 합동 결의안에 의거해 무력을 제공할 수도 있었다. 따라서 미국이 유엔의 활동과 관련해 무력을 사용하기 위해서는 안보리에서 이루어진 '특별 합의' 혹은 의회의 입법이나 결의안이 필요했다. 켈젠이 지적했듯이, 〈유엔 참여법〉은 결코 미국 대통령으로 하여금 안보리의 '권고'만으로 유엔의 강제 집행 조치에 군사 지원을 할 수 있도록 허용하지 않았다.[84]

　더욱이 〈유엔 참여법〉 6부에 규정된 법적 절차에 따르면, 유엔 헌장의 42조에 따라 무력 지원과 관련된 '특별 합의'를 체결하기 위해서는 의회의 입법이나 결의안을 통해 승인을 받아야 했다. 따라서 대통령이 유엔의 군사행동을 지원하기 위해서는 '특별 합의'를 맺고, 이를 위해 사전에 의회의 승인을 받아야 한다는 것이 명확히 규정되어 있었다.[85]

　하지만 6월 27일 결의안이 '권고'라는 형식을 취함으로써 특별 합의라는 형식마저 회피되었던 것이다. 당시 태프트 상원 의원은 특별 합의를 위한 어떤 협상도 시도된 바 없었음을 지적했고, 미국이 특별 합의나 의회의 승인 없이 한국에 개입할 수 있다면, 미국 대통령이 말레이시아·인도네시아·이란·남아메리카와도 전쟁을 할 수 있게 된다고 비판했다. 태프트는 한편으로 유엔에 미국이 가입하면서 새로운 틀이 형성되었음을 인정하면서도, 그것이 결코 의회의 승인 없는 대통령 행위를 정당화할 수 없다고 지적했다.[86]

결국 27일의 결의안은 두 가지 측면에서 유엔 헌장의 기획 의도를 따르지 않았다. 즉 미국은 유엔이 39조에 따라 한국전쟁을 평화에 대한 위반으로 규정한 이후, 직접적인 무력 개입을 위해 마련된 후속 절차들을 따르지 않았고, 미국 내에서 〈유엔 참여법〉 제정이 의도했던 공식적인 '특별 합의'나 의회의 승인 절차도 피했다. 이런 비판의 연장선에서 한국전쟁은 '트루먼의 전쟁'으로 불리기도 했다. 피셔는 트루먼이 한국에서 무력을 일방적으로 사용한 것은 미국의 헌법과 1945년 〈유엔 참여법〉을 위반한 것이고, 한국전쟁은 그 규모와 의회의 묵인으로 인해 이후 미국 대통령들에게 가장 위험한 전례가 되었다고 지적했다.[87]

결국 한국전쟁 초기에 유엔이 통과시킨 세 가지 결의안들은 기존의 19세기적 실천에서 관습적으로 수행되었던 선전포고나 미국의 국내법이 규정한 절차들을 회피한 새로운 형태의 실천이었다. 이 방식의 '효율성'은 공식적인 전쟁 선포에 반대해 1950년 7월 27일 케넌이 보낸 서한에서 확인할 수 있다. 당시는 한국에서 분쟁이 심화되면 언제 어떻게 미국이 전쟁을 선포해야 하는지 고민이 필요한 시점이었다. 케넌은 유엔 헌장이 전쟁을 선포하거나 전쟁 상태에 돌입하지 않더라도 '국제 평화와 안보를 회복하고 유지'하기 위해 필요한 군사 행동을 할 수 있게 했으므로 전쟁 선포는 유엔 헌장상의 의무가 아니라고 주장했다. 케넌은 제2차 세계대전도 선포된 전쟁이 아니었으며 평화조약이 없었기 때문에 기술적으로는 종식된 것이 아니라며 전례를 강조했다.[88]

케넌은 만일 미국이 한국에서 전쟁 상태를 선포하게 되면 대통령의 승인으로 말미암아 '돌아올 수 없는 길'로 들어서는 것이라고 강조했다.

즉 총력전 시대에 전쟁을 선포한다는 것은 전쟁에서 이기기 위해 미국이 모든 자원·사람·물자를 동원하고 어느 한쪽이 항복할 때까지 싸워야 하는 문제였다. 케넌은 미국 국가안전보장회의 문건인 대통령 20/4를 인용하며, 미국과 소련이 전쟁을 하게 되면 소련은 현재 미국을 상대로 전쟁에서 이길 수 없겠지만, 미국 역시 소련이 무조건 항복하게 만들 수 없는 상태이므로 (한국전쟁은) "제한된 목적limited objectives의 전쟁, 평화 협약 없이 종료될 수 있는 전쟁이어야 한다"고 주장했다. 이처럼 미국에게 한국전쟁은 국가 대 국가의 공식적인 전쟁 선포 없이 치르는 전쟁, 따라서 평화 협약 없이도 종료될 수 있는 전쟁이어야 했다. 케넌은 미국이 최후의 경우에만 전쟁 상태를 인정해야 한다고 권고했다. 그는 앞으로도 소련과는 이렇게 공식 전쟁 선포 없는 제한된 분쟁을 수행해야 한다고 주장했다.

미국 정부는 유엔 결의안이라는 국제법적 권위에 근거함으로써 한국에서 공개적으로 전쟁 선포를 하지 않을 수 있었으며, 미국 국내법적 제약과 의회의 견제도 피할 수 있었다. 이것이 유엔 결의안이라는 제도적 형식이 갖는 기능적 효용이었다.

이렇게 한국전쟁 초기 결정에서 시작된, 대통령의 헌법적 권한에 대한 논쟁은 이후 북대서양조약기구에 미군을 파병하는 문제에서도 계속되었다. 미국은 북대서양조약기구에 가입함으로써 단지 일시적 분쟁에 군을 파병하는 수준을 넘어, 지속적으로 대규모 군을 유럽에 주둔시키고, 막대한 예산을 지출하고, 회원국에서 발생하는 모든 분쟁에 개입해야 하는 의무를 지게 되었다. 따라서 미 공화당은 북대서양조약기구 회원국에 의회 승인 없이 미군을 증파하는 것을 문제 삼았다. 이를 저지하려는 '웨리 결의안'이 도입되었고 국무부는 다시 한 번 통수권자로서 대통령의 헌법적 권리를 방어하며 대응했다. 1951년 겨울까지 대대적 논쟁이 상원에서 계속되었다.[89]

3) 7월 7일 결의안의 문제와 소련의 다각적인 문제 제기:
내전과 주권 문제의 대두

국제법의 관점에서 미국의 군사행동은 어떤 법적 지위를 갖고 있을까? 7월 7일 결의안에 따르면, 6월 27일 결의안뿐만 아니라 25일 결의안 역시 한국에 대한 무력 지원을 권고한 것이었다. 하지만 6월 25일 결의안은 단지 휴전을 요청하는 결의안에 불과했다. 따라서 켈젠은 7월 7일 결의안의 핵심은, 6월 25일 결의안 이후에 문제가 제기되자 미국이 이미 취한 행위들을 사후적으로 정당화한 것이라고 지적했다.[90] 이런 문제를 포함해 그가 종합적으로 판단하건데, 유엔의 세 결의안에 따라 이루어진 미국과 회원국들의 무력 개입은 엄밀한 의미에서 '유엔의 행위'라고 할 수 없는 '동맹국'들의 군사행동이었다.

켈젠에 따르면 7월 7일 결의안은 한국에서의 유엔 활동을 '한국이 무력에 대항해 스스로를 방어하는 행위를 돕는 것', 즉 집단적 자기방어권의 행사로 해석했다. 하지만 켈젠은 유엔 헌장에서 보장하고 있는 '집단적 자기방어'와 '안보리의 집행 행위'나 개입은 전혀 성격이 다르며 두 가지가 공존할 수 없다고 지적했다.[91]

켈젠은 안보리의 25일, 27일 결의안에 따르는 회원국의 행위는 집단적 자기방어의 행사로 볼 수 없고, 유엔의 행위로도 간주되기 어렵다고 보았다. 이유는 유엔의 행위가 되기 위해서는 안보리에서 결정이 이루어져야 했기 때문이다. 헌장의 24조, 48조에 따라 유엔 기구 가운데 오직 안보리만이 '의무를 부과하는 결정'을 채택할 수 있다. 그리고 안보리가 헌장 39조에 따라 분쟁의 성격을 결정하고, 헌장 41조, 42조에 따라 의무를 부과하는 특정 방법을 선택한다. 그런데 안보리가 의무를 부과하는 것이 아니라 '권고'에 따라 분쟁을 해결하는 것은 유엔의 행위가 아니라 단지 회원국의 자발적 활동으로 보아야 한다는 것이다. 사실 헌장 39조에 따른

안보리의 '권고'가 회원국에게 '무력' 사용을 권할 수 있는지의 여부도 불확실했다.[92]

유엔의 행위로 볼 것인가는 유엔 깃발의 사용 여부와도 연결되어 있었다. 켈젠은 한국전쟁에서 한국을 포함해 유엔 회원국이 아닌 국가들이 유엔 깃발을 사용할 수 있는지 의심스럽다고 지적했다. 이것이 문제가 되자 유엔 사무총장은 7월 28일에야 새로운 깃발 규약Flag Code을 공표했는데 이 역시 사후적인 정당화였다.[93]

켈젠에 따르면 7월 7일 결의안이 설치를 제안한 유엔 통합사령부의 사령관도 유엔 헌장의 7조가 규정하고 있는 '유엔 기구'가 아니라고 보았다. 만일 사령관이 헌장 29조에 따라 안보리가 설치할 수 있는 부속 기구로서의 지위를 가지려면, 이런 결정은 오직 안보리가 헌장 42조에 따라 '집행 행위'를 취할 경우에만 가능한 것이다. 하지만 안보리의 '결정'이 아닌 '권고'에 따라 이루어지는 회원국들의 집단적 무력 사용은 회원국들의 자발적인 동의에 의한 것에 불과하므로 통합사령부 사령관의 법적 지위는 유엔 기구가 아니라 그저 회원국들의 연합 기구인 것이다.[94]

결국 7월 7일 결의안을 비롯해 한국전쟁 초기에 내려진 유엔의 결정과 그에 따른 행위들은 안보리를 통해 이뤄진 유엔의 '집행 행위'가 아니라, '권고'라는 모호한 형식을 통해 유엔의 권위를 미국에 위임하고 동맹국들의 활동을 독려한 조치이며, 이미 이뤄진 행동들에 대한 사후 정당화였다고 할 수 있다.

소련은 이 같은 법적 절차의 문제가 아닌 또 다른 차원의 문제를 제기하고 나섰다. 소련의 7월 4일 서한은 안보리 결의안들에 대한 장문의 반박이었는데, 이 서한에서부터 소련이 가장 집중적으로 제기한 것이 바로 한국전쟁이 내전이라는 주장이었다. 소련은 유엔 헌장에 따른 안보리의 개입은 국가 간, 국제 질서에서 발생한 사건에 대해 이루어질 수 있고,

유엔은 국내문제에 관여할 수 없다고 주장했다. 소련은 한국전쟁을 1860년대에 발생한 미국 내전과 비교하며 '하나의 국가를 만들기 위한 활동'으로 규정했다. 소련은 또한 한국 문제와 관련된 포괄적 동아시아 문제, 즉 타이완 문제도 지적하며, 미국이 타이완으로 함선을 배치한 것이 카이로와 포츠담 협약의 위반이며 곧 침략 행위라고 비판했다. 그리고 궁극적으로는 전쟁을 준비하고 직접 침략도 수행한 미국이 평화의 위반자라는 것이 소련의 주장이었다.[95]

소련이 안보리에 복귀한 이후 이에 대한 양측의 논쟁이 직접적으로 전개되었다. 소련 대표 말리크는 안보리에 복귀한 8월 1일, 한국전쟁이 내전이라고 주장했다. 이는 유엔이나 모든 외부 국가들이 한국 문제에 개입할 권리가 없다는 문제 제기였다. 하지만 미국은 오히려 이미 준비한 북한 비난 결의안을 제시했으며 8개국이 여기에 찬성했다. 물론 이 결의안은 소련의 반대로 통과되지 못했다. 소련은 계속해서 8월 4일 남한이 안보리에 한국 대표로 참석할 수 있는가라는 문제[96]를 제기하는 동시에 중국과 북한 대표도 안보리에 참석해야 한다는 결의안을 제시해 또 다른 쟁점을 추가했다.[97]

소련이 중국의 안보리 의석부터 한국 문제의 평화적 해결, 한국의 대표 문제, 중국과 북한의 참석 문제 등 다양한 쟁점들을 제기하자 미국 역시 다양한 대응 방식을 고민했다. 유엔 미국 대사 오스틴은 ① 말리크의 공격에 아무 답을 하지 않는다, ② 북한에 대한 경제 제재 결의안[98]을 논의한다, ③ 안보리 진행 규칙에 대한 위원회를 구성한다, ④ 8월 회의를 연기시킨다, ⑤ 진행 규칙을 수정한다, ⑥ 유엔 특별 총회를 개최한다는 식의 대안을 고려했다. 이 가운데 미 국무부는 두 번째와 세 번째 대안에 동의했고, 안보리 발언 기회를 활용해 미국의 의도를 세계에 알리는 긴 연설을 할 것을 권유했다.[99]

실제로 8월 10일 회의에서 오스틴은 한국의 정치적 역사에 대한 긴 연설을 했다. 그리고 다음날 안보리 486차 회의[100]에서는 영국 대표와 말리크가 긴 연설을 함으로써 의제에 대한 논쟁이 중단되었다. 이렇게 양측의 일방적인 연설들이 이어지자 인도 대표가 나섰다. 인도 대표는 8월 14일 안보리 487차 회의[101]에서 '한국 문제의 평화적 해결'이라는 제목하에 그동안 제출된 모든 결의안 초고와 제안들을 연구하는 위원회를 설립하자고 제안했다. 하지만 미 국무부가 이에 반대했다.[102]

양측 간 타협의 여지가 사라지자 소련 대표는 8월 22일 다시 한 번 미국의 한국 침략을 지적하는 긴 연설을 했다. 그런데 이때 소련 대표는 국제법상 침략 개념은 내전에 적용할 수 없다는 주장을 한층 더 정교하게 개진했다.[103]

소련은 미국이 사용한 '분쟁의 지역화'나 평정pacification류의 개념은 영미 제국주의의 역사에 기원을 두고 있으며, 미국이 유엔이라는 틀로 한국에 대한 미국의 공격을 위장하고 있다고 비난했다. 이어서 소련 대표는 한국전쟁은 내전이므로 북한에 의한 군사작전을 '침략'으로 간주할 수 없다고 주장했다. 소련은 1933년에 제네바에서 내린 침략에 대한 정의[104]를 재확인했는데 국제법적 의미에서 침략이란 "다른 국가에 대한 한 국가의 선전포고, 혹은 한 국가의 군이 다른 국가의 영토를 침략하는 것"을 의미하며, 이런 경우를 제외하고 정치적·전략적·경제적 이해관계로 이루어진 행위나, (반)혁명 운동, 내전은 침략이 아니라는 것이었다.

소련은 미국의 내전 경험을 계속 강조하고 부각시켰다. 즉 미국 내전에서도 북부와 남부에 침략 개념을 적용할 수 없으며, 이 경우에는 오히려 영국이 침략자 역할을 했다는 것이다. 당시 영국이 미국 내전에 개입해 남과 북의 통일을 막으려 했던 것과 마찬가지로 영국과 미국은 지금 한국에서 통일을 이루려는 내전에 개입하고 있다는 것이었다. 소련은 중국 내전 또한 침략으로 간주되지 않았고 해외 열강들이 개입하지 않았다는 것, 그리고 유엔 헌장에서 한 국가의 내부 사안에 대한 개입을 직접적으로 금지했음을 다시 환기시켰다. 내부 사안에 대한 개입을 금지한 평등한 주권 원칙, 미국·중국의 내전 경험에 대한 환기는 매우 강력한 근거가되었다.

소련의 주장은 외부 개입을 비난하고 유엔 헌장 내에 있는 주권과 내부 관할권 조항을 통해 개입 전체를 부정하기 위한 것이었지만, 한국전쟁의 성격 문제는 여러 측면에서 복잡한 문제를 제기했다. 19세기적 의미에서 전쟁은 국가와 국가 간의 문제였는데, 유엔과 미국이 북한을 국가로인정하지 않은 상태에서 한국전쟁은 법적인 의미에서 전쟁으로 규정되기 어려웠기 때문이다.

켈젠은 한국 사례가 국가 간 전쟁이 아니라 내전으로 규정될 경우 발생할 수 있는 여러 가지 법적 문제를 엄밀히 검토했다. 그는 한국 상황은 '평화에 대한 위반'이 아니라 '평화에 대한 위협'으로만 규정될 수 있다는점을 지적했다. 즉, 평화에 대한 위반의 경우는 오직 국가와 국가 간 관계에서 발생하는 것인데, 만일 북한 당국이 국가가 아니라 혁명 단체나 반란 세력이고, 북한의 무력 행위 또한 한 국가의 군대에 의한 것이 아니므로, 결국 한국전쟁이 내전이라면 안보리는 이를 '평화에 대한 위반'이라고규정할 수 없다는 것이다. 또한 켈젠은 6월 27일의 결의안에서도 유엔 회원국들에게 이 지역의 안보와 국가 간 평화를 '유지'하기 위해 지원하라고권고할 수는 있어도 '회복'하기 위해 지원하라고 권고할 수는 없다고 보았다. 즉, 6월 27일 결의안에서 사용된 표현과 조치들은 오직 안보리가 한국전쟁을 두 국가 간의 전쟁으로 간주하는 경우에만 정당화될 수 있는 것인데, 결의안은 이런 성격 규정을 명확히 제시한 바 없다는 것이다.[105]

이렇게 안보리에서는 한국전쟁의 성격에 대한 논란이 불거졌지만,

소련의 일방적인 주장이 제기된 이후 법적인 논의가 이어지지 못했다. 양측은 계속해서 서로를 정치적으로 비난하는 결의안을 제출하고 표결에 붙였으며, 양보 없는 대립과 비난으로 안보리는 점점 파행으로 치달았다.[106] 안보리가 무기력해지고 상호 비난이 강화되며 쟁점이 확산되는 사이에 인천 상륙 작전이라는, 또 다른 변화의 계기가 발생했다.

3. 유엔 권력 구조의 변화
: 인천 상륙 작전 이후 유엔의 결정과 활동

1) 38선이라는 쟁점 : 10월 7일 유엔 총회 결의안

미국은 사실 이 시기에 유엔에서 정치적 협상보다는 군사·전략적 우세를 확보하고자 했다. 그런데 이때, 어느 정도까지를 군사·전략적 우세로 볼 것인지의 문제는 곧 유엔 개입 활동의 성격을 결정하는 중요한 문제였다. 유엔 개입 활동의 성격을 결정할 쟁점이란 바로 '38선 문제'였다.

유엔군이 처음 한국으로 파견될 때 그 활동의 목적은 남한의 영토를 방어하는 것을 도와 북한을 38선 위로 몰아내는 것이지 그 이상으로 나아가는 것이 아니었다. 애치슨 국무장관은 안보리 결의안을 지지하는 미국의 행위는 '북한이 침공하기 이전 상태로 한국을 회복'하는 것이며 '침략으로 붕괴된 평화를 재수립하는 것'이라고 선언했었다. 그런데 유엔군이 빠른 속도로 38선에 도달하자 의견이 바뀌기 시작했다. 특히 미 군부 내에서, 적이 패퇴하는 상황에서 멈추는 것은 '바보 같은 일'이라고 여기기 시작했다. "지난 4년간 유엔이 한국에서 자유선거를 통해 평화로운 통일이 달성될 수 있도록 개입해 왔던 것을 생각할 때, 지금이 바로 이 문제를 해결할 수 있는 가장 이상적인 기회"라는 주장이 나오기 시작한 것이다.[107]

특히 9월 15일 시작된 인천 상륙 작전으로 전세가 완전히 바뀌면서 9월 말쯤이면 유엔군이 38선에 도달하게 되는데,[108] 그 결과 새로운 문제가 본격적으로 대두되었다. 유엔이 그곳에서 멈춰야 하는가 아니면 북한의 완전한 패배와 통일을 위해 전진해야 하는가의 문제였다. 트루먼은 인천 상륙 6일 후 기자들과의 회견에서 유엔군이 38선에 도달한 이후 상황에 대한 질문이 제기되자, 이는 결정되지 않았으며 "유엔이 결정할 문제"라고 대답했다. 하지만 유엔의 결정은 미국 안보 기구들의 사전 검토를 반영한 것이었다. 트루먼은 이미 10일 전에 북한 지역에서 미군 작전의 조건과 원칙에 대한 국가안보위원회 정책 문서인 대통령 81/1을 승인한 상태였다.[109]

미국 정부 내에서는 전쟁 초기인 1950년 7월 초부터 이미 38선을 넘어 반격해야 한다는 의견들이 존재했다. 한국전쟁 발발 6일 후인 7월 1일 국무부 극동국Far Eastern Division의 앨리슨John M. Allison은 대통령 연설에서 38선을 넘지 않을 것이라는 언급을 빼라고 조언했다. 앨리슨은 처음부터 인공적인 분할인 38선을 넘어서 영구 평화와 안정을 추구해야 하며, 이를 위해 만주와 시베리아 국경까지 올라가야 한다고 주장했다. 7월 14일경 덜레스는 "38선을 넘어 적을 파괴하는 것이 악을 제거하는 유일한 길"이라고 언급하기도 했다.[110]

한국에서도 비슷한 의견이 있었다. 7월 10일 유엔에 참석하고 있던 장면 주미 대사는 38선은 의미가 없으며 한반도 전체의 해방과 통일을 위해, 유엔 감독하에서 전국 차원의 선거가 실시되어야 한다고 주장했다. 그러지 않으면 38선을 방어해야 하는 문제는 그 뒤로도 되풀이될 것이며 북한은 계속 외부로부터 지원을 받을 것이라고 지적했다. 장면은 영국 정부가 한국 문제를 소련과 협상을 통해 해결하려는 것에 우려를 표했다.[111]

이승만은 38선은 더 이상 의미가 없으며 통합사령부가 한국의 통일과 독립을 무력으로 이루어야 한다고 주장했다.[112] 이승만은 7월 13일 CBS 방송에서 38선이 존재하는 한 한국에는 평화가 없다고 말해 세계적 이목을 끌었다. 이승만은 7월 19일 트루먼에게 지금이 통일의 기회라는 의견을 전했다. 이 문제에 대해 미국의 정책 관료들 사이에서도 이견이 존재하는 상황에서 이승만의 발언으로 문제가 더 복잡해지자, 애치슨은 무초를 통해 이승만의 공개 연설을 중단시키라고 말했다. 같은 시기 맥아더는 '승리가 눈앞인데 북한의 어느 일부라도 포기하는 것은 현재 자유세계의 거대한 패배가 될 것이다'라고 주장하고 있었다.[113]

7월 13일, 트루먼은 기자회견에서 '한국에서의 작전이 38선을 넘어서 진행될 것인가'라는 질문에 '필요한 경우에만' 그런 결정을 하겠다고 답변했다.[114] 하지만 8월 10일 38선 무효화를 요구한 한국 정부에 답할 때는 "한국 문제에 대한 해법은 유엔의 틀 안에서 추구되어야 한다"고 밝혔다.[115] 여전히 공식 입장은 동요하고 있었다.

공식 입장의 이면에서 트루먼은 7월 17일 38선 문제에 대한 검토 의견을 국가안보회의에 요청했고, 정부 내부에서는 점차 논의가 정리되기 시작했다. 8월 중순까지 국무부 내에서는 두 가지 관점이 상충하고 있었다. 한쪽은 어떤 경우에도 38선을 넘어서는 안 된다는 것이었고, 다른 한쪽은 적을 파괴하고 지역의 안보를 회복하기 위해 필요한 경우에는 38선을 넘어가야 한다고 주장했다. 폴 니츠의 정책기획국은 케넌[116]의 영향을 받아 반대 입장을 취했다.[117] 하지만 극동국의 러스크와 존 앨리슨은 38선을 넘는 것을 금지해서는 안 된다고 강력히 주장했다. 이들은 한국이

38선으로 분단되어 있는 한 평화와 안정이 불가능하다는 입장이었다.[118]

특히 적극적이던 앨리슨이 7월 15일, 안보리 결의안을 재해석하고 유엔을 통해 한국에 대한 미국 개입의 범위를 확대할 방안과 근거를 찾아 냈다. 그것은 바로 안보리의 6월 27일 결의안이었다. 이 결의안은 한국에 서 '국제 평화와 안보를 회복하기 위해 필요한 지원을 하라'고 되어 있었 고, 앨리슨은 38선 아래로만 작전을 한정하면 이를 성취하기 어렵다고 주 장했다. 즉 38선에서 영구 분단이 이루어지면 한국에서 국제 평화와 안보 를 회복시키는 것은 불가능해지리라는 것이었다. 그는 처음부터 38선은 일시적으로 일본의 항복을 받기 위한 분계선이었음을 지적하며 38선이 영구 분단선이 된 것은 전적으로 소련과 북한 때문이라고 주장했다. 앨리 슨은 전전의 상태로 돌아가는 것은 비현실적이라고 단언했다. 앨리슨이 제시한 해법은 먼저 미국의 대외 홍보 방송인 〈미국의 소리〉Voice of America 와 미 공보원USIS 및 외교를 통해 반대를 누그러뜨리고, 1947년 11월 14일 유엔 총회 결의안과 1948년 12월 12일 결의안에 따라 북한에서 유엔위 원회 감독하에 선거를 치러야 한다는 것이었다.[119]

국무부 내에서는 점차 38선을 넘는 작전을 승인하는 쪽으로 분위기 가 만들어졌다. 하지만 그 이후의 계획은 불분명했다. 침략을 물리친 후 그 다음은 무엇인가? 애치슨은 유엔의 결의안에서 제시된 공식적인 목적, 즉 통합되고 독립되고 민주적인 한국의 건설은, "누가 무엇을 어떻게 해 야 하는지에 대한 구체적 내용이 포함되지 않은 텅 빈 단어들"이라고 지 적하며 38선 횡단 이후 마주해야 하는 거대한 문제들에 대한 대비가 없다 는 점을 환기시켰다.[120]

그러나 미 국방부는 7월 31일에 38선 횡단에 대한 구체적인 계획안 을 내놓았다.[121] 국방부는 기본적으로 유엔 최고사령관이 38선을 넘어서 적을 패퇴하고 그곳을 점령해야 한다고 주장했다. 국방부는 소련이 절대로 개입하지 않을 것이라는 전제하에 미국이 이를 위해 충분한 자원을 동원해야 하며, 대통령이 공식 선언을 하고 유엔도 미국의 전쟁 목적을 받아들이도록 할 것을 권했다. 국무부의 애치슨은 여전히 이런 주장에 반대하는 입장이었다.[122]

그리고 8월 17일, 안보리 488차 회의[123]에서 미국 대표 오스틴은 한국에서 유엔 활동이 추구해야 할 세 가지 목적을 제시했다. ① '평화에 대한 위반' 상황을 종식하는 것, ② 추후 침략이 이루어질 가능성을 억제하는 것, ③ 남한이 주도하는 통일·독립·민주 국가 수립을 지원하고 이를 위해 한반도에서 자유선거를 실시한다는 것이었다. 오스틴은 특히 마지막 목적을 통해 유엔 활동이 단순히 공격에 대한 수동적 방어가 아니라 한반도의 통일이라는 포괄적 기획으로의 전환 의사를 간접적으로 제시한 것이었다.[124]

미국 정부 내에서 여러 차례 회의를 거친 후 만일 소련군이 개입하면 NSC-76[125]에 따라 행동하고, 중국군이 개입하면 NSC-73/4[126]에 따라 행동한다는 계획이 수립되었다. 이 계획들이 8월 30, 31일 수정을 거쳐서 결국 9월 1일에 NSC-81이 완성되었다.[127]

이렇게 완성된 NSC-81, "한국에 관한 미국의 행동 절차 보고서"는 38선 문제에 대해 두 가지 제안을 했다. 첫째, 통합사령부의 목적은 침략자를 물리치는 것이며 그런 임무를 수행하는 데 필요한 한에서 38선 북쪽에서의 군사 행위가 이루어질 것이다. 둘째, 그러나 38선 이북에서 지상 공격으로 말미암아 새로운 전쟁으로 확산되는 것을 피하기 위해 모든 노력을 기울여야 한다. 결국 소련이나 중국이 개입하지 않으리라는 것을 전제로, 미군 지휘관들에게 38선 이북 지역에서 작전을 수행할 수 있는 권한이 부여되었다. 단 이런 작전은 안보리의 새로운 결정이나 대통령의 명백한 승인 없이는 이루어질 수 없으며, 중국이나 소련 국경 인근에서는

작전이 무조건 금지되어 있었다.[128]

 NSC-81은 수정을 거쳐 9월 11일 NSC-81/1로 승인되었다. 이 문서는 추가로 합동참모본부를 통해 구체적인 북한 점령 계획을 만들기로 했다. 다만 점령 계획은 대통령의 승인이 있을 경우에만 집행하기로 했다. 중국이 개입하는 경우, 중국과 전면전을 해서는 안 되며, 유엔 안보리에서 중국을 침략자로 비난하는 결의안을 추진하기로 했다. 그리고 북한 주민들을 재교육하기 위해, 포로 처리에 대한 원칙을 수립하고 이들을 심리전에 활용하며, 예비적으로 재교육 훈련을 시작하기로 했다. 여기에는 독일·일본 포로들에 대한 경험, 그리스에서의 경험, 최근 소련에서 탈출한 억류자들에 대한 경험을 참고하기로 했다.[129]

 38선을 넘어 군사작전이 가능하다는 새로운 방침은 9월 27일경 통합사령부 사령관 맥아더에게 전달되었다. 그러나 이는 미국 내부에서 결정된 것일 뿐, 영국을 포함한 여타 우방국들은 여전히 유엔의 작전은 공격을 물리치기 위한 것이지, 군사적 수단으로 한국을 통일하기 위한 것이 아니라고 생각하고 있었다.[130]

유엔 총회와 10월 7일 결의안 : 유엔의 군사개입을 통한 통일

38선 통과 문제는 결국 유엔의 결정이 필요한 사안이었다. 특히 트루먼은 유엔의 추가적인 결정이 필요하다고 보았다.[131] 하지만 국무부와 미군, 맥아더는 '이 지역의 국제적 평화와 안보를 회복한다'는, 기존 결의안들의 언급만으로도 이를 정당화할 수 있다고 주장했다.[132]

 유엔의 결의안이 추진될 경우 논란이 예상되자, 미 국무부는 유엔의 미국 대표에게 통합사령부가 38선에 도달한 이후 발생할 상황에 대한 논의를 피하라고 지시했다. 대신 유엔 총회 결의안의 목적을 재확인하면서

| 1950년 9월 19일, 유엔 총회 회의 모습. 같은 해 11월 3일 평화를 위한 단결 결의안이 통과되었다. |

이를 추구하기 위한 수단이 평화적인 것인지 군사적인 것인지를 명확하게 적시하지 않는 결의안을 추진하라고 주문했다.

한국전쟁 초기 국무부 내에서 결정을 주도했던 히커슨이 다시 한 번 유엔의 정책 가이드라인을 만들었다. 히커슨은 6월 27일 결의안의 첫 번째 목적은 침략을 물리치는 것, 그 다음 목적은 '지역의 평화와 안보를 회복'하는 것인데, 이는 유엔 헌장의 42조에서 온 것이라 그 자체로는 의미가 없다고 지적했다. 하지만 '지역의 평화와 안보를 회복한다'는 구절은 뭔가 침략을 막는 것 이상을 의미할 수 있었다. 즉, 이는 유엔 1947년 결의안에 있던 '통일되고, 독립되고, 민주적인 한국 정부'를 수립한다는 목적과 연결시킬 수 있었다. 그리고 한국을 38선을 기준으로 분단하는 것 자체가 평화의 가장 큰 걸림돌이 된다는 주장으로 이를 지원할 수 있었다.[133]

하지만 문제는 안보리가 소련의 거부권으로 막혀 있다는 것이었다.[134] 결국 미국이 생각해 낸 것은 이 결의안을 총회에서 통과시키는 것이었다. 실제로 이미 9월 6일, 영국·프랑스·미국이 8월 28일 대화를 통해 한국 문제를 유엔 총회에서 논의하기로 합의[135]한 상태였기 때문에 총회에서 본격적인 논의가 이루어지기 시작했다.

9월 19일 제5차 정기 회의가 개막되면서 유엔 총회가 시작되었다. 미국 대표는 유엔군이 38선에 도달한 이후 계획에 대해 입장 표명을 회피했다. 이는 유엔 안보리가 별도로 결정하고 결의해야 할 문제였기 때문이다. 대신 미국은 총회를 통해 이 문제를 다루기 위해 유엔 총회 결의안에 포함될 여러 요소들을 검토했다.[136]

그 산물이 바로 9월 20일 애치슨이 유엔 총회에서 발표한 '평화를 위한 단결'Uniting for Peace이라는 제목의 연설이었다. 연설의 제목 자체가 매우 의미심장했다. 애치슨은 총회 연설에서 38선을 넘어야 한다는 직접적인 주장을 피하고, 유엔에 "통일되고 독립된 한국을 설립할 기회가 주어졌다"는 우회적 표현을 사용했다. 미국은 전 한반도에 걸쳐 안정적 조건을 확보하기 위한 "모든 적절한 조치"가 필요하다고 촉구했다. 이는 사실상 38선 횡단을 승인하기 위한 것이었다. 하지만 같은 날 소련이 제시한 결의안은, 한편으로는 역시 유엔하에 한반도 전 지역에서의 선거, 한국에 대한 경제 기술적 지원 프로그램을 주장하면서도, 미국의 결의안과 달리 한국으로부터 외국군의 즉각 철수, 북한 의회와 남한 의회 의석을 동수로 선출하는 선거를 요구했다. 따라서 이는 38선 횡단을 반대하는 것이었다.[137]

그런데 애치슨의 구상은 단지 38선을 둘러싼 결정만 담고 있는 것이 아니라 유엔 기구의 권력 구조 자체를 바꾸는 것이었다. 애치슨은 유엔 헌장 1조를 강조하며 유엔이 평화를 유지하고 침략에 반대할 목적을 갖고 있고, 안보리는 이를 위한 기구이지만 거부권으로 막혀 있다는 점을 강조했다. 애치슨의 해법은 총회가 그 역할을 하는 것이었다. 즉 애치슨은 헌장 10, 11, 14조는 총회에도 국제 평화를 유지할 책임과 권한을 주었고 따라서 총회의 효율성을 증대시키기 위해, 안보리가 막혀 있는 경우 총회가 24시간 안에 총회 특별 회의를 개최하고, 나아가 유엔 상비군을 창설하고, 향후 집단 안보 수단을 발전시키기 위한 특별 위원회를 수립할 것 등을 제안했다.[138] 38선을 넘는다는 결정을 내리기 위해, 유엔의 활동 목적을 확대해 새로운 통일 국가를 건설하는 것으로 바꾸고, 유엔의 권력 구조 자체를 개조하는 기획안이 제출된 셈이었다.

유엔 내부에서는 다양한 반론이 제기되었다. 한편으로는 그런 포괄적인 목적을 위해 유엔군을 사용하는 것은 유엔 헌장으로 정당화될 수 없다는 주장이 있었다. 방어적인 전쟁이 정복 전쟁으로 변환될 위험을 지적한 것이다. 또한 만일 유엔이 38선을 넘는 것이 정당화된다면 소련이나 중국의 개입과 같은 더 큰 위험이 야기되는 것이 아닌가 하는 우려가 있었다. 유엔이 인구가 1천만 명이나 되는 지역을 점령하고, 유엔의 개입을 반기지 않을 상황을 통제하는 것이 과연 현실적으로 가능한가 하는, 북한 점령 이후에 대한 걱정도 있었다. 하지만 미국 정부는 38선을 넘으면 중국이 개입할 위험이 있다는 영국과 인도의 경고를 비현실적인 두려움이라며 무시했다.[139]

이 시기에 총회에서는 이렇게 큰 구상들이 논의되면서, 안보리의 역할을 총회가 대체하기 위한 장기적이고 포괄적인 해법들이 다양하게 제기되었다.[140] 이 가운데 가장 힘 있게 추진된 것이 바로 미국의 입장이 반영된 이른바 '8강 결의안'이었다. 영국의 초고[141]를 기반으로 9월 29일, 8강의 공동 결의안(영국·호주·브라질·쿠바·네덜란드·노르웨이·파키스탄·필리핀) 초안[142]이 준비되었고, 이를 논의하기 위해 30일에 유엔 총회 정치위원회First Committee가 개최되었다.[143] 초안은 유엔 한국통일부흥위원회를 설치하고 한국에서 선거를 개최한다는 내용의 결의안이었다.[144]

하지만 이에 대항해 10월 2일, 우크라이나·벨로루시·폴란드·체코 슬로바키아 대표들은 정치위원회에서 적대의 즉각 종식과 한국으로부터 외국군 병사들의 철수, 유엔 위원회 감독 하에 한반도 전 지역에서의 선거를 주장하는 결의안을 제출했다.[145]

며칠간의 회의를 거쳐 10월 4일 총회 정치위원회는 8강 결의안을 채택했고 정치위원회가 작성한 보고서(A/1422)와 결의안이 10월 6~7일 동안 열린 총회의 제192~204차 회의에서 논의되었다.

애치슨은 유엔이 '승리의 문턱'에 서있다면서 "북한과 남한을 나누는 인공적인 장벽은 법적으로도 이성적으로도 존재할 근거가 없다"고 주장했다. 애치슨의 주장은 많은 지지를 받았고 인도와 몇몇 아시아 국가, 라틴아메리카 국가들만이 적 영토에서 전쟁을 수행하는 것이 현명한지 의문을 제기했다. 소련은 전적으로 반대했으며, 유고는 안보리의 역할은 어떤 상황에서 무력을 통해 변혁이 이루어지지 못하도록 막는 것이지 무력을 통해 분쟁 전의 상태를 변화시키는 것이 아니라고 주장했다. 하지만 다수가 이겼고 8강 결의안 376(V)은 10월 7일 표결에서 찬성 45, 반대 5, 기권 7로 통과되었다.[146] 이 결의안이 통과된 당일 유엔군은 38선을 넘어 북진했다. 맥아더는 이미 9월 27일 국무부와 대통령으로부터 중국과 소련이 개입하지 않는 경우를 전제로, 38선 이북에서의 작전을 허가받은 상태였다.[147]

이 결의안은 유엔이 침략에 대한 방어를 수행하는 것이 아니라 적의 영토를 점령하고 무력으로 통일하는 것을 정당화했다. 이런 조치는 다시 한 번 유엔 헌장에 있어 매우 중요한 헌법적 쟁점들을 제기했다. 왜냐하면 원래 유엔 헌장하에서 모든 집행 권한은 안보리에 있었기 때문이다.

총회는 단지 회원국들에게 어떤 행위를 '권고'하는 결의안만을 통과시킬 수 있었다. 이 또한 안보리가 특정 문제를 다루지 않기로 결정한 경우에만 그럴 수 있었다. 물론 헌장 11조에 따라, 총회는 국제 평화 및 안보와 관련된 모든 주제를 논의할 수 있으며 이를 안보리나 회원국에게 권고할 수 있다고 주장할 수도 있다. 하지만 이는 유엔이 건설될 때 일반적으로 받아들여진 해석은 아니었다.[148]

결국 유엔은 미국의 공세적인 군사적 반격에 정당성을 제공하는 결의안을 통과시킨 것이었다. 38선 문제와 관련해서 미국은 이렇게 유엔 헌장과 법적 절차의 엄밀함을 무시하며 유엔의 권력 구조마저 바꾸었다. 제2차 세계대전 동맹에 기원을 둔, 안보리와 총회의 분업 구조가 부정된 것이다. 어떻게 보면 미국은 결국 NSC-81의 구상들을 유엔에서 그대로 관철시킨 것이었다.

2) '평화를 위한 단결' 결의안 : 북한 통치 계획과 유엔 총회의 확대

유엔군의 38선 통과를 승인하기 위한 10월 7일 결의안이 통과된 후 후속 조치들이 이어졌다. 유엔과 미국에서는 38선을 통과한 뒤에 해결해야 할 다양한 문제들이 논의되었다.

먼저, 유엔이 한국에 통일 국가를 수립한다는 목적이 제시되자, 1945년과 똑같은 현실적 문제가 대두되었다. 이를 실제로 담당할 미군에게 이는 곧 '북한 점령 정책'의 문제였던 것이다. 따라서 미 정부 내부에서는 다양한 북한 점령 정책 기획들이 제시되었다.[149]

논의 과정에서 주목할 만한 것은 10월 7일 결의안이 통과된 이후 미국 정부 내에서 한국전쟁에서 발생한 전쟁범죄를 어떻게 다룰 것인지에 대한 고민이 본격적으로 등장했다는 것이다. 특히 흥미로운 점은 미국이 한국전쟁의 경우 전범 재판에 대한 논의를 회피하려 했다는 것이다. 국무부는 유엔 창설 이후 국제법의 분화를 반영해 전쟁법jus ad bellum과 전시법jus in bello을 구분했다. 즉 미국은 뉘른베르크 재판이나 도쿄 재판 수준의 전쟁범죄 문제는 유엔으로 넘기고, 나머지 전쟁 행위 및 인도주의적 보호와 관련된 전쟁범죄 문제만 직접 다루려고 했다.[150] 즉, 기본적으로 군사적인 문제는 맥아더에게 위임하고, 북한 점령 이후의 포괄적인 정치적 문제는 가급적이면 유엔의 틀로 해결하려 했다.[151]

미국은 한국의 중립화와 같은 복잡하면서도 당장 미국에게 정치적 이익이 없는 문제도 유엔으로 넘기려 했다. 10월 16일 미 국무부 극동국 기획자문 에머슨John K. Emmerson은 비망록을 통해 한국의 안보 문제를 ① 유엔군의 한국 주둔, ② 한국군의 증설, ③ 한국의 영구 중립화 등 세 가지로 나누었다. 에머슨은 특히 세 번째인 중립화의 경우 유엔 총회의 추가 조치가 필요하다면서 미국은 NSC-81/1에 따라 유엔 위원회에 한국의 영구 중립화 문제를 권고해야 하며, 현 단계에서 미국이 할 일은 없다고 보았다. 왜냐하면 중국이나 소련도 한국의 중립성을 보증하기 위한 정치적 노력에 참여하지 않을 것이고, 이웃 국가로부터 그런 보증을 받으려는 시도는 선전 목적으로만 활용될 뿐 실익이 없으리라는 판단 때문이다.[152]

이렇게 미 국무부가 북한 점령 문제, 전범 처리 등의 문제와 관련해, 미국 정부의 일과 유엔으로 넘길 일들을 구분하며 복잡한 계산을 하는 사이에 맥아더는 직접 행동에 나서고 있었다. 10월 24일, 맥아더는 지상군 사령관들에게 북한 지역에서 유엔군의 작전 수행과 관련된 모든 제약을 없앤다는 명령을 내렸다. 맥아더는 10월 7일 결의안을 자의적으로 해석해 군사 행동을 하고 있었다. 이에 대해 미 합동참모본부는 맥아더의 명령이, 38선 이북 지역에서의 군사작전을 오직 제한된 범위 내에서만 허용했던 9월 27일의 지시에 부합하지 않는다고 문제를 제기했다.[153] 또한 군부는 별도의 북한 점령 계획도 수립해 10월 28일 맥아더에게 북한 점령에 대한 지시를 하달했다.

이렇게 미 군부의 공식 명령이 내려가자, 이승만은 이를 남한이 북한 점령과 정권 수립 과정에 참여하는 수준이 아니라 남한의 주권을 북한으로 그대로 확대할 기회로 생각했다. 이승만은 '공산주의자들을 정부 기구에 들이면 안 된다'고 주장했다. 그는 북한 출신자들 중에서 이미 북한 지역에 파견할 관료들을 임명하기 위해 사전 조사를 진행 중이었고, 이 자료를 맥아더와 유엔 한국위원회에 넘기겠다고 제안했다.[154]

이런 한국 정부와 이승만의 행동에 대한 비판이 제기되었다. 한국사정사韓國事情社, Korea Affairs Institute 위원장 김용중[155]은 10월 20일 오스틴 유엔 주재 미 대사에게 보낸 서한을 통해 유엔 결의안대로 전 한반도에 걸친 총선을 실시하고 최고 민정 기구를 수립하자고 주장했다. 김용중은 한국 인들이 스스로 정부를 선택할 권리가 있다는 사실을 유엔이 인정해야 하며, "통일되고 독립적이고 민주적인 정부"라는 추상적인 언급만으로는 한국인들을 설득할 수 없다고 말했다. 김용중은 정치·경제·사회적인 정의에 기초한 특별하고 현실적인 계획이 제시되어야 하며, 그렇지 않으면 유엔 한국위원회는 실패할 것이고, 시민 소요 및 게릴라 봉기가 일어날 것이라고 전망했다. 특히 그는 남북한 모든 지역에서 한국인들은 경찰과 군의 영향을 받지 않고 자유롭게 통일 정부를 선택할 수 있어야지 "정통성 없는 남한 정권을 강압적으로" 받아들여서는 안 된다고 보았다. 그는 "대한민국 정부는 매우 실험적인 조건에서 탄생, 소수 그룹이 중심이 된 일인 정권"이고, 유엔 총회는 이 정부의 권위를 남한 지역에 국한해 승인했고, 이승만은 일반 국민투표에 의해 선출된 것이 아니라 국회에서 지명되어 경선 없이 선출되었음을 지적했다.

김용중은 이승만이 북한 지역에 '도지사들'을 파견하거나 '민주주의를 가르치기 위해,' 폭력 행위로 악명 높은 대한청년단이나 서북청년단을 파견하는 등 유엔의 결정을 무시하는 행동을 용인하면 유엔은 실패할 것이라고 지적했다. 전 한반도에 걸친 자유 총선거에 대해 반대할 이유가 없으며 이를 통해 '통일되고 독립되고 민주적인' 정부를 수립하면 이것이 곧 아시아 평화의 초석이 될 것이라고 주장했다.[156]

이렇게 38선 북진 이후 다양한 문제들이 제기되는 가운데 유엔의 권력 구조 자체를 개조하려던 미국의 기획은 총회에서 그 결실을 보게 되었다. 그 결과가 9월 20일 애치슨이 총회에서 했던 연설 제목을 그대로 따랐으며, 유엔 총회에서 11월 3일 통과된 '평화를 위한 단결' 결의안 377 (V)[157]이었다.[158] 이 결의안의 핵심은 안보리의 권한을 총회로 넘기고, 평화감독위원회와 집단조치위원회를 새로 설치한 것이었다.[159]

이 결의안은 10월 7일 결의안, 즉 38선 북쪽에서의 군사작전을 '한반도 전역에서 안정을 확보'하는 것으로 표현하고 유엔 활동의 궁극적 목표로 "한국에 통일·독립·민주 정부 건설"을 제시했던 결의안에서 한발 더 나아간 것이었다. 이 결의안은 한편으로는 38선 북쪽에서 진행 중인 군사작전과 무력 사용을 다시 한 번 총회를 통해 추인하는 동시에, 다른 한편으로는 추후 안보리에서 거부권으로 막힌 사안을 총회에서 다룰 수 있도록 총회의 권한을 대폭 강화한 것이었다.

이는 유엔 창설 이후 유례가 없는 일이었고 그에 따라 유엔의 성격과 기능, 절차와 목적에 대한 여러 쟁점과 논쟁을 불러왔다. 가장 중요한 쟁점은 유엔의 창설 당시 의도했던 안보리의 기능과 총회의 기능 사이의 구분이었다. 이 결의안이 적용되면, 안보리에서 거부된 결의안이 내용 수정 없이 그대로 총회에서 다뤄지게 되었다. 켈젠은 이런 조치는 유엔이 처음에 기획한 집단 안보 시스템을 완전히 개조한 것이라고 보았다. 영국 정부는 당시 이런 제안은 거부권을 피해 가기 위한 불법적인 조치이고, "의

사 결정 과정을 예측할 수 없는 총회의 권한을 확대하는 것은 현명한 일이 아니"라고 보았다.[160]

소련과 동맹국들(벨로루시·체코·폴란드·우크라이나)은 이 결의안이 불법적이고 위험하다고 비난했다. 이들은 만일 안보리에서 거부권 사용의 의미가 부정된다면 유엔 헌장 108조와 109조에 따라 헌장 자체가 수정되어야 한다고 주장했다.[161] 또한 이들은 무력 침공에 대해 무력으로 대응하는 행위는 안보리만의 독점적인 역량이라는 점을 강조했다. 근거는 헌장의 11조 2항이었는데, 이에 따르면 유엔 총회는 국제 평화와 안보에 대한 문제를 논의할 수 있지만 행동이 필요한 문제는 안보리에 회부해야 했고, 그나마 국제분쟁과 유엔의 무력 개입을 다루는 유엔 헌장의 7장에 따른 행위는 권고할 수 없게 되어 있었다. 이는 오로지 안보리만이 할 수 있는 영역이었다.

그리고 이 결의안이 헌장의 12조 1절에 위반된다는 주장도 제기되었다. 즉 총회는 안보리가 기능하고 있는 상황이나 분쟁에 대해서는 권고를 할 수 없게 되어 있었다. 따라서 안보리가 상임이사국의 거부권이나 장기간 협상으로 인해 작동하지 않는 상황이라 하더라도 안보리의 기능은 취소되지 않으며 총회는 행동을 취할 수 없다는 것이다. 이들은 헌장의 24조가 국제 평화와 안보 유지 활동의 주된 책임을 안보리가 지도록 규정한 점도 강조했다. 마지막으로 이들은 이 결의안이, 안보리에서 상임이사국들 간의 의견이 일치되지 않더라도 긴급 특별 총회를 요청할 수 있게 한 것은 헌장의 20조와 27조 위반임을 지적했다. 결국 이 문제 제기들은 안보리와 상임이사국의 거부권에 대한 본질적인 질문들이었고,[162] 이 결의안은 유엔 헌장에 내재된 본질적인 긴장의 핵심, 안보리와 총회의 위상과 위계, 상임이사국의 권력 문제를 건드린 것이었다.[163]

결의안을 추진하고 지지한 미국과 동맹국들은 제2차 세계대전 동맹과 유엔 탄생의 근거였던 거부권과 안보리의 위상, 총회 역할의 기능적 분리보다 유엔의 근본적인 목적을 강조했다. 이들은 총회의 권한을 유엔 헌장 11조에 따라 제한하지 말고, 유엔 헌장 1조 1절에 제시된 유엔의 목적, 즉 평화에 대한 위협을 제거하고 예방하며, 침략 행위를 억압하기 위한 집단적 조치에 충실해야 한다는 것을 강조했다. 하지만 여전히 문제는 유엔이 무력을 사용하는 경우, 즉 유엔의 집행 조치는 헌장의 39조, 41조, 42조하에서 안보리의 결정이 이루어지고 나서, 오직 집단적 행위(자기방어 51조)나 유엔의 행위로서만 가능했다는 점이다. 헌장은 유엔에 의한 무력 사용에 관한 한 안보리가 독점권을 갖도록 설계되어 있었다.[164]

켈젠은 총회가 회원국들에게 헌장 2조 4절, 11조 2절에 따라 평화 유지 및 무력 사용과 관련된 모든 질문을 안보리에 넘겨야 한다는 "의무를 어기는 권고를 할 수 없다"고 보았다. 헌장 14조는 유엔 총회가 할 수 있는 권고는 평화적인 조정을 위한 것으로 국한하고 있었고, 집행 조치는 오직 안보리를 통해서만 취해질 수 있었기 때문이다.[165]

하지만 애치슨은 헌장을 다르게 해석했다. 헌장 24조는 평화 유지에 대한 우선적 책임을 안보리에 주었지만 안보리가 상임이사국의 거부권으로 기능을 하지 못하는 경우 헌장 10, 11, 14조는 유엔 총회에도 국제 평화 문제에 영향을 미칠 권위와 책임을 주었다는 것이다. 미국 대표는 평화 유지의 책임은 열강들(안보리)의 독점이 아니며 총회가 평화에 대한 위협을 제거하고 막기 위해 효과적인 집단적 조치를 취해야 한다고 선언했다.[166] 미국의 의도는 명확했다. 안보리에서 소련의 거부권을 무력화하고 미국의 주도하에 있는 국가들의 영향력을 통해 유엔 총회의 기능을 최대화하려는 것이었다.

이런 의도는 매우 포괄적인 영역에 반영되어 있었다. 예컨대 결의안의 A부분에는 만일 상임이사국들 간에 만장일치가 이루어지지 않아 안보리가 평화와 안보를 유지할 책임을 행사하지 못하는 경우, 24시간 안에 안보리 내에서 상임/비상임을 가리지 않는 7개의 찬성표만으로 비상 특별 총회를 소집해 무력 사용을 권고할 수 있게 했다.[167] 이는 극단적인 경우 네 개의 상임이사국이 반대해도 한 개의 상임이사국과 6개 비상임이사국이 찬성하는 경우 회원국에 무력 사용을 권고할 수 있게 한 것이었다.● 또한 안보리가 아니더라도 총회에서 다수(3분의 2)가 찬성하면 이런 조치를 취할 수 있게 했다. 따라서 이 결의안은 평화에 대한 위반이나 공격 행위가 있는 경우에 유엔 총회가 무력 사용을 권고할 수 있게 한 것이다. 그런데 켈젠이 지적했듯이, 권고가 이루어지려면 먼저 헌장의 39조에 따른 결정이 이루어져야 했고 이는 안보리만의 권한이었다. 이런 권한이 총회에 있다는 조항은 헌장 어디에도 없었고, 결의안에도 이런 내용은 없었다. 이 결의안은 7개국의 찬성표만으로 비상 특별 총회를 개최할 수 있게 하여 안보리의 진행 규칙을 수정한 것이다. 켈젠은 이것은 총회가 안보리의 절차 문제를 결정하는 것으로 기본적으로 위헌이라고 지적했다. 안보리가 비상 특별 총회를 요청하기 위해 어떤 다수결이 필요한지는 안보리 스스로 정해야 한다는 것이었다.[168]

결의안의 B에서 평화감독위원회의 수립은 헌장의 22조에 근거한 것으로 총회가 이 기구를 수립할 수 있게 했다. 하지만 켈젠은 만일 이 위원회가 평화에 대한 위협이 있는지를 결정하는 기능이 있다면 이 위원회는 합헌적으로 보기 어렵다고 지적했다. 결의안 B의 3절에 따르면 이 위원회는 총회뿐 아니라 안보리의 부속 기구이기도 한데, 헌장의 22조에 따르

● 1965년 이전까지 안보리는 상임이사국 5개국, 비상임이사국 6개국, 총 11개국이었다.

면 총회는 안보리의 기능이 아니라 총회의 기능을 수행할 부속 기구만을 수립할 수 있다.[169]

또한 평화를 위한 단결 결의안(C)에는 회원국이 군을 훈련·조직·무장시켜 유엔군으로 복무할 수 있게 준비하고 유지해야 한다는 내용이 있다.[170] 하지만 유엔 헌장에 따르면 총회는 그런 권고를 할 수 있는 권한이 없었다. 헌장은, 유엔이 군사력을 행사하기 위해서는 안보리에 출석한 유엔 대표들이 특별 합의를 맺어 안보리가 헌장 47조에 따라 군사위원회를 구성하도록 했다. 켈젠은 만일 유엔 총회에서 단지 권고만으로 무력 사용이 가능해진다면, 그렇게 투입되는 군대를 '유엔군'이라고 부를 수 없다고 보았다. 유엔군이라는 명칭은 유엔 기구가 구속력을 가진 결정을 통해 군을 배치할 때에만 사용될 수 있는 것이었다.[171]

이런 문제 제기들을 반영해 콜롬비아 대표는 이 결의안을 헌장의 51조(집단적/개별적 자기방어권)에 따라 정당화하려 했다. 콜롬비아 대표는 361차 회의에서 유엔 헌장이 회원국에게 집단 방어 권리를 인정한 점을 지적했다. 유엔 총회가 무력 사용을 권고할 권한이 있다면, 총회는 개별적 혹은 집단적 자기방어권 행사를 권고할 수 있다는 것이었다. 하지만 이 경우에도 자기방어를 위해 무력을 사용하라는 권고는 총회가 사전에 침략국을 결정해야 한다는 것을 의미했다. 헌장은 총회에 이런 권한을 주지 않았다. 무엇보다 '평화를 위한 단결' 결의안은 51조를 참조해 총회로 하여금 회원국에 자기방어권 행사를 권고하라는 내용을 전혀 포함하지 않고 있었다.[172]

결국 '평화를 위한 단결' 결의안은 헌장을 만들 당시의 의도를 근본적으로 변화시킨 것이었다. 켈젠은 이 결의안을 통해 만들어진 집단 안보 시스템은 과거 국제연맹 규약covenant 모델에 가깝다고 보았다. 당시 국제연맹 규약은 회원국들이 무력 사용을 포함해 강제 조치를 취할 재량을 회원국들에게 남겨 두었기 때문이었다. 평화를 위한 단결 결의안은 이렇게 안보리가 권한을 독점하고 있는 중앙집중적인 집단 안보 시스템의 근본적인 구조를 폐지했다. 이런 탈脫중앙집중화된 집단 안보 시스템은 심지어 상임이사국이 침략자일 경우에도 유엔 총회를 통해 무력 개입할 수 있는 가능성을 열어 둔 것이었다.[173]

요컨대 이 결의안은 냉전 시기에 유엔 총회가 안보리의 장벽을 회피할 수 있는 도구로 활용되었다. 총회에서는 거부권 제도가 없으니 상대적으로 미국이 의도하는 결의안들이 쉽게 통과되리라 기대한 것이다.

4. 한국전쟁은 '정의로운 전쟁'이었나?
: 전쟁의 위법화를 둘러싼 이상주의, 실증주의, 현실주의의 충돌

이처럼 한국전쟁이 발발한 당일, 이를 '평화에 대한 위반'으로 규정한 안보리 결의안에서부터, 유엔 총회를 강화시키는 '평화를 위한 단결 결의안'까지 미국이 주도한 유엔의 결정들은 분명히 전례가 없는 수준이었다. 따라서 가장 보편적인 평화의 원칙을 적용하려 한 칸트적 법치 기획이었다고 볼 만하다. 하지만 이 과정에서 유엔의 성격과 기능에 대해 매우 근본적인 질문들이 제기되었다.

이는 단지 유엔을 둘러싼 정치적 싸움의 문제가 아니었다. 이 논쟁은 유엔의 성격과 기능은 무엇이며, 유엔을 통한 무력 개입은 어떻게 이루어져야 하는가? 유엔은 분쟁의 평화적 해결의 도구인가, 아니면 전쟁 억제와 처벌의 도구인가? 유엔은 전 지구적 주권 질서의 상징인가, 아니면 국민 국가들끼리의 합의와 토론의 장인가?라는 국제법과 초국적 질서의 근

본적 쟁점들에 대한 것이었다. 따라서 한국전쟁 관련 국제법 논쟁은 단순히 냉전의 대립이 아니라 초국적 법치 기획과 관련된 논쟁의 산물로 볼 필요가 있다.

한국전쟁 초기 결정에 대한 논란을 좀 더 이론적으로 분석하기 위해 크게 네 가지 쟁점들을 다루려고 한다. ① 유엔이 구현한 집단 안보의 성격 문제, ② 유엔 헌장에 의한, 전쟁의 위법화라는 테제, ③ 유엔이 수행하는 전쟁이 중세적 의미의 정의로운 전쟁으로 볼 수 있는가의 문제, ④ 유엔의 사법주의적 기획에 대한 냉전 현실주의의 비판이 그것이다.

자유주의 평화 기획의 전개라는 관점에서 볼 때 이 논쟁들은 궁극적으로 20세기적 자유주의 기획과 19세기적 실증주의, 그리고 냉전적 현실주의라는 세 가지 관점이 경합·충돌하고 공존·결합된 것으로 이해할 수 있다.

1) 집단 안보의 성격 문제:
집단 안보인가 전통적인 국가 간의 동맹 체제인가

첫 번째 문제는 집단 안보의 위상과 관련된 것이었다. 원래 유엔이 기존 국제연맹 시스템과 가장 차별적이었던 것은, 국제연맹이 느슨한 자발적 참여를 통해 동맹과 권력 균형으로 평화를 이루려고 했다면, 유엔에는 강제력과 구속력 있는 권한과 직접적인 무력 개입 권한이 부여되어 있었다는 것이었다. 그런 점에서 과연 한국전쟁에 대한 유엔의 개입과 활동은 기존 체제와 유엔의 차별성을 잘 구현한 것이었을까?

한국전쟁에서 유엔의 행위가 좁은 의미의 '자기방어'에 그치지 않았던 것은 분명하다. 한국전쟁 초기 유엔의 활동은 북한의 침략을 방어하는 것을 목적으로 했지만, 유엔군이 미국의 주도하에 38선을 넘기로 결정했고, 북한에 대한 무력 공격 및 군사점령, 유엔 기구를 통한 통일 정부 수립을 추구했다. 이는 유엔과 미국이 여러 해 동안 관여해 온 한국의 정치적 상황을, 무력 개입을 계기로 완전히 해결하겠다는 주장으로 뒷받침되었다. 유엔 헌장에는 처음부터 유엔의 무력 개입이 방어적인 것이어야 한다는 제한이 없었고, 이는 안보리가 아니라 유엔 총회를 통한 10월 7일 결의안에 의해 정당화되었다.[174]

그러나 유엔의 행위를 완전히 새로운 집단 안보 체제의 발현으로 보기에는 다음의 세 가지 문제가 있다. 첫째, 안보리의 결정이 소련의 부재로 인해 가능했다는 점이다. 소련이 안보리에 출석해 있었다면 유엔의 일방적인 결정과 신속한 행동은 불가능했다. 따라서 이는 유엔 창설의 기본 합의였던 안보리 체제의 법적 정당성에 어긋나는 조치였다. 둘째, 유엔의 개입에 있어 한국에 정치적 이해관계가 있는 국가들만 참여했다는 것이다. 사실 유엔 전체 회원국 중 4분의 1 정도만이 한국을 지원했는데, 이 16개국은 (친)서구 국가들이었고 소련 공산주의를 봉쇄하는 데 공통의 이해관계를 가진 나라들이었다. 따라서 이는 국제기구에 의한 강제집행 행위가 아니라 동맹 전략의 전형이었고 집단 안보가 아니라 집단 방어였다. 이런 점에서 루아드는 기본적으로 유엔에서 친서구 국가가 다수였기에 유엔을 통해 이런 행동을 정당화할 수 있었다는 점을 지적한다. 아울러 그는 친서구 국가들마저도 대규모 군사 지원은 하지 않았던 것은 이런 일방적 행동이 헌장의 정신에 온전히 부합되지 않는다고 보았기 때문이라고 해석했다. 이와 관련된 세 번째 요소는 유엔의 개입은 처음부터 미국에 의해 주도되었다는 것이다. 안보리에서 초기 단계의 결의안과 논의를 주도한 것은 미국이었다. 미국 정부에 군사 작전 통제권이 넘어갔으며, 결과적으로 미국이 유엔 사령부의 결정을 독점했다. 미국은 이후 정전 협상 과정과 결정도 모두 주도했다.[175]

따라서 유엔의 초국적 법치 기획이 순식간에 관철될 수 있었던 조건
들이 바로, 이 유엔의 개입을 이상적인 집단 안보로 볼 수 없게 했던 것이
다. 즉, 한편으로 한국전쟁에 대한 유엔의 개입은 표면적으로는 세계 역
사에서 집단 안보가 가장 성공적으로 적용된 중요한 사례로 볼 수도 있지
만, 다른 한편으로 그런 결정과 행동이 가능했던 데에는 결정 과정의 절
차적 정당성에 큰 문제가 있었다.[176]

2) 유엔 헌장과 전쟁의 완전한 위법화 테제

유엔 개입의 성격에 대한 의견 차이는 유엔 헌장의 근본적인 목적과 그
효과에 대한 해석의 충돌과 연결되어 있었다. 특히 중요한 것은 유엔 헌
장이 등장한 이후 무력 사용이 완전히 금지되었는가, 혹은 완전히 위법화
되었는가를 둘러싸고 두 개의 법적 의견이 대립했다.

먼저 미국 변호사 퀸시 라이트Quincy Wright[177]는 유엔 창설에 반영된 미
국의 강력한 이상주의에 기반해 유엔의 집단 안보 기획을 가장 적극적으
로 옹호하는 입장이었다. 라이트는 당시 상황을, 제1차 세계대전부터 전
쟁의 위법화를 주도한 운동이 1929년 켈로그-브리앙 협약과 유엔 헌장을
통해 점차 확산되어 가는 역사적 과정으로 이해했다.[178] 따라서 그는 법
적인 의미에서 전쟁은 전반적으로 위법화되었다고 보았다. 전쟁의 완전
한 위법화라는 그의 테제는 한국전쟁과 관련된 모든 국제법적 쟁점과 논
란에 있어서, 미국 정부가 유엔을 통해 주장한 모든 입장을 뒷받침하는
논거가 되었다는 점에서 매우 중요한 함의를 갖는다.

라이트는 전쟁의 위법화가 초래한 일곱 가지 결과를 정리했는데 이
를 자세히 살펴보면, ① 켈로그-브리앙 협약이나 유엔 헌장 이후 개별/집
단적 자기방어, 유엔의 집행 행위, 국제 조약이나 협약에 의거하지 않는

모든 무력 사용은 국제적인 의무 위반이라는 것이다. ② 이런 국제법하에서는 불법 행동을 한 국가, 즉 불법적으로 분쟁에 관여한 국가는 과거 19세기에 국가들에게 부여되어 있던, 교전국으로서의 권리를 박탈한다. ③ 이와 반대로 합법적으로 분쟁에 관여한 국가는 교전국으로서의 모든 권리를 가지며 이에 따라 적의 영토를 점령할 수도, 병력을 파괴하고, 재산을 몰수하고, 적과의 조약을 폐기하고, 스파이를 처벌하고, 전시법에 의해 보장된 모든 것을 할 수 있다. ④ 특히 유엔의 무력 집행 행위에 관여한 국가는 유엔의 승인에 따라 중립국이나 적에 대해 정상적인 교전권 이상의 조치, 즉 다른 국가로 하여금 침략국을 돕지 못하게 하고 침략국을 경제·사회적으로 고립시키는 조치를 취할 수 있다. ⑤ 국제법을 위반한 국가는 특히 전쟁 규칙을 위반해 발생한 손해를 배상할 책임이 있다. ⑥ 한 국가는 자국의 개인(군인/민간인)에게도 국제법하에서 누릴 수 있는 권리를 박탈할 수 없다. 마지막으로 ⑦ 개별 국가는 자국의 국민이나 군인이라 하더라도 개인이 국제법에 반하는 범죄를 저지른 경우 그 책임을 면제해 줄 수 없다. 이는 뉘른베르크 군사법원의 기본 전제였다.[179]

먼저 라이트는 첫 번째 위법화 원칙에 근거해 유엔 총회의 11월 3일 '평화를 위한 단결' 결의안을 지지했다. 즉 유엔 총회에서 회원국 3분의 2가 찬성해 마련된 권고안만으로도, 어떤 국가가 죄가 있고 무고한지를 국제법상으로 규정하고 확립하기에 충분한 근거가 된다는 것이었다.[180] 이는 전쟁의 위법화라는 근본적 원칙에 근거해 유엔의 권력 구조와 절차적 쟁점들을 부수적인 것으로 간주한 해석이었다.

두 번째로 라이트는 전쟁의 위법화로 인해 국가들이 소유하고 있던 전쟁 선포 권리를 빼앗겼고, 19세기 유럽 실증주의 국제법적 의미의 전쟁 개념은 사라졌다고 보았다. 즉, 그는 국제법이 더 이상 법적 의미에서 '전쟁 상태'state of war의 존재를 인정하지 않는다고 보았다.[181] 유엔 헌장이 도입되어 모든 전쟁이 금지되었기 때문에, 더 이상 동등한 국제법적 권리를 가진 두 개 이상의 국가 간에 '전쟁 상태'라고 규정되는 법적 사건이 존재할 수 없게 된 것이다.

이와 관련해 한스 켈젠 역시 모든 무력 사용은 '상태'라는 법적 개념보다는 '행동'이라는 개념을 통해 접근해야 한다고 강조했다.[182] 즉, 전쟁을 법적 상태로서가 아니라 합법 혹은 불법적인 행위라는 관점에서 보게 된 것이다. 따라서 이제 교전국에게는 더 이상 법적 권리라는 것이 있을 수 없다. 무력 분쟁이 발생했을 때, 이에 관한 법이 엄격하고 공정할 필요도 없다. '전쟁 상태' 개념이 사라지면, 이에 근거하던 '중립성' 개념도 사라지게 된다.[183]

반면 오스트리아의 법률가 쿤츠는 이상주의가 아닌 현실주의와 회의주의 정서에 입각해 새로운 시대를 더 비관적으로 보았다. 그는 과연 전쟁이 유엔의 선언만으로 실제로 완전히 폐지되었는지에 회의적이었다. 그는 오히려 앞으로 '법 없는 전쟁'이 이루어질 것이라고 보았다.[184] 이때 그가 말하는 법이란 유엔 헌장처럼 전쟁 자체를 불법화하는 종류의 법이 아니었다. 그는 전쟁이 발발한 경우 교전국의 전투 행위에 다양한 법적 규제를 부과해 왔던 전시법law of war을 개정해야 한다고 끊임없이 강조했다. 당시 유엔은 전쟁 자체를 금지했기 때문에 더 이상 예전처럼 전시법이 필요하지 않다고 생각했다. 따라서 그는 유엔 밖에서라도 시대 상황에 맞게 전시법이 개정되어야 한다고 주장했다.[185] 이 연장선상에서 쿤츠는 '전쟁 상태' 개념이 사라졌다고 하더라도 어떤 '사실상de facto의 무력 충돌'이 있다면 전시법이 자동적으로 활성화되고, 따라서 교전국들의 이해관계로부터 거리를 둘 의무나 국제법적 지위에 관한 중립성 개념도 유지된다고 보았다. 이것이 바로 19세기 실증주의를 따르고 있는 그의 입장이었다.

하지만 라이트와 켈젠, 쿤츠는 모두 19세기적 의미에서 법적인 '전쟁 상태'라는 개념이 더 이상 필요 없다는 데는 합의했다. 다만 라이트와 켈젠은 유엔 헌장 이후에는 법적 '전쟁 상태'가 존재할 수 없다고 보았고, 쿤츠는 전쟁 상태라는 명칭에 신경을 쓰기보다는 전쟁이 발발하면 전시법과 중립성이 반드시 준수되어야 한다는 현실적 차원을 중시했다. 두 학파 간의 가장 큰 차이는 전시법이 양측을 비차별적이고 공평하게 다루어야 하는가라는 문제에 있었다. 라이트와 켈젠은 전시법 자체가 폐지되어야 하며 전쟁은 그 자체로 범죄라고 보았다.[186]

즉 라이트는 전쟁을 초래한 국가는 국제법을 위반해 범죄를 저지른 것이며, 따라서 전쟁과 관련된 모든 권리를 박탈해야 한다고 보았다. 반대로 합법적으로 분쟁에 관여한 국가는 모든 권리를 가지며 심지어 유엔을 통해 개입한 경우에는 정상적인 교전권을 넘어선 각종 제재 조치를 취할 수 있다고 주장했다. 이것이 바로 한국전쟁 때 처음으로 논쟁의 대상이 된 주제였다. 라이트는 유엔의 승인을 받은 국가들은 과거의 전통적 전시법이 허용한 것 이상의 무력을 사용할 수 있어야 한다고 주장했다.[187] 이는 미국 국제법학회의 의견이기도 했는데, 유엔을 지지하는 측은 과거의 모든 전시법에 얽매일 필요가 없고, 유엔의 목적에 맞아 보이는 법을 선택하고 목적에 부합하지 않는 것은 거부하면 된다는 것이었다.[188]

이런 주장에 대해, 실증주의적 입장을 견지하고 있던 실용학파는 격렬한 논쟁을 벌였다. 영국 학자로 이후 세계재판소 판사를 역임했던 라우터파흐트Hersch Lauterpacht는 무조건 법적 논리에만 의존하지 말라고 경고했다. 그는 전시법을 차별적으로 적용하는 것의 어려움을 고려해야 한다고 주장했다. 즉 합법적 개입에는 무제한의 권한을 부여하고, 불법적 국가에게는 모든 권한을 박탈하는 차별적 조치에 반대했다. 스위스의 국제법 사회학자 막스 후버Max Huber 또한 전시법을 차별적으로 적용하는 것은 현실적으로 어렵다는 데 의견을 같이 했다. 이들은 차별을 받는 당사국이 열악한 법적 위치에 놓이면 보복을 할 수 있으므로 결국 차별의 실질적 효과가 사라지게 될 것이라고 경고했다.[189]

라이트의 여섯 번째 주장, 즉 개별 국가가 자국민이 보유한 국제법적 권리나 의무를 박탈하거나 면제시킬 수 없다는 것 역시 매우 논쟁적이었다. 라이트는 이 주장의 근거로 유엔 헌장의 인권 관련 조항인 55조와 56조, 그 외 총회의 여러 결의안을 들었다. 이렇게 되면 불법적인 전범 국가의 개인들이라 하더라도 제네바 협약 등 인도주의 법들이 군인과 민간인에게 부여한 권리를 누릴 수 있게 되고, 동시에 전쟁 포로들은 집합적 권리가 아닌 개인적 권리를 갖게 되는 것이다.[190] 라이트는 국제법을 개별 국가보다 더 높은 지위와 권위를 가진 것으로 보고, 그 국가의 개인들에게 국제법이 직접 적용되는 상황을 상정했다.

이처럼 라이트는 전쟁을 완전히 범죄화시키고, 그 법을 적용하는 측과 적용받는 대상 간에는 전적으로 차별적 위계가 있어야 한다고 주장했다. 그는 나아가 이 국제법의 적용 대상이 되는 국가의 모든 권리를 박탈하고, 국제법이 개인들에 대한 법적 권한을 직접 관장하게 하려 했다. 라이트의 위법화 테제는 자유주의적 법치 기획의 최대 기준을 제시한 것이었다.

3) '정의로운 전쟁'의 부활 테제

전쟁의 위법화와 관련된 논쟁은 유엔 창설 이후 전쟁의 성격 자체의 변화와 직결되어 있었다. 흥미로운 것은 전쟁의 완전한 위법화와 유엔의 권위를 강력히 지지한 라이트가, 이 문제를 내전과 중세적 의미의 정의로운 전쟁 개념으로 연결해 이해했다는 것이다.

라이트는 미국 내전을 사례로 들어 한국전쟁 상황을 이해하려 했다.

그에 따르면 미국 내전은 북부의 입장에서는 반란을 진압하기 위한 치안 활동police operation이었다. 비록 내전에서 수많은 인명이 죽고, 파괴되고 미국 내에서 불화가 한 세기 동안 지속되었다는 점에서 전쟁의 결과는 그리 성공적이지 못했지만, 이 전쟁은 분리 독립을 막았고 북부 연합을 보호했으며 이후 미국이 '전례 없는 번영과 안보를 누릴 수 있는 조건'을 만들었다고 평가했다. 라이트는 이런 미국의 내전 경험이 수정 헌법, 정부의 활동, 여론에 반영되었듯이, 한국의 사례 또한 장기적으로는 유엔의 활동과 원칙에 변화를 줄 것이라고 지적했다.[191] 즉 라이트의 관점에서 한국전쟁은 유엔이라는 초국적 법치 질서 내에서 발생한 내전이자 반란이었다.

따라서 유엔으로 대표되는 국제 공동체와 침략자의 관계는, 한 국가와 내부 반란 세력의 관계와 유비를 이루는 것이었다. 그는 모든 국가가 국내 반란과 내전을 위법화했으며, 위법화 이후에 이런 사건이 발생하면 국가들은 이를 진압할 때 전시법을 적용했다고 지적했다. 라이트는 근대에 전시법이 최초로 성문화된 것이, 미국이 내전에 적용하면서 공표한 이른바 리버 규칙Lieber Code[192]라고 주장했다. 최초의 근대적 전시법 자체가 미국 내전의 산물이라는 것이었다.

리버 규칙의 특성은 국가 간 전쟁이 아니라 반란 세력에게 적용될 경우 여러 변칙적인 차별 원칙들이 존재했다는 점이다. 이 법을 적용한다는 것 자체가 그 세력이나 정부를 인정한다는 것을 의미하지 않았으며, 반란 지도자들은 야전의 군사법을 적용해 군법회의로 처벌하게 했다.[193] 즉, 리버 규칙의 특성은 반란 세력의 모든 권리를 박탈하고, 일방적으로 처벌하며, 군사법과 군법회의로 처벌한다는 것이었다.

또한 라이트는 집단 안보 작전이나 내전 진압 모두, 이 작전이 성공했을 경우에만 법 집행이 가능해진다는 점, 진압에 성공한 이후 반란 세력을 사면하여 상황을 진정시킬 수 있다는 점 등이 유사하다고 설명했다.

국제법에 의해 위법화된 침략의 사례가 국내법에 의해 위법화된 반란과 유사하다는 것이었다.[194]

라이트는 한국전쟁과 미국 내전과의 유비를 결국 중세의 정의로운 전쟁 개념으로 연결시키며 그 함의를 더 확대했다. 그는 중세 법학자들은 정의로운 전쟁 개념을 통해 전쟁을 원칙상 금지하고, 오직 범죄에 대한 대응으로서만 전쟁을 허용하며, 따라서 교전국들 간의 동등한 결투라는 의미로서의 전쟁을 전적으로 위법화시켰다는 점을 지적했다. 라이트는 이 주장을 뒷받침하기 위해 실증주의자로 여겨지던 켈젠마저도 정의로운 전쟁과 부정의한 전쟁을 구분하며, 부정의한 측의 경우 전쟁의 권리를 부정하는 것이 국제법상 필요하다고 주장했음을 지적했다.[195] 켈젠은 실제로 국제법이 전쟁을 원칙적으로 금지해 범죄화하지 않으면 더 이상 국제법 자체가 존립될 수 없다고 언급한 적이 있었다.[196]

라이트는 18세기와 19세기의 정치적 조건에서는 정의로운 전쟁 이론이 받아들여지지 않았고, 반대로 정치적인 권력 균형과 중립성 개념이 선호되었지만, 20세기는 조건이 변했다고 주장했다. 국제분쟁의 평화적 해결에 대한 헤이그 협약, 국제연맹 협약, 켈로그-브리앙 협약, 유엔 헌장 등은 거의 모든 국가가 정의로운 전쟁 개념을 받아들였음을 보여 주고 있다. 또한 비중립·비교전을 인정하지 않는 스팀슨 독트린이나, 전쟁 종식 후 전범재판을 통해 침략이라는 전쟁죄를 처벌하는 것, 침략을 막기 위한 집단 안보기구의 설치 등은 모두 전쟁을 위법화하려는 국제법적 발전의 산물이었다.[197]

하지만 전통적인 실증주의 학자들은 20세기에 정의로운 전쟁 원칙이 다시 받아들여져야 한다는 이런 주장에 대해 회의적이었다. 쿤츠는 자연법에 가장 적대적이었던 한스 켈젠이 정의로운 전쟁을 주장하고 있다고 비판했다. 하지만 쿤츠는 켈젠이 "실증주의 국제법이 정의로운 전쟁을 수용할지의 문제는 과학적 결정의 문제라기보다는 정치적인 문제"라며 유보적인 태도를 보였음을 지적하면서, 켈젠에 대한 라이트의 해석과 다른 의견을 제시했다. 쿤츠는 제2차 세계대전 이후의 변화가 중세식 정의로운 전쟁 독트린으로 돌아가는 것이라는 주장은 법적으로 전혀 근거가 없는 이데올로기이거나 이론적으로 부정확한 분석의 산물이라고 비판했다. 그는 정의로운 전쟁 독트린은 주관주의적 태도와 개념의 무비판적 남용을 초래하고 있으며 냉전 정치의 경쟁 구도에서 하나의 정치 이데올로기로 타락했다고 비판했다.[198]

좀 더 구체적으로 쿤츠는 두 가지 측면에서 당시 상황을 정의로운 전쟁의 귀환으로 볼 수 없다고 반박했다. 첫째, 제1차 세계대전 이후 전쟁의 금지와 관련된 협약들은 실증적 국제법의 위반을 문제 삼는 것이지 자연법의 위반을 문제 삼는 정의로운 전쟁과 근본적으로 달랐다. 과거 정의로운 전쟁은 법의 집행이면서 동시에 자연권과 정의의 집행이었다. 둘째, 국제연맹 협약은 전쟁을 폐지한 것이 아니라 합법적 전쟁과 불법적 전쟁을 차별적으로 구분한 것에 불과했다. 쿤츠 주장의 핵심을 요약하면, 중세의 정의로운 전쟁bellum justum 개념이 유엔 이후에는 합법적 전쟁bellum legale개념으로 대체되었다는 것이다. 전쟁의 불법성 또한 전쟁의 원인 자체가 정의롭지 않기 때문이 아니라 형식적이고 절차적인 원칙을 위반했는지의 여부에 있기 때문에 중세식 정의로운 전쟁과 달랐다.[199]

이렇듯 쿤츠는 기본적으로 제1차 세계대전 이후의 발전을 19세기 근대적 실증법이 전개되고 완성되고 확대되는 과정으로 보았다. 그가 보기에는 켈로그-브리앙 협약이 국가의 정책으로서 전쟁을 금지했지만, 자기방어 전쟁의 합법성을 인정한 것에서 알 수 있듯이, 이 협약의 등장은 중세식 정의로운 전쟁 개념의 부활이 아니라 기존 국제법을 약간 수정restatement한 것에 불과했다. 국제법은 계속 발전했고, 국제연맹 규약과 켈로그-브리앙 협약은 전쟁을 법적으로 명확히 규정하는 데 실패했지만, 유엔 헌장은 전쟁이라는 개념 대신 '평화에 대한 위협', '무력 침공' 등으로 대체하여, 법적 기술의 관점에서 큰 진보를 이루었다.[200] 그러나 유엔 헌장은 한편으로 자기방어와 유엔의 개입을 정당화했으므로, 기본적으로 무력의 합법적 사용과 불법적 사용을 구분한 것이었다. 쿤츠는 그나마 이런 기능을 담당할 안보리마저 거부권 행사로 마비된다면, 우리는 기존의 일반적인 국제법 체제로 다시 돌아가는 것과 다를 바 없다고 지적했다.[201]

끝까지 실증주의적 가치를 수호한 쿤츠의 관점에서는 당시 국제법 상의 혼란은 제도적 발전의 수준이 낮았기 때문이었다. 즉 쿤츠가 보기에는 전쟁 금지와 관련된 국제법의 발전은 매우 불완전했다. 즉 유엔 헌장은 국제 분쟁을 강제력을 통해 해결하지도, 평화적 해결을 유도할 수 있는 실질적 절차를 만들어 내지도 못했다. 또한 유엔 헌장은 불법적 침략 뿐만 아니라 의무를 이행하지 않는 국가에 대해 국제법적 권위를 부과할 강제력이 없었기 때문에 유엔이 무력 개입을 하더라도 그 성공을 보증할 수 없었다.[202] 이렇게 원시적이고 약한 법들은 무엇보다 '정의'라는 가치보다는 당장의 평화와 현존 질서status quo를 보증하는 데 급급했다. 제2차 세계대전이라는 재앙적 전쟁이 초래한 두려움으로 인해 정의를 달성한다는 적극적 목표보다는 전쟁을 피한다는 당장의 목표가 더 중요해진 것이다. 유엔의 목적은 정의의 추구가 아니라 국제 평화와 안보의 유지였다. 결국 20세기 후반 평화에 관한 국제법의 발전은 구체적 내용을 가진 '정의'라는 가치보다, 최소한의 소극적 가치로서의 '안보'를 정의의 사전 조건으로 강조하는 경향을 반영한다. 따라서 냉전 초기의 국제법적 갈등은 안보와 정의라는 두 가치가 이율배반하고 있는 상황이었다. 따라서 안보를 중시하는 경향에 비해 오히려 중세의 정의로운 전쟁 독트린은 전쟁의 원인에 대한 내적 정의를 보유하고 있었고, 안보보다는 좀 더 상위의 정의라는 가치를 추구하는 것이었다.[203]

쿤츠는 놀랍게도 냉전 초기에 세계적 규모에서 정의의 내용을 둘러싸고 벌어지는 정치적 대립의 본질을 꿰뚫어 보고 있었다. 그는 제2차 세계대전이라는 참화를 겪은 후 하나의 정의관을 수립하지 못한 채 안보에 대한 추구에 골몰하고 있는 상황을 정확히 관찰했다. 쿤츠는 실증주의적 국제법의 근대적 발전의 과정으로 볼 때, 냉전의 안보 중심적이고 수동적인 접근 방식은 오히려 중세의 정의로운 전쟁보다도 퇴행한 것이라고 평가했다.

하지만 실증주의 국제법에 충실한 그의 입장은 법적 절차의 엄밀성과 형식성의 문제만을 제기하고, 국제법이 현실의 권력관계에 따라 활용되고 도구화될 수 있는 상황 앞에서 매우 무기력했다. 그는 철저히 유럽의 근대적 주권국가 간 관계를 전제로 하고 유엔 체제로 인해 등장한 초국적 법치 기획의 성격을 대면하지 못했으며, 무엇보다 현실의 힘과 권력의 충돌 문제, 즉 전략과 정치의 문제로부터 수동적으로 거리를 두었다는 점에서 켈젠식 형식주의 법학의 한계를 그대로 보여 준다.

4) 현실주의적 냉전 인식론의 부상: 반사법주의적 권력 개념과 그 비판

반대로 냉전의 인식론은 늘 국제법적 정당성이나 절차가 아니라 '권력'을 사고의 중심에 두고 있었다. 국제정치에서 사법주의적 관점 자체의 입지가 점차 줄어들고 약화되었으며 권력과 힘을 강조하는 현실주의가 대두했다. 홉스에서 슈미트로 이어지는 현실주의적 관점은 유엔의 활동과 국제법의 의미에 대해 가장 냉소적이고 철저한 비판을 가했다. 실제로 미국의 냉전 전략가들과 미 군부는 국제법과 규범적 요소들에는 거의 관심을 두지 않았다. 따라서 이런 새로운 관점을 뒷받침하는 정치·학문적 논쟁이 전개되었다.

현실주의적 관점은 한스 모겐소와 조지 케넌의 책[204]에 집약되어 있었다. 이 두 책은 모두 유엔이나 국제법 같은 '법적·도덕적'legalistic-moralistic 접근에 반대하고 적나라한 권력투쟁에 대한 계산에 입각해 고전적인 외교 전술을 사용하자고 역설했다.

먼저 모겐소는 한국전쟁 발발 1년 후에 간행한 『국익을 옹호하며』In Defence of the National Interest를 통해 미국의 전후 대외 정책의 네 가지 지적 오류를 지적했다. 그것은 유토피아주의·감상주의·고립주의 그리고 사법주의였다. 모겐소는 특히 사법적 접근이 유토피아적이고 비정치적인 개념에서 발전한 것이며, 국제관계에 평화 상태가 전제되어 있는 것으로 보고 있다고 지적했다. 유토피아적 사법주의는 평화를 사랑하는 국가와 침략 국가를 구분하고, 이에 따라 법을 지키는 국가와 범죄적 국가를 구분하려 한다. 평화를 사랑하는 국가들은 폭력적인 변화에 대항해 현존 사법 질서를 방어하지만, 침략 국가들은 그들의 법적 의무를 부정한다. 따라서 두 집단 간의 갈등은 상호 동등한 권력의 문제가 아니라 "평화와 법, 질서" 대 "공격, 범죄와 무정부"라는 절대적 용어들을 통해 해석된다.[205]

모겐소는 한국전쟁의 사례를 지켜보면서, 유엔은 법을 집행하기 위한 포럼이 되었으며, 국제 무대에서 경쟁하고 있는 국가들 간에 벌어지는 중요한 정치적 쟁점들을 해결하는 데 거의 무용지물이라고 혹평했다. 그는 미국이 유엔을 그 자체로 '목적'으로 보고 국가 간 권력 정치를 대체할 수 있는 기구로 생각했지만, 다른 국가들은 기본적으로 유엔을 '수단'으로 보았다고 지적했다. 유엔에서는 전쟁이나 외교 대신 투표와 관련된 사법적 절차의 문제를 둘러싸고 싸움이 벌어지고 있는데, 이 싸움은 "매우 비효율적이며 결론을 내지 못"하고 있었다. 유엔은 열강들 사이에 갈등이 있을 경우 기능이 마비되는 조직이었다.[206]

모겐소는 특히 유엔 총회가 통과시킨, 한국에 대한 '평화를 위한 단결 결의안'을 사례로 들었다. 그는 이 결의안이 결국 '권고'에 머문 것은 그대로 유엔 집단 안보 시스템의 취약함을 드러낸다고 지적했다. 그는 안보리가 소련의 복귀로 무력화된 상황에서 총회의 다수결을 통해 '권고' 결의안을 내는 것은, 집단 안보 기구가 완전히 탈중앙집중화된 상황을 보여준다고 생각했다. 그는 이 결의안은 "선언은 요란했지만", 실제로 유엔의 요청에 따라 한국에 개입한 국가들은 법적 의무에 따른 것이 아니라 자국의 이해관계 정도에 따라 개입한 것이었다. 유엔의 60개 회원국 가운데 16개국만 군을 지원했고, 그나마 미국·캐나다·영국·터키 정도만이 의미 있는 지원을 했다. 따라서 이런 현실 역시 집단 안보 원칙의 취약함을 여실히 드러내 준다고 보았다.[207]

모겐소가 생각하는 국제 관계의 핵심 요소는 각 국가들의 이해관계 즉 국익이었다. 그는 유엔이나 사법주의보다는 권력관계와 현실주의적 인식 그리고 외교가 더 중요하다고 보았다. 현실주의는 기본적으로, 국가들 간의 관계는 평화 상태가 아니라 지속적인 권력을 향한 투쟁이라는 홉스주의적 전제를 깔고 있었다. 즉 "(모든 정치처럼) 대외 정책은 본질적으로 주권국가가 국가 이익을 위해 벌이는 권력 투쟁"이었다. 그리고 이 권력의 자원은 지정학, 천연자원, 산업 역량, 군사력, 인구, 국민 사기, 외교의 질, 정부의 질 등으로 평가할 수 있었다.[208]

모겐소에게 냉전이란, 미국이 주도하는 평화로운 세계 질서에 대한 소련의 배신과 파괴가 촉발한 적대가 아니라, 초강대국의 양극 권력 균형 체제였다. 한국의 역사는 그 자체로 약 2천 년에 걸친 주변 국가들 간의 권력 균형의 산물이었다. 한국의 분단도 미국과 소련의 이해관계와 각자가 보유한 권력 간 균형을 드러내며, 한국전쟁의 전개 양상 역시 권력 균형의 표현이었다. 즉 미국이 한국에 개입한 것은 극동에서 권력 균형을 유지하고 아시아에서 영토적 안정성을 유지하려는 행위였다. 미국과 소련은 서로 상대가 한반도 전체를 통제하는 상황을 용납하지 않으려 했다. 한국전쟁에 유엔이 개입한 것은 북한의 침략을 방어하기 위해서라기보다 한국이 소련에 장악되는 것이 두려워 향후 동아시아 안보 질서의 안정을 확보하기 위한 것이었다. 양측은 상대를 완전히 패배시키려 하지 않았고, 일시적이고 유동적이며 불안정한 분단 상태에 만족했다. 모든 것이 극동의 권력 균형의 반영이었다.[209]

이런 인식에서 모겐소는 미국의 냉전 전략을 적극적으로 지지했다. 즉 모겐소가 보기에 애치슨이 제시하는 미국의 냉전 전략은 곧 '협상 영역을 넓혀 나가기 위한 상황을 가능한 한 많이 만들어 나가는 것'이었다. 이를 위해서는 강력한 힘과, 상충하는 이해관계를 중재시키는 노력이 필요한데, 미국은 향후 소련과 직접 충돌하게 되는 순간까지 무력 경쟁을 통해 힘을 축적해 나가고, 미국의 힘이 충분히 우월하여 "소련으로 하여금 미국이 선호하는 조건을 받아들이도록 할 수 있을 때까지 힘의 축적을 지속해야 한다고" 주장했다. 냉전의 본질은 이런 권력 균형 게임이었다.[210]

봉쇄정책의 창안자인 케넌 역시 포괄적으로 사법주의와 도덕주의를 비판했다. 케넌은 윌슨과 루스벨트로 이어진, 자유주의적 국제주의에 입각한 지난 50년간의 대외 정책은 '실패'했다고 보았다. 그에 따르면, "우리의 가장 심각한 정책적 실수는 국제적 문제를 사법적이고 도덕주의적으로 접근한 것"이다. 이런 입장은 헤이그 평화회의, 보편적 비무장, 국제법의 역할에 대한 야심찬 구상, 국제연맹, 유엔, 켈로그-브리앙 조약, 세계 법이나 세계 정부 같은 믿음을 강조했던 오랜 흐름에 담겨 있었다. 이는 "법적 규칙을 받아들이면, 국제사회의 위험하고 혼란스런 정부들의 행위를 억제할 수 있다는 믿음"에 근거해 있었다. 이런 믿음은 곧 "앵글로

색슨적인 개인주의 법 개념을 국제사회의 영역에 적용하려는 시도"로 이어졌다.[211]

케넌은 사법주의와 도덕주의의 취약점들을 구체적으로 지적했다. 첫째, 대다수의 국가들을 국제 사법 체제에 복속시킨다는 생각은 이들을 모두 미국과 동질적인 국가들로 전제하는 것이다. 둘째, 사법주의와 도덕주의적 접근은 국가의 평등한 주권 원칙을 전례 없이 절대적인 것으로 만들고 있다. 셋째, 미국은 초국적인 '세계법'이 있다고 인식함으로써 무력이나 정치의 중요성과 국제적 불안정성의 근본 원인들을 무시하고 있다. 넷째, 침략과 국제법 위반을 제재할 가능성을 과대평가하고 있으며, 연합 군사 행동의 효율성에는 한계가 있다는 사실을 망각한다는 것이었다. 또한 케넌은 사법적 접근은 전쟁과 폭력을 없애려는 의도에서 비롯되었지만 "이상하게도 법을 어긴 것에 대해 도덕적 분개를 촉발하고, 법을 어긴 국가를 완전히 복종시키고, 무조건 항복만을 추구하며, 따라서 총력전total war과 완전한 승리total victory에 대한 추구로 이어져 결국 폭력을 더욱 증폭시킨다"는 문제를 지적했다. 케넌의 결론은 "미국을 국제법과 도덕의 노예로 만들지 말고, 국제법의 기능을 전쟁 같은 중요 사건들을 신사적으로 문명화gentle civilizer하는 것으로 한정하자"는 것이었다.[212] 국제법에 과도한 권위와 지위를 부여해 무조건 적용하려 들기보다 국익에 기반한 현실주의적 외교를 우선적으로 생각하고, 국제법은 다만 조금 더 문명화된 규범을 확산시키는 부수적 용도로 활용하자는 의미였다.

이 같은 케넌의 현실주의적 해석은 한국전쟁에 대한 국제법적 논쟁과 해석 자체를 비판하며 사법주의적 태도가 냉전에 과도한 정치적 갈등을 촉발한다는 것을 지적한다는 점에서 성찰적 근거를 제공했다. 하지만 궁극적으로는 권력에 대한 강조와 정당화, 고전적인 권력 균형 원칙으로의 복귀를 주장하며 국제법을, 국익에 기반한 국가 간 관계를 점진적으로 '문명화'해

나가는 도구 정도로 축소시키려 했다는 점에서 국제법을 국익을 위한 정치적 도구로 간주했다고 볼 수 있다.

다른 한편 한국전쟁 초기 유엔의 결의안을 미 국무부의 입장에서 적극적으로 방어하던 국제법 학자 맥두걸은, 미국 국내 정치의 맥락에서는 사법주의와 법의 역할을 수호해야 한다는 입장에 있었다. 그는 한국전쟁 시기, 국제 정치 무대에서 법의 역할이나 국제기구의 역할을 최소화해야 한다는 입장에 반대했다. 또한 사법주의에 대한 모겐소와 케넌의 비판이 지나치게 단순한 권력 개념을 근거로 하고 있다고 반박했다. 그는 다시 고전적 권력 균형 원칙으로 돌아가자는 현실주의자들의 주장에 맞서, 20세기의 새로운 가치와 새로운 국제 질서, 그리고 복합적인 정책 결정 과정을 강조했다.

맥두걸은 우선 모겐소의 권력 개념이 모호하고 권력을 단지 물리력으로만 상정하고 있다고 비판했다. 그는 모겐소가 전제로 하는 권력의 범주 역시 제한적이며, 따라서 대안으로 구시대적인 외교와 전쟁만을 제시하고 있다고 비판했다.[213] 맥두걸은 국민국가들 간의 적나라한 힘을 가정하는 현실주의의 단순한 권력 개념을 넘어 좀 더 포괄적인 개념을 제시하려 했다. 그에 따르면 권력이란 다른 인간에 대한 통제control였다. 따라서 적나라한 폭력과 무력만이 아니라 복합적인 의사 결정 과정에서 작동하는 사람들 간의 관계의 문제였다. 이렇게 보면 권력은 상대에게 고도의 관용을 보여 줌으로써 획득할 수도 있고, 권리를 박탈당해 스스로 결정할 수 없는 타인을 위해서 대신 결정해 주는 상황에서도 발현될 수 있는, 좀 더 복합적인 것이었다.[214]

맥두걸은 또한 20세기 후반에는 새로운 이념과 가치들이 국제적 규범으로 부상했음을 강조했다. 이제 각 국가들은 국익뿐만 아니라 상호 존중, 계몽, 풍요로움과 번영, 기술 발전과 인권, 안전과 평화 등 다양한 초국적 가치를 요구하고 있었다. 그는 전 세계의 정치적 결정 역시 고전적인 국민국가에 의해서만이 아니라 더 다양하고 복합적으로 구성된 정부, 상호 간 연결된 수많은 제도들의 복합적 매트릭스 속에서 이뤄지고 있다고 설명했다. 따라서 국제정치는 외교와 전쟁의 영역뿐만 아니라 복합적인 정책 형성과 국제적 규범의 적용 행위 등을 포괄하는 전체 과정의 문제였다. 맥두걸은 "정책들은 합의와 회의, 결의, 선언, 성문화codification, 해외 사무소의 관습적 행위를 통해 형성되고 처방되며 재형성되고 다시 배치된다"고 주장했다.[215]

따라서 중요한 것은 이제 '법'이 아니라 과정으로서의 '정책'이었다. 맥두걸은 좀 더 복합적인 권력 개념을 통해, 법 자체에 대한 재해석의 통로를 열었다. 그에 따르면 법은 단지 현존 질서 유지를 위해 고안된 교조적 원칙도 아니고, 권력과 정치로부터 고립된 절차도 아니다. 그에게 법은 "세계의 권력 과정 내부에 포함되어, 정책들의 지속적인 형성과 재형성을 가능하게" 하는 것이었다. 그에게 이런 권력 과정의 궁극적인 결과는 바로 '상호 의존'interdependence이었다.[216] 요컨대, 맥두걸은 의사소통-관계론적인 권력론에 근거해, 법을 초월적 규범이나 형식적 원칙이 아닌, 매우 유동적이고 일시적인 '정책 과정'의 한 요소로 자리매김하려 한 것이다.

이렇게 한국전쟁에 대한 국제법적·정치적 논쟁들은 기존 입장에 대한 반발로 새로운 관점들이 등장하는 식의 연쇄적 흐름을 형성하고 있었다. 처음에는 가장 보편적이고 이상적인 원칙을 최대화시킨 입장이 우세했고, 이에 반발해 법적 절차와 형식을 강조하는 실증주의적 입장이 등장했다. 그러자 이 사법적 논쟁 자체에 반발하는 현실주의적 입장이 대두되어 국가권력과 균형을 강조했다. 마지막으로는 현실주의의 인식을 비판하면서도 실증주의적 입장으로 돌아가지 않는 좀 더 복합적인 권력 개념이 등장했다. 이에 따르면 법이란 복합적이고 다층적인 정책 형성 과정의 한 요소였다.

즉 한국전쟁 초기 국면에 대한 국제적 논쟁은 20세기적 이상주의와 19세기적 실증주의가 충돌하고, 다시 19세기적 현실주의와 20세기적 국제주의가 맞물려 등장한 것으로 이해할 수 있다. 한국전쟁을 둘러싼 논쟁은 단지 군사적 충돌, 정치적 모략과 냉전 전략의 문제만이 아닌 근본적인 20세기 지성사적 논쟁과 연결되어 있는 것이다.

5. 이중적 예외 상태와 초국적 법치 기획의 한계

한국전쟁에 대한 초기 결정부터 유엔의 권력 구조가 변화되는 과정까지 살펴본 결과 이제 이 장의 처음에서 제기한 문제에 답해야 할 차례이다. 먼저 한국전쟁 초기에는 어떤 평화 기획이 선택되었는가? 이 장은 한국전쟁 초기 결정들이 전쟁에 대한 유엔의 기존 대응과는 다른 새로운 원칙들이 매우 이례적으로 적용되었으며, 심지어 유엔의 권력 구조를 바꾸고 다양한 헌법적 쟁점을 제기한 칸트적인 초국적 법치 기획이었다고 평가했다.

왜냐하면 한국전쟁에서 유엔과 미국은 냉전 시기를 포함해 유엔의 역사에서 유례가 없는 중요한 결정과 행동들을 매우 신속히 집행했기 때문이다. 창설 이후 유엔은 수년간 국제 분쟁에서 소극적인 중재와 휴전 요청, 진상 조사와 윤리적 호소, 전쟁 피해자에 대한 사후적인 인도적 처우만을 다루었고, 더구나 냉전 경쟁이 심화되면서 미국이나 소련이 관여한 사안에서 절대적인 무능을 보여 줬다. 하지만 한국전쟁은 유엔의 이상적인 보편적 기능과 목적을 모두 발휘해 가능성을 모두 실현할 수 있는 이상적 사례로 여겨졌다. 그 결과 한국전쟁이 '평화에 대한 위반'에 해당한다는 유엔 최초의 결의안이나, 이에 대해 유엔이 직접적인 무력 개입을 결정하고 유엔 사령부를 설치하는 최초의 결정, 미국의 주도하에 안보리의 권한을 넘어서 총회의 권한을 강화시킨 최초의 결의안이 등장했다. 이 세 가지 결의안은 모두 유엔의 가장 근본적인 목적과 성격에 대한 헌법적 논란을 낳았는데, 이는 그만큼 유엔이 한국전쟁 초기에 이례적인 수준으로 초국적 법치 기획을 추구했음을 보여 준다.

그렇다면, 결론적으로 한국전쟁이 초국적 법치 기획의 최대치가 반영된 정의로운 전쟁이었다고 볼 수 있을까? 이에 대한 세 가지 서로 다른 입장이 있었다.

먼저 이상주의적인 자유주의의 입장은 유엔과 국제법에 의해 전쟁이 위법화되었다는 테제를 전개했다. 이에 기반해 유엔의 권한을 최대한으로 확장하고 초국적 법의 권위를 부상시키자, 지역 분쟁의 위상은 격하되었고 전체 지구 공동체 내부에서 발생한 내전이나 반란으로 여겨졌다. 이는 해당 국가의 주권을 인정하지 않는 미국의 태도를 정당화했다. 자연스럽게 정의로운 전쟁 개념이 부활했고, 교전 상대를 범죄자로 몰아 모든 권한과 협상 가능성을 박탈하는 완전히 차별적/처벌적인 전쟁이 추구되었다. 이런 전쟁의 완전한 위법화 테제는 자유주의적 법치 기획의 이상적 최대치를 보여 준다. 바로 이 보편적 이상주의가, 국제적 권위를 통해 '침략자'를 처벌한다는 틀로 한국전쟁을 규정했던 형법적 사고방식의 근거가 되어 왔던 것이다.

하지만 한국전쟁은 중세식 정의로운 전쟁이 아니라 합법과 불법적 절차를 논하는, 법에 의해 규정된 '법적 전쟁'으로 봐야 한다는 반박이 있었다. 19세기 유럽식 실증주의적 태도는 법과 헌장의 엄밀한 해석과 적용을 강조하며 한국전쟁 초기 결정들과 개입 과정의 법리적·절차적 문제들을 지적했다. 이런 관점은 유엔 창설을 가능하게 했던 제2차 세계대전 동맹의 정신과 국내문제에 대한 불개입 원칙 등을 근거로 이 결정들의 불법성과 위헌성을 제기했다. 나아가 이 관점은 중세 자연법 수준의, 정의에 대한 초월적 규정이나 사상의 뒷받침, 폭넓은 합의가 없기 때문에 유엔의 한국전쟁을 정의로운 전쟁이라 할 수 없으며, 오히려 당장의 안보와 질서 확보에 급급한 퇴행이라고 진단했다.

이 연구는 과정과 절차의 측면에 주목할 때 한국전쟁 사례는 이 초국적 법치 기획을 적용하기 위해 국제 질서의 원칙과 법적 절차를 위반하고, 미국 내 헌법 질서를 위반하며, 유엔의 근본적인 권력 구조 또한 변형시킨 이율배반적 사례였다고 진단했다. 즉 한국전쟁에서 미국과 유엔의 결정들은 이중적인 예외 상태를 초래했다. 이 결정들은 한편으로는 유엔 헌장의 적법한 절차를 어기고 다른 한편으로는 미국 내 헌법적 절차와 권한을 위반했다는 점에서 이중적인 예외 상태였다. 각각의 예외 상태들은 미국이 자국이 주도하는 자유주의 법질서를 수호한다고 정당화했다는 점에서 벤야민적 의미에서 법 수호적 폭력이었고, 이에 대한 반발에 직면해 유엔의 권력 구조를 일방적으로 변화시켰다는 점에서 법 정립적 폭력이었다고 볼 수 있다. 즉 미국 주도의 자유주의 질서를 수호하고 확장하려는 의도가, 이중적 예외 상태라는 결정과 이를 현실화한 이중적 폭력을 초래한 것이다.

결국 한국전쟁을 둘러싼 국제정치적·국제법적 논쟁은 궁극적으로는 20세기의 초국적 자유주의 기획과 19세기적 국가 주권 원칙에 근거한 실증주의 기획이 충돌한 것이었다. 이 충돌에서 미국이 승리한 결과가 바로 한국전쟁 초기 유엔에서 내려진 결정들이었다. 미국은 한국전쟁 초기 자유주의 평화 기획의 최대치로서 초국적 법치 기획을 관철시키고 전쟁을 범죄화하는 데 어느 정도 성공했지만 수많은 반발과 보복을 낳음으로써, 기존 질서와 주권 원칙을 존중하고, 분쟁 당사자들 스스로 평화를 달성하도록 하거나, 좀 더 분명하고 확고한 평화를 창출하는 데는 실패했다.

이 근본적인 사법적 논쟁의 결과로 새롭게 부상한 것이 바로 냉전의 인식론, 즉 현실주의이다. 현실주의는 결국 법적 사고의 바깥으로 나아가 국민국가 간의 적나라한 권력경쟁과 균형을 강조한 것이었다. 현실주의는 사법주의의 무능과 무용성을 비난하며 유엔 자체를 평가절하하고 국익을 가장 중요한 가치로 전제한 후 이에 기반한 외교와 권력 균형을 강조했다. 이런 이해에서는 한국전쟁은 불법도 합법도 아닌, 그저 한반도를 둘러싼 열강들의 국익 추구와 권력 균형으로 발생한 문제였다.

그런데 주목할 것은 이 관점들이 상호 배제적이었던 것이 아니라, 서로 결합되어 궁극적인 정치적 효과를 발휘했다는 점이다. 특히 미국의 자유주의적 이상주의와 현실주의적 봉쇄 전략은 전혀 서로 충돌하지 않았다. 이 두 관점은 자유주의 기획의 야누스적인 두 얼굴로 결합되어 한국전쟁 초기의 슈미트적 결단을 지지했다. 오히려 이들과 충돌한 것은 켈젠식의 법형식주의, 고전적 실증주의 원칙이었다. 하지만 법리적 비판들은 현실의 권력관계에 무기력했으며, 형식적인 비판에 머물렀다.

이런 진단의 함의는 무엇인가? 공화주의와 국제법, 유엔 체제에 근거한 영구 평화 기획은 '전 지구적 내전'과 대면하고 있는 자유주의적 리바이어던의 힘과 권위에 오히려 흡수되었다. 다만 이 리바이어던은 19세기식으로 선전포고를 하지 않으면서, 전쟁에 대한 미국 내 헌법적 논란의 문제와 갈등, 부담도 회피할 수 있는 새로운 형태의 제도로 유엔 안보리 결의안을 선택했다. 미국은 유엔이라는 틀을 취함으로써 개별적으로 전쟁을 선포하지 않을 수 있었고, 전쟁 상대를 불법적인 존재로 규정할 수 있었으며, 국내외적 권위와 정당성을 가질 수 있었다. 이것이 미국의 국익에서 볼 때, 유엔 결의안이라는 초국적 제도가 갖는 기능적 효용이었다. 즉,

한국전쟁의 초기 국면에서 유엔으로 대표되는 칸트적 법치 기획은 미국의 홉스적 냉전 기획의 필요에 의해 선택적으로 활용된 것이다.

결국 한국전쟁 초기 결정들을 추동했던 이상적 최대주의는 거대한 논쟁들과 이를 현실화할 때 져야 할 부담과 직면하면서 매우 현실적인 계산들로 점차 전환되었다. 냉전 현실주의의 핵심은, 모든 것이 권력의 우세를 차지하기 위한 끝없는 국가 간 권력 균형의 게임, 끝없는 협상 준비의 장으로 끌려 들어간다는 것이다.

바로 이 지점에서 맥두걸이 제시했던 복합적 권력 개념의 출현이 반영하고 있는 역사적 변화의 함의가 더 분명해진다. 이는 단지 법과 권력에 대한 새로운 이해 방식이 아니었다. 이런 입장은 한국전쟁으로 대면하게 된 극단적 갈등에 대해, 전쟁과 평화에 대한 어떤 원칙적 평가와 기준도 적극적으로 제시하지 않고, 뒤로 물러나 '매우 유동적인 정책 결정 과정'을 관망하고 있었다.

이제 한국전쟁은 법과 원칙의 문제가 아니라 다양한 정책들이 결정되는 유동적 과정으로 이해되었다. 거대한 권력투쟁의 장에서 진행된 한국전쟁은, 케넌이 예견했듯이, '제한된 목적의 전쟁, 평화 협약 없이 종료될 수 있는 전쟁'이라는 법외적인 투쟁과 임시적인 균형, 차별적인 정책적 처방의 장으로 진입하게 되었다.

5

중국의 한국전쟁 개입과
홉스적 차별 기획의 전개

전쟁은 다른 수단에 의한 정치의 연속이다. _카를 클라우제비츠

미소 냉전이라는 적나라한 권력 투쟁의 한복판에서 발발한 한국전쟁은, 유엔의 결정과 미국의 전면 개입으로 더 강렬한 국제정치의 장으로 끌려들어갔다. 그런데 이 정치투쟁의 강도를 높인 또 한 번의 계기가 있었다. 바로 1950년 10월 중화인민공화국의 전면 개입이다. 중국의 개입은 한국전쟁의 전개에 어떤 영향을 주었을까?

중국의 개입은 단순히 한국전쟁 전투사의 한 국면으로 기록될 성질의 것이 아니다. 사실, 그동안 중국의 개입 문제는 주로 전투사의 한 국면으로 정형화되거나, 그 원인과 의도를 중심으로 논의되어 왔다. 하지만 더 관심을 가져야 할 것은 그것이 가져온 연쇄적 결과들이다. 왜냐하면

중국의 개입은 단지 군사적 행동이 아닌 정치적 행위, 그것도 동아시아 지역 차원에서 매우 큰 함의를 갖는 행위였기 때문이다. 즉, 중국의 개입은 근대적 전쟁을 정치와 외교의 연장으로 바라본 클라우제비츠Karl Clausewitz의 해석에 정확히 부합하는 국제정치 행위였다. 그렇다면, 중국의 개입은 어떤 정치적 결과를 가져왔을까?

먼저 한국전쟁의 성격 자체를 변화시켰다. 북한이 '제3세계 급진 민족주의의 통일 전쟁'으로 전쟁을 시작했다면, 유엔-미국 자유주의 체제는 초국적 법치 질서를 위반한 범죄자를 처벌하기 위한 '정의로운 전쟁'으로 이에 대응했다. 그런데 '항미 원조'라는 구호를 내걸고 중국이 개입하면서 한국전쟁은 동아시아 지역 차원의 권력 균형 전쟁으로 변화되었다. 또한 이로 인해 발생한 국제법적 논란들 역시 적나라한 권력 정치의 자장 속으로 휘말려 들어갔다. 특히 1949년 새로 수립된 중국의 주권을 인정할 것인가를 둘러싼 국제법적 논란과 그것이 한국전쟁 정전 협상에 미친 영향이 이 장에서 주로 살펴볼 주제이다.

둘째, 중국의 개입은 미국과 유엔의 전략을 변화시켰다. 중국의 개입으로 한국전쟁 문제를 해결하기 위해 유엔과 미국이 감당해야 하는 부담의 차원이 달라졌다. 따라서 이에 대응하기 위한 미국의 대아시아 정책이 변했고, 유엔에서의 정치적 역학 관계가 변했으며, 한국전쟁에서 유엔의 역할과 기능도 달라졌다. 중국의 개입은 미국과 유엔이 한국전쟁 첫 1년간 시도했던 초국적 법치 기획의 보편적·이상주의적 성격을 소진·좌절시켰다. 대신에 양측은 모두 새로 등장한 권력 균형 상태에 기반해 '현실주의적' 타협과 협상을 지향하기 시작했다. 요컨대 중국의 개입은 칸트적 보편 기획에서 차별적인 홉스적 기획으로의 전환을 촉진·심화했다. 이 장에서는 이 변화의 과정과 성격을 자세히 다룰 것이다.

이 홉스적 기획으로의 전환에서 주목해야 할 점은 큰 압력에 직면한 미국이 각각 중국, 한국, 일본을 대상으로 뚜렷하게 구분되는 세 가지 차별적 대응을 전개했다는 점이다. 그리고 그 결과가 바로 중국의 개입이 갖는 세 번째 함의, 즉 냉전 초기에 형성된 동아시아 안보 질서이다. 동아시아에는 궁극적으로 차별적인 국제 질서 혹은 세 가지 안보·평화 레짐이 탄생했다. 따라서 중국 개입의 순간은 바로 판문점 체제가 정초된 결정적인 국면이고, 동북아시아 냉전 지역 질서의 근간이 주조된 순간이며, 이른바 '아시아 패러독스'의 역사적 기원이라고 할 수 있다. 중국 개입이라는 충격파가 판문점 체제와 이를 포함하는 동아시아 국제 질서를 탄생시켰다는 것이 이 장의 기본 주장이다.

이 과정에 대한 검토가 특히 한국 사회에 중요한 것은, 중국 개입의 네 번째 정치적 함의, 즉 '판문점 체제'의 기본 성격 때문이다. 그동안 한국전쟁 정전 협상에 대한 연구들은 판문점 협상 테이블에서의 논쟁만을 살펴보고 이 협상 자체가 어떤 지역 정치적 맥락과 법적 정당성의 투쟁 속에서 전개되었는지는 크게 주목하지 않았다. 하지만 판문점 체제의 기본 성격은 판문점에서의 협상이 아니라 중국의 개입을 둘러싼 국제적 정치 논쟁의 압력 속에서 결정된 것이다. 이 압력이 매우 강했기 때문에 그 반작용으로 한국에서의 휴전과 평화를 위한 협상에서는 모든 정치적 의제가 제거되고 군사적이고 기술적인militaristic-technical 주제들만 논의되었다. '판문점 체제'가 평화 체제가 아니라 정전 체제가 된 것은 기본적으로 이 시기에 결정된 것이다.

결국, 이 장은 중국의 한국전쟁 개입이 처음에는 신중국을 인정할 것인가라는 국제법적 쟁점을 낳고, 최종적으로는 판문점 체제를 포함하는 특정한 형태의 동아시아 국제 질서, 아시아 패러독스의 탄생으로 일단락되는 과정을 살펴볼 것이다. 이를 통해 우리는 전후 평화 협상의 주제가 되는 국가 주권, 영토 보존, 정치적 통합과 경제적 보상, 탈식민과 전쟁범죄 처벌, 그리고 주민들의 권리와는 거리가 먼, 군사 분계선의 확정과 전투의 중지라는 초라하고 낮은 수준의 주제들이 '판문점 체제'의 기본 요소로 논의되는 역사적 과정을 한층 입체적으로 이해할 수 있을 것이다.

1. 중국의 개입과 미국의 비자유주의 불인정 정책

1) 중국의 한국전쟁 개입과 미국의 대응

한국전쟁 초기에 미국이 초국적 법치 기획을 적용하고 밀어붙인 것은, 사실 중국이 전면적으로 전쟁에 개입할 가능성을 낮게 평가했기 때문이다. 즉, 미국과 유엔의 초기 대응은 중국 변수를 거의 고려하지 않은 것이었다. 그렇다면 중국이 이 전쟁에 개입한다면 어떤 변화가 초래될까?

영국과 인도 등은 전쟁 발발 직후부터 중국의 개입 가능성을 여러 차례 제기했다. 무엇보다 유엔군이 38선을 횡단하려 하자 중국의 개입 가능성은 더욱 높아졌다. 저우언라이周恩來는 1950년 9월 30일 시점에서 "중국 정부는 해외 침략을 용납하지 않을 것이며, 이웃 국가가 제국주의에 의해 침략당하는 것도 좌시하지 않을 것"이라고 언급했다. 저우언라이는 3일 후인 10월 2일 자정에 베이징의 인도 대사 파니카Kavalam Madhava Panikkar를 소환해, 만일 "남한군이 아닌 어떤 외국군(유엔군)도 국경을 넘게 되면 중국은 개입할 수밖에 없다"고 경고했다.[1]

그만큼 중국의 입장에서는 38선 횡단을 승인한 10월 7일 유엔 총회 결의안 자체가 저우언라이의 경고를 완전히 무시한 것이었다. 중국 정부는 이 상황을 '북한에 대한 미국의 침공'으로 규정하고 이것이 중국 안보에 위협이 되기 때문에 좌시하지 않을 것이며, '침략 전쟁에 반대하는 것'을 두려워하지 않을 것이라고 다시 한 번 경고했다. 하지만 미국은 중국의 개입 가능성을 낮게 판단했고 중국의 경고를 무시했다.[2] 그러자 마오쩌둥은 10월 8일 중국인민혁명군사위원회 의장의 이름으로 한국에 중국인민지원군을 투입하는 최종 명령을 내렸다. 그리고 10월 19일, 25만 명의 중국 병력이 한국에 들어섰다.[3]

　정작 유엔군 측은 중국군의 개입 여부를 잘 파악하지 못하고 있었다. 다만 영국 정부는 이 무렵 유엔군이 국경을 넘으면 중국이 안보 위협뿐만 아니라, 만주에 있는 중국 산업들이 북한의 발전소의 전력에 의존하기 때문에 개입할 가능성이 있다며, 한-중 국경 지대에서의 군사작전에 특히 유의할 것을 경고했다. 이에 미국의 합동참모본부는 중국의 개입 위험을 피하기 위해 중국, 소련과의 접경지대에서는 한국군만 활용해 작전을 수행하라고 맥아더에게 명령했다. 하지만 맥아더는 이를 어기고, 10월 24일경 기존의 모든 제약을 해제하고 어느 지역이건 군사 작전을 수행해도 좋다고 허용했다. 이때부터 호전적 맥아더와 전쟁 확산의 부담을 우려하는 워싱턴 지도부 사이의 갈등이 본격화되었다. 이때까지 맥아더는 중국의 전면 개입 자체를 여전히 회의적으로 보고 있었다.[4]

　하지만 중국군 포로가 잡히기 시작하면서 중국군의 개입이 분명해졌다. 결국 맥아더는 11월 5일자 보고서(S/1884)를 통해 유엔군이 중국군과 대면하고 있음을 인정할 수밖에 없었고 이는 11월 6일 안보리 회의에 공식 보고되었다.[5] 맥아더의 보고로 중국 개입이 공식 확인되자, 미국 정부 내에서 향후 정책 노선을 둘러싸고 큰 갈등과 혼선이 촉발되었다. 이때 미 국무부 정책기획국은 이제 미국은 한국전쟁을 지역적으로 해결할지 아니면 전 지구적인 제3차 세계대전을 준비해야 하는지 둘 중에서 선택해야 하는 상황이라고 진단했다.[6]

미국 내에서는 크게 두 가지 반응이 등장했다. 하나는 한국에 대한 군사적 지원을 늘리자는 확전론이었다. 한국전쟁 초기 국면의 초국적 법치라는 이상주의적 기획을 지속하고 확대하자는 것이었다. 다른 하나는 유엔에서의 논의에 중국을 참여시켜 협상을 통해 문제를 해결하자는 정치적 해결론이었다. 이 두 가지 입장은 상당 기간 서로 충돌했다.

먼저 군부에서는 제2차 세계대전 식으로 무조건 항복과 '승자의 평화'를 추구해야 한다는 호전적 의견이 강했다. 맥아더와 군부는 중국의 개입이 공식 확인된 후에도 승리를 낙관하면서 전쟁을 확대해야 한다는 입장을 고수했다.[7] 미국 정부 내에서 이런 입장은 11월 중순까지도 압도적 다수의 지지를 받았다. 이런 상황에서 정치적 협상은 군사적 승리 이후에나 고려할 만한 것으로 여겨졌다. 호전적 입장에 회의적이던 국무부 장관 애치슨 또한 당시 영국이 제안한 비무장지대 개념 등 갈등을 완화하기 위한 정치적 협상안을, "이미 싸워 왔고 이긴 영토와 인구에 대한 포기"라며 거부했다.[8]

그러나 미 국무부와 합동참모본부는 군부의 입장과 낙관적 전망에 매우 회의적이었으며, 한국전쟁 초기에 형성된 이상적이고 최대주의적인 전쟁 목적들을 재검토했다.[9] 이 시기 미국 국가안보회의 보고서들은 매우 혼란스러운 재검토의 과정을 보여 준다. 11월 14일 국가안보회의가 제출한 수정된 정책 보고서(NSC-81/2)에 따르면, 한편으로는 유엔군 사령관의 임무를 변화시키지 말 것을 요구하면서도, 다른 한편으로는 중국과의 정치적 해결을 요구했다. 국가안보회의는 미국 정부가 중국-한국 국경 상황을 안정시킬 수 있는 합의의 기반을 마련할 정치적 채널들을 활용할 것을 권고했다.[10]

국무부 정책기획국은 좀 더 분명한 온건 노선을 제시했다. 이들은 네 가지 대응 방식이 가능하다고 제안했다. 첫째, 유엔군에 대한 군사 지원을 늘려 중국을 북한 국경 밖으로 몰아내는 것이었다. 하지만 이는 다른 국가들의 지지를 받기 힘들고, 미국이 대대적 동원을 통해 밀어붙이더라도 언제 끝날지 모를 전쟁이 시작될 위험이 있었다. 둘째, 한국에서 철수하는 것인데, 이는 '미국의 전 세계적 위신에 치명적 타격'이 될 수 있었다. 셋째, 남만주 지역에 공군과 해군 작전을 전개하는 것인데, 이렇게 되면 중국과 소련의 개입이 우려되었다. 따라서 미국은 군사개입을 확대할 수도, 철수할 수도 없었다. 결과적으로 국무부 정책기획국은 네 번째 경로를 추천했는데, 이는 북부 중-한 경계 지대를 탈군사화하고, 모든 외국군을 철수하며, 유엔 한국 위원단이 행정 질서를 맡고, 유엔군도 단계별로 철수하자는 계획이었다. 이는 일종의 휴전 계획이었다. 따라서 미 국무부는 기본적으로 한국전쟁을 확대하는 것에 회의적이었고, 상황을 안정시켜서 중국이 정치적 협상에 참여하도록 압력을 넣는 방안을 고민하고 있었다. 이렇게 정책기획국이 휴전을 고민한 것은, 한국전쟁보다 전 지구적 냉전의 경쟁 구도를 더 중시했기 때문이다. 즉 정책기획국의 최종적 결론과 강조점은 NSC-68 프로그램의 확대와 추진, 국가 비상사태 선포, 북대서양조약기구의 확충과 발전, 그리고 일본의 재무장과 군수물자 생산 증가 등이었다.[11]

그 결과 전 지구적 냉전을 위해 미국의 평시 재무장을 지향한 NSC-68의 중요성이 더 커졌다. 국가안보회의는 이미 한국전쟁 직후부터 전 지구적 전쟁의 발발에 대비한 군사동원 정책[12]을 수립해 두었는데,[13] 중국 개입 이후인 1950년 12월 1일에는 군사동원에 대한 추가예산과 기존 기획을 더 촉진하려는 NSC-68/4을 승인하면서 미국의 평시 재무장 정책 노선이 더 확고해지고 가속화되었다.[14]

이렇게 다양한 정책 노선 간의 갈등이 심해지던 상황에서, 11월 28일 맥아더는 "우리는 완전히 새로운 전쟁에 직면하고 있다"고 선언했다.

맥아더는 북한으로 진입하는 중국군의 규모가 거대하며 계속 증가하고 있다는 것을 인정하며, 한국전쟁을 지역화할 수 있다는 희망은 이제 완전히 사라졌다고 언급했다.[15] 이 시점에서 맥아더는 확전을 원했고, 워싱턴은 입장이 달랐다.

이는 양 입장 간의 갈등을 증폭시켜 새로운 정책 노선을 분명하게 선택하게 압박한 결정적 계기였다. 미국은 한국에서 군사적 승리를 추구할지, 아니면 한국에서는 정치적 타협을 하고 전 지구적 차원에서 군사적 우세를 추구할지를 선택해야 했다. 그런 점에서 이 순간은 곧 군사력에 의한 평화와 정치를 통한 평화의 분기점이었다. 결과를 놓고 볼 때, 중국의 개입은 다른 여러 선택지들을 제거하며 한국 문제의 정치적 해결, 특히 중국-미국 간 힘의 균형과 전전 상태로의 원상회복을 향한 협상이 시작되는 조건을 창출했다고 할 수 있다. 그렇다면 미국이 중국과 한국 문제를 '정치적'으로 풀기 위해서는 어떤 문제들을 해결해야 했을까?

2) 중화인민공화국의 수립과 중-미 갈등의 시작

중국과 미국의 갈등을 정치적으로 해소하는 데는 걸림돌이 있었다. 그것은 바로 미국이 새롭게 수립된 중국의 주권을 인정하고 공식 수교를 할 것인가와 관련된 논란이었다. 제2차 세계대전 이후 재개된 중국 내전에서 중국공산당이 승리하고 1949년 10월 중화인민공화국이 수립되는 과정에서 중국과 미국의 관계는 매우 악화되어 있었다. 이 갈등은 1948년 말 11월 중국공산당이 중국 북동부 지역에서 내전에 승리하고 있을 무렵 발생한 미국 총영사 워드Angus Ward 사건에서 본격적으로 시작되었다.[16]

이 사건 이후 1949년 4월에 이르면 마오쩌둥과 중국공산당 중앙위원회는 국민당 정부가 남긴 외교 관계를 모두 부정하고, 이른바 자본주의 국가들과는 서둘러서 외교 관계를 맺지 않는다는 원칙을 수립했다. 중국에게는 소련과의 전략적 협력이 더 중요했고, 미국이나 서구 국가들과의 외교 관계 수립은 우선순위가 매우 낮았다. 볼셰비키 혁명 이후 미국은 줄곧 공산주의와 혁명에 적대적이었고, 중국 내전에서 국민당 정부를 지원했기 때문에 미국에 대한 신중국의 부정적 태도는 더 분명해졌다.[17]

서구 국가들과의 외교 수립에 부정적인 마오쩌둥의 태도는 한편으로는 근대사에 대한 인식에서 기원한 것이기도 했고, 다른 한편으로는 매우 현실적인 국내 정치적 필요에서 비롯된 것이기도 했다. 먼저 역사 인식의 측면에서 마오는 아편전쟁(1840년) 이후 중국이 서구 국가에 의해 고통스러운 역사를 겪었으며 특히 미국과의 관계가 일련의 불평등 조약들로 점철되어 있다고 보았다. 마오는 중국이 미국과 동등한 관계를 수립하려면 기존의 불평등한 대우가 종식되어야 하고 미국이 과거의 행동에 대해 사과해야 한다고 생각했다. 마오와 공산당 지도부는 뿌리 깊은 혁명적 민족주의 사고에 기반해 국제 공동체에서 약화되었던 중국의 중심적인 지위를 회복하고 싶어 했다.

다음으로 중국의 국내 정치의 맥락에서, 마오는 혁명을 지속시킬 동력을 찾아야 했다. 마오의 1949~50년 정치적 발언에는 미국 제국주의의 행동 방식과 가치들을 '구질서'에 속한 것이며 중국공산당은 이를 파괴해야 한다는 인식이 드러난다. 마오는 내전 이후 혁명의 동력을 유지하기 위해 서구 국가들, 특히 미국과의 외교 관계 수립을 늦출 필요가 있다고 믿었다. 외교 관계가 수립되면 미국이 중국 내 혁명적 움직임을 방해할 것이라는 우려도 있었다.[18]

하지만 미국도 마찬가지로 중국과의 외교 관계 수립을 거부하고 있었다. 천지엔陳兼은 한국전쟁 시기 미국의 주요 관료들이 갖고 있던 자기 우월적 인식을 지적했다. 미 관료들은 "미국의 권력과 영향력을 과대평가했고, 미국 대외 정책이 내세우는 국제 관계의 원칙을 모든 국가가 복종해야 할 보편적 원칙으로 혼동"했다는 것이다.[19] 그런데 미국이 중국과의 수교를 거부한 것은 단지 우월적 인식 때문만은 아니었다. 여기에는 새 국가의 인정 문제에 대한 새로운 국제적 원칙의 형성 과정, 그리고 처음부터 미국은 중국의 인정 문제를 중국 공산당에 압력을 가할 전략적 무기로 간주했던 것, 마지막으로는 미국 내 여론이라는 세 가지 요소가 중요한 영향을 미쳤다.[20]

미국이 대중국 정책을 수립하는 과정에서 드러나는 애치슨의 인식은 미국이 중국 인정 문제를 어떻게 사고했는지를 잘 보여 준다. 미국의 대중국 정책은 애치슨이 1949년 5월 13일 중국공산당이 난징南京을 점령한 지 3주 후에 제시한 중국 인정의 세 가지 조건을 기반으로 한다.[21] 여기서 핵심은 중국공산당이 대외 정책을 구상하는 데 미국이 설정한 국제적 기준을 얼마나 따르는가, 즉 중국이 미국을 포함한 서구 국가들과 체결한 기존 조약들을 얼마나 잘 준수할 것인가의 문제였다.[22]

미국의 대중국 정책은 여기서 출발해 비자유주의 국가를 인정하지 않는 불인정 정책으로 발전했다. 이런 정책은 점차 공식적인 냉전 봉쇄 전략의 일부가 되었다. 대중국 전략의 공식 목적은 중국이 공산화된 상황을 인정하고 다음 단계로서 "중국이 소련에 더욱 종속되는 상황을 막는 것"이었다. 이는 장제스의 패색이 짙어지던 1948년 말과 1949년 초 미국 정부가 대중국 정책을 재조정하는 과정에서 결정된 것이다. 이를 반영하는 가장 중요한 문서는 1948년 9월 7일 케넌이 이끄는 미 국무부 정책기획국이 만든 PPS-39라는 정책 문서였다.[23] PPS-39는 미국이 중국 내전에 군사력을 투입하는 것은 현명하지 못하지만, 국민당 정부를 계속 합법 정부로 인정해야 하며, 앞으로 중국이 소련에 종속되는 것을 막아야 한다고 제안했다. PPS-39의 판단은 기본적으로 중국이 군사·산업적으로 중요한 열강이 아니며 아시아 태평양 지역에서 미국의 이해에 결정적인 위협이 되지 않는다는 평가를 전제로 했다. PPS-39는 미래에 전쟁이 발발하더라도 중국은 기껏해야 '약한 동맹'이거나 최악의 경우는 '하찮은 적'일 것이라며 중국의 힘을 과대평가할 이유가 없다고 판단했다.[24]

애치슨은 1949년 1월 국무부 장관이 된 이후, 이런 인식에 기반해 대중국 정책을 발전시켰다. 대중국 정책은 '국민당 정부에 대한 직접 지원'으로부터 불인정 정책, 경제적 압력 등 더 간접적인 방식으로 전환되었다. 이런 내용이 담긴 것이 이른바 '쐐기 전략'으로 알려진 NSC-34와 NSC-41이었다. NSC-34는 미국은 중국 내전의 상황이 좀 더 분명해질 때까지 군사·정치적 지원은 피하고, 국민당 정부를 합법 정부로 인정하되 중국의 다양한 정치 세력들과 공식 관계를 유지해야 한다고 권고했다.[25] NSC-41은 더 구체적인 수단을 제시했는데, 중국과 전면적인 경제 전쟁을 하기보다는 무역 '허가제'를 도입해 중국과의 무역을 통제하는 것이 효율적일 것이라고 판단했다.[26] 애치슨은 중국이 무역에서 어려움을 겪으면 소련의 취약함을 인식하게 되고 결국 서구로 눈을 돌릴 것이라고 믿었다. 이런 전략적 계산에 기반한 애치슨의 결론은 미국이 중국을 공식적으로 인정하지 말아야 한다는 것이었다. 미 국무부는 외교관들을 통해 북대서양조약기구 국가들도 중국을 인정하지 못하게 하라고 지시했다.[27]

그런데 미국 내에서는 공화당과 보수 정치인들이, 국민당에 대한 직접 지원에서 불인정 정책 노선으로 전환한 것을 두고 유화적이라며 거센 비판을 제기했다.[28] 따라서 미국의 대중국 불인정 정책은 한편으로는 트루먼 정부가 중국과 직접 충돌의 위험을 피하면서도, 국내의 비판과 여론을 고려해야 했던 정책적 중간노선이었다.[29] 결국 1949년 9월 중-미 직접 대화가 실패한 이후, 미 국무부는 10월 1일 수립된 중화인민공화국이 국제적 의무를 인정하겠다는 약속을 하지 않았다는 이유를 들어 주권국가

로 인정하지 않는 노선을 따르게 되었다.[30]

3) 한국전쟁 전후 유엔에서 중국을 인정하는 문제

하지만 중국을 인정하는 문제를 둘러싼 논란은 유엔 내부에서도 상당 기간 지속되었다. 사실 유엔도 미국과 마찬가지로 한국전쟁 이전까지는 한 번도 중국 내전에 직접 관여한 적이 없었다. 이는 중국의 내전 문제에 개입하지 않는다는 미국의 정책과도 상응하는 것이었다. 하지만 유엔은 1949년 중국공산당이 승리한 뒤 서로 합법적 주권 정부라고 주장하는 두 정부 가운데 어느 쪽을 유엔 회원국으로 인정해야 하는가의 문제를 더 이상 회피할 수 없게 되었다.[31]

마오는 1949년 10월 중국 내전에서 승리하고 중화인민공화국을 수립한 후, 유엔에 장제스의 국민당 정부를 대신해 중국을 대표할 권한을 요구했다. 외무상 저우언라이는 11월 18일 유엔 사무총장에게 "헌장의 원칙과 정신에 따라 현재 대표는 유엔에서 대표권이 없으며 새로운 정부가 유엔에서 중국 의석을 넘겨받아야 한다"고 요구하는 전문을 보냈다.

그런데 이런 상황은 유엔으로서는 역사상 처음 대면하는 것이었다. 유엔 헌장에는 중국처럼 내전 이후 수립된 두 국가의 대표 문제뿐만 아니라, 국가의 대표 문제 자체를 어디서 논의하고 누가 결정할지에 대해 아무런 규정도 존재하지 않았다. 사실 그 전까지 한 국가가 새로 수립되었을 때 그 국가를 인정하는 문제는 각 국가들이 개별적으로 결정해 왔다. 따라서 초기에는 더 많은 국가들이 논의해 처리할 수 있도록 이 전례도 없고 복잡한 국제법적 사안을 유엔 총회로 넘기려는 분위기가 있었다. 그러나 일단 논의 자체는 안보리에서 인도 대표의 발의에 따라 시작되었다. 인도 대표는 유엔 가입 자격에 대한 절차를 수립하자고 제안했고, 안보리

에서 이에 관한 통합된 절차를 수립하려는 시도가 이루어졌다.[32]

곧 이어 소련이 안보리에서 중국의 대표 문제를 제기하기 시작했다 (1949년 12월 29일).[33] 그리고 이 무렵 영국 정부는 아예 개별적으로 중화 인민공화국을 합법 정부로 승인했다. 소련과 영국의 지원과 승인에 힘입어 저우언라이는 1950년 1월 8일경 다시 한 번 안보리로 '국민당 대표들이 안보리에서 추방되지 않은 것'에 항의하는 전문을 보냈다. 소련도 다시 한 번 안보리에서 공식적으로 국민당 정부의 권위를 부정할 것을 제안하며 이를 지원했다. 하지만 이런 시도는 소련의 결의안이 1월 13일 안보리 회의에서 6 대 3, 기권 2표로 거부[34]되면서 실패로 일단락되었다. 소련은 이 결과에 반발하며, '국민당 세력이 안보리에 출석하는 한 안보리에 출석하지 않겠다'고 선언하고 안보리 자체를 보이콧하기 시작했다.[35] 결국 중국의 대표 인정 문제는 약 7개월(1950년 1월부터 8월까지)에 걸친 소련의 안보리 보이콧으로 이어졌다.

이 시기 소련의 보이콧은 한국전쟁의 역사적 전개에 결정적인 영향을 주었다. 앞 장에서 살펴보았듯이, 한국전쟁 초기인 6월부터 8월까지 2개월간 소련의 부재는 한국전쟁에 대한 유엔의 역사상 유례없는 결의안과 전면적 군사 개입 결정들이 가능하게 한 결정적 요인이었기 때문이다. 그만큼 신중국의 수립과 중국 대표의 인정 문제는 한국전쟁의 전개와 성격에 처음부터 큰 영향을 주고 있었다. 그런데 이는 한국전쟁의 초기 상황뿐만 아니라 한국전쟁이 정전이라는 형태로 종식되도록 한 결정적 조건이었다. 따라서 중국의 인정과 유엔 가입이라는 사안은 이 과정을 이해하는 데 가장 중요한 쟁점 중 하나이다.

소련의 안보리 결의안이 부결된 이후에도 중국의 유엔 가입 문제는 국제사회와 유엔에서 지속적으로 논의되었다. 1950년 1월 13일 회의에서 인도 대표는 '모든 기구에서 대표와 자격 문제에 관한 통일된 절차를

UNITED NATIONS

SECURITY
COUNCIL

GENERAL

S/1466
9 March 1950

ORIGINAL: ENGLISH

LETTER DATED 8 MARCH 1950 FROM THE SECRETARY-GENERAL TO THE
PRESIDENT OF THE SECURITY COUNCIL TRANSMITTING A
MEMORANDUM ON THE LEGAL ASPECTS OF THE PROBLEM
OF REPRESENTATION IN THE UNITED NATIONS

8 March 1950

During the month of February 1950 I had a number of informal conversations with members of the Security Council in connexion with the question of representation of States in the United Nations. In view of the proposal made by the representative of India for certain changes in the rules of procedure of the Security Council on this subject, I requested the preparation of a confidential memorandum on the legal aspects of the problem for my information. Some of the representatives on the Security Council to whom I mentioned this memorandum asked to see it, and I therefore gave copies to those representatives who were at that time present in New York.

References to this memorandum have now appeared in the Press and I feel it appropriate that the full text now be made available to all members of the Council. I am therefore circulating copies of this letter and of the memorandum unofficially to all members and am also releasing the text of the memorandum to the Press.

(Signed) Trygve Lie
Secretary General

/LEGAL ASPECTS

| 유엔 사무총장 트리그브 리가 중국 인정 문제를 다루기 위해 유엔에서 회람시킨 보고서 "Legal Aspects of the Problem of Representation in the United Nations(UN doc S1466)" |

수립할 필요가 있다'고 주장했고, 안보리 회원국의 대표나 자격에 관한 진행 규칙에 대한 두 가지 안(S/1447)을 안보리에 제출했다. 이 제안들은 한 국가의 자격 문제나 자격의 중지 문제를 유엔 안보리에 상정해 회원국의 의견을 묻게 하는 절차에 관한 것이었다.[36] 안보리는 1950년 1월 17일 인도의 제안을 전문위원회Committee of Expert에 넘기기로 했다. 이어진 전문위원회 논의에서 쿠바 대표는 '단순한 자격 문제'와 '대표 문제'는 다르다며 대표 문제는 유엔 헌장의 10조와 13조에 따라 유엔 총회만이 단일한 해법을 연구하고 권고할 권한이 있다고 주장했다.[37] 이에 따라 2월 14일 전문위원회는 이 문제에 대한 논의는 총회에서 이루어져야 한다는 의견을 안보리에 제출했다.

이 과정에서 유엔 사무총장 트리그브 리는 개인적으로 정부들을 설득해 중국의 유엔 가입을 위한 캠페인을 전개했다. 그는 1945년에 샌프란시스코에서 안보리 회원국이 된 중국은 장제스가 아니라 '4억7,500만의 인구를 가진 중국'이라며, 내전에서 공산주의자가 이긴 것에 대한 호불호와 한 정부를 인정하는 것은 별개의 문제라고 주장했다. 그에게 이는 하나의 국제적 '사실'fact을 인정하는 문제에 불과했으며, 나아가 냉전의 동서 갈등을 완화시키기 위해 유엔이 해야 할 중요한 시도 중 하나였다. 이에 따라 트리그브 리는 유엔 법률 자문을 통해 중국 인정 문제에 대한 법적 검토 보고서를 준비했다. 그는 보고서에서, 영토와 인구를 실질적으로 통제하는 정부만이 회원국으로서 국가의 의무를 충족할 수 있다고 주장했다. 이어서 그는 개별 국가의 인정 행위와 유엔에서의 대표 문제를 구분하고, 한 국가의 인정이야 개별 국가가 하는 것이지만, 유엔의 회원국이 되는 것과 한 국가를 대표하는 문제는 '집단적 행동'에 의해 결정되어야 한다고 주장했다. 이는 승인 문제를 유엔을 통한 집단적 논의와 결정 과정으로 통합하려는 시도였다. 그는 유엔의 회원국이 되는 문제는 안보리의 권고에 따라 총회에서 표결이 이뤄져야 하고, 국제기구들에서 어떤 정부가 중국을 대표할 것인지와 관련해서는 각 기구가 대표 자격에 대해 투표를 실시해야 한다고 제안했다. 트리그브 리는 이 비망록[38]을 3월 8일 공개 회람시켰다. 그 결과 그는 국민당 중국 대표 구웨이쥔顧維鈞(웰링턴 구)로부터 강력한 비난을 받았으며, 미국 내 보수 언론으로부터 '소련에 항복했다'는 비난을 받았다.[39]

유엔 내에서 이루어진 사무총장의 노력 외에도, 국제사회에서는 소련·유고·인도가 처음부터 중국을 지지했으며, 영국·프랑스·이집트·에쿠아도르 등이 새로운 중국 정부에 매우 호의적이었다. 따라서 1950년 전반부에는 중국 인정 문제를 유엔에서 표결로 해결하려는 로비가 계속되었다.[40] 그러자 미국은 영국과 프랑스를 설득해 적어도 9월까지는 이 문제에 대해 더 이상 논의를 하지 않는다는 합의를 이끌어 냈다. 영국은 9월 이후에 신중국에 우호적인 표결이 진행되리라 예상하고 합의했다. 하지만 트루먼 정부는 국내에서 "중국을 공산주의자들에게 팔아넘겼다"는 비판을 받고 있는 상황이어서 단기일 내에 입장을 바꿀 생각이 없었다. 합의가 이루어진 것은 바로 한국전쟁이 발발하기 한 달 전인 1950년 5월이었다.[41]

4) 중국이 한국전쟁에 개입한 이후의 논쟁

한국전쟁은 유엔에서 중국 인정을 둘러싼 논의가 일단락된 직후 발발했다. 그리고 몇 개월 후에는 중국이 한국전쟁에 직접 개입했다. 따라서 유엔의 입장에서 중국의 개입은 북한의 한국 공격이라는 초기 상황 못지않게 심각하게 고려해야 할, 중요한 정치적 사안이었다. 일단 이로 인해 유엔에서 신중국을 주권국가로 승인하기 위한 표결이 통과될 가능성은 거의 사라졌다. 한편, 한국 문제를 궁극적으로 해결하기 위해서는 이 계기에 중국의 국제적 위상을 인정하고 외교적인 협상을 해야 한다는 의견들이 대두되기 시작했다.

인도의 수상 네루는 처음부터 이런 흐름을 주도했다. 인도는 전쟁 발발 직후인 1950년 7월 초부터 안보리 회원국으로 신중국을 받아들이고, 이를 계기로 중국과 소련이 동시에 안보리 논의 절차에 참여해야 한국 문제가 해결될 수 있으며, 분쟁의 확산도 막을 수 있다는 입장을 표명해 왔다.[42] 처음에는 스탈린도 이에 기꺼이 화답하며 중화인민공화국 대표를 안보리에 초청해야 한다는 의사를 간접적으로 개진했다.[43]

그러나 정작 중국의 관심은 안보리 논의에 참여하는 것보다는 타이완 문제에 있었다. 즉, 전쟁 초반에는 유엔군의 전세가 불리했기 때문에 중국에 그리 심각한 위협이 되지 않았으며, 미국이 타이완에 해군을 파견한 것이 더 신경 쓰이는 문제였다. 저우언라이는 7월 6일 유엔 사무총장 앞으로 '미국이 한국에 개입하고 침략한 것에 항의'하는 전문을 보냈다. 이는 한국전쟁 자체가 아니라 미국이 타이완 해협에 7함대를 파견한 것에 대한 반응이었다. 여기서 타이완 문제는 결코 간과할 수 없을 만큼 중요했다. 제2차 세계대전 이전 일본 영토였다는 점에서 영토의 법적 관할권 문제였고, 중국 내전의 결과와 관계가 있으며, 동북아시아에서 일본과 평화 협상을 통해 포괄적으로 해결해야 할 전후 처리 문제 중 하나였기 때문이다.

한국전쟁과 관련된 중국의 관심사는 점차 확대되었다. 7월 12일 시점에서 저우언라이는 한국 문제의 평화적 해결을 위한 다섯 가지 조건을 작성했다. 이는 한국전쟁에 대한 중국 지도부의 인식을 잘 드러내 주는 중요한 문건이다. 중국이 제시한 조건이란 ① 모든 외국군은 한국에서 철수할 것, ② 미군은 타이완에서 철수할 것, ③ 한국 문제는 한국인 스스로 해결하도록 할 것, ④ 베이징 정부가 유엔 의석을 넘겨받도록 하고 타이완은 추방할 것, 그리고 ⑤ 일본과의 평화 조약을 논의하기 위해 국제회의를 요청한다는 것이었다.[44] 여기서 눈여겨보아야 할 것은 중국은 이때부터 한국전쟁의 정치적 해결 문제를 타이완 문제, 유엔 의석 문제, 일본과의 평화조약까지 포함한 1945년 이후 동북아 전후 질서의 포괄적 해결과 합의와 연결 지으려 했다는 점이다. 이후 두 달간 중국 정부는 이 조건들을 여러 차례 언급했고, 정전 협상 이전까지 줄곧 이런 입장을 견지했다.[45] 이후의 논의 과정은 모두 중국의 이 다섯 가지 요구 조건과 그에 대해 미국이 어떻게 대응했고, 그것이 어떻게 귀결되었는지에 주목하면 쉽게 이해할 수 있다.

이 다섯 가지 조건 중 소련은 유엔에서 중국의 대표 문제를 집중 제기했다. 주목해야 할 것은 소련이 보이콧을 끝내고 480차 안보리 회의(1950년 8월 1일)에 복귀하자마자 제기한 문제 역시 한국전쟁 자체에 대한 것이 아니라 한국전쟁과 관련된 유엔 결정의 법적 절차 문제, 곧 중국의 유엔 대표 문제였다는 점이다. 이때 소련은 안보리에 있는 국민당 대표는 중국을 대표할 수 없고 안보리 회의에 참여할 수 없다고 주장했다.[46] 소련은 8월 3일 다시 한 번 중화인민공화국 대표를 중국 대표로 인정하자는 의제를 채택하려 했으나 타이완, 쿠바, 에콰도르, 프랑스, 미국이 반대하고 이집트가 기권해 뜻을 이루지 못했다. 신중국을 유엔에 가입시키려는 시도가 반대에 부딪히자 소련은 중국이 유엔 헌장 23조에 따라 제대로 대표되지 않았기 때문에[47] 한국전쟁 결의안 자체가 불법적이라고 주장한 것이다.[48] 즉 중국의 대표 문제는 소련이 유엔에서 제기한 국제법적 절차와 집행의 정당성 문제에서 핵심적인 주제였다.

중국은 유엔의 논의에 참여할 권리를 요구하고 나섰다. 특히 미국의 "불법적인 타이완 점령"에 관한 논의에 참여할 권리를 요구했다. 그리고 이 요구는 받아들여졌다. 안보리는 중국이 한국전쟁에 개입하기 이전인 9월 29일 타이완 문제와 관련해 중국 대표가 토론에 참석하는 것을 받아들인 상태였다.

그런데 전세가 유엔군에 유리하게 바뀌면서, 작전의 목적이 '한반도를 통일하는 것'이라는 공격적 발언들이 유엔 내에서 나오기 시작하자,[49] 중국은 한국 문제 자체에 대한 좀 더 직접적인 문제를 제기하기 시작했다. 8월 20일 저우언라이는 한국이 중국의 이웃임을 강조하며 모든 외국군의 철수를 요구했다.[50]

결국 중국 정부의 인정 문제는 중국이 제기하고픈 모든 의제가 유엔이라는 틀에서 논의되기 위한 선결 조건이 되었다. 저우언라이는 1950년 8월 26일자 서한(A/1364)을 통해 유엔 총회에 직접 중국 정부의 인정을 요구했다. 그리고 쿠바 대표의 요청에 따라 이 문제는 9월 19일, 총회 5차 회의 첫 회의(277차)에서 논의되었다.[51]

그러자 이전에 유엔 사무총장이 주도했다가 좌절되었던 흐름도 되살아났다. 즉 한 국가의 대표와 인정 문제를 다룰 일반적인 절차를 확립해 인정 문제를 집단화하고 제도화하려는 움직임이 재등장한 것이다. 9월 22일 유엔 총회 전원위원회General Committee는 유엔이 회원국 대표를 인정하는 문제를 총회 의제로 포함시키고 이를 후속정치위원회Ad Hoc Political Committee로 넘겼다(A/1386). 후속정치위원회 논의에서는 쿠바 결의안(10월 7일)[52]과 영국 결의안(10월 31일)이 제출되었다. 이는 각각 어떤 정부가 회원국 대표로 간주되어야 하는지를 결정하는 데 적용될 구체적 기준들을 제시한 것이었다. 이에 대한 상세한 논의가 진행되었고, 이 문제를 다룰 부속위원회 수립이 결정되었다.[53] 그리고 이 부속위원회는 보고서와 결의안을 통해 더 상세한 기준들을 발전시켰다.[54]

하지만 신생 국가의 유엔 가입 문제를 논의하고 결정하기 위한 체계적 조건과 절차를 수립하려는 시도는 많은 반대와 갈등에 부딪혔다. 가장 큰 쟁점은 신생국의 주권을 인정하는 기준의 문제였다. 유엔에서는 ① 그 국가가 자국 영토에 대한 효율적인 권한을 행사하고 주민들에 의해 받아들여졌는지, ② 그 국가가 유엔 헌장의 의무를 따르기 위한 책임을 수용하려는 의지가 있는지, ③ 그 국가가 어떤 내적 정치과정을 통해 수립되었는지의 여부를 새로운 국가 인정의 기준으로 제시했다. 특히 세 번째 기준에 대해 이 기준이 너무 모호하고 국내 주권 영역을 침범하는 것이라는 비판과 지적들이 제기되면서 합의에 이르지 못했다. 그러자 이집트 대표가 이 내용들을 모두 삭제하자는 수정안을 제출했고 이것이 채택되었다. 결국에는 유엔에서 한 국가의 승인에 관한 합의된 법적 기준을 세우려는 시도 자체가 실패한 것이다.[55]

더구나 11월 전후로 중국이 한국전쟁에 전면적으로 개입한 것이 확인되면서, 중국 승인에 대한 유엔에서의 호의적인 표결 가능성이 거의 사라졌다. 실제로 이후 총회는 중국의 유엔 가입과 승인 문제에 대한 어떤 결의안도 통과시키지 못했다.[56]

5) 중국 대표 문제에 대한 국제법적 논쟁

그렇다면 미국은 어떤 국제법적 근거로 신중국의 주권 불인정을 정당화했을까? 유엔에서 벌어진 신생 중국의 승인 논쟁은 단순한 정치적 대립의 차원을 넘어 국제법적 원칙과 이론들에 입각해 이루어진 것으로 면밀한 검토를 필요로 한다.

그 전에 가장 먼저 지적해야 할 것은, 오래전부터 신생/독립 국가에 대한 인정 문제는 국제정치의 중요 도구로 활용되어 왔다는 점이다. 단적인 사례는 영국에 적대적이던 프랑스가 미국의 독립을 즉각 인정한 것이다. 이는 경쟁국인 영국의 권력을 견제하기 위한 정치적인 대응이었고, 동시에 미국에 관여하려는 개입주의적 의도를 갖고 있었다. 국제 정치학자 미에빌은 미국의 1823년 먼로 독트린 역시 라틴아메리카 국가들의 스페인으로부터의 독립을 인정하면서 동시에 미국의 개입권을 확보하고 유럽의 영향력을 차단하려던 시도였음을 환기시켰다. 그는 이런 전략적 인정은 탈중상주의적·탈제국주의적 국제 질서의 패권 유지를 위한 방식이었다고 지적했다.[57] 이런 점에서 국제법의 역사를 연구한 안기Antony Anghie 역시 인정이란 유럽 국가들이 식민 영토들에 대한 자국의 주권 주장을 뒷받침하기 위한 것이었다고 보았다.[58]

특히 슈미트는 미국의 움직임에 주목했다. 미국이 1907년부터 라틴아메리카에 적용하기 시작했던 토바 독트린Tobar doctrine[59]도 법적 의미에서 '민주주의적 헌법을 가진 정부만 인정한다'는 원칙을 갖고 있었지만 '민주'와 '법'의 의미를 모두 미국이 규정하고 해석할 권한을 갖고 있기 때문에 이것이 미국의 개입주의의 수단이 되었다고 지적했다.[60] 이처럼 인정의 문제가 초국적인 국가 간 합의로 결정되거나 국제법적으로 엄밀하게 제도화되어 있지 않고 개별 국가의 정치적 결정으로 남아 있는 한, 전략적 도구로 전락한다는 것은 이미 유럽 제국주의 시대 이래 상식화된 것이었다.

그럼에도 20세기에는 어떤 국가와 정부를 국제사회의 일원으로 인정할 것인가 하는 기준에 있어 역사적 진보가 있었던 것도 사실이다. 여기에도 자유주의적 사상과 가치들이 반영되는 20세기의 역사적 과정이 있었다. 과거 기독교나 유럽 중심주의적인 입장이 '문명'이라는 차별적 기준을 적용했다면, 20세기 미국은 이를 폐기하고 토바 독트린의 '민주주의 헌법'이라는 새로운 원칙을 제기했다. 그리고 1부에서 살펴보았듯이, 미국은 제1차 세계대전 이후 신생국가의 인정 여부를 '평화'라는 원칙을 기준으로 판단했다. 예컨대 일본이 만주를 침공했을 때, 미국은 이것이 '1928년 파리 협약의 의무와 협약에 반하는 상황'이라며 '스팀슨 독트린'(1932년 1월 7일)을 공표한 바 있었다. 미국은 이 기준에 따라 이탈리아의 에티오피아 침공, 스페인의 프랑코 정부, 만주국, 이탈리아, 슬로바키아를 주권 정부로 인정하지 않았다.[61]

그러나 냉전이 전개되자 미국은 신생국가의 민족자결, 민주주의 헌법, 평화 같은 보편적 가치보다 좀 더 공격적이고 배제적인 자유주의를 인정의 기준으로 내세우기 시작했다. 이 시점에서 미국은 유엔이 창설되는 시점의 보편주의에서 벗어나, 비자유주의 체제에 대한 불인정 원칙을 받아들이고 차별적 세계를 창조하려 했다. 특히 20세기에 동유럽, 아시아와 아프리카 등지에서 새로 설립된 국가들이 미국이 이끄는 자유세계에 포함되기 위해서는 자유선거를 통해 자유주의 정부가 수립되어야 했다. 이에 따라 미국은 소련의 영향을 받아 새 정부가 수립된 헝가리, 루마니아, 불가리아 정부를 인정하지 않았고, 이 국가들과 자유무역 협정이 체결되고, 자유선거가 실시되기 전까지 제2차 세계대전 문제를 처리하기 위한 평화조약도 체결하지 않으려 했다.[62]

이렇게 '자유선거'를 기준으로 삼은 비자유주의 체제 불인정 원칙은 냉전이 전개되면서 '공산주의에 대한 불인정 원칙'으로 전환되었고 점차 배제를 목적으로 하는 냉전 정치의 수단이 되었다. 그러자 소련과 중국은 자유세계와 맞서는 블록을 구축하기 위해 대항적 인정 체계를 형성해 나갔다. 예컨대 중국은 1950년 1월 8일 호치민의 베트민Việt Minh 정부를 인정했고, 3주 후 소련도 이를 따랐다. 요컨대, 냉전기 정치적 대립의 핵심 기반중 하나는 평화와 민주주의, 공화국이라는 보편적 가치로부터 자유주의와 공산주의라는 차별적이고 배제적인 두 기준으로 변화한, '상호 불인정의 정치'였다.

이 냉전의 '상호 불인정 정치'의 맥락에서 진행된 중국 인정 문제 논란은 국가에 대한 인정 문제를 국제기구를 통해 집단화·제도화하려는 움직임과, 이를 법적 문제가 아닌, 개별 국가의 정치와 정책의 영역으로 남겨 두려는 입장 사이의 충돌로 이해할 수 있다. 이 대립에서 영국과 인도 등 중국을 승인하려던 국가들은 일종의 보편적 국제법의 관점에서 신생 국가를 인정하려 했지만, 미국은 비자유주의 국가를 인정하지 않는다는 배제적 원칙을 고수하기 위해 이런 제도화에 반대했다. 전자가 일종의 칸트주의적 법치 기획이었다면, 후자는 홉스적인 차별 기획이었다고 할 수 있다.

이 승인 문제에 대한 국제법적 논쟁은 앞서 살펴보았듯이 유엔 사무총장이 작성한 대표 문제의 법적 특성에 대한 보고서[63]를 통해 촉발되었다. 이 보고서는 유엔 가입과 승인은 개별 국가의 정치적 승인과는 다른 집단적·사법적 행동이라는 입장을 분명히 했다. 이는 중국의 승인 문제를 유엔 총회에서의 표결을 통해 제도적으로 일단락지으려는 의지의 표현이기도 했다.

사무총장의 비망록은 인정 문제를 개별 국가들의 이해관계에 따른 '정치 행위'가 아니라 이를 법제화하고 국제법과 기구에 의한 '집단적인 사법적 의무와 권리 문제'로 만들려고 했던 보편주의적 국제법 학자들의 노력을 반영한다. 일찍이 법 형식주의자인 켈젠은 한 국가의 인정을 정치적 행위로서의 인정과 사법적 행위로서의 인정으로 구분했다. 켈젠은 한 국가가 다른 국가를 인정하는 정치적 행위를 선언적 행위라고 규정[64]했고, 법적인 인정 행위는 존재하는 사실을 제도적으로 확립하는 행위라고 구분했다. 즉 그에게 "법률적 인정 행위는 사실을 수립하는 것이고, 정치적 인정 행위는 상호 관계에 들어가고 싶다는 의지의 선언"에 불과했다.[65]

켈젠은 특히 '법적인 인정'의 성격을 구체화하려고 노력했는데, 이는 당시까지 국제법 이론에서 충분히 논의되지 않았고 아직 관련된 법적 절차나 사실을 결정할 제도화된 기구가 부재했기 때문이다. 켈젠에 따르면, 법적 인정을 규정하기 위해서는 국제법이 우선 무엇이 국가인지를 결정해야 한다고 보았다. 이에 따라 그는 국가들의 실천을 통해 관습화된 의미에서 국가란 ① 중앙 집중화된 법적 질서와 정부가 존재하고, ② 이 정치체의 권력과 권위에 의해 영토와 주민들에게 부여된 질서가 효과적이고 지속적이며, ③ 다른 국가의 법적 통제하에 있지 않은 독립적이어야 한다는 세 가지 기준에 부합해야 했다.[66] 이는 한 국가의 정치적 성격과 사회적 실체는 문제 삼지 않고 법적 관점에서 하나의 법치국가라면 국제법적으로 인정을 받을 수 있다고 본 것이다.

켈젠은 법적 행위로서의 인정은 의지의 표현이 아니라 단지 사실을 확립하는 것이고, 이 법적 인정을 통해서만 그 국가는 상대 국가에게 법적으로 존재하게 된다고 주장했다. 그런데 켈젠은 이는 기존 국가 간 조약의 관계에서 생겨나는 것이 아니라 일방적 행위이기에, 국제법의 주체가 되기 위해서는 신생 국가는 다른 국가들에 의해 인정되어야 하고 기존 국가들 또한 신생 국가에게 인정받아야 한다는 점에서 상호 인정이 필수적이라고 보았다.[67] 이는 인정에 대한 국제법이 모든 국가들에 의해 상호 인정되어야 할 필요성을 지적한 것이다.

그리고 켈젠은 신생국이 국제법의 조건을 충족하는 경우 기존 국가가 이를 의무적으로 인정해야 하는지는 '바람직하기는 하나 아직 국제 실증법에 규정되어 있지 않다'고 보았다. 즉 아직 기존 국가들이 이 국제법을 따라 신생국을 인정하는 것이 의무가 아니며 인정을 거부해도 국제법의 위반이 아닌 것이다. 다만 켈젠은 새로운 공동체를 국가로 인정할 권한을 국제 조약이나 국제기구에 넘길 수 있으며, 이는 국제연맹의 1조 2

항 관련. 다수결로 결정할 수 있게 되어 있다는 점을 지적했다. 국제기구가 이 신생국 인정 문제에 대한 합의된 국제법적 절차를 만들기를 희망한 것이다. 그는 또한 내전 상황에서 반란 세력의 교전권을 인정하느냐의 문제가 갖는 복잡한 문제[68]를 포함해 포괄적 문제들을 모두 성문화할 것을 조언했다.[69]

켈젠의 입장은 한편으로는 법은 적나라한 '사실' 그 자체를 다룰 수 없고, 다만 법적 역량이 있는 '권위'가 법적 절차에 따라 '사실'을 다룰 수 있다는 켈젠 순수법이론의 논리적 귀결이라는 점에서 한계가 있었다. 법제화를 지향하면서도 법 외적인 현실 권력의 힘을 인정하고 있는 것이다. 하지만 다른 한편으로는 국가의 인정 문제를 국제법적 제도와 절차로 분명히 확립하는 것이, 개별 국가에 의한 기존의 선언적 승인을 대체할 진보라는 입장을 분명히 드러낸 것이기도 했다.[70]

따라서 켈젠 이후 국가의 인정 문제를 법의 틀을 통해 확립하고 더 나아가 인정을 국제법상의 의무이자 권리의 문제로 만들려는 노력이 이어졌다. 대표적인 학자가 바로 유엔 사무총장의 중국 대표 관련 보고서에서 인용된 라우터파흐트였다. 라우터파흐트는 많은 학자들이 인정을 국익에 따른 정책의 문제로 보고, 법에 의해 지배되는 결정과 의무의 문제로 보지 않는 것을 반대하는 것에서 출발했다. 라우터파흐트는 기존 논쟁들이 모두 인정이 관련 법 공동체의 법적 의무라는 점을 부인했다고 지적했다. 그의 입장은 19세기적 주권 원칙과 실증주의를 넘어서 자유주의적 국제법을 전 지구적 사법 질서로 만들기 위한 급진적인 국제법 학자의 태도였다.[71]

라우터파흐트에게 인정은 국제법상 의무로 규정되어야 했다. 그는 이 문제는 "인정을 국제법의 규칙 내로 가져올 것이냐 아니면 국제법의 취약함의 표현으로 남겨 둘 것이냐의 문제"라고 지적했다. 그는 인정을 개별 국가정책의 자의성으로부터 구출하려 했고, 특히 국제연맹과 유엔으로 상징되는 국제 공동체의 정치적 통합이 인정 과정의 집단화를 가능케 할 것으로 기대했다.[72]

이렇게 한 신생 국가의 인정 문제를 통합된 국제기구의 제도적 절차로 만들려는 움직임은 미국의 윌슨 이래로 추구된 자유주의적 국제주의의 연장에 있는 것이기도 했다. 윌슨은 새로운 정권의 합법성을 평가할 새로운 법률적 기준을 발전시켰고, 이는 정부들의 행위를 통제하는 규칙으로서, 인정을 받고 싶어 하는 국가들에게 적절한 헌법적 자극과 근본 원칙을 부과하려는 시도였다. 하지만 국제연맹 규약의 수립 이후에는 이런 흐름이 단절된 것이었다.[73]

그런 점에서 한국전쟁 이후 중국 인정 논란은 이 기획을 다시 한 번 되살려 논의의 중심으로 가져온 계기였다. 국제기구의 역사상 처음으로 회원국의 정권 변화 문제가 국가 간 외교로만 국한된 것이 아닌, 유엔 헌장을 명문화하고, 관련 기구들의 진행 규칙을 만들며, 향후 지대한 영향을 가져올 전례가 된 것이다. 그래험Malbone W. Graham은 이런 논의 자체가 국제법과 기구의 역사에서 중요한 이행의 지점이라고 보았다.[74]

이 논쟁에서 라이트는 그의 이상주의적 입장에 따라 유엔을 통한 집단적 인정이 이루어져야 한다는 데 찬성했다. 이렇게 이상주의적 입장은 유엔의 권위와 역할을 최대로 확장했다. 그는 핵심은 유엔의 인정이 다른 국가에게도 의무가 되느냐 아니냐의 문제라고 보았다. 그는 유엔에 의한 인정은 한 국가에 의한 개별적 인정과 달리 '일반적인 인정'general recognition 이며 객관적 영향이 있다고 주장했다. 또한 라이트는 중국에 대한 인정이 미국의 전통적인 정책과도 모순되지 않으며, 영국 또한 전통적인 영·미의 국가정책의 일환으로 이해할 수 있다며 라우터파흐트의 견해를 지지했다.[75] 몇 년 후에도 그는 계속해서 중국을 인정해야 한다는 입장을 표명했

다.[76]

라이트는 유엔에 의한 집단적 인정 의무 원칙은 평화로운 정권 변화와 혁명이나 쿠데타로 인한 정부의 변화를 구별하지 않는 문제가 있지만, 국가들이 한 정치체를 개별적으로 인정하는 것이 잠재적 갈등을 만들고 있는 냉전적 상황이 더 문제라고 보았다. 그는 만일 안보리나 총회가 이와 관련된 절차를 통해 처리할 수 있다면 미국이 반대표를 던지더라도 유엔 활동의 목적을 위해 미국이 이 결정을 받아들이고, 동시에 국민당 정부와도 외교 관계를 유지할 수 있기 때문에 냉전의 갈등을 줄일 수 있으리라 판단했다.[77] 하지만 인정 문제는 이후 늘 개별 국가의 정책적 선택과 정치적 문제로 여겨졌고[78] 유엔에서 절차를 만들려는 시도는 결국 실패했다.

이런 현실 정치의 한계로 인한 실패를 지적하며, 국제법을 통해 인정을 의무화하려는 라우터파흐트 류의 입장에 가장 비판적이었던 것이 바로 쿤츠였다.[79] 지속적으로 19세기적 실증주의 법학의 입장을 충실히 견지한 쿤츠는 신생국가를 인정할 '의무'를 주장한 라우터파흐트의 주장은 실증적 국제법에 부합하지 않으며, 단지 윤리적 바람을 투영한 것으로서 '학문적으로는 완전히 실패했다'고 비판했다.[80]

쿤츠는 라우터파흐트가 비록 인정을 법적 행위로 보려 했던 켈젠의 입장에, 승인할 권리와 의무라는 생각을 더하려 한 것이지만, 이는 승인이 의무가 아니라고 보았던 켈젠의 주장과 모순된다고 지적했다. 그는 실증적 국제법하에서 국가는 새로운 정부를 승인할지 말지 자유롭게 선택할 수 있다고 주장한 제섭Philip C. Jessup의 논문을 근거로[81] "국가의 인정을 의무화한 실증적 국제법은 존재하지 않는다"고 주장했다.[82]

쿤츠는 특히 '성공하지 못한 계승 전쟁이나 내전은 반란이고, 성공한 계승 전쟁이나 내전은 새로운 법을 만든다'는 라우터파흐트의 주장을 비판했다. 쿤츠는 일반적 국제법 규범들이 국제법상 국가의 인정 기준을 제공해야 한다는 데 동의를 표하며, 새로운 국가나 정부가 기존 헌법을 위반한 것은 국제법의 의미에서 부적절하다는 입장을 지지했다.[83] 즉 그는 내전이나 전쟁을 통해 수립된 국가를 인정할 수 없고, 합헌적 절차를 통해 수립된 국가만 인정해야 한다고 보았다.

그런데 한편으로는 미국 정부의 비자유주의 체제 불인정 원칙을 법적으로 지지했던 쿤츠는, 미국이 그동안 인정 문제를 국제법적 절차로 만드는 노력에 참여하지 않은 것을 신랄하게 비판했다. 특히 영국과 미국은 그동안 인정 문제를 권리로서도 의무로서도 완전히 부정해 왔다. 미국은 오랫동안 소련을 인정하지 않았으며, 1943년 볼리비아 정부, 1944년 아르헨티나 정부를 인정하지 않았지만, 페루에서 헌법을 폐기한 오드리아 Manuel A. Odría 장군의 정부를 인정했고, 유럽에서 여러 인민 민주주의 국가(사회주의 국가)들을 인정하는 등 모순적인 태도를 보였다. 미국은 이스라엘이 독립을 선언한 지 몇 시간 내에 인정했지만 영국은 인정하지 않았다. 영국은 새로 수립된 중국 정부를 인정했지만 미국은 이를 거부했다. 다른 한편, 쿤츠는 인정에 대한 소련과 미국의 의견 차이가 유엔을 망치고 있다고 비판했다. 어떤 보편적인 기준도 없는 상태에서 개별 국가들이 법적 의무를 고려하지 않고 일방적으로 행동하고 있었다. 특히 스스로 초국적 기준을 도입하고 있던 미국과 소련은 한 국가를 인정할 것인가의 여부와 시점을 전적으로 정부의 재량에 달린 문제로 간주했다. 미국이 이스라엘을 인정한 것에 대해 시리아가 강력히 규탄했을 당시 미국은 "지구상의 어떤 국가도 다른 국가의 주권을 인정할 미국의 권한을 의문시할 수 없다"고 답했다. 이는 지구상의 어떤 국가도 미국의 주권보다 상위의 권위를 가질 수 없다는 미국의 인식을 보여준다.[84]

이렇게 쿤츠는 한편으로는 전통적인 실증주의의 입장에서, 새로운 국제법을 만들어 인정 문제를 법적으로 포괄하려는 움직임이 불완전하다고 비판하면서, 다른 한편으로는 이상주의적 전망과는 달리 현실에서 국가들이 철저히 자국의 이해관계에 따라 인정 문제를 정치적으로 결정하고 있는 혼란스러운 양상을 비판적으로 지적한 것이었다.

이렇게 중국 대표 문제를 계기로 유엔 내에서 인정 문제를 집단적으로 처리하려던 움직임이 좌절되고, 철저하게 냉전의 정치적 이해관계에 압도되는 상황에서, 미국의 법조계에서는 철저히 배제적인 자유주의적 기준에 따라 중국을 불인정하려는 입장이 지배적이었다. 다만 미국 내에서는 공산주의 정권과 실용주의적 관계를 유지할 필요성을 강조하는 현실주의적 입장과, 한국에서 침략을 돕고 있는 공산 정권의 범죄적 행위를 간과해서는 안 된다는 보수적 입장이 대립하고 있었다.[85]

펜윅C. G. Fenwick은 미국의 중국 비난 결의안에 충실하게, '중국의 경우 국제법의 규칙을 준수하는 시험을 통과하지 못했다는 데 전반적인 합의가 있다'고 보았다. 즉 중국의 한국전쟁 개입은 '유엔의 선언으로 제시된 인간의 근본적인 권리에 대한 위반 이상이며, 이는 국제 공동체의 법을 공개적으로 위반한 것이고, 뉘른베르크 재판의 원칙을 적용할 수 있을 만큼 대규모 생명의 손실과 고통을 동반한 행위'라고 규정했다. 이런 죄를 저지른 정부는 국제법의 규칙을 준수하리라 신뢰할 수 없다는 것이었다.[86]

나아가 펜윅은 정부가 어떻게 설립되고 구성되었는가의 문제도 중국을 승인할 수 없는 이유로 들었다. "무력을 통해 권력을 취득하고 인간의 근본적인 자유를 억압하여 권력을 유지하는 정부, 일당 시스템으로 작동하는 정부는 어떤 상황에서도 인민의 이름으로 말하고 결정할 권리가 있다고 볼 수 없다"는 것이다. 비록 19세기 중반까지는 새로운 정부가 수립되는 문제는 국가의 주권과 국내 관할권으로 여겨 다른 국가가 관여할 바가 아니었지만, 이제 조건이 달라졌다는 것이다. 그는 아주 "잘 조직된 소수가 무자비한 방식으로 대중에 대한 통제력을 획득해 일반적인 지지를 받는 듯한 외양을 취할 수 있는 상황"에서, 그런 정부와 서명한 조약은 관료들과의 사적인 합의 이상이 아니라고 보았다.[87] 펜웍의 결론은 첫째, 중국은 북한의 침략을 지원함으로써 국제법을 심각하게 위반했고, 재산의 파괴와 생명의 손실을 초래해, 국제법을 준수할 능력이라는 점에서 인정받기 어렵다. 둘째, 일당제에 근거한 정부는 국민들의 표현의 자유를 부정해 시민들의 집단적 승인이라는 시험을 통과할 수 없으므로 인정할 수 없다.[88]

이렇게 인정의 문제를 법제화하려는 국제법 학자들은 인정이 개별 국가의 정치적 행위로 남게 될 때, 냉전으로 인해 그것이 더 무원칙적인 정치적 도구가 되는 결과를 비판적으로 바라보았다. 반대로 미국의 법률가들은 중국이 평화라는 국제 규범에 반하는 침략죄를 저질렀고, 자유주의의 기준에서 볼 때 중국은 전쟁을 통해 수립된 국가이며, 자유선거가 없는 일당제 국가로서 정당한 정부가 아니라고 보았다. 즉, 이들은 자유주의를 더 우월하고 배제적인 초국적 가치로 간주한 것이다.

결국 중국 인정 문제를 둘러싼 국제법 논쟁의 전개는 세 가지 이행의 맥락에서 볼 수 있다. 첫째, 20세기 전반에는 점차 유럽의 기독교와 문명적 기준이 폐지되고 민주적 헌법이라는 새로운 초국적 보편 기준이 등장했다. 둘째, 그런데 미국은 여기에 보편적 국제 평화라는 새로운 기준을 추가하고 이를 위반한 경우 주권을 인정하지 않기 시작했다. 셋째, 인정에 관한 엄밀한 국제법적 실천이 확립되지 않은 상황에서 서로 초국적 권위를 주장하는 미소 간 냉전이 전개되자 미국은 자유선거, 자유무역이라는 폐쇄적이고 배제적인 기준을 추구했고 소련은 공산주의 체제를 인정하면서 상호 불인정의 정치 블록이 구축되었다. 중국을 인정하지 않은 미국의 기획은 중국을 '평화'라는 국제법적 가치를 위반한 범죄 국가로 규정하고, 다른 한편 신중국 자체가 비자유주의 체제라는 이유로 불인정했다는 점에서 이중적 배제였다고 볼 수 있다.

중국은 주권 인정과 유엔 가입, 안보리 의석 문제를 포함해 자국의 국제적 지위와 한국에서의 역할에 상응하는 정치적 문제들을 모두 해결하려 했다. 하지만 미국에게 중국의 참전은 초국적 법치 기획에 따른 사법적 처벌의 대상이 되는 행위였다. 따라서 미국은 중국의 인정은커녕, 중국의 개입에 대한 맥아더의 보고서가 접수된 11월 5일부터 이미 중국을 비난하는 결의안을 추진하고 있었다.[89]

이 근본적인 법적 입장과 정치적 이해관계의 차이로 인해 한국전쟁 기간 동안 안보리는 이후 1951년 11월, 1955년 1월, 9월경 이 문제를 다시 다루었지만, 아무런 합의에 이르지 못했다. 소련은 1951년부터 1960년까지 총회를 통해 중국 대표 문제를 논의하자고 제안했지만 실패했다.[90] 미국과 서구 동맹국들은 이 문제를 아예 논의조차 하지 않으려 했다. 결국 애치슨은 1951년 영국 외무장관을 설득해 중국의 대표 문제 논의를 당분간 중단할 것을 선언하자고 설득했다. 격렬한 논쟁이 있었지만 서구 국가들과 거의 모든 라틴 국가들이 찬성표를 던졌고 영국도 이를 지지했다. 그리고 미국은 무려 20년간 유엔에서 이 쟁점이 해결되는 것을 막기 위해 엄청난 외교적 압력을 행사했다. 중국은 1971년에야 유엔 총회에 의석을 갖게 되었고 미국과는 1979년에 이르러 공식 수교를 맺을 수 있었다.[91]

2. 권력 균형의 대두와 유엔에서의 논쟁

신중국의 인정과 유엔 가입은 그것이 한국 문제의 정치적 해결을 위한 선결 조건이었다는 점에서 중요한 함의를 갖는다. 협상을 하기 위해서는 교전 상대를 국가로 인정해야 했기 때문이다. 따라서 중국의 전쟁 개입은 이후 중국 인정 문제를 협상의 사전 조건으로 만들면서 유엔이 정치 협상을 통해 해결해야 할 한국 문제를 훨씬 복잡하고 무겁게 만들었다.

물론 중국의 인정 문제가 아니더라도 중국과의 대화는 여전히 중요했다. 군사적 충돌로서 한국전쟁 자체가 지속되고 있었기 때문이다. 특히 전선이 교착되고 군사적 균형이 도래하자, 유엔 내외부에서 휴전과 평화를 요구하는 압력이 더욱 커졌다. 주목할 것은 이 시기 유엔과 국제 무대에서 정치적 평화 기획을 강력히 추동한 것은 미국이 아닌 영국과 인도, 그리고 아시아-아랍 국가들이었다는 것이다. 전쟁 초기부터 영국과 인도는 소련, 중국 등과 정치적 협상을 시도했다. 영국은 전쟁 발발 4일 후인 6월 29일 소련 외무상에게 메시지를 전달했고, 7월 7일에는 안드레이 그로미코Andrei Gromyko 외무부 차관을 만나는 등 접촉을 시도했다.[92]

특히 인도 수상 네루의 노력이 돋보였다. 인도는 중국이 참여해 유엔의 틀에서 동북아 문제를 포괄적으로 해결해야 한다고 보았다. 네루는 7월 13일 애치슨과 스탈린에게 보낸 사적 서신에서 한국의 갈등을 지역화하고 평화적 해결을 촉진하여, 유엔의 연대를 보호하고 평화를 유지하기 위해 영향력을 행사해 달라고 호소했다. 인도는 중국의 유엔 의석을 인정하고, 소련의 안보리 보이콧을 멈추고, 한국 분쟁의 종식을 위해 노력할 것을 촉구했다. 네루는 비공식적으로 안보리 밖에서 미국, 소련, 중국이 만나 협력을 통해 분쟁을 끝낼 기반을 찾아 한국 문제를 영구적으로 해결하자고 주장했다.[93]

스탈린은 긍정적으로 화답했지만, 애치슨은 거부했다. 오히려 미국은 분쟁 종식을 위한 인도 및 여타 회원국들의 노력과 소련의 '평화 공세'peace offensive에 대응할 심리전 기획을 준비하고 있었다.[94] 심리전 기획은 10월경 취소되었지만, 미국은 상대가 먼저 휴전을 제안하고, 정전 협상에 아무런 정치적 조건이 포함되지 않아야만 협상이 시작될 수 있다는 입장이었다.[95]

1) 유엔 논의에 대한 중국의 참여와 대화를 위한 시도

그럼에도 유엔 내 여러 국가들은 지속적으로 중국을 유엔으로 초대해 논의에 참여시키려 했다. 소련 대표는 11월 8일 안보리 회의[96]에서 다시 한 번 중국을 안보리에 초대하자는 결의안을 제출했다. 그런데 미국은 이 논의 과정에서 중국 대표가 안보리에 '초대'되는 것이 아니라 '소환'summon되어야 한다며 형식적인 문구상으로도 중국을 동등한 협상 상대국으로 인정하길 거부했다. 이후 여러 차례 논의가 이루어진 결과 한국 문제를 논의하기 위해서(소련 결의안)가 아니라 맥아더의 중국 개입 보고서에 대해 논의하는 자리에 중국을 초대하자는 영국 결의안이 통과되었다.[97] 안보리에 중국을 초대하는 것 자체에는 합의가 이루어졌지만, 중국이 참여하는 대화의 주제가 '중국의 군사 개입' 문제로 제한된 것이다.[98]

이후 논의 과정에서도 지속적으로 드러나지만, 중국은 한국전쟁 개입 문제를 타이완 문제와 중국 승인 문제 등 더 포괄적인 정치적 문제와 함께 해결하고 싶어 했다. 하지만 미국은 불인정 정책의 기조하에서 중국과의 직접 대화나 정치적 협상도 기피했고 소련에 대해서도 마찬가지였다.

대화 자체를 기피한 것은 여러 정치적 계산의 반영이었다. 예컨대,

중국 개입으로 인해 한국전쟁의 군사적 긴장이 한참 높아지던 11월 중순경, 소련은 독일 문제를 해결하기 위한 4대국 회담을 제안했다. 미 국무부는 소련과의 회담 자리에서 한국이나 인도차이나 문제가 함께 논의될 것을 우려했다. 영국 정부 또한 이 문제들을 의제에서 제외했으면 했다. 그이유는 첫째, 만일 한국이나 인도차이나 문제를 의제로 하면, 서구 국가들이 이 문제들도 독일 문제만큼이나 빨리 해결하고 싶어 한다는 인상을줄 수 있다는 것이었다. 둘째, 그동안 미국과 서구 국가들이 소련을 한국과 인도차이나 분쟁의 배후에 있다고 비난해 왔는데, 소련과 이 문제를논의하는 것 자체가 기존 입장에서 공개적으로 후퇴하는 것이기 때문이었다.[99] 즉 미국에게 직접 협상이란, 그 주제를 미국이 중요하게 생각한다는 것을 드러내고, 소련을 비난하는 정치 선전의 이득을 포기하는 문제였다. 유럽 냉전과 아시아 냉전의 중요성을 비교할 때, 미국에게 한국 문제란 소련을 비난할 수 있는 중요한 근거이지만, 동시에 결코 소련과 협상을 통해 해결하려 할 만큼 중요한 지위를 부여해서는 안 되는 사안이었다.

그럼에도 불구하고 미국이 중국 대표를 안보리로 불러 논의하는 데합의했던 중요한 이유는, 장기화된 중국과의 전면전이 부담스러웠기 때문이다. 이런 군사적 고려에서 미국은 중국에게 유엔군이 중국 영토에 대해서는 적대적 의도가 없다는 점을 확신시키고 싶어 했다. 미국은 실제로이런 메시지를 전달하기 위해 결의안을 준비했다. 즉 중국에게 철수를 요청하면서도, 유엔이 중국 국경을 침범하지 않을 것이며, 군사 지대에 대한 중국과 한국의 합법적 이익을 보장할 것임을 분명히 하려 했다. 애치슨과 트루먼은 직접 연설을 통해 이런 메시지를 전달하기도 했다. 애치슨은 11월 15일 연설에서 "미국은 만주를 침공하거나 압록강 반대편 영토에 대한 아무 기획이 없다"고 발언했고[100] 다음날 트루먼은 기자회견에서, 유엔에서 준비된 결의안을 언급하며 "유엔은 북한과 중국의 국경을 넘어 분쟁을 수행할 의도가 전혀 없다"는 것을 재차 밝혔다.[101]

미국은 쿠바와 함께 11월 10일 521차 안보리 회의에서 이런 내용이 담긴 결의안을 제출했다. 그런데 같은 날 중국이 참석하지 않은 상태에서는 한국 문제를 논의할 수 없다는 소련의 주장이 거부되었다.[102] 그러자 11월 11일, 저우언라이는 맥아더 보고서 논의에 참여하라는 안보리의 초대 자체를 거부했다. 협상을 시작하기 전까지 양측의 신경전은 지속되었다.

대신 11월 16일 안보리 회의[103]에서 중국의 발언이 낭독되었다.[104] 중국은 미국의 행위를 비난했고, 한국 문제의 평화적 해결을 위해서는 모든 외국군이 한국에서 철수해야 한다고 주장했다. 또한 한국 문제는 남과 북이 스스로 풀어야 한다고 강조했다. 이는 저우언라이가 7월 중순에 제시한, 한국 문제 해결을 위한 다섯 가지 조건을 재확인한 것으로, 양측의 논의는 합의나 대화의 여지가 없는 상호 비난의 양상을 띠었다.[105]

안보리 회의는 이후 중국 대표가 뉴욕에 도착한 다음에야 재개될 수 있었다. 우슈취안伍修權이 이끄는 중국 대표단은 11월 14일 베이징을 출발해 10일 후인 24일 유엔 본부가 있는 뉴욕에 도착했다. 공식 리더는 우슈취안 장군이었지만 유엔의 외교관들은 차오관화喬冠華가 실질적 리더라고 여겼다. 그 밖에도 다섯 명의 외교관과 두 명의 통역관이 대동했다. 중국 대표들은 재개된 11월 27일 안보리 525차 회의에 참석했다.[106]

사실 이는 중국공산당의 외교 대표단이 처음으로 미국과 유엔을 방문한 역사적 순간이었다.[107] 그런데 이들의 목적은 유엔을 통해 어떤 협상을 이끌어 내는 것이라기보다, 미국과 유엔으로부터 공식 인정을 받지 못한 상황에서 중국의 국제적 위신을 살리려는 것이었다. 중국 대표단은 특히 미국이 타이완을 공격했다는 점에 대해 집중 항의했다. 회의에서 미국 대표는 이를 부인했고 오히려 중국이 한국을 침략했다고 비난하면서 북한에 대한 지원 중단을 촉구하는 유엔의 결의안을 받아들이라고 요구했다. 이에 중국 대표는 미국이 타이완과 한국을 침략하고 있다고 비난하며, 안보리가 이 상황을 종식시켜야 한다고 주장했다. 중국 대표는 미국이 일본, 타이완, 한국에 기지를 건설해 중국을 둘러싸려 하고 있으며, 한국전쟁은 미국이 북한과 타이완을 침략하기 위해 취한 사전 조치들로 인해 시작되었다고 주장했다.[108]

소련은 '중국에 대한 미국의 공격을 즉각 종식하도록 요구하는 결의안을 안보리에 제출했으나 1 대 9로 부결되었다. 반대로 중국의 철수를 요구하고, 유엔은 중국에 적대적 의사가 없음을 재천명하는 미국의 결의안은 9 대 1의 지지를 받았다. 하지만 소련이 거부권을 행사했으며 인도는 양쪽 모두에 기권했다.[109]

다음날 회의[110]에서 미국 오스틴 대표가 중국의 침략을 비난하는 연설을 했고, 다음 회의에서 중국 대표는 타이완과 한국에 대한 미국의 정책을 비난하는 긴 연설을 했다.[111] 중국의 침략을 비난하는 미국의 제안은 또 다시 통과되지 못했고, 한국과 타이완에서 미군이 철수를 요구하는 중국의 제안도 마찬가지였다. 북한에 대한 지원 중지를 요구하는 서구의 요청에 소련은 거부권을 행사했다. 이후 며칠간 안보리 회의[112]에서도 같은 논쟁이 반복되었고, 양측은 서로 비난하며 상대의 결의안 통과를 막았다.[113]

이 시기에는 양측 모두, 우세한 군사 정치적 위치를 확보하지 못하면 협상 자체를 하지 않으려 했기 때문에 모든 논의가 파행을 겪었다. 중국 대표들은 기존 입장을 고수했고, 어떤 타협 의사도 표현하지 않았으며, 미국 대표들과 접촉도 하지 않으려 했다. 반대로 유엔 사무총장은 중국 대표가 매우 과격하다고 여겼고, 미국 대표들은 중국을 여전히 모스크바

의 꼭두각시라고 생각했다.[114]

또한 중국 대표가 안보리에 출석했을 즈음, 미국 내에서는 전황에 대한 낙관이 사라지면서 혼란과 갈등이 증폭되고 있었다. 11월 30일 트루먼은 기자회견 문답 과정에서 "핵무기도 사용할 수 있다"고 발언했다가 논란이 확산되자 보도 자료를 통해 발언을 번복했다. 맥아더는 이후 며칠간 연일 언론 인터뷰를 통해 본인이 지휘하는 군사작전에 제약이 있다며 불평을 늘어놓았다. 이에 트루먼은 맥아더를 겨냥해 공무원·외교관·군사령관의 발언을 모두 금지시켰다. 공화당의 태프트 의원은 트루먼 정부와 국무부의 국제주의적 입장을 비판하면서 북대서양조약기구의 강화 등 군을 해외 파병하는 것 자체를 반대했다.[115]

그런데 미국 내 정책 노선의 혼재와 내부의 갈등이 심해질수록, 유엔에서 미국은 강경 노선을 취했다. 휴전 제안은 재고의 여지없이 거부되었다. 미국은 38선에서 정전하는 것이 군사적으로는 최선의 선택이지만, 정치적으로는 도저히 받아들일 수 없다는 방침을 세우고 있었다.

국방부 장관 마셜은 12월 1일 "평화 협상을 추구하는 것은 미국이 큰 약점을 보이는 것"이라고 지적하며 반대했고, 애치슨은 중국이 미국의 철수, 타이완에서 7함대의 후퇴, 중국의 유엔 가입, 일본의 평화 협약에 중국 참여 등을 요구하는 것은 "정치적 대가가 너무 크다"고 판단했다. 이런 상황에서 유엔에서 중국 비난 결의안을 통과시키자는 주장이 더 힘을 얻게 되었고, 결국 트루먼은 12월 2일 중국 비난 결의안을 총회에 의제로 즉각 상정할 것을 지시했다. 12월 3일 애치슨은 미국 정부가 직면한 상황의 심각성을 알릴 수 있는 유일한 방법으로서 국가 비상사태를 선포할 것을 트루먼에게 건의했고, 트루먼은 실제로 12월 15일 비상사태를 선포해[116] 방위비 증액과 군사력 확대 및 임금과 가격통제의 긴급성을 대중적으로 알렸다.[117] 미국이 강경 대응으로 나아가자 유엔의 대표들과 중국 대표단 간의 대화는 소득 없이 공전하고 있었다.[118] 양측의 정치적 명분 싸움으로 인해 군사적 대결에서 정치적 협상으로의 전환은 쉽게 이루어 지지 않았다.

2) 영-미 정상회담과 아시아 국가들의 평화 제안

그러나 군사적 상황이 악화되면서 정치 협상이 불가피해졌다. 미국과 중국이 정면충돌할 가능성이 증가하자 유엔에서는 적대를 종식시키기 위한 외교적 활동이 활발해졌고, 이는 미국 정부에 압력으로 작용했다. 무엇보다도 이미 유엔의 38선 돌파 결정에 우려를 표명해 왔던 국가들을 중심으로 중국의 전면 개입 이후 상황에 대한 우려가 더욱 커지기 시작했다. 처칠 이후 수상직을 이어받은 애틀리Clement Richard Attlee는 직접 미국을 방문해 트루먼과 정상회담을 했다.[119]

12월 4일부터 9일까지 5일간 진행된 영미 정상회담에서 애틀리는 우선 한국의 상황을 정확히 알고 싶어 했고, 미국이 영국의 동의 없이 핵무기를 사용하지 않을 것임을 확인받고자 했다. 특히 애틀리는 맥아더가 동맹국과 합의 없이 행동한 것에 대해 우려를 표명했다.[120]

애틀리는 미국이 중국에 휴전을 제안하는 것은 부적절하지만 한국과 타이완에서 철수하고 유엔에서 중국 의석을 주고, 타이완을 중국 관할로 돌려주는 게 그렇게 큰 대가는 아니라는 의견을 제시했다. 그는 서구 국가들이 아시아에서 좋은 여론을 얻는 것만큼 중요한 것은 없다는 입장이었다. 이에 애치슨은 "미국의 안보가 더 중요하다"고 답했고, 트루먼과 마셜은 "태평양 지역에서 (공산주의에 맞서) 싸우고 있는 아시아 반공주의자들의 믿음을 얻는 것이 아시아의 지지를 얻는 길"이라며 영국의 제안을 거부했다.[121]

사실 영국은 다른 이해관계에 입각해 움직이고 있었다. 영국은 미국이 중국과의 분쟁을 조속히 마무리 짓고 유럽의 안보에 좀 더 적극적으로 관여하기를 원했다. 미국이 유럽이 아닌 아시아에 너무 많은 자원을 분배하고 있는 것이 못마땅했던 것이다. 영국이 타이완과 중국 본토 사이에 미군을 배치하는 것에 반대한 것도 이런 이유에서였다. 영국은 아시아에서 분쟁이 확산되어 미국이 이 지역에 더 많은 물자와 에너지를 투여하게 되는 상황이 종식되고, 다시 제2차 세계대전 때처럼 영국과 함께 유럽 상황을 통제하기를 바랐다.[122] 이처럼 한국전쟁의 정치적 해결을 지지하고, 전쟁의 확대를 반대하는 서구 여론의 배경에는 유럽으로 분배될 미국의 물자와 관심에 대한 이해관계가 있었다.

같은 시기 유엔에서는 인도의 주도로 휴전과 협상을 위한 제안들이 나오고 있었다. 인도의 주도하에 13개 아프리카·아시아 회원국들은 12월 5일 유엔 총회에서 '아시아 선언'을 발표했다. 유엔은 이 선언을 통해 북한과 중국에 38선을 넘지 말 것을 호소했다. 또한 중국이 38선에서 공격을 멈추고 휴전한 후, 관련 열강들이 만나 한국 문제의 최종 해결을 논의하자고 제안했다. 연이어 12월 6일에는 인도의 네루 수상이 정전 교섭을 공식 제안했다. 비록 미국은 휴전 협상을 준비하지 않겠다며 이를 거부하고 별도로 유엔 총회 전원위원회 결의안[123]을 도입하려 했지만, 유엔에서는 아시아 선언에 대한 논의와 휴전 제안이 계속되었다.[124]

12월 5일 발표된 아시아 선언은 매우 중요한 의미를 갖는다. 비록 현실화되지는 못했지만, 선언에는 오늘날 재평가해야 할 아시아 국가들의 여러 고민과 구상들이 담겨 있었다. 여기에는 ⓐ 즉각 휴전, ⓑ 중국의 철수, ⓒ 미국의 철수, ⓓ 타이완에서 미군 함대 철수, ⓔ 유엔군 무장해제 위원회 감독하의 한국군과 북한군 무장 해제, ⓕ 유엔군을 5만 명 수준으로 감축, 한국 경찰은 2만5천 명으로 제한, ⓖ 유엔 감시단 설치, ⓗ 유엔 한국통일부흥위원회ᴜɴᴄᴜʀᴋ 활동 개시, ⓙ 3개월 안에 선거 개최 후 유엔 군 철수, ⓙ 12개월 내에 휴전, 유엔군 철수 3개월 안에 한국통일부흥위원회도 철수, ⓚ 휴전 명령 직후 유엔한국재건단의 활동 개시 등 다양한 조치와 유엔 기구를 통한 단계별 활동, 군축 등의 내용이 포함되어 있었다. 인도는 특히 중국을 설득하기 위해 이것이 서구가 아니라 아시아 국가들의 제안이며, 중국이 휴전을 받아들이면 중국의 또 다른 이해관계들도 고려할 것임을 강조했다.[125]

이어 12월 12일 유엔 총회 정치위원회 회의[126]에서는 인도 대표 라우가 ① 한국전쟁 휴전 문제와 ② 포괄적 문제 해결을 위한 정치 회담을 각각 두 개의 개별 결의안으로 나누어 제시했다. 먼저 첫 번째 13개국 합동 결의안[127]은 3개국으로 휴전 그룹cease fire group을 구성해 휴전을 위한 근거를 찾도록 하자는 내용을 담고 있었다. 두 번째 12개국 합동 결의안은 극동 문제의 평화적 해결을 위한 국제 정치 회담을 개최하자는 것이었다. 이로 인해 유엔에서도 휴전 문제와 정치적 해결 문제가 분리되었고, 중국 대표들도 휴전과 정치 협상을 분리해 다루는 것에 동의했다. 하지만 미국은 정치적 협상이나 회담을 하기 전에 먼저 휴전이 이루어져야 한다며, 첫 번째 결의안만을 선호했다. 결국 12월 13일 휴전에 관한 13개국 결의안만 표결에 붙여졌고, 51대 5, 1개국 기권으로 채택되었다.[128]

3) 미국의 휴전 관련 원칙의 형성

유엔에서 인도, 영국, 아시아 국가들에 의해 휴전 결의안이 통과되자 미국의 입장은 다소 동요하고 있었다. 이 시기 미국은 크게 두 가지 경로 중하나를 선택하려 했다. 즉 ① 정치적 조건 없는 휴전을 이루고 그 후 극동 문제 협상을 통해 한국 문제를 해결한 후, 중국의 유엔 의석에 대해 논하고, 일본과 평화 협약을 맺거나, ② 만일 공산 측이 휴전을 거부하고 수용 불가능한 조건을 달면 중국을 비난하는 6강 결의안을 통과시키고 유엔 작전을 지속하는 것이었다.

먼저 미국 정부는 휴전이 이루어질 경우에 미국이 취해야 할 입장과 여러 협상 조건들을 검토했다. 미국은 휴전 협상은 한국 문제로만 한정되어야 하며, 한국전쟁에 참여 중인 모든 국가가 무력 행동을 중지해야 하고, 탈군사 지대를 수립한 후, 지상군은 현 위치에 머물거나 뒤로 물러나고, 휴전 감독 위원회를 설치하고, 이후에는 어떤 병력 증가도 금지시키고, 포로들은 1 대 1 기반으로 교환하고, 휴전 위원회가 민간 행정의 책임을 지고, 피난민은 탈군사 지대 횡단을 금지시키는 등 다양한 정전 계획을 고려했다.[129]

이런 논의의 결과 등장한 것이 바로 12월 11일 합동참모본부가 제시한, 한국 휴전의 조건과 원칙에 대한 제안(NSC-95)이었다.[130] NSC-95는 판문점 체제의 성격을 근본적으로 규정했다는 점에서 매우 중요한 정책 문서이다. NSC-95는 우선 20마일 폭의 비무장지대 설치, 정전위원회의 조직과 전 국토에 자유롭고 제한 없이 접근할 수 있는 위원회의 감독 권력, 더 이상의 인력과 물질적 충원 중단, 모든 유엔군이 송환될 때까지 1 대 1 원칙에 기반한 포로 교환, 그 이후에 남은 포로들의 송환 등, 정전 협상에 대한 최초의 기본 방침과 원칙이 모두 포함되어 있었다.

그런데 로즈마리 풋Rosemary Foot이 이미 지적했듯이 NSC-95에서 더 중요한 것은, 이 제안이 중국과 관련된 모든 정치적 사안들을 배제하고 정교하게 정전의 군사적 측면만을 강조했다는 것이다. 미국은 휴전 협상을 한국 문제로 한정하는 것을 가장 중요한 원칙으로 내세웠다. 다른 문제, 특히 중미 관계의 문제를 한국 정전 협상과 연결시키지 않으려 한 것이다. 이는 한편으로 미국 내 군부 및 좀 더 호전적인 입장 즉, 해군과 공군으로 중국 본토를 공격하자는 정서를 억누르면서도 다른 한편으로는 휴전과 평화적인 정치 협상에 대한 유엔과 국제 여론의 압력이 반영된 절충점이었다.[131]

사실, 정전 협상을 순수하게 군사적인 것에 한정한다는 미국의 방침은 이미 1950년 9월부터 검토된 것이었다. 1950년 9월 16일, 인천 상륙 작전이 개시된 다음날 매튜Freeman Matthews 미 국무부 부차관은 중국의 직접 개입 혹은 북한의 평화 협약이나 휴전 제안을 예상하고, 중국 개입을 대비한 NSC-81/1에는 평화 협상에 대한 준비가 없었음을 지적하면서 ① 즉각적인 정전 협상이나, ② 종국적인 평화 협약의 문제를 대비해야 한다고 제안했다. 이때 매튜는 정전 협상의 성격과 몇 가지 일반 원칙을 제시했다.

당시 매튜는 먼저 정전 협상의 경우만 고려한다는 전제하에, 북한이 휴전이나 평화 협약을 요청한다면, 휴전 협상은 순수한 군사적 문제이며 따라서 정전/휴전 협약 협상 담당인 통합사령부 사령관을 통해 대응해야 한다고 제안했다. 이에 따라 담당 사령관이 미국 정부의 명령을 받고, 미국 정부는 안보리의 적절한 결정을 따르는 지휘 체계를 구상했다. 그런데 이때 정전 협상을 군사 문제로 한정한 이유는 최종적인 평화 협약의 문제는 유엔이 결정할 문제로 보았기 때문이다. 즉, 정전 협상은 최종적인 평화 협약을 예상하는 초기 절차로 여겨진 것이다. 그리고 처음에 매튜가 제시한 일반 원칙들[132]은 사실상 북한의 항복과 군사적 패배 이후 전후 처리 방침으로 준비된 것이었다. 만일 북한이 갑작스럽게 붕괴할 경우 NSC-81/1의 23절에 따라 처리하자고 한 점에서도 매튜의 구상은 북한의 패전을 전제로 한 군사적 대응의 문제였다.[133]

이런 초기 입장에 근거해 만들어진 것이 바로 1950년 12월의 NSC-95였다. 따라서 이렇게 정전 협상의 문제가 군사령관이 담당하는 철저히 군사적인 문제로 한정하게 된 데는 두 가지 이유가 있었다. 첫째, 좀 더 중요한 정치적인 결정은 차후에 유엔에서 하려 했고, 둘째, 중국의 개입으로 초래된 복잡한 동아시아의 정치적 문제들을 한국전쟁 문제와 분리해 처리하고자 했다.[134]

하지만 이런 복합적인 내막과 무관하게 중국은 군사적으로 우세한 상황이었던 만큼, 13개국 휴전 결의안 자체를 거부했다. 당시 중국 공산당 지도부는 전면적 승리 이외에는 어느 것도 받아들이려 하지 않았고 소련 역시 이를 전적으로 지지했다.[135] 12월 8일 중국 고위 외교관은 휴전을 제안하는 인도 대표에게 "왜 미국과 유엔군이 38선을 넘을 때 휴전 제안을 하지 않고, 중국과 북한군이 진입할 때 휴전을 요청"하냐고 반문하며 제안을 거부했다. 그리고 3일 후에 저우언라이는 중국 주재 인도 대사 파니카와의 대화에서 "미국이 38선을 횡단했으므로 중국도 이를 존중할 필요가 없다"며 휴전 제안을 거부했다.[136] 뉴욕에 있던 중국 대표는 이런 상부의 입장으로 인해 외국군의 한국 철수, 타이완 문제, 유엔에서 중국의 대표 문제를 다루지 않는 한 휴전에 대한 논의에는 관심이 없었다.[137]

정치적인 협상으로 확대되지 않고 군사적 휴전의 문제에 집중하기를 바라는 미국과, 완전한 군사적 승리를 이룬 후에 미국과 포괄적 정치 협상에 들어가기를 원하던 중국의 기본 입장이 근본적으로 충돌했고, 협상은 전혀 진전되지 못했다. 이런 상황에서 유엔 휴전 그룹의 활동이 시작된 것이다.

12월 14일 유엔 총회 회의[138]에서 정치위원회 중간 보고와 13개국 결의안이 채택되었고, 이란(엔테잠Nasrollah Entezam), 캐나다(피어슨Lester Pearson), 인도(라우Benegal Rau) 대표로 휴전 그룹이 구성되었다. 이들에게는 여러 정부에 자문을 구하고 휴전을 받아들일 만한 근거를 검토할 임무가 주어졌다. 미국은 38선 북쪽으로 20마일 넓이의 비무장지대를 설치하고, 한반도에 존재하는 군사력을 더 이상 교체하거나 증강하지 않고, 유엔 위원회가 휴전을 감독하길 원했다. 하지만 중국은 점차 38선을 넘어서 내려오고 있었고, 중국이 배제된 총회에서 구성된 3개국 대표단의 정당성을 인정하지 않았다.[139]

이에 따라 중국 대표는 휴전 그룹과의 공식적인 접촉을 꺼렸고, 유엔 사무총장의 주선으로 겨우 인도 대표와 비공식적인 접촉이 이루어졌다. 12월 15일, 휴전 그룹은 유엔 위원회의 감독하에 한반도에서의 분쟁을 중지하자고 제안했다. 휴전 그룹 대표 라우는 주베이징 인도 대사 파니카에게 이 제안의 복사본을 보냈고 중국 측은 회의적인 태도를 보였다. 다음날인 16일, 중국 대표는 기자회견을 통해 정치 회담보다 휴전을 먼저 하자는 제안은 "중국과 한국의 손을 묶어 두려는 시도"라고 비난했다.[140]

이 시기에 마오는 중국이 좀 더 결정적인 승리를 이루기 전까지 협상을 하지 않겠다는 생각이었다. 심지어 마오는 공군의 지원이 부재하고 병참 체제가 약화되어 추가 공세가 어렵다는 현장 지휘관들의 견해를 무시하고 12월 21일, 펑더화이彭德懷에게 또 한 번의 공세 명령을 내렸다.[141]

다음날인 22일, 저우언라이는 공식적으로 13개국의 휴전 결의안을 거부하고, 이는 미국이 "한국에서 군사 작전을 재개하기 위해 시간을 벌려는" 것이라고 비난했다. 저우언라이는 '한국 문제의 평화적 해결을 위한 기반으로 모든 외국군이 한국에서 철수해야 하며 한국의 국내문제는 한국인들에 의해 해결되어야 한다. 미국 침략군은 타이완에서 철수해야 하며 중국 대표는 유엔에서 정당한 지위를 획득해야 한다'며 다시 한 번 중국의 최대 요구를 제시했다.[142]

군사적 성공의 정점에 있던 중국이 휴전 그룹의 제안을 거부하고 이 기회에 중국이 해결하고자 하는 모든 정치적 쟁점을 제기하면서 협상 가능성은 사라졌다. 인도 대표 라우는 인도 본국으로부터 휴전 그룹에서 너무 적극적인 태도를 취하지 말라는 경고를 받고 있었다. 중국 대표단은 협상이 지지부진해진 상태에서 12월 19일 뉴욕을 떠났다.[143]

4) 유엔 휴전 그룹의 실패와 중국 비난 결의안

중국 대표를 만날 수 없었던 휴전 대표단은 1951년 1월 2일 협상에 실패했다고 총회에 공식 보고했다.[144] 휴전 그룹의 활동이 실패하자 이번에는 영국을 중심으로 유엔 밖에서 외교가 전개되었다. 즉 1월 4일부터 12일 사이에 영국연방Commonwealth 수상들의 회의가 런던에서 열렸는데, 이때 캐나다·영국·인도 등이 휴전 그룹 추가 보고 형태(A/C.1/645)로 유엔 총회 정치위원회에 5개 원칙을 제시했다.

이들이 당시 제시한 원칙이란 ① 새로운 공격을 준비하지 않는 즉각적인 휴전, ② 휴전을 통해 평화 회복을 위한 향후 논의를 촉진, ③ 모든 외국군의 철수와 한반도 전국 선거, ④ 유엔 원칙에 따라 한국에 행정 체계 수립, ⑤ 영국·미국·소련·중국 대표가 회담을 열고, 유엔 총회가 타이완과 중국의 대표 문제를 비롯해 극동 문제를 포괄적으로 해결하기 위한 기구를 설립하자는 것이었다.

캐나다는 중국에 이 결의안을 받아들일 것을 제안했고, 그에 따라 이 결의안은 1월 13일 유엔 총회 정치위원회에서 50 대 7로 승인된 후 바로 베이징으로 송고되었다. 사실 이 제안은 어느 정도 중국의 요구를 충족시켰다. 특히 마지막 제안은 중국이 제기한, 한국전쟁 이외의 두 가지 문제를 논의할 수 있는 희망을 주었다.[145]

미국 역시 이를 거부할 수 없는 분위기였기 때문에, 만일 중국이 이 결의안을 수용하면 미국으로서는 외교적 딜레마에 처할 수 있었다. 이후 애치슨은 회고록에서 당시 인도의 주도하에 아시아 13개국 결의안에 찬성할지 반대할지 둘 중 하나를 선택하는 것은 외교적 '자살 행위'였다고 언급했다. 왜냐하면, 미국이 이 결의안에 반대하면 유엔에서 미국의 우위와 지지를 상실할 것이고, 찬성하면 한국 문제에서 주도권을 상실해 의회와 언론의 분노를 일으킬 수 있었기 때문이다. 따라서 미국은 한편으로는 중국이 거부하기를 바라면서 어쩔 수 없이 결의안을 지지했다.[146]

실제로 중국과 소련은 1월 17일 이 제안을 거부했다. 저우언라이는 '휴전 먼저, 협상은 나중'이라는 원칙은 미국이 침략을 확대하는 것을 도울 뿐이라며 제안의 정당성을 공격한 후 더욱 정교한 제안으로 응답했다. 중국은 한국 분쟁의 종식은 유엔이나 휴전 협상이 아닌 관련 국가들끼리 정치 협상을 통해서 해결되어야 한다고 주장했다. 중국은 좀 더 구체적으로 영국·중국·프랑스·소련·미국 등 안보리 상임이사국이 이집트·인도와 함께 중국에서 모여 7강 회담을 개최해 극동 문제를 논의하자고 제안했다. 또한 중국은 이 제안을 통해 중국의 유엔 의석 획득과 한국과 타이완에서 모든 외국군이 철수할 것을 다시 한 번 요구했다.[147] 이 제안에 대해서는 다양한 역사적 평가가 존재했다. 한편으로는 중국이 자신의 역량을 과대평가한 비합리적 요구라는 냉소가 있었고, 다른 한편으로는 자세히 검토해 보면 유엔의 제안과 크게 다르지 않은 협상 전략에 불과했다는 견해가 있었다.[148]

당시 미국은 전자의 입장에서 대응했다. 애치슨은 중국이 입장을 표명한 당일 바로 이를 거부하는 연설을 했다. 그는 유엔이 그동안 한국 문제의 평화적 해결을 위해 가능한 모든 노력을 했다는 데 의심의 여지가 없으며, "이제 우리는 중국 공산주의자들이 유엔에 대한 비난을 그만둘 의도가 없다는 것을 직시해야 한다"며 중국을 비난했다.[149]

이에 따라 1월 18일부터 30일까지 정치위원회 회의에는 상반된 두 가지 의견이 제시되었다. 애치슨은 중국이 유엔을 거부했다며 중국을 침략자로 비난하고, 유엔에 중국과 북한에 제재 조치를 취할 것을 요구하는 결의안을 제안했고, 인도네시아·이란·이라크·레바논·파키스탄·사우디아라비아·시리아·예맨 등은 중국과 타협의 여지를 모색해야 한다는 결의안을 제시했다. 영국·프랑스·캐나다·호주는 중국의 반응에 타협의 여지가 있다고 보았고, 인도 대표는 중국의 응답은 사실상 분명한 요구이자 대항 제안이라고 지적했다. 그리고 인도는 이 제안이 받아들여지면 중국인민 지원군을 철수하겠다는 말을 중국으로부터 들었다고 밝혔다. 하지만 미국은 이런 의견에 동의하지 않았고, 중국과의 협상의 사전 조건으로 중국이 한국에 대한 기존의 유엔 결의안을 받아들여야 하며, 따라서 중국이 침략자로 비난받아야 한다고 주장했다.[150]

하지만 미국의 이런 주장에 대해서는 끝까지 반대 의견이 제기되었다. 영국을 비롯한 일부 유엔 회원국들은 여전히 중국의 대응을 더 검토해야 하고, 중국을 비난하기 전에 설득할 필요가 있다고 보았다. 한국 문제는 가장 큰 이웃 국가인 중국이 동의하지 않고서는 장기적인 해법이 도출될 수 없으므로, 중국과의 정치적 타협을 위해 좀 더 노력해야 한다는 이유였다. 만일 유엔이 중국을 비난하고 제재를 가하면 상황이 더 악화될 뿐이었다. 아랍-아시아 국가들도 이런 입장을 공유했다. 이에 따라 1월 25일 인도는 아랍-아시아 국가들과 함께 한국전쟁의 휴전과 중국과의 협상을 위한 절차를 모색하고자 7개국 회담을 제안하는 결의안을 또 다시 제출했다. 하지만 인도의 타협안은 총회에서 27 대 18로 부결되었고, 마침내 미국의 결의안이 2월 1일 유엔 총회 327차 회의에서 44 대 7, 기권 9표로 통과되었다.[151]

미국이 제안한 2월 1일 결의안(498(V))은 바로 중국을 '침략자'로 규정한 결의안이었다. 이는 중국이 유엔군에 대항하는 분쟁에 개입해 한국을 침략한 측을 직접적으로 지원하고 있다고 규정하고 중국 역시 한국에 대한 침략에 개입하고 있다고 지적했다. 결의안은 중국의 철수를 요청했고 침략자에 대한 제재를 모색할 주선위원회를 설치했다. 위원회는 총회 의장과 상임이사 스웨덴, 멕시코로 구성되었는데, 주중국 스웨덴 대사를 통해 중국 정부와 접촉하려는 의도였다. 하지만 이들은 아무런 답변도 얻지 못했다. 중국 정부는 이 침략 비난 결의안에 격분해 이후 유엔과 어떤 의사소통도 하지 않았다. 결의안이 통과되면서 조기 정전의 가능성은 사실상 사라졌고 이후 5개월 동안 논의 자체가 중단되었던 것이다. 하지만 미 국무부 애치슨은 이를 "유엔이 안정 상태로 접어든 것"으로 여겼다.[152]

중국 비난 결의안이 통과된 이후 미 국무부는 5월 3일경부터 '평화를 위한 통일 결의안'(1950년 11월 3일)에 따라 총회가 설립한 추가조치위원회Additional Measures Committee가 어떻게 경제적 제재를 도입할지에 대한 연구를 시작했다. 미국은 중국과 북한이 통제하는 모든 지역에 대한 원자료 수송 중지를 제안했다. 이는 5월 18일 유엔 총회에서 승인되었다. 이 결의안은 모든 국가가 원자력 에너지, 석유, 전략적 가치가 있는 물자의 수송, 무기 생산에 필요한 장비, 탄약 등을 중국으로 수송하는 것을 금지하라고 권고했다. 이는 유엔에서 침략자로 규정된 국가에 대한 제재 정책에 동의하기로 결정한 최초 사례였다.[153]

1951년 2월 1일 비난 결의안이 통과되고, 유엔 사상 최초로 제재 조치까지 취해졌다. 중국 내전부터 한국전쟁에 이르기까지 유엔에서 다루어진 중국 관련 논쟁은 중재 노력이 무산되며 최악의 상태로 악화된 채 일단락되었다. 중국 비난 결의안의 통과는 유엔의 역할이 일종의 한계에 다다랐음을 의미했다. 특히 냉전이라는 적대 구도에 미국과 중국의 갈등이 더해지면서 전쟁의 평화적 종식이라는 유엔의 기능 자체가 마비되었고, 유엔에서 논의와 합의를 통한 평화는 불가능해졌다.

3. 자유주의 평화의 두 가지 모델
: 한국의 군사적 평화와 일본의 경제적 평화

1) 정전 협상의 시작과 판문점 체제의 성격

이렇게 유엔에서의 중국 인정, 중국과의 대화 시도는 모두 실패했다. 그럼에도 불구하고 또 다시 휴전에 대한 여론이 되살아났다. 이번에는 1951년 초반 미국과 유엔군의 군사적 상황이 다시 호전되었기 때문이다. 1951년 2월 후반 동안 유엔군은 중국군의 전진을 저지하고 다시 북진하기 시작했다. 3월 중순이 되면 유엔군이 서울을 수복했고, 이후 다시 38선을 회복했다.[154]

이에 따라 정전을 고려하자는 동맹국과 유엔의 압력에 미국 정부도 반응하기 시작했다. 국무부 내부에서 러스크는 2월 11일 휴전을 위한 구체적 방침들을 제시했다. 그는 한국에서 휴전을 받아들이고 1950년 12월 합동참모본부의 정책 노선에 따라 잠정적 협약(모두스 비벤디modus vivendi)을 이루자는 의견을 제시했다.[155]

하지만 맥아더는 여전히 미국 정부의 중국 정책을 신뢰하지 않았고, 군사적 통일이 최우선 과제라고 믿고 있었다. 심지어 그는 자의적으로, 미국 정부가 전쟁을 확대하기로 결정했으며, 중국을 완전히 군사적으로 패배시킬 것이라고 선언하기도 했다.[156] 3월 24일에도 상부의 인가 없이 자의적으로 공산 측 사령관에게 협상을 하자고 제안했고, 만일 이를 거부하면 중국 본토를 직접 공격하겠다며 협박성 연설을 공표했다. 이 시기 맥아더는 타이완 군을 한국에 투입하고 중국 본토로 전쟁을 확대하는 데 지지를 보내 달라는 서한을 미국 의회에 보냈다. 이는 트루먼이 공개 발표했던 미국의 정책과 완전히 상반된 것이었다. 따라서 이 발언은 유엔 회원국 사이에서 많은 우려를 불러일으켰다. 특히 영국은 의회 결의안을 통해 맥아더를 신뢰하지 않는다는 의견을 공식적으로 표명했다.[157]

결국 트루먼은 4월 11일 맥아더를 해임했다. 유엔의 대다수 회원국들은 이를 반겼다. 하지만 이에 대한 역풍으로 미국 각지에서 맥아더를 지지하는 대중 집회가 일어났고, 국방부 장관 마셜George Marshall은 정부에 대한 비판을 무마하기 위해 의회 청문회에서 공개적으로 '타이완을 결코 중국의 손에 넘기지 않겠다'고 약속해야 했다. 미국 내 정치와 유엔에서의 국제 여론이 서로 충돌하고 있었다.[158]

결국 미국은 중국 개입 이후 유엔에서 중국에 대한 승인을 끝까지 거부하고 중국을 침략자로 비난하는 결의안을 통과시키는 데 성공했지만, 중국과의 확전을 추구했던 맥아더를 해임해야 했고, 이로 인한 국내 정치의 역풍을 감수해야 했다. 그럼에도 불구하고 맥아더의 해임이라는 역사적 순간은 곧 미국이 한국전쟁 초기에 추구한 승자의 평화, 정의로운 전쟁, 군사적 수단에 의한 초국적 법치의 추구가 결정적으로 포기되며 현실주의적 전환이 이루어졌음을 의미한다.

협상을 거부하고 모든 정치적 문제를 군사력으로 해결하려는 중국의 태도에도 점차 변화가 생겼다. 미국과 유엔의 대항 공세가 시작된 이래 중국 현장 지휘관들은 퇴각을 제안했지만, 마오는 오히려 1월 25일 반격을 지시했고 결국 패배했다. 그리고 두 달간의 조정과 준비를 거쳐 4월 말에 다시 한 번 공세를 명령했지만 이 역시 크게 실패했다. 이 두 번의 실패로 인해 마오와 지도부는 결국 중국의 역량과 야망 사이의 격차를 분명히 확인하고, 한국전쟁의 궁극적 목표를 재검토하게 되었다. 이에 따라 5월경 중국은 우선 38선에서 더 이상의 전진을 멈추고 정전회담을 진행하되, 전투를 계속하면서 협상을 통해 전쟁을 끝낸다는, '협상하며 싸운다'는 새로운 전략을 받아들였다. 이렇게 중국은 한국에서 전쟁 이전 상태를

회복해 정전에 이르는 것을 최종 목표로 재설정했다.[159]

이 시점에서 전쟁의 지속을 원했던 이는 정치·군사적으로 가장 취약하고 미국과 소련에 각각 의존하고 있었던 김일성과 이승만뿐이었다. 김일성은 5월 30일 펑더화이에게 서신을 보내 "한국 문제는 평화적 방식으로는 해결되지 않으며, 전쟁이 38선에서 끝날 수는 없을 것이므로 전투를 지속해야 한다"고 말했다. 북한 지도부와의 의견 차이를 조정하기 위해 중국 측은 6월 초에 김일성을 베이징으로 초청했다. 마오는 협상 조건에 외국군의 점진적인 철수와 한국 문제를 궁극적으로 해결한다는 내용이 들어가면 협상장을 피할 이유가 없다는 입장이었다. 결국 유엔군과 독자적으로 싸울 수 없었던[160] 김일성은 중국의 전략적 태도 변화를 따라야만 했다. 마오와 김일성은 미국과 공식 협상을 시작하기로 합의하고, 이후 두 달간 공세를 하지 않기로 했다.[161]

이렇게 중국은 1951년 6월 중순경, 평화 협상을 통해 전쟁을 끝내고자 전쟁 장기화를 도모하는 새로운 전략을 도입했고 유엔 측의 협상 제의를 기다리기로 했다. 중국은 상대가 38선으로 남북 간 국경을 재확립하고, 북과 남 사이에 중립지대를 만들자고 제안하면 이를 받아들이기로 했다. 그리고 이때, 마오는 "중국의 유엔 가입은 정전의 조건이 아니"라며, 중국의 유엔 가입 문제를 협상 대상에서 제외하기로 결정했다. 마오는 타이완 문제에 대해서도 미국이 별도로 다루자고 강하게 주장하면 타협하기로 했다.[162]

같은 시기에 미국 역시 휴전을 위한 신호를 보내며 소련과 접촉하고 있었다. 애치슨은 1951년 6월 1일 상원의 대외관계 위원회 연설에서 한국전쟁 작전의 목적은 "공산 측의 공격을 멈추게 하고, 침략을 막고, 평화를 회복하고, 새로운 공격이 발생하지 않도록 하는 것"이라고 밝혔다. 그는 "자유롭고 민주적인 한국에 이르는 것이 유엔의 목적이지만 그 자체가 전쟁의 목적은 아니"라고 밝혔다. 이는 9개월 전 애치슨이 유엔 총회에서 했던 발언, 즉 '평화를 위한 통일' 발언과 비교하면 크게 달라진 것이었다.[163]

당시 미국은 중국보다는 소련과의 직접 협상을 선호했다. 예컨대 케넌은 러시아인들이 '거대한 영토의 권력'을 갖고 있고 북한에서 일어나는 일에 대해 '분명하고 정당한 관심'을 갖고 있기 때문에 "유일하게 뭔가 함께 일을 할 만한 사람들"이라고 말한 적이 있다. 그러나 그는 중국과 함께 대화하자는 소련의 제안을 거부했다. 케넌의 표현을 따르자면 중국은 '히스테리컬하고 어린애' 같으며, 따라서 미국은 소련과 접촉함으로써 중국을 독립적인 세력이 아닌 소련의 꼭두각시로 다루어 중국의 위신을 깎아내릴 수 있었다. 케넌은 유엔에서는 미소 간의 합의가 이루어지기 어렵다고 판단했으며, 이에 따라 비밀 접촉이 이루어졌다.[164] 이는 냉전 시기 대규모 무력 충돌이 벌어지는 상황에서 부담이 커지는 것을 피하려 했던 두 강대국 공동의 이해관계를 잘 보여 준다.

미소 대화의 좀 더 직접적인 계기는 5월 31일과 6월 5일 두 차례에 걸쳐 케넌이 직접 유엔 소련 대표 말리크와 개인적으로 정전 협상을 논의한 것이다. 케넌은 최대한 중국 문제를 연결시키지 않은, 제한된 범위의 쟁점들을 처리할 정전 협상을 제안했다. 말리크는 소련 정부와 상의한 후 '소련도 가능한 한 빨리 한국 문제의 평화적 해결을 바란다'며 이에 호응했다.[165]

소련은 미국과의 합의 후 중국-북한에 압력을 가했다. 케넌과 말리크가 접촉하고 나서 5일 후인 6월 10일, 중국과 북한 대표는 모스크바에서 정전에 관해 스탈린과 최종 상의를 했다. 이때 주목해야 할 스탈린의 태도는 중국·북한 대표들로 하여금 정전 협상의 성격을 분명히 인지하도록 했다는 점이다. 즉 가오강高崗과 김일성이 정전armistice, 화해reconciliation, 휴전cease fire, Truce, 평화 협약peace agreement 등을 마구 섞어 사용하자, 스탈린은 용어를 분명하게 정의하라고 요구했다. 결국 중국과 북한이 원하는 것은 휴전cease-fire에 근거한 정전armistice이라는 데 합의가 이루어졌다. 중국과 북한은 스탈린과의 회의 이후 한국에서 전전 상태로 복귀하고, 협상을 통해 정전을 이루기로 했다.[166]

이로부터 약 10일 후인 6월 23일 유엔 소련 대표 말리크가 라디오 연설을 통해 '상호 병력이 38선에서 철수하는 휴전과 정전에 대한 논의를 시작하자'고 공식 제안했다. 이때 말리크는 외국군의 한국 철수나 유엔에서의 중국 의석, 타이완 문제 등을 전혀 언급하지 않았다.[167] 6월 27일 그로미코는 이 연설을 더 상세히 보완하면서 이것은 '엄밀히 대립되는 군사 사령관들 사이의 군사적 정전이지, 정치·영토 문제는 포함되지 않으며 이 문제들은 향후에 해결하는 것으로 남겨 두어야 한다'는 점을 반복 확인했다. 당연히 유엔과 미국은 호의적으로 반응했다. 트리그브 리 유엔 사무총장 역시 '가능한 한 빨리 정전 협상이 시작되기를 바란다'고 언급했으며, 다음날 트루먼은 '미국이 정전 협상에 참여할 것'이라고 발표했다. 베이징의 『인민일보』도 '평화적 해결의 가능성'에 대해 언급했다.[168] 정전 협상의 시작은 일사천리로 진행되었다.

6월 말 유엔군은 방송을 통해 공산군 사령관에게 각 사령관이 선출한 대표들끼리 휴전 협상을 위해 만나자고 제안했다. 7월 1일 베이징 라디오 방송에서 김일성과 펑더화이는 분쟁 종식을 논의하기 위해 유엔군 사령관 대표와 만날 용의가 있음을 밝히고, 7월 10일 개성에서 만나자고 제안했다. 양측이 메시지를 교환한 후 7월 8일 연락장교가 개성에서 만났고, 첫 회담 날짜가 7월 10일로 확정되었다.

(1) 정전 협상에 대한 미국의 원칙

중요한 것은 정전 협상이 시작되는 시점에서 이미 정전 협상의 기본 틀이 정해져 있었다는 것이다. 앞서 살펴보았듯이, 한국전쟁 초기에 이미, 군사적인 것에 한정된 정전 협약을 추진하고, 평화 협약 문제는 추후에 유엔으로 넘기려는 구상이 등장했다. 그리고 이는 1950년 12월 12일 미국 합동참모본부에서 만든 NSC-95의 원칙들에 반영되었다. NSC-95의 방침은 1951년 6월에 모든 협상 당사자에게 관철되었다. 즉, 이런 구상은 전쟁 초기부터 평화조약 없이 끝나는 현실주의적 전쟁을 지향했던 케넌을 통해 소련으로 전달되었으며, 스탈린은 모스크바를 방문한 중국과 북한 대표에게 이 협상은 포괄적 평화 협상이 아닌 휴전과 정전 협상임을 분명히 했다. 중국 역시 6월 중순에 중국의 대표 문제나 타이완 문제를 사실상 협상에서 제외하기로 한 상태였다.

당시 미국은 정전 협상의 대상과 형식에 대한 법적 자문이 필요했다. 누가 협상을 할 것이며, 유엔은 정전 협상을 위해 별도의 결정을 내려야 하는가? 이에 대해 당시 유엔 사무총장은 법률 고문 펠러Abraham Feller와 이 문제를 상의했다. 펠러는 6월 29일 최종 의견을 주었는데, 그에 따르면 미국이 순수하게 군사적인 성격의 정전 협약을 체결할 권리가 있으며, 이 경우에는 유엔 총회나 안보리의 승인이 필요 없다는 것이었다. 군사적 문제 외에 향후 한국의 미래와 관련된 정치적 문제만이 유엔의 정치기구가 결정할 필요가 있다는 의견이었다.[169] 유엔이 '순수한 군사 정전'은 미국의 관할이라는 승인을 해줌으로써, 한국전쟁의 평화적 해결에 관한 논의의 틀은 결국 관련된 모든 정치적 쟁점이 분리된 채 미국 군사령관, 중국 공산당 지도부 간 군사적 타협의 문제로 좁혀졌다.

협상 10일 전 마지막 명령을 통해 맥아더의 후임 유엔군 사령관 리지웨이Matthew B. Ridgway에게 정전 협상에서 추구해야 할 목적들이 하달되었다. 여기에는 비무장지대를 구축할 것, 감독위원회를 수립할 것, 인원과 물자를 보충하지 말 것, 포로를 1 대 1로 교환할 것, 국제적십자위원회의 수용소 방문을 허용할 것 등의 실무적인 문제들도 포함되었지만, 가장 중요한 기본 원칙은 군사적 주제로 의제를 한정할 것, 한국 문제에 대한 최종 해결 단계로 들어가지 말 것, 유엔에서 타이완이나 중국 문제를 다루지 말 것이었다.[170]

이렇게 정전 협상을 야전 사령관들 간의 군사적인 문제로 한정하는 조치들은 애치슨도 지적했듯이 미국의 입장에서는 정치적으로 유용한 선택이었지만, 중국과 북한의 주권을 인정하는 문제를 회피했다는 점에서 임시적인 성격을 가질 수밖에 없었다.[171] 또한 이런 조치는 타이완 문제나 중국의 지위에 대한 논의가 제기될 여지를 봉쇄했다. 그 결과 중국과 북한의 주권을 인정하지 않음으로써 그 뒤로도 수십 년간 갈등상태가 유지되었으며, 타이완 문제 역시 지속적인 분쟁과 갈등을 낳았다. 또한 정전 협상을 시작하기 위한 막후 협상의 과정이 잘 보여 주었듯이 '유엔은 이런 논의를 하기에 최악의 장소'라는 인식이 확대되고 있었다.

그렇다면 군사적 주제로 한정된 정전 협상은 한국전쟁의 문제를 해결하기 위한 적절한 틀이었을까? 한정된 군사 정전 협상으로 한국전쟁과 관련된 모든 정치적 대립을 해소하기에는 당시 이해관계의 스펙트럼이 너무 넓었다. 예컨대 서구와 아시아 국가들, 영국, 캐나다, 인도의 경우는 중국을 승인하려 했고 대규모 무력 분쟁을 빨리 끝내고 싶어 했다. 유럽 국가들은 미국이 유럽을 다시 정책의 1순위로 고려하게 되기를 바라고 있었다. 다른 한편에는 북한의 무장해제, 중국의 철수, 북한에 대한 재정·군사적 지원 금지, 한국 문제를 다루는 국제회의에 한국의 참여 등 비현실적인 요구를 하는 이승만 정권이 있었다. 이승만 정권은 38선을 분단선으로 사용하지 않을 경우에만 정전에 협조하겠다고 말했다. 또한 미국 내에서 태프트나 닉슨 같은 정치인들은 미국이 중국과의 협상에서 어떤 식으로건 양보를 할 경우 이를 트루먼 정부를 비난할 근거로 삼을 준비가 되어 있었다. 태프트 의원은 완전한 승리가 아니라면 14만 명의 사상자와 수십억 달러의 지출이 모두 낭비였다는 증거라고 강조했다.[172]

이런 극단적 입장 차이 외에도 트루먼 정부가 소련이나 중국, 북한과 협상하는 것 자체를 싫어했다는 점을 지적할 수 있다. 전쟁에서 승리하거나 적의 무조건 항복을 추구해 왔던 미국은 영구적 해결이 아닌, 군사적 교착상태를 초래할 정전 협상을 꺼렸다. 트루먼 정부는 이렇게 상충하는 복잡한 국제적·국내적 압력과 협상에 대한 부정적 태도를 갖고 협상에 임했던 것이다.

(2) 중국의 협상 준비와 전략

중국과 북한 협상가들은 유엔-미국 측에 비해 군사·정치적 상황이 좋지 않았다. 중국은 4월 공세에 실패했고, 김일성은 한국전쟁 직전에 스탈린에게 쉽게 전쟁에 이길 수 있다고 했던 호언장담이 철저히 어긋난 상황에서 적극적인 목소리를 낼 수 없었다. 공산 측은 향후 제안들을 내놓지 못하고 있었다.[173]

미국과의 직접 협상이 처음이었던 중국 지도부에게 협상은 그 자체로 큰 도전이었다. 베이징의 지도부는 협상 과정을 직접 통제하기 위해 고위 중국공산당 관료들로 협상팀을 구성했다. 중국의 덩화鄧華와 제팡解方, 그리고 북한의 남일이 협상을 이끌기로 했고, 이들의 막후에 협상 지도 그룹이 구성되었다. 외무부 부상이자 중국공산당의 오랜 군사첩보 수장인 리커농李克農과, 1940년대에 미국인들을 다룬 경험이 있는 외무성 국제정보국장 차오관화가 협상 지도 그룹을 이끌었다.[174]

마오는 리커농과 차오관화가 베이징을 떠나기 전, 이들에게 협상을 '정치전'으로 여겨야 하며 베이징 지도부가 작성한 정책 라인을 따르도록 당부했다. 또한 매일 베이징 최고 지도부와 연락을 유지하라고 지시했다. 이들은 7월 6일 김일성 사령부에 도착했고, 북한은 이들이 협상을 지도하는 데 동의했다. 리커농이 팀장을 맡았고 차오관화가 국장이 되었다.[175]

처음 베이징 지도부는 정전 협상이 합의에 도달하는 데 그리 오랜 시간이 걸리지 않으리라 생각했다. 협상 지도부들은 여름옷만 가져갔다. 중국군과 북한군이 우위에 있다고 믿었기 때문이다. 이들이 생각하기에 협상에서 가장 어려운 지점은 정전이 아니라 모든 외국군이 철수하는 문제, 타이완 문제, 유엔에서 중국 의석 문제 등 좀 더 포괄적인 정치적 쟁점들이었다. 베이징의 지도부는 이런 문제들을 정전 이후로 미루었기 때문에 정전 협상 자체는 금방 끝날 것으로 생각했다.[176]

7월 10, 11일 두 차례 회의가 열렸는데, 유엔 측 대표로는 조이Turner Joy 준장, 백선엽 소장, 북한-중국 측은 남일 장군과 이상조 소장, 덩화와 제팡이 회담 대표로 참석했다.[177] 그러나 협상은 곧 장애물에 부딪혔다. 첫 2주 동안은 협상 의제를 정하기 위한 논의가 이루어졌다. 중국은 모든 외국군의 철수를 의제에 포함시키려 했지만 받아들여지지 않았다. 미국과 유엔은 군사적 문제로 한정해야 한다고 주장했다. 논의 끝에 7월 26일 다섯 가지, 즉 의제의 선택, 분계선 확정, 휴전과 정전, 포로 문제, 양측 정부들에 대한 권고로 의제가 확정되었다. 7월 26일에는 두 번째 의제인 분계선을 정하는 데 집중했는데, 중국·북한 측에서는 베이징·평양·모스크바의 합의에 따라 38선을 제안했다. 하지만 미국은 당시의 전선을 기준으로 하자고 요구했고, 조이는 미국이 전 공중과 바다를 통제하고 있으므로 군사 분계선이 더 북쪽으로 올라가야 한다고 주장하기도 했다. 갈등으로 회담이 중단된 이후 10월 25일에 협상이 재개되었으며, 11월 말에는 결

국 군사 분계선에 대해서도 합의가 이루어졌다.[178]

2) 미-일 샌프란시스코 평화 협약

유엔에서 인정받기 위한 중국의 노력은 실패했으며, 한국전쟁은 한국 문제에 국한해 군사정전의 형태로 마무리하기로 결정되었다. 그렇다면 원래 중국이 포괄적으로 제기했던 동아시아의 다양한 정치적 의제들은 어떻게 처리되었을까?

미국은 판문점에서 정전 협상이 진행되던 와중에 대아시아 정책을 포괄적으로 재검토하고 있었다. 이 과정에서 가장 중요한 고려 대상은 물론 한국전쟁에 대한 개입으로 존재감이 커진 중국이었다.

그런데 중국 문제는 아시아의 전후 질서 변동에 대한 국제적 합의가 필요한 매우 복합적인 문제였다. 앞서 살펴보았듯이 중국을 승인하는 문제는 곧 일본의 식민 지배를 받던 타이완의 정치적 지위와도 관련되어 있었다. 따라서 이는 중국 내전의 결과뿐만 아니라, 일본의 식민지였던 인도차이나·말레이시아·인도네시아·필리핀 등의 지위와 함께 고려되어야 할 탈식민 문제이기도 했다.[179] 결국 중국-타이완 문제는 한국전쟁의 정치적 해결 문제에 국한되지 않는, 제2차 세계대전의 전후 처리 문제, 즉 일본과의 평화 협상을 통해 해결해야 할 동북아 지역 차원의 문제였다.

이렇게 한국전쟁과 중국의 개입이라는 '사건'은 미국과 국제사회로 하여금 한국전쟁 자체뿐만 아니라 동아시아의 탈식민과 중국 내전, 중화인민공화국 수립, 일본의 패전과 전후 처리 문제라는 극도로 복합적이고 무거운 갈등의 차원을 대면하게 만들었다. 이때 미국은 중국에 대한 불인정, 한반도에서 군사 정전 체제 수립이라는 두 가지 임시적 대응을 했으며, 이를 통해 해결되지 않는 문제는 대일본 정책으로 해결하려 했다. 그것이 바로 일본과의 샌프란시스코 평화조약(1951년 9월 8일)[180]이었다. 샌프란시스코 평화조약은 어떻게 추진되었으며, 한국전쟁과는 어떤 관계가 있을까?

한국에서 정전 협상이 시작된 지 두 달 만인 1951년 9월경, 미국은 동아시아 정책에 관해 세 가지 중요한 결정을 내렸다. 첫째, 일본과 평화 협상을 시작해 일본에 대한 군사 점령을 종식하기로 했다. 둘째, 유럽에서는 기존의 적국이던 독일을 유럽의 통합 방위 기획으로 포함시키기로 했다. 셋째, 한국에서는 공산군을 38선 너머로 밀어낸 후 한국 문제를 다시 유엔 총회에 상정하기로 했다.[181]

미국은 이 결정 가운데 첫 번째 것, 즉 일본과의 평화 협약을 1951년 내에 실제로 실행했다. 당시 미 국무부 극동문제 차관 앨리슨은 일본 평화 협약과 필리핀·호주·뉴질랜드와의 상호방위조약의 협상과 타결을 "1951년 미국의 가장 중요하고 건설적인 국제적 행위"라고 평가했다. 그런데 이는 자화자찬이 아니라, 역사상 유례없는 평화 협약이었다는 점에서 사실이었다. 미국과 일본의 평화 협약은 기존의 평화 협약과는 완전히 새로운 협상 방식으로 이루어진, 근대 외교사에서 유일무이한 새로운 형태의 '자유주의 평화 협약'이었다[182]

여기서 미국이 말하는 '자유주의 평화 협약'이란 무엇이었을까? 제1부에서 살펴보았듯이 유럽의 근대적 의미에서 전후 처리를 위해 체결되었던 다자간 협약들, 특히 베스트팔렌에서부터 베르사유에 이르는 평화 협약은 전쟁과 관련된 모든 국가의 대표가 모여서 함께 회의를 하고 의견을 서로 주고받는 과정을 거쳐 조약의 조문에 대한 합의에 도달하는 회담의 산물이다.

하지만 제2차 세계대전 후 독일과 일본에서는 모두 평화 협약이 체결되지 않고 있었다. 이는 앞서 살펴보았듯이 유엔의 등장과 냉전의 전개에 따른 변화이기도 했다. 그러나 1990년대까지 독일과 교전국들 간의 평화 협약이 마무리되지 않았음을 고려하면 일본과의 평화 협약은 매우 이례적으로 조기에 체결된 것임을 알 수 있다. 더욱이 한국전쟁 정전 협상이 한창 진행되던 중에 교섭·타결된 것이다. 이를 어떻게 설명할 수 있을까?

첫 번째 이유는 일본이 전후 미국의 압도적인 영향력하에 놓이게 되었기 때문이다. 즉 미국의 권력과 의지 때문이다. 유럽 전장에서는 영국과 러시아가 전투에서 큰 역할을 했지만, 아시아에서는 미국의 역할이 지배적이었다. 이는 아이젠하워의 유럽 연합군과 맥아더의 극동 연합군의 차이에서 드러났다. 유럽 전장을 책임진 아이젠하워의 권위는 추축국들의 항복과 동시에 사라졌지만, 아시아에서 맥아더의 지위는 일본 점령과 냉전, 한국전쟁을 거치면서 정부가 통제할 수 없을 정도로 강력해졌다. 그리고 독일에서는 제3제국이 사라지면서 4개국이 분할 점령했고 두 개의 정부가 등장했다. 하지만 일본의 전후 질서는 거의 순수하게 미국의 기획과 집행에 따른 것이었다. 일본에서는 천황제와 정부가 보존되었고 미 극동군 최고사령관의 명령에 종속되었다.[183]

또한 전후 일본 문제를 다루기 위한 국제적 틀은 유엔 밖에 있었다. 일본이 공식 항복 문서에 서명하기 직전인 1945년 8월 21일, 미국은 일본과 전쟁에 관여한 국가들로 극동자문위원회Far Eastern Advisory Commission를 설립해 전후 문제를 다루자고 관련국들에게 제안했다. 물론 실제 대일본 정책은 거의 미 점령군과 미국 정부에 의해 결정되었다. 미 전쟁부 장관 스팀슨의 영향하에서 국무부·전쟁부·해군부가 준비한 문서가 1945년 9월 6일 승인되었고, 이것이 전후 일본 점령 정책의 기본 틀이 되었다. 이는 일본을 독일처럼 분할 점령하지 않으며, 소련군의 일본 주둔을 배제하는 것을 내용으로 했다.[184]

이런 상황에서 냉전이 전개되자 일본을 비롯한 아시아에서의 전후 처리는 경로가 매우 달라졌다. 1945년 8월 14일, 소련과 중국이 중소 우호 협약을 맺자, 미국은 일본에 대한 기존 방침(무조건 항복에 기반한 철저한 변화)을 바꾸어 일본을 우방국으로 만들기 위해 천황제 유지를 허용하며 일본과의 평화 협약을 서두르기 시작했다.[185]

1947년 여름 미국이 일본과의 평화 협약 협상의 절차를 만들기 위해 관련 국가들과 예비회담을 요청하면서 이 같은 움직임이 가시화되었다. 미국은 극동자문위원회의 후신으로 설립된 극동위원회Far Eastern Commission 의 회원국들에 초대장을 보내 그들 가운데 과반수가 동의하면 평화 협약에 대한 회담을 개최하려고 했다. 하지만 소련과 중국이 참석하지 않았다. 소련은 일본과의 평화 협약 문제는 4강국이 사전에 논의해야 한다고 주장하면서 루스벨트 시절 합의한 '네 명의 경찰관' 중 하나로서의 지위를 요구했고, 중국 또한 사실상 거부권을 인정받기를 원했다. 그러자 미국은 회담 요청을 취소해 버렸다.[186]

미국은 1947년 8월부터 일본과의 평화 협약 초안을 독자적으로 작성하기 시작했다. 이 과정에서 다시 한 번 케넌의 영향력이 발휘되었다. 그는 최초로 소련에 대한 봉쇄정책을 입안했으며, 한국을 전쟁 선포 없는 제한전으로 끝내기를 희망했고, 정치적 의제를 배제한 임시적 군사 정전을 선호했던 장본인이다. 그는 이 초안에서 일본의 비무장, 민주화, 국제적 감독이라는 대원칙들을 중시했다. 하지만 정작 평화 협약 초안을 작성한 케넌은 기본적으로 일본이 미국에 지속적으로 우호적일 것이라는 점이 분명해질 때까지 평화 협약 협상을 해서는 안 된다고 보았다. 그는 10월 중순 이런 입장을 국방부 장관 로베트Robert A. Lovett에게 전달했고, 국방부는 맥아더에게 직접 의견을 묻기로 했다. 당시 국방부와 군부가 가장 민감하게 생각했던 것은 일단 일본과 평화조약이 체결되면 일본에 대한

미 군정의 정치적 통제가 사라지기 때문에 미군의 이해관계가 위협받을 수 있다는 점이었다.[187]

제2차 세계대전이 무조건 항복으로 끝났기 때문에 평화 협약을 맺는다는 것은 곧 해당 국가의 주권을 인정하는 셈이 되었다. 독일과 일본의 경우 주권의 인정은 지연된 평화 협약 혹은 변형된 평화 협약의 형태로 매우 제한적으로 이루어졌다. 이는 미국의 대중국 정책과 마찬가지로 비자유주의 국가를 인정하지 않는 정책 기조의 일환이었다고도 볼 수 있다.

일본과의 평화 협약을 촉진시킨 두 번째 계기는 신중국의 수립이다. 1949년 10월 중화인민공화국 정부가 수립되자 일본과 평화 협약 협상을 해야 하는 다수의 국가들이 신중국을 공식 승인했다. 극동위원회 회원국 13개국 가운데 6개국이 공산당 정부를 합법 정부로 승인한 것이다. 신중국을 인정하지 않고 있던 미국으로서는 국제정치적으로도, 동북아 지역의 전략적 차원에서도 일본과 가능한 한 빨리 평화 협약을 체결해 주권국가로서 일본의 지위를 회복시키는 것이 중요해졌다.[188]

그러나 일본과의 평화 협약은 이때까지만 해도 미국 정부 내에서 우선적으로 추구해야 할 정책은 아니었다. 그럼에도 미국의 동아시아 정책이 변화하고 있었고, 그 정책안에 일본과의 평화 협약과 동아시아 공동 안보 시스템 구축 구상이 점차 포함되기 시작했다는 점은 중요하다.

예컨대 미 국방부와 국무부가 중국 내전의 전개를 지켜보며 함께 만들어낸 아시아 정책 문서 NSC-48(1949/06/10)은 일본이 아시아에서 가장 중요한 국가라는 전제하에, 일본을 중심으로 비공산주의 국가의 경제 회복과 발전을 추구하고, 관세및무역에관한일반협정 체제에 입각한 자유무역 체제의 수립을 기본 구상으로 하고 있었다. 하지만 여기에서도 일본과의 평화 협약 추진이 정책 목표로 명기되지는 않았다. 몇 달간 수정을 거쳐 연말에 확정된 NSC-48/2(1949/12/30)[189]에서는 봉쇄 정책의 기조가 더 강경했다. 이 문서는 아시아에서 '유엔 헌장의 원칙과 목적'에 부합하는 안정적이고 자립적인 국가와 민족의 발전을 추구하고, 비공산주의 국가들이 내적 안보를 유지하고 더 이상 공산주의에 의해 침식되지 않도록 충분한 군사력을 확보할 수 있게 하며, 소련의 영향력을 감소·제거하고, 미국의 안전이나 이 지역의 평화·독립·안정을 위협할 권력관계가 등장하지 못하도록 막는 것을 목표로 했다.[190]

NSC-48/2에는 특히 중국의 상황을 반영한 내용이 많이 포함되어 있었다. 미국은 계속해서 국민당 정부만을 합법 정부로 인정하기로 했지만, 중화인민공화국과의 적대를 증폭시키지 않기 위해 중국 내 비공산주의 세력에 대한 군사·정치적 지원은 하지 않겠다는 원칙을 제시했다. 대신 남아시아의 비공산주의 정부를 인정함으로써 아시아에서 공산주의 확대를 막기 위한 블록을 구축할 것을 권고했다. 하지만 중요한 것은 여기서도 일본과의 평화 협약은 추후에 별도로 고려할 사항으로 분류되어 있었다는 점이다. 그러나 이 시기부터, 유엔 헌장의 51조에 따라 동아시아 지역에서 '집단 안보 협약' 체결을 지원함으로써 공산주의의 침략을 막기 위한 '다자간·양자간 협력 수단'을 발전시킨다는 구상이 등장했다는 점을 주목할 필요가 있다.[191]

즉, NSC-48/2에는 비록 일본과의 평화 협약이 명시되지는 않았지만, 아시아 지역에 비공산주의 국가들로 구성된 지역 집단 안보 질서를 구축한다는 미국의 구상이 분명히 드러났다. 이는 이후 일본과의 평화 협약과 동시에 추진되었다. 그리고 1949년 중반 즈음 일본 경제가 점차 회복되어 자립의 기반이 생기고, 냉전이 심화되면서, 평화 협약 조기 체결을 반대했던 케넌 또한 우호적인 입장을 갖게 되었다. 이에 따라 1949년 9월 애치슨은 영국과 평화 협약에 대한 논의를 시작했고, 트루먼의 승인을 받아 합동참모본부, 맥아더와도 의견을 조율했다. 이때 맥아더는 조기 평화 협약 체결에 동의했지만, 여전히 군부가 반대했다.[192] 군부는 평화 협약 협상을 한다는 것 자체가 일본에 가져올 '심리적 효과'를 우려하며 시기상조라고 주장했다. 합동참모본부는 일본에 미군 기지를 유지한다는 협약을 소련·중국과 체결하지 않는 한 일본과 평화 협약을 해서는 안된다고 주장했다. 군부의 반대에 국무부가 직접 도쿄를 방문해 맥아더와 추가 논의를 하려 했으나, 존슨Louis A. Johnson 국방부 장관이 국무부에 맥아더와의 직접 대화를 중단하도록 요구했다.[193]

하지만 국무부의 지속적인 노력으로 1949년 12월 27일 국가안보회의에서 일본과의 평화 협약에 대한 정책이 승인되었고,[194] 1950년 2월 20일 트루먼은 국가안보회의에 평화 협약에 대한 검토 보고서를 요청했다. 3월부터는 국무부의 월튼 버터워스Walton Butterworth가 실제 정책을 만들기 위한 작업을 시작했다. 국무부가 중점적으로 고민한 것은 국무부의 대중국 정책을 반대해 온 공화당과 보수 정치 세력들이 일본과의 평화 협약도 공격할 수 있기 때문에, 평화 협약 체결을 성공시키려면 협상에 새로운 성격을 부여해야 한다는 점이었다.[195]

국무부가 생각해 낸 것은 일본과의 평화 협약을 미국과 태평양 지역 국가들 간의 집단방위 협약 구상과 연결시키는 것이었다. 애치슨은 서유럽의 경제 통합을 위해 독일의 주권 회복을 진행했듯이, 동아시아에서도 일본을 중심으로 경제 통합과 경제 회복을 추구하기 위해 지역 안보 구상을 추진했다. 이 점에서 독일과 일본 사례의 공통점은, 제2차 세계대전 이후 두 국가의 군사·외교적 주권은 지역 안보 시스템 내에서 점진적·제한적으로 인정되었다는 것이다.

애치슨은 미국은 이미 일본 점령의 목적을 이루었으며, 이후 일본이 좀 더 자립적인 의사 결정을 하지 못하면, 미국의 보호령이 되었다며 실망하는 여론이 대두할 것이라고 진단했다. 그리고 소련이 먼저 일본에 평화 협약을 요청하는 경우 일본이 미국의 영향력에서 벗어날 가능성도 있었다. 따라서 애치슨은 일본과의 평화조약을 추진하되, 이를 미국과 동남아 국가들 간의 집단방위조약과 연결시키려 했다. 즉 평화 협약을 통한 미군 점령의 공식 종료와 일본의 주권 회복을 미국과 일본, 호주, 뉴질랜드, 필리핀과의 집단 안보 협약 체결과 병행하기로 한 것이다. 이처럼 지역 안보 협약은 일본을 산업 기지로 부활시키고자 미국 주도하에 일본과 평화 협약을 맺기 위한 수단이었다.[196]

국무부는 아시아 지역 차원의 상호 안보 협약을 제공하면, 일본의 기존 적대국들도 미국이 주도하는 자유주의 평화 조약을 받아들일 것이라고 보았다. 이때 자유주의 평화란 베르사유로 상징되는 처벌적이고 제한적인 평화 협약이 아니라, 일본에 좀 더 많은 자율성을 부여해 국제사회에 통합시키는 것이, 일본으로 하여금 국제 규범을 더 잘 받아들이고 평화로운 발전 경로를 따르게 하는 최고의 방식이라는 미국의 입장을 의미했다. 또한 평화 협약은 일본과 소련의 무역을 금지시켜 일본으로 하여금 반공주의 노선을 따르게 하는 수단이었다. 따라서 처벌적 성격을 띠어서는 안 되며 일본이 산업을 재건할 수 있도록 허용해야 한다는 것이었다.[197] 이렇게 일본과의 자유주의 평화 협약은 ① 베르사유의 처벌적 성격을 제거한다는 것, ② 산업 재건과 경제 통합을 중시한 것, ③ 미국이 주도하는 아시아의 지역 집단방위 체제 구축 등의 기획이 결합된 것이었다.

이때 동아시아 지역 집단방위 체제들이 처음부터 미국의 구상에서 출발한 것이 아니었다는 사실에 주목할 필요가 있다. 처음에는 호주와 뉴질랜드의 역할이 컸다. 호주와 뉴질랜드는 이미 제2차 세계대전 시기부터 영국을 대신해 미국에 방위 지원을 요청하기 시작했다. 특히 호주의 자유당 정부는 북대서양조약기구의 수립 이후 자국의 지위를 높이고 지역방위 구상에 참여하기 위해 미국에게 방위 동맹을 지속적으로 요구했다. 미국은 호주의 이런 시도를 자신도 방위조약에 포함시켜 달라는 '편 승적 태도'라며 부정적으로 반응했다. 그러나 결국 미국은 호주 및 뉴질랜 드와 미국 간 동맹 협약인 태평양안전보장조약ANZUS● 구상을 발전시키게 된다.

북대서양조약기구의 수립은 호주뿐만 아니라 필리핀·한국·타이완 에도 영향을 미쳐 이들을 중심으로 미국의 태평양 협약Pacific Pact에 참여하 게 달라는 요구가 시작되었다.[198] 특히 필리핀 대통령 엘피디오 퀴리노 Elpidio Quirino가 이승만과 장제스의 지지를 받아 북대서양조약기구의 아시 아 버전인 태평양 집단방위 시스템을 제안하고 나섰다. 하지만 트루먼 정 부는 "이런 군사동맹이 아시아 지역으로 확장하면 또 다른 서구 제국주의 로 보일 위험이 있다"며 이를 거부했다. 필리핀의 구상을 강력히 지지했 던 이승만은 애치슨을 비난하며 미국을 제외하고라도 필리핀·호주·뉴질 랜드·버마·인도·파키스탄·스리랑카(당시 국명은 실론)·타이·캐나다·라 틴아메리카로 협약을 만들자고 제안하기도 했다. 하지만 한국·필리핀· 타이완을 핵심으로 하는 이승만의 태평양 방위 기구 구상에는 아무도 관 심을 보이지 않았고, 결국 1949년 여름 이 기획은 종결되었다.[199]

이렇게 여러 국가들이 지역 차원의 방위 협약을 요구하고, 미 국무부 도 지역방위조약과 일본과의 평화 협상을 연계한다는 구상을 했지만, 미 국방부와 합동참모본부는 소련이 반발할 수 있다며 이에 반대했다. 4월 24일, 국무부와 국방부 회의에서 국무부(애치슨)는 소련이 아직 새로운

● 태평양안전보장조약은 일본의 재무장을 두려워해 일본과의 평화 협약을 꺼리고 있던 호주와 뉴질랜드 정부가 미국에 제안해 수용된 3국 간의 방위 협약이다. 1951년 9월 샌프란시스코 회담 당시 서명되었으며 1952년 4월 29일 발효되었다(Young 1992).

전쟁을 할 준비가 안 되어 있다며 '위험을 감수하자'고 주장했지만, 국방부(존슨)는 6월에 맥아더와 직접 논의를 해보기 전까지는 아무런 조치도 취하지 말도록 요청했다.[200]

소련은 계속해서 일본과의 평화 협약 체결에 반대했다. 소련은 누가 중국을 대표할 것인지를 두고 미국과 여전히 첨예한 대립을 보이고 있었다. 소련과 중국은 극동위원회에서 평화 협약 논의가 진행되면, 안보리에서처럼 거부권을 행사할 수 없기 때문에 미국이 모든 것을 주도할까 우려했다. 극동위원회는 중국 대표 문제를 둘러싸고 미국 측과 소련 측으로 양분되어 있었다.[201]

미 국무부는 국방부와 합동참모본부, 소련 및 극동위원회 국가들의 반대에 직면해, 1950년 4월 6일 트루먼의 승인 아래 일본 평화 협약 관련 보고서의 책임자로 덜레스를 임명했다. 향후 평화 협약뿐만 아니라 미국의 동아시아 집단방위 시스템 구축에서 덜레스의 역할은 결정적이었다. 트루먼과 국무부가 그를 택한 것은 미국 내 정치에서의 협상력 때문이었다. 덜레스는 반덴버그와도 친했고 공화당의 듀이Thomas E. Dewey나 태프트와 같은 강경 보수 성향 의원들과도 좋은 관계를 유지하고 있어 적임이었다. 덜레스는 5월 18일부터 공식 업무를 맡게 되었으며, 트루먼은 덜레스의 주도하에 국무부가 일본과 평화 협상을 준비하고 있다고 공개 연설을 했다.[202]

덜레스는 처음에는 평화 협약을 위해 미국 내 초당적 지지를 획득하라는 트루먼의 지시에만 충실해 동아시아 지역 차원의 집단 안보 기획은 크게 중시하지 않았다. 더욱이 맥아더가 집단방위 협약 구상이 일본으로 하여금 평화 협약을 강제로 받아들이도록 한 것처럼 보일 수 있다며 반대하자, 덜레스는 1950년 6월 20일 한국을 방문한 자리에서 "태평양 협약은 필요 없을 것 같다"는 입장을 밝혔다. 하지만 그로부터 5일 후 한국전쟁이 발발했고, 점차 생각도 바뀌게 되었다. 즉 한국전쟁의 발발은 미국이 일본과 평화 협약을 체결하고 지역 집단방위 체제 구축을 가속화한 세 번째 계기였다.

한국전쟁이 발발하자 미국은 일본의 전략적 중요성을 재확인하게 되었다. 일본의 기지들 특히 오키나와 기지의 중요성이 증명되었다. 또한 일본으로서도 미군 기지의 주둔을 받아들이게 되었으며, 전쟁에 대한 중립성 방침을 폐기하고 미국과의 동맹을 추구하는 방향을 분명히 하게 되었다. 그리고 미국 내에서 일본과의 평화 협약에 반대하는 주장의 논거는 일본 경제에 대한 의심과 정치적 혼란에 대한 두려움 때문이었으나, 한국 전쟁을 계기로 일본은 2~3억 달러의 외화를 벌어들였고, 미국의 지원으로부터 독립할 수 있을 만큼 여건을 갖추게 되었다. 또한 한국전쟁과 동반된 미국의 재무장 정책으로 천연 원료 수요가 증가하면서 인도네시아나 말레이시아는 더 많은 달러를 벌어들였으며, 이후 몇 년간 2~3억 달러를 더 벌어들일 것으로 전망되었다. 따라서 일본은 이렇게 획득한 달러를 통해 산업 생산을 추진하고, 동남아 지역에 자본재를 수출할 수 있을 것으로 전망되었다.[203]

결국 1950년 9월 8일 트루먼은 일본과의 평화 협약을 진행하도록 공식 허가했다.[204] 당시는 한국에서는 맥아더가 인천에 상륙하고, 미국이 유엔 총회에서 평화를 위한 단결 결의안을 제안하고, 유럽에서는 독일을 유럽 방위 시스템에 편입시키고자 노력하던 시기였다. 이때 트루먼이 승인한 기획은 미국의 권리와 특권을 확보할 양자 방위조약을 맺은 후에 평화 협약을 체결한다는 것을 골자로 했다. 국무부는 일본의 재무장까지도 추구하고 있었지만, 극동위원회 국가들의 반발을 예상해 조약의 형태로 명시하지 않기로 했다. 즉 재무장을 금지한다는 내용을 기입하지 않는 형태로 논쟁을 피하려 한 것이다.[205]

한국전쟁을 계기로 덜레스는 일본과의 평화 협약만큼이나 아시아 지역 안보 체제의 구축을 중요시하게 되었다. 이에 따라 이후 일본과의 평화 협약과 함께 추진된 호주·뉴질랜드와 미국 간의 태평양안전보장조약 협약, 필리핀·일본과의 양자 간 방위조약 등 아시아의 집단방위 체제는 이른바 '덜레스 기획'으로 불리게 되었다. 그리고 덜레스는 일본과의 평화협상을 조기에 마무리하기 위해 새로운 방식을 구상해 냈다. 그는 정상적인 협상 절차로 인해 협약 추진이 방해받아서는 안 되며, 관련 국가들이 모두 참여하는 회담이 불가능하다고 판단해, 전통적인 평화 회담 방식을 폐기하고 개별적으로 논의하기로 결정했다.[206]

그러나 이때까지도 한국전쟁이 끝난 후 평화 협약을 체결한다는 것이 기본 전제였다. 따라서 중국의 한국전쟁 개입은 이를 앞당긴 네 번째 계기가 되었다. 덜레스는 최대한 빨리 일본을 미국의 위성국으로 만들어야 한다는 확신을 갖게 되었다. 이 시점에서 미국 정부는 다시 한 번 평화 협약의 자유주의적 성격과 상호방위조약의 연계를 강조하고 나섰다. 당시 미 국무부의 앨리슨은, 덜레스가 제1차 세계대전을 종식시킨 베르사유 회담에 참가한 미국 대표 중 한 명이었기 때문에 처벌적 협약이 작동하지 않는다는 것을 확신하고 있었고, 오히려 처벌적 협약은 향후 협력과 평화적 활동을 촉진하기보다는 미래 전쟁의 씨앗이 될 것으로 보았다고 회고했다. 이런 관점은 미 대통령과 국무부, 다수의 국회의원들 사이에서 공유되어 있었다. 앨리슨은 미국 정부가 처음부터 만장일치로, 일본과는 덜 처벌적인 자유주의 평화를 추진하기로 했다고 주장했다. 미국 정부는 평화 협약을 가능한 한 짧고 단순한 문서로 구상해 처벌 조항, 배상 조항, 외국의 점령 조항을 제외시켰다. 대신 미국과 일본 간 양자 방위조약으로 미군 주둔을 보장하고 평화를 유지할 군사력을 확보하기로 했다. 또한 애치슨은 극동위원회의 대다수 국가들이 이런 자유주의 평화에 반대하고

있음을 인식하고, 태평양 지역의 여러 섬 국가들과도 상호 원조 조약을 체결하겠다고 강조했다.[207]

여기서 주목할 것은 '자유주의 평화'라는 협약의 형태가 가진 전략적 이해관계이다. 이 시점에서 미국이 일본과 추진한 이른바 자유주의 평화가 기존의 전통적 평화 협약과 무엇이 다른지 분명해졌다. 독일에서는 무조건 항복과 '승자의 평화'의 교과서적 형태로, 승전국의 점령에 따라 공동 지배가 이루어졌다면, 미국은 일본에서 독점적으로 평화 협약을 주도하고 군사점령을 종료해 상징적으로 주권을 회복시키되, 별도의 방위 협약을 통해 미국의 군사적 이해관계 또한 그대로 확보한 것이다. 즉 미국이 추진한 자유주의 평화는 베르사유를 넘어서는 보편적 평화 기획이 아니라, 아시아 지역에서의 복합적 전후 처리 문제를 회피하고 일본을 산업기지이자 군사기지로서 포섭하려는 미국의 전략적 이해관계를 관철한 것이었다.

즉, 미국은 일본과의 평화 협약에서 포괄적 전후 처리와 전쟁 책임 문제를 다루지 않았다. 베르사유의 실패를 넘어서기 위해 처벌적 성격을 제거해야 한다는 것이 바로 미국이 내세운 자유주의 평화의 핵심 내용이었다. 미국은 개별 국가들과 상호방위조약을 맺음으로써 이에 대한 반대를 무마했고, 조약에는 미 군부의 이해관계가 반영되어 있었다. 따라서 전쟁을 처벌하지 않는 자유주의 평화와 미국과의 상호방위조약이라는 두 가지 평화·안보 제도의 분업을 통해 미국은 일본의 경제와 군사적 유용성을 모두 얻었고, 동아시아에서 제2차 세계대전 전후 처리와 전쟁 책임은 선택적이고 불평등한 양자 간 군사동맹 체제로 대체된 것이다.

이런 이해관계를 관철하기 위해서는 다각적인 노력이 필요했다. 미국은 1950년 10월 유엔 총회에 참석하기 위해 모인 극동위원회의 외무장관들과 처음으로 평화 협약에 대한 논의를 시작했다. 총회에서 중국의 대표 문제가 활발하게 논의되는 사이, 유엔 밖에서는 미국의 주도하에 외교관들끼리 일본 평화 협약에 대한 논의들이 오가고 있었던 것이다. 그 결과 평화 협약의 원칙과 쟁점들이 7개로 정리되었다. 이후 이 7개 쟁점을 토대로 모든 극동위원회 국가들 및 인도네시아·스리랑카·한국 대표들과도 논의를 했다. 이를 통해 미국은 일본과의 조기 평화 협약에 대한 전반적인 합의를 도출할 수 있었다.[208]

하지만 애치슨과 국무부의 우려대로 필리핀이나 호주, 뉴질랜드 등이 일본의 팽창을 우려해 평화 협약 체결을 꺼리고 있었다. 인도는 평화 협상에 대한 논의에 소련과 중국을 포함, 극동위원회의 모든 국가가 참석해야 한다는 입장이었다. 그리고 이들은 대체로 별도의 조치를 취하지 않으면 일본이 재무장할 것을 우려했다.[209]

미 군부와 합동참모본부 또한 중국의 개입 이후 위협 요소가 커졌다며 여전히 반대했다. 즉 군부는 주일 미군이 모두 한반도에 투입되어 일본이 진공상태가 된 상황에서 외부 침입이나 내부 반란으로부터 취약해졌으며, 평화 협약을 체결하면 일본이 미국과 유엔의 일본 기지 사용 권한을 취소할 수 있다며 한국전쟁 이후로 협약을 미루자는 입장이었다.[210] 하지만 중국군의 전황이 유리해져 미군이 계속 퇴각해야 했던 1951년에 이르면 평화 협약이 아직 미숙한 단계라는 국방부의 반대가 완전히 사라졌다.

이때부터 덜레스는 전 세계를 순방하면서 협상을 진행했다. 그는 1951년 1월 일본을 출발해 필리핀·호주·뉴질랜드를 방문했고, 이들과 상호 안보 방위 협약 체결에 대한 논의를 진행했다. 일본에서는 수상 요시다 시게루를 만났는데, 요시다는 이른바 '평화 헌법'을 지지하는 국내 진보 정치 세력들로부터의 비판을 고려해 재무장을 꺼리고 있었다. 요시다가 미국에 요구한 것은 미 군정의 일본 개혁 정책 일부를 수정하고, 일본의 류큐(오키나와) 소유권을 회복시키며, 평화조약에서 '무조건 항복'이라는 모멸적 문구를 삭제해 달라는 것이었다.[211] 그는 일본의 국내문제에 관한 한 완전한 주권 회복을 원했으며, 미국은 오직 외부 세력이 일본 내부에 혼란을 부추기는 경우에만 개입할 권리가 있다는 점을 확인받고자 했다. 일본과 어느 정도 의견을 조율한 덜레스는 필리핀·호주·뉴질랜드와의 논의를 통해 그들이 요구하는 배상은 불가능하지만, 일본과의 평화 협약에 처벌이나 제한 조항이 들어가는 것보다 미국과 방위조약을 맺는 것이 더 낫다고 설득했다.[212]

미국으로 돌아온 덜레스는 기존의 7개 쟁점에 포함된 일반 원칙들을 좀 더 구체화하기로 했고, 이에 따라 1951년 3월 처음으로 평화 협약 초고가 관련국들에게 회람되었다. 이 같은 덜레스의 노력 끝에 1951년 5월 17일 마셜 미 국무부 장관과 합동참모본부는 결국 아시아에 대한 전반적인 정책의 개요를 담고, 일본과의 평화 협상과 안보 협약을 요청하는 내용의 새로운 NSC-48/5[213]를 승인했다.[214]

구체적으로 살펴보면, NSC-48/5는 기존의 대아시아 정책과 달리 '아시아 문제의 긴급성'을 강조하며 더욱 포괄적이고 세세한 정책을 확립했다. 여기서 미국은 '자유세계' 전체를 강화해야 한다는 전 지구적 차원의 목적이 있지만, 다른 한편 현재 '아시아' 지역에서 미국의 안보에 대한 가장 즉각적이고 공개적인 위협이 존재한다는 것을 인정해야 한다고 강조했다. 이른바 아시아의 우선성, 아시아의 예외성을 강조한 것이다.

NSC-48/5에서 '아시아'란 소련의 남부 지역과 이란의 동부 지역, 일본, 류큐, 타이완, 필리핀, 인도네시아, 호주와 뉴질랜드를 잇는 섬 지역 모두를 포괄하는 방대한 지역으로 규정되었다. 미국에게 아시아는 방대한 자원과 지정학적 중요성을 가졌으며, 특히 12억5천만 명에 이르는 인구를 보유한 지역이었다. 미국은 이 대규모 아시아 대중이 소련의 영향을 받는다면 '자유세계'에 위협이 될 것이라고 분석했다.

NSC-48/5는 중국 문제가 미국이 아시아에서 대면하고 있는 가장 중심적인 문제라고 전제했다. 미국은 중국과 소련의 입장 차이를 더 벌려서 소련으로부터 중국을 떼어내고, 중국에 경제적 제재를 가하며, 동시에 정치·군사적 힘과 위신을 축소시키는 것을 대아시아 정책의 가장 중요한 목적으로 설정했다. 이런 맥락에서 미국은 아시아에 '유엔 헌장에 기반한 집단 안보 시스템' 수립을 촉진할 것이라고 명기했다.

구체적으로 NSC-48/5는 다음과 같은 아시아의 집단 안보 질서 구상을 갖고 있었다. 먼저 일본은 자급적 국가가 되도록 지원함으로써 미국에 중요한 상품과 재화 및 무기를 생산할 수 있도록 하고, 평화 협약과 양자 간 방위 협약을 동시에 추진하여 주권을 회복시키고 군사력 확충과 유엔 가입을 돕기로 했다. 한국에서는 정전 협약으로 분쟁을 종식해, 분쟁 확대를 막기로 했다. 이를 위해 적에게 최대한의 손실을 입히고 한국 정부를 무장시키며, 만일 소련이 개입하는 경우에는 전면전을 대비할 위치로 유엔군을 철수시키기로 했다. 타이완에는 7함대를 계속 배치시키고 경제적 지원을 하며, 합법 정부로 승인하고, 필리핀은 NSC-84/2시리즈, 남아시아는 NSC-98/1시리즈에 따른 정책을 지속하기로 했다. 인도차이나에서는 프랑스군에 대한 군사 지원을 확대하고, 일본과의 평화 협약 이후 이 지역 전반에서 안보 협의를 맺고, 필리핀·오스트레일리아·뉴질랜드와 안보 협의를 맺으며, 다른 국가들과도 양자 간 혹은 다자간 안보 합의의 가능성을 고려하고, 아시아의 비공산주의 국가들 간의 경제·정치적 협력을 장려하고 지원하기로 했다.[215] NSC-48/5가 승인된 이후 약 두 달 간의 논의를 거쳐 영국과 미국이 합동으로 평화 협약 초고를 작성했으며, 1951년 7월 초에 완성된 초고가 동맹국들에게 다시 한 번 회람되었다.[216]

덜레스는 이후 런던·파리·카라치·뉴델리·캔버라·웰링턴·마닐라·

| 1951년 12월 16일, 샌프란시스코 평화조약과 이후 아시아 방위 시스템을 주도한 존 포스터 덜레스가 부산을 통해 한국에 도착하고 있다. |
출처 : NARA RG 111 SC Box 821.

도쿄를 방문하면서 마지막으로 남은 두 가지 문제를 해결했다. 첫 번째는 일본이 타이완, 쿠릴, 남사할린 지역의 주권을 어디에 넘겨야 할 것인가에 대한 미국과 영국의 의견 차이였다. 덜레스는 이 지역에 대해 일본의 주권이 포기renounce되었다는 조항으로 대체하기로 영국과 합의했다.[217] 이런 방식을 통해 덜레스는 타이완을 중국에 양보하게 될 수 있는 어떤 용어도 사용하지 않으려 했다. 또한 덜레스는 중국이 평화 협약 논의에 참여해야 한다는 요구도 거부했다. 미국은 타이완 대표나 신중국 대표 모두를 샌프란시스코에 초대하지 않기로 했고, 결국 제2차 세계대전 시 일본과 중요한 교전국이었던 중국이 협상에서 제외되었다. 미국은 한국전쟁 초기에 중국의 인정 문제와 관련, 동맹국들끼리 합의에 도달할 수 없었던 전례 때문이라고 이를 정당화했다. 대신 평화 협약 발효 3년 내에 일본이 전쟁을 치렀던 국가들과 개별적으로 양자 간 평화 협약 논의에 들어

가기로 했다. 이외에도 프랑스는 미국에 20억 달러의 배상금과 인도차이나에서 프랑스의 이해관계를 보장할 경제 협약, 인도차이나 3개국을 협상에 참여시킬 것을 요구했다. 미국은 첫 번째를 거부했고, 두 번째는 양자 간에 합의하도록 했으며 세 번째 요구는 받아들였다.[218]

6월 중순에 유럽에서 돌아온 덜레스에게 남은 마지막 반대는 류큐에 대한 전략적 통제권을 일본에 넘기면 안 되며, 한국전쟁이 끝날 때까지 협약의 효력을 발휘해서는 안 된다는 합동참모본부의 요구였다. 애치슨은 이에 대해 미국의 이해관계가 분명히 확보될 것이라고 설득했다. 왜냐하면 덜레스가 구상한 평화 회담은 토론과 합의를 위한 포럼이 아니라 서명 기념식이기 때문에, 소련이 참여하더라도 협약의 문구나 조항에 대한 논의나 수정이 불가능할 것이었기 때문이다. 회담 직전에 미국은 호주, 뉴질랜드와의 태평양안전보장조약을 최종적으로 손질했는데, 합동참모본부의 요구에 따라 이 협약은 미국에게 어떤 특정한 행동 의무도 부과하지 않고, 별도의 합의와 조정을 위한 상설 기구도 만들지 않기로 했다. 호주는 미군 사령관과 호주 정부가 동등한 입장에서 함께 작전을 기획하는 관계를 요구했지만 이는 거부되었다. 결국 7월 20일에 영국과 미국이 작성한 평화 협약 초안이 회람되었으며, 8월 13일 50개국에 샌프란시스코 회담에 참석해 달라는 초대장을 보냈다. 협상은 9월 4일로 예정되었다. 초대장에는 샌프란시스코 회담은 평화 협약에 서명을 하는 자리이지, 모든 문제를 다시 토론하는 자리가 아님을 분명히 했다.[219]

애치슨은 "역사상 어떤 평화 협약도 이처럼 협상 직전까지 참여 국가들이 서명을 꺼리는 협약이 없었을 것"이라고 회고했다. 영국은 크게 열정을 보이지 않았고, 호주는 지지를 꺼리면서 반대 의견을 제시할 때는 매우 적극적이었다. 프랑스는 협약의 초고를 작성하는 데 참여하지 못한 것에 유감을 표명했다. 네덜란드는 회담에는 참가하기로 했지만 서명은

표 5-1 | 샌프란시스코 평화 협약과 아시아 태평양 지역의 문제들

평화 협약 조항	관련 지역 문제들	관련 국가
2조 a) 한국	한국의 통일, 독도/다케시마 분쟁	남한-북한 일본-한국
b) 타이완	타이완 해협 문제, 센카쿠/댜오위다오 분쟁	중국-타이완 일본-중국, 타이완
c) 남사할린, 쿠릴	북부 국경, 남쿠릴 분쟁	일본-러시아
d) 미크로네시아	국가의 지위와 소속	미국-미크로네시아 연방공화국, 마셜 제도 공화국, 팔라우, 북마리아나 제도
e) 남극대륙	주권 분쟁	영국, 노르웨이, 프랑스, 호주. 뉴질랜드, 아르헨티나, 칠레
f) 난사군도, 시사군도	난사군도, 시사군도 분쟁	중국, 타이완, 베트남, 필리핀, 말레이시아, 브루나이
3조 오키나와, 오가사와라 제도, 아마미 섬	오키나와 지위 분쟁 센카쿠, 댜오위다오 분쟁	미국-일본 일본-중국, 타이완

출처 : Hara(2007, 186).

유보하고 있었다. 일본 내부에서도 중립적인 분파들이 매우 비판적이었다. 따라서 소련이 참가하기로 한 것이 오히려 매우 의외의 일이었다. 트루먼은 8월 30일경 소련의 참석으로 혹시나 생길지 모를 우발 사태, 즉 소련이 협약의 서명국 수를 줄이려 하거나, 또 다른 경쟁적인 협약을 추진하거나, 한반도에서 공세를 취하거나, 선전포고를 할 가능성에 대비해, 모든 재협상 요구를 거부하고 발효 시기를 앞당기기로 하는 등 만반의 준비를 했다.[220]

그리고 드디어 1951년 9월 4일부터 8일까지 샌프란시스코 회담이 열렸다. 소련은 예상 외로 적대적이지 않았다. 소련과 공산주의 진영 국가들은 첫날 회의에서 약간의 문제를 제기한 후 퇴장했고 둘째 날부터는 아예 출석하지 않았다. 인도 또한 회담에 참석하지 않았다. 미국은 일본과의 양자 방위조약에, "미국은 전 극동의 평화와 안보를 유지하기 위해 일본의 기지를 사용한다"는 문구를 포함시켰다. 미국은 군사작전의 수행 여부와 상관없이 유엔의 권위 아래 일본 기지를 사용, 중국과 소련에 대해 군사작전을 할 수 있는 법적 권리를 요구했다.[221]

그림 5-1 | 샌프란시스코 평화 협약의 영토 조항과 관련된 영토 분쟁 지역

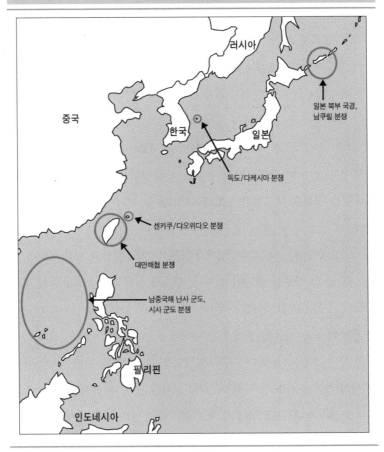

출처 : Hara(2012).

1951년 9월 8일 제2차 세계대전에 참전했던 48개국과 일본 간의 평화 협약에 대한 최종 서명이 이루어졌다. 미 국무부는 바로 의회 비준을 받으려 했다. 1952년 3월 의회 비준이 이루어졌고, 4월 28일 7년간의 점령이 공식 종료되었다.[222]

덜레스는 훗날 당시를 회고하며 이 협약이 두 가지 목적을 추구했다

고 밝혔다. ① 전쟁이 다시 발발하지 않을 방식으로 전쟁을 마무리 하기 위해 고안된 것이고, ② 이를 위해 승전국이 증오와 보복의 가능성을 모두 제거해 화해의 조약a treaty of reconciliation을 만들고자 했다는 것이다. 덜레스는 일본과의 평화 협약은 전쟁에서 승리한 후 평화가 찾아 왔다가 다시 전쟁이 발발하는 악순환의 고리를 끊기 위해, 제1차 세계대전 이후 독일처럼 다시 승자들에게 대항할 만한 어떤 조건도 만들지 않았다고 확신했다. 덜레스는 미국은 "패배시킨 적(일본)을 새로운 위협에 맞서 태평양 지역의 집단 안보에 긍정적인 기여자로" 만들었다고 말했다.[223] 미국에게 자유주의 평화란 베르사유 협약과 차별화되는 자유주의적 화해를 의미했다.

그런데 일본과의 평화 협약은 1947년 이탈리아와의 평화 협약과 비교하면 좀 더 가혹한 측면이 있어서, 후자가 상대적으로 자유주의 평화 협약에 가깝다고 할 수 있다. 하지만 두 협약의 조항들을 상세히 비교하면 전자의 경우 일본의 경제 성장에 대한 어떤 제한도 없다는 점에서 경제와 상업 조항들이 좀 더 자유주의적임을 알 수 있다. 다만 이탈리아와의 평화 협약에 비해 상대적으로 영토 조항들은 좀 더 엄격했다.[224]

그러나 상대적으로 엄격했다고 여겨지는 영토 조항 역시 냉전과 한국전쟁의 영향으로 인해 기존의 방침들로부터 후퇴한 것이었다. 따라서 엄밀한 의미에서 전후 처리는 전혀 이루어지지 않았고, 오히려 미국의 이해관계가 더 크게 반영되었다. 하라의 지적처럼 냉전 이후 아시아 태평양 지역의 수많은 영토 분쟁의 기반은 바로 1951년 샌프란시스코 평화 협약으로 구성된 샌프란시스코 체제에 있었다.[225]

덜레스가 '화해를 지향하는 자유주의 평화 협약'이라고 표현한 이 협약은 제2차 세계대전 전후 처리에서 가장 중요한 피해국과 당사국의 요구가 반영되지 않고, 미국이 주변국들과 이해관계를 서로 교환하며 관철시킨 일방적이고 무책임한 협약이었다.[226] 예컨대 독도 문제의 경우, 1945년 즈음에는 독도를 한국으로 되돌려 주는 것으로 합의되었으나 1947년 케넌의 봉쇄정책이 등장한 이후 일본에 대한 처벌과 제약을 약화하려는 자유주의 평화조약이 추진되면서 원래 기획이 무산되고 한국에 되돌려 준다는 표현이 삭제되었던 것이다.[227]

샌프란시스코 조약과 함께 체결된 방위 협약들의 성격에도 문제가 있다. 미국은 계획대로 일본과 방위 협약을 맺었고 동시에 호주·뉴질랜드와 태평양안전보장조약을, 필리핀과도 방위 협약을 맺었다. 북대서양조약기구 체제와 태평양안전보장조약 체제의 차이에 대한 덜레스의 설명에 따르면, 전자는 회원국인 한 국가에 대한 침략이 전체 회원국에 대한 침략으로 간주되었다. 이렇게 미국이 자동으로 군사 개입을 해야 하는 의무가 규정되어 있는 경우, 이 문제는 미국 내에서 큰 위헌 논란에 휩싸였다. 하지만, 태평양안전보장조약의 경우에는 전통적인 먼로 독트린의 용어법처럼 '태평양 지역'in the Pacific area이라는 광의의 지역을 설정한 것이어서 개별 국가에 대한 의무의 문제가 아니었고, '미국의 헌법적 절차에 따라 위협에 맞선다'는 표현이 도입되었다. 덜레스는 이렇게 광의의 지역을 대상으로 한 상징적 선언에도 호주와 뉴질랜드, 필리핀이 매우 만족스러워 한다고 보았다.[228]

덜레스의 설명처럼 태평양안전보장조약에는 북대서양조약기구 같은 군사 기획 위원회가 없었고, 의무적 집단방어 개념도 없었으며, 한 국가가 외부로부터 공격을 받을 경우 '공동의 위험에 대응하기 위해 적절한 합헌적 행동appropriate constitutional action으로 대응한다'는 이른바 '태평양안전보장조약 식의 문구'가 기입되어 있었다.[229] 그나마 일본과의 양자 간 방위조약은 태평양안전보장조약 수준의 기획 기구도 없었고 일본이 공격받을 경우, 미국은 헌법적 절차가 허용하는 한 일본에 개입한다고만 되어 있었다.[230] 이렇게 아시아에서 미국과의 방위조약들은 군사작전을 실제로 기획하는 기능 및 양국 간의 동등한 관계가 존재하지 않았고, 미국의 의무가 최소화된 형식적 군사동맹이었다. 여기에는 한국전쟁 초기 트루먼의 결정을 둘러싼 미국 내 위헌성 논쟁, 북대서양조약기구의 자동개입 조항에 대한 논쟁, 미국 의회의 전쟁 선포권 발동을 둘러싼 정치적 갈등의 경험이 영향을 미쳤음을 알 수 있다.

덜레스는 한국전쟁 이후 아이젠하워 정부하에서 국무부 장관이 되면서 동남아시아에도 유사한 집단방위 조직을 설치해 나갔다. 일본과의 평화 협약과 방위조약을 지켜본 나머지 아시아 국가들도 미국과의 방위조약을 요구하고 있었다. 하지만 한국전쟁 이후 미국이 한국 및 필리핀과 체결한 상호방위조약에는 공동 군사 기획 위원회가 없을 뿐만 아니라 일본의 경우와 비교하더라도 미국의 의무는 더욱 약화되었고, 상대국의 지위는 더 낮았다. 또한 아시아 내 여러 긴장 관계로 인해 한국, 일본, 필리핀, 호주와 뉴질랜드가 하나의 큰 지역 집단방위조약에 참여할 수 없게 되자, 미국과의 양자 간 방위조약이 지배적인 형태가 되었다.[231]

4. 판문점 체제와 동아시아 냉전 질서의 기원

중국의 개입으로부터 유엔에서의 인정 투쟁, 임시적 군사 정전을 위한 판문점 협상의 시작, 일본과의 자유주의 평화 협약과 상호방위조약이 체결됨으로써, '아시아 패러독스'로 명명되는 아시아 특유의 국제 질서가 형성되었다.

이 시점에서 동아시아에는 서유럽의 다자주의적 집단 안보 체제와 달리, 미국과의 양자주의적 방위 동맹, 혹은 부챗살 모양의 후원자-고객 방위 동맹 시스템hub-and-spoke system[232]이라는 안보 분업 구조가 등장했다. 이는 아직까지 북대서양조약기구와 유럽연합 같은 유럽의 초국적 지역 질서에 비해 저발전된 제도적 틀로 간주되고 있다.

이런 역사적 결과를 낳은 기본 논의와 결정들은 중국이 개입한 이후 약 1년에 걸쳐 집중적으로 이루어졌다. 그리고 이는 유럽의 다자주의와 아시아의 양자주의라는 단순한 이분법적 틀로 환원될 수 없는 훨씬 다양한 제도적 틀과 관계로 구성된 질서였다. 또한 기존 연구들이 주장하듯이 단순히 인식과 문화의 차이 때문이 아니라, 다층적인 정치·군사적 갈등의 산물이었다. 여기서는 이 질서의 포괄적 성격을 표현하기 위해 동아시아의 홉스적 국제 질서라고 부를 것이다.

동아시아의 홉스적 국제 질서는 몇 가지 특성을 갖고 있다. 먼저 이는 중국의 한국전쟁 개입이 초래한 동아시아 국가들 간 힘의 균형 상태의 산물이다. 한국전쟁 초기 자유주의 진영과 공산주의 진영의 보편적·이상적·군사적 기획은 좌절·변형되면서 지역적·현실적·정치적 기획으로 대체되었다. 즉 중국의 개입은 자유주의 진영의 초국적 법치 기획을 굴절시켜 현실주의적인 홉스적 차별 기획으로 전환시켰다.

둘째, 동아시아 국제 질서는 이 상황에서 미국의 차별적 대응이 제도화된 결과물이다. 즉 한국전쟁과 관련되어 있던 동아시아의 전후 정치사회 변동에 관한 쟁점과 사안들이 각기 분리되어 서로 다른 형태로 제도화된 것이다. 그 결과 동북아에는 역사적으로 선명하게 분기하는 경로들을 따라 서로 다른 평화/안보 체제들이 형성되었다. ① 미국은 중국과 북한의 주권을 인정하지 않아 자유주의로부터 정치적으로 배제(비자유주의 체제 불인정)했고, ② 한국은 분쟁을 지역화시키고 탈정치화(군사-기술적 정전)시켰으며, ③ 일본은 자유주의 정치경제 시스템으로 깊숙이 포섭했다

표 5-2 | 중국 개입 이후 미국의 차별적 대응과 그 결과

대상	쟁점과 국제사회의 요구	미국의 대응과 결과	특성과 위상
중국	신 중국의 승인, 유엔 가입	NSC-34, NSC-41: 중국 불인정	정치적 배제, 군사적 대치
한국	한국의 휴전과 평화적 해결	NSC-95: 한국의 탈정치적 군사 정전	군사적 균형, 낮은 정치적 지위
일본	타이완 문제와 제2차 세계대전 전후 처리	NSC-48, NSC-60: 일본과 조기 평화 협약, 방위 동맹	경제적 편입, 특수한 군사동맹

(자유주의 평화). 토바 독트린Tobar Doctrine(1907)의 연장으로 볼 수 있는 중국 -북한에 대한 비자유주의 불인정 체제, 한국의 판문점 군사 정전 체제, 일 본과의 샌프란시스코 자유주의 평화 협약, 이것이 동아시아 안보 체제의 세 가지 핵심 요소였다.

이 세 가지 요소들은 동아시아 냉전의 유산들로서 오늘날까지 아시 아내부의 이질성의 기반이 되어 더 큰 통합을 가로 막고 있는 제도들로 지적되고 있다.[233] 특히 샌프란시스코 평화 협약은 중국을 배제한 채 해 당국 간의 협의를 최소화하는 식으로 이루어졌으며, 경제적 이해관계를 우선시한 일방적 자유주의 평화 협약이었다. 여기서 자유주의 평화란 전 후 처리에서 식민 지배, 배상이나 전범 처벌 등에 대한 고민과 책임을 방 기하고 빠르게 자유주의 국제 질서에 통합시켜 미국에 우호적인 동맹국 이 되게 하는 것을 의미했다.

한국의 판문점 체제 역시 동아시아 냉전 질서 구축 과정의 산물이었 다. 한국 문제의 평화적이고 정치적인 해결은 중국의 승인과 일본과의 조 기 평화 협약이라는 두 가지 큰 정치·전략적 쟁점과 기획의 무게에 짓눌 려 전투 중지라는 초라한 휴전 체제로의 길에 들어선 이후 60여 년간 유 예되어 있다.

결국, 동아시아의 홉스적 질서란 중국-북한 불인정 체제와 판문점 체 제, 그리고 샌프란시스코 체제라는 세 가지 체제 위에 정초된 질서이다.

이 세 가지 체제의 탄생 과정은, 미국이 한국전쟁으로 인해 대면해야 했던 동아시아의 수많은 정치적 쟁점들을 공동의 논의와 합의를 통해 해결하는 방법을 회피하고, 자국의 부담을 줄이면서 위기관리에 최적화된 경제·군사 중심적 대아시아 정책들을 전개한 과정이었다고 할 수 있다. 즉, 아시아에서 중국의 전쟁 개입이라는 충격파에 대응하는 데 있어 미국의 부담을 최소화하기 위해 (통합된 지역공동체가 아닌) 철저히 마디마디가 분절된 유연한 위기관리 시스템을 구축한 것이다.

따라서 동아시아의 홉스적 질서는 포괄적인 사회적 합의를 창출하는 과정으로서의 '정치'가 작동하지 않은 '합의 없는 질서'의 산물이다. 그리고 이 정치 없는 질서는 보편적 정의와 연대가 아닌 중국과 북한에 대한 정치적 배제, 한국의 군사적 균형, 일본의 경제라는 비대칭적 분업 구조를 기반으로 했다. 이 위계질서는 각각 경제적 효율과 군사적 효율성이라는 개별 국가의 도구적 기능에 맞게 설계되어 있었다.

궁극적으로 동아시아 질서는 '보편적 평화'와 '보편적 정의'라는 원칙이 아닌, '특수하고 예외적인 상황'과 '특수한 동맹 체제'라고 진단할 수 있을 것이다. 이는 냉전 국제정치의 '과정'과 '원칙'의 근본적 한계를 드러내주고 있는 것이다.

6

한국전쟁 반공 포로와
칸트의 숭고한 개인

강제송환은 우리의 …… 근본적인 도덕적·인도적 원칙과 모순되는 것이다.

_해리 트루먼

(제네바) 조약은 '동양 공산주의 포로'라는 새로운 형태의 포로를 다루기
위해 반드시 개정되거나 현실적인 방식으로 해석되어야 한다.

_유엔군 포로수용소

한국전쟁 정전 협상에서는 민감한 정치적 의제들이 모두 제거되고 군사
적 쟁점으로만 논의가 한정되었다. 따라서 처음에는 협상이 쉽게 타결될
것으로 예상되었다. 그러나 포로 문제에 대한 논의가 진행되자 격렬한 논
쟁이 발생했고, 협상은 이후 약 17개월간 공전했다. 왜 한국전쟁에서는
유독 포로 문제를 둘러싸고 이렇게 극심한 논란이 발생했을까?

한국전쟁 포로에 대한 기존의 연구들은 주로 군사 자료들을 근거로 했고 포로 문제를 군사작전의 틀로만 바라보았다. 그러나 이럴 경우 전쟁 자체가 17개월이나 더 지속되게 한 정치적 갈등의 원인을 이해할 수 없다. 포로 문제는 매우 근본적인 국제법적 쟁점들과 직결되어 있었기 때문에, 한국전쟁을 더욱 정치적인 전쟁으로 만들었다. 포로 문제는 어떤 정치적·법적 쟁점들과 연결되어 있었을까?

먼저, 한국전쟁 포로 문제가 큰 논란의 중심이 된 첫 번째 원인은, 정전 협상 자체가 고도로 정치적인 국제적 갈등의 장에서 전개되었기 때문이다. 미국, 중국, 유엔 등 초강대국과 국제기구가 전면 개입한 전쟁을 다시 순수한 군사 문제로 축소시키는 것 자체가 어려웠다. 더군다나 정전 협상은 남과 북이 아닌 미국과 중국의 협상이었다. 미국과 중국은 서로 국제 무대에서, 또 아시아 지역 냉전에서 주도권과 우세를 잡으려 했다. 동시에 두 국가는 전쟁을 여러 해 지속하고 있는 상황에 대해 국내 정치 차원에서도 정당화해야 했다. 아이러니하게도, 양측은 일부러 군사적 의제로 한정시킨 협상에서 최대한의 정치적 결과를 얻어야 했던 셈이다.

둘째, 논의의 범주가 다시 한반도로 좁혀진 것도 중요한 요인이다. 논의할 문제가 동아시아 차원 전체가 되는 경우, 미국과 중국은 모두 역량의 한계 때문에 현실적 타협과 균형을 추구했다. 하지만 초점이 한국 문제로 한정되자 양측은 또 한 번 이상주의적 구호와 보편적 원칙들로 충돌했다. 이념과 원칙들이 사투를 벌이는 장은 이제 유엔이 아닌 판문점이 되었다.

세 번째로 중요한 것은 바로 이상적 원칙과 보편적 규범의 기반이 된 국제법들이다. 포로 문제가 어떻게 국제법적 차원과 연결되어 있는지를 이해하면, 이것이 왜 1952년 봄이라는 시점에서 핵심 의제로 부각되었는지도 이해할 수 있다. 앞서 살펴보았듯이, 한국전쟁 초기 1년 반 동안

(1950년 6월~1951년 말) 초국적 법치 기구로서 유엔의 위상 문제, 중국을 국제적으로 인정하는 문제, 타이완 문제와 일본과의 평화 협약에 관한 논쟁이 일단락되었다. 이는 국제법적 관점에서 국가의 승인과 평등한 주권 문제, 즉 교전권 영역의 문제들이라고 할 수 있다. 교전국들은 약 1년 반 동안 주권·영토·균형에 관한 싸움을 진행한 후, 한반도에서 전쟁 이전의 균형 상태를 회복한다는 암묵적 합의에 도달했다. 남은 문제는 바로 주권과 영토가 아닌 인구에 대한 싸움이었다.

인구에 대한 싸움이란 곧 전쟁으로 발생한 인구 이동, 난민들에 대한 관리와 보호, 주민들의 권리와 의무 설정 등, 전쟁의 사후 처리 문제를 둘러싼 대립과 갈등을 의미한다. 전후 피난민 및 인구 이동 문제를 어떻게 처리할 것인가? 누가 자국 주민, 혹은 상대편 주민을 더 인도적으로 대우하는가? 누가 보호받아야 할 우리 국민인가? 이 장에서는 이런 질문들과 관련된 정책·법·제도·담론들이 복합적으로 충돌하는 과정을 '복합적 인구 정치'라고 표현하고자 한다.

복합적 인구 정치에서 중요한 국제법적 규범과 원칙들이 바로 전시법, 즉 전시 교전국의 행위와 피해자 보호에 관한 국제법들이다. 한국전쟁에서 이 같은 국제적 규범들은 한편으로는 양측의 전쟁 지속을 정당화할 수도, 반대로 상대의 정당성을 훼손할 수도 있는 정치적 자원이 되었다. 한마디로, 인도주의 국제법 역시 적나라한 냉전 정치의 장에 휩쓸리게 된 것이다. 그에 따라 한국전쟁 포로 문제를 다루는 이 국면에서 양측은 피해자의 인권, 포로의 보호, 세균전, 대규모 폭격에 대한 피해 등 서로의 전쟁 행위를 비난하는 데 열을 올렸다.

그렇다면 미국은 이 복합적 인구 정치의 과정에서 어떤 원칙과 규범을 도입하려 했을까? 이때 중요한 자유주의의 '형이상학적이고 존재론적 핵심'[1]이 바로 '개인'이다. 개인이란 무엇인가? 다양한 논의가 있겠지만,[2]

칸트에게 개인이란 계몽 프로젝트를 담당할 핵심 주체였고,[3] 계몽 프로젝트란 단순히 개인적 차원에 머물지 않는 좀 더 광범위한 사회 발전 기획이었다. 당시 그는 스스로 상대적으로 후진적이라고 인식한 프러시아 독일 사회의 발전을 위해 계몽을 역설했다. 이때 칸트가 강조한 것은 바로 지식인들의 역할이었다. 지식인만이 인류 발전에 관한 '보편 역사'를 참조하며 정치적 행동에 방향을 부여하고 규제할 수 있는 주체라고 여겼기 때문이다. 결국 칸트에게 이상적 개인이란 곧 자유주의적 계몽을 추진할 주체로서의 지식인이었다.[4]

그렇다면 적나라한 전투와 정치적 갈등이 전개되던 한국전쟁에서 '개인'이란 어떤 의미였을까? 미국은 새로운 20세기 자유주의 국제 질서를 구축하기 위해 어떤 주체를 필요로 했을까? 이때, 자유주의적 주체 형성 기획의 관점에서 주목해야 할 것이 바로 이른바 '자원 송환 원칙'voluntary repatriation이다.

한국전쟁은 포로들 개개인에게 송환에 대한 의사를 묻고, 동의하는 경우에만 본국으로 송환한다는 자원 송환 원칙이 공식적으로 적용된 최초의 전쟁이었다. 미국은 기존의 19세기적인 민족주의/주권 원칙과 다른, 개인의 자유로운 의사를 우선시하는 20세기적 원칙을 새롭게 도입했다. 이에 비해 공산 진영은 1949년 제네바 협약에서 합의된 19세기적 주권 원칙, 즉 전쟁이 끝나면 모든 포로를 즉시 송환시킨다는 집단적 원칙을 택했다. 따라서 미국은 '원하는 곳에서 자유롭게 살 수 있는 주체로서의 개인'을, 공산 측은 개인의 정치적 의사와 상관없는 '민족'이라는 집단적 주체를 강조한 것이다. 이처럼 한국전쟁 포로 문제에 대한 국제법적 원칙들을 분석하면 한국전쟁 당시 추진된 여러 상충하는 인구 정치의 원칙들과 주체 형성 기획들을 식별할 수 있다.

이 장에서는 한국전쟁 포로에 대한 국제법적·정치적 논쟁의 구체적 전개 과정을 상세히 검토할 것이다. 전쟁 포로 논쟁과 관련된 인구 정치 기획들은 단지 국제법적 원칙과 규범의 층위에서뿐만 아니라 각 국가의 대외 정책, 군사적 심리전의 차원에서도 다뤄졌고, 판문점 협상장의 계산 과 교환 등 다층위적 상호 연관 속에서 전개되었다. 따라서 국제법적 표현을 둘러싼 논쟁들은 곧 수용소 내부에서 전개된 포로들 간의 갈등과 직결되어 있었다. 이를 검토함으로써 우리는 결국 자유주의적 계몽 기획의 핵심 주체인 '개인'이 동아시아의 냉전 전장에서 어떻게 '이해'되었는지, 다층적인 인구 정치를 통과해 마침내 탄생한 '개인'들에게 주어진 역사적 책무는 과연 무엇이었는지에 대한 이해에 도달하고자 한다.

1. 자원 송환 정책의 등장

1) 정전 협상 이전까지 포로 정책의 전개

(1) 한국전쟁 포로 문제와 제네바 협약

사실 처음부터 미국 정부가 '자원 송환' 원칙을 추구했던 것은 아니다. 1951년 여름까지도 미국 정부는 모든 포로는 전쟁이 끝나면 즉시 송환되어야 한다고 생각하고 있었다. 왜냐하면 그것이 제1, 2차 세계대전을 통해 형성되어 1949년 제네바 협약에 반영된 국제 규범이었기 때문이다.

1949년 8월 12일자 포로에 관한 제네바 협약은 비록 한국전쟁에 참여했던 모든 국가에 의해 서명되고 비준된 것은 아니었지만, 세계 언론과 국제 여론의 무대에서 매우 중요한 관심사가 되었다. 1949년 제네바 협

| 1949년 제네바 협약들을 제정하기 위한 회의 장면 |
출처 : 국제적십자(https://www.icrc.org).

약의 기본 특징은 정규군뿐만 아니라 전투에 참가한 조직적인 전투원을 모두 '포로'로 정의해,[5] 전쟁의 국제법적 성격과 위상의 여부에 상관없이 잠재적 피해자가 될 모든 포로를 인도적으로 보호하려는 매우 실용적인 목적을 갖고 있었다는 것이다.

　제네바 협약은 한편으로는 유럽의 근대 인도주의 법이 진화한 결과로 이해해야 한다. 즉 18세기 무렵 유럽에서 근대적인 주권국가가 수립되고 주권 원칙이 확립되면서, 국가가 전쟁에 관한 권리를 독점했으며, 모든 국가가 동등한 교전권을 갖게 되었다. 근대국가의 출현으로 군인에 대한 관점도 근본적으로 달라졌다. 중세의 '정의로운 전쟁'에서 군인들은 왕을 위해 싸웠고 적군의 행위는 책임을 물어야 할 '범죄'로 간주되었다. 따라서 전쟁에서 포획된 포로는 죽이는 것이 일반적인 규칙이었다. 하지만 근대적 전쟁에서 군인은 범죄를 저지른 것이 아니라 국가의 도구로서 임무를 성취한 것이 되었다. 따라서 포로는 개인이 아닌 상대 국가의 '공복'이자 '공적인' 적으로 간주되었으므로, 군인 개인은 전쟁이나 전쟁의 결과

에 책임질 필요가 없었다.[6]

그 결과, '무기를 내려놓은 군인'인 포로는 적이 아니라 '불행한 동정의 대상'이 되었다. 포로는 더 이상 노예나 범죄자, 몸값의 담보물이 아니었고 전쟁 기간 동안에 '일시적으로 억류되어야 할 살아 있는 전쟁의 도구'였다. 따라서 포로들은 전쟁이 끝나면 석방되어야 했다. 19세기 동안 유럽의 근대적 관점이 점차 여러 국가들로 확산되었다. 또한 19세기 전쟁들이 거의 대부분 평화 협약을 통해 종식됨에 따라, 협상이 끝나면 포로를 송환하는 것이 일종의 관습이 되었다.[7]

제1차 세계대전 이후에도 이런 관습은 좀 더 폭넓게 제도화되었다. 유럽에서는 이미 헤이그 조약(1907년)과 국제적십자위원회가, 포로 문제를 다루는 제도로 자리 잡고 있었다. 그리고 제1차 세계대전 이후인 1929년 제네바 협약에서는 포로의 처우를 더욱 상세하게 규정했다. 제네바 협약 75조에는 '가능한 한 빨리 포로들을 송환한다'는 조항이 포함되어 전후 포로의 신속한 송환을 보장하려 했다.[8]

그러나 제2차 세계대전은 포로에 대한 국제법의 발전에 큰 변화를 가져왔다. 무엇보다도 이 전쟁이 총력전으로 치러져 약 9천6백만 명의 참전 군인 가운데 3천5백만 명이 전쟁 포로가 됨에 따라 포로의 성격과 규모가 크게 달라졌다. 이때부터 포로는 좀 더 일반적인 국민 정서와 관심의 대상이 되었던 것이다.

더군다나 제2차 세계대전이 평화 협약 없이 '무조건 항복'으로 종식되자, 승전국들이 억류된 포로들을 즉시 송환시키지 않고, 전후 재건 노동에 활용하는 문제가 발생했다. 따라서 포로들에 대한 인도적 대우 일반의 문제보다 '포로 송환'이라는 특정 문제가 더 큰 국제법적 쟁점이 되었다. 그 결과 1949년 제네바 협약 118조에는 전쟁이 끝나면 포로들을 '지체 없이' 송환한다는 문구가 포함되었다.[9]

다른 한편, 미국은 포로들을 '탈나치화'한다는 명분으로 '재교육'을 시키고, 이들을 심리전에, 혹은 정보원으로 활용하는 프로그램들을 체계적으로 제도화했다. 미국은 전쟁 포로를 교육시켜 새로운 자유주의적 주체로 만들려 했다. 이렇게 포로 문제의 정치화, 포로의 정치·경제적 활용으로 인한 포로 송환 문제의 대두, 포로에 대한 재교육 프로그램의 도입 등이 제2차 세계대전으로 초래된 변화의 세 가지 축이었다고 할 수 있다.

이후 냉전이 전개됨에 따라 1949년 제네바 협약 제정 과정에서 새로운 정치적 쟁점이 발생했다. 특히 포로와 관련해 새롭게 부각된 쟁점은 포로가 되기 전에 저지른 '전쟁범죄'에 대한 재판 문제였다. 제2차 세계대전 이후 유엔이 설립되고, 전쟁을 범죄화하는 흐름이 강화되자 '전범 처벌'이라는 문제가 큰 이슈가 되었다. 소련은 이를 옹호하며 전범과 '인도에 반하는 범죄'를 저지른 포로는 인도주의 법의 보호를 받을 수 없다고 주장했다. 하지만 국제적십자의 주도로 1949년 제네바 협약 85조에는 "전범일 경우에도 포로의 지위를 유지하여 국제법의 보호를 받을 수 있다"는 내용이 포함되었다.[10]

두 번째 쟁점이 바로 '자원 송환' 문제였다. 미국과 동맹국들은 1945년 2월 얄타와 포츠담 회의에서 포로들을 전원 송환하기로 소련과 합의한 바 있었다. 미국은 처음에는 나치에 협력한 소련 포로들도 전원 송환 원칙에 따라 소련으로 송환한다는 데 동의했다. 그리고 실제로 이 시기에는 모든 포로들이 소련으로 송환되었다. 하지만 이후 미국은 인도주의적 이유를 들어 '강제송환'에 반대하기 시작했고 갈등이 생겨났다.[11]

정리하면, 이미 1949년의 시점에서 포로 보호에 관한 인도주의적 국제법의 보편 원칙은, 포로들 가운데 전범 재판의 대상은 보호받을 수 없다는 소련의 입장과, 포로들의 개인 의사에 따라 송환 여부를 결정해야 한다는 미국의 입장, 두 가지 방향으로부터 잠식되고 있었다. 즉 전범 포로는 보호 대상이 아니라는 뉘른베르크식 전범 원칙과, 포로는 자유로운 의사를 가진 개인이라는 미국식 자유주의 원칙 모두, 근대적 국가 주권 원칙과 민족주의에 기반한 유럽의 19세기식 포로 개념을 해체하고 있었던 것이다.

한국전쟁은 바로 1949년 제네바 협약이 전면 적용된 첫 사례였다. 냉전 정치의 맥락을 생각하면 한국전쟁에서 제네바 협약이 준수되리라 크게 기대하기는 어려웠다. 더군다나 전쟁에 참가한 많은 국가들이 아직 협약을 비준하지 않은 상태였고, 협약은 1950년 10월까지 실행되지 않고 있었다.[12]

그럼에도 국제적십자는 한국전쟁 발발 직후부터 제네바 협약을 적용하려 했으며, 이는 어느 정도 정치적 영향력을 발휘했다. 국제적십자는 1950년 6월 26일 서한을 통해 남한과 북한 정부에 제네바 협약을 준수해 줄 것을 요청했다. 국제적십자는 부상자와 병자에 대한 보호, 전쟁 포로의 처우에 대한 1929년 제네바 협약과, 민간인 보호에 관한 1949년 제네바 협약 등의 존재를 알렸다. 적십자는 한국이 이 협약들에 직접 서명하지는 않았지만, 협약에 제시된 전쟁 피해자 보호에 대한 인도주의적 원칙들이 사실상de facto 적용되는 데 예외일 수 없다며, 보편적인 국제법적 원칙을 준수할 것을 호소했다. 이렇게 적십자는 전쟁의 성격 규정, 국가의 승인 여부, 전쟁 책임 문제 등 엄밀한 법적 조건 및 절차와 상관없이 인도주의적 원칙에 근거해 활동을 시작했다. 적십자는 6월 28일 미국 정부에도 제네바 협약을 준수하도록 요구했다. 적십자는 미국이 제네바 협약을 한국에 적용할 것인지 의견을 물었으며, 한국에 파견되는 홍콩 대표 비에리Frederick Bieri의 활동을 지원해 줄 것을 미국에 요청했다.[13]

1950년 7월 4일, 유엔군 사령관 맥아더가 '북한군 포로를 국제적인 관례에 따라 대우하겠다'는 입장을 공식적으로 선언한 것도 제네바 협약의 영향력을 고려한 것이다. 맥아더는 유엔군의 포로가 된 북한군에 대해 근대적인 전쟁법에 따라 보장되는 모든 보호 원칙을 적용하겠다는 취지를 밝혔고, 북한군의 포로가 된 유엔군에게도 그와 같은 보호를 보장해 줄 것을 요구했다. 물론 이는 정부의 공식 비준이나 입법화를 통한 것이 아니라 군사령관에 의한 것이었으므로 상징적인 수준의 의미가 있었다.

그런데 주목할 것은 유엔군이 제네바 협약의 준수를 발표하는 동시에 포로에 대한 잔인한 처우를 전쟁범죄로 규정하겠다고 선언한 것이다. 맥아더는 1950년 8월 20일, "유엔군 포로에게 북한군이 일련의 잔학 행위를 가했음이 움직일 수 없는 증거를 통해 명백해졌다"면서 이는 '희생자에 대한 범죄일 뿐만 아니라 전 인류에 대한 범죄'라며 강하게 비난했다. 그는 그동안 상부의 명령과 지휘를 통해 학살 행동을 용인·장려해 온 것을 바꾸지 않으면 전쟁 규칙 및 전례에 비추어 범죄에 대한 책임을 져야 할 것이라고 경고했다.[14]

여기서 정확히 모든 포로를 보호한다는 인도주의 원칙에 전쟁범죄 처벌 원칙이 추가로 도입되는 것을 볼 수 있다. 그 결과 인도주의적 원칙들은 상대방의 전쟁범죄를 비난하기 위한 근거가 되기 시작했다. 실제로 양측은 포로에 대한 인도적 처우를 표방한 이후, 전쟁 기간 내내 포로에 대한 상대방의 잔인한 처우를 비난했다.

그리고 이렇게 서로가 인도주의와 전쟁범죄 원칙에 따라 상대를 비난할수록, 포로 문제에 대해 더 우월한 보편적 원칙을 제시하려는 경향이 생겨났다. 그 결과 한국전쟁에서 인도주의적 원칙은 제네바 협약에서 한 단계 더 나아갔다.

이 경쟁의 결과가 바로 미국이 제시한 이른바 자원 송환 원칙이다. 미국은 한국전쟁 정전 협상에서 포로들 중에서 송환을 희망하지 않는 포로들은 돌려보내지 않겠다고 주장했다. 이 원칙은 전쟁 포로는 자유로운 의사를 가진 개인으로서 전후에 고국으로 돌아갈지 여부를 스스로 선택하고 결정하게 하자는 것이었는데, 이는 곧 포로들에게 일종의 집단적인 정치적 망명을 보장하는 것으로 당시까지 어느 국제법에도 반영되지 않았던 원칙이었다.[15]

결국, 한국전쟁에서는 포로에 대한 세 가지 계열의 원칙이 적용되었다고 할 수 있다. 첫째는 무조건 항복으로 끝난 제2차 세계대전의 분위기를 이은 전범 처리 원칙이었고, 둘째는 전쟁의 성격에 대한 규정 없이 실용적으로 피해자를 보호하기 위해 적용해야 한다는 인도주의적 보호 원칙이었으며, 마지막으로 개인의 자유주의적 인권을 더 상위의 원칙으로 내건 자원 송환과 망명권이라는 원칙이었다.

(2) '민간인 억류자' 문제의 등장

그렇다면 미국 정부는 언제부터 자원 송환 원칙을 공식적인 정책 입장으로 확립하게 되었을까? 사실 정전 협상이 진행되던 1951년 여름까지도 미국 내부에서 포로에 대한 정책은 확정되지 않았다. 그런데 1952년 2월에 이르면 트루먼과 애치슨이 이 자원 송환 정책을 지지하게 된다. 심지어 1952년 말 유엔 총회에서 지지 결의안이 통과되며 유엔의 승인까지 받게 되었다. 어떤 계기와 과정을 통해 이런 변화가 가능해졌을까?

중요한 것은 자원 송환 정책이 단순히 트루먼과 애치슨 같은 주요 정치인들의 머릿속에서 시작되어, 위로부터의 결정에 따라 도입된 것이 아니라는 점이다. 한국전쟁의 자원 송환 정책은 다양한 아래로부터의 요구와 정책 결정 과정의 복합적 요인들이 반영된 역사적 구성의 산물이다. 즉, 이는 전쟁으로 발생한 인구 이동과 인구에 대한 양측의 다양한 이해관계가 인도주의 법과 제도, 정책 및 담론과 결합되어 전개된 복합적 인구 정치의 산물이었다.

이 과정을 이해하기 위해 가장 먼저 살펴볼 문서는 정전 협상이 시작되기 직전인 1951년 7월 4일 주한 미 대사 무초가 미 국무부에 보낸 서신이다. 무초는 여기서 한국 정부의 중요한 정치적 의제로서 이른바 '민간인 억류자'civilian internee 문제를 제기했다.

민간인 억류자란 누구를 말하는 것일까? 무초는 "유엔군 포로수용소에 북한군에 의해 강제로 동원되어 포로가 된 한국인들이 약 4만 명이 있다"고 한국 정부가 오랫동안 주장해 왔음을 강조했다. 이들이 바로 '민간인 억류자'들이었다. 무초는 국무부가 이들의 존재를 알면서도 제네바 협약을 신경 쓰느라 이들에게 아무런 선처를 하지 않았다고 지적했다. 그리고 그는 "어떤 경우에도 이들을 북한에 넘겨서는 안 되며", 어떤 피난민들도 "의지에 반해 강제송환되어서는 안 된다"고 주장했다. 무초는 이것이 "정치 난민과 정치적 망명에 대한 미국의 전통적인 정책"이라고 강조했다.[16]

이 짧은 무초의 서신에는 정전 협상이 시작될 즈음 미국의 정책 방향에 영향을 미쳤던 여러 요소들이 모두 집약되어 있다. 먼저, 미국 정부는 한국 정부가 주장해 온 이른바 '민간인 억류자들'의 석방 문제를 고려해야 했다. 둘째, '민간인 억류자'를 석방하는 것은 국제적십자의 의견을 물어야 하는, 따라서 기존 국제법 조항들과 잠정적 충돌이 예상되는 문제였다. 그리고 셋째, 미국은 전통적으로 정치 난민 정책과 망명을 허용해 온 정책을 유지하고 있었다. 즉, 한국 정부의 요구, 국제법(제네바 법)의 해석과 적용, 자유주의 국가로서 미국의 지위와 입장이라는 세 가지 요소가 미국의 포로 정책을 틀 지웠던 세 가지 요소였다.

이 가운데 먼저 살펴볼 것은 한국 정부의 요구이다. 한국 정부는 '민간인 억류자', 즉 한국 출신 북한군 포로들을 석방해 줄 것을 요구했다. 기존 연구들은 이 문제를 부차적인 것으로 여겨 거의 주목하지 않았지만, 이는 한국전쟁 포로 문제를 둘러싼 상황의 전개를 이해하는 데 있어 결정적인 부분이다. 왜냐하면 '민간인 억류자' 문제가 미국 정부의 자원 송환 정책을 확립시키는 단초를 제공했을 뿐만 아니라, 이후 포로수용소 내부 갈등의 전개에도 큰 영향을 미쳤기 때문이다.

'민간인 억류자' 문제는 어디에서 기원한 것일까? 처음 이 남한 출신 북한 포로들을 석방시키려는 기획이 시작된 것은 인도주의적 원칙이라는 거창한 명분 때문이 아니었다. 전쟁의 급작스러운 발발과 전세의 변동에 따른 전선의 이동, 남과 북의 병력 동원과 무원칙적인 포로 정책 등의 결과 십 수만 명의 사람들이 포로가 되었고, 유엔군은 이들을 관리하고 억류해야 했다. 즉 포로의 관리와 처리라는 군사적·물질적 필요가 포로의 석방이라는 실용적 방안을 생각하게 한 것이었다.

예컨대, 맥아더는 포로 숫자가 급격히 증가함에 따라 이들을 수용하고 관리하는 일이 어려워지자 1950년 10월 25일 원 거주지가 38도선 남쪽이고 신분 확인 등 처리가 완료된 포로들은 한국 정부의 신원 보증하에 즉시 모두 석방할 것을 고려하라고 미 제8군 사령관에게 지시했다.[17] 미 8군의 요청에 따라 한국 정부는 1950년 11월부터 국방부에 국방부·내무부·법무부·문교부·사회부의 관료들과, 국회의원, 판검사, 경찰 간부 등으로 구성된 포로심사위원회를 설치하고 석방 여부를 결정하는 심사를 시작했다.[18] 당시 심사는 약 5개월간(1950년 11월 17일~1951년 4월 17일) 진행되었다.

그런데 이 최초의 포로 심사가 어떤 맥락에서 이루어졌는지를 이해할 필요가 있다. 당시 한국의 국내 정치적 상황을 고려할 때 가장 중요한 문제는 이른바 북한 점령 시기에 '부역'한 혐의를 받고 있던 사람들에 대한 심사와 처벌 열풍이었다.[19] 한국 내무부의 1950년 12월 15일자 발표에 따르면, 9월 28일부터 12월 13일까지 각 시도 경찰국에서 검거한 부역자 총수는 5만5,909명[20]이었다. 부역자의 검거와 심사는 군·검·경 합동수사본부가 맡고 있었다. 이 시기에 한국에서 활동하던 유엔 한국위원단은 12월 초에 이 군·검·경 합동수사본부를 방문해, 부역자 색출로 이름을 떨쳤던 군 정보기관의 김창룡과 반공 검사 오제도로부터 기구 운영에 대한 설명을 들었다. 한국 언론들은 이들이 합동수사본부를 외국에 내놓아도 손색없는 '모범적 수사 기구'라고 치하했으며, 특히 인도 대표는 이 기구를 확대·강화시킨다면 "공산주의를 박멸하는 데 있어 세계적인 성과를 올릴 것"이라고 언급했다고 보도했다.[21]

문제는 이 부역자 색출이 당시 전국적인 불법적 학살로 이어졌다는 점이다. 이는 당시 언론을 통해 전 세계에 알려졌고, 따라서 한국 정부가 검거된 부역자와 공산주의자들을 부당하게 대우한다는 비판이 제기되었다.[22] 대표적으로 '홍제리 사건'을 들 수 있다. 이는 서울 서대문 지역 홍제리에서 정치범들을 총살시키는 현장을 영국군이 목격해 해외 언론에 보도되면서 큰 파장을 낳았던 사건이다.[23] 홍제리 사건은 유엔 한국통일부흥위원회를 통해 1951년 유엔에 보고(A/1881)되었다. 1950년 12월 한국에서 부역 혐의자를 대규모로 처형하고 있다는 것이 유엔과 세계 언론에 알려지면서 이승만 정권이 민간인들에게 잔혹한 처우를 하고 있음이 공개되었고, 이승만은 돌발적으로 행동하며 예측할 수 없는 반동주의자로 비춰졌다.[24]

한국의 부역자 처벌 문제에 관해서는 국제적십자 또한 주시하고 공식 보고서를 작성한 바 있었다. 적십자는 이 보고서와 의견을 이승만에게 직접 전달하기도 했다.[25] 적십자는 특히 서울 지역 형무소들의 가혹한 억류 조건들, 그리고 한국 정부가 여성과 아이를 포함한 정치범들을 집단 처형한 것 등을 집중적으로 문제 제기했다. 하지만 유엔군 사령부는 이 문제를 '한국의 국내문제'로 간주해 아무런 조치를 취하지 않았으며, 이에 따라 이와 관련된 여러 탄원이 서울 주재 미 대사관에 계속 접수되고 있었다. 따라서 한국의 부역자 처벌 문제가 미국뿐 아니라 한국전쟁에 투입된 유엔군, 나아가 유엔 전체에 대한 불신을 초래할 수 있다는 우려가 생기고 있었다.[26]

이런 상황에서 이승만은 군사적 상황과 수형 시설 부족을 이유로 공산주의자와 부역 혐의자들에 대해 재판과 처형을 신속히 집행하라는 명령을 내렸다. 하지만 이 사실이 곧 세간에 알려지면서 더 큰 여론의 반발에 부딪쳤다. 그러자 미 국무부는 주한 미 대사 무초를 통해 사형선고자들에 대한 감형을 이승만에게 권유했고, 이 문제가 국제 여론을 악화시킬 수 있다는 점을 알리게 했다. 국무부는 이승만에게 정치범의 조사절차, 구금 방식, 피의자 권리 보호 문제를 개선하라고 권고했다.[27]

국제 여론의 관심과 미국의 압력 때문에 한국 정부는 후속 조치들을 취했다. 예컨대 법무부 장관 김준연은 12월 15일 39명에 대한 처형('홍제리 사건')은 한국전쟁 직후 공표된 '비상사태하범죄처벌에대한특별조치령'에 입각한 것이라며, 이 조치가 법에 근거한 것임을 강조하고 법률의 내용을 상세히 설명했다.[28] 이어서 신성모 국방장관은 대통령의 지시에 따라 부역자 감형 조치가 이루어졌음을 발표했고,[29] 이승만은 12월 27일 대규모 특사령을 발표해 부역자들에 대한 처벌을 면제해 주었다. 이승만은 이런 조치를 두고 부역자들이 다시 "대한민국 국민으로 재생할 신기회를 잡아 충성을 바칠 수 있는 길을 열어" 준 것이라고 말했다.[30]

'홍제리 사건'과 부역자 처리 문제는, 전시에 한국 정부가 잠재적으로 적이 될 만한 국민들을 가혹하게 처벌하는 것을 당연하게 생각했으며, 그것이 얼마나 국제적 인도주의 원칙과 충돌하고 있었는지를 단적으로 보여 준다. 그런데 이처럼 부역자를 심사하고 처벌하고 있던 한국 정부가

표 6-1 | 국방부의 포로 심사 통계표(1951년 4월 17일)

월별	1950년 11월		1950년 12월		1951년 1월		1951년 2월		1951년 3월		1951년 4월		계		총계
구분	석방	억류	석방	억류	석방	억류	석방	억류	석방	억류	석방	억류	석방	억류	
서울	261	26	1,823	258	2,188	273	6,506	903	349	42	552	91	11,676	1,593	13,269
경기	151	27	1,167	615	1,780	840	3,719	708	272	26	504	81	7,593	2,297	9,890
충북	120	11	1,456	69	1,585	58	1,129	63	43	-	129	11	4,462	212	4,674
충남	92	70	901	325	1,285	296	715	134	22	-	50	7	3,065	832	3,897
전북	161	51	884	307	856	363	269	62	-	-	2	2	2,172	785	2,957
전남	156	21	1,305	246	694	117	168	45	-	-	9	6	2,332	435	2,767
경북	81	42	1,173	377	1,458	43	547	32	-	-	35	3	3,294	496	3,790
경남	87	22	594	121	626	109	114	16	-	-	16	1	1,437	269	1,706
강원	156	24	1,095	215	1,199	321	1,087	264	28	-	123	10	3,688	834	4,522
계	1,265	293	10,398	2,533	11,671	2,420	14,251	2,227	714	68	1,420	212	39,719	7,753	47,472

출처: 『한국전란 1년지』, p. D3.

포로들에 대한 심사를 시작했던 것이다.

한국 정부는 포로를 대상으로 단순히 원 거주지나 출신 지역을 알아내는 기초 조사가 아니라 일종의 격렬한 내전 상황에서 '사상 심사'를 했다. 포로에 대한 최초의 심사는 매우 적대적인 사상 심사였고, 이는 앞으로 살펴볼 포로수용소 내부의 갈등에 단초를 제공했다.

포로 심사를 마친 한국 정부는 이들 가운데 일부에 대해 석방을 요구하기 시작했다. 1951년 2월, 한국 국방부 차관은 국회에서, 국방부가 포로심사위원회를 조직해 심사 대상자 4만7,472명의 '사상'을 심사한 결과, '6천여 명의 용의자들'을 제외한 3만9,719명을 석방 예상자로 분류하고, 그중에서도 북한군으로 동원된 '이른바 남한 출신 의용군' 2만4천 명에 대해 석방할 것을 '결정'했다고 공표했다. 그는 미 8군의 승인을 얻어 이들을 곧 석방하게 될 것이며, 북한 출신자들을 대상으로도 심사를 진행하기 위해 미 8군과 협상을 하고 있다고 언급했다.[31] 실제로 한국의 군과 국회는 이후 계속해서 석방 예상자로 분류된 사람들을 석방하도록 미군 측에 요구했다.

하지만 포로를 송환하는 것이 아니라 석방하는 것은 법률적인 근거도, 국제적 유래도 없었기 때문에, 미 군부가 시도할 수 있는 일이 아니었다. 예컨대 1951년 2월 12일, 미 국무부 법률고문 피셔Adrian S. Fisher는 북한인들을 억류하거나 석방할 권한을 달라는 맥아더의 요청에 대해, 군사령관으로서 정치적 행위인 일반 사면은 내릴 수 없다고 판단했다. 즉, 사면은 범법 행위를 눈감아 준다는 의미가 있었으며, 사면된 자들은 추후 형사소추에서 배제된다는 점에서 '정치적인 행위'였다. 따라서 북한인들에 대한 사면은 이후 합법적인 권위를 가진 민간 정부가 결정할 일이라는 것이었다.[32]

하지만 이후에도 미 8군 사령관 밴플리트Van Fleet는 1951년 4월 다시 한 번 남한 출신 포로에 대한 석방을 유엔군 사령관 리지웨이에게 건의했다. 밴플리트는 3만7천여 명의 포로를 석방하는 것은 전체 포로 숫자의 4분의 1 이상을 감축시키기 위해 필요하다고 강조했고, 포로 석방 후 한국 정부가 일정 기간 그들을 감시할 것이라는 점을 분명히 했다.[33] 하지만 극동 사령부는 이들의 석방이 유엔군·한국군에 미칠 심리적 효과와 이들이 후방에서 게릴라가 될 수 있다는 이유로 제안을 거부했다.[34]

그러나 한국 정부는 이들에 대한 석방을 계속 촉구했다. 밴플리트가 유엔군이 관리하는 포로의 수를 줄이는 데 군사적 이해관계를 갖고 있었다면, 한국 정부는 이들을 잠재적인 경제적·군사적 자원으로 활용하려는 의도가 있었다. 한국 정부는 이들이 강제로 북한군에 동원된 '적의 희생자들'이라고 주장하는 동시에 이들을 '경제적·군사적 인적 자원으로 활용'할 수 있다는 점을 강조했다. 6월경 한국의 국무총리는 비공산주의자로 분류된 포로들 가운데 학자·교육자·기술자·농부들의 재능이 더 잘 활용될 수 있도록 석방해 줄 것을 다시 한 번 미 8군에 요청했다. 미 8군은 이 요청을 극동 사령부에 보고했지만 리지웨이는 이들의 신원을 한국 정부가 보증한다고 해도 다시 적군이 되지 않으리라 장담할 수 없으며, 상부의 명령이 없는 이상 석방에 동의할 수 없다며 또 다시 거부했다.[35]

사실 한국 정부가 곤혹스러웠던 문제는 포로 14만 명에게 1일 3식의 급식을 지속적으로 제공하는 것이었다. 유엔군이 포로 관리를 맡고 있었지만, 이들을 '먹여 살리는' 것은 한국 정부의 몫이었기 때문이다. 당시 한 신문은 이 상황을 "인플레에 허덕이는 한국 정부는 그들에게 1일 3식의 급식을 위해 빈곤한 국고를 털어야 했다"고 표현했다.[36] 이처럼 여러 가지 이유에서 한국 의회는 1951년 5월 22일, 남한 출신의 포로 4만여 명에 대한 석방을 유엔 총회와 미국 대통령, 유엔군 당국에 요구하는 결의안을 가결시켰다.[37]

지속적이고 다각적인 한국 정부의 요구에 유엔군 사령부는 1951년 가을 무렵부터 이들을 심사해 재분류하고 석방한다는 계획을 구상하기 시작했다. 이렇게 포로를 심사하고 석방하는 것에 대한 관심은 자유주의적 개인에 대한 숭고한 이념이나, 포로들을 보호하기 위한 인도주의적 관심과 전혀 무관하게 시작된 것이었다.

한국 정부가 처음 포로들을 심사했을 때 그것은 정치적 반대 세력과 부역자를 가려내려는 일종의 '사상 심사'였으며, 한국 정부는 포로들에 대한 급식 부담을 줄이는 동시에 포로들의 인력을 다양하게 활용하고 싶어 했다. 유엔군은 너무나 많은 포로들을 관리해야 하는 부담을 덜고자 했다. 이처럼 다양한 필요가 맞물려 엄격한 심사를 통해 일부 포로들을 석방시키자는 요구가 나오기 시작했다. 무초가 정전 협상 직전에 '남한 출신 포로들'을 석방해야 한다는 의견을 미 정부 측에 전달했던 것은 결국 한국 내 정치 상황과 전장에서의 현실적 필요가 반영된 결과였던 것이다.

(3) 미국 정부의 자원 송환 정책 형성 과정

그렇다면, '민간인 억류자' 문제에서 시작된 한국 정부의 반공 포로 석방 요구는 어떤 과정을 거쳐 미국 정부의 '자원 송환 정책' 형성에 영향을 주게 되었을까? 1951년 여름 무렵, 포로 관련 정전 협상에 대한 미 군부의 공식적인 방침은 포로들의 수를 고려해 1 대 1로 교환한다는 원칙을 따르고 있었다. 이는 유엔군이 포획한 포로들을 모두 북한으로 송환시키면 적의 군사력이 완전히 회복될 수 있다는 전략적 판단 때문이었다.[38]

이렇게 '1 대 1 교환'이라는 기본 원칙이 점차 달라지기 시작한 것은 1951년 7월경이었다. 정전 협상이 시작되기 직전인 7월 5일, 즉 무초가 한국 출신 북한군 포로들을 석방하자고 국무부에 건의한 다음날, 미 육군 심리전 사령관 로버트 맥클루어Robert A. McClure 준장이 심리전의 일환으로 포로들로 하여금 자발적인 의사에 따라 송환 여부를 선택할 수 있게 하자는 이른바 자원 송환 정책을 새롭게 제기했다. 당시 심리전부는 설립된 지 얼마 되지 않아 미 육군부 장관 페이스의 전폭적 지지하에 한국전쟁 전반뿐만 아니라 미국의 냉전 전략과 관련된 심리전 정책들을 의욕적으로 제안했다. 따라서 자원송환 정책은 심리전부의 회심의 카드였다.[39]

이것은 단지 민간인 억류자를 석방하는 것도 아니고, 포로를 1대 1로 교환하는 것도 아닌, 심리전이라는 새로운 기획의 등장이었다. 맥클루어는 포로 송환 문제가 군사 심리전의 차원에서 긍정적인 효과를 가져올 것이라고 주장했다. 그는 한국전쟁에 참여한 다수의 중국 포로들이 강제로 징집되었다고 주장한다는 점을 고려할 때, 이들에게 송환 여부를 선택하게 하고, 만일 그들 가운데 다수가 타이완으로 송환을 희망하면, 그 결과가 미국의 대아시아 정책에 도움이 될 것이라고 말했다. 이처럼 자원 송환 정책은 중국과의 정치적 심리전을 염두에 둔 것이었다.

맥클루어는 모든 포로를 송환해 버리면 미국의 심리전에 매우 부정적인 영향을 미칠 것으로 보았다. 그는 제2차 세계대전 이후 송환된 소련 군들처럼 한국전쟁 포로들이 북한과 중국으로 송환된다면 가혹하게 처벌되어 강제 노역에 처해지거나 사형을 당할 것이라고 주장했다. 합동전략연구위원회는 이 제안을 받아들이기로 하면서, 자원 송환 작전은 심리전의 측면에서만이 아니라 우방국들에게 "유엔 사령부의 약속에 신뢰성을 부여하고, 유엔 차원에서 '테러리즘으로부터의 망명'이라는 원칙을 확립하는 데 크게 기여할 것"이라고 주장했다.[40]

이렇게 자원 송환 기획은 중국과의 심리전에서 긍정적인 효과를 기대할 수 있으며, 미국이 국제 무대에서 정치적 우월성을 확보하는 데 도움을 줄 것으로 해석되기 시작했다. 그러자 국무부를 중심으로 기존 국제법 관례에 따라 모든 포로를 송환하는 것을 점차 부정적으로 보는 견해가 확산되었다.[41]

하지만 미 합동참모본부는 자원 송환 정책 자체에 대해 다소 회의적이었다. 1951년 8월 8일자 북한 포로 송환에 대한 합동참모본부의 정책 방침에 따르면, 자원 송환 정책은 장점과 단점을 동시에 갖고 있었다. 먼저 이 정책을 지지해야 하는 이유는, ① 중국·북한 포로들이 송환되면 처형되거나 노예 노동형에 처해질 가능성이 크고, ② 그동안 자발적으로 항복한 중국군·북한군에게 유엔군이 안전과 망명을 약속했기 때문에 심리전과 이데올로기 투쟁의 관점에서 중요하며, ③ 공산 측은 이미 전쟁 초기에 포획한 포로들을 석방해 군에 합류시켰고, ④ 자원 송환 원칙은 유엔에서 망명 원칙을 확립하고, 향후 미국의 심리전 프로그램의 효율성을 증진하는 데 도움이 되기 때문이었다.[42]

반면 이 정책의 단점은 ① 한국전쟁에서 포로의 전원 송환 원칙이 폐지되어 선례가 되면 이후 전쟁에서 공산 측도 유엔군을 돌려보내지 않을 수 있고, ② 이는 1949년 제네바 협약 118조에 위반되며,[43] 따라서 미국이 이들을 강제로 억류한다는 비난을 공산 측으로부터 받을 수 있다. ③ 자원 송환 원칙은 정전 협상에 영향을 주어 공산 측이 협상을 그만둘 빌미를 제공할 수도 있었다. 합동참모본부는 이 같은 장단점들을 제시한 후 이것이 군사적인 문제를 넘어서는 정치적 문제이므로 국가안전보장회의에서 최종 검토할 것을 제안했다.[44]

국무부 장관 애치슨도 처음에는 자원 송환 원칙의 도입을 거부했다. 그는 이 정책이 북한에 억류된 유엔군과 한국 포로를 위험하게 할 수 있으며, 분쟁 종식 후 모든 포로를 즉각 송환하라고 규정한 제네바 협약 118조와 심리전 정책이 충돌하고 있다고 분명히 지적했다.[45]

그러나 애치슨은 현실적인, 일종의 편법을 제안하고 있었다. 즉 특정 포로들, 즉 유엔군을 지원했거나 공산 측으로 돌아갔을 때 처형될 가능성이 있는 포로들은, 제네바 협약의 조항에 근거해 정전 협상이 타결되기 전에 '가석방'시키자는 것이었다. 아울러 애치슨은 '북한군에 강제로 동원된 한국인들'도 한국 정부와 상의하여 석방하자고 제안했다. 따라서 애치슨은 정전 협상 타결 전에 특정 포로들과 민간인 억류자들을 모두 (가)석방하자고 제안한 것이다.[46] 애치슨의 제안은 1949년 제네바 협약을 부정한 것은 아니지만, 군부가 제시하는 심리전 전술과 목적을 수용하면서도, 협상 타결 전에 일방적으로 석방한다는 편법을 고안한 것임을 알 수 있다.

이에 따라 국무부는 9월경 구체적인 민간인 억류자 석방 계획을 국방부에 제안했다. 즉 정전 협상이 타결되기 직전은 민감한 시기이므로 그 전에 미리 석방할 필요가 있다고 보았고, 남한 출신을 석방하는 것은 한국 정부의 요구에 부합하는 것이니 한미 관계를 개선할 수 있다고 보았다. 또한 국무부는 석방된 포로들을 '건설적인 목적으로 유도'할 수 있고, 수용소 내부에서 유엔과 남한에 반대하는 포로들이 증가하고 있는 데 전략적으로 대응해야 한다는 점을 근거로 제시했다.[47] 따라서 이 시점에 국무부가 제시한 입장은 '민간인 억류자들'에 관한 한국 정부의 입장과 요구를 대체로 반영한 것임을 알 수 있다.

하지만 군부는 여전히 이 문제에 매우 민감하게 대응했다. 1951년 10월 27일, 리지웨이는 특정 포로 석방에 대한 애치슨의 제안은 매우 위험한 것이라고 경고했다. 그런 행동은 공산 측에게는 일종의 배신으로 여겨져 정전 협상이 파행으로 치달을 수 있고, 북에 억류된 유엔군 포로들이 송환되지 못할 수도 있다는 이유에서였다. 그는 북에 억류된 한국군·유엔군 포로의 송환이 정전 협상에서 가장 중요한 목표라고 강조했다. 리지웨이는 결국 포로 교환에 대한 정책은 1 대 1 원칙에 기반해야 한다는 기존 입장을 고수했다.[48]

하지만 가장 회의적이던 리지웨이 역시 '민간인 억류자'에 대한 석방을 반대하지 않았다는 사실을 눈여겨봐야 한다. 리지웨이는 이 시점에서 이미 이들 4만1천 명을 '포로'가 아니라 '민간인 억류자' 범주로 재분류했다고 합동참모본부에 보고했다. 리지웨이는 이런 조치가 유엔 사령부에 있어 포로 관리의 어려움을 덜어 줄 수 있다고 덧붙였고, 유엔군은 제네바의 국제적십자위원회 대표들에게도 이런 재분류 조치를 충분히 알렸다고 보고했다. 하지만 그는 석방 문제가 정전 협상에 영향을 주지 않도록 공론화를 최소화하기 위해 각별히 주의해야 한다는 점도 강조했다.[49]

여기서 더 분명해지는 것은 미국이 이들을 민간인 억류자 지위로 재분류한 것은 정전 협상에서 논쟁의 대상이 될 '포로'의 지위로부터 배제시키는 조치였다는 점이다. 즉 이때 등장한 '민간인 억류자'라는 개념은 미국이 한국 정부의 포로 석방 요구를 수용할 경우 국제법적으로 생길 수 있는 문제들, 그리고 정치적 권한과 군사적 권한의 경계 같은 복잡한 문제를 피할 수 있는 효과적 수단이었음을 이해할 필요가 있다.

이들을 민간인 억류자로 재분류하는 작업이 실제로 이루어진 것은 1951년 11월부터였다. 한국 정부의 포로심사위원회는, 이전에 심사를 통해 석방 대상자로 분류했던 4만1천 명 가운데, 3만3,154명을 민간인 억류자로 재분류했다.[50] 유엔군 사령부는 한국 언론에 "전쟁의 우발적인 상황으로 인해 포로로 잘못 분류되었던 약 3만7,500명의 남한 출신 포로들이 민간인 억류자로 재분류되었다"고 공표했다. 당시 유엔군은 이들이 또한 번의 심사를 거쳐 점차 석방될 것이며, 이는 적십자에도 통보했다고 공표했다.[51]

이에 따라 미 8군의 니콜스William P. Nichols 준장은 1951년 12월, 한국 국회의 지속적인 요구에 응답해 남한 출신 포로를 석방하겠다고 처음으로 공식 발표했다. 이기붕 국방부 장관은 이들을 재심사해 절차를 밟아 나갈 것이고 석방 후에 병역 의무를 지게 될 것이며, 귀순병도 심사 후 포섭하겠다는 방침을 발표했다.[52] 리지웨이는 이들 중에서 먼저 1천2백 명을 석방해 보고, 그들이 성공적으로 동화될 경우 그 뒤로 일주일에 1천 명씩 추가로 석방해 나간다는 구상을 밝힌 바 있었다.

결국, 이 시기 미국 정부 내에서는 자원 송환 정책을 공식적으로 채택하는 문제에 대해서는 의견 충돌이 있었지만, 남한 출신 포로를 민간인 억류자 지위로 재분류해 석방한다는 데에는 이견이 없었다. 이들에게 민간인 억류자라는 범주를 적용하는 것은, 국제법에 저촉되지 않고 정전 협상에서 논란이 되지 않는 방식으로 미국이 한국 정부의 요구를 받아들이기 위한 제도적 조치였던 것이다.

그러나 이 범주는 단지 국제법상에 존재하는 추상적인 개념에 불과한 것이 아니었다. 민간인 억류자라는 개념의 설정은 포로에 대한 심사와 재분류 작업으로 이어졌고, 이는 포로수용소 내부의 포로들에게 직접적으로 엄청난 영향을 주고 있었다.

예컨대 1951년 11월 중순경에는 정전 협상에서 포로 문제가 본격적으로 논의되기 시작했으며, 협상이 곧 타결될 것 같은 분위기가 형성되었다.[53] 그러자 민간인 억류자로 분류되어 곧 석방될 것을 기대하며 수용소 당국에 적극 협력해 왔던 반공주의 성향의 포로들이 큰 충격을 받았다. 민간인 억류자들에게, 정전 협상의 타결은 곧 정치적 망명을 약속했던 수용소 당국의 배신을 의미했다. 이들은 곧바로 미국 억류 당국과 전쟁범죄 조사과 장교들에게 원래 약속을 보증하도록 요청했고, 확답이 없자 직접 행동에 나섰다.

이들은 유엔군 사령부에 대규모 탄원서를 제출했다. 63수용동 9,043명의 한국 포로들은 1951년 10월 27일 "만일 공산주의자들의 손에 넘겨지면 우리는 죽을 때까지 저항할 것"이라는 탄원서를 리지웨이에게 제출했다.[54] 82수용동은 1951년 12월 4일 리지웨이에게 전달한 탄원서에서 "만일 우리가 강제로 북한으로 돌아가야 한다면 우리는 북한으로 가는 길에 자살할 것이다. 우리는 당신에게 다음 두 가지 중 하나를 선택하기를 요청한다. 우리를 총살하거나 아니면 남한에 머물게 해달라"고 요구했다. 12월 4일 72수용동의 중국 포로들 또한 85퍼센트(7,329명)가 탄원서에 서명해, 타이완으로 가 반공주의 반소련 대열에 합류할 수 있게 해달라고 요구했다. 12월 20일에는 86수용동의 6천5백 명이 탄원서를 제출했다. 1951년 12월, 거제도 65포로수용소에 수감되어 있던 5백 명의 남한 출신 포로들이 국회로 석방 진정서를 보낸 것이 공개되었다. 이들은 5백 명 전원이 각각 "조국의 평화와 자유를 위하여 최후의 피 한 방울까지 멸공에 바치겠다"는 혈서를 써 보냈다.[55]

그럼에도 협상이 진행되자 반공주의 성향의 포로들의 우려는 더 깊어졌고 결국 수용소 내부에 한국반공청년단과 같은 우익 조직이 창설되었다. 이는 포로 송환 문제에 대응하기 위해 수용소 내부에 최초로 등장한 중앙 집중화된 조직이었다. 반공청년단은 1952년 1월 11일부터 공개적으로 송환에 저항했고 여름에 조직되어 있던 수용소 내 친이승만계 대한청년단 지부도 이 무렵 공개적인 활동을 시작했다.[56] 남한 국회는 이들의 혈서에 화답하는 형식으로 1952년 1월, 이 '애국 청년'들을 석방하여 '멸공 전선에 나가 싸우도록' 국방부에 건의하는 결의안을 통과시켰다.[57]

국제법적으로 단순히 '민간인 억류자'라는 용어로 정의된 이 주체들이, 현실에서는 혈서를 쓰고 조직을 형성하며, 당장 전선에 나가 싸우기를 희망하는 전투적 주체가 되는 역설을 어떻게 이해해야 할까? 원래 군인으로서의 '포로'와 다른 범주로 분류된다는 것을 의미하는 '민간인 억류자'가 왜 한국의 전장에서는 철저한 사상 심사를 통과한 후 전선에 나가 싸워 충성을 증명해야 하는 전투적 반공 투사여야 했을까?

'민간인 억류자' 문제는 가장 전투적이고 호전적인 주체들만이 '자유 세계'의 시민이 될 수 있었던 냉전 정치의 가장 밑바닥 이야기 가운데 극히 일부만을 예비적으로 보여 줬을 뿐이다. 아직 '자원 송환' 정책은 전면적으로 수용되지도, 전체 포로에 대한 심사는 시작되지도 않은 상태였다.

2) 자원 송환 원칙의 확립

민간인 억류자를 석방하기로 결정된 이후, 미국 정부 내에서는 자원 송환 정책에 대한 합의가 점차 확산되었다. 트루먼은 정전 협상장에서 포로 문제에 대한 논의가 시작되기 직전인 12월 8일, 미 합동참모본부가 제시한 포로 정책을 승인했다. 트루먼은 이때 1 대 1 교환 원칙을 따르기로 했던 초고를 수정해, 협상을 위해 일단 1 대 1 교환을 추구하되, "특정한 경우에는 포로에 대한 심사도 할 수 있으며, 송환을 거부하는 포로는 잔류할 수 있다"며 자원 송환 원칙의 채택 가능성을 열어 두었다.[58] 즉 포로 협상이 본격적으로 시작되기 직전에 리지웨이는 이미 1 대 1 송환 원칙을 추진하되, 자원 송환 원칙도 선택할 수 있다는 두 가지 카드를 손에 쥔 상태였다. 이에 따라 유엔 측은 정전 협상에서 일단 1 대 1 교환 원칙을 우선적으로 제기했고, 곧 포로의 수에 대한 논쟁이 시작되었다.

(1) 1 대 1 교환 원칙과 포로의 수에 대한 논쟁

12월 10일, 판문점 정전 협상 분과위원회에서 정전 협상의 네 번째 의제인 포로 문제를 다루기로 합의가 이뤄짐에 따라 논의가 시작되었다.

처음에 유엔 측은 1 대 1 교환 원칙을 제시하면서 유엔에 13만2천 명의 포로가 있는 데 비해, 공산 측이 (6개월 전에는 6만5천 명의 포로가 있다고 했음에도) 1만1,500명의 명단만 제출한 사실을 지적했다. 유엔 측은 전체 포로 명단과 수용소의 위치 정보를 요구했다.[59]

1 대 1 교환 원칙은 기본적으로 교환될 포로의 양적 균형에 대한 것이었다. 따라서 12월 15일 회의에서도 포로의 수와 명단에 대한 논쟁이 지속되었다. 공산 측은 유엔의 요청에 따라 12월 18일 포로 명단을 제공했는데, 유엔 측은 이를 검토한 뒤 실종된 미군 가운데 25퍼센트만이 이 명단에 포함되어 있으며, 한국 포로의 수도 너무 적다고 문제를 제기했다. 이에 공산 측은 포로로 잡힌 유엔군과 한국인은 잡히자마자 석방되어 바로 전선으로 투입되었다고 주장했다. 또한 유엔이 명단에서 제외한 3만7천 명(4만4천 명)의 민간인 억류자에 대해 설명할 것을 요구했다. 이때 공산 측은 민간인 억류자들을 가리켜 "그들이 어디서 살았느냐가 아니라 어느 편에서 싸웠느냐가 중요하다"고 주장했다.[60] 이렇게 1 대 1 교환 원칙에 따라 포로의 숫자에 관한 논쟁이 시작되자, 일방적인 석방과 '민간인 억류자' 범주에 대한 문제가 제기되었다.

공산 측이 이미 많은 수의 포로들을 일방적으로 석방해 버렸다는 사실이 알려지자 미국 정부 내에서는 '자원 송환 원칙'에 대한 지지가 점차 커지기 시작했다. 물론 국무부와 국방부 사이에는 여전히 이견이 있었다. 먼저 국방부는 전원 송환 원칙을 지지했다. 군부의 관심은 주로 북에 억류된 미군들을 돌아오게 하는 데 있었다. 이들은 정전을 위해 필요하다면, 이미 민간인 억류자로 분류된 4만4천 명의 한국인들도 송환시켜야 한다는 입장이었다. 리지웨이는 자원 송환은 대규모 변절로 간주될 것이며, 공산주의자들의 세계적 위신과 관련된 것이기 때문에 결코 공산 측이 받아들이지 않을 것이라고 보았다.

하지만 군부가 피하고 싶어 하는 바로 이 점이 자원 송환 정책의 정치적 매력이었다. 이미 국무부 내부에서는 자원 송환 정책에 우호적인 분위기가 형성되어 있었다. 국무부의 보흘렌, 존슨, 매튜 등은 찬성했고, 정치기획국의 스텔Frank stele 등 소수만이 제네바 협약 위반이라며 반대했다. 국무부 장관 애치슨은 이런 반대를 무시하고, 트루먼과 함께 자원 송환을 지지했다. 이 밖에도 심리전략위원회, 미 육군, 중앙정보국 등이 모두 심리전의 측면에서, 심지어 정전 협상이 파행되더라도 자원 송환 원칙을 따라야 한다고 주장했다.[61]

이런 맥락에서 판문점 협상 팀을 이끌던 립비Ruthven E. Libby 제독이 자원 송환 원칙을 제안하라고 협상 팀에 명령한 것이 1952년 1월 2일이었다. 이에 따라 유엔 측 협상 팀은 판문점 협상에서 자원 송환 원칙을 새로 제시했다. 유엔 대표들은 이미 중국과 북한이 포로들을 전선에서 풀어 준 것을 지적하며 자원 송환 원칙을 정당화했고, 유엔 측도 민간인 억류자들을 모두 석방하기로 했다고 통보했다.[62]

이 제안을 처음으로 접한 중국 대표들은 "미국이 중국 포로들을 강제로 억류하려 한다"며 격렬히 반발했다. 특히 중국 협상 팀은 유엔 측이

"한국에 두 개의 정부가 있고, 중국에도 두 개의 정부가 있으니 남기를 원하는 포로들은 타이완이나 남한에 잔류하게 될 것"이라고 언급한 것에 격노했다. 중국 측은 "누구라도 중국인들을 적에게 넘긴다면 중국 인민들은 결코 용납하지 않을 것"이며 "끝까지 싸울 것"이라고 대응했다.

1월 8일, 공산 측은 자원 송환 원칙을 거부하는 세 가지 이유를 공식적으로 제시했다. 첫째, 중국 대표들은 자원 송환이, 전후 포로를 즉시 전원 송환하도록 규정한 제네바 협약 118조를 위반하는 것이라고 지적했다. 둘째, 공산 측은, 유엔군 사령부 수용소 내부에서 타이완과 남한인들에 의한 폭력과 잔인한 처우가 이루어지고 있다고 비난했다. 셋째, 이들은 자원 송환 문제는 군사 협상에서 다뤄져서는 안 되는 정치적 문제라고 주장하기도 했다.[63] 당시 타이완의 장제스 정부가 '타이완을 선택한 모든 중국 포로를 환영한다'는 성명을 내면서 갈등은 더욱 커졌다.[64]

(2) 기정사실 정책의 확립

이 무렵, 미국 정부 내에서는 자원 송환을 실제로 실행할 수 있는 구체적 방안들이 논의되고 있었다. 포로들을 어떻게 심사하고 분류할 것인지, 송환 거부자에 대해서는 어떻게 후속 처리를 할 것인지 등 구체적인 문제들이 여전히 남아 있었기 때문이다. 논의 결과, 1952년 2월 4일, 국무부와 국방부는 '전쟁 포로 자원 송환에 대한 미국의 최종 입장'을 마련해 대통령에게 보고했다.

이 보고서는 전쟁 포로 자원 송환 문제가 '정전 협상에 남아 있는 유일한 근본 문제'가 될 것이라고 판단했으며, 한국전쟁 발발 이후 미국과 유엔군의 모든 행위에 내재된 '도덕적이고 인도주의적인 원칙들'을 내포하고 있는 중대한 문제라고 규정했다.[65]

위험을 감수하더라도 미국이 도덕적 원칙과 세계적인 심리전을 고려할 때 자원 송환 원칙을 고수해야 하는 것은 분명하다고 보았다. 그러나 공산 측에 억류되어 있는 유엔 포로들이 받게 될 위협을 최소화하고, 정전 협상 타결의 가능성을 유지하며, 국내외적으로 여론의 지지를 최대한 얻을 수 있는 방식으로 이를 추진하기로 했다. 따라서 보고서는 이를 수행할 방법과 시기를 치밀하게 고려하여, 만일 '자원 송환 원칙'이 정전 협상 체결의 유일한 방해물이 되고 공산 측이 동의하지 않을 경우, 유엔군 사령부가 '공산 진영으로의 송환을 강력하게 반대하는 모든 전쟁 포로를 즉시 심사'하고 이들의 명단을 '포로 명단에서 삭제'해, 이 새로운 명단을 기반으로 전원 송환 협상을 공산 측에 제안하자는 대안을 제시했다. 즉, 이 보고서의 결론은 앞서 남한 출신 북한군 포로를 민간인 억류자로 재분류해 포로 명단에서 삭제한 것처럼, 모든 포로를 대상으로 심사를 진행한 후 송환 거부자들의 명단을 포로 명단에서 제외한다는 편법을 정책 대안으로 제시한 것이었다.

보고서는 이런 조치가 한편으로는 자신들이 '도덕적·인도주의적 원칙'을 포기하지 않을 것이라는 점을 명확히 보여 주고, 다른 한편으론 공산 측으로 하여금 '합의가 필요 없는 기정사실fait accompli'에 직면하게 하는 것이라고 설명했다. 또한 이로써 공산 측에 송환될 포로의 수를 분명하게 확증해 줄 수 있고, 무엇보다 이런 제안 이후 '정전 협상'이 결렬되면 그 책임을 공산 측에 지울 수 있다고 판단했다. 결국 이 보고서는 이후 정전 협상에서 미국이 선호하게 되는, 이미 되돌릴 수 없는 상황으로 만들어 버리는, 일종의 기정 사실 정책을 공식 채택한 것으로 평가할 수 있다.[66]

애치슨은 2월 8일 이를 대통령에게 보고하며 자원 송환 원칙을 계속 고수할 것을 권고했다.[67] 그는 트루먼에게·이 원칙을 설명하면서 자원 송환 정책이 비록 정전을 지연시키고 미국에 대한 보복을 초래할 수 있지만, 강제송환에 합의하면 "우리의 가장 근본적인 도덕적·인도주의적 원칙"을 거부하는 것이라며 이 문제를 미국의 근본적인 정치적 원칙의 문제로 여겼다. 또한 강제송환에 합의하는 것은 공산주의 독재에 반대한다는 심리전의 입장이 위태로워질 수 있다며 냉전 심리전의 전략적 이해관계도 환기시켰다. 결국 트루먼은 이 '기정사실 정책'을 승인했다.[68]

이제, 자원 송환 원칙을 실행하기 위해 필요한 것은 개별 포로들을 직접 심사하는 것이었다. 트루먼은 2월 9일 미 육군 부참모장 헐 장군John Edwin Hull과 국무부 극동 문제 차관보 알렉시스 존슨U. Alexis Johnson을 한국으로 보내 송환을 희망하지 않는 포로들을 재분류할 구체적인 방법을 논의하기로 결정했다.

헐과 존슨은 도쿄·부산·거제 등을 방문한 후 2월 25일 대통령에게 방문 결과를 보고했다. 이들은 송환에 거부하는 포로들을 다룰 유일한 방법은 비밀 심사가 아니라 '모든 포로를 공개적으로 심사'하는 것뿐이라고 했다. 리지웨이에 따르면 이 공개 심사는 하루 만에 끝낼 수 있는 것이었다. 이들은 당시 한국 포로 가운데 5천 명 정도가 송환을 적극적으로 거부할 것이며, 중국 포로는 2만1천 명 중 약 1만1,500명이 거부할 것으로 예상했다. 이에 따라 한국 포로 문제보다는 중국 포로 문제가 중국의 반응으로 인해 "양적으로도 질적으로도" 어려움이 많을 것으로 보았다. 또한 이들은 자원 송환이라는 완전히 새로운 논쟁적 제안을 하기에는 군사적으로 부적절한 시기라는 의견을 전했다. 이들은 자원 송환과 포로 심사에 관한 결정은 '되돌릴 수 없는 중요한 결정'이라고 강조했다. 하지만 트루먼은 이를 모두 인정하고도, 자원 송환과 심사를 강행하기로 했다.[69]

하지만 협상을 주도하는 리지웨이는 이 기획의 실행에 매우 비관적이었고, 공산 측에 의해 거절될 수 있으므로 이른바 '일괄 제안'을 추진할 것을 제안했다. 이는 파괴된 공항을 보수할 수 있게 해달라는 공산 측의 지속적 요구와 미국의 포로 자원 송환 원칙을 교환하는 것이었는데, 그는 이마저도 가능성이 거의 없다고 보았다. 리지웨이는 여전히 포로 석방에 반대하고 있었다. 그는 자원 송환 원칙의 도입은 미군 포로들에 대한 보복으로 이어질 수 있고, 협상 전체를 지도해 온 원칙에 대한 신념을 파기하는 것이라고 강조했다. 이는 현장에서 협상을 담당한 정전 협상 대표 조이의 견해가 반영된 것이었다. 마지막까지 자원 송환과 심사에 반대하던 리지웨이는 더 이상의 정책 혼선을 끝내고 협상에 임하기 위해 정부의 최종 입장을 요청했다.[70]

이에 응해 트루먼과 애치슨은 2월 27일 국무부·국방부·재무부 장관과 공군 참모, 해군 제독이 모두 참석한 백악관 회의에서 미국 정부는 자원 송환 원칙을 따른다는 최종 결정을 내렸다.[71] 이것이 자원 송환 원칙에 대한 미국 정부의 마지막 결정이었다.

당시 이 결정은 미국 내 정치인들과 주요 언론들의 지지를 받았다. 미국 의회에서는 거의 의문이 제기되지 않았다. 당시 의회에서는 60명의 의원들이 강제송환에 반대하고 있었고 상당한 지지를 얻고 있었다.[72] 국내 정치의 차원에서 자원 송환 카드는 트루먼 정부에 대한 공화당의 비판, 즉 중국에게 너무 미온적이고, 승리에 대한 전망 없이 전쟁에 임하며 한국에 분단을 고착시켰다는 비판을 무마할 수 있는 카드였다. 트루먼은 자원 송환 정책을 통해 한국에서 미국이 '심리적 승리'를 이루었다고 주장할 수 있게 되었다.

또한 국제정치의 차원에서도 미국 정부는 자원 송환 원칙을 채택하도록 압력을 받고 있었다. 즉 당시는 미국이 북한과 만주에서 세균전을 했다는 비난이 정점에 달해 있었다. 중국 정부는 1951년 봄부터 세균전에 대한 의혹을 제기했고,[73] 1952년 2월 22일부터 다시 같은 이유로 미국을 비난하기 시작했다. 2월 22일 박헌영은 "미국 제국주의자들이 한국인을 상대로 생물학전을 하는 범죄를 저질렀다"고 공식 연설을 했으며, 이틀 후 저우언라이도 유사한 연설을 했다. 이 문제는 유엔으로 넘어갔고 3월 14일 유엔 소련 대사 말리크는 유엔군축 위원회에서 세균전의 금지 문제를 제기했다. 이에 따라 유엔 사무총장 트리그브 리는 3월 20일 이 지역의 전염병 문제에 개입할 것을 세계보건기구에 요청했으나 거부되었다. 그리고 3월 31일에는 국제민주변호사회가 세균전 관련 보고서를 유엔에 제출했다.[74] 미국은 3월 4일 세균전 의혹을 전면적으로 부인하며 적십자 등의 국제기구를 통해 조사를 실시하자고 제안했다. 적십자는 3월 12일 이를 받아들였으나 북한·중국은 제안에 응하지 않았다. 소련 측도 적십자에 공정성을 기대할 수 없다며 3월 26일 이를 거부했다. 결국 이 세균전 논란은 미국 관료들로 하여금 도덕적 우월성을 부각시키기 위해 자원 송환 정책을 고수하게 만든 간접적인 요인이었다.[75]

트루먼의 2월 27일 최종 결정에 따라 미 합동참모본부는 리지웨이에게 자원 송환 원칙에 대한 정부의 최종 입장이 확정되었음을 알리면서, 포로들을 심사하여 송환 거부자를 분리하고 이들의 지위를 재분류해 포로 명단에서 제외하라는 명령을 하달했다.[76]

미국 정부가 자원 송환 원칙을 도입하자, 판문점 정전 협상은 전혀 진행되지 못했다. 하지만 사실 이때까지만 해도 중국의 실제 관심은 자원 송환 원칙 자체가 아니라, 그 원칙을 적용했을 때 송환을 거부할 포로들의 규모였다. 원래 2월 중순경 유엔 사령부는 포로 13만2천 명 가운데 1만6천 명이, 민간 억류자 3만7천 명 가운데 3만 명 정도가 송환을 거부할 것이라고 예상했다.[77] 3월 17일 경, 리지웨이는 미 합동참모본부에 민간인 억류자를 포함해 7만3천 명이 송환을 거부할 것이라고 보고했다.[78]

이정도 규모에 대해 중국 측은 어느 정도 유연한 태도를 보였다. 즉, 3월 19일 회의에서 중국 측은 송환을 바라지 않는 포로들을 명단에서 제외하는 데 동의할 수도 있다고 밝혔다. 3월 21일에는 전원 송환 원칙을 포기하는 것은 아니지만, 원래 "남한에 거주했던 포로들 4만 명은 특별한 경우가 있을 수 있다"며 남한 출신 민간인 억류자의 석방에 동의 의사를 내비쳤다. 이에 따라 유엔 측은 포로 문제에 대한 향후 회의를 비밀로 진행하자고 제안했고, 공산 측이 이를 받아들여 3월 25일부터 비밀회의가 열렸다. 3월 27일, 공산 측은 중국 포로는 전원 송환하되 남한 출신 북한 포로는 자원 송환 원칙을 적용하자는 제안을 했다.[79]

그리고 4월 1일 회의에서는 유엔군 측은 약 11만6천 명이 송환될 것이라는 정보를 전달했다. 공산 측은 다음날 명단을 정확히 점검하기 위해 포로 문제에 대한 회의를 잠시 연기하자고 제안했다.[80] 결국 이 시점에서 중국에게 중요했던 것은 관련된 원칙보다는 포로들의 수, 그리고 국적 문제였다. 4월 4일 유엔 측은 이 제안을 받아들이고 심사를 진행하기 위해 4월 19일까지 휴회하기로 결정했다.[81] 그리고 리지웨이는 공산 측에 송환될 포로의 정확한 수를 통보하기 위해 포로들에 대한 심사를 신속히 진행할 것을 요청했다.[82]이제 남은 문제는 심사 이후 교환될 포로의 구체적인 숫자였다.

이때까지 미국 정부는 공산 진영이 결국 자원 송환에 동의할 것이라고 보았고, 전쟁은 기껏해야 몇 달 더 지속될 것이라고 생각했다. 이들은 포로 심사가 앞으로 전쟁의 교착상태를 낳고, 전쟁을 연장시키며, 동맹국들로부터 지지를 잃게 되고, 궁극적으로는 트루먼 대통령의 대선 패배와 정치적 쇠퇴에 기여할 것임을 전혀 내다보지 못했다.[83]

2. 거제도 포로수용소와 포로 심사

1) 거제도 포로수용소 내부 갈등의 기원

실제로 포로 심사는 어떻게 진행되었을까? 포로들에게 체제 선택 여부를 묻는 심사는 1952년 4월부터 시작되었다. 이것이 이른바 '4월 심사'였다. 리지웨이는 3월 17일경, 심사 및 송환 거부 포로들을 분리하는 작업에 약 5일 정도 소요될 것으로 예상했다. 그는 심사를 공개적으로 하기로 했는데, 이는 포로들로 하여금 개별적으로 의사를 표현할 수 있도록 보장하지 못하면 이 계획이 완전히 성공할 수 없으며 폭력이 발생할 수 있다는 이유에서였다.[84] 리지웨이는 공개 심사의 결과에 대해 매우 낙관적이었다.

하지만 상황은 전혀 예상치 못한 방향으로 나아갔다. 기본적으로 포로 개인의 자유의사를 심사한다는 것은 매우 복잡한 문제들을 고려해야 하는 어려운 작업이었다. 먼저 포로의 수가 너무 많았다. 인천 상륙 작전의 성공으로 대규모 포로가 포획되었고, 중국 인민 지원군이 개입하면서 다수의 중국 포로도 포획되었다. 미국은 포로의 수가 17만 명을 넘자 외딴 섬인 거제도로 포로를 이송해 해결하려 했다.[85] 둘째, 포로의 구성과 출신이 매우 복잡했다. 이는 기본적으로 탈식민 이후 두 개의 중국, 두 개의 한국이 등장한 동북아시아의 정치적 맥락, 그리고 냉전이라는 국제적 갈등이 집약된, 한국전쟁의 성격 그 자체에서 비롯된 것이었다.

그런데 이는 한국전쟁에 대한 유엔군의 정책 때문이기도 했다. 전쟁 초기에 미군에게 포로란 적대 국가의 정규군이 아니라 그저 '유엔 사령부에 의해 시설에 억류된 모든 사람'이었다.[86] 즉 유엔군은 전쟁 초기에 전선에서 아군이 아닌 대다수의 사람들을 일단 포로로 잡아들인 후 후방으로 이송하고, 집결소에서 추후에 심사를 거쳐 분류하는 작업을 했다. 결과적으로 전쟁 초기에는 수많은 민간인들이 포로로 억류되는 경우가 비일비재했고, 미군은 사후에 조사를 통해 필요에 따라 이들을 재분류했다. 이에 따라 포로수용소에는 군인들과 민간인이 섞여 있었고, 중국인과 한국인이 있었으며, 두 개의 중국, 두 개의 한국이 존재했으므로 포로들의 정치적 성향도 서로 달랐다.

반면 약 17만 명에 이르는 복잡한 정체성과 성격을 가진 포로들을 관리할 유엔군 경비 인원은 항상 부족했다. 미군 헌병 1명이 188명의 포로를 담당했다. 따라서 한국인 경비가 다수 활용되었으나 이들은 훈련 수준도 낮았고 가끔 포로에게 폭력을 저지르는 등의 문제를 일으켰다.[87]

실제로 심사가 진행된 유엔군 포로수용소는 평화로운 의사 표현의 공간이 아니라 매우 폭력적인 갈등의 공간이었다. 예컨대 공산 측은 유엔 사령부가 억류 중인 전쟁 포로에 대해 모든 종류의 가혹 행위를 저질렀다며 지속적으로 비난했다. "모욕, 고문, 유혈 탄원서 강제 작성, 협박, 감금, 대량 학살, 사살과 기총 난사, 독가스 실험, 세균 무기 실험"과 같은 범죄 행위를 저질렀다는 것이다.[88] 1951년 11월 19일 북한 측은 유엔 총회에 보낸 문서에서 약 1만7천여 명의 전쟁 포로, 조선인민군 사병과 장교, 중화인민지원군이 남한의 포로수용소에서 살해되거나 고문 혹은 기아로 사망했다고 주장했다.[89] 유엔군 역시 원인에 대한 설명은 달랐지만 폭력 사태와 사상자가 발생하고 있다는 사실을 유엔에 보고했다.[90] 이런 폭력적 갈등은 언제 어떻게 시작되었을까?

포로 심사가 시작되기 전부터 포로수용소 내부에서는 예상치 못했던 일들이 이미 한참 진행되고 있었다. 여기서 다시 주목할 것은 이른바 '민간인 억류자'로 분류된 한국 출신 북한군 포로들이 포로수용소 내부에서 형성한 조직들이다. 사실 1952년 4월 심사가 진행되던 시기 수용소에서 발생한 사태들은 1950년과 51년 초 부산 수용소 시절에 만들어진 내

부 조직들의 발전에 그 뿌리를 두고 있었다.[91]

한국전쟁 첫 9개월간 부산 포로수용소에 수용되었던 포로들은 매우 협조적이었고, 유엔군은 이들을 다방면으로 활용하고 있었다. 유엔군은 기본적으로 포로들을 중요한 정보원으로 여기고 이들을 심문하여 적 부대의 위치와 작전, 사기 등 중요한 군사정보를 얻어냈을 뿐만 아니라, 포로들의 정치적 성향과 활동 전력 등 정치 정보들을 모두 파악하고 있었다. 나아가 1950년 8월 3일 미 8군 정보국의 스튜어트James L. Stewart가 작성한 보고서에 따르면, 심리전 사령부는 포로들을 통해 심리전 수행에 필요한 '특별 자료'들을 확보, 미 8군 정보국에 보내기로 했다.[92] 이 시기 포로들은 기꺼이 중요한 군사적 가치가 있는 정보들을 제공했고 동료들에게 항복을 권유하는 공개 연설을 하기도 했다.[93]

처음에는 수용소 내부에 규율된 조직들이 전혀 존재하지 않았다. 이 시기에는 지역 출신이나 잡힌 장소, 함께 포로로 처리되어 들어온 이들끼리 작은 집단들을 이루고 있었다. 그런데 오히려 수용소 당국이 수용소 내부를 쉽게 통제하기 위해 군사적 지휘 체계에 따라 포로들을 조직화하기 시작했다. 당국은 포로들로 구성된 자체 치안 조직의 수립을 승인했으며, 각 수용소의 대표를 임명했고, 지도부를 선택했다. 처음에는 각 수용동 내부에 존재하던 지도적 인물들이 지도부로 선택되었다.[94] 따라서 수용소 내부 조직의 등장은 한편으로는 자연발생적인 측면도 있지만, 다른 한편으로는 유엔의 관리 인원 부족과 효율적인 관리의 필요 때문이기도 했다.

(1) 부산 수용소 시기 남한 출신 포로들의 지배

주목할 것은 거제도 수용소로 이송되기 전, 즉 1952년 2월까지 수용소 내부의 가장 중요한 조직의 지도부는 이른바 민간인 억류자들, 즉 남한 출신 북한군 포로들이 차지했다는 점이다. 수는 적었지만 이들은 수용소 당국에 가장 협력적이었고, 영어를 할 줄 아는 사람들이 많았으며, 따라서 수용소 측이 받아들이기 쉬운 인물들이었다. 이들 가운데 대다수는 유엔이 전쟁에서 이길 것으로 생각해 한국 정부를 지지했다. 또한 기본적으로 자신들이 유엔 당국의 실수와 착오로 억류되었다고 생각했고, 자신들이 수용소에서 지도적인 자리를 차지할 자격이 있다고 믿었으며, 자신들을 포로로 취급하지 말고 즉각 석방할 것을 요구했다. 실제로도 유엔군 사령관과 한국군 경비는 이들을 비교적 우호적으로 대우했다. 반면 나머지 다른 북한 포로들은 상대적으로 수동적이었고 차별적인 대우를 견디고 있었다.[95]

그러자 수용동 내에서 '높은 자리'에 대한 경쟁이 생겨나기 시작했다. 지도적인 자리를 차지하게 되면 명예만이 아니라 작업 동원에서도 제외되었고, 좋은 음식이나 의복 등 물질적 보상을 받았으므로 한국군 경비나 민간인들과 암시장에서 거래를 통해 물질적 부를 축적할 수 있었기 때문이다. 실제로 남한 출신 수용소 지도자들은 1951년 이전까지 주로 물질적인 부를 늘리는 데 집중했다. 미군들은 이들을 일본말로 집단의 우두머리를 상징하는 '한조'班長라고 불렀는데, 별로 교육받지 못한, 이른바 깡패 집단의 '큰 어깨들'인 경우가 많았다. 이들은 반공주의에 큰 관심이 없었지만 반공주의를 통해 이득을 취하려 했다. 따라서 이들의 횡포는 이후 거제도 수용소로 이송된 후 포로들의 불만을 야기하기도 했다. 결과적으로 수용동의 분위기는 이들의 지배하에서 전체적으로 매우 반공주의적이었다. 반공주의가 당연하게 전제되어 있어서 적극적인 집회나 조직 자체가 필요하지 않았다.[96]

이 시기에 수용동 내에 설립된 포로 경찰prisoner police 조직은 내부 통제를 위한 가장 중요한 수단이었다. 특히 치안부장chief of police은 수용동에서 가장 강력한 권력을 가진 인물이 되었고 '사설 군대'까지 보유하기 시작했다. 이들은 별도의 개인 텐트가 있었고 포로들과 다른 복장을 착용했으며, 포로들을 자의적으로 체포했고, 수용소 내 감옥에 가두고 심문하고 구타했다. 억류 당국은 기껏해야 경찰의 폭력을 막기 위해 간간히 개입하곤 했지만, 이들이 수용동 지도부의 권력을 수호하는 역할을 하고 있음을 분명히 알고 있었다.[97]

(2) 누가 전쟁범죄자인가?: 전범 조사와 민간인 억류자 분류 심사

그런데 한국 정부 포로심사위원회의 심사가 한참 진행되었던 1951년 1월부터 유엔군이 부산 수용소에 조사팀을 파견해 이른바 '전쟁범죄'로 규정된 행동을 조사하기 시작[98]함에 따라 수용소의 내부 상황이 급변했다.

미군은 포로수용소 내부에서 전쟁범죄에 대한 정보를 체계적으로 수집하기 시작했는데, 포로들이 포획되기 이전에 저지른 전범 내용을 자백하는 데 머물지 않고, 수용소 내에 첩보 조직과 정보원을 심는 것으로 확대되었다. 유엔군 전범 조사과의 한국인 김선호 대위는 포로수용소 내에 정보원 네트워크를 구축해 좌익 지도자들을 파악하고 이들을 견제했다. 1951년 6월경에는 모든 수용동마다 1명의 정보원을 둘 수 있었다. 그는 남한 출신 '한조'들과 치안부장으로부터 전범에 대한 많은 정보를 얻었다. 전범 조사 활동이 시작되자 이들은 유엔 당국이 드디어 공산주의 포로들과 자신들을 차별적으로 간주하기 시작했다고 판단하고 매우 열정적으로 반응했다. 이들은 공산주의자들을 찾아내는 것을 좋아했고 전범과는 반공주의자들을 정보원으로 활용했다. 그러나 이는 전범과의 공식적인 승인 없이, 한국 장교가 단독으로 수행한 것이었다. 수용동 대표들은 보통 내부 정보원을 통해 수용소 내 모든 공산주의자들(전 인민군 장교, 공산당원, 정치보위부 장교 등)의 명단을 갖고 있었다. 이들은 명단을 넘겼을 뿐만 아니라 자체적으로 전범 혐의자를 예비 심문했으며, 그 과정에서 구타를 자행했고 범법 행위를 찾아내 이들을 다른 동으로 추방시켰다.[99]

흥미로운 것은 이렇게 전범 조사에 매우 적극적으로 협조했던 남한 출신 포로들은 오히려 유엔 사령부나 미군 정보기관, 방첩부대cic[100] 등이 수용소 내부의 공산주의자들이나 이른바 부역 혐의자들을 처벌하는 데 미온적이라고 생각했다는 점이다.[101] 전범 조사부의 미국 장교들이나 수용소 당국은 전범 혐의자들을 파악하고 분리하는 것에, 정보기관들은 수용소의 반란을 막는 것에 관심이 있었다. 수용소 당국은 탈출하는 포로를 처형했지만 공산주의자들을 처벌하거나 수용소 내부 상황에 관여하지는 않았다.[102] 즉 전쟁범죄자에 대한 재판을 대비하기 위해 증거를 수집하는 미군 전범과나, 반란이 발생할 경우를 대비해 방첩 활동을 하는 미국 정보기관이라도, 공산주의자이거나 북한 출신이라는 사실만으로 포로들을 처벌하거나 통제하려는 의도는 전혀 없었던 것이다.

그러나 수용소 내 한국 출신 포로들은, 전범과가 전쟁범죄를 조사하자 수년간 한국 정부가 추진해 온 공산주의자 색출과 부역자 심사의 연장선상에서 이 작업을 사고했다. 그리고 수용소와 여타 정보기관의 태도에 실망한 한국 출신 포로들은 이 문제를 스스로 처리하기 시작했다. 이들의 요구를 만족시키기 위해 전범과 한국인 장교 김선호 대위는 수용소 당국에 한국 출신 포로들을 별도로 억류해 줄 것을 요구했고, 이들이 제시한 명단에 있는 포로들을 심문해 죄를 찾아내면 혐의자를 수용동에서 추방했다. 그러자 포로들은 전범 조사과가 공산주의자들을 제거하는 막강한 권한을 가졌다고 생각하게 되었다. 즉, 전범 조사 임무는 자신들을 다른 포로들과 차별화하며 공을 세워 권력을 얻고, 궁극적으로는 석방될 수 있게 하리라는 희망의 대상이었지만, 반대로 공산주의자들에게는 두려움의 대상이었다. 반공 포로들은 거짓으로 혐의자를 만들어 내기도 했고, 자백을 하지 않으면 고문을 가해 죽이기도 했다. 이는 반공주의자들이 자신들의 권력을 지키기 위해 이들을 제거하려 했음을 의미했다. 이런 폭력은 이후 북한 출신 포로들에게 공포의 기억으로 남게 되었으며, 반공주의자들에 대항해 스스로 조직하게 되는 주요 원인 중 하나가 되었다.[103]

(3) 민간 억류자들의 분리와 거제도 포로수용소로의 이동

한국 정부가 구성한 포로심사위원회는 1950년 말부터 51년 초까지 이 남한 출신 포로들의 배경을 조사했고 조사 후 배경이 깨끗하면 곧 석방될 것이라고 공표했다.[104] 1951년 초 심사 완료 후 이들은 민간인 억류자로 분류되어 다른 포로들로부터 분리 수용되었다.

이와 동시에 1951년 2월 1일부터 거제도에 포로수용소가 건설되면서 2월 말까지 5만3,588명의 포로들이 부산에서 거제도로 이송되었고, 3월 1일에는 부산의 포로수용소 사령부가 거제도로 옮기면서 대이동이 시작되었다.[105] 3월 31일에 이르면 거제도에 수용된 총인원은 9만8,799명이 되었고, 5월 말에 11만5,884명, 6월 말에는 14만 명을 넘겼다.[106] 거제도에는 28개의 수용동이 건설되었고 4개의 구역으로 나뉘었는데, 각 구역은 6, 7, 8, 9구역으로 명명되었다. 각 수용동은 4천5백 명을 수용하게 되어 있었지만 평균 약 6천 명을 수용했고 특히 중국인 수용동 두 개는 각각 8천 명 이상을 수용했다. 7구역과 8구역의 수용동은 매우 가까이 있었고 주변의 마을과 인접해 있어 암시장이 형성되었다.[107]

한국 출신 민간인 억류자들이 따로 분리되고 대규모 이동이 이루어지면서 수용동 내부의 권력관계 또한 변화하기 시작했다. 한국 포로들이 지배하던 시기에 보조 역할을 맡았던 북한 출신 반공주의자들이 후임 지도부가 되어 수용동을 통제하고 있었다. 하지만 이들은 권위의 기반도 조직적 지지도 없었다. 이 시기에 북한 출신 포로들이 서서히 군 계급 편재에 따라 조직을 만들기 시작했고, 이들은 수용동 내 비밀 네트워크를 만들고 집단을 구성해 지지 기반을 만들었다. 점차 북한 출신 반공주의 포로들의 명령이 잘 이행되지 않기 시작했고, 이들의 지휘하에 진행된 심문을 통해 전범조사국으로 넘겨지는 공산주의자와 전범 명단은 점점 줄어들었다.[108]

(4) 민간정보교육 프로그램과 냉전적 계몽 기획

1951년 6월까지는 거제도 수용소 내부에서 친공-반공 포로 간의 분파 투쟁이 그리 심하지 않았다. 하지만 여름부터 새로 시작된 민간정보교육 프로그램CIE으로 인해 상황이 달라졌다. 이 프로그램 자체는 제네바 협약에 의거해 포로들에게 교육과 오락 활동을 제공하고 민주주의를 교육시킨다는 정도의 표면적 목적을 갖고 있었지만, 실제로 이행되는 과정에서 수용소 내부를 양극화시켜 정치적 갈등을 강화했다.

　　원래 유엔군 사령부는 한국전쟁 포로들을 심리전에 활용하고 있었다. 심리전 프로그램의 목적은 '전쟁 포로로부터 자발적인 증언과 다른 유형의 선전 재료를 즉각적이고 지속적으로 생산하고 통제, 확산하기 위한 메커니즘을 수립'하는 것이었다. 심리전에서 포로를 활용하면 '자원 송환 원칙' 지지, '송환에 대한 저항', '유엔 사령부 심사의 정당성' 등 미국의 포로 정책을 정당화하기 용이했다. 동시에 '적 포로가 되면 받게 되는 처우의 가혹함', '세균전의 허위성' 등의 주제는 적군의 선전을 반박하기 위한 것이었다. 미국이 운용했던 포로 교육 프로그램들은 대체로 이런 목적

하에서 이루어졌다.[109]

　미국 정부는 1950년 9월 포로가 억류 장소에 도달하면, 이들을 훈련 시켜 심리전에 활용하기로 했다. 이를 위해 5백 명의 포로를 대상으로 시범 프로젝트를 운용했다. 이렇게 시작된 민간정보교육 프로그램은 유엔 군 포로수용소 당국이 운영한 것이 아니라, 자원 송환 원칙을 제안한 맥 클루어가 지도하는 미 육군 심리전본부 산하의 민간정보교육국CI&E Section 이 독자적으로 수행한 것이었다. 여기에는 교육 심리학자, 통계학자 등 다수의 미국 민간 전문가들도 일했고, 한국 정부의 관료, 타이완에서 채용된 24명의 통역가 외에도 포로 내부에서 남한 출신 반공주의자 2천5백 명을 보조 인력으로 채용했다. 1951년 2월 맥아더는 타이완에 추가로 강사 55명[110]을 요청했다. 1951년 후반에는 미군에 부속된 한국 군사 요원들KATUSA도 교육·감독·보조 업무를 도왔다.[111]

　민간정보교육 프로그램은 1951년 6월 1일 63수용동의 포로 7천5백 명을 대상으로 시작되어 모든 수용동에 도입되었다. 수업은 30주 일정으로 진행되었으며, 전쟁의 배경, 민주주의와 전체주의, 자유세계 국민들의 삶, 한국과 세계, 한국의 재건, 지도력과 기술 개발 등을 주제로 강의가 이루어졌고, 모든 포로가 이 수업을 들어야 했다. 이 밖에도 라디오 프로그램과 녹음 방송이 하루 세 번 이루어졌고, 검열된 책·팸플릿·신문들이 제공되었다. 주기적으로 전시회가 열렸으며 문맹 교육도 이루어졌다. 직업 훈련도 했다. 체육·취미·음악 등 레크리에이션 프로그램도 있었다.[112]

　이 프로그램의 주요 목적은 "포로들로 하여금 질서 잡히고 책임 있고 진보적이며 평화를 사랑하는 민주 사회를 지향하게 하는 것"이었는데, 특히 첫 몇 달간의 강의 내용은 매우 반공주의적이었다. 공산주의를 선호하거나 민주주의와 공산주의의 차이에 대한 질문을 하면 수용동 밖으로 끌려 나가 심문을 받았으므로, 누구도 질문을 할 수 없었다. 따라서 프로그램은 성공적이지 못했고, 포로들은 오히려 유엔이 선전을 하려는 것이라고 생각하게 되었다. 특히 수용소 내 반공 포로들은 이를 노골적으로 공산주의자들에게 '반공 의식을 불어넣는' 작업으로 생각했고 실제로도 그런 내용으로 교육이 진행되었다. 결국 1952년 3월 26일 유엔 사령부는 더 이상 민간정보교육이 노골적인 반공주의를 교육 주제로 삼지 못하도록 금지시켰다.[113]

민간정보교육은 포로들이 반공주의적 입장에 헌신하도록 자극하고 반공 단체의 조직을 지원하고 장려했다. 그러나 이런 움직임은 결과적으로 수용소 내 공산주의 진영의 대항 조직화를 자극했다. 즉 1952년 초 공산 포로 수용동들은 민간정보교육 프로그램에 반대하는 데 많은 노력을 기울였다.[114] 심지어 강경 진압 정책의 상징인 수용소장 보트너Haydon L. Boatner 또한 민간정보교육은 '주입 정책'indoctrination program이라고 평가하면서, 1952년 6월경 부임 즉시 이를 중단시켰다.[115]

(5) 정전 협상의 시작과 수용동 내부 지배 조직의 확립

민간정보교육 프로그램이 내부 갈등을 부추기던 상황에서 1951년 7월 정전 협상이 시작되자 이때부터 포로들의 활동은 걷잡을 수 없을 만큼 정치적인 성격을 띠게 되었다. 포로들에게 정전 협상이란 한편으로는 석방될 수 있다는 희망을 주었지만, 군사적 교착상태에서 송환은 곧 북한과 중국으로 송환되는 것을 의미했다. 포로들의 미래가 회담의 성공 여부와 그 성격에 달려 있었다. 이로 인해 친공 포로와 반공 포로들 간의 갈등의 성격도 달라져, 단체 활동이 점차 정치적이 되었으며 정치투쟁이 격화되었다. 1952년 4월 포로에 대한 공식 심사가 시작될 무렵부터, 수용동에서 통제권을 차지하기 위한 포로 집단들 간 투쟁이 벌어져 통제권이 자주 뒤

바뀌었으며 유혈 사태도 발생했다.[116]

　특히 중국 포로들의 조직이 매우 강력했는데, 이들은 대부분 국민당 군 출신으로 중국군에 편입되었다가 한국전쟁에서 포로가 된 경우가 많았다. 이들은 부산에 있을 때부터 송환에 반대하는 반공주의 분위기를 조성하기 시작했다. 1950년 12월경 중국 포로들은 동래 구역으로 이송되었고, 이곳에서 수용동 내 한국 출신 포로들의 통제를 받고 있었다. 하지만 영어를 할 수 있는 중국 포로가 들어온 이후 이들은 미군 장교에게 분리 수용을 요구했고 그 결과 별도의 수용동에 억류되었다. 이후 내부 조직이 등장했는데, 국민당 장교 출신인 '칭'으로 불린 포로[117]가 수용동에 들어오면서 자연스럽게 중국 포로들의 지도자가 되었다. 그는 기존 조직에 추가로 보안위원회를 만들었고 이후 거제도 포로수용소의 중국 포로 수용동에서 공식 지도자가 되었다. 그는 수용소 당국이 보기에는 가장 협력적인 포로였다. 1951년 5월 거제도로 이송될 때 그는 이미 3천4백 명 정도를 통제하고 있었고, 이들은 송환에 반대하는 반공주의적 입장에 서있었다.[118]

　이후 새로운 중국 포로들이 들어올 때마다 이 보안위원회는 자체 심사를 통해 이들이 공산주의자인지 아닌지, 어느 쪽으로 송환되고 싶어 하는지를 파악했고, 반공주의자임이 밝혀지면 조직의 일원으로 받아들였다. 반면 공산주의자임이 드러나면 이들을 재교육시켰으며, 교육에 실패하면 보안위원회가 이들을 감시했다.[119]

　거제도로 옮겨 간 이후 86수용동은 거제도에 있던 주요 중국인 수용동 두 곳 가운데 하나였는데, 포로들 대다수가 1951년 5월, 6월 중국군의 5차 공세 시기에 붙잡힌 사람들이었다. 이 수용동에서는 처음에는 쓰촨성 출신 집단이 지배적 위치를 차지하고 있었지만, 몇 주 후에 6천 명의 포로가 도착했고 이들 중에는 상당수의 공산주의 집단이 있어 통제력을 장악하기 위한 조직 활동이 이루어졌다. 그러자 칭은 7월부터, 부산에서 함께 온 5백 명의 포로에게 친국민당 세력의 통제력을 확보하라는 명령을 내려 반공 활동을 조직하게 했다. 결국 칭의 세력, 쓰촨 성 출신 세력, 공산주의 세력 등 세 조직을 중심으로 약 3개월간 당파적 논쟁과 소요가 극심해졌다. 점차 쓰촨 성 집단이 힘을 잃었고, 전투적인 공산주의 세력과 반공주의 세력 간에 싸움이 전개되었다. 1951년 10월 9일 저녁, 반공주의 분파가 국민당 깃발을 올릴 것을 기획했는데, 공산주의 분파가 이를 알게 되면서 큰 충돌이 일어날 뻔했다. 이후 반공주의 분파는 공산주의 지도자들을 찾아내 체포하고 이들을 유엔 헌병에 넘겨 수용동에서 추방했다. 결국 10월 10일 수용동에 국민당 깃발이 올라갔으며, 이때부터 수용동은 반공주의자들의 손에 넘어갔다. 이 수용동에서 6천 명 이상의 포로들이 1951년 12월, 타이완으로 보내 달라는 내용의 탄원서를 유엔 사령부에 제출했다. 그리고 1952년 4월 심사에서 이들 가운데 20퍼센트 미만이 중국으로 송환되기를 선택했다. 이렇게 반공주의자들에 의해 완전히 장악된 이 수용동은 제주도로 이송된 이후에도 아무 소란 없이 가장 규율 잡힌 모습을 보였다.[120]

국민당계 중국 포로들은 다른 포로들에게 반공주의 사상의 주입과 재교육을 지속적으로 수행했다. 주입과 정치 훈련은 매일 아침과 늦은 저녁에 이루어졌다. 새벽에는 두 시간 반 동안 강의와 강독을 통한 교육이 있었다. 저녁에는 정치교육장에서 주입 교육이 계속되었다. 자아비판과 공개 자백은 일상적이었다. 각 분대에는 당 간부가 한 명씩 있어서 다른 이들을 감시했다.[121]

이렇게 유엔 사령부가 허용한 비공식 경찰 조직은 사설 군대처럼 기능했으며, 이 조직의 구조·훈련·채용이 모두 국민당계 포로들에 의해 이루어졌다. 기존 국민당 장교들은 수용소 당국의 묵인하에 반공 조직을 세워, 모범수[122]가 되었고 수용소 당국은 이를 승인했다. 이들은 구타·고문·처벌로 동료들을 위협했으며, 정보 당국에 공산주의자들의 음모를 고발하는 식으로 경쟁자를 제거했다. 한 중국인 모범수는 8천 명의 포로 위에 군주처럼 군림하고 있었고, 미군 경비는 그를 '작은 시저'라고 부르며 이를 용인했다. 이들은 수용소 내부의 음식·의복·연료뿐만 아니라 포로들이 치료를 받을 수 있는 권리를 통제했으며, 몇 개월간 타이완으로 보낼 탄원서에 강제 서명을 받기 위해 폭력을 사용했다. 또한 이들은 심지어 한국 정부 및 중국 국민당과 긴밀한 소통을 할 수 있었다. 이승만은 수용소 내부에 형성된 반공단체들에 조언을 해줄 특별 부서를 만들었고, 중국인 모범수는 수용동에 변장해 들어온 타이완 인들을 통해 장제스 정부와 연락을 취했다.[123]

중국 포로수용소에서 벌어지는 일들은 이후 맨허드Philip W. Manhard에 의해 미 국무부로 상세히 보고되었다. 당시 그는 이런 상황 때문에 포로들의 분노가 커져 수용소의 안전마저 위협받고 있으며, 무엇보다 이는 유엔의 자원 송환 원칙과 정면으로 모순된다고 지적했다.[124]

이에 비해 83수용동은 북한군 포로 수용동이었다. 이 수용동은 처음에는 공산주의 성향의 포로들이 통제하고 있었지만, 전범 조사과 김선호 대위가 내부 반공주의자들을 돕기 시작했다. 그는 1951년 7월 말 수용소 선임하사를 설득해 이미 알고 있던 반공주의자 이관순을 치안부장으로 임명했고, 이관순은 경찰들을 자기 사람들로 교체했다. 이들은 전범 조사를 위한 정보원 역할을 했으며, 김선호에게 공산주의 조직의 주요 인물 명단을 제공했다. 또한 반공주의 지도자에 대한 암살 및 대규모 소요 음모를 알아냈다며 수용동 당국에 보고했고, 보고를 받은 수용소 당국은 핵심 공산주의 지도부를 수용동 밖으로 퇴출시켰다. 이로 인해 이관순은 수용동 내에서 영웅이 되었고 반공주의 분파가 수용동 전체를 통제할 수 있게 되었으며, 이 수용동은 이후 82, 81 수용동에서도 차례로 반공주의 포로들이 권력을 잡을 수 있도록 해 반공 수용동의 중심지가 되었다. 83, 82, 81수용동이 연이어 반공 포로들에게 장악되자 73, 74, 91, 93수용동에게도 희망이 되었으며, 이 수용동들 역시 반공주의 수용동이 되었다. 핵심 반공 조직인 반공 청년단이 처음 설립된 곳도 83수용동이었다.[125]

83수용동 내 권력이 반공주의자들에게 넘어가면서 전범 혐의자 명단이 전범 조사과에 적극적으로 제공되었다. 예컨대 미 전범 조사과는 반공 포로 수용동의 협력으로, 작업을 시작한 지 8개월 만에 약 1천2백 건의 전쟁범죄 사례를 수집할 수 있었다. 하지만 이들은, 포로 경찰들이 임명한 반공주의 정보원들이 공산주의 포로들로 하여금 가짜 자백에 강제로 서명하게 했다는 사실을 결코 알지 못했다. 반공주의자들은 전범 혐의자를 찾아내 전범 조사 부대에 정보를 전하는 것이 아니라 직접 심문을했다. 자백을 거부하면 고문과 구타가 이어졌다. 83수용동에서만 고문으로 최소 5명 이상이 죽었다. 하지만 심문을 받다가 친공 포로가 죽어도 수용동 경찰은 처벌을 받거나 교체되지 않았다.[126]

78수용동은 김선호 대위와 반공 포로들이 통제력을 장악하는 데 실패한 곳이었다. 1951년 7월경 이 수용동은 공산주의 그룹이 지도부를 차지하고 있었으나, 이들은 공개적으로 공산주의적 입장을 내세우지 않고 유엔 당국에 협력적이었으며, 수용동을 담당하는 미군과 친밀한 관계를 유지하고 있었다. 이런 상황에서 김선호 대위는 82, 83수용동의 반공 지도부의 제안에 따라 이 수용동에 반공 측 정보원 10명을 침입시켰다. 9월까지 이 정보원들은 수용동 내의 공산주의 조직과 핵심 지도자를 식별해 내고 이를 전범과 한국 장교에게 보고했다. 김선호 대위는 이후 상부의 공식 승인 없이 공산주의 지도자 14명을 76수용동으로 추방하고 자신이 신뢰하는 반공주의자들을 핵심 자리에 배치해 78수용동의 통제권을 장악하려 했다.[127] 그러나 76수용동으로 추방된 포로 가운데 영어를 잘하고 수용동 담당 미군과 좋은 관계를 유지해 왔던 포로가 있었는데, 그가 이 사실을 미군에게 알렸다. 또한 구역 사령관이 수용동을 방문한 시점에 포로들의 시위를 조직해, 수용동 지도자들을 다른 수용동으로 추방한 것은 제네바 협약 위반이라고 항의했다. 9월 16일 포로들의 항의가 인근 수용동으로까지 확산되었고, 이 과정에서 한국군 경비에 의해 포로 한 명이 사살되는 일이 발생했다.[128] 그 결과 9월 17일, 구역 사령관이 개입해 포로 대표와 논의를 거쳐 공산주의 지도자 14명을 복귀시켰으며, 공산주의 세력의 통제 또한 회복되었다. 이후 78수용동은 4월 심사를 거부했다.[129]

77수용동 또한 전범 조사 활동의 반작용으로 북한 포로들의 통제가 유지된 경우였다. 77수용동은 황해도 노동당 부의장이었던 박상현의 지도를 받고 있었다.[130] 전범조사과가 수용동 전체를 심문하는 과정에서 전범 심사를 거부하는 한 포로를 조사관이 구타하는 사건이 발생했다. 포로들이 항의하자 수용소 당국은 전범 조사에서 폭력을 행사하지 못하도록 금지시켰다. 이로 인해 전범 조사의 정당성이 크게 손상되었고, 77수용동에 대한 심사에 포로들이 거의 협조하지 않았다. 영어가 매우 유창했던 이 포로는 구역 사령관의 환심을 샀고, 이후 유엔군 당국과 포로 대표들 간에 정기적인 회의가 개최되었다. 이 수용동 지도부는 억류 당국에 전적으로 협력할 것을 약속함으로써 내부 지배를 유지할 수 있었다.[131]

85수용동의 사정은 매우 복잡했다. 1951년 7월부터 9월까지 반공 포로와 친공 포로 간의 분쟁이 있었는데, 9월 17일 한밤중에 이른바 '김일성 노래'가 울려 퍼졌고 그날 밤 17명의 '반동분자'가 살해되었다. 이는 여러 수용동에서 동시에 조직된 쿠데타였다. 이날 이후 공산주의 성향의 포로들이 통제력을 확보했다. 하지만 반공주의 분파 지도자가 수용소를 탈출해 이 사실을 유엔 당국에 알렸고, 수용소 측이 수용동 내부로 들어가 살해된 사체들을 발굴해 냈다. 수용소 당국은 반란을 주도한 공산주의 지도자들을 찾아내 수백 명을 다른 수용동으로 이송했다. 핵심 공산주의 지도 세력이 사라지자 이 수용동은 반공 성향의 수용동이 되었고, 1952년 3월까지 통제력을 유지했다. 그런데 이 반공 세력들은 보급품을 유용해 이를 암시장에 팔아 이윤을 챙기고, 자신들의 지배에 저항하는 포로들에게 폭력을 행사했다. 이런 시점에 다른 수용동으로부터 이송되어 온 포로들이 반공 포로들에 반대하는 정치 활동을 했는데, 1952년 3월 이들의 탄원서를 받은 수용소 사령관이 고위 반공 지도자 7명을 수용동에서 추방했고, 한 달 후 수용동은 공산주의 포로들의 통제를 받게 되었다. 이 85수용동도 4월 심사를 거부한 8개 수용동 가운데 하나가 되었다.[132]

이처럼 정전 협상 이후 포로수용소의 각 수용동 내부에서는 수용동의 통제권을 차지하기 위해 극심한 권력투쟁이 발생하고 있었다. 그 결과 1952년 가을 무렵에는 전체 수용동의 3분의 1인 8개 수용동을 공산주의자들이, 나머지 3분의 2를 반공주의자들이 지배하게 되었다.[133]

2) 수용소 내 포로 심사의 전개와 폭력의 증폭

(1) 1952년 2월 18일 사건: 62수용동의 민간인 억류자 심사 거부[134]

이렇게 각 수용동에 대한 양측의 지배가 선명하게 확립된 상황에서, 한국 정부와 유엔 사령부가 함께 '민간인 억류자'를 분리해 내는 심사가 진행되었다. 첫 번째 심사에서 약 3만7,500명의 포로가 민간인으로 재분류되었는데, 1952년 1월부터는 이 첫 번째 심사의 오류를 수정하고 정확한 수를 확증하기 위해 두 번째 심사가 진행되었다.[135]

그런데 이 재심사가 수용소 내부의 갈등을 악화시켜, 결국 1952년 2

월 18일 최악의 대규모 유혈 사태가 발생했다. 이는 미군이 62동에 진입해 포로들을 분리 심사하려다가 포로들이 저항하면서 발생한 사건이었다.

62수용동에는 한국 출신 민간인 억류자 약 5천7백 명이 수용되어 있었다. 적십자 보고서에 따르면, 1951년 12월 22일 외부에서 투입된 반공 포로들이 이 수용동을 장악하려 했으나 실패한 이후, 송환을 희망하는 민간인 억류자들만 남아 있었다. 이 수용소에서는 이후 모든 민간정보교육 활동이 중단되어 있었다.[136]

그런데 민간인 억류자를 석방하기 위한 상부의 방침이 정해지자 유엔 제1 포로수용소 사령관은 1952년 2월 12일자 2병참 사령부 서신을 통해, 62동에 억류된 포로들을 재심사하라는 지시를 받게 되었다. 특별히 62수용동을 지목한 이유는 이 수용동 포로들이 미군과 한국군 요원에 의해 진행되는 심사 자체를 거부해 왔기 때문이었다. 12월 20일 이후 약 두 달간 포로들의 저항이 지속되자 수용소 측은 포로들을 분리해 내기 위한 작전 계획을 세웠다. 그리고 2월 16일에는 제1 포로수용소 작전 장교 데임Hartley F. Dame 중령, 62수용동 지휘관, 제1 포로수용소 사령관 피츠제럴드Maurice J. Fitzgerald 대령 등 주요 지휘관들이 모여 작전에 대한 사전 브리핑을 진행했다.[137]

그런데 2월 17일, 공교롭게도 자원 송환 정책을 실제로 추진하기 위해 포로 심사의 구체적인 쟁점들을 조사하기 위해 헐 장군과 존슨이 거제도를 방문했다. 이들은 수용소 사령관 피츠제럴드, 데임 중령, 미 8군 참모장 무드 장군, 2 병참 욘트 장군, 무초 대사와 함께 수용동을 시찰하고 부산으로 돌아갔다.[138] 다음날, 62동 심사 작전이 개시되었다.

2월 18일의 작전을 위해 작전 명령 제8호가 하달되었고, 새벽 5시 35분에 27보병연대 3대대의 첫 번째 병력이 62수용동에 진입했다. 수용동 병력은 포로들이 저항하자 발포했다. 약 7시경 제1 포로수용소 사령관은 더 이상의 유혈 사태를 막기 위해 후퇴를 명령했고 작전은 결국 실패했다. 그러나 이 유혈 진압으로 미군 측 사망 1명, 부상 1명, 포로 측 사망 55명, 부상 159명의 사상자가 발생했다.[139] 부상당한 포로들 가운데 22명이 이후 병원에서 사망해[140] 사망자는 70여 명에 달했다. 그리고 2월 20일, 이 사태에 대한 책임을 지고 피츠제럴드에서 돗드Francis Townsend Dodd로 수용소 사령관이 교체되었다.

그런데 이 사건 이후 미 육군부는 유엔군 사령관 리지웨이에게 언론 보도에 대한 일종의 지침을 하달했다. 육군부는 "이 일에 가담한 포로의 수는 1천5백 명에 불과하며, 이들은 '포로'가 아니라 '민간인 억류자'"라고 발표하도록 지시했다. 이 사건이 정전 협상장에 알려지면 논란이 될 것이 분명했기 때문에, 사건의 주체가 포로가 아니라 '민간인 억류자'라고 강조하면, 한국 내부 문제로 간주할 수 있고, 따라서 휴전회담의 범위 밖의 문제로 처리할 수 있기 때문이었다.[141]

유엔 사령부는 이에 따라 이들을 민간인 억류자로 표현한 보도 자료를 내놓았다. 또한 사령부의 보도 자료는 "이 공격을 위해 제작된 돌과 칼, 못이 박힌 곤봉, 쇠 파이프 등의 무기를 볼 때, 이 사건은 의도적으로 조직되고 계획된 것이 명백하다."며, 이 사건이 사전에 계획된 무장 폭동인 것처럼 발표했다.[142] 한국 언론은 보도 자료를 그대로 따라, 폭력적인 공산 포로들을 앞다투어 비난했다.[143]

하지만 2·18사건은 계획된 폭동이 아니라, 계획된 진압 작전을 전개하는 중에 발생한 폭력 사태였다. 즉 전범조사과의 수용소 지도부 교체 공작에 반발해 두 달간 심사 자체를 거부해 온 수용동을 수용소 당국이 무력을 사용해 강제로 진압하고 포로들을 분리하기 위해 작전을 수행하다 사상자가 발생한 것이었다. 또한 이 포로들은 민간인 억류자가 아니라

민간인 억류자로 분류할 수 있는지를 심사하려던 포로들이었다.[144]

　이 사건은 사상 규모가 언론에 대대적으로 알려져 국무부에 보고되었고 장관 애치슨도 인지하고 있었다.[145] 뿐만 아니라 거제도 수용소를 방문하고 있던 국제적십자위원회 대표 비에리에 의해 조사가 진행되었다. 비에리는 수용소 사령관에게 재발 방지를 위해 조치를 취할 것을 요청했다.[146] 하지만 미 극동사령부는 3월 15일자 서한을 통해 이 사건은 유엔군 사령부 내부의 문제이며 유엔의 정책이 비난받을 일은 아니라고 일축했다.

　유엔군 측의 묵살에도 불구하고, 국제적십자위원회 비에리는 포로수용소에서 1952년 2월부터 4월 사이에 발생한 유혈 사건들에 우려를 표하며, 포로들에 대한 발포는 제네바 협정 제42조 위반[147]이라고 지적했다. 적십자는 3월 13일 유혈 사태가 다시 발생하자 리지웨이 장군에게 같은 국적의 경비원들이 이런 사태가 발생할 위험을 조장하므로 거제도 수용소에서 한국인 경비를 철수시킬 것을 제안했다. 또한 포로에 대한 민간 정보교육 프로그램을 거부하는 등의 정치적 활동이 항상 사건의 원인이 되므로 재검토할 필요가 있다고 제안했다. 아울러 적십자는 포로 관리가 용이하도록 수용동을 더 작은 수용소로 분할할 것을 건의했다.[148]

　이렇게 2·18 사건이 세간의 주목을 받게 되면서 책임 문제로 당혹스러워 하던 포로수용소 당국과 미 8군, 유엔 사령부는 '포로에 대한 효율적이고 실질적인 통제'를 강조하게 되었다. 유엔군 사령관은 앞으로는 미 8군 사령관 밴플리트가 직접 재심사 작업을 관장하도록 지시했다. 그리고 다시는 이런 반란 사건이 발생하지 않도록 '포로에 대한 가장 효율적이고 실질적인 통제가 긴급히 필요'하다고 강조[149]하고, 포로수용소에 대한 통제 방식을 전면 재조직하기 시작했다.

　이처럼 거제도 수용소 내부에서 발생한 초기 폭력 사태들은 외부 지령에 의한 반란이 아니라 대부분 민간인 억류자에 대한 재심사와 같은, 유엔군의 포로 정책 집행, 전범 조사와 민간정보교육, 경비의 폭력적 대응으로 인해 발생한 것이었다. 하지만 이 사건들의 내막은 소위 '돗드 사건'이 일어날 때까지는 전혀 국제사회에 알려지지 않았다.[150]

(2) '4월 심사'의 전개와 결과

2월 18일 사건과 3월 13일 사건은 그런 폭력적 사건이 발생하는 환경에서 포로 개인의 송환 의지를 확인하는 것은 불가능하다는 공산 측의 주장을 뒷받침해 주었다. 그럼에도 불구하고 공산 측은 여전히 자원 송환 정책에 대해 어느 정도 유연한 자세를 갖고 있었다. 송환될 포로 수의 예상치가 수용 가능한 범위 안에 있었기 때문이다. 하지만 심사 결과는 모두의 예상을 뛰어넘은 것이었다.

자원 송환 원칙을 실제로 집행하기 위한 4월 심사가 본격적으로 시작되면서 포로수용소에서는 세 단계의 대규모 작전이 전개되었다. 첫째, 거제도에서 1952년 4월 8일부터(부산에서는 4월 15일) 10일간 진행된 산개scatter 작전이었다. 이것이 바로 '친공 포로'(송환 희망)와 '반공 포로'(송환 거부)를 분리하기 위해 진행된 심사 작전이었다.[151]

수용소 측은 모든 포로를 대상으로 북한이나 중국으로 송환을 거부할 것인지를 묻는 방식으로 설문 조사를 했다. 적극적으로 거부 의사를 밝히는 포로만을 송환에서 제외하는 식으로 송환될 포로의 수를 충분히 확보하기 위한 방식이었다. 하지만 실제 포로 심사 과정은 그전부터 계속되어 오던 폭력과 정치적 개입, 송환 거부자의 수를 늘리기 위한 민간정보교육의 대응으로 얼룩졌다. 특히 민간정보교육 장교들은 공격적으로 송환 거부를 독려했으며, 반공 포로들도 가능한 한 많은 이들이 송환을

거부하게 만들려고 했다.[152]

하지만 공산주의 포로들이 장악한 수용동들에서는 심사에 대한 저항이 너무 강해서 심사 자체를 수행할 수 없었다. 약 4만4천 명의 북한·남한 포로들, 민간인 억류자들이 심사 자체가 제네바 협약에 위반된다며 심사를 거부하고 있었다. 또한 병원에 있는 1만2천 명의 포로와 민간인 억류자들은 심사가 이루어지지 않았다. 4월 10일에는 심사 중에 95수용동에서 이를 거부하던 포로들이 반란을 일으켰고, 유엔군이 사태를 진압하는 과정에서 한국군 경비 4명과 포로 3명이 죽고, 60명의 포로가 부상당했다.[153] 이렇게 심사를 거부하지 않는 포로들만을 대상으로 심사가 이루어질 수 있었다.

미국 측은 포로 13만2천 명 가운데 약 11만6천 명, 민간인 3만8천 명 가운데 약 1만8천 명, 도합 13만4천여 명이 송환을 희망할 것이라고 예상했다. 약 5만8천 명 정도만이 송환을 거부하리라 예상한 것이었다. 그런데 실제 조사 결과 송환을 희망하는 포로의 수는 놀랍게도 11만6천 명에서 훨씬 모자란 7만3천 명에 불과했다. 이는 중국 포로들의 3분의 2 이상, 북한 포로들의 3분의 1 이상이 송환을 거부한 것이었다. 리지웨이와 조이뿐만 아니라 트루먼 정부 관료 모두가 이 결과에 놀랐다.[154]

미 공군 사령관은 '자원 송환'이라는 문제 전체를 다시 고려하자고 제안했다. 하지만 국무부 관료들은 동의하지 않았고, 트루먼이 다시 한 번 입장을 분명히 밝힐 것을 요청했다. 심사를 거부한 이들은 송환을 희망하는 것으로 간주할지, 아니면 재심사를 해야 할지, 만일 재심사 결과 더 많은 수가 송환을 거부하면 어떻게 할지 등을 고민하느라 분주했다. 미국 정부는 스스로 선택한 정책의 결과를 감당하지 못하는 상황에 처해 있었다.[155]

결국 1952년 4월 19일 2주 만에 판문점 회의가 재개되었고, 공산 측

표 6-2 | 1952년 4월 송환 심사 결과

분류	송환 희망	송환 거부	미심사	총 수
북한 포로	21,102	30,389	44,345	95,474
중국 포로	3,467	14,126	3,193	20,786
한국 포로	3,559	11,057	1,384	16,000
민간인 억류자	2,628	18,675	18,015	37,740
합계	30,756	74,247	66,937	170,000

출처: Goodman(1978, 356).

은 이전 명단보다 약 6백 명이 늘어난 1만2,100명의 포로(한국인 7천7백 명, 외국인 4천4백 명)를 억류하고 있다고 통보했다. 하지만 미국 대표는 공산 측으로 송환을 희망하는 포로의 수가 7만 명뿐이라는 사실을 통보했다.

공산 측 대표는 충격과 분노를 감추기 위해 바로 회의를 중단하고 회담장에서 퇴장했다. 다음날 복귀한 공산 측 대표들은 미국이 11만6천 명이 송환될 것이라고 말했던 것을 번복했으며, 수용소 내에서 '장제스와 이승만의 꼭두각시들'이 포로들로 하여금 송환을 거부하도록 강제했다고 비난했다. 공산 측은 7만 명의 송환은 받아들일 수 없다며 강하게 반발했다.[156]

미국은 공식적으로는 부인했지만, 내부적으로는 심사 과정의 문제를 잘 알고 있었다. 송환을 희망하는 포로들은 두들겨 맞거나 살해되기도 했으며, 대다수 포로들이 자유롭게 선택할 수 없었던 것이다. 중국 출신 포로들이 말할 수 있는 유일한 답변은 '타이완'을 끊임없이 반복하는 것뿐이었다. 조이는 포로들이 솔직하게 말할 수 있었다면 15퍼센트가 아니라 85퍼센트가 송환을 희망했을 것이라고 회고했다.[157] 이후 포로수용소장에 취임한 헤이든 보트너는 송환 심사 자체를 매우 냉소적으로 평가했다. 그는 한때의 적들이 미군이 감독하는 감옥에서 주입교육을 받으며 자유

| 1951년 11월 26일경, 서울 영등포에 임시 구금되어 있는 중국 출신 포로들 |
출처 : NARA RG 111 SC Box 821.

롭게 선택할 수 없는 상태에서, 자발적으로 우리 편으로 전향했다고 여기며 이를 자랑스러워하는 것은 매우 기만적이라고 회고했다.[158]

중국 지도부는 이 예상하지 못한 복잡한 상황에 직면하자 비로소 포로 문제가 얼마나 정치적인 문제인지를 분명히 깨닫게 되었다. 중국의 지도부는 1952년 5월 초 미국의 포로 관련 정책들은 미국이 정치적으로 우월하다는 것을 보여 주기 위한 것들이라고 분석했다. 특히 중국 협상 지도단의 리커농은 트루먼 정부가 첫째, 대통령 선거 국면에서 유화적인 태도를 취하면 민주당의 정치적 입지가 약화될 수 있다는 계산에서 포로 정책을 추진하고 있으며, 둘째, 미국 정부가 1953년도 국방 예산을 증대시키기 위해서도 한국전쟁을 지속할 필요가 있다고 분석했다. 이때, 중국 지도부는 포로 문제가 본질적으로 심각한 정치투쟁이며, 필요하다면 전쟁을 1년 더 지속하는 것을 감수하기로 결정했다.[159]

이에 따라 공산 측은 1952년 5월 2일 유엔 측의 제안(소위 '일괄 제안')

을 거부하고 모든 포로를 송환해야 한다고 요구했다. 공산 측은 유엔이 수행한 4월의 심사는 불법적이었으며, 포로 10만 명 이상을 억류하려는 시도는 인정할 수 없다고 선언했다. 결국 정전 협상은 진전되지 못했다. 이때까지 총 63개의 정전 협상 조항 가운데 61개에 합의가 이루어진 상태였다. 남은 문제는 포로 송환과 관련된 것이었다.[160]

(3) '돗드 사건'과 반공 오리엔탈리즘

4월 심사의 예상하지 못한 결과를 교정하고 더 정확한 숫자를 파악하기 위해 재심사가 시작되었다. 이 과정에서 더 큰 폭력 사태들이 발생했다. 우선 리지웨이는 4월 12일 미 8군 사령관 밴플리트에게 송환을 거부하는 포로들을 거제도에서 육지로 옮기라고 지시했다. 이후 진행할 재심사 과정에서는 이전과 같은 일이 발생하지 않도록, 모든 수용동의 지도부를 분리하고, 나머지 포로들은 1천 명씩 분할된 수용동으로 옮기기로 했다.[161]

밴플리트는 4월 16일경 17개 수용동 가운데 송환을 거부한 7개 친공 수용동 총 3만7,872명의 포로와 민간인 억류자들을 강제력을 사용하지 않고 심사할 수 없다며 재심사 계획을 제안했고, 리지웨이는 이를 승인했다.[162]

4월 19일부터 5월 1일 사이 전개된 재심사 작전을 미군은 분산 spreadout 작전이라고 명명했다. 분산 작전은 심사를 거부하는 포로들을 대상으로 재심사를 진행하기 위한 사전 조치로서, 이미 송환 거부 의사를 밝힌 8만2천 명의 포로('반공 포로')와 민간인 억류자들을 거제도로부터 제주도나 육지의 새로운 수용소로 옮기는 작업이었다. 송환을 거부한 중국 포로들은 제주도 모슬포에 새로 건설된 포로수용소 13호로 옮겨졌고, 송환을 거부한 한국 포로들은 부산, 마산, 용천, 상무대, 논산에 있는 11,

| 1951년 12월 6일, 부산에 위치한 포로수용소 제 1수용동의 전경 |
출처 : NARA RG 111 SC Box 821.

12, 14, 15, 16 수용소로 이송했다.[163]

이 작전이 완료되자 이른바 '반공 포로'들이 모두 제주도나 육지로 빠져나가고 거제도에는 송환을 희망하거나 송환 심사를 거부했던 포로들만 남게 되었다. 그리고 당시 거제도의 공산주의 성향의 포로들은 이전까지의 수용소 정책들에 대한 경험을 토대로, 자신들이 장악하고 있는 수용동은 전체 수용동의 3분의 1 정도에 불과하며, 다른 수용동에서는 공산주의자로 의심받을 경우 생존의 위험을 느낄 상황이라고 생각했다. 즉, 이들은 모든 '반공 포로'가 빠져나간 거제도에서 자신들이, '고도로 조직화된 반동의 물결에 절박하게 대항하고 있다'고 생각하고 있었다.[164]

이것이 이후 1952년 5월, 6월 거제도에서 발생한 사건들이 전 세계의 신문 1면을 장식하게 된 배경이었다. 이 사건들은 거제도에 강력하게 조직된 '친공 포로'들만 남은 상황에서 이들을 대상으로 하는 재심사 작전

| 1951년 12월 10일, 거제도 포로수용소에서 군 방첩대 신원 확인 팀이 포로들의 지문을 식별하고 있다. |
출처 : NARA RG 111 SC Box 821.

이 전개되기 직전에 발생한 것이었다.

당시 미국 정부는 국제적으로 자원 송환 정책을 숭고한 정치적 이념의 문제로 정당화하고 있었다.[165] 특히 트루먼은 5월 7일 연설에서 "정전 협상을 타결하기 위해 사람들을 학살과 노예화가 기다리는 곳으로 돌려보내지 않겠다"고 말했다. 그는 그리스와 터키, 베를린, 한국에서 미국의 단호한 행동은 소련에 영향을 주어 세계 평화를 가져올 것이며, "자원 송환 정책은 중국의 혁명 정권을 흔들 것"이라고 언급했다. 나아가 트루먼은 "강제송환은 한국에서 미국이 수행하고 있는 활동들의 근본적인 도덕적·인도적 원칙에 모순"된다고 단언했다. 이처럼 정치인들에게 포로 정책은, 휴전선을 설정하고 중립국에 의해 정전을 감시하는 등의 군사적 실무와는 성격이 다른 문제였다. 이들에게 포로 문제는 미국의 전통, 보호를 요청할 인간의 근본적이고 인도주의적인 권리, 국가를 개인보다 앞세

| 거제도 포로수용소의 모습 |
출처 : ICRC Archive, V-P-KPKR-N-00010-01, ⓒICRC

우는 전체주의국가와의 이데올로기 투쟁의 문제였다. 자원 송환 정책은
'집단적 권리를 고수하고 있는 공산주의 진영의 열등함'에 대비되는 더 우
월한 개인의 인권 원칙을 상징했다. 이렇게 미국 정부는 자원 송환 정책
에 과도한 명예와 위신을 부여하고 있었다.[166]

하지만 이 연설이 이루어진 당일, 포로수용소장이 납치되는 대사건
이 발생했다. 수용소장 돗드는 76수용동 대표의 면담 요청을 받아 1952
년 5월 7일 14시에 수용동에 갔다가 포로들에게 납치되었다. 당시 리지
웨이는 미 8군 사령관에게 모든 수단을 동원해 돗드를 석방시키라고 명
령했다. 1군단 참모장이던 콜슨Charles F. Colson 준장이 수용소 사령관으로
즉각 임명되었다. 돗드는 5월 10일에 석방되었으나 콜슨은 그동안 포로
들에게 가한 강제 심사와 비인도적인 잔혹 행위를 모두 인정하고 재발 방
지를 약속하는 각서에 서명해야 했다. 5월 12일에는 리지웨이 대신 마크

| 평양 제 2 포로수용소에서 포로들이 한국군 전범조사부의 조사를 받고 있다. |
출처 : ICRC Archive, V-P-KPKR-N-00012-04 (11/11/1950). ⓒICRC

클라크Mark W. Clark가 유엔군 사령관에 임명되었고, 돗드와 포로 간의 합의
는 아무런 효력이 없다며 전면 부정했다. 돗드와 콜슨은 모두 강등되었고
5월 14일에는 보트너 준장이 신임 수용소장에 임명되었다.[167] 5월 22일
에는 판문점 정전 협상 팀의 대표인 조이도 물러나고 윌리엄 해리슨William
Kelly Harrison이 정전 협상 대표가 되었다. 돗드 사건 이후 유엔군 사령관부
터 판문점 정전 협상 팀, 수용소장까지 지휘 라인이 모두 교체된 것이다.

그만큼 이 사건의 영향력은 컸다. 이 기간 동안 유엔 측이 자행한 모
든 가혹 행위가 인정되었고, 수용소 내부에서 2월부터 5월까지 발생한 사
건들도 모두 유엔에 보고되었으며,[168] 이에 대한 정보를 입수한 연합뉴스
AP가 1952년 5월 중순경 이를 보도하면서 국제사회에 알려졌다. 돗드 사
건을 포함해 포로수용소 내부에서 일어났던 기존의 폭력 사태들이 국제
적으로 보도되자 심사 과정 자체에 대한 국제적 신뢰가 흔들렸다.[169]

당장 정전 협상장에서 공산 측은 이 문제를 집중적으로 제기했다. 이런 정보들은, 심사와 자원 송환 원칙 자체가 제네바 협약에 대한 위반이며, 유엔군이 포로를 잔인하게 처우하고 있다고 지속적으로 주장해 온 공산 측에 분명한 증거를 제공해 준 격이 되었다. 5월 17일부터 정전 협상북한 측 대표인 남일은 "위협과 폭력에도 불구하고, 생포된 우리 인민들은영웅적으로 궐기하여 강제 조사에 저항했다. 우리 포로들에게 가한 비인도적 대우, 살인적 폭력, 포로에 대한 심사와 재무장을 위한 범죄 및 불법적 행위를 너희 포로수용소장은 전 세계에 자백하지 않을 수 없었다."[170]며, 포로에 대한 유엔의 처우를 비난했다. 1952년 5월 이후 양측은 포로문제에 대한 논의 중지를 선언하고, 정전 협상 자체도 몇 주간 중단되었다.[171]

미국의 국내 정치 차원에서는 민주당 정권에 대한 지지가 약화되었다. 그동안 자원 송환 정책으로 미국에 대한 우방국들의 국제적 지지도크게 약해졌다.[172] 5월에 애치슨이 유럽을 방문했을 때 이런 분위기를 감지할 수 있었으며,[173] 이후 가을 유엔 총회에서 미국이 포로 송환 문제를의제로 제시했을 때, 이에 대한 지지는 예전 같지 않았다. 자원 송환 원칙을 강력히 주장했던 애치슨에 대한 트루먼의 신뢰도 다소 흔들렸다.[174]

하지만 수용소의 내부 상황은 정반대로 흘러갔다. 새로 수용소장으로 취임한 보트너는 수용소 상황을 다시 통제하기 위해 강력한 방식을 도입하라는 트루먼의 명령에 따라 수용소 내부에 더욱 강경한 정책을 실시했다.[175] 보트너는 심사 자체를 거부하고 돗드 수용소장을 납치한 공산포로 수용동을 진압하기로 했다. 5월 22일, 미 8군 사령관은 거제도를 방문해 "소요를 진압하기 위해 필요하다면 무력도 사용할 수 있다"고 언급했다.[176]

보트너의 지휘하에서 포로수용소는 포로들에 대한 폭력과 무력 사용을 주저하지 않았다. 통제를 극적으로 강화시키기 위해 ① 압도적인 무력 사용, ② 관리하기 쉽도록 5백 명 규모의 작은 수용소로 분산, ③ 친공 포로와 반공 포로, 친공주의자들과 반란 지도자들을 분리, ④ 경비와 감시 병력의 증강, ⑤ 모든 수용소 내부 사안에 대한 직접 개입, ⑥ 거제도 수용소 주변 모든 민간인의 이주, ⑦ 정보 수집과 첩보 작전의 강화[177] 등의 정책을 추진했다.

이에 따라 송환을 희망하는 포로들은 모두 '공산주의자'로 간주되어 분산 조치되었고, 5백~6백 명 단위의 수용소가 건설되었다. 한 개 구역에는 8개 수용동을 넘지 않도록 했다. 수용동에 대한 감찰이 더 자주 이루어졌으며 밀거래품도 검사했다. 어떤 지역에서는 비밀 활동의 기회를 차단하기 위해 오후 7시부터 다음날 새벽 5시까지 통행금지가 실시되었다. 반란 지도자들을 식별·분리하고, 수용동 내부에서 일어나는 일들에 대한 완전한 정보를 얻기 위해 첩보 시스템이 확대되었다.[178]

6월 초에 보트너는 85, 96, 60수용동에 공산 국기가 게양되어 있는 것을 보고 내리라고 명령했으나 포로들이 이를 무시하자 탱크를 투입했다. 진압군이 85수용동에 진입해 전차로 국기 게양대를 밀어 버리고 깃발을 불태웠다. 30분 후 군 병력은 96, 85수용동에서도 같은 조치를 취했고, 60수용동에서는 최루탄을 쏘면서 수용동으로 들어가 깃대를 잘라 버렸다.[179]

보트너는 6월 10일부터 송환을 희망하는 포로들을 이주시켜 관리하기 쉬운 작은 규모의 수용동에 억류시키는 분리 작전을 본격적으로 전개했다. 5월부터 거제도 남쪽 저구리와 용초도, 봉암도 등 작은 섬에 격리된 새로운 수용 시설을 건설했는데, 각 구역들은 4~8개의 수용동으로 이루어졌으며 각 수용동은 5백 명을 수용할 수 있었다.[180] 이 작전은 '무빙 데이'Moving Day 작전으로 명명되었는데, 약 1만2천 명의 북한 송환 포로들이

17구역(저구리)으로, 8천 명의 북한 송환 포로들은 18구역(용초도)으로, 1만 명의 민간인 억류자들이 19구역(봉암도)으로 이송되었으며, 5천6백 명의 중국 포로들은 21구역(제주)으로 이송되었다. 6월 17일이 되면 약 4만 8천 명의 북한 포로들만이 거제도 포로수용소에 남아 있었다.[181]

이 작전이 처음으로 수행된 곳이 바로 돗드 사건을 일으킨 76수용동이었다. 이는 돗드 사건에 대한 일종의 상징적인 보복이었다. 보트너는 작전 수행을 위해 수용동 대표 이학구에게 포로들을 150명씩 무리 지어 집합시키고 이동 준비를 하라고 명령했다. 포로들이 이를 거부하자 보트너는 탱크와 전차를 대동한 187 공수 여단 요원들을 배치시켰다. 이후 포로들이 약 세 시간 동안 칼과 화염병, 돌로 저항했으나 187 공수 여단은 충격 수류탄과 최루탄, 총검으로 포로들을 진압했다. 미군은 이학구를 생포해 수용동에서 추방했으며, 포로들을 모두 트럭에 실어 새로운 수용동으로 이동시키고 그곳에서 지문을 찍고 피복을 배급했다.[182] 이 분리 진압 작전이 수행되는 과정에서 40명이 사망하고 151명이 부상을 당했다.[183] 한 문서는 276명의 포로가 사망했고 4천 명 이상이 부상당했다고 기록하고 있으며[184] 이는 유엔에도 공식 보고되었다.[185] 76동이 진압된 이후 심사에 저항하던 나머지 수용동들은 모두 순순히 심사에 응했다. 이렇게 재심사가 이루어진 후 남은 모든 포로들은 고립된 저구리·봉암도·용초도·제주도로 이동되었다.

6월 10일 76 수용동의 사건은 포로들이 계획적으로 반란을 일으킨 것이 아니라, 이미 오랜 기간 친공/반공의 구도로 수용동마다 조직이 형성되어 온 상황에서 수용소 측이 심사를 거부하는 수용동을 진압·분리하는 계획을 관철하는 과정에서 발생한 것이었다. 그럼에도 당시 언론은 포로들의 폭력성과 미리 계획된 것임을 강조했으며, 외부의 명령에 의한 체계적 반란이었다고 보도했다.[186]

그러나 탱크와 공수부대를 동원한 수용소 측의 대규모 군사작전은, 포로에게 매우 예외적인 경우가 아니면 총기를 사용하지 못하도록 금지한 제네바 협약을 전면적으로 위반한 것이었다. 이런 일이 가능했던 것은 돗드 사건 이후 미국 정부 내에서 점차 제네바 협약을 회피하고 부정하기 위한 논리들이 출현했기 때문이다. 전쟁 포로들을 완전히 '예외적인 존재'로 규정하는 다음과 같은 논리를 '반공 오리엔탈리즘'이라고 할 수 있을 것이다.[187]

대부분의 수용소 요원들은 이전에 단 한 번도 동양인들을 경험해 본 적이 없었다. 그러나 공산주의자들을 굴복시킬 수 있는 유일한 방법은 강제력의 사용이라는 결론이 도출되었다. …… 포로에 관한 제네바 협약은 적이 포로가 된 후에는 비전투원이라는 전제하에 만들어졌다. 그리고 그 조약은 포로가 비전투원으로 간주되었던 두 차례 세계대전의 경험에 근거한 것이다. 그러나 동양 공산주의 포로는 자신을 자본주의 국가에 대항하는 능동적인 적active enemy으로 여기고 활동한다. …… 이들은 스스로 목숨을 버려 가면서까지 유엔 사령부 당국을 세계적으로 당혹시켰다. …… 지난 3년간 한국에서의 경험에 근거해 이 조약은 '동양 공산주의 포로'라는 새로운 형태의 포로를 다루기 위해 반드시 개정되거나 현실적인 방식으로 해석되어야 한다. 중요한 교훈은 동양 공산주의 포로들은 포로 협약의 작성자들이 상상했던 유형의 포로가 아니라 활동적인 적이라는 것이다.[188] (강조는 인용자)

즉 미군은 1952년 5월 돗드 사건과 수용소 내 포로들의 저항, 그리고 이들을 진압하기 위해 군사작전을 진행하면서 1949년 제네바 협약을 부정하는 논리를 만들어 냈다. 이는 동양 공산주의 포로는 더 이상 제네바 협약상의 '항복한 비전투원'이 아니라 '능동적인 적'이라는 주장이었다.

즉 광신적 동양인이라는 오리엔탈리즘과 공산주의자라는 이중의 낙인과 배제가 결합되었다. 여기서 특히 동양인이라는 규정은 한국전쟁을 수행하는 미군들이 수용소 포로들을 타자화했던 여러 행동들의 집합이었다.

동양인들에게는 다른 세계의 교육받은 사람들에게서는 일반적이지 않은 사디즘과 야만성이 있다. 중국 공산군은 대규모 유혈 사태를 보아 왔고 죽음을 감수하도록 훈련되었다. 그들은 경찰관, 포로 경비, 지휘관 등 약간의 권력이 주어지면 극도로 야만적이고 오만한 경향을 보였다. 자신의 생명을 가볍게 여겨 다른 이들의 생명도 비슷하게 간주했다. 그들은 개처럼 훈련되었으며 명령을 받으면 가혹하게 공격했다. 그들은 살육을 즐거워했다. …… 중국인들과 한국인들은 매우 강한 민족주의적 감정을 갖고 있었다. 동양인들은 주권국가가 아니라 지역 관료나 군 지휘관에게 충성해야 하기 때문에 [이들의] 민족주의적 감정은 늘 개인에 대한 충성심으로 나타났다. 최근 동양인들에게서 민족주의 감정이 점차 커졌고 동양 공산주의자들은 이 강력한 민족주의를 자신들의 사상을 확산시키기 위해 활용해 왔다. 공산주의자들은 동양인들로 하여금 공산주의가 민족의 해방과 독립을 달성하기 위한 수단이라고 믿게 했다. 동양 공산주의 포로들의 행동은 공산주의에 대한 광신과 결합된 애국주의의 관점에서 이해할 수 있다.[189]

가학적 공격성과 야만성, 죽음의 감수, 생명에 대한 무감각, 개인에 충성하는 애국주의가 '동양적인 특성'으로 규정되었다. 포로수용소 내의 차별적 위계와 조직의 형성, 국제적 원칙과 냉전의 이념 투쟁에 따른 정전 협상과 수용소 내 갈등의 심화, 강제 심사 도입과 그에 대한 저항이라는 상황은 사라지고, 모든 것이 '동양인들'의 본래적 특성으로 여겨졌다. 이에 비하면 자원 송환 원칙은 새로운 문명의 기준이라는 숭고한 정치적 이념이 되었다. 반면에 공산주의와 오리엔탈리즘이라는 이중의 낙인은 송환을 희망하는 포로들, 심사를 거부하는 포로들에 대한 모든 보호의 박탈과 무력 사용을 정당화했다. '개인'이 되어 숭고한 '자유'를 누리기를 거부하는 자들에게 군사적 폭력과 진압이 가해진 것이다.

3. 유엔 총회에서 자원 송환 원칙의 관철

1) 협상의 교착과 민간인 억류자 석방

이렇게 1952년 6월 27일 전체 포로들에 대한 재심사가 최종 완료되었다. 심사 결과 약 1만여 명이 증가한 8만3천 명 정도(7만7천 명의 북한인과 6천 4백 명의 중국인)가 송환될 것으로 알려졌다. 미국은 이 숫자가 알려지면 기존 심사에 대한 의심이 더 커질 것이 두려워 이 수를 조정하려 했다. 하지만 공산 측의 요청으로 비밀회의가 열렸고, 유엔군 사령관 클라크가 상부에 정전 협상장에서 새 정보를 제시하겠다고 반복 요청함에 따라, 7월 13일 이 정보가 공산 측에 전달되었다. 이는 여전히 애초에 예상했던 11만 명에 비해 훨씬 적은 수였고, 더군다나 중국 포로들은 4분의 1만이 송환을 선택했다.[190]

사실 이 시기에 중국 협상 팀을 지도하고 있던 리커농과 여타 협상가들은 이를 받아들이자고 지도부에 제안했다. 하지만 마오는 이를 즉각 거부했고, 리커농과 협상가들에게 정치적으로 순진하다며 강력하게 비난했다. 마오는 얼마나 많은 중국·북한 포로가 송환되느냐의 문제가 아니라 어느 쪽이 협의를 통해 정치·군사적으로 바람직한 위치를 점할 것이나의 문제라고 강조했다. 중국이 이를 받아들이면 정치·군사적 압력에 굴복해 적의 요구에 양보한 것이 된다는 해석이었다.[191] 마오의 명령에 따라 중국과 북한 대표들은 7월 18일 회의에서 또 다시 11만6천 명의 포로를 모두 송환하라고 요구하면서, 유엔 측의 제안을 거부했다.[192]

협상이 교착되어 해결의 실마리가 보이지 않자 유엔군은 1952년 6월 말부터 남한 출신 포로들을 석방하기 시작했다.[193] 이 시점은 거제도 수용소에서 산개·분산·분리 작전이 모두 완료되어 포로에 대한 최종 재심사와 분류가 끝나고, 송환을 희망하는 포로들을 고립된 섬들로 분산 수용을 마쳤을 때였다. 유엔군 사령부는 6월 23일, 당시 영천과 부산의 수용소에 억류되어 있던 2만7천 명[194]의 남한 출신 '민간인 억류자'를 한·미 양국 간의 합의하에 석방하겠다고 공식 발표했다.[195]

이들의 석방은 6월 30일부터 시작되었다. 1차로 각 도별 2백 명씩 1천5백 명을 석방했다. 장택상 국무총리는 6월 24일 각 도지사에게 통첩을 발하고 석방 이후의 대책을 지시했는데, 이들에게는 분산 개시 전에 도민증을 교부하기로 했고, 각 도 분산지까지의 수송은 미 8군 제2 병참 사령부가, 그 이후는 한국 측이 담당하기로 했다. 이들은 '선량한 국민'이 된 것으로 인정될 때까지 경찰의 감시를 받게 했다.[196]

민간인 억류자들의 석방은 4개월간에 걸쳐 진행된 거대한 '미디어 이벤트'였다. 언론에는 석방될 억류자들의 명부가 여러 차례에 걸쳐 공개되었고,[197] 1952년 10월까지 4개월간 이들의 석방과 이들이 제출한 혈서, 이승만이 참석한 석방 기념식, 이들에게 즉시 배부되는 '도민증' 등의 내용들이 연이어 보도되었다.

그런데 공산 측에 처음 명단을 넘길 때까지도 정확하게 분류되지 않았던 1만6천 명이 더 있었다. 8월 26일에는 클라크가 추가로 1만6천 명을 석방할 것을 요청했고, 미국 합동참모본부와 국무부가 이 문제를 상의

했지만 중국·소련과 대화가 진행되는 중에는 석방하지 말아야 한다는 케넌의 반대로, 답변이 지연되었다. 이 가운데 심사를 통해 북한 송환을 거부한 1만1천 명은 1952년 9월 추가로 민간인 억류자로 재분류되었으며,[198] 9월 15일 트루먼과 미 국방부·국무부 고위 관료 회의를 통해 석방이 승인되었다.[199]

그리고 미국 정부 내에서는 정전 협상에서 마지막으로 자원 송환 원칙을 제안하고 공산 측이 거부하면 협상을 무제한 휴회하자는 의견이 대두되었고, 9월 24일 열린 국가안전보장회의에서 합의가 이루어졌다.[200] 이에 따라 정전 협상 대표 해리슨은 1952년 9월 28일 공산 측에 자원 송환 원칙을 제시하고, 10일의 말미를 주었다. 그러나 예상대로 공산 측이 이를 거부하자[201] 10월 8일 미국은 무기한 휴회와 철수를 선포했으며,[202] 이후 협상은 6개월간(1953년 3월까지) 재개되지 않았다.[203]

2) 유엔 총회로 옮겨간 자원 송환 논쟁

판문점에서의 포로 논쟁은 다시 유엔으로 옮겨갔다. 당시 유엔에서는 양측의 세균전 논쟁이 격렬하게 진행되고 있었다. 세균전 자체가 사실이건 아니건[204] 베이징의 지도부에게 세균전 이슈는 워싱턴이 포로 문제를 통해 정치적으로 우월한 위치를 점하는 것에 대항할 효과적인 무기였다. 중국 지도부는 전국적·국제적 캠페인을 통해 미국의 세균전을 비난했다. 국제 조사단을 파견해 증거를 수집하고, 미군 비행기 조종사들의 자백을 배포하기도 했다.[205]

미국과 중국 양측이 타협 없는 대립을 지속하자 1951년 봄 정전 협상을 이끌어 낸 이래 1년 만에 다른 국가들의 중재가 또 다시 중요해졌다. 이번에도 인도가 가장 두드러진 역할을 했다. 인도는 간접적으로 모스크바 및 베이징과 연락을 취할 수 있었다. 인도는 저우언라이와의 대화를 통해, 수천 명의 중국인 포로들이 타이완을 선택하는 것의 선전적인 측면을 중국이 불편해 한다는 것을 확인했고, 유엔의 인도 대표 메논Krishna Menon은 영국을 통해 정전 협상에서 중국에 명분을 찾아 주는 것이 필요하다는 의견을 유엔에 전했다.[206] 저우언라이는 1952년 7월 주베이징 인도 대사 파니카K. M. Panikkar를 통해, 송환을 거부하는 포로들을 중립지대로 데려와 4개국 중립국 대표로 면담과 심사를 수행하자는 제안도 전했다.[207]

그러자 8월 14일 국무부 유엔 담당 차관보 히커슨의 제안으로 한국 문제를 다시 유엔 총회에 회부하자는 제안이 나오기 시작했다.[208] 미국은 실제로 10월 유엔 총회 회기에서 이 문제를 해결하려 했고, 유엔 총회는 10월부터 두 달간 한국전쟁 포로 문제를 다루었다. 7차 유엔 총회에서 가장 중요한 안건은 한국의 정전 협상을 어떻게 타결시킬까 하는 것이었다.

10월 중순부터 12월 초까지 애치슨은 자신의 마지막 남은 임기 동안 총회의 정치와 외교에 전례 없이 깊이 관여해 많은 시간을 할애했다. 이는 트루먼 정부의 마지막 몇 달간 자원 송환 정책을 방어하기 위해서였다. 애치슨에게 있어, 유엔에서 자원 송환 정책을 방어하는 것은 곧 11월 4일 대선을 치르는 정국에서 트루먼과 정권을 방어하는 것이었다. 그는 유엔에서 영국의 지지를 얻어야 했고, 라틴과 유럽의 지지를 유지해야 했으며, 아랍·아시아 국가의 지도자인 인도의 메논의 반대 제안과 총회 의장인 캐나다의 피어슨의 대항 제안을 저지해야 했다.[209]

1952년 10월 16일 유엔 총회 380차 회의가 한국 문제를 의제로 선택했다. 이에 따라 10월 23일부터 12월 2일까지 유엔 총회 정치안보위원회 제511~536차 회의에서 한국 문제가 논의되었다. 대다수 국가들은 한국 문제의 정치적 해결을 논의하기 전에 일단 휴전에 대한 합의가 우선이라고 보았다. 포로 문제가 정전 협상의 타결을 막고 있다는 사실을 모두 인

식하고 있었다.[210]

미국 측은 공산 측과 더 이상 협상의 여지가 없다고 생각했지만, 다른 정부들은 생각이 달랐다. 미국 정부는 유엔 총회 논쟁에서 돌발적인 결과가 나오지 않도록 주도권을 잡으려 했다.[211] 특히 애치슨은 북대서양 조약기구와 영국연방 회원 20개국을 설득해 자원 송환 정책을 지지하게 만들려고 노력했다. 하지만 인도 대표 메논이 미국 대선 후보 진보당 대표 할리넌Vincent Hallinan의 주장과 유사한 제안을 내놓았다. 그는 휴전 후에 송환 희망 포로를 모두 교환한 뒤, 송환 거부 포로들의 문제를 결정하기 위해 별도의 위원회를 설립하자고 제안했다.[212]

애치슨은 대선을 3주 앞둔 상황에서 이를 필사적으로 저지하려 했다. 미국은 10월 24일 유엔 총회 정치위원회에서 이른바 "21강 결의안"을 제시했다.[213] 애치슨은 포로들이 송환되면 처형되거나 투옥되거나 처벌받게 될 것이라며 미국은 송환을 거부한다고 말했다. 그는 제네바 협약에 자원 송환과 관련된 내용이 없다며 그 한계를 지적한 뒤, 그 대신에 제네바 협약에 반영된 망명권right of asylum[214]을 강조했다. 그는 한 국가가 포로에게 망명권을 부여할 수 있다면 포로를 강제송환시킬 수 없다며, 이는 소련도 1918년부터 21년 사이에 맺은 여러 협약들에서 이미 인정한 것이라고 주장했다.[215] 미국은 이 망명권 논의에 기반해 중국과 북한이 모든 포로의 권리를 인정하고, 포로들에게 송환 여부를 선택할 기회를 주어야 한다는 내용의 결의안을 요청했다.[216]

하지만 총회에서는 아랍·아시아 국가들의 의견이 큰 지지를 받고 있었다. 많은 국가들은 여전히 제네바 협약 118조에 제시된 내용을 지지했다. 더욱이 대선이 11일 남은 민주당 정권의 제안은 설득력이 크지 않았다. 동맹국들과 공산 측 모두 차기 정권의 태도가 더 유연할 것으로 기대하고 있었고, 애치슨의 영향력은 퇴조하고 있었다. 아이젠하워는 자신이

당선되면 직접 한국에 갈 것이며, 휴전을 이루겠다고 공언했다.[217]

이런 상황에서 유엔 총회에는 총 다섯 개의 결의안이 제출되었는데,[218] 미국은 자원 송환 원칙을 주장했고, 소련은 즉각적인 휴전 및 정치적 해결을 위한 위원회 설립을 주장했다.

인도 대표 메논이 10월에 제시한 것은 일종의 타협안이었다. 그는 포로 문제를 처리하기 위해 유엔 사령부로부터 독립적인 별도의 중립국 송환 위원회를 설립해야 하며, 이 위원회는 이미 정전감독위원회에 참여했던 중립국 스웨덴, 스위스, 폴란드, 체코로 구성되어야 한다고 제안했다. 이를 통해 양측이 포로들에게 자신들의 입장을 설명한 후, 90일 후에도 포로들이 선택을 하지 않으면 이들의 처리는 이후 정치 회담에서 결정하자는 것이었다. 다른 모든 제안을 제치고 인도 안에 대한 논의가 본격적으로 시작되었다. 인도의 제안은 합리적인 중간적 타협이었고, (유엔에서 많은 지지를 얻을 수 있는) 아시아 국가에 의한 결의안이었으며, 실제로 정전이 타결될 수 있으리라는 희망을 갖게 했기 때문에 상당한 지지를 받았다. 인도는 중국 정부와 직접 접촉이 가능했고, 그에 따르면 포로 문제에 대한 중국 정부의 입장이 매우 유연하다는 징후들이 있었다.[219]

인도의 제안 이후 중립국으로 구성된 독립적인 '위원회'를 창설하자는 의견들이 우후죽순으로 확산되자 미국 또한 이에 반대하기 어려워졌다. 그럼에도 애치슨은 위원회 자체에 반대하기로 했다. 그는 동맹국들에게 지지를 호소하며, 메논의 시도는 인도와 아랍·아시아 블록이 영국과 캐나다의 지지를 얻어 '유엔군 사령부가 진행하는 판문점 정전 협상을 뉴욕의 유엔 총회로 옮기려는 시도'라며 이를 막아야 한다고 주장했다.[220]

미국 동맹국들의 의견은 여전히 분열되어 있었다. 애치슨은 "동맹국 사이에 분열이 발생하면 미국 내에서 집단 안보 정책에 대한 거대한 환멸을 불러일으킬 것이며, 이는 한국 문제에 한정되지 않고 북대서양조약기구나 다른 협약들로 확대될 것"이라며 유럽 국가들을 설득했다. 나아가 그는 "미국을 지지하지 않으면 유럽에 대한 지원을 재검토하겠다"고 경고하기도 했다. 이런 압력 때문에 캐나다는 결국 미국을 지지하는 입장으로 돌아섰지만, 영국은 여전히 거리를 두고 있었다.[221]

애치슨은 마지막으로 영국을 설득하기 위해 11월 19일 뉴욕에 돌아와 영국 대표 이든Anthony Eden과 세 차례 연속 회담을 진행했다. 결국 영국은 11월 21일 미국 측 수정안을 수용했다. 그러나 정작 소련 대표 비신스키Andrei Yanuarievich Vyshinsky는 11월 24일 인도의 결의안을 '미국 정책의 위장술'이라며 공개적으로 비난했고, 다음날 중국도 메논의 제안을 거부했다. 상황이 이렇게 되자 애치슨은 결의안을 철회하려는 메논을 만류하고 오히려 메논의 제안을 라틴아메리카 국가들과 논의해 수정했다. 그 결과 11월 24일 제시된 메논의 제안에는 '비강제'라는 단어가 분명히 포함되었으며 미국의 의도가 반영되었다.[222] 그리고 유엔 총회는 1952년 12월 3일 미국이 첨삭한 인도 결의안을 승인했다. 미국은 결국 송환 거부 포로를 석방한다는 '자원 송환 결의안'을 찬성 54, 반대 5, 기권 1의 압도적 지지로 통과시켰다.[223]

애치슨은 결국 자원 송환 정책마저 유엔에서 통과되도록 함으로써 한국전쟁에 대한 유엔의 거의 모든 결의안을 자신의 뜻대로 관철시켰다. 하지만 저우언라이는 12월 14일 유엔 결의안을 거부했으며, 3일 후 북한도 이를 거부했다.[224] 한국 문제에 대한 유엔에서의 협상 또한 이후 몇 달간 중단되었다.

3) 봉암도 사건과 한국의 뉘른베르크

이 폭동은 '철저한 대폭동 계획'의 일부이다.

_유엔군 포로 사령부(1952년 12월 15일)

유엔 총회에서 미국의 자원 송환 결의안이 통과되면서 또 한 번의 보편주의가 부상하는 순간, 수용소 내부에서는 또 다시 대규모 폭력 사태가 발생했다. 이는 유엔에 실시간으로 보고되어 큰 논란이 되었다.[225]

사실 포로들을 고립된 섬으로 이송한 후, 포로에 대한 강경 진압책은 더욱 강화되어 있었다. 이 무렵에는 포로들을 통제하기 위해 최루탄, 화염방사기가 장착된 방탄 지프, 액체 가스를 살포하는 자동차 등 여러 무기들이 도입되었다.[226] 나아가 유엔군 포로수용소는 1952년 8월 16일자로 아래와 같은 명령을 받았다.

"이 사령부에서는 너무 많은 강제력을 사용했다고 누구도, 단 한 번도, 비판 받거나 제지되거나 처벌 받은 적이 없다. …… 경비원에게 돌을 던지거나 던지려고 하는 자는 즉시 사살되어야 한다. 경비들은 5백 명 단위 수용소에 지속적이고 관습적으로, 포로들이 늘 예상하고 있을 정도로 자주 출입하여 점검해야 한다. …… 나는 귀하가 강제력을 필요한 수준보다 조금 사용할 경우를 더 비판할 것이다."(강조는 인용자)[227]

8월 20일 한국통신지대KCOMZ 사령관과 포로 사령부 사령관 회의에서는 발포가 필요할 경우에는 '사살하기 위해 발포'할 것이 권고되었다. 그리고 8월 21일에는 제주도 수용소에서 '돌을 투척하는 포로가 있으면 사살할 것'이라는 특별 명령이 하달되었다. 수용소 측은 "앞으로 최루탄을 쓰지 않을 것이며 '산탄총'이나 '소총' 등으로 발포할 것"이라고 공표했다.[228] 이런 강경 진압 명령이 내려진 상태에서 발생한 사건이 바로 중국 포로 수용동에서 벌어진 1952년 10월 1일 사건이었다.

중국 포로들은 거제도로부터 제주도로 이송된 후 다양한 '폭동 진압 기술'을 경험하게 되었다. 최루탄은 기본이었으며, 미국은 중국 국민당 세력이 수용동을 통제하도록 장려했다. 교육 프로그램은 기본적으로 반공주의적이었으며, 미군 군목들은 반중국 정서를 나타냈고, 수용동에는 국민당 깃발이 날리고 있었다.[229] 제주도로 이동된 중국 포로들은 1952년 8월 말부터 조직적으로 저항하기 시작했다.

10월 1일은 중화인민공화국의 건국 기념일이었다. 이날 오전 7시 30분경 모든 수용동에 오성홍기가 걸렸다. 깃발을 내리라는 명령을 포로들이 거부했고 미군 35연대 1대대 소속 2개 소대가 7수용동에 진입했다. 포로들이 돌을 던지며 저항하자 12회에 걸쳐 발포가 이루어졌다. 수용동으로 다가서는 군을 향해 투석이 시작되었고, 미군 병력들이 다시 발포했다. 결국 중국 포로 56명이 죽었고, 91명이 중상, 9명이 경상을 입었다. 이 사건에 대해 포로수용소 측은 "바다로부터 불어오는 바람 때문에 최루탄을 사용할 수 없었다"고 보고했고,[230] 유엔에는 이 사건이 건국 기념일을 위해 주도면밀하게 준비된 반란 시도였다고 보고되었다.[231]

두 달 후에는 더 큰 폭력 사태가 발생했다. 봉암도 수용소에는 1952년 여름 재심사를 통해 분류된 9천여 명의 송환 희망 민간인 억류자들이 수용되어 있었다. 12월 14일 아침, 민간인 억류자들이 단체로 노래를 부르기 시작했다. 이들은 3열로 팔짱을 끼고 수용동을 가로질러 선 채로 노래를 불렀다. 지휘관이 노래를 중단하라고 명령했고, 곧이어 무장한 20명에게 한 차례 발포 명령을 내렸다. 노래가 계속되자 발포 명령이 한 차례 더 이어졌고 몇몇이 쓰러지자 동료들이 부축해 일으켜 세웠다. 수용소장은 개인화기를 가진 모든 병력에게 발포 명령을 내렸으며 약 60명이 일제히 사격을 개시했다. 몇 사람이 쓰러졌고 노래는 잠시 멈췄지만 동료들은 죽거나 부상당한 사람들을 일으켜 세웠다. 앞 열의 빈자리는 뒷 열이 채웠고 노래는 계속되었다. 다시 한 번 발포 명령이 내려졌다. 모든 사람이 쓰러졌고, 노래는 멈췄다.[232] 이 사건으로 공식 집계상 85명이 사망했고, 113명이 중상, 103명이 경상을 입었다.[233]

미군은 사건 이후 지형상의 문제나 날씨 탓에 가스를 사용하기도 어려웠고 다른 방법이 없었다며 이 사건을 정당화하려 했다. 하지만 어떤 사건 보고에서도 포로들이 돌을 던졌다거나, 무기를 들고 저항했다거나, 미군을 향해 공격했다거나 하는 내용을 찾을 수 없다. 그러나 봉암도 사건은 '무장 폭동'으로 보도되었다. 12월 17일자 『동아일보』는 사건 직후 포로 사령부가 발표한 보도 자료를 그대로 인용해 이 사건을 "공산주의 민간 억류자들의 폭동"이라고 규정했고, "대폭동 계획의 일부인 것 같다"는 포로수용소 측의 설명을 그대로 전했다.[234] 12월 18일자 『민주신보』는 "4천5백 명의 공산 포로들이 도모하던 대폭동 계획을 중지시키기 위해" 진압한 것이라고 보도했고, "죽은 공산 포로들은 스스로 목숨을 끊은 것과 마찬가지다."라는 수용소장 밀러 중령의 말을 전했다.[235] 유엔에는 대규모 반란 계획을 사전에 발견한 수용소 당국이 행진을 하던 억류자들을 진압하기 위해 미군과 한국군 경비를 투입해 질서를 회복했다고만 보고되었다.[236]

하지만 이 사건은 세계적인 관심을 받았고, 미국의 포로 처우 정책은 거센 비난과 저항에 직면하게 되었다. 사건 직후 북측 정전 협상 대표 남일은 또 다시 '야만적인 대규모 학살'이 자행되었다며 전쟁범죄의 책임에서 벗어날 수 없다고 비난했다. 영국 또한 사건의 진상을 보고하도록 요청했으며, 소련도 이를 비난하며 이 문제를 유엔 총회 결의안 형태로 상

정할 것을 요청했다.[237]

소련 대표 그로미코는 봉암도 사건 이후 12월 20일자 서한을 통해 봉암도에서 벌어진 대량 학살 문제를 의제로 채택하자고 총회에 제안했다. 이 서한에서 소련은 연합통신과 로이터Reuters의 보도와 가용 정보를 들어 봉암도 사건에서 사상된 포로의 규모를 지적하면서, 이 사건은 "미군 수용소가 체계적인 절멸을 시도했다는 점을 보여 주며, 이는 기존의 수많은 잔혹 행위에서 이미 드러났던 것"이라며 비난했다. 또한 이런 사태의 재발을 막기 위해 미국이 즉각 조치를 취할 것을 요청하는 결의안을 제시했다. 이에 따라 1952년 12월 21일 총회 제411차 전원 위원회에서 봉암도 사건이 논의되었다.

소련 대표는 봉암도에서 미군에 의해 자행된 야만과, 거제도·제주도·부산에서 포로들에 대한 야만적 처우는 체계적인 절멸 정책의 성격을 갖는다고 지적했다. 그는 이런 억압은 포로들이 송환을 요구하고, 조국을 배신하도록 강제한 폭력과 테러에 굴하지 않았기 때문이었다며, 미국 측이 국제법의 가장 기본적인 원칙도 무시하고 있음을 보여 준다고 비난했다.[238]

소련 대표는 미군이 이전에도 한국과 북한 포로에 대해 범죄를 저질렀음을 환기시키면서, 미국이 포로에 대해 인도주의적인 원칙을 지켜 왔다는 것은 사실이 아니며, 이는 미국과 영국의 뉴스 보도를 통해서도 확인되었다고 말했다. 그는 이어서 국제적십자위원회도 12월 16일자 보도 자료를 통해 봉암도 사건에서 포로에 대해 발포한 것은 제네바 협약 42조 위반이라고 공표했음을 지적했다.[239]

하지만 미국 대표는 봉암도의 포로 9천 명이 한국에서 잡힌 빨치산 출신이거나 혁명 활동을 하던 공산주의자들이라고 반박했다. 미국 대표는 총회에서 자원 송환 결의안이 채택된 지 3일 후인 12월 6일 포로들의

그림 6-1 | 포로의 통제와 이동 경로 : 맨허드가 제안한 '배신자' 프로그램의 진행·계획도

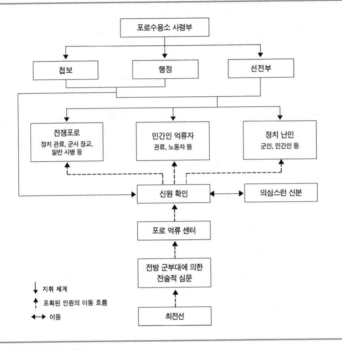

출처 : 국사편찬위원회(1995, 454).

대규모 반란 기획이 이미 발각되었고, 이런 음모가 폭력 사태를 초래한 것이며, 중국이 유엔 결의안 제안을 거부한 날인 12월 14일에 사건이 발생했다며 외부 지시설을 제기했다. 또한 사태가 심각해 최루탄을 쓸 수 없었고 발포할 수밖에 없었다고 설명했다. 결국 소련의 문제 제기에도 불구하고 소련의 결의안은 12월 22일 총회에서 45 대 5로 부결되었고 버마·이집트·인도·인도네시아·이란·파키스탄·사우디아라비아·시리아·예맨 10개국만이 기권했다.[240]

이처럼, 고립된 섬에서 송환을 희망하는 포로들에게 폭력이 행사되

어도 국제법의 보호를 받을 수 없었던 반면에, 송환을 거부하는 '반공 포로'들을 정치 난민으로 재분류해 보호하자는 기획이 추진되고 있었다.[241] 송환을 거부하고, 자유로운 개인으로 남기로 한 반공 포로들에게는 어떤 경로가 기다리고 있었을까?

1953년 3월 2일 주한 미 대사 브릭스Ellis O. Briggs가 국무부에 보낸 제안을 보면, 반공 포로들은 미국의 군사 심리전에 적극적으로 활용되어야 했다. 그러지 못하면 심리전 활동의 중요한 부분인 배신자defector 프로그램을 운영하는 데 제약이 있다며 포로 활용을 승인해 줄 것을 요청했다. 그는 이미 이 프로그램을 위한 '기초 작업'과 계획이 준비되어 있으므로 즉시 정책 결정이 필요하다고 주장했다.[242]

배신자 프로그램이란 무엇인가? 맨허드가 1953년 2월 26일 국무부에 제출한 보고서는, 미국이 한국전쟁에서 경험한 포로 문제와 유사한 문제들을 향후에도 마주하게 될 것이라는 전제하에, 한국의 교훈으로부터 미국이 앞으로 전쟁에서 목적을 달성하기 위해 필요한 몇 가지 원칙과 계획을 제시했다.[243] 이 분석의 핵심은 ① 한국전쟁이 갖는 냉전·제한전의 성격, ② 그로 인한 제네바 협약의 부적절함과 정치 난민이라는 새로운 범주의 필요성, ③ 이를 수행하기 위한 구체적 심사와 포로 활용 계획의 필요성이다.

먼저 맨허드는 기본적으로 한국전쟁의 성격을 군사적인 측면에서 제한전, 그리고 정치적·심리적으로는 전면전이라고 규정했다. 승패가 분명하지 않은 제한전 상황에서 포로들이 송환의 대상이 됨에 따라 억류 기간에도 정치투쟁을 지속해야 하는 조건이 만들어졌던 것이다. 한국전쟁은 본질적으로 거대한 이데올로기 투쟁의 일부 군사적 국면에 불과했기 때문에 국가들 간의 전쟁과 그 국가에 소속된 정규 군인을 대상으로 했던 제네바 협약의 기본 전제들을 벗어났다. 즉 포로들은 분단된 국가 출신이었고, 이들 중 다수가 송환을 거부했으며, 소속 국가에 대한 충성을 거부하고 있었다. 따라서 유엔 사령부가 한국전쟁에 제네바 협약을 맹목적으로 적용하려 했던 것은 전쟁 포로와 정치적 난민이라는, 근본적으로 다른 두 범주를 구분하지 못한, '최대 실수 중 하나'라고 지적했다.

그는 한국전쟁에서 제기된 자원 송환의 원칙은 근본적으로 세계 모든 지역에서 적용되는 정치적 망명 원칙과 불가분의 관계에 있다고 규정하고, 미국은 인도적 이유뿐만 아니라 전략적 이유에서도 언제나 어느 곳에서든 정치적 난민을 받아들일 준비를 해야 한다고 강조했다.

이에 따라 맨허드는 앞으로 전쟁에서 포획된 사람들을 ① 전쟁 포로, ② 민간인 억류자, ③ 정치적 난민이라는 세 가지 범주로 구분해야 한다고 제안했다. 전쟁 포로는 적국의 군인으로 전투 중에 항복하거나 포획된 자이고, 민간인 억류자는 적 영토의 비전투 주민이었던 자로 군사 작전 중에 포획되거나 항복한 자이다. 마지막으로 정치적 난민은 '항복 당시 어떤 적 조직의 성원이기를 그만두고 자신의 의지에 따라 항복했으며, 공산주의 이데올로기에 강하게 반대하며 공산주의 체제로 돌아가게 되면 생명이 위험해질 것이라는 합리적 증거를 가진 사람들'이다. 맨허드는 이 정치적 난민을 고려할 때, 미국은 붙잡힌 모든 사람을 전통적인 의미의 전쟁 포로로 간주해서는 안 되며 그럴 수도 없다고 주장했다. 나아가 그는 진짜 정치 난민들은 보호되어야 할 뿐만 아니라 '전쟁 포로에 대한 기존 제한들의 밖에서 반공주의 첩보·선전 활동에 활용되어야 한다'고 제안했다. 따라서 정치 난민의 범주는 일반 정치 난민뿐만 아니라, 기존 공산당원 출신이거나 적극적으로 참여했던 사람 중에 이제 '민주주의에 복무하기 위해 공산주의에 대한 충성을 거부한 사람'에게도 적용되어야 한다며, 전향한 중요 인사를 정치 난민 범주에 포함시켰다.

하지만 그는 포로에게 정치적 난민의 지위를 부여하기 위해서는 주의 깊은 심사가 필요하다고 강조했다. 즉 자원 송환과 정치적 난민의 지위 부여라는 '고도의 도덕적 목적'을 충족하기 위해서는 억류 당국이 엄격한 심사를 통해 누가 합법적인 보호를 받을 수 있으며 누가 그렇지 않은지를 결정해야 했다. 맨허드는 포로들 개인의 발언으로 정치적 태도를 판단할 수 없으며, 이들의 발언은 모든 가능한 증거를 통해 비판적으로 평가되어야 한다고 지적했다. 그리고 만일 포로의 반공주의적 신념에 의구심이 든다면 의심이 사라질 때까지 정치적 난민의 지위를 부여해서는 안된다고 강조했다.

하지만 한국전쟁의 경우, 포로들이 붙잡힐 당시의 상황이나 정치적 태도, 개인사 등은 거의 고려되지 않았으며 모두 전쟁 포로로 등록되었다. 그러다 보니 사실상의 전쟁 포로, 비전투원, 망명자defector 등이 무차별적으로 수용소 내에 뒤섞여 있었다. 이들을 구체적으로 분류하기 위해서는 포로의 개인사 전체를 조사하고, 정치적 태도를 심사하며, 전반적인 신뢰도를 평가해야 했다. 맨허드는 앞으로 이런 작업은 포획 후 빠른 시간 안에 이루어져야 하며, 전략적 첩보나 전투 정보, 선전 기관이 포로들에게 접근하기 전에 이루어져야 한다고 제안했다. 최초의 심사를 담당할 신원 증명 팀이 모든 포로를 전쟁 포로, 민간인 억류자, 정치 난민으로 구분하고, 구분이 끝나면 이들을 격리된 각각의 수용소로 이송해, 첩보와 심리전 목적의 유용성에 따라 또 다른 하위 범주로 분류하자는 것이었다. 그리고 모든 수용소는 포로 사령부의 통합된 감독에 따라 첩보·선전·행정 기능을 수행할 것이고, 특히 각 수용소의 첩보 부서가 전략적인 정보수집 외에도 모든 억류자의 행동과 신분을 지속적으로 관찰하고 조사하기로 했다.

심사 팀이 전쟁 포로와 민간인 억류자로 결정한 사람들만이 국제적십자에 등록되어 문자 그대로 제네바 협약에 적합한 처우를 받고 군사적 분쟁이 종식된 후에 송환하기로 했다. 이와 달리 사실상 정치적 난민의 경우, 제네바 협약은 적용될 수 없는 것으로 봐야 했다. 이들은 공산주의 체제로 돌아가지 않을 것이며, "민주주의라는 대의를 위해 복무할 수 있도록 최대한의 관용이 허용될 것"이었다.[244]

이런 맨허드의 '배신자 프로그램'은, 바로 자유로운 개인이라는 고도의 이상적 원칙에서 출발해 한국전쟁 포로에 대한 심사 과정을 거치면서 폭력적 갈등이 발생하는 등 복합적인 인구 정치의 과정이 모두 집약된 귀결이었다. 배신자 프로그램 구상은 한국전쟁 시기 미국의 포로 정책이 갖고 있는 세 가지 차원을 요약하고 있다.

첫째, 미국은 기존의 제네바 협약이 근거하고 있는 19세기적 주권-민족국가 원칙이 적용될 수 없는 새로운 '상황'을 냉전의 현실로 인정할 것을 주장했다. 이는 곧 하나의 민족이 아닌 자유주의/공산주의 정치 이데올로기에 따라 내전을 벌인 분단국가가 등장함으로써 모든 사람이 전장 이외의 모든 곳에서 정치전과 심리전을 수행해야 하는 '상황'을 의미했다. 한국전쟁은 단순한 국가 간 전쟁이 아니라, 국내적으로는 분단 이후 발생한 내전이었고, 국제적으로는 전 지구적 냉전의 최전선에서 치러진 정치전이었다.

둘째, 이에 따라 미국은 한국전쟁에서 전쟁 포로라는 고전적 범주 외에, 민간인 억류자와 정치 난민이라는 두 가지 새로운 범주를 적극적으로 창조했다. 먼저 민간인 억류자라는 범주가 기존 국제법의 범주에서 벗어나 정전 협상을 통한 교환의 대상에서 제외시키려는 소극적 목적이 있었다면, 정치 난민이라는 범주는 자원 송환 원칙을 따른 포로들 가운데 공산주의 신념을 포기하고 자유 진영을 위해 싸울 사람들을 정치적 망명권이라는 형식을 통해 채용하는 더욱 적극적·군사적인 목적을 갖는 것이었다. 망명권이란 곧 전향한 적들을 군사 요원으로 채용하는 통로였고, 이들이 미국의 대의를 위해 비밀 작전에 복무하도록 하는 것은 곧 미국이 베푸는 '관용'이었다.

셋째, 미국은 이들 정치 난민의 충성심을 의심하며 이들을 철저히 관리·통제하고 각각의 기능적 효용을 식별하기 위해 구체적인 기법과 계획이 필요했다. 철저한 심사 기법의 도입과 감시를 병행한 후 난민 지위를 확정하는 것, 이것이 미국 정부가 한국전쟁 포로 문제를 통해 획득한 교훈의 본질이었다.

4. '자유로운 개인'에서 '배신자' 프로그램으로

합리적 이성을 가진 자유로운 개인이란 서구 자유주의 정치사상의 가장 근본적인 기반이자 가장 이상적인 주체이다. 칸트가 특히 지식인의 역할을 강조하며 계몽 프로젝트를 통해 이런 주체들이 나타날 것을 희망했다면, 한국전쟁에서는 어떤 개인이 이상적으로 여겨졌고 어떤 역할이 강조되었을까? 이 장에서는 한국전쟁 포로 문제를 둘러싼 복합적 인구 정치에서 중요한 역할을 했던 국제법적 차원들을 검토해 보았다.

그 결과, 한국전쟁의 복합적 인구 정치는 다시 한 번 냉전의 정치 대립이 국제법에 반영된 보편 원칙을 얼마나 쉽게 무력화시킬 수 있는지를 잘 보여 준다. 그러나 한국전쟁은 단순히 법의 무력함을 증명하는 사례가 아니라, 치열한 정치적 경쟁 구도 속에서 여러 국제법적 규범들이 경쟁하고, 새로운 초월적 국제 규범이 강제로 도입된 사례이기도 했다.

즉, 한국전쟁 시기에는 19세기적 의미의 실증주의, 국가 주권 원칙 이외에 크게 세 가지 국제법 체제, 즉 전범을 처벌해야 한다는 입장(베르사유 협약과 뉘른베르크 재판), 피해자 보호를 우선시하는 인도주의 전시법 계열(제네바 협약), 그리고 개인 인권과 정치적 망명권(유엔과 미국의 입장) 계열의 국제법 원칙들이 충돌하며 각축을 벌였다. 미국은 이 가운데 새로운 자유주의적 원칙인 개인의 자유와 망명권을 좀 더 보편적 상위 가치로 내걸며 자원 송환 원칙을 추진했다.

그런데 이 장에서는 미국의 자원 송환 원칙이 실제로 현실화되는 과정도 상세히 살펴보았다. 거제도의 유엔군 포로수용소 내부의 상황은 전쟁의 와중에 '자유주의적 개인'에 대한 강조가 역사적으로 어떤 결과를 가져왔는지를 적나라하게 보여 준다. 이 점에서 거제도 포로수용소는 곧 지구적 냉전의 한 가운데에서 분단과 전쟁을 겪은 한국 사회의 축소판이자 거울이었으며, 이념의 쟁투장이자 실험실이었다.

먼저 포로수용소 내부에는 다수의 포로를 관리하기 위해 조직과 위계 구조가 형성되었다. 그에 따라 수용소 내에서 포로들 간에 자원이 불균등하게 분배되었고, 조직 간 세력 싸움이 강화되었으며, 국제정치의 흐름에 따라 이는 적나라한 정치 폭력으로 변해 갔다. 내전이 끝난 지 얼마 되지 않은 중국과 한국의 포로들은 수용소 내부에서도 적대적인 내전을 지속했다. 이들의 내전은 마치 냉전의 국제 질서 속에서 각자 인정받고자 하는 인정 투쟁과 같았다. 여기에 새로운 초월적 국제 원칙들이 적용되자 수용소 내부 갈등에 더해 좀 더 무거운 이상과 이해관계가 공급되었다.

자원 송환이라는 국제적 원칙이 한국전쟁에 적용된 구체적인 과정과 결과를 여기서는 민간인 억류자, 동양 공산주의자, 정치 난민이라는 세 가지 냉전적 주체의 범주들을 통해 정리해 보고자 한다.

먼저 등장한 범주는 '민간인 억류자'들, 혹은 송환을 거부한 반공 포로들이다. 이들은 내전적 갈등의 상황에서 한국 정부의 사상 심사를 통과한 반공 포로들이었다. 그러나 이들은 미국이 제시하는 자유주의라는 고도로 추상적인 원칙보다는 공산주의와의 싸움이라는 눈앞의 현실에 충실하고자 했다. 이들은 미국보다도 더 열정적으로 반공 투쟁에 나섰고, 호전적 반공주의를 자산으로 자신의 이해관계와 요구를 관철시켰던, 반공주의 시스템의 하위 주체들이었다. 이들은 결국 제네바 협약과는 다른 대우를 해달라고 요구했다. 미국은 이들을 국제법에 따른 교환 대상에서 제외하기 위해 '민간인 억류자'라는 국제법적 범주를 새로 만들어 내고 석방을 약속했다.

이런 상황에서 도입된 자원 송환 원칙을 실현하기 위해서는 개별 포로들을 '심사'해야 했다. 문제는 심사를 통해 '자유로운 개인'을 선별해 그들에게만 새로운 권리를 부여하겠다는 선별 논리가 전쟁 상황이라는 현실에서 적나라한 위계와 폭력을 부추기고 정당화했다는 것이다.

또한 포로 심사가 실제로 진행되면서 '동양 공산주의자'라는 새로운 범주가 등장했다. 자원 송환 원칙이, 기존의 국제법적 근거들을 모두 넘어서는 새로운 자유주의 문명의 원칙으로 부상한 순간, 수용소 내부에서는 이 심사 자체를 거부하는 포로들에게 적나라한 폭력이 자행되었다. 심사를 거부하는 포로들에게는 곧 '동양 공산주의자'라는 이중의 낙인이 찍혔고, 기존 국제법이 제공했던 보호가 박탈되었다. 즉 초국적인 이상과 규범이 새로 등장하자, 이를 실현하는 데 방해가 되거나 그것을 거부하는 자들이 마치 부정적 거울상처럼 등장한 것이다.

마지막으로 미국은 심사를 완료한 후 '자유로운 개인'으로 판명된 포로들, 그중에서도 특히 공산주의 체제로부터 전향한 과거의 적들을 '정치적 난민'이라는 새로운 범주로 규정해 이들에게 망명의 지위를 부여하려 했다. 미국이 이들에게 '망명'이나 '정치 난민'과 같은 새로운 지위를 주려고 했던 것은 자유주의 체제에 대한 이들의 충성과 군사적 효용 때문이었다. 이들은 세밀한 심사와 감시, 관리를 통해 비밀 작전에 활용되고 미국

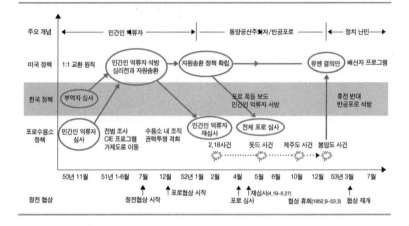

그림 6-2 | 한국전쟁기 자원 송환 정책의 전개와 수용소 갈등의 연쇄

의 대의에 복무할 수 있도록 '관용'과 지원이 주어졌다.

이렇게 복합적인 인구 정치과정을 분석함으로써 최종적으로는 한국 전쟁 자원 송환 원칙의 세 가지 함의를 도출해 보려 한다.

먼저, 한국전쟁 포로를 둘러싼 인구 정치는 곧 20세기의 새로운 국가 건설 원칙, 특히 냉전적 국민국가 건설의 원칙이 무엇이었는지를 보여 준 다. 즉 한국의 국가 형성은 19세기적 민족국가 원칙이 아닌 20세기적 '이 념 국가' 원칙에 따라 이루어졌다. 남한과 북한은 민족주의라는 원칙보다 는 서로 적대적인 자유주의/공산주의라는 이념에 입각해 건설된 국가였 다.

그리고 이 이념 국가들을 건설하기 위해서는 국민들이 필요했다. 그 런데 한국전쟁에서 강조된 국민이란 자연적으로 사회에 존재하는 다양 한 주체들을 동일한 언어와 문화, 정치적 권리를 가진 같은 민족임을 강 조해 통합함으로써 형성된 국민이 아니었다. 냉전적 국민이란 그보다 더 적대적이고 적극적인 수많은 교육과 제도, 관리 기술을 통해 형성된 인공적 창조물이었다. 포로수용소 내부에서 시행된 재교육 같은 인간 개조 프로젝트, 개인(집단)의 정치적 망명이나 전향을 장려하는 배신자 프로그램, 이들의 정치·전략적 유용성을 식별하는 심사와 심문 기술이 새로운 국민 정체성을 주조하고 관리하는 제도들이었다.

그렇다면 한국전쟁 시기에 우리가 결국 목도한 것은, '합리적 이성을 가진 자유로운 개인'이라는 고도의 자유주의적 이상이, 정치적 신념에 대한 배신을 우대하는 차별적 보상 시스템, 그리고 정치체제에 대한 충성을 가장 호전적으로 증명해야만 난민적 지위를 부여하는 망명 시스템으로 대체된 과정인 것이다.

즉, 자유주의가 전 지구적 규모에서 가장 상위의 가치로 여겨졌던 바로 그 순간, 냉전 정치의 가장 밑바닥에서는 "인간을 결코 수단으로서가 아니라 목적 그 자체로 대해야 한다"고 칸트가 말했던 그 개인주의의 근본적인 정언명령이 완전히 배반된 것이다.

7

판문점 체제의 탄생과
냉전 동아시아의 세 가지 평화 모델

판문점, 제네바, 반둥의 평화 기획

한미 방위조약의 목적은 한국이 이 지역에서 자유의
최전선forefront of liberty임을 세계에 알리는 것이다._존 포스터 덜레스

1953년 7월 27일, 포로 문제를 둘러싼 오랜 대립이 해소되고 한국전쟁 정전 협상이 타결되었다. 이로써 한국전쟁이 발발한 이래 수년간 지속되어 온 국제법적 논쟁과 국제적 권력투쟁의 산물로서 '판문점 체제'가 탄생했다. 역사적 평화 체제로서 판문점 체제의 특성은 무엇일까?

먼저, 한국전쟁의 종식은 아시아 지역 냉전regional cold war의 긴 전개 과정을 고려할 때 초기 국면에서 이뤄졌음을 강조할 필요가 있다. 좀 더 정확히 말하면 한국전쟁의 종식은, 미국과 중국이 동남아에서 본격적인 냉전 경쟁을 벌이게 되는 기점에 불과했다. 미국은 한국전쟁 이후 아시아에

서 한국이나 일본과 맺은, 양자 간 방위 협상과 같은 형태의 자유주의 군사동맹 시스템을 구축하기 시작했다. 동남아시아에 일종의 '판문점 모델'이 확산되기 시작한 것이다. 따라서 판문점 체제의 성격은 단지 정전 협상 타결까지의 과정만이 아니라, 그 후 미국이 아시아에서 무엇을 추구했는지를 검토함으로써 더 분명해질 것이다.

이 마지막 국면을 살펴볼 때 염두에 두어야 할 또 다른 특징은 모든 일이 유엔 밖에서 이루어졌다는 점이다. 따라서 이 시기의 평화 기획은 다시 한 번 칸트식 보편적 법치 기획이 아닌, 홉스식 차별 기획이 전개되는 과정이었음을 알 수 있다. 그렇다면 한국전쟁 이후 아시아 지역에서 전개된 홉스적 평화 기획은 어떻게 귀결되었을까?

아쉽게도 그동안 한국전쟁에 대한 대부분의 연구들은 정전 협상의 종식까지로 연구 시기를 한정하고, 이후 아시아와 세계 냉전의 시공간적 전개에는 거의 관심을 갖지 않았다. 그 결과 정전 협상 이후 체결된 한미 방위조약이 다른 군사동맹들과 어떤 차이가 있는지, 한국 문제에 대한 제네바 정치 회담은 어떤 세계 냉전의 맥락에서 전개되었는지를 정확히 인식하지 못했다. 일부 연구들이 '실패한 회담'으로서 제네바 회담을 연구했지만 이는 한국 문제에 대한 논의에 국한되어 있었다.[1] 또한 인도차이나에서의 냉전 전개, 인도와 중국이 주도한 평화공존 정책, 비동맹 운동의 상징으로 여겨지는 반둥회의 등이 한국전쟁과 어떤 연관이 있는 지에도 크게 관심을 기울이지 않았다.[2]

이 장에서는 인식의 지평을 확장하기 위해 한국전쟁 정전 협상 이후 1955년까지 아시아에서 평화에 대한 논의·원칙·제도·실천이 전개된 가장 결정적인 장소였던 판문점(1953년), 제네바(1954년) 그리고 반둥(1955년)에 주목하려고 한다. 각 장소들은 각각 하나의 평화 모델이자 체제를 상징한다는 점에서 판문점 체제, 제네바 체제, 반둥 체제라고 부를 수 있다. 이들은 뚜렷이 차별적인 특성들을 갖고 있었다.

먼저 판문점의 평화는 곧 자유주의적 평화 기획의 산물이었다. 즉, '자유의 최전선'을 창출하고자 했던 덜레스와, 미국의 후원을 얻고자 했던 이승만의 이해관계가 맞물려 만들어진 평화 모델이었다. 요컨대, 판문점 체제를 구성한 두 가지 제도적 축은 임시 군사 정전 체제와, 미국과의 상호방위조약에 근거한 군사 동맹 체제였다.

다음으로 제네바의 평화는 유엔도, 군사 협상도 아닌 국제 정치 회담을 통해 이루어진 정치적 협상의 산물이었다. 제네바 회담은 한국전쟁 문제뿐만 아니라 제1차 베트남전쟁(1946~54년) 문제를 동시에 다루었다. 결과적으로, 정치적 협상을 통해 선거를 치르고 한반도에 통일국가를 건설한다는 회담의 목적은 이루지 못했으나, 베트남전쟁을 한국에서처럼 분할에 입각한 임시 군사 정전으로 매듭짓는 데는 성공했다. 제네바의 평화는 이렇게 절반의 실패와 절반의 성공으로 이루어졌으며, 중국과 미국의 권력 균형에 기반했던 판문점 모델이 그대로 답습된 것이었다.

반둥의 평화는 곧 냉전이 초래한 전쟁과 권력 경쟁의 확산 자체에 반대하며 대안적인 평화를 모색하던 아시아 국가들의 자체적인 움직임의 산물이었다. 당시 미국은 아시아에서 동남아시아조약기구 등 군사동맹을 확산시키려 했고, 중국은 동맹국에 대한 군사적 지원을 늘리고 있었다. 이런 맥락에서 인도의 네루는 냉전적 군사동맹의 확산 자체에 반대하는 중립주의를, 중국의 저우언라이는 '평화공존' 외교를, 인도네시아의 수카르노는 탈식민주의를 내세웠다. 이에 반해 친서구 진영 국가들은 유엔 헌장에 근거한 '자기방어' 원칙을 앞세워 미국과의 군사동맹을 정당화했다. 이런 갈등과 충돌 속에서 치러진 반둥회의는 한편으로는 제2차 세계대전 이후 전개된 자유주의 평화 기획의 한계를 비판하고, 다른 한편으로는 한국과 베트남 등에서 구현된 냉전의 극단적 갈등을 방지하고 대안적 평화와 발전을 요구하는 장이 되었다. 요컨대, 반둥의 평화 모델은 곧 판문점 체제의 거부와 극복을 지향한 것이었다고 할 수 있다.

이 세 가지 평화 모델이 형성되는 과정에 대한 구체적 이해, 그리고 각각의 성취와 한계에 대한 역사적 평가는, 궁극적으로 냉전 초기에 형성된 아시아 고유의 지역 질서 일반에 대한 평가가 될 것이다. 즉 이 작업은 유럽의 다자주의적 지역 질서와 달리 양자 관계로만 이루어져 국가 간 경쟁과 갈등이 지속되는 '아시아의 모순'Asian paradox에 대한 대안적 설명을 제공할 수 있을 것이다. 먼저 각각의 평화 모델들이 형성되는 좀 더 구체적인 전개 과정을 살펴보자.

1. 판문점 체제 : 자유주의 평화와 반공의 최전선

1) '아이젠하워 트랙'의 형성 과정

판문점의 평화는 임시적 군사 정전과, 미국과의 양자 상호방위조약에 근거한 군사동맹 체제라는 두 가지 요소로 구성된 평화 체제이다. 앞서 중국의 개입으로 인해 한국에서 평화 협상이 아닌 군사 정전 협상이 이루어지는 과정을 살펴보았다면, 여기서는 두 번째 요소인 미국과의 양자 간 방위 협약이 체결되는 과정을 보자. 한미 방위 협약은 국제정치 이론에서 유럽의 지역 안보 질서와 대비되는 것으로 평가되는, 미국과의 양자 간 방위 관계, 혹은 허브 앤 스포크hub and spoke* 시스템의 전형이라고 볼 수 있다. 즉 이 양자 간 방위 협약 체제는 한국이 유엔이나 다자주의적 국제 관계의 틀에서 완전히 벗어나 미국과의 개별적인 안보 관계 속으로 편입되었음을 분명히 보여 준다. 하지만 왜 이런 체제가 형성되었는지에 대한 설명은 엇갈린다. 여기서 강조하려는 것은 이 안보 체제는 단지 카첸슈타인이 주장했듯이 문화적 차이의 문제, 즉 미국과 유럽이 서로 공유하고 있는 것과 같은 공통의 지역적 정체성이 아시아에는 존재하지 않기 때문이 아니라,[3] 냉전 초기의 구체적인 역사성이라는 경로 의존적 경험에서 비롯되었다는 점이다.

그 구체성은 다름 아닌 한국전쟁이라는 경험이다. 특히 미국의 한국전쟁 경험은 '아이젠하워 트랙'이라는 정책과 제도에 집약적으로 표현되어 있다. 여기서 '아이젠하워 트랙'은 한국전쟁의 종식과 그 이후 아시아 냉전의 전개에서 가장 기본적인 역사적 배경이 되는 미국의 대외 정책을 의미한다. 트루먼 시기의 냉전 전략이 소련과의 전 지구적 경쟁 구도를 강조한 정치적 기획이었다면, 아이젠하워 정부의 냉전 전략은 경제적 계산에 근거하여 전 지구적 냉전 전략의 우선순위를 재조정한 것이었다.

일반적으로 뉴룩New Look으로 불리는 이 시기 미국의 대외 정책은 NSC-68이 등장한 이후 폭증한 국방 예산을 감축하기 위해 재래식 군사력을 줄이고 핵무기나 전략적 공군 작전 등 기술력에 대한 의존도를 높인 것이다. 이 정책은 또한 여러 국가들과 방위 협약을 맺고, 각국의 군사력에 대한 훈련과 군사·경제적 지원을 확대했다는 특성을 갖는다.[4]

1953년 1월 등장한 NSC-141[5]은 아이젠하워 정부의 새로운 냉전 전략의 특징을 고스란히 담고 있다. NSC-141은 "기존 안보 프로그램들이

● 부챗살 모양으로 형성되어 모든 경로가 중심의 허브로 연결되어 있는 것을 가리킨다. 국제 관계 이론에서는 다자주의적 관계로 이루어진 지역 기구가 아닌, 미국과의 양자주의로만 형성되어 있는 아시아 특유의 국제관계를 나타낸다.

표 7-1	NSC-141의 차별적인 지역별 군사 지원 전략		

지역	군사 지원의 형태와 목적
중동	내부 안보 확보 : 정권 강화, 경찰력 확충, 기지 사용권
동남아	내부 안보 및 국제전 대비 : 중국과의 잠재적 충돌 대응력
한국·일본·베트남·타이완	내부 안보, 국제전 대비 및 미군 대체 : 빠른 군사력 증강

동아시아 지역에 대한 냉전의 위협, 침략, 혹은 전면전에 대항하기 위한 적절한 수단을 제공하지 못했다."는 진단에 근거했다는 점에서 분명히 한국전쟁의 영향을 받고 수립된 정책이었다.

　중요한 것은 이 정책 문서가 특히 중동과 아시아 지역 국가들에 대한 군사 지원을 강조했다는 점이다. 그런데 그 지원의 성격과 수준과 목표가 중동, 동남아, 동북아 지역에 따라 달랐다. 구체적으로 살펴보면, NSC-141은 중동 지역의 경우 아직 '의미 있는 군사력'을 키우기 어려운 상태이므로 내부 사회질서의 안정을 위해 정권 강화와 경찰력 확충을 위한 지원을 해주고, 이 지역의 기지들을 활용할 수 있는 권리를 확보하기로 했다. 즉 중동의 경우 정권들의 '내부 안보' 확보를 지원하는 데 치중했다. 이는 미국이 주로 내란 진압에 적합한 홉스적 국가 건설을 지원하려 했음을 의미한다. 이에 비해, 동남아 역시 유의미한 군사력을 확보하는 데 긴 시간이 필요하지만, 이 지역 국가들의 군사력은 '내부 안보'뿐만 아니라 궁극적으로는 중국과의 잠재적 군사 충돌에 대항하는 데 기여할 수 있다고 평가했다. 즉 미국은 동남아 지역에서 각 국가들이 내부 갈등을 진압할 수 있을 뿐만 아니라 외부와의 충돌에도 대비할 수 있도록 지원하려 했다. 더 나아가 일본·한국·타이완·베트남의 군사력을 빠르게 증강시키기로 했다. 왜냐하면 이 국가들은 중국을 견제하는 '지역적 목적'에 기여할 뿐만 아니라, 미국이 군사력을 '좀 더 자유롭게 운용하게 해줄 수 있'기 때문이었다. 이런 진단에 근거해 NSC-141은 특히 한국·베트남·타이완의 군

사력을 빠르게 확대시키는 것이 '가능하고 바람직하다'고 결론지었다.[6]

즉 한국은 중동이나 동남아보다 더 빠르게 군사력을 확대시켜 중국과의 잠재적 군사 충돌에 자체적으로 대응하게 할 뿐만 아니라, 좀 더 넓은 전 지구적 냉전의 맥락에서 미군을 자유롭게 운용할 수 있도록 육성할 필요가 있는 곳으로 분류된 것이다.

이런 선별적 지원 정책의 배경에 경제적 비용 계산이 있었다는 점도 주목해야 한다. 즉, 이 시기부터 미국의 국가 안보는 단지 정치적 이념과 지위의 차원에서가 아니라, 경제와 예산의 관점에서 재검토되기 시작했다. 이 과정에서 미국 정부의 예산국과 재무국이 국가 안보 정책을 검토하고 의견을 제시했으며, 국가안보회의는 2월 25일 각 부서와 기구에서 국방 정책의 예산 문제를 검토하기 위해 민간자문위원회를 설치했다.[7]

국방 예산 삭감을 둘러싼 논쟁의 양상은 1953년 3월 25일 열린 국가안보회의 회의에서 전형적으로 관찰할 수 있다. 군부는 국방 예산을 삭감할 때 생길 군사적·외교적 문제점들을 지적하며 예산 삭감에 저항했지만, 아이젠하워는 미군 유지 비용이 다른 국가들의 국방비에 비해 너무 높다며 조치가 필요하다고 지적했고, 보수적 기업가들의 이해관계를 대변하던 험프리George M. Humphrey 재무부 장관도 "이대로는 정부가 파산할 것"이라며, 향후 10년간 안보 예산을 트루먼 정부 예산의 절반 수준으로 낮춰야 한다고 주장했다. 험프리는 한국전쟁으로 초래된 대규모 안보 정책에 들어가는 자원과 재정은 미국이 뉴딜처럼 "전체주의적인 방식으로 통제되고 계획된 경제"를 채택하지 않는 한 지속 불가능할 것이라고 강조했다. 험프리가 경제정책의 관점에서 뉴딜을 전체주의적 정책으로 비난했다면, 아이젠하워는 정치적 차원에서 "미국인들이 영구적인 동원 상태에서 살아야 한다면, 미국의 민주적 삶의 방식 전체가 파괴될 것"이라고 말했다.[8] 아이젠하워는 '전체주의 소련'과 달리 '자유주의 미국'은 모든 세

표 7-2 | NSC-147에 따른 미국의 행동 계획과 필요 예산

단위: 10억 달러

행동 방향	목적	시기	병력 증대	비용	적의 예상 대응	동맹국의 관점	군사적 평가
A. 현재 수준의 군사작전 지속, 한국군 증강	미군의 제한적 투입	1954년 7월까지 미 지상군 재배치	한국군 20개 사단과 1개 해병단	1.5~1.7	지속적인 병력 증강, 정전 양보 없음	한국의 반대, 대다수 국가의 지지	군 투입의 최소화, 최소의 사상, 최소 위험
B. 지상 작전 전개	정전 협상을 위해 적의 전쟁 부담 증가	6개월 내 시작, 1954년 7월 최대 효과	한국군 20개 사단과 2개 미 군사단, 공군, 해군	2.2~2.4 3.8~4.0	강력한 국가적 반격, 확전 위험 적음, 정전 가능성 불확실	아시아 국가들의 반대, 다수 국가의 소극적 동의	적의 큰 손실과 공격 역량 약화, 승리 보증 없음. 공중 공격 위험, 사상 증가
C. 지상 작전, 중부 전선까지 공세	적을 최대한 파괴	6개월 내에 시작, 3개월 후 공세, 3개월 후 새로운 분계선	한국군 20개 사단, 3개 미 군사단, 2개 공수, 2개 폭격 편대	3.0~3.3 4.0~4.4	강력한 국가적 반격, 전쟁 확대 가능성	동맹국도 반대, 아시아 국가의 강력한 반대	성공하면 최대의 적 사상과 물질적 손실, 높은 유엔군 사상, 심각한 공중 공격 위험, 방어하기 어려운 분계선
D. 중국에 대한 공중 공격, 해상 봉쇄, 지상 공격 증가	적에게 큰 비용 부담을 주고 바람직한 해결	한 번의 공중 공격, 해상 봉쇄는 2~4주	한국군 20개 사단, 2개 해군 수송단, 2개 전폭대	2.4~3 3.2~3.5	정전 협상 양보, 최대의 저항, 소련의 참가 가능성, 중국의 공중 공격 가능성, 대응 불가능할 시 한국 포기	한국과 타이완을 제외하고 강한 반대, 공산군의 대규모 공세 가능	성공하면 큰 사상 없이 군사적 승리, 전면전 위험 적음. 전쟁 계획에 부정적 영향, 전면 공세 필요
E. 중부 전선까지 공세, 해상 봉쇄, 중국에 대한 공중·해상 공격	적을 최대한 파괴, 새로운 분계선, 바람직한 해결	9~12개월 내, 연장되면 B, C, D와 같음	20개 한국 사단, 3개 미 군사단, 해군, 공군, 폭격 대대 추가	3.2 4.2	D와 같음	D와 같음	성공하면 적의 패배, 성공하지 못하면 압록강까지 전진 필요, 전쟁 계획에 부정적 영향, 높은 사상률
F. 대규모 공세와 해상 봉쇄, 중국에 대한 공중·해상 공격	적의 패배와 파괴, 통일된 비공산주의 한국	E와 같음	E와 같고 일본에서 미군의 2개 사단 추가	4.2 5.1	D와 같음	D와 같음	성공하면 주요 적 병력 파괴, 새로운 공격 가능성 파괴, 일본의 안보 강화, 전쟁 계획에 가장 큰 부정적 효과, 작전 기간 일본의 약화

출처 : FRUS(1952, 854-56).

입을 전쟁에 할당할 수 없으며, 국민의 삶의 기준을 향상시키기 위해 예산 배분 문제를 고려해야 한다고 주장했다. 이를 반영해 민간 자문단은 당시 미국 정부의 안보 정책을 범위·속도·시기·우선순위·비용 등의 차원에서 재검토하기로 했다. 이들은 예산 절감이라는 전략적 차원에서 핵무기와 핵에너지를 적극적으로 활용할 것을 제안했다.[9] 아이젠하워는 이 조언을 받아들였고 한국에서 핵무기 사용을 고려하기 시작했다.[10]

이후 3월 31일 국가안보회의 회의에서 미국 지도부는 핵무기 사용에 대한 기존의 금기를 모두 해체했다. 아이젠하워의 심리전 작전 특별 보좌 잭슨C. D. Jackson과 덜레스는 그동안 이루어진 한국전쟁 정전 협상의 기존 합의도 파기하자고 주장할 정도로 호전적이었다. 〈표 7-2〉에서 볼 수 있듯이 미국의 합동전략기획위원회는 한국전쟁에서 미국의 행동 경로를 여섯 가지로 나누었다. 이 가운데 셋은 한반도 외부 중국 국경 지대에서의 군사작전을 필요로 했는데, 이 작전들이 성공하려면 핵무기를 사용해야 했다. 이런 구상들이 반영된 새로운 한국전쟁 정책이 바로 NSC-147 (1953년 4월 2일)이었다.[11]

NSC-147의 정책 제안에서 특징적인 것은 군사작전의 경제적 비용이 모두 계산되어 있어 강한 작전을 수행할수록 경제적 부담이 커지고, 반면 부담이 낮은 수준의 군사작전은 전쟁의 결과에 큰 영향을 미치지 못한다는 점이 일목요연하게 드러나 정부의 '합리적' 선택을 유도했다는 점이다.

이렇게 아이젠하워의 한국 정책은 경제적 고려를 중심에 두고 있었다. 경제정책에 있어 아이젠하워 정부는 기업 활동을 위한 규제나 통제를 최소화하고 경제를 활성화하고 자유주의 국가 간의 무역을 늘린다는 전형적인 자유주의 노선을 따랐다. 군사 정책에 있어서는 이미 충분한 지원이 이루어진 북대서양조약기구보다는 중동과 동아시아를 중시하고, 상대적으로 저렴한 정보전·선전전·심리전을 강화하는 데 중점을 두고 있었다. 핵무기와 핵에너지, 심리전에 대한 강조라는 노선 변화와 동아시아 국가들에 대한 군사적 지원, 동맹 구상이 동시에 등장한 것이다. 이렇게 '아이젠하워 트랙'이란 경제적 계산에 기반한 정책 조정에 따라, 미국이 동아시아 국가들에 대해 선택적으로 동맹과 지원을 해주기로 한 발전 노선을 의미한다.

2) 정전 협상의 재개와 이승만의 반공 포로 석방

아이젠하워 트랙은 한국에 대한 지속적 군사 원조를 계획하고 있었다. 이를 위해서는 한미 군사동맹이 체결되어야 했고, 그보다 먼저 정전 협상이 해결되어야 했으며, 그러려면 포로 문제로 협상이 결렬된 이후 6개월간 중단되어 있던 정전 협상이 재개되어야 했다. 그런데 가장 큰 장애물이었던 포로 문제에서 작은 돌파구가 마련되었다. 1952년 12월 국제적십자회연맹이 양측이 상병 포로를 교환하라는 결의안을 통과시키면서 포로 교환에 대한 국제적 압력이 다시 생겨났던 것이다. 이후 몇 주간 중립국의 선정, 억류 기간, 비송환 포로들이 억류될 장소에 대한 논의가 이루어졌다.[12]

또 다른 계기는 바로 스탈린의 사망(3월 5일)이었다. 이는 공산 진영 내에서 정전에 대한 입장을 크게 변화시켰다. 저우언라이는 스탈린의 장례식에 참여하기 위해 3월 7일부터 24일까지 소련을 방문했고, 이때 새로운 소련 지도부(게오르기 말렌코프Georgy Maksimilianovich Malenkov, 니키타 흐루시초프Nikita Sergeyevich Khrushchev, 라브렌티 베리아Lavrenty Pavlovich Beria, 몰로토프 Vyacheslav Mikhaylovich Molotov, 불가닌Nikolay Aleksandrovich Bulganin 등)와 정전에 대한 논의가 집중적으로 이루어졌다. 그 결과 중국과 북한은 한국전쟁의 최선의 해법은 합리적인 타협을 통해 전쟁을 끝내는 것이라는 결론에 도달했다.[13]

1953년 4월 26일부터 정전 협상이 재개되었고, 상황은 급속히 진행되었다. 미국 측 정전 대표 해리슨은 5월 25일 정전 협상이 타결된 뒤 2개월 안에 송환을 희망하는 포로를 모두 송환하고, 송환을 거부하는 포로는 위원회를 구성해 비무장지대에서 심사하여 중립국으로 보내자는 새로운 안을 제시했다.[14] 결국 양측은 6월 8일, 17개월을 끌어온 포로 문제에 대해 최종 합의에 도달했다. 6월 15일 양측 군 실무자들은 최종 분계선을 합의했고, 같은 날 저녁 펑더화이는 6월 16일 이후 공세 작전을 중단하라는 명령을 내렸다. 6월 17일 정전 협상은 휴전선을 새로 설정했고, 서명만을 남겨 두고 있었다.

양측이 더 양보를 해야 할 결정적인 시기였다. 그런데 이 과정에서 이승만은 정전 협상을 방해하고 한미 방위 협상을 얻어 내기 위해 돌발적인 조치를 취했다. 그것이 바로 '6·18' 반공 포로 석방 사건이다.

이 돌발적 사건을 이해하기 위해서는 이승만이 처음부터 정전 협상 자체에 반대해 왔다는 사실에 주목할 필요가 있다. 이승만은 왜 정전 협상을 반대했을까? 정전 협상 타결 직전에 보인 그의 행태들을 살펴보면 쉽게 이해할 수 있다.

1953년 4월 초 정전 협상이 재개되자 그는 이에 반발하며 독자적으로 전쟁을 수행하거나 한국군을 모두 철수시키겠다고 미국 정부를 위협했다. 이 시기 이승만은 한국 문제에 대한 다섯 가지 쟁점[15]을 제시하며 중국군의 철수, 북한의 무장해제, 북한에 대한 제3자의 지원 금지 등 수용되기 어려운 요구를 제기하고 있었다. 이승만은 인도가 한국의 평화를 위해 중요한 정치적 역할을 하는 것도 노골적으로 싫어했다.

그는 정전 협상이 체결되면 한국은 독립국가로 살아남을 수 없으며 '중국처럼 (공산화)될 것'이라며 독자적인 전쟁 수행도 불사하겠다고 말하곤 했다. 그러자 미 8군은 이승만의 돌발 행동이 초래할 수도 있는 긴급 상황에 대비해 계획을 마련했다. 그것이 바로 유명한 '에버레디 플랜'이다. 이는 만일 이승만의 돌발 행동으로 한국군이 철수해 버리는 상황이 발생하면, 정전 협상을 무사히 마무리하기 위해 미군 병력을 재배치하고 한국에 계엄을 선포한 후 유엔하에 군정을 설치하고 이승만을 억류한다는 계획이었다.[16]

정전 협상이 타결에 가까워질수록 이승만의 비협조적 태도는 더욱 완강해졌다. 이승만은 5월 25일 유엔 측이 정전 협상에서 포로 문제에 대한 타협안을 제시했다는 사실을 당일에야 알게 되어 큰 충격을 받았다. 그는 격분해 "이런 정전을 결코 수용할 수 없다"고 말했으며, 외무장관 변영태는 이것이 "아시아의 뮌헨 협상[17]"이라며 미국 정부에 항의했다. 이승만은 아이젠하워에게 미국 정부의 태도에 실망했다며 더 이상 협력하지 않을 수도 있다고 위협했다.[18]

이때 이미 유엔군 사령관 클라크는 이승만이 포로들을 일방적으로 석방해 버릴 위험을 감지하고 지휘관들에게 돌발 상황에 대비하도록 지시했다. 송환 거부 포로들을 경비하고 있는 한국군 병력을 미군 병력으로 대체하라는 구체적 조언도 했다. 주한 미 대사 브릭스 역시 이승만이 일방적으로 포로들에게 행동을 취할 가능성이 있다고 상부에 보고했다.[19]

미국 정부의 여러 인사들은 사실 이승만이 요구하는 것의 핵심은 미국과 한국의 상호방위조약이라는 점을 잘 알고 있었다. 따라서 아이젠하워는 이승만에게 미국이 곧 한국과 상호방위조약 협상을 시작할 것임을 알렸다.[20]

그러나 이승만이 생각하기에 정전 협상은 너무 빨리 진전되고 있었다. 6월 4일 판문점 회의에서 공산 측은 5월 25일 유엔이 제시했던 안을 대부분 받아들였다. 다만 공산 측은 포로 1천 명당 10명의 설명 요원을 할당해 포로들에게 송환 여부를 판단하기 위한 충분한 정보를 제공해 줄 것을 요구했다. 그러자 덜레스는 아이젠하워에게 공산 측이 협상안을 대부분 수용해 "포로 문제는 해결된 것 같다"고 보고했다.[21]

하지만 이승만은 여전히 상호방위조약에 대한 확답을 듣지 못했고, 6월 7일에는 정전 협상장 한국 측 대표인 최덕신과 전체 참모들을 정전 협상장에서 철수시키는 돌발 조치를 취했다. 이에 클라크는 이승만의 속내를 파악하고 단독 대화를 나누었다. 클라크는 포로들을 중립국억류위원회에 넘기더라도 이들을 이후 민간인 지위로 석방시키겠다고 약속했다. 하지만 이승만은 비록 그것이 "자살을 의미하는 것이 되더라도 한국 정부는 계속 싸울 것"이며, 이후부터는 "적절하다고 생각하는 모든 조치"를 취하겠다고 답했다. 그러자 클라크는 미군의 병참 지원 없이 한국 정부가 전쟁을 성공적으로 수행할 수 없다는 점을 환기시켰다. 그러자 이승만은 극도로 낙심한 어조로 "한국은 결국 중국처럼 될 것"이라며 자신과 국민들은 이미"죽은 것과 다름없다"고 말했다. 이때 브릭스가 상호방위조약과 한국의 정전 협상 수용을 교환하자는 아이젠하워 대통령의 친서[22]를 전달했다. 하지만 이승만은 "나중에 혼자 있을 때 읽어 보겠다"며 큰 반응을 보이지 않았다.[23]

6월 8일, 드디어 양측이 판문점에서 중립국송환위원회에 대한 합의문에 서명했다. 그러자 더욱 조급해진 이승만은 자신이 바라는 것은 단지 "한국이 공격받으면 미국이 지원해 줄 것이라는 문서"일 뿐이라며 방위협약을 촉구했다.[24]

덜레스가 이승만에게 직접 서신을 보내 이승만의 방미와 한미 정상회담을 제안하고,[25] 국무부 차관 로버트슨의 방한을 약속했지만,[26] 이승만의 태도는 누그러들지 않았다. 급기야 이승만은 미국이 1882년 조약(한미수호통상조약朝美修好通商條約)을 위반하고, 1904년에 일본이 한국을 차지하는 데 동의한 것, 38선이라는 자의적 선을 설정한 것, 1950년 한국을 미국의 방위선에서 제외해 전쟁을 초래한 것을 비난하면서 방위 협약 체결을 촉구했다. 이때 이승만은 한미 방위 협약은 한국을 공산 진영의 침공으로부터 뿐만 아니라 일본의 공격으로부터도 방어하는 것이어야 한다고 생각했다. 그래서 그는 덜레스에게 한미 방위조약에는 "미국이 모든 종류의 침략으로부터 한국을 방어할 의무가 포함되어야 한다"고 요구했다.[27]

아직 이승만의 요구는 받아들여지지 않았다. 그리고 6월 17일에는 드디어 양측이 판문점에서 정전 협상의 모든 조항에 대한 완전한 합의에 도달했다. 그러자 이승만은 6월 18일 아침, 모든 '반공 포로'들을 미국과 아무런 상의 없이 일방적으로 석방해 버렸다. 그는 독자적인 명령으로 움직일 수 있는 한국 헌병을 통해 일방적으로 부산, 마산, 논산, 상무대 수용소에 있던 약 2만5천 명의 반공 포로를 석방했다.

포로 석방은 매우 체계적으로 계획된 것처럼 보였다. 포로 석방 직후 한국 정부는 마치 준비했다는 듯이 관계 부처 회의를 열고 석방된 포로에 대한 응급 구호 조치 등을 논의했으며, 각 도별 책임하에 이를 감당할 예산으로 당시 돈 약 1억 환(2014년 현재 약 350억 원)을 책정했다. 석방된 포로들에게는 6월 21일부터 일제히 도민증이 발급되었으며, 전국 각지에서 석방자들에 대한 환영회가 개최되었다. 포로들은 이에 응답하듯이, '하루 속히 멸공전에 참가하겠다고 절규'하는 혈서를 써가며 입대를 자원하는 '반공 전사'이자 '애국 청년'들이 되었다.[28] 조병옥·윤치영·김종식·양우정 등 이승만의 대표적 측근들은 공개 성명을 통해 포로 석방 조치를 지지했고, '거사를 이끌어 낸 이승만의 대담함에 존경'을 표했다. 신문들은 전쟁 포로 석방을 환영하는 가족들의 사진과 함께 관련 기사를 연일 1면에 실었다.[29]

클라크는 이것이 한국 정부의 최고위 수준에서 체계적으로 기획된 행동, 즉 이승만의 지시에 의한 것으로 판단하고 공개적으로 비난했다. 그런데 이승만은 이런 공개적인 비난이 무색하게 당일 직접 클라크에게 서신을 보내 자신이 명령했음을 시인했다. 이승만은 이를 사전에 클라크에게 알리지 않은 이유는, "미리 알렸다면 당황했을 것이고, 이 기획이 발각되었을 것이기 때문"이라고 말했다. 이승만은 자신의 제안이 받아들여지지 않았으므로 결국 이런 행동을 취할 수밖에 없었다고 말했다. 이승만은 "만일 이로 인해 어려움이 생기면 자신에게 말하라"며 클라크의 입장을 이해한다는 듯한 태도를 보였다. 심지어 이승만은 클라크에게 "공적 임무와는 별도로 사적인 우정을 유지하자"고 제안하며 이 사실을 두 사람 사이의 비밀로 하자고 제안했다.[30]

하지만 이미 모든 사안에 합의했던 판문점에서는 이 사건으로 인해 상당한 혼란이 발생했다. 공산 측은 남은 문제에 대한 논의를 즉각 중단하기로 하고, 오후에 고위 연락장교 회의 개최를 요청했다. 해리슨은 이 회의에서 대규모 포로 석방이 있었음을 알리고 이승만을 비난했다.[31] 공산 측뿐만 아니라 서구 동맹국, 미국 상원에서도 비난이 쏟아졌다. 중국 언론은 6월 19일 '이승만의 석방은 자원 송환, 비강제송환이라는 개념의 완전한 파산'이라고 지적하며, 미국이 이를 묵인했거나 직접 관여되어 있다고 비난했다. 영국 언론들은 정전 협상이 '적에 의해서가 아니라 이승만에 의해서 파괴될 가능성이 크다'고 보도했다.

미국에서도 이 사건과 관련해 최고위급 논의가 이루어졌다.[32] 6월 18일 열린 150차 국가안보회의 회의는 이승만에게 보낼 대통령의 메시지의 내용에 대해 논의하느라 회의 자체가 약 45분간 지연되었다.

아이젠하워의 첫 발언은 우리가 "우군이 아니라 또 다른 적을 얻게 된 것 같다"는 것이었다. 덜레스는 이승만이 정전 협상을 방해하기 위해 마지막으로 절박한 행동을 취한 것이라고 해석했다. 덜레스는 공산 측이 크게 반발했지만 정전 협상을 우려해 이 일을 묵인할 것이라고 보았다. 덜레스는 이승만에 대해서는 가능한 가장 강경한 입장을 취해야 그가 이런 "쇼를 계속할 수 있을 것이라는 상상도 하지 못하게 될 것"이라고 말했다. 그런데 이 회의에서는 이승만의 행동을 긍정적으로 평가하는 의견도 있었다.[33] 그러자 아이젠하워는 그럼 "이승만에게 차라리 축하 메시지를 보내지 그러느냐"며 긍정적인 평가를 일축했다. 여러 차례 이승만에게 경고 서한을 보냈던 아이젠하워는 특히 민감하게 반응했다. 그는 이승만이 약속을 어긴 것은 "국가적 위신의 문제"이며, 이로 인해 동맹국의 반발과 한국도 통제하지 못한다는 공산 측으로부터의 비난 역시 고려해야 한다고 지적했다. 이에 따라 미국 정부는 이승만에게 강경한 서신을 보내고 공개적으로 비난하기로 결정했다.[34]

이런 판단에 따라 미국 정부와 미군은 이후 "이승만의 행위가 자유세계의 분열을 초래"했으며, 지난 "15개월 동안 자원 송환 원칙을 위해 싸워왔고 드디어 승리한 이 순간에 비극적인 일이 발생했다"며 공개적으로 비판했다.[35]

3) 정전 협상과 한미 방위조약의 교환

이승만은 겉으로는 이런 비난들을 예상했다는 듯이 대수롭지 않게 여겼다. 그러나 6월 22일 클라크와의 대화에서 알 수 있듯이, "이젠 정전 협상을 지지할 수도 있다"고 밝혀 상당한 태도 변화를 보였다. 그러자 클라크는 이승만이 실제로는 정전을 수용하면서도 정전 협상 반대라는 기존의 공식 입장을 유지하기 위한 방식으로, 정전 협상에 한국 정부가 서명을 하지 않는 방법이 있음을 조언해 주었다.[36] 실제로 이승만은 정전협약 문서에 서명을 하지 않았고, 이로써 남한 정부는 판문점 평화 체제의 협약 당사자가 아니게 되었다.

6월 22일 덜레스는 이런 이승만의 변화에 호응해, 전후 한국에 대한 경제적 지원에 대한 타스카Tasca 보고서의 개요를 이승만에게 귀띔해 주도록 했다.[37] 한국에 대한 경제 지원 기획이 구체화되고 있음을 알려준 것이다. 하지만 덜레스는 한미 상호방위협약은 북대서양조약기구처럼 미국이 의무적으로 개입해야 하는 것이 아니라 태평양안전보장조약이나 필리핀-미국 협약처럼 상징적 차원의 협약만 가능하다는 것을 분명히 알렸다.

한미 방위조약 문제를 좀 더 구체적으로 논의하기 위해 극동 문제 차관 로버트슨이 한국을 방문했다. 로버트슨은 이승만을 만나 정전을 수용해야 미국과 방위 협약을 맺고 경제 지원도 확대되며, 국제 여론에 힘입어 중국에 대한 제재 성명을 낼 수 있고, 미국 내에서 한국에 대한 지원의 정치적 정당성을 높여 추후 한국 문제에 대한 정치회담이 개최될 때에 미국 정부가 한국정부를 전적으로 지지해 줄 수 있다고 설득했다.[38] 이승만에게는 미국으로부터 선물이 계속 도착하고 있었다.

로버트슨과 이승만의 대화는 상당한 수준의 합의에 도달했다. 먼저 이승만은 유엔군에 협력해, 남은 비송환 포로를 비무장 지대로 옮겨 중립국감시위원회에 넘기는 데 합의했다. 로버트슨은 정전 협상 이후 미국 정부와 이승만의 고위급 회담 개최, 경제적 지원과 한국군 20개 사단의 증강, 한미 방위 협약을 약속했다. 이후 역사의 전개를 생각하면, 이때의 합의들이 거의 모두 실현되었음을 알 수 있다. 또한 이미 이 시점에서, 정전 협상 이후 한국 문제의 궁극적 해결을 위해 개최하기로 약속된 정치 회담에 대해 한미 간에는 몇 가지 합의가 이뤄졌다. 즉, 만일 정치 회담에서 별 진전이 없고, 공산 측이 정치 선전만 할 경우 미국과 한국은 협상을 종결해 버리기로 했다. 정치 회담은 시작도 하기 전에 이미 끝난 것으로 계획되어 있었던 셈이다.

이승만은 어떻게 미국으로부터 이런 지원과 지지를 획득할 수 있었을까? 당시 로버트슨의 진단에 따르면, 이승만이 미국과의 관계에서 갖고 있었던 가장 큰 정치적 자산은 바로 수십만의 규모로 성장한 한국의 군대였다. 그는 한국군을 '아시아에서 가장 효율적인 반공 군대'라고 평가했으며, 심지어 이 점에 있어서는 "미국을 포함해 세계 어떤 국가도 상대가 되지 않을 것"이라고 말했다. 미국은 아시아 전략에서 바로 이런 한국군이 필요했다. 따라서 미국 정부는 한편으로는 다각도로 이승만을 설득하려는 노력을 기울이는 한편, 정치 회담이 실패할 경우 전쟁을 재개하려는 이승만의 호전적인 태도를 억제해야 했다.[39]

이 시기 한국의 미래에 대한 다양한 정책들이 수립되고 있었다. 예컨대 국가안보회의는 정전 협상이 타결된 이후 미국의 대한국 정책들(NSC-154, NSC-157)을 논의하기 시작했다. 먼저 정전 직후의 정책을 다룬 NSC-154[40]는 대중국 경제 제재에 대한 내용을 변경하고 승인되었다. 좀 더 장기적 기획인 NSC-157[41]을 살펴보면, 놀랍게도 미국은 한국이 미국의 군사적 동맹국이 된다면, 한국의 통일은 현실적으로 불가능하다는 것을 전제로 깔고 있었다. 대신 이 정책 문서는 '한국의 분단'과 '중립화 통일'이라는 두 가지 기획을 준비하고 있었다. 이 보고서는 중립화를 선호했지만 합동참모본부는 중립화가 무장해제를 초래한다며 강하게 반대했다. 이에 아이젠하워는 중립국이라도 스위스처럼 강력한 무장이 가능하고, 스웨덴처럼 미국에게 큰 이익이 되는 국가가 있다고 언급했다. 그러자 합동참모본부의 반대는 누그러졌다. 이 두 가지 선택지 가운데 '분단'은 지금까지 지속되고 있고, '중립화'는 그 뒤로 거의 논의되지 않았다.[42]

이렇게 한미 방위협약에 대한 논의가 무르익어 가고 있던 7월 10일경, 반공 포로 석방으로 잠시 중단되었던 판문점 정전 협상 회의가 재개

| 1953년 7월 27일 정전협정에 합의한 각국 대표들의 서명 |

되었다.[43] 포로 송환 문제로 인해 전쟁이 17개월 이상 지연되었으며 수십만 명의 사상자가 추가로 발생했던 한국전쟁은 마침내 7월 27일 정전 협상이 이루어지면서 마무리되었다.[44] 결국 한국전쟁은 애초에 기획되었던 군사적 정전의 형태로 귀결되었다.

정리하면, 이승만의 반공 포로 석방이라는 돌발 행동은 미국이 주도하는 자유세계의 최전선에 서있는 국가로서 역할을 충실히 수행한 대가로, 외부 지원을 최대한 받아내기 위한 것임이 분명했다. 실제로 이승만이 반공 포로를 석방한 뒤 미국은 그를 달래기 위해 상호방위조약을 제안했다. 하지만 이를 이승만의 외교적 성취라고 볼 수 있을까? 미국이 제공한 한미 방위조약의 실체를 구체적으로 살펴보자.

4) 덜레스의 한국 방문과 '근대화 기획'의 단초

정전 협상이 체결된 이후 한국과 미국 정부 사이에 방위조약 체결을 위한 움직임이 본격화되었으며, 관련 논의에는 국무장관 덜레스가 직접 관여했다. 덜레스는 1953년 8월 1일, 한국으로 출발하기 전 발언에서, "미국 정부는 일본과의 방위 협약 1조처럼 미국이 한국에 기지와 군사력을 유지할 권리에 대한 조항을 넣자는 이승만의 제안을 거부할 것"이라고 말했다. 그는 이후 한국 문제 해결을 위한 정치 회담이 전개될 경우 외국군 철수에 대한 논의가 이루어질 텐데, 만일 한미 방위 협약 내용에 미국의 강한 의무를 포함시키면 이것이 추후 협상의 장애물이 될 것이라며 그 이유를 밝혔다. 미국은 처음부터 이승만과 일본 수준의 방위 협약을 맺을 생각이 없었던 것이다. 그런데 여기서 흥미로운 언급이 추가되었다. 그는 한국의 경제 회복을 위한 미국의 지원은 "아시아에서뿐만 아니라 전 세계적으로 자유국가들이 무엇을 할 수 있는지의 사례로 큰 인상을 줄 것"이라고 보았다. 그에 따르면 아이젠하워 대통령이 직접 이런 경제적 지원에 큰 관심을 갖고 있으며, 한국의 경제적 재건은 "자유세계의 큰 주목을 받을 것이며 공산주의 진영의 연대를 파괴하는 그 어떤 활동보다 큰 성과를 가져올 것"이었다.[45]

덜레스의 발언은 미국의 이해관계가 무엇이었는지 그 핵심을 보여준다. 미국은 한국과 상징적이고 형식적인 방위조약을 체결할 것이며, 대신 한국에 대한 경제적 지원을 통해 한국을 미국 냉전 정책의 상징적 모델로 만들고자 했던 것이다. 다시 말해 경제적 투자에 걸맞은 최대한의 정치적 상징성을 동시에 획득하는 것이 미국의 목적이었다.

이 지점에서 한국에 대한 미국의 정책은 유엔을 통한 초국적 법치나, 공산 진영과의 권력 균형 등의 단계를 넘어, '동맹' 속에서 '발전'한다는 새로운 차원으로 나아갔다. 이는 한국 문제에 대한 정치적 해결보다는 경제적 발전이라는 근대화 기획의 성격을 함축하고 있다.

이런 구상을 현실화하기 위해 덜레스는 8월 2일 한국으로 출발했다. 이들은 8월 4일 서울에 도착해 이승만 및 관료들과 4일간 이야기를 나눈 후 8월 8일 서울을 떠났다. 이 협상에 한국 측에서는 국무총리 백두진, 외무 장관 변영태, 국방 장관 손원일이 참석했다.

이승만의 절대적인 관심은 한-미 상호방위조약이었다. 이승만은 이 논의를 시작하면서 "우리의 모든 생명과 희망이 거기에 달려 있다"고 화답했다. 덜레스는 한국과의 조약이 호주, 뉴질랜드, 필리핀과의 조약과 같은 형태이며, 이 정도 조약으로도, 소련이 공격할 경우 미국이 참전할 것임을 설명했다. 덜레스에 따르면, 이 조약의 목적은 "한국이 이 지역에서 자유의 최전선임을 [세계에] 알리는 것"이었다. 또한 덜레스는 상원에서 비준될 수 있는 조약을 만들어야 하기 때문에 문제가 될 수 있는 조항을 추가하지 말 것을 요청했다. 일본의 잠재적 침략 가능성에 대한 이승만의 우려에 대해 덜레스는 미국은 일본의 침략으로부터도 한국을 방어할 것이며, "일본은 지금 4개 사단 정도의 군사력밖에 없고, 공군과 해군이 없다"고 안심시켰다. 그는 일본은 미국의 동맹국이 될 것이고 따라서 점차 한국 또한 일본과 협력할 수 있을 것이라고 말했다.[46]

방위조약에 대한 논의가 어느 정도 마무리되자, 이승만은 정치 회담 이후에 한국이 독자적으로 군사작전을 실시할 경우 미국이 지원해 줄 것을 요구했다. 그러자 덜레스는 한국 정부의 단독 전쟁 재개는 결코 지원할 수 없다며 이를 거부했다. 덜레스는 국무장관도 대통령도 헌법적으로 상원의 허가 없이는 전쟁에 참여할 수 없으며, 상원 내 민주당 의원들이 한국과의 방위 협약에 대해 불만을 품고 있는 상황에서 "이 선을 넘으면 한국에 대한 미국의 지원 정책 전체가 무너질 수 있다"고 강조했다.[47]

그러나 이승만은 이를 받아들이지 않았으며, 다시 한 번 전쟁에 대한 지원을 요구했다. 그는 미국이 원하는 정전 협상에 협조했으니, 분단의 책임이 있는 미국이 "한국인에게 가만히 있으라고 요구할 수 없다"며 강하게 반발했다. 그러자 덜레스는 "그럼 미국이 독일을 통일시키기 위해 전쟁을 해야겠는가"라고 반문하며, "세상의 모든 부정의를 해결하기 위해 전쟁을 벌인다면 전 세계에서 백년전쟁을 치러야 할 것"이라고 답했다.[48]

이에 반발하며 이승만은 "미국이 이미 치른 희생이 헛되지 않도록, 하던 일을 반만 하지 말고 끝까지 달성하라"고 말했다. 이는 미 공화당 정치인들이 민주당을 비판할 때 쓰던 수사들이었다. 이승만은 유엔을 통해 미국이 전쟁에 개입한 것 자체가 '평화'에 관한 국제법과 정치적 담론을 통해 정당화되었음을 전혀 이해하지 못했다. 그는 여전히 전쟁을 통해 문제를 해결하려는 전쟁 지향적 사고방식을 갖고 있었다. 그러자 덜레스는 "그건 미국이 결정하는 것이지 당신이 결정하는 것이 아니"라며 일축했다. 결국 과장된 수사로 미국의 개입을 끌어내려던 시도는 실패했으며, 정치 회담 이후 북한과의 전쟁 재개가 불가능하다는 사실을 이승만은 받아들여야 했다.[49]

이후 8월 7일 회의에서 상호방위조약 초안에 대해 합의가 이루어졌다. 외무장관 변영태는 이 자리에서 마지막으로 "한국에서 '중국 공산주의자들을 몰아낼 권리'를 포함한 국내문제에 대해 한국이 주권을 갖고 있다는 데 동의한다"는 조항을 추가하자고 제안했다. 덜레스는 이를 다시 한 번 거부하면서 다음과 같이 설명했다. 미국은 "처음부터 한국전쟁을 내전이 아니라 세계 평화를 위협하는 공산주의자의 침략으로 규정해 유엔 행동에 참여해 왔다"는 것이다. 이는 한국 문제가 순전히 국내문제이며 유엔이 관여할 바가 아니라는 소련의 반대를 무릅쓰고 유엔이 개입하도록 했던 미국의 결정적인 논거였다. 결국 독자적 전쟁 수행의 권리를 갖고자 했던 이승만과 자문들은 미국의 입장을 수긍하고 나머지 모든 조항에 합의했다.[50] 그리고 8월 8일 상호방위조약 초안에 대한 서명이 이루어졌다. 덜레스는 회담을 마친 후 미국으로 돌아와 아이젠하워에게 보고하며 '미국의 책임을 더 확대시키려던 이승만의 시도를 포함해 미국 국내 정치에서 반대에 직면할 만한 내용들을 모두 성공적으로 방어했다'고 보고했다.[51]

한미 상호방위조약은 1953년 10월 1일 양국 간 서명이 이루어졌고, 다음해인 1954년 1월 26일 미국 상원에서 비준되었으며, 2월 5일 아이젠하워가 비준함으로써 1954년 11월 17일에 효력을 발휘했다.

결국 한미 상호방위조약은 일부의 해석과 달리, 이승만의 뛰어난 외교적 성취나 미국의 제국주의적 주권 침탈 같은 것이 아니었다. 이 두 가지 해석은 마치 대립적이고 상충하는 것처럼 보이지만, 두 입장의 타협에 불과한 현실의 한 면을 주관적으로 과장하고 있을 뿐이다.

우선 결과를 놓고 볼 때, 아시아의 어떤 반공주의 국가도 이승만만큼 미국의 투자를 받은 경우가 없었다. 수만 명의 미군이 파병되었고, 수십억 달러의 전쟁 비용과 군사적 지원이 있었다. 이후 동남아시아 전선의 상황이 악화될수록 이승만 정부는 아이젠하워 정부의 중요한 파트너가 되었다. 왜냐하면 이승만 정권은 미국이 공산주의 진영에 계속 대응하고 있음을 세계에 보여 줄 상징이었기 때문이다. 이승만은 이를 잘 알고 있었다. 그는 미국이 한국을 전체 전략의 수준이 아니라 단지 전술적 수준에서만 고려하고 있으며, 따라서 반공주의의 상징이자 전쟁 시 유효한 전초기지로서 한국을 필요로 한다는 사실을 인식하고 있었다. 그런데 이승만이 지속적으로 호전적인 북진 통일을 주장하고 있으니, 돌발 상황을 원치 않았던 아이젠하워 정부는 이승만의 요구를 상당 부분 들어준 것이다.[52]

그럼에도 불구하고 미국이 전혀 기획하지 않았던 것을 이승만이 얻어낸 것은 아니었다. 미국은 원래 뉴룩 정책하에 제3세계 국가들과 군사 지원 관계를 맺으려 하고 있었고, 이승만은 아시아 최대의 반공 군대에 기반해 최대한 외부 지원을 받아 내려 한 것이었다.

더구나 한미 방위 협약은 한국의 지위가 매우 낮은 비대칭적 관계를 설정했고, 미국에는 의무와 관여를 적게 부여한 형식적 협약에 불과했다. 프랑스·독일 등이 참여해 완전한 의무와 공동 안보 체제로 묶어 주권을 공유한 북대서양조약기구나, 미국의 기지 사용 권리를 적시하면서 미국의 의무적 관여를 좀 더 분명히 한 미일 방위조약과는 성격이 완전히 달랐다. 한미 방위 협약은 매우 형식적이며 의무가 없는, 미국이 언제든지 때에 따라 유연하게 관여와 통제, 방임을 선택할 수 있는 태평양안전보장조약 유형의 방위 협약이었다.

다른 한편 미국은 이 조약을 통해 자국의 이해관계를 모두 성취할 수 있었다. 미국은 한국전쟁에서 한발 물러서 과도한 부담을 지지 않으면서도 국내외의 반발을 피하는 한편, 경제적 지원을 통해 상징적인 효과를 얻으려고 했다. 다만 한국의 독자적 전쟁 수행은 미국의 경제적 관점에서도, 정치적 정당성의 차원에서도 득보다 실이 많아 억제하려 했던 것이다.

결국 판문점 체제는, 미국이 한국전쟁에서 추구한 자유주의적 평화 기획이 귀결된 궁극적인 제도적 형태였다고 할 수 있다. 먼저 판문점 체제는 중국의 개입 이후 부과된 정치적 압력하에서 한국 문제의 궁극적인 정치적 해결을 유예시킨 군사 정전 체제였다. 그리고 판문점 체제는 미국과 이승만의 협상의 산물로서, 한미 군사동맹 체제 아래에서 경제 발전의 모델을 전시하려는 아이젠하워 근대화 정책의 대표 사례였다.

좀 더 일반화하자면, 판문점 체제는 칸트식 초국적 법치가 지향했던 보편적 영구 평화나 보편적 정의와는 거리가 먼, 특수한 상황에서의 안보, 특수한 동맹 체제하에서의 경제 발전이라는 매우 분명한 홉스적 기획의 산물임을 지적해야 할 것이다.

2. 제네바 체제 : 절반의 평화와 강대국의 권력 균형

1) 제네바 회담의 준비 과정

한국전쟁 정전 협상 합의에 따르면 양측은 3개월 내에 정치 회담을 열고 정전으로 해소되지 않은 한반도 문제를 궁극적으로 해결하기로 했다. 이것이 바로 1954년 제네바 정치 회담이다. 이 회담은 어떤 형태의 평화를 이룰 수 있었을까?

제네바의 평화는 판문점 체제와 달리 처음부터 유엔의 틀을 벗어나 강대국들의 국제 정치 회담을 통해 만들어진 교환과 협상의 산물이라는 특징을 갖는다. 제네바 회담은 한국 문제와 베트남 문제를 동시에 다루었는데, 결과적으로 볼 때 베트남 문제는 한국처럼 분할에 입각한 임시적 군사 정전과 강대국 간 권력 균형 체제로 처리되었다. 따라서 제네바의 평화는 판문점 모델의 군사 정전 체제를 답습한 것으로 평가할 수 있다. 요컨대, 제네바 체제는 유엔의 중재가 없는 상태에서 중국과 미국의 직접적인 권력 균형이 낳은 분할과 임시 정전 체제, 즉 칸트적인 법치 기획으로부터 완전히 벗어난 홉스적 권력 균형과 위계의 체제였다고 할 수 있다. 이 과정을 좀 더 구체적으로 살펴보자.

(1) 제네바 회담에 대한 초기 구상

딜레스가 한국을 방문했을 때, 그와 이승만은 정전 협상 이후 열릴 국제 정치 회담의 내용과 형식에 대해 논의했다. 쟁점은 크게 다섯 가지였다. 이들은 먼저 회의 날짜를 10월 15일로 정했다. 회담 장소의 경우 이승만 은 호놀룰루를 희망했다. 하지만 딜레스는 공산 측이 거부할 것임을 고려 해 리우데자네이루·마닐라·스리랑카·방콕 등을 거론했으나 확정하지 못했다. 딜레스는 정치 회담의 의제를 한국 문제로만 한정하자고 제안했 다. 프랑스가 인도차이나 문제를 제안할 가능성이 있지만, 그렇게 되면 다른 국가들도 참여해야 하므로 한국 문제 이외에 논의가 필요하면 별도 의 회담을 열기로 했다. 이승만은 "한국전쟁이 국지화되었으므로 정치적 문제도 국지화해야 한다"고 말하며 이에 동의했다. 참여국에 대해서 이승 만은 미국·한국·중국·북한으로 제한하자고 했고, 특히 인도나 체코의 참 여에 강하게 반대했다. 딜레스는 수를 줄이는 데 동의했으나 공산 측의 참여국 수를 통제할 수는 없다고 말했다. 하지만 이승만은 "네루의 말과 행동을 보건데 인도인들은 친공, 친러시아, 반미주의자"라며 인도의 참여 에 강력히 반대했다. 그는 유엔에서는 항상 중립국들이 타협을 유도한다 면서, 인도와 영국의 영향력이 강한 유엔보다 미국이 정치 회담을 주도할 것을 요구했다. 결국 딜레스는 이를 받아들여, 한국전쟁에 참여한 국가로 회담 참가국을 한정해 인도를 제외하기로 했고, 정치 회담을 유엔 밖에서 개최하기로 했다.[53] 이렇게 정치 회담을 유엔 밖에서, 미국의 주도하에, 인도의 참여 없이 개최하는 데 있어 이승만의 요구는 결정적이었다.

중국은 입장이 좀 달랐다. 중국은 정치 회담에서 논의될 주제로 '기 타'etc라는 문구를 정전 협약 문서에 삽입하는 데 성공했다. 중국에게 나머 지 문제들이란 곧 타이완 문제와 중국의 유엔 의석 문제였다. 중국은 동 아시아의 정치 문제를 포괄적으로 다시 논의하고 싶어 했던 것이다.

그러나 유엔에서 4년간 논의되었으나 실패한 이 사안을, 한국전쟁이라는 대규모 전쟁을 3년간 치른데다가, 2년간 끌어온 정전 협상이 마무리된 이후 또 다시 논의해야 하는 상황이었다. 즉, 한국전쟁으로 인해 모두 피로가 누적되어 있었고, 관련 국가들은 대부분 이제 자국의 문제에 전념하고 싶어 했다. 한반도의 통일이라는 정치적 주제는 너무 부담스러운 것이었다.

이런 입장 차이와 상황 변화 속에서 이 정치 회담에 누가 참석할지를 정하는 문제부터 논쟁이 시작되었다. 정전 협상 이후, 한국에 어떤 종류의 평화 협상이 필요하고 누가 참석할 것인지가 유엔 총회에서 논의되었다.[54] 이 자리에서, 한국에 파병한 15개국들을 중심으로 유엔군에 무력을 지원한 국가들로 참여국을 한정하자는 제안이 나왔다.[55] 하지만 호주와 뉴질랜드는 소련도 회담에 참여해야 한다는 입장이었고, 영국·호주·뉴질랜드·캐나다는 인도가 참석하길 바랐다. 소련은 소련 연방 3개국, 5개 아시아-아프리카 국가들을 포함한 15개국을 제안했다. 8월 27일 총회에서 회담에 소련을 참석시키자는 제안은 반대 없이 받아들여졌지만 미국은 인도의 참여를 강력히 반대했다. 인도를 포함하자는 제안은 찬성 27, 반대 21, 기권 11로 참가국 3분의 2 찬성 요건에 도달하지 못해 부결되었다. 결국 "모든 중립주의는 비도덕적"all neutralism is immoral이라는 이승만과 덜레스의 의견이 관철된 셈이었다.[56] 그리고 이후 판문점에서도 유엔에서도 정치 회담의 개최에 대한 논의는 전혀 진전되지 못했다. 1954년 초 유엔 총회에서 이 주제를 다시 다루자는 인도의 제안은 거부되었다.

(2) 베를린 회담과 '두 개의 냉전'

문제 해결의 실마리는 판문점이 아닌 베를린에서 풀리기 시작했다. 이때 한국 문제를 논의할 정치 회담을 실제로 가능하게 한 것은 유엔이 아니라 서구 열강들이었다. 아이러니하게도 1954년 2월 18일 독일과 오스트리아 문제를 논의하기 위해 미국·영국·프랑스·소련 외무상이 베를린에 모인 자리에서 한국 문제를 해결할 정치 회담에 대한 합의가 도출되었던 것이다. 베를린 회담은 일찍이 1953년 9월 28일 소련이 제안한 5개국 회담, 1954년 1월 9일 저우언라이가 제안한 아시아의 군사적 갈등에 관한 열강 회의가 현실화된 것이었다.[57]

베를린 회담은 사실 유럽 냉전의 핵심인 독일 문제를 해결하기 위한 장이었다. 그 배경에는 소련의 정세 변화가 있었다. 스탈린이 사망한 이후 소련 지도부는 국제적 긴장을 완화하기 위해 평화 공세를 시작했다. 이때 소련이 제시한 핵심 의제는 독일과의 평화조약 협상을 재개하자는 것이었다. 하지만 미국·영국·프랑스는 이를 서구의 단결을 약화시키려는 '전술'로 간주했다. 특히 아이젠하워 정부는 스탈린 사후 9개월간 소련의 정책은 변하지 않을 것이라며 독일과 평화조약 협상을 재개하는 데 반대했다. 하지만 처칠이 1953년 5월 11일부터 냉전 종식에 대한 목소리를 내기 시작했다. 그는 양 진영의 지도부가 정상회담을 개최하고, 좀 더 구체적으로는 스탈린 사후 평화질서 유지 방안을 논의하기 위해 회의를 개최할 것을 요청했다. 영국과 서유럽에서는 냉전 종식에 대한 여론이 대두되기 시작했고, 서구 국가들은 그동안 중단되었던 협상을 재개하기 시작했다.[58] 한국전쟁처럼 격렬한 적대와 전쟁으로 오랫동안 열전이 지속된 아시아의 냉전과 달리, 유럽 냉전은 협상이 재개될 정도로 갈등의 수위가 완화되고 있었다.

특히 영국은 한국의 휴전에 대해서도, 중국과의 논의에도 적극적이었다. 영국은 처음부터 중국과 전쟁이 확대되어서는 안 된다는 전제하에, 한국전쟁 이후 중국과 관계를 정상화하고 타이완 문제를 해결하며, 중국

| 1954년 2월 1일, 베를린 외무장관 회담에 소련 대표단이 도착하는 장면 |
출처 : 트루먼 대통령 박물관(http://www.trumanlibrary.org).

을 유엔에 가입시키려는 구상을 갖고 있었다. 따라서 영국은 베를린 외교
장관 회담에 중국을 포함시키자는 소련의 제안에 호의적이었다. 베를린
에서 4강 회담을 개최하는 데 소련이 동의하면서 일은 순조롭게 진행되
었다.[59]

하지만 미국은 중국을 미국·소련·영국·프랑스에 이은 제5의 강대국
Big Five으로 인정할 수 없다며 중국의 참여에 반대했다. 미국은 특히 인도
차이나 문제에 대한 논의에 중국이 개입하는 것을 싫어했다. 하지만 프랑
스는 입장이 달랐다. 중국과 협상을 하면 호치민에 대한 중국의 지원을
줄일 수 있다는 계산에서였다. 영국의 입장은 미국과 프랑스의 중간쯤이
었다. 소련은 중국을 제네바 정치 회담에 참여시켜 5대 열강 회담을 구성
해 가능한 한 많은 문제들을 다루고 싶어 했다. 하지만 미국은 한국 문제
를 논의하는 경우가 아니라면 중국의 참여를 강하게 반대했으며, 회의 주
제 자체도 아시아 문제로 좁히자고 주장했다. 그러자 영국이 회의의 규모
와 의제를 극동 문제로 한정하자고 소련을 설득했다. 결국 덜레스의 요구

가 반영되어 미국·프랑스·영국·소련·중국이 참석해 한국 문제와 인도차이나 문제를 논의하기로 합의가 이루어졌다.[60]

베를린에서 어떻게 제네바 회담에 대한 합의가 가능했을까? 당시 유럽 냉전의 중요한 쟁점 하나를 이해할 필요가 있다. 프랑스 의회는 1954년 1월까지도, 독일을 재무장시키려는 미국의 정책을 제도적으로 보증하기 위해 기획된 유럽방위공동체EDC[61] 조약을 비준하지 않고 있었다. 프랑스는 북대서양조약기구에 가입하면서 미국이 주도하는 집단 안보 체제에 군사적 주권을 양보했지만, 유럽방위공동체를 비준하지 않음으로써 독일의 실질적 재무장을 저지하고 있었다. 특히 프랑스는 인도차이나에 수천 명 규모의 군대를 파병한 상황이었으므로 유럽방위공동체를 비준하는 문제는 급선무가 아니었다. 그러자 덜레스는 1953년 12월 "유럽방위공동체가 실현되지 않으면, 미국은 유럽 방위에 대한 지원을 재검토하겠다"고 경고했다. 그러자 서독의 재무장을 지지하고 있던 영국이 나서서 프랑스를 설득했다. 마침 유럽방위공동체 비준을 지지하는 새로운 프랑스 정권이 들어서자, 영국은 새로운 프랑스 정부가 인도차이나 문제를 중국과 합의해 풀려는 시도를 적극 지지해 주었다. 이처럼 영국의 관심은 아시아의 냉전이 아니라 철저히 유럽의 냉전에서 출발한 것이었다. 프랑스는 유럽방위공동체를 비준해 주는 대신 제네바에서 중국과 합의해 인도차이나 문제를 해결하고 싶어 했다. 덜레스는 당시 프랑스 정부가 인도차이나 문제를 해결하지 못하면, 유럽방위공동체 비준을 거부할 새로운 정부가 들어설 것을 우려했다. 결국 영국이나 프랑스 정부에게 제네바 회담은 한국 문제를 다루기 위한 논의의 장이라기보다 인도차이나 문제를 결론지을 회담이었다.[62]

따라서 1월의 베를린 회담에서는 인도차이나 문제를 중심으로 논의가 전개되었다. 1954년 1월 27일 소련 외무상 몰로토프가 극동 문제를 담당할 5개국 회담(중국 포함)을 제안했고 영국과 프랑스가 동의하면서 중국의 참여가 확정되었다. 2월 18일 프랑스·소련·영국·미국은, 제네바에서 4월 26일 한국 문제와 인도차이나 문제를 동시에 해결하기 위해 평화 회담을 개최하는 데 최종 합의했다.[63]

베를린에서 제네바 회담을 개최하기로 한 합의는 이때부터 '두 개의 냉전'으로 분기된다는 점에서 상징적 함의를 갖는다. 즉 냉전은 미국·소련·프랑스·영국·중국이라는 5대 강국 간의 '사실상의 긴 평화'와, 그 밖의 지역에서 '지속되고 확대되는 분쟁'이라는 '두 개의 냉전'으로 확연히 나뉘게 된 것이다. 냉전은 시작된 지 불과 몇 년 만에 미국과 소련이라는 두 초강대국 간의 전쟁 가능성이 사실상 소멸되었고, 곧이어 4대 열강들 간에 대화가 시작되었으며, 한국전쟁이 끝나자 중국을 포함한 5대 강국 간의 대화와 '반식민지' 지역에 대한 영향력 경쟁 국면으로 넘어가고 있었다.

제네바 회담에 중국을 참여시키기로 합의되었다는 소식이 알려지자 이승만과 관료들은 이미 한미 방위조약이 체결되었음에도 불구하고 한국의 미래에 대한 불안감을 드러냈다.[64] 미국에서는 공화당의 보수 정치인들을 중심으로 "이런 합의는 사실상 베이징 중국 정부를 인정한 것"이라는 비판이 제기되었다. 공화당 정치인들은 제네바 회담이 "공산 측에게 프로파간다로서 큰 가치가 있을 것"이며 미국인들은 "극동의 뮌헨"에 동의하지 않을 것이라며 이 회담의 진행에 의회가 관여하지 않겠다는 입장을 정했다. 그 결과 제네바 회담은 전적으로 미 의회와 무관하게 미 행정부, 특히 국무부가 주도하게 되었다.

그러나 이 정도의 비판은 정전 협상을 '원죄'로 여기고 있던 이승만에게 충분하지 않았다. 그럼에도 불구하고 이승만은 남한의 회담 참석을 거부하는 자신의 입장이 큰 지지를 받지 못하고 있음을 느끼고 회담 준비에 착수하기 시작했다.[65] 다른 한편 이승만은 계속 이런 상황을 활용해 미국으로부터 지원을 얻어냈다. 즉 1954년 3월 6일 외무부 장관 변영태는 덜레스에게 한국은 제네바 회담에 참석할 것이나 회담이 실패하면 북한에 대한 공격을 미국이 지지해 줄 것임을 보증해 달라고 제안했다.[66]

미국 정부는 당연히 이를 거부했다. 그러자 이승만은 또 다시 한국이 제네바 회담에 참여하는 대신, 새롭게 15개에서 20개의 한국군 사단을 증강하고 훈련시키는 데 필요한 기술적·물질적 지원을 요청했다. 결국 이런 무리한 요구들에 대해 아이젠하워는 3월 20일 이승만에게 편지를 통해, 더 이상의 "한국군 증강은 한국의 인적·물적 자원들을 혹사"시키게 될 것이라고 지적하며 협상을 보이콧하지 말 것을 경고했다.[67]

하지만 병력 증강 지원에 대한 이승만의 지속적인 요구에 아이젠하워는 4월 16일 이를 어느 정도 지원하겠다는 의사를 전달했다. 이승만은 매우 기뻐하며 제네바에 대표단을 파견하기로 최종 결정을 내렸다. 이승만은 대사에게 아이젠하워 대통령이 "기쁜 부활절을 보내게 해주었다"고 전해 달라고 말했다. 그런데 이승만은 공개 연설에서는 "이런 시도는 시간만 낭비할 뿐 좋은 결과가 있으리라 기대하지 않는다"며 미국을 향해 "제네바 회담이 실패하면 다른 수단으로 적을 몰아내는 데 동참할 것"을 요청했다.[68]

이승만은 이렇게 제네바 협상에 참여하기 직전까지도 미국 대사와 대표들 앞에서는 미국의 제안에 수긍하고 지원에 기뻐하면서도, 뒤에서는 미국의 유화적인 태도를 비판하면서 미국에게 북진 통일에 참여할 것을 지속적으로 요구했다.

(3) 중국의 대아시아 외교

중국에 있어 제네바 회담은 외교적 고립을 타개할 중요한 기회였다. 중국의 회담 참여는 여러 복합적 요소가 반영된 산물이었다. 먼저 한국전쟁 이후 중국 지도부는 1953년부터 시작될 1차 5개년 개발계획을 추진하려 했다. 미국과 5년간 정면충돌한 이후 중국 지도부는 내부 경제 발전과 타이완 문제 해결을 위해 좀 더 안정적인 외부 환경이 필요하며, 따라서 해외로부터의 적대적 압력을 가능한 한 줄여야 한다고 생각하게 되었다.[69]

당시 중국 지도부는 세계정세에 대해 나름의 판단을 내리고 있었다. 먼저 냉전이 더 이상 미국과 소련 간의 전면전으로 귀결되지 않을 것이라고 믿었다. 예컨대 저우언라이는 1953년 6월 5일 "오늘날의 주요 모순은 전쟁과 평화 간의 갈등"이라고 언급했다. 그는 3년간의 한국전쟁 기간 중 2년간 협상이 이루어진 것 자체가 평화의 힘이 커지고 미국이 어려움에 직면해 새로운 세계대전의 가능성이 사라졌음을 의미한다고 보았다. 나아가 마오는 "미국은 한국전쟁에서도 못 이기면서 어떻게 세계대전을 일으킬 수 있을까?"라며 이제는 아시아, 아프리카, 라틴 아메리카의 공식적 식민지와 반$\pm$식민지 사이에 있는 중간 지대intermediate zone를 둘러싼 싸움이 벌어질 것이라고 전망했다. 즉 중국이 바라보는 냉전의 대립 구도는 단순히 동과 서의 진영 간 대립이라는 2차원적인 것이 아니었다. 저우언라이는 1953년 6월 외무부 모임에서, 냉전의 정치가 네 가지 차원으로 이루어져 있다고 분석했다. 즉 전쟁 대 평화, 민주주의 대 반민주주의, 제국주의 국가 대 식민지 국가, 그리고 제국주의 국가들 간의 대립이었다.[70]

미국으로부터 스스로 차별화하려는 중국 지도부의 선택은 한국전쟁에 대한 개입과 미국과의 협상을 통해 체득한, 제2차 세계대전 이후 국제질서에 대한 나름의 논리를 기반으로 한 것이었다. 중국 지도부는 중국이 한편으로는 국제적 공감과 지지를 얻으면서, 다른 한편 미국 제국주의를 공격하고, 제3국의 주권을 존중하며 내부 사안에 대해 간섭하지 않고, 모든 국제적 논란을 평화적 협상을 통해 해결하는 것이 중요함을 깨닫게 되었다. 중국은 한국전쟁에 개입함으로써 국제적 지위가 개선되었고, 반대로 미국의 특권과 힘은 제약되었다고 믿었다.

이런 판단에 따라 중국은 외교 공세를 통해 특히 아시아에서 중국의 새로운 정체성과 이미지를 구축하기로 했다. 그리고 저우언라이는 1953년 새해 인도·대표와 만난 자리에서 상호 존중과 비공격, 불간섭, 평등과 상호 이익, 평화적 공존이라는 다섯 가지 원칙을 강조했다.[71] 이것이 훗날 그 유명한 저우언라이의 평화공존 5원칙이다. 그는 1953년 6월 중국의 해외 정책은 국제 분쟁을 평화적 협상을 통해 풀고, 다른 모든 체제들과의 평화적 경쟁과 평화적 공존을 실천하는 데 초점을 두어야 한다고 주장했다. 반대로 미국이 추진하는 전쟁들은 미국과 서유럽 국가들 간의 간극을 넓힐 것이며, 미국과 아시아 국가들과의 거리도 멀어지게 할 것이라며 미국과 중국을 차별화하려 했다.[72]

이처럼 중국 지도부, 특히 저우언라이는 한국전쟁을 통해 얻은 몇 가지 경험에 기반해 새로운 평화 공존 정책을 주도하려 했다. 그는 한국전쟁에서 인도와 유엔, 미국과 서구 국가들의 태도에 차이가 있다는 것을 파악했고, 판문점 정전 협상을 지휘하고 참여한 경험도 있었으며, 전쟁을 지속하는 것보다 중국 내 경제 발전에 집중할 필요성을 느꼈다. 이 밖에 스탈린 사후 전개된 소련의 평화 공세, 인도와의 협력도 평화 공존 정책 추진의 중요한 요인이었다.

따라서 중국은 1954년 제네바 회담으로 국제 무대에 이 같은 쟁점을 소개할 중요한 기회를 얻게 된 것이었다. 마오와 저우언라이는 특히 중국이 국제 문제에 있어 중요한 행위자이자 권위 있는 세력으로 새롭게 등장했음을 알리고 싶어 했다. 저우언라이는 1954년 10월 19일 네루와 만난 자리에서 "모든 동양 국가들은 서구의 지배를 받은 경험이 있으며, 우리는 자기방어의 필요성에 대한 공감을 바탕으로 감정적으로 결합되어 있다"고 강조했다. 또한 맹자의 말을 인용해 "다양성과 차이가 세계의 본성"이라고 말하며 중국과 인도의 새로운 외교 정책이 이런 새로운 규범을 구축하고 있다고 언급했다.[73]

이런 맥락에서 저우언라이는 제네바 회담을 철저히 준비하기 시작했다. 1954년 4월 구성된 중국 측 대표단은 중국에 대한 미국의 경제적 봉쇄 조치와 정치적 고립 정책에 맞서기 위해 적극적인 외교를 펼치기로 했다. 우선, 제네바 회담이 열리기 전인 4월 초에 저우언라이는 3주간 모스크바를 방문해 제네바 회담에 대한 전략을 상의했다. 그런데 흐루시초프나 몰로토프는 제네바 회담에 기대하는 바가 거의 없었다. 몰로토프는 서구 국가들이 결국 자국의 이익만 추구할 것이며, 따라서 공산주의 진영은 현실적인 전략을 택해야 한다고 보았다. 저우언라이는 몰로토프의 영향을 받고 있었으므로, 양국은 공산 측이 현실적인 전략을 채택해 인도차이나 문제를 평화적으로 해결하자는 데 합의했다.

그러나 소련이 제네바 회담의 결과에 매우 회의적이었고, 현실적인 전략을 조언하는 정도에 머물렀다면 중국은 문제 해결을 위해 가장 적극적으로 행동에 나섰다. 저우언라이에게는 중국·북한·베트남이 국제 회담에 함께 참여한다는 것 자체가 기대 이상의 사건이었기 때문이다.[74]

2) 제네바 회담의 진행 : 한국 문제의 파행과 인도차이나 문제의 해결

제2차 세계대전 이후 주요 국가들이 모두 제네바에 다시 모였다. 이 회담은 중국과 미국이 외교적으로 영국·프랑스·소련과 함께 직접 협상을 한 첫 회의였으며, 스탈린 사망 이후 소련이 처음 국제무대에 복귀한 회담이었다. 그만큼 그 역사적 의미는 결코 작지 않았다.[75]

중국은 대표단 2백여 명을 파견했다. 이들은 1954년 4월 24일 제네바에 도착했는데, 중국은 이들을 통해 제네바에서 다음과 같은 세 가지 핵심 메시지를 전달하려 했다. 첫째, 미국이 아시아를 침공하려 한다. 둘째, 아시아 국민들에게 가장 긴급한 문제는 어떻게 자립하고 단결하여, 서로 우호적인 관계를 맺을지를 고민하는 것이며, 침략적 공격에 반대하며 어떤 군사적 공세 블록에도 속하지 않는 것이다. 셋째, 영국, 프랑스 및 다른 서구 국가들은 아시아 국가들과 좋은 관계를 유지하는 것만이 유일한 선택지이다. 그러지 않고 미국을 따르면 아시아에서 그들의 이해관계를 유지할 수 없을 것이며, 앞으로도 모든 기회를 잃게 될 것이다.[76]

하지만 저우언라이는 막상 한국 문제에 대한 논의가 시작되자마자 큰 어려움에 봉착했다. 중국은 평양 측 대표단을 통제할 수 없었는데, 북한 대표 남일은 공격적인 자세로 미 제국주의를 규탄하는 데 집중했다. 소련 측 몰로토프는 협상을 서두르려 하지 않았다. 미국 대표 덜레스 역시 중국과의 협상에 크게 기대하지 않고 있었다.

미국은 한편으로는, 제네바에 민족과 자신의 생존이 달려 있다고 믿는 이승만과 타협해 전면전의 재발을 억제해야 했고, 다른 한편으로는 미국이 아시아 지역에 지나치게 관여하지 못하게 하려는 유럽과 절충해야 했다. 이 상황에서 미국은 세 가지 선택지를 갖고 협상에 임했다. 첫째(Plan A)는 이승만의 요구대로, 남한의 권력을 북으로 확대해 통일하는 방안, 즉 북한 지역에서만 선거를 치르는 것이었다. 두 번째(Plan C)는 영국 대표가 요구하듯이, 기존의 한국 정부와 헌법을 해체하고, 한반도 전체에서 선거를 치러 통일 정부를 새로 구성하는 것이었다. 세 번째(Plan B)는 두 방안을 절충하는 것으로, 남한의 헌법은 유지하지만 한반도 전체 선거를 통해 정부를 재구성하는 것이었다. 즉 미국의 중요한 관심사는 한국의 통일 그 자체가 아니라 유럽 국가들과 남한 정부 사이의 의견 차이를 해소하는 것이었고, B로 절충하려는 구상을 갖고 있었다. 그러나 이런

미국의 제안에 대해 이승만과 유럽 국가들은 결코 합의에 도달하지 못했다.[77]

(1) 한국 문제에 대한 논의와 선거 문제

제네바 회담에서 한국 문제에 대한 양측의 논의는 사실 1948년부터 1950년 국제무대와 유엔에서 논의된 것들의 반복에 불과했다. 제네바 회의에서 남한 정부는 처음부터 한국 문제의 정치적 해결에 회의적인 태도를 보였으며, 북한에서만 선거를 개최할 것을 고집했다. 이런 입장은 1950년 10월 7일 유엔군의 북진을 승인한 유엔 결의안에 근거했다. 남한 측 대표 변영태는 1954년 4월 27일, 남한에서는 유엔의 관리하에 이미 선거가 실시되었으며, 불법 침략을 저지른 북한 정권과 남한 정부가 똑같은 취급을 받아서는 안 된다고 주장했다.[78] 이는 이승만의 입장을 반영한 것으로, 남측에서 선거를 다시 치를 경우 자신의 권력 기반이 침식될 것이 분명했기 때문이다. 하지만 제네바 회담에 참석한 미국 대표들조차도 중국군의 철수와 북한군의 무장해제를 요구하는 이승만의 입장은 완전히 비현실적인 것이라고 판단하고 있었다. 이 제안은 공산 측은 물론 미국을 비롯한 자유 진영의 우방국으로부터도 동의를 얻지 못했다.[79]

그러나 덜레스 역시 4월 28일 회의에서, 한반도를 통일하기 위한 기획이 이미 유엔 총회 10월 7일 결의안에 제시되어 있다면서, 중단된 유엔 한국통일부흥위원회의 활동을 재개하고 중국군이 철수해 유엔이 자유롭게 활동하고 임무를 완수할 수 있어야 한다며 유엔의 활동을 연장할 것을 주장했다.[80]

한국과 미국의 강고한 입장과 다른 국가들의 미온적인 대응에 실망한 저우언라이는 4월 28일 마오에게 보내는 보고에서, 미국은 해결을 바라지 않고, 프랑스는 한국 문제에 대해 이야기할 입장이 아니고, 영국은 논의를 꺼려하고 있다고 말했다. 특히 프랑스는 인도차이나 문제가 논의되기만을 기다리고 있었다. 실제로 유럽 및 영연방 참전국들 가운데 다수는 비록 남한 정부나 미국에 비해 좀 더 현실적인 통일 방안에 관심이 있었음에도, 인도차이나 문제가 주된 관심사였기 때문에 미국과의 관계를 악화시키면서까지 자신들의 주장을 고집하려 하지는 않았다.[81]

하지만 공산 측은 북한에서만 선거를 치른다는 원칙을 결코 받아들일 수 없다고 대응했다. 저우언라이는 외국의 개입 없이 자체적으로 한반도 전체에서 선거가 실시되어야 한다고 주장했다. 그러자 다음날 호주 대표는 최종 해결을 위해 필요하다면 한반도 전체에서 선거를 실시하는 데 남한 정부가 동의했으면 좋겠다고 제안했다. 뉴질랜드 대표 등 여러 국가들이 비슷한 의견을 제시했다.

결국 분위기가 남북한 동시 선거 쪽으로 움직이고, 북한에서만 선거를 치르자는 남한 정부의 입장이 비현실적인 것으로 여겨지면서 한국 대표 변영태는 결국 5월 22일 이에 동의할 수밖에 없었다.[82] 다만 그는 북한에서 치러질 선거를 유엔 위원회가 감독할 것을 요구했다. 또한 그는 남북 동시 선거는 남한의 선거법을 따라야 하며, 선거로 구성될 전국 의회 대표는 인구 비율에 따라야 한다고 주장했다. 나아가 중국군은 선거 한 달 전에 모두 철수해야 하며, 유엔군도 철수할 수 있으나 새로운 정부가 수립될 때까지는 완전히 철수하면 안 된다는 조건을 덧붙였다. 이렇게 여러모로 남한에 유리한 조건을 달았지만, 남한 정부가 일단 전국 선거에 동의하자 이에 호응해 콜롬비아·에티오피아·네덜란드·필리핀·터키·타이·뉴질랜드·미국 정부는 6월 5일 전체 회의에서 지지를 표명했다.[83]

그런데 극단적이던 남한 정부의 입장이 점차 완화되고 타협적 균형에 가까워지고 있던 배경에 중요한 사건이 발생했음을 기억할 필요가 있다. 5월 8일 베트남의 디엔비엔푸에서 프랑스군이 호치민의 공산주의군에게 패배한 것이다. 이 사건은 아이젠하워 정부로 하여금 아시아의 안보 문제를 다른 관점에서 사고하게 만들었다.[84] 덜레스는 이 사건 이전에는 극단적인 입장의 이승만을 압박해 유럽 국가들이 선호하는 방향으로 나아가게 하려 했지만, 이제 이승만의 문제점들을 모른 체하기 시작했다. 미국이 인도차이나에서 강경한 반공주의를 견지하고 직접 개입해 결국 중국과 충돌하게 된다면, 아시아에서 미국에 큰 도움이 되지 않는 유럽 국가들의 호의를 얻는 것보다는 실제로 힘이 되는 반공주의 동맹국들과 신뢰를 지키는 것이 더 중요하다고 판단한 것이다. 이런 미국의 입장 변화에 자신감을 얻은 이승만은 공산주의자들에게 아시아를 넘겨줄 수 없다며 이제 "북한을 공격할 시기"라고 공공연히 주장하기 시작했다. 제네바 회담이 한반도 문제를 해결하리라는 희망은 전혀 보이지 않고 있었다. 이에 따라 미국은 협상을 마무리하기 위한 최선의 방법이 무엇인지를 고민하기 시작했다.[85]

공산 측은 나름의 고민을 담아 4월 27일, 남북한 대표로 '전한국위원회'를 구성하고, 이 위원회가 통일 한국의 국회를 선출하기 위한 선거법을 작성하며, 남과 북의 경제·문화적 연대를 발전하고 확립할 수단을 연구하고, 모든 외국군은 6개월 안에 철수하자는 제안을 제시했다.[86] 한국전쟁 정전 협상에서 중립국감시위원회 개념이 반영되었듯이 '전한국위원회'를 설립하자는 것이었고, 무거운 정치 문제에 가볍게 접근하기 위해 남과 북의 경제·문화적 연대를 발전시키자는 것이었다. 하지만 미국은 공산 측이 유엔의 감독을 부정하고 별도의 중립국으로 하여금 감독하게 하자고 주장하는 것만 크게 부각시켰다.

5월 22일 남일은 전한국위원회 설립을 더욱 분명히 제안하면서 남과 북의 다양한 정치적 지향의 조직들이 폭넓게 대변되어야 한다고 주장했고, 남북 동수 대표로 구성된 전한국위원회가 선거구의 규모를 결정하자고 제안했다. 하지만 변영태는 이것이 한국의 행정 입법 기구를 대체하려는 연합에 불과하다고 지적했다.[87]

미국은 공산 측이 유엔의 권위를 부정한다고 비난하기 시작했다. 미국은 "처음부터 유엔의 집단적 안보 원칙에 따라 방어 전쟁을 한 것이며, 중립국 감시 원칙을 받아들이는 것은 유엔의 권위가 침식되고 집단 안보 원칙이 파괴되는 것"이라고 주장했다. 유엔이라는, 서구 자유주의국가의 전 지구적 상징 앞에서, 어느 정도 차이와 갈등이 있었던 유럽 국가들과 한국은 모두 단합된 지지를 표명했다. 이후 남은 3주간 제네바의 미국 대표들은 모든 논의를 '유엔의 권위'라는 단 한 가지 쟁점으로 좁히기 위해 노력했다.[88]

6월 6일 회의에서는 남일, 몰로토프, 저우언라이가 차례로 발언했다. 이들은 남한 정부의 14개 쟁점 제안을 거부하고 유엔에 의한 선거 감독에 반대했다. 유엔은 한국전쟁에서 교전 당사자였으며, 1950년 10월 유엔 결의안은 타당성이 없다고 비판했다. 유엔의 감독은 외국의 개입에 해당하며, 제네바 회담은 유엔과 상관이 없으므로 유엔 총회의 결정을 받아들일 의무가 없다고 반박했다. 저우언라이는 다시 한 번 중립국 감시위원회를 구성하자고 제안했다. 남일은 한국의 미래 헌법의 문제는 제네바 회담의 고려 대상이 아니라 전적으로 한국인들이 결정해야 한다고 주장했다.

그리고 몰로토프는 이를 종합해 결의안 초고를 제안했다. 제네바 협약이 타결된 후 한반도에서 6개월 내에 '자유선거'를 개최하고, 남북한 대표로 위원회를 구성하되 이 기구의 역할과 임무는 "추후에 논의"하며, 모든 외국군이 선거 이전까지 철수하고, 선거를 감독하기 위한 "적절한 국제기구"를 창설하며, "극동 지역 평화를 유지할 책임의 문제"도 더 논의하자는 것이었다. 하지만 미국 대표는 이 모든 제안을 거부하며 유엔 기구의 정당성 문제만을 강조했다. 중국의 관점에서는 다른 국가들은 여전히 해결의 의지가 있으나 미국이 한국 문제에 대한 협상을 가로막고 있는 상황이었다.[89]

유엔 문제에 대한 미국의 강경한 태도로 논의에 진전이 없자 6월 13일 6개국(프랑스·영국·캐나다·뉴질랜드·벨기에·타이)이, 합의에 도달할 수 없으면 한국 문제를 다시 유엔으로 넘겨야 한다고 주장하기 시작했다. 사실 서구 6개국이 모두 유엔을 지지하고 있었지만 그중 5개국은 남한 정부의 입장을 지지하지 않았고, 미국을 적극적으로 지지하는 것도 아니었다. 중국은 미국과 한국이 협상을 방해하고 협상을 끝내려 한다고 비판하면서, 몰로토프의 6월 5일 5개 쟁점 제안을 지지한다고 밝혔다. 중국 대표는 이미 여러 부분에서 합의가 이루어졌기에 회의를 지속하지 않을 이유가 없다며 회담 지속을 촉구했다.[90]

하지만 6월 15일 회의에서 한국 문제에 대한 논의가 마무리될 것이라는 소문들이 돌아다니고 있었다. 15일 회의에서 남일은 모든 외국군이 가능한 한 빨리 철수하고, 남한군과 북한군을 10만 명 수준으로 감축하며, 전쟁 상태를 종식하기 위한 전한국위원회를 구성하며, 경제·문화적 관계를 확립할 위원회를 수립하고, 제네바 회담에 참석한 모든 당사국이 한국 문제의 평화적 해결의 필요성을 인정하자고 요청했다. 군의 감축 문제를 추가하고, 평화적 해결을 위해 회담을 지속하도록 요청한 것이었다. 또한 저우언라이는 중국·소련·영국·미국·프랑스·남한·북한만 참여하는 제한된 회의로 들어가자고 제안했다. 또한 몰로토프는 한국의 평화를 위협하는 행동을 자제하자는 내용으로 19개국이 합동 선언을 할 것을 제안했다. 공산 측은 회담 자체의 지속을 요구한 것이었다. 하지만 영국 대표가 휴회를 제안했으며, 미국이 주도하는 16개국이 회의를 거쳐, 휴회를 연장할 것을 요청했다. 그 후 이들은 공산 측의 제안을 거부했으며, 유엔 감독과 자유선거라는 2대 원칙을 공산 측이 거부했다며 16개국 합동 선언을 통해 협상 종료를 선언했다. 공산 측은 16개국에 협상 파국의 책임이 있다며 비난했다.[91]

결국 6월 15일 한국 문제에 대한 제네바 협상은 50일간의 논쟁 끝에 한반도의 평화, 통일에 대해 아무런 합의도 이루지 못하고 끝났다.

회담 실패의 가장 중요한 원인은 인도차이나의 권력 지형이 변화해 아시아에 대한 미국의 안보 전략이 달라졌다는 점이다. 미국은 아시아의 반공주의 국가들에 대한 지원이 우선이었으며 그 지역의 통합이나 통일 문제에는 덜 적극적이었다. 아울러 자국의 정치적 위신을 중요시해 한국 문제를 둘러싼 유럽과 한국의 의견 차이를 좁히는 최소한의 목적을 달성하는 데 집중했다. 그 의견 차를 좁히는 구심점은 유엔이었다. 미국 대표들은 유엔에 의한 감독 문제를 최우선의 원칙으로 제시하며, 공산 측의 다른 제안들은 이를 부정하는 것으로서 모두 의미 없는 것으로 간주했다. 미국 내 정치인들의 비난에 대해서도 미국 대표들은 회담 실패를 공산주의자들의 책임으로 돌리고 동맹국들의 우호적 태도를 확인하는 소득이 있었다고 대응했다.[92] 유엔의 권위가 이 모든 비타협을 정당화하는 명분이었다.

결국 한국 문제와 관련해 제네바 협상은 실패했고, 남한은 미국과의 양자 방위조약과 군사적·경제적 지원을 얻어냈다. 하지만 미국은 인도차이나 문제에 대해서도 원하는 바를 얻어 낼 수는 없었다.

(2) 인도차이나 문제에 대한 논의와 베트남의 분단

호치민이 이끄는 베트남 독립 세력이 디엔비엔푸 전투에서 승리한 이후인 1954년 5월 8일부터 제네바 회담은 인도차이나 문제를 다루기 시작했다. 제네바 회담은 인도차이나 위기의 정점의 순간에 진행되고 있었다.

중국 지도부는 사실 제네바 회담을 통해 영국이나 프랑스 같은 서구 국가들과 직접 소통 채널을 수립하기 위해 노력하고 있었다. 저우언라이는 영국의 앤서니 이든과 프랑스의 피에르 망데스 프랑스Pierre Mendès France를 따로 만났는데, 이것은 영국 및 프랑스와 미국 사이를 벌려 놓을 수 있을 뿐만 아니라 중국이 부상하는 열강임을 전 세계에 알리는 데 유용하다고 보았다.

하지만 미국은 호치민이 군사적으로 승리한 상황에서 제네바 회담이 어떤 타협에 도달하는 것을 원하지 않았다. 미국 대표들은 모든 회담에서 공산 측의 주도권 행사를 막으려 했다.[93]

반면 공산 측은 호치민의 군사적 성공이 미국의 직접적인 군사개입을 불러올 수도 있다는 점을 고려하고 있었다. 특히 중국이 호치민의 반대에도 불구하고 인도차이나 문제를 정치적으로 협상해 해결하려 했던 중요한 이유는 미국의 직접 개입을 우려해서였다.[94] 중국은 타협을 하더라도 직접 개입만은 막으려 했던 것이다. 또한 중국은 타협적 자세를 드러내고 평화공존 정책을 알림으로써 중국에 대한 미국의 경제적 봉쇄와 중국의 정치적 고립을 돌파할 수 있을 것으로 기대했다.[95]

제네바에서 중국의 외교가 가장 빛을 발했던 순간은 저우언라이가 평화적 공존을 위한 다섯 가지 원칙을 제시했을 때였다. 저우언라이는 5월 12일 인도차이나에 관한 3차 회의에서 아시아 국가들 간 ① 영토·주권의 상호 존중, ② 불침략, ③ 내정불간섭, ④ 평등·호혜, ⑤ 평화적 공존이라는 소위 평화공존[96] 5원칙을 제시했다.

그리고 이 시점에서 프랑스에서 중요한 정치적 변화가 발생했다. 프랑스 의회는 제네바 회담의 성과가 지지부진한 책임을 물어 총리를 조지프 라니엘Joseph Laniel에서 피에르 망데스 프랑스로 교체시켰다. 망데스 프랑스는 오랫동안 인도차이나전쟁을 앞장서 비판해 온 정치인이었다. 그는 심지어 7월 20일까지 협상을 성공적으로 끝내지 못하면 사임하겠다고 공약했다. 새로운 프랑스 정부는 베트남을 일시적으로 분단하고, 국제 위원회를 수립해 라오스와 캄보디아의 주권을 회복하고 중립화시킨다는 두 가지 조건만 충족된다면 전쟁을 끝내는 데 동의하겠다고 공표했다.[97]

저우언라이는 이를 기회로 삼았다. 6월 15일 중국·소련·베트남 대표가 별도의 회담을 가졌는데, 이때 중국은 베트남의 태도로 인해 협상이 교착되고 있다고 비판했다. 저우언라이는 이런 상태로는 협상이 지연되고 베트남 문제가 평화적으로 해결되지 못할 것이라면서, 라오스와 캄보디아에서 모든 외국군을 철수할 것을 제안했다. 중국과 소련은 긴밀한 상의를 통해 베트남을 강하게 압박했다.[98]

6월 17일 저우언라이는 캄보디아와 라오스의 중립화를 수용하는 입장 변화를 프랑스와 영국에 알리고 공식 회의 일정을 잠시 미루자고 제안했다. 그리고 6월 23일 프랑스 대표와 별도 회의를 갖고 인도차이나에 군사 기지를 배치하려는 미국의 시도를 지지하지 않을 것이라는 약속을 받아냈다. 저우언라이는 중국으로 돌아가 7월 3일부터 5일까지 3일간 중국을 방문한 호치민과 논의했는데, 이때 그는 "지금 베트민은 계속 싸울 것인지, 평화를 받아들이고 나중에 다시 싸울 것인지를 결정해야 하는 교차로에 있다"며, 현재 프랑스와의 전쟁을 중지하고, 차후에 다른 기회를 도모하자고 호치민을 설득했다. 그리고 베트남을 9번 국도, 16도선에 따라 일시적으로 분할하기로 합의했다. 또한 라오스와 캄보디아에 대한 프랑스의 제안을 수용하고, 추가 요구는 하지 않기로 했다. 저우언라이가 지속적인 지원을 약속하자 호치민은 결국 이를 받아들였다. 저우언라이는 7월 7일 중국 정치부 회의에서, 중국 대표들이 프랑스, 영국, 동남아 국가들과 연합해 제네바 회담에서 미국을 고립시키고, 미국의 헤게모니 확대를 막기 위해 평화적 해결을 추구하는 협상 노선을 따르기로 했다고 보고했다. 마오는 이를 치하하고 승인했다. 저우언라이는 스위스로 돌아오는 길에 모스크바를 들러 입장을 조율했고, 다시 제네바에서 하노이 대표단을 만나 호치민과 합의한 내용이 분명히 전달되었는지를 확인했다. 그리고 7월 12일 제네바 회의가 재개되었다.[99]

이 회의에서 결국 중국·베트남·소련 대표가 합동으로 프랑스 정부의 제안을 수용하고, (프랑스가 제안한) 18도선이 아닌 16도선을 따라 분단하자고 주장했다. 그러자 프랑스 총리는 17도선 분할안을 제안하며, 이것이 받아들여지지 않으면 사임하겠다고 선언했다. 결국 저우언라이가 프랑스의 입장을 고려해 받아들이기로 결정하면서 7월 21일 아침, 프랑스 총리가 정한 사임 데드라인을 넘기기 전에 협상이 타결되었다. 제네바 회담에서 이렇게 인도차이나의 휴전, 베트남의 분단 외에도 라오스와 캄보디아 중립화에 대한 합의[100]가 이루어졌다.[101]

제네바 회담의 승자는 저우언라이였다.[102] 중국은 프랑스와의 협상을 위해 베트남 측에 압력을 넣어 858명의 프랑스 포로 전원을 석방하도록 했다. 그는 프랑스가 인도차이나 문제에 대한 평화적 해법을 추구하기 위해서는 더 이상 서두르지 않을 것이라고 계산했고, 영국은 이를 지지할 것으로 보았다. 미국은 영국과 프랑스의 협조를 잃었고 결국 인도차이나에서의 정전을 받아들여야만 했다. 저우언라이는 이 회담에서 그가 기대했던 모든 것을 얻었다. 북베트남에서 공산 정부의 설립은 공산 중국과 동남아 자본주의 세계와의 사이에 완충지대buffer zone를 만들었다. 중국은 프랑스나 영국과의 대화를 통해 중국의 고립을 타개하는 선례를 남겼다. 무엇보다 회담에서 중국이 결정적인 역할을 함으로써 근대사에서 중국이 처음으로 국제사회에서 진정한 세계열강으로 받아들여졌음을 보여주었다.[103]

반대로 미국은 제네바에서 패배한 것으로 스스로 평가했다. 미국은 중국의 정당성을 인정하지 않기 위해, 베트남을 17도선으로 분할하는 제네바 최종 선언에 서명하려 하지 않았다. 하지만 미국은 결국 이 합의를 받아들이고 합의를 위반하지 않겠다는 별도의 협약protocol을 공표하는 형식으로 합의했다.[104] 이런 모습들을 맥마흔[105]은 아이젠하워 정부의 미숙한 정책의 산물이라고 평가했다. 미국은 중국과 소련, 베트남 사이에 입장 차이가 존재한다는 것을 인식하지 못했으며 이런 아이젠하워 정부의 태도는 결국 이후 베트남전으로 치닫는 비극의 토대를 깔았다는 것이다.[106]

실제로 제1차 인도차이나전쟁의 정전과 베트남의 분단은 전쟁을 종식시키지 못했다. 이는 먼 미래의 일이 아니었다. 불과 1년 후인 1955년 10월 23일, 미국의 지원을 받는 사이공의 디엠 정부는 1956년에, 전 베트남에서 국민투표를 실시해 공동 정부를 수립하기로 한 합의를 깨고 단독 선거를 통해 정부를 구성했고 이는 제2차 인도차이나전쟁으로 나아가는 길을 열었다. 흔히 '베트남전'으로 명명된 이 전쟁은 1970년대 중반까지 지속되었으며, 아이러니하게 1979년 제3차 인도차이나전쟁에서는 중국이 베트남과 서로 적이 되어 싸웠다.[107]

요컨대 제네바의 평화는 유럽과 아시아에 각각 '두 가지 냉전'의 길이 생겨난 상황에서, 미국·소련·영국·프랑스·중국 간의 현실적 타협과 균형의 산물이었다.[108] 먼저 제네바 체제는, 현재진행형인 전쟁이나 적대적 냉전을 종식·완화시키는 것이 유리했던 강대국들을 한편으로 하고, 전쟁을 통해서라도 독립과 저항을 추구해야 했던 국가들을 다른 편으로 해, 갈 길이 나뉘는 분기점이 되었다.

여기서 주목할 것은 중국의 태도이다. 중국은 한국에서 미국과 전쟁을 치른 뒤부터 국내문제와 자국의 이해관계에 전념하기 위해 국제적으

로 논의되는 평화의 문법, 전술적 평화공세를 전유했다는 점이다. 중국은
'완충지대'를 만들고, 휴전을 시켜 분할하며, 경제·군사적 지원을 제공하
는, 소련이나 미국 같은 강대국들의 전쟁과 평화 관리 기술을 습득했다.
그 결과 중국의 주도하에 판문점 모델, 즉 임시적인 군사 정전과 분단이
라는 방식이 인도차이나에 그대로 적용된 것이다.

그렇다면 유엔에서도 제네바에서도 배제된 국가들, 그럼에도 불구
하고 베트남처럼 수십 년간 열강과 전쟁을 치르는 것을 원하지 않았던 국
가들에게는 어떤 평화가 가능했는가?

3. 반둥 체제 : 대안적 평화와 탈식민 민족주의

1) 미국의 동남아시아조약기구 설립

신생국들은 아직 일본이나 한국, 필리핀처럼 자유주의적 안보 체제에 편
입되어 지원을 받지 못했고, 중국처럼 정치 이데올로기가 다름에도 불구
하고 열강의 반열에 올라 상호 억제에 기반한 평화공존을 주장할 수도 없
었다. 따라서 이들에게는 세 가지 선택지가 있었다.

① 일본이나 한국처럼 미국이 제시하는 안보 체제에 편입되거나, ②
중국의 지원을 받으며 우호적 관계를 유지하거나, ③ 물리적 기반은 없지
만, 반식민 중립주의에 호소해 더 이상의 무력 경쟁 자체를 거부하는 연
대를 구성하는 길이 그것이었다. 반둥의 평화는 세 번째 길, 냉전과 권력
경쟁의 확산에 반대하며 대안적 평화를 모색하려던 아시아 국가들의 독
자적인 움직임이었다.

반둥은 먼저 동남아시아조약기구 같은, 미국과의 군사동맹에 반대하는 흐름으로 시작되었다. 그리고 반둥은 이 과정에서 탈식민주의라는 공통의 경험에 기반해 범아시아주의를 형성함으로써, 냉전을 극복하려는 방향으로 발전했다. 마지막으로 반둥은 단지 지역 냉전뿐만 아니라 유엔 등 자유주의적 국제 질서의 평화 기획 전반에 대한 비판과 극복을 시도하는 것으로 나아갔다. 특히 반둥이 공통의 지역적 기반에서 출발해 대안적인 보편성을 추구했다는 점에서, 한국전쟁과 베트남전쟁을 어떻게 평가했는지를 주목할 필요가 있다. 먼저, 이 과정 자체를 촉발시킨 미국의 군사동맹 구축 시도부터 검토해 보자.

인도는 1954년 제네바 회의에서 배제되자 유엔에서 아랍-아시아 국가들과 한국전쟁의 평화적 해결을 주도하고 있었다. 인도를 필두로, 더 이상의 전쟁에 반대하고 평화적으로 문제를 해결하고자 하는 중립주의자들의 목소리가 커지고 있었다. 한국전쟁이 종식되고 냉전이 격화되던 1953년 무렵에는 아랍-아시아 블록이 유엔 총회에서 상당한 영향력을 행사하기 시작했다. 안보리를 무력화시키고 총회의 권한을 강화시켰던 미국의 총회 지배력이 다소 약해지고 있었던 것이다.[109]

더 이상 유엔 같은 다자주의적 틀을 통한 해결도 어렵고, 국가 간 직접 외교도 이전처럼 수월하지 않은 상황에서, 미국은 독자적으로 추진할 수 있는 수단, 즉 직접적인 군사동맹과 군사·경제적 지원을 약속하고 있었다. 미국은 아시아에서 일본, 필리핀, 한국 등과 상호방위조약을 맺은 이래 군사동맹을 확산시켰는데, 한국전쟁 이후 전개된 이 같은 노력의 상징이 바로 1954년 9월 8일 미국과 영국, 호주, 뉴질랜드, 파키스탄, 필리핀, 타이완이 마닐라에 모여 설립한 동남아시아조약기구[110]였다.

흔히 마닐라 협약Manila Pact으로 불리는 이 방위 협약은 제2차 세계대전 이후 미국이 제3세계에 다자간 집단방위 기구를 조직하려던 시도 중 가장 중요한 성과였다. 동남아시아조약기구는 일본과 평화 협약 및 상호 방위조약을 체결한 미 국무부 장관 덜레스의 작품이었고, 그는 이를 "미국의 대아시아 정책의 초석"이라고 평가했다.[111]

실제로 1955년 2월 24일 터키와 이라크에서 출발해 영국과 파키스탄이 참여한 바그다드 조약Baghdad Pact에 비하면 동남아시아조약기구는 처음부터 다자주의적이었고 집단적 방위에 대한 시험으로서 의미가 있었다. 또한 미국은 바그다드 조약의 산물인 중앙조약기구CENTO에는 참여하지 않았지만 동남아시아조약기구는 미국이 주도했다는 점에서 중요하게 평가된다.[112]

미국이 동남아시아조약기구를 조직하려 했던 가장 중요한 표면적 목적은, 아이젠하워 정부가 규정한 이른바 '도미노 효과'domino effect, 즉 베트남 이후 동남아에서 공산주의의 확산을 막는 것이었다. 하지만 문제는 동남아시아조약기구는 북대서양조약기구처럼 통합된 군사 사령부도 없었고, 회원국이 침략당할 경우 자동적으로 미국이 관여해야 한다는 의무 조항도 없었다는 점이다. 이 때문에 실효성이 없는 실패한 군사동맹으로 간주되어 '종이호랑이들의 동물원'이라는 평가를 받기도 했다. 그럼에도 눈여겨볼 필요가 있는 것은 동남아시아조약기구는 회원국뿐만 아니라 회원국이 아닌 남베트남·캄보디아·라오스에도 안보를 보장하는 조항이 있었다는 점이다.[113]

동남아시아조약기구가 이런 독특한 성격을 갖게 된 것은 여러 역사적 조건들이 결합되었기 때문이다. 가장 결정적인 영향을 미친 요인으로는, 첫째, 북대서양조약기구를 창설하면서 유럽에 대한 군사적 지원을 약속하고 한국전쟁 시기 유엔 결의안에 의해 미 대통령이 미군의 해외 파병을 결정하자 미 의회에서 위헌 논란이 벌어졌던 것을 들 수 있다. 즉 4장에서 살펴본 바와 같이, 미국은 국내외의 문제 제기로 인해 북대서양조약기구와 한국전쟁 사례에서와 같은 방식으로 군사적 개입을 되풀이할 수 없었다. 둘째, 인도차이나 위기와 제네바 협상의 영향이다. 사실 동남아시아조약기구가 포함시킨 지역은 정확히 제네바 회담에서 분할하거나 중립화시키기로 결정했던 지역들이었다. 즉 동남아시아조약기구는 판문점과 제네바의 직접적인 산물이었다.

동남아시아조약기구는 바로 이 두 가지 역사적 경험을 바탕으로 고안되었다는 점에서 특정한 제도적 성격을 갖는다. 동남아시아조약기구가 1977년에 해체되면서, 그동안 이 기구에 대한 미국의 기획은 실패로 평가받아 왔다. 하지만 역사학자 프랭클린john K. Franklin은 덜레스가 처음부터 동남아시아조약기구를 실질적인 집단방위 기구로서 기획한 것이 아니라, 미국이 이 지역에서 힘의 우세를 유지하기 위한 수단이었음을 적절히 지적했다. 미국은 동남아시아조약기구에 참여한 아시아 국가들을 결코 자신과 동등한 파트너로 보지 않았다. 미국이 원한 것은 단지 미국이 필요할 때 군사력을 자유롭게 행사할 수 있는 권한이었다. 아이젠하워 정부는 아시아에 북대서양조약기구와 같은 강력한 군사 기구가 아니라, 소련과 중국이 동남아를 침공하지 못하도록 억제하면서도 향후 전쟁이 발발하는 경우 미국이 유엔과 상관없이 개입할 수 있는 틀이 필요했다. 동남아시아조약기구는 바로 미국이 소련의 거부권과 미국 의회의 반발을 피할 수 있는 제도적 틀이었다.[114]

이렇듯 미국에 있어 문제의 핵심은, 냉전의 전장이 이른바 제3세계와 동남아시아로 옮겨가고 있는 상황에서, 이 지역에 군사적 지원이나 개입을 할 때 주변국으로부터 제국주의라는 비판을 받지 않을 수 있는, 그리고 의회의 비난을 피할 수 있는 방식을 고안한 것이었다.

이런 사고는 미국이 아시아 지역방위조약을 추진하는 과정에서 지속적으로 드러난다. 먼저 덜레스와 아이젠하워, 미국 관료들은 베트남에서 프랑스가 패배한 이후 1954년 1월부터, 아시아의 우방국들을 지역방위조약에 포함시키면 서구 제국주의라는 비판을 피할 수 있다는 생각을 하기 시작했다.

1954년 1월 16일 등장한 NSC-5405에서는 미군이 직접 관여하지 않아도 되는 지역방위 시스템이 언급되었다. 제네바 회담이 끝난 직후인 7월 24일부터 국가안보회의 회의에서는 지역방위조약을 체결해 두면 중국과 전쟁이 발발해 미국 대통령이 군사적 대응을 결정해야 할 경우 국제적 지지를 확보할 수 있다는 의견이 제기되었다. 미국 정부는 8월 중순경 NSC-5429를 작성했다. 여기서 미국 정부는 지역방위 협약을 체결하면, 침략이 발생할 경우 즉각 중국에 보복할 수 있고, 동남아시아 국가들이 자국의 헌법적 원칙과 절차에 따라 이뤄진 공식 요청에 미국이 응하는 형태로 개입할 수 있으며, 무엇보다 이런 군사적 개입이 '공통의 위협'에 대응하기 위해 회원국들이 참여하는 방식으로 이루어질 수 있다는 구상을 갖고 있었다.[115]

미국 정부가 제네바 회담을 실패로 규정하고 아시아 지역에서 위신에 상처를 입었다고 판단하면서 동남아시아조약기구 구상은 더 큰 동력을 얻었다. 1954년 6월경에는, 반대하던 영국도 동남아시아조약기구의 설치 구상에 동의하게 되었다. 그런데 미국은 이 기구에 가능한 한 많은 중립국을 포함시키기 위해 한국, 홍콩, 타이완, 일본은 포함시키지 않기로 했다. 미국과 영국의 정책 결정자들에게 동남아시아조약기구는 이 지역의 중립 국가들로 하여금 공산주의를 채택하지 못하게 하는 방어 수단이었기 때문이다. 그 목적에 비하면 이 협약은 개별 국가들을 실제로 지원해 군사력을 확충할 의무도 분명히 규정되지 않은 '값싼 수단'이었다.[116]

미국이 동남아시아를 포괄하는 집단 안보 기구를 구상했다면, 중국은 어떤 지역 질서를 구상하고 있었을까? 중국은 이른바 '평화공존'을 외교의 핵심 원칙으로 제시하며 이에 대응했다. 중국은 제네바에서 아시아 국가와 서구 국가들에게 적대적이지 않고 우호적인 '새로운 중국'의 이미지를 보여 줬다고 믿고 있었다. 무엇보다 중국 지도부는 대외적으로 적극적인 개방이 정치적 고립보다 도움이 된다고 생각하게 되었다.

중국의 첫 번째 대응은 인도, 버마와의 외교 정상화였다. 1954년 4월 29일 중국과 인도는 티베트 국경 지대에서 양국 간 무역을 촉진하기로 합의했다. 무역 협약의 형태로 인도와 중국은 양국 관계를 전반적으로 규정하는 평화공존 5대 원칙을 공식적으로 재확인한 것이다.[117] 미국은 이를 언급할 가치 없는 애매한 발언들의 조합이라고 무시했지만, 중국과 인도의 수교와 5대 원칙의 제시는 미국이 추진하는 동남아시아조약기구나 경쟁적 군사 블록으로 아시아 지역이 양분될 것을 우려한 중국과 인도의 공동 대응이었다.[118]

중국과 인도 외에도 인도네시아 정부의 주도로, 1954년 4월 스리랑카의 수도 콜롬보에서 인도·파키스탄·버마·인도네시아·스리랑카 등 아시아 5개국 총리들(이른바 '콜롬보 국가'들)이 회담을 가졌다.[119] 그런데 아시아에서 새로 등장한 이 탈식민 국가들은 식민 지배를 경험했다는 공통점이 있었다. 이들은 이 회의에서 식민주의를 인권에 대한 위반이자 세계 평화에 대한 위협이라고 선언했다. 이들은 냉전으로 양 진영이 대립하면서 유엔이 파행을 겪고, 미국과 소련, 중국이 인도차이나에 대한 직접 개입의 강도를 점차 높여 가자, 인도차이나에 대한 군사 지원을 억제하고 '비개입'non-intervention 원칙에 합의할 것을 촉구했다. 이를 주도한 인도네시아 대표는 아시아와 아프리카의 지도자들이 참여하는 확대 회담을 제안했다. 원래 인도네시아 총리의 구상은 유엔 회원국들 가운데 아시아·아프리카 국가들을 모두 초대하자는 것이었다. 이렇게 중국과 인도의 우호 관계와 인도네시아의 대응이 결합되어 탈식민주의를 공통 기반으로 비개입을 요구하는 지역주의적 이상이 등장하고 있었다.[120]

사실 이때까지 네루는 '콜롬보 국가'들의 회의를 범아시아-아프리카 회의로 확대하는 것에 다소 회의적이었다. 네루에게 중요한 것은 중국과의 관계였고, 나아가 중국이 아시아 지역 국가들과 우호적인 관계를 맺도록 보장하는 것이었다. 네루는 저우언라이를 뉴델리로 초대했다. 그렇게 이루어진 1954년 6월 25~28일간 회담에서 중국은 해외 군사 기지로부터 자유롭고 중립적이며, 공격이나 간섭이 없는 '평화 지대'를 아시아에 건설하자는 네루의 제안에 대해, 이를 전적으로 신뢰한다고 화답했다. 저우언라이는 특히 중국의 '평화공존을 위한 5개 원칙'을 인도만이 아니라 버마·인도네시아·파키스탄·스리랑카·라오스·캄보디아와 여타 남아시아 국가들에도 적용하겠다고 답했다. 그리고 양국은 중국의 팽창주의에 대한 우려를 해소하기 위해 상호 신뢰를 구축하자고 제안했다. 저우언라이는 이후 "혁명은 수출되면 실패하고 자국의 힘으로 해야 성공할 수 있다"는 공식 입장을 밝혔다.[121]

즉 네루의 '중립 평화지대 노선'이 외부의 개입에 대한 거부를 가장 중요시했다면, 중국은 중립과 평화에 대한 관심보다는 저우언라이의 외교 노선인 '평화공존' 정책을 확대 적용하고, 혁명을 수출하지 않겠다는 상징적 신호를 동남아 국가들에게 보내려고 노력했다.

중국과 인도에게 동남아시아조약기구 설립 기획은 매우 문제적인 것이었다. 이들은 이 기구가 인도차이나 일대를 중립화한다는 제네바 합의의 정신을 위반했다고 보았다. 네루는 동남아시아조약기구가 자국의 방위뿐만 아니라 합의에 따라 외부 문제에도 관여할 수 있게 한 점을 지적하며, 이것이 "새로운 영향권을 만드는 것"이라고 주장했다. 이들로부터 점차 동남아시아조약기구에 대한 비판들이 공개적으로 제기되기 시

작했다.[122]

인도를 중심으로 콜롬보 국가들이 중립과 비개입을 강조하자, 영국과 미국 정부의 일부 관료들은 이 콜롬보 국가들을 동남아시아조약기구로 포섭해야 한다는 의견을 제시했다.[123] 미국은 특히 인도가 참여하기를 바랐다. 미국의 압력에 따라 영국이 1954년 9월에 열릴 동남아시아조약기구 창설 회담에 이 국가들을 참석시키기 위해 설득 작업에 나섰다.

하지만 네루는 이런 '군사동맹'은 '집단적 평화 시스템'과 다르며 대항 군사동맹을 형성시킬 수 있기 때문에 대다수 아시아 국가들은 참여하지 않을 것이라며 반대 의사를 분명히 했다. 인도는 동남아시아를 냉전의 잠재적인 전장으로 만드는 것에 반대했다. 버마·인도네시아·스리랑카도 이에 동조했으며, 특히 스리랑카 수상은 아시아 국가들이 더 이상 "베트남이나 한국과 같은 문제"가 발생하기를 바라지 않는다고 지적했다.[124] 즉 인도를 중심으로 한 '콜롬보 국가'들은 베트남과 한국에서 일어났던 비극적인 경험이 되풀이되지 않도록 적대적인 집단 군사동맹 시스템이 아닌 대안적인 집단적 평화 시스템을 요구하고 있었다.

앞서 말했듯이 1954년 6월 네루의 초청으로 인도를 방문했던 저우언라이는 "아시아의 문제를 해결하기 위해서는 아시아적 해법을 찾아야 한다"는 인도의 범아시아주의적pan-Asianism 입장에 지지를 표명했다. 그리고 중국은 10월에 네루를 베이징으로 초청했다. 네루는 중국 대중의 열광적인 환영을 받았다. 마오와의 대화에서 네루는 "덜레스 같은 인간은 매우 위협적인 존재이다. 그는 감리교나 침례교 신자임이 틀림없고, 편견이 매우 심하며 협소한 관점을 갖고 있다. 그는 모두가 자신에게 동의해야 한다고 생각한다"고 말할 정도로 미국 정책에 대한 불신을 기꺼이 공유했다.[125]

1954년 9월 5일, 아시아의 중립 국가들을 포함시키지 못한 상태로 동남아시아조약기구가 공식적으로 창설되었다. 그러자 인도네시아 수상이 1954년 9월 인도를 직접 방문해, 확대 회담에 다소 회의적이었던 네루를 설득했고, 네루는 마침내 아시아-아프리카 국가들을 모두 초대하는 포괄적인 회담의 개최를 완전히 수용했다.[126]

다른 한편 중국의 위협적인 움직임은 주변국으로 하여금 우려를 갖게 했다. 중국은 10월 10일 미국의 군사적 개입을 비난하며 중국이 몇몇 지역을 '해방'시키겠다고 선언했다. 아시아 국가들이 큰 우려를 표명하자, 저우언라이는 네루에게 "타이완에 대한 해방"은 표면적인 선언과 달리 전략적 목적이며 장기적이고 복합적인 투쟁이라고 설명했다. 또한 미국의 위협은 남한·타이완·인도차이나까지 방위선을 확장할 정도로 "너무 멀리 왔으며, 이 방위선은 미국으로부터는 멀지만 중국에는 너무 가깝다"고 중국의 입장을 해명했다.[127]

인도와 인도네시아 등 콜롬보 국가들은 결국 1954년 12월 29일 인도네시아 보고르에서 열린 회의에서 이듬해 4월에 아시아-아프리카 회담을 개최하기로 최종 합의했다. 이들은 중국을 초청하기로 했으며 중국도 이에 응했다. 이 회의에서 유엔 회원국이 아닌 아시아-아프리카 국가들을 모두 초대한다는 합의가 이루어졌다. 하지만 주목할 것은 남한과 북한은 초대되지 못했다는 점이다. 남한과 북한은 상호 적대적이라는 점과, 이 회담에 초대된 다수의 국가들과 분쟁을 치렀다는 사실로 인해 초대 대상에서 제외되었다.[128]

이들은 먼저 회담의 목적과 범위를 결정했다. ① 아시아-아프리카 국가들 간의 선의와 협력을 촉진해 공통의 이익을 검토하고 우호적 관계를 확립한다. ② 참여국들의 사회·경제·문화적 문제들을 고려한다. ③ 아시아-아프리카 국가들만의 특별한 문제, 즉 국가 주권이나 인종주의, 식민주의의 문제를 검토한다. ④ 세계에서 아시아와 아프리카의 위상을 고려해 그들이 세계의 평화와 협력을 촉진하는 데 기여할 수 있는 것이 무엇인지 검토한다는 것이었다. 이런 공통의 목적에도 불구하고 각국이 가장 우선시하는 이해관계들은 존재했다. 즉 인도는 더 많은 지역이 냉전과 거리를 두어야 하며 공산 측이나 서구 진영 모두와 군사 협약을 맺지 말아야 한다는 중립주의 노선하에 라오스나 캄보디아가 동남아시아조약기구에 참여하지 않기를 바랐다. 인도네시아는 회담을 통해 서뉴기니에서 네덜란드와의 분쟁 문제를 풀고 싶어 했고, 파키스탄은 이스라엘을 비판하며 아랍 국가들 사이에서 리더십을 구축할 기회로 삼으려 했다.[129]

하지만 이 회담을 주도한 콜롬보 국가들에게 공통적이며 중요한 관심사는 먼저 아시아 지역에서 중국과 미국 간의 전쟁을 막는 것이었고, 그 다음에는 중국이 소련으로부터 독립적인 외교를 전개하도록 하는 것이었다. 동시에 이들은 중국과 베트민의 군사력과 정치적 영향력을 중국의 남쪽 국경 지대와 캄보디아·라오스 등 동부 국경 지대에 봉쇄하고, 그들 국가를 포함한 모든 비공산주의 국가들에서 전복적이고 불법적인 공산주의 활동을 하지 못하도록 막으려 했다. 즉 핵심은 아시아에서 미국과 중국의 충돌과 영향력의 팽창을 견제하는 것이었다.[130]

미국 정부는 반둥회의의 준비와 전개 과정을 주의 깊게 지켜보고 있었다. 반둥회의 개최가 발표된 지 불과 이틀 후부터 아이젠하워 정부는 반둥회의에 대응할 미국의 선택지를 분석하기 시작했다. 미국의 우려는 다양했다. 먼저 국무부 내 아시아 전문가들은 덜레스 국무장관에게 반둥을 공산주의 프로파간다의 도구로 보아야 한다고 조언했다. 이승만과 최종 협상을 했던 국무부의 로버트슨은 반둥회의에서 저우언라이가 반식민주의 담론을 활용할 수 있으며 '반식민주의의 탈을 쓴 공산주의 이데올로기'를 전파할 수 있다고 우려했다. 또한 덜레스는 인도와 중국이 서구를 배제한 채 만나기 시작하면 그들의 광대한 인구로 인해 유엔에서 견고한 반서구 투표 블록이 형성될 수 있다고 두려워했다. 결론은 미국이 이 회담의 개최를 방해해야 한다는 것이었다. 하지만 미국은 이후 진행되는 과정을 전혀 막을 수 없었다. 회담 취소는 불가능했고 미국이 할 수 있는 것은 미국에 미칠 악영향을 최소화하는 것뿐이었다.[131]

미국이 가장 우려한 것은 중국의 참석이었다. 중국이 이끄는 범아시아주의적 정서가 서구 특히 백인들의 영향을 거부하기 위해 투쟁할 것이라는 생각에 사로잡혔다. 이미 제네바 협상이 끝난 직후 1954년 8월부터 미 중앙정보국CIA은 중국이 미군 기지의 추가 설치를 막기 위해 중립주의를 강화하고 "아시아를 위한 아시아"를 강조할 것이라는 예상을 하고 있었다.[132] 1954년 9월 첫 번째 타이완 해협 분쟁이 발생하자 이런 예상을 더욱 확신하게 되었다. 반둥회의 직전에 미국에서 생산된 정책 보고서는 중국 본토 가까이에서 전쟁이 발생하면 타이완 군을 주로 활용해 이 문제가 인종 간의 투쟁으로 보이지 않도록 하는 것이 중요하다고 강조했다.[133]

그만큼 미국은 반둥회의가 중국의 전략적 범아시아주의에 기반해 서구 대 아시아라는 구도에서 인종주의적 갈등을 촉발하게 되는 상황을 두려워하고 있었다. 1955년 2월 방콕에서 개최하기로 한 동남아시아조약기구의 첫 번째 회의와 반둥회의 간의 차이가 부각되리라는 점도 문제였다. 동남아시아조약기구 회의에는 주로 백인들이 참석하고 반둥회의에는 백인 외의 다양한 유색 민족들이 참석할 것이기 때문이었다. 주제의 측면에서도 동남아시아조약기구 회의는 아시아에서의 공산주의 팽창을 논하기로 했고, 반둥에 모인 약 30개국은 서구의 식민주의와 제국주의를 아시아가 직면하고 있는 가장 큰 문제로 규정하고 있었다.[134]

따라서 1955년 1월부터 미국 정부의 작전조정국OCB은, 방콕 회의와 반둥회의에서 지역주의 및 반인종주의가 대두될 것에 대한 대응을 모색하기 위해 워킹 그룹을 구성했다. 국무부가 지도하고 중앙정보국, 국방부, 해외공보처USIA가 참여한 이 모임은 반둥회의에서 공산 측의 영향력을 차단할 전략들을 구상했다. 그런데 이들은 반둥회의가 실제로 지역 블록을 구축하려 하지는 않을 것이며, 회담에서 통과된 결의안은 구속력이 있는 것이 아니라 자문의 성격을 띨 것이고, 대다수 국가들이 자국의 개별적 목표와 위신을 추구할 것이라고 분석했다. 예컨대 파키스탄은 네루를 당황하게 할 양국 간의 민감한 사안들을 제기할 것이고, 일본은 아시아에서의 고립을 타개하고자 하는 이해관계가 있었다. 따라서 미국은 반둥회의의 성공 가능성을 낮게 평가했고, 내부의 이해관계가 다르다는 점을 고려해, 특히 필리핀과 긴밀한 관계를 유지함으로써 정보를 제공받을 수 있도록 필리핀의 반둥회의 참여를 독려했다.[135]

이 시기까지도 미국은 표면적으로는 반둥회의에 대해 '자비로운 무관심'benevolent indifference을 보여야 한다는 입장이었다. 하지만 2월경 미국 정부는 점차 이 새로운 흐름이 거스를 수 없는 수준임을 깨달았으며, 반둥회의 자체를 무산시킬 수 없는 대신 참여국들로 하여금 유화적인 태도를 갖도록 만들기로 했다. 미국은 영국을 통해 파키스탄·필리핀·타이에 일종의 협상 지침서들을 전달하며 반둥회의를 준비시켰다. 미국 정부는 반둥회의 참석국 내부의 분열을 확대하려 했다. 이에 따라 파키스탄·터키·필리핀 등 동남아시아조약기구에 참석한 집단 안보 지지 국가들은 "동남아시아조약기구는 단지 외부의 공공연한 무력 공격보다는 공산주의자들로부터 영향을 받은 내부 반란에 대비한 협약이며, 따라서 공산주의의 위협에 대항하기 위해 절대적으로 필요하다"는 논거를 준비했다. 필리핀 외무상 로물로Carlos P. Romulo는 자신이 서구의 입장을 대변하겠다고 자발적으로 제안했다. 이에 필리핀 대표는 반둥회의에 참석해, 공산주의자들이 스스로 내건 비개입 원칙을 지속적으로 위반하고 있다고 지적하는

역할을 맡기로 했다.[136]

반둥회의 개막 직전인 1955년 4월 7일 열린 미국의 국가안보회의 회의에서는 제3세계에서 대두되고 있는 민족주의와 중립주의, 그리고 이것이 미국에 의미하는 바가 무엇인지가 논의의 주제가 되었다. 흥미로운 것은 아이젠하워가 "소련은 광범위하게 성장하고 있는 전후 민족주의에 지지와 연대를 표명해 왔지만 미국은 이를 미국의 이해관계에 맞게 활용하는 데 실패해 왔다"고 진단한 점이다. 그러나 어느 미 중앙정보국 인사는 서구 제국주의를 경험한 국가들의 연대가 소련에 의해 활용될 것임은 분명하지만, 그 상황이 "우려하는 것만큼 비관적이지는 않다"는 견해를 보였다. 이렇게 제3세계 민족주의 문제에 대한 비관과 낙관이 공존하는 상황에서 미국 정부는 반둥회의에 대해 대통령 차원의 공개 연설은 하지 않기로 했다. 대신 국무장관 덜레스가 간접적으로 반둥회의는 "아시아 위기의 평화적 해결을 위한 좋은 기회"라고 언급하는 정도로 대응했다.[137]

2) 반둥회의의 전개와 그 결과

이런 미국의 우려와 불안 속에서, 1955년 4월 18일부터 24일까지, 인도네시아의 반둥에서 인도와 콜롬보 국가들의 중립주의와 중국의 평화공존 정책이 새로운 흐름을 촉발할 것이라는 기대 속에 아시아-아프리카 회담이 개막되었다. 이는 다섯 개 콜롬보 국가(인도네시아·인도·파키스탄·버마·스리랑카)의 주도로 이루어졌지만 점차 규모가 확대되어 역사상 가장 크고 영향력 있는 제3세계 지도자들의 모임이라는 외형을 갖추게 되었다.[138]

반둥회의의 중요성은 이 회담이 열린 시기에 있었다. 즉 반둥회의는 프랑스군이 인도차이나에서 철수한 직후 개최되었기 때문에, 독립을 시도하던 몇몇 아프리카 국가들은 큰 관심을 가졌다. 또한 한국전쟁의 종식과 스탈린의 죽음 이후 소련이 평화와 데탕트 공세를 전개하고 있는 시점에서, 중국이 반둥 회담에 참석한 것은 역사적으로 큰 의미가 있었다.[139]

반둥회의를 지켜본 한 소설가는 "이곳에는 지상의 모든 종교, 거의 모든 인종, 모든 종류의 정치적 의견, 지구상의 15억 명의 대표들이 모여들었다."[140]며 종교·인종·정치적 다양성 및 인구와 지역의 규모를 강조했다. 하지만 실제로 반둥회의에는 크게 세 가지 서로 다른 이해관계를 가진 국가군이 참석했다. 즉 중국과 북베트남 등 공산주의 국가들, 서구 자본주의에 친화적 경향을 보이는 약 10개국(스리랑카·이란·이라크·일본·레바논·파키스탄·필리핀·타이·터키), 중간의 중립적인 인도·버마·인도네시아 등 세 그룹이었다.[141]

중국은 29개국 가운데 22개국과 외교 관계가 없었지만, 타이완은 다수의 국가들과 공식 외교 관계를 맺고 있었다. 중국은 민족 독립운동을 위한 국제적 연합 전선을 구축하고자 노력했고, 반둥회의 참여국들의 가장 공통적인 경험은 피식민 경험임을 인식하고 회담에 참여했다.[142]

반둥에서는 적어도 제3세계에서만큼은 냉전 시스템을 극복할 수 있는 공통의 이념을 창출해야 한다는 주장이 기본적인 합의의 기반이 될 수밖에 없었다. 예컨대 수카르노는 회의 개막 연설에서 이 회의가 인류 역사상 처음으로 다양한 피부색의 사람들이 모인 대륙 간 회의라고 규정했다. 수카르노는 아시아와 아프리카는 세계 어떤 대륙보다 종교·정치적 이념에서 가장 다원적인 지역이며 "자유주의의 자유방임Laissez faire이 적용되기 전에 원래 다양한 정치적 신념과 이념이 탄생한 지역"으로서, "살고 살게 두는"live and let live 원칙, "다양성 속의 통합"unity in diversity이 스스로 적용된 곳이었다며, 자유주의 이념의 본래적 기원지로 아시아를 자리매김하고, 특히 적대적 대립이 아닌 다양성이 공존하는 지역임을 강조했다.[143]

수카르노는 이런 인식에 기반해 민족주의, 이슬람교, 마르크스주의를 새로운 도덕적 이념으로 통합하려는 이상을 표현했다. 그는 "이제 세계 역사의 어떤 순간보다도 사회와 정치는 최고의 도덕과 윤리 규범에 기반해야 한다. 정치적 관점에서 무엇이 가장 상위의 도덕적 규범이 되어야할까? 바로 인류의 안녕well-being이다."라며 최고의 가치로서 인류의 복지를 내세웠다. 하지만 그는 "우리는 인류의 안녕이 최우선으로 고려되지 않는 상황에 직면하고 있다. 권력을 가진 다수가 세계를 지배하려고 생각하고 있다."[144]면서 미국과 일본을 포함한 서구 열강들을 비판했다.[145]

그런데 이런 수카르노의 주장은 사실 자유주의나 자본주의에 대한 비판이 아니라, 유엔 헌장이 담고 있고 경제사회이사회가 추진하던 뉴딜적 열망, 개인들의 복지를 우선시하는 당시의 자유주의적 이상을 다시 한번 강조한 것이었다. 다만 그는 "겉으로는 이를 내걸었지만 실제로는 우선시하지 않는 패권국들"을 비판했다.[146]

하지만 수카르노의 비판이 식민주의를 향하고 있었다는 점에서 이는 서구적 기획에 대한 근본적 비판의 지점을 제공했다. 즉 그는 반둥회의를 제국주의와 식민주의에 반대하는 연맹의 연장선 위에 자리매김했다. 하지만 그는 아시아-아프리카 국민들이 더 이상 식민주의의 단순한 피해자가 아님을 강조했다. 수카르노는 이어서 "국제 관계에서 안녕이라는 고도의 도덕성을 성취하기 위한 유일한 길은, 식민주의로 인한 수모로 고통을 당해 이런 목적을 유럽보다 더 잘 이해할 수 있는 제3세계의 노력을 통해 이루는 것뿐"이며, 이를 위해서는 제3세계의 단합이 필요하다며 지구적 복지의 실현 주체로 피식민 경험이 있는 제3세계의 인민을 내세웠다. 수카르노는 식민주의가 끝났다고 하지만 실제로는 끝나지 않았으며 '다른 형태의 식민주의'가 대두되고 있다면서, 냉전 이후의 역사를 양진영 간 대립으로 보는 시각과는 다른 새로운 관점을 제시했다. 수카르노는 경제적 수단과 지적 수단을 통한 통제, 물리적 통제, 그리고 국제 공동체에서의 소외 문제를 제기했다. 수카르노는 제3세계가 이를 극복하고 목적을 이루기 위해서는 초강대국 간의 핵전쟁을 막고 평화를 이루는 것이 중요하다고 주장했다. 그는 오늘날 전쟁이 발발하면 문명의 종말이 예견되는 상황에서 평화를 보존하는 것이 중요하며, 비록 아시아·아프리카 국가들은 군사력·경제력·외교력도 약해 권력 경쟁에 뛰어들 수도 없지만 "14억의 인구가 이성의 목소리를 내고 모든 정치적 힘을 평화를 위해 동원해야 한다"고 주장했다.[147]

수카르노의 연설에는 제3세계의 탈식민주의적 세계관, 제2차 세계대전 이후의 문제와 그것의 극복 방향에 대한 주장들이 집약되어 있었다. 식민 지배로부터 고통을 당한 주체들이 이를 극복하고, 문명의 종말을 초래할 전쟁의 위협을 막기 위해 군사력의 증대나 권력 경쟁, 외교력 이외의 정치를 추구하자는 것이었다. 이는 미국과 소련은 물론 영국·프랑스·중국 등 강대국의 입장과 시선에서 벗어난 시각이었다. 이런 관점에서 보면 미국과 소련은 모두 '유럽 권력의 특정한 형태'였고, 식민주의적인 성격을 갖고 있었다. 수카르노는 전 지구적인 반식민주의 투쟁은 180년 전 미국에서 시작되었다며, 미국의 반식민주의 역사를 환기시켰다.

다른 한편 인도의 네루는 서구에 우호적이었던 제3세계 바그다드 조약 국가들(이라크·이란·터키)이 동유럽에서 소련이 보여 주는 행태를 식민주의로 비난하려는 것을 막고자 했다.[148] 즉 반식민주의의 입장에서 볼 때 냉전 이후 미국과 소련의 행태는 모두 비판의 대상이 될 수 있었다. 하지만 미국과 소련은 유럽 제국주의와 자신들을 차별화하며 반식민주의에 대한 지지자를 자임할 수도 있었다. 결국 자유주의와 공산주의라는 냉전의 양대 진영은 19세기 유럽식 제국주의로부터 20세기적 평등한 민족주의로의 이행을 약속했지만, 현실에서는 자신의 깃발 아래 위계질서가 수립되기를 원하면서 모든 지역 문제에 개입하고 있는, 자기 모순적 행태를 보이고 있었다.

저우언라이가 이끄는 중국 대표들은 공산주의가 주장하는 평화적 공존 원칙과 비동맹 원칙이 양립할 수 있다는 의견을 제시하며 반식민주의적 논의를 지원하고 보충하며 지지를 얻으려 했다. 그는 4월 19일 연설에서 아시아·아프리카 국가들을 안심시키기 위해, "중국은 공산주의 국가이며 사회주의 시스템이 좋은 것이라고 믿지만, 이 자리에서 이데올로기와 정치 시스템을 선전하려 하지는 않을 것"이라고 말을 시작했다. 그리고 타이완 문제는 중국의 내부 주권 문제이며, 중국은 유엔에서 정당한 지위를 회복하고 인정받는 문제를 제기할 수 있지만 이곳에서는 다루지 않겠다고 말했다. 저우언라이는 "이곳에 참석한 모든 국가들이 식민 지배의 고통을 공유하고 있음"을 강조했다. 그리고 중국은 다른 국가들을 전복할 의사가 없으며 오히려 미국과 장제스의 후원을 받은 반란들로 고통받고 있다고 지적했다. 경제·문화적으로 낙후된 아시아 국가들끼리 5대 원칙에 따라 협력할 것과 아시아·아프리카 국가들과 정상적인 관계를 수립할 준비가 되었음을 알리고, 중국이 본토 밖 중국인들의 이중국적 문제를 해결할 의사가 있다는 파격적인 제안도 내놓았다.[149]

하지만 캄보디아와 타이 대표는 중국에 대한 우려를 직접적으로 표명하며, "중국은 약소국들에게 충분한 증명과 보증을 해주어야 한다"고 언급했다. 이에 대해 저우언라이는 공식 연설 외의 보충 연설과 각국 대표들과의 개별적인 면담을 통해 매우 양보적인 태도를 보였고, 유엔 헌장에 있는 단어를 선택해 가며 매우 순화된 발언을 했다. 그는 캄보디아와 타이의 독립을 분명히 보장하고, 과거 중국 정부의 유산인 재외 화교들의 이중국적 허용을 중단하는 협약들을 맺기로 했다. 이를 통해 저우언라이는 친서구 아시아 국가들에게도 중국 정부가 매우 합리적이며, 타협적이

고, 평화 노선을 따르고 있다는 인상을 주었다.[150]

　이후 회의는 별도의 세션들에서 이루어졌는데, 정치위원회가 중심적인 장이 되었다. 여기서 저우언라이는 유엔의 인권 원칙을 언급해 참석자들을 다시 한 번 놀라게 했으며, 팔레스타인을 지지한다고 밝혀 아랍국가들의 호감을 얻었다. 이 밖에도 정치위원회 회의에서는 뉴기니에서 인도네시아와 네덜란드의 분쟁, 프랑스 식민지이던 북아프리카에 대한 이집트의 결의안 등이 논의되면서 식민주의 문제가 매우 중요한 관심사가 되었다. 특히 무엇이 신식민주의인가에 대해 민감한 논쟁이 이어졌다. 미국과 소련의 행태도 식민주의로 비난할 수 있는지가 중요한 쟁점이었다.[151]

　이후 정치위원회는 '세계의 평화와 협력 촉진'이라는 마지막 의제에 대한 논의를 시작했다. 누가 평화를 주도하고, 어떤 방식의 평화를 이룰 것이며, 어떤 원칙에 근거할 것인가가 쟁점이었다. 버마 대표는 제3의 국가들이 두 개의 진영 사이에 다리를 놓아야 한다며 중립주의를 강조하면서 논의를 시작했다. 이어서 그는 한국전쟁에 재빨리 개입한 유엔이 버마에 대한 타이완의 공격에는 '침략'이라는 표현조차 언급하지 않으려 한다며 유엔의 편파성과 비효율성을 날카롭게 지적했다. 버마 대표는 유엔을 강화하고 더 효율적으로 만들어야 하며, 공존을 위한 5대 원칙을 지지하는 내용의 결의안을 채택하자고 제안했다. 그런데 캄보디아 대표는 평화공존 원칙을 지지하더라도 공산주의 국가는 신뢰하지 못한다며 중국이 제시한 원칙에 합의하는 것을 주저했다. 곧 저우언라이와 네루가 합의한 평화공존 5대 원칙이 논의의 핵심이 되었으며, 동남아시아조약기구에 가입한 파키스탄은 이에 대응해 집단적 자기 방어권을 강조하는 새로운 7대 원칙을 제시했다. 이집트의 나세르는 군축과 대량 살상 무기의 제거를 요구하는 또 다른 원칙을 내놓았다.[152] 마치 대안적인 유엔 회담이 열리듯 평화에 대한 각국의 아이디어들이 제시되었다.

그런데 네루는 4월 22일 정치위원회 연설에서 어떤 방위조약에도 참가하지 않겠다는 의사를 분명히 하며 끝까지 중립주의 노선을 강조했다. 그는 세계정세에 대한 "이른바 현실주의적 인식이 우리를 임박한 전쟁, 제3차 세계대전으로 이끌고 있다"며, 현실주의적 인식에 기반한 미·소 경쟁 관계 자체를 비판했다. 네루는 양 진영이 상호 무장을 촉발시키고 있음을 지적하며, 영국·소련·미국은 결국 전쟁을 예방하기보다는 압도적인 힘으로 세계를 정복하려 들 것이라고 지적했다. 네루는 "만일 제3차 세계대전이 발생하면 전 인류와 문명을 심연으로 몰아넣을 뿐만 아니라 총체적인 파괴를 가져올 것"이라고 강조하며, 잘못된 원칙에 근거하고 있는 공산주의와 반공주의 모두에 동의할 수 없다고 주장했다. 네루는 어느 진영도, 핵무기나 수소폭탄으로도 인도를 결코 정복할 수 없다고 단언하며, 냉전 이데올로기에 대한 논의를 거부하고 간디의 비폭력 철학을 대안으로 제시했다. 네루는 강대국이 전쟁을 하려 들 때 이를 막을 수는 없지만 다른 의견을 만들어 내야 하며, 단순히 소련이나 미국 어느 한쪽을 비난하는 것은 양측의 적대를 심화시킬 뿐이고, 아시아와 유럽 모두 외부로부터의 공격뿐만 아니라 내부로부터의 정권 전복 시도에도 반대해야 한다고 주장했다. 전쟁에 반대하는 평화의 철학, 한 측을 비난하는 악순환의 중지, 외부로부터의 공격이나 내란에 대한 지원 반대가 집약된 것이 바로 중립주의였다. 네루는 기존의 모든 움직임으로부터 거리를 두고, 각 국가들이 스스로를 방어하는 것을 제외하고는 어떤 전쟁에도 가담하지 않겠다는 의지를 공식 표명해야 한다고 주장했다.[153]

네루의 주장은 중립주의와 비동맹의 핵심 원칙을 제시한 것이었다. 이는 아직 냉전 진영이 선명하게 구축되지 않은 아시아 지역에 군사동맹을 형성하려는 미국, 그리고 영향력을 확대하기 위해 베트남을 지원한 소련과 중국 모두를 겨냥한 것이었다.

"만일 이 큰 집단들 중 어디에라도 합류하게 된다면 나는 정체성을 잃게 된다. 나에게는 아무런 정체성도, 의견도 남지 않는다. 만일 전 세계가 이 두 개의 큰 블록으로 나뉘어야 한다면 결과는 무엇이겠는가? 전쟁을 피할 수 없을 것이다. 따라서 이른바 비동맹 지역(unaligned area)을 축소하려는 시도는 전쟁으로 가는 위험한 시도이다. 그렇게 되면 다른 국가들이 군사력 이외에 객관적이고 균형 잡힌 수단을 선택할 가능성이 줄어드는 것이다."

네루는 이미 방위 협약에 참여한 나라들의 반발을 인식해 자기방어권리는 누구도 부인할 수 없지만, 식민주의를 온존시키는 북대서양조약기구[154]와 같은 지역방위 협약에 참가하지 않겠다며 반대 의사를 분명히 했다.[155] 네루는 평화공존 외에는 대안이 없다며 이데올로기적인 입장을 버리고 이 단어를 사용하는 것을 두려워하지 말자고 말했다. 네루는 폐막 연설에서 "왜 아시아가 그들의 분쟁과 전쟁에 끌려 들어가야 하는가"라며 냉전의 싸움으로부터 거리를 두고 반전 의지를 행사하자고 호소했다.[156]

하지만 네루의 연설은 파키스탄·터키·이라크·레바논·필리핀 등 북대서양조약기구와 동남아시아조약기구에 참석한 친서구적 제3세계 국가들의 강한 반발을 불러 일으켰다. 파키스탄 대표는 유엔 헌장의 51조를 언급하며 집단적 자기 방어권을 옹호하는 자국 외교를 정당화했다. 이라크·필리핀·레바논은 인도에 비해 소국이라 스스로 방어하기 위해 단결하자는 '고급스런 기준'을 감당할 수 없다고 주장했다. 필리핀 대표 로물로는 심지어 카슈미르 분쟁을 언급하며 "인도와 파키스탄 또한 대치 상태에서 자국의 방어를 위해 예산의 절반 가까이를 무장에 쏟고 있지 않는가"라며 미국이 주도하는 집단안보에는 반발하지만 자국의 무력 증강에 매진하는 인도의 이중성을 비판했다. 그는 각국은 각자의 사정에 맞게 자기방어를 추구해야 한다며 미국이 주도하는 동남아시아조약기구에 가입해 지원을 받고 있는 자국의 입장을 정당화했다.[157]

친서구 국가들의 반발과 의심에 직면한 저우언라이는 4월 23일 정치위원회에서 이를 반영한 합리적 수정 원칙을 제안했고, 이는 매우 성공적이었다. 즉 중국은 반둥회의를 평화와 통합을 위한 모임으로 규정하며 기존의 이데올로기, 정치 시스템, 국제적 의무의 차이를 제거하고 평화와 협력을 위한 원칙을 새롭게 세울 것을 역설했다. 저우언라이는 '평화공존'이 공산주의자들이 사용하는 용어라는 지적에 대해서도 그렇다면 용어를 바꿀 수 있다며, 유엔 헌장에도 "평화 속에서 함께 산다"라는 구절이 있고 이 모토에 따라 평화를 추구하고 협력할 수 있는 것이라고 설명했다. 아시아·아프리카 29개국은 국제 협력과 집단적 평화를 추구하고 촉진하기 위해 단결해야 한다고 말했다. 또한 이런 집단적 평화는 아시아·아프리카 이외의 국가에 반대하는 것이 아니라 이 지역에서의 전쟁에 반대하고 평화를 촉구하는 것이며, 방어적 지역주의가 아님을 강조했다. 저우언라이는 중국은 적대적인 군사동맹의 형성에 반대한다는 원칙에 따라 북대서양조약기구와 마닐라 협약 등을 비판했다. 하지만 그는 이미 동남아시아조약기구에 가입한 파키스탄과도 서로 전쟁을 하지 않는 상호 협력적 관계를 맺기로 했음을 강조하며 유연한 태도를 보였다. 그리고 중국은 공산 혁명을 수출하거나 타국의 반정부 활동을 지원하지 않을 것이며, 이미 인도·버마 등과 합의한 5대 원칙 혹은 재구성된 원칙들을 반둥회의 참여국들 간의 집단적 평화를 보장하기 위한 공통의 근거로 삼자고 제안했다.

그는 모두가 동의할 수 있을 것으로 기대하는 일곱 가지 쟁점을 제시했다. ① 주권과 영토 보존의 존중, ② 상호 불가침, ③ 내정 불간섭, ④ 인종 간 평등, ⑤ 국가 간 평등, ⑥ 삶의 방식과 정치·경제 체제의 자유로운 선택권, ⑦ 상호 호혜 원칙이 그것이었다. 여섯 번째 원칙에 대해 중국은 모두가 우려하고 있는 중미 갈등에 대해 매우 직접적으로 언급했다. 중국은 미국인들이 선택한 삶의 방식과 정치 경제 시스템을 존중한다며, 중국이 선택한 삶의 방식과 정치 경제 시스템 또한 존중하고 외부의 개입이 없어야 한다고 강조했다. 일곱 번째 원칙에 대해서는 무역은 호혜적이고 공정해야 한다며 자유무역의 정신에 대해서도 존중의 뜻을 표했다.[158]

저우언라이는 평화공존이라는 용어를 유엔의 용어로 대체하는 등 유연한 태도를 보이며 합의를 도출하기 위해 의식적인 노력을 기울였다. 오히려 입지가 좁아진 것은 네루였다.[159] 네루는 최종 연설에서 친서방국가들의 비판을 의식해 북대서양조약기구를 정의롭지 않다고 비난한 것은 아니라며 기존 입장을 번복했지만, 동남아시아조약기구가 제네바 협상 실패에 대한 미국의 대응이라며 비판을 계속했다. 그는 강대국들이 반둥 선언의 원칙을 존중할 것을 호소했고, 증오와 혐오를 증가시키지 말고 우호적인 관계를 향해 점진적으로 나아가자면서, 이 회담이 우호적 공존 friendly coexistence 정책을 추구하는 것이라며 새로운 용어를 제시했다.[160]

논의의 끝에 마침내 4월 24일, 29개 국가가 합의한 최종 성명이 통과되었다. 성명에는 먼저 회원국 간의 경제·문화적 협력이 강조되었다. 이는 제3세계 국가들 가운데 기술적으로 발전한 국가들이 다른 국가들을 도와 정치적 독립을 공고히 하고 경제적 자립을 달성할 수 있게 해줄 것에 대한 큰 기대를 반영한 것이었다. 공동성명은 특히 원자재 수출과 관련해 제3세계가 협력할 것을 강조했고, 석유와 관련된 공통의 정책을 제안했다. 이는 이후 1960년대 석유수출국기구OPEC의 창설로 이어졌다. 사실 이 점에서 반둥회의의 논의는 발전주의나 자원민족주의에 대한 비판적 인식 없이, 저발전으로부터 발전으로 나아간다는 당위에 대해 전혀 의심하지 않고 있었다.

최종 의정서는 또한 인권과 자기 결정권 같은 유엔 헌장에 반영된 가치들이 아시아-아프리카 지역에서도 지켜져야 한다며 이에 대한 상징적 지지를 표명했다. 유엔 헌장의 인권과 자결 원칙은 특히 식민주의에 대한 비판으로 연결되며, 유엔 헌장에 위배되는 지배와 착취를 중단할 것을 촉구하고 독립과 해방의 대의를 지지했다.

그리고 이 성명서는 아시아-아프리카 회담에 참석한 국가들이 모두 유엔에 참여할 수 있어야 한다며 캄보디아·스리랑카·일본·요르단·리비아·네팔·베트남 등의 가입에 대해 안보리가 지지해 줄 것을 촉구했다. 그리고 지역별 대표 비율에 따라 아시아-아프리카 국가들이 안보리 의석을 갖게 해줄 것을 요구했다.[161]

이 연설의 가장 중요한 점은 마지막에 세계 평화와 협력을 촉진하기 위한 제안이었다. 이 원칙은 세계 평화와 협력을 위협하는 핵전쟁에 우려를 표명하면서, 국제기구를 통해 핵·수소폭탄의 실험과 생산을 금지하며, 유엔을 통해 핵무기 제거와 군축을 추진할 것, 핵무기는 평화적 목적으로만 활용할 것을 강조했다. 특히 아시아-아프리카 국가의 발전에 도움이 되어야 한다는 것을 전제로 했다. 또한 자기 결정권에 대한 해석도 이전까지의 논의보다 한발 더 나아갔다. 자기 결정권은 모두에게 적용되어야 할 뿐 아니라, 모든 민족이 유엔 헌장의 원칙과 목적에 부합해 스스로 정치·경제 시스템과 삶의 방식을 선택할 수 있어야 한다는 주장이 포함되었다. 이는 일종의 개인적 망명권이 아니라 집단적 체제 선택권, 서로 다른 이념을 가진 정치체제들이 평화적으로 공존할 수 있는 권리를 요구한 것이었다. 마지막에는 중국과 인도의 제안에 여러 논의가 더해져 다음과 같은 열 가지 기본 원칙이 제시되었다.[162]

1. 기본 인권 및 유엔 헌장의 목적과 원칙의 존중

2. 모든 국가의 주권 및 영토 보존에 대한 존중

3. 모든 인종과 모든 국가들의 평등

4. 내정 불간섭 및 불개입

5. 유엔 헌장에 부합하는 집단적 혹은 개별적 자기방어권 존중

6. a. 강대국의 특수 이익에 봉사하는 집단적 방위 협정 거부

   b. 타국에 대한 압력 행사 거부

7. 침략 행위나 침략 위협, 무력 사용 제한

8. 모든 국제적 분쟁은 협상, 타협, 중재, 법적 해결을 도모, 유엔 헌장에 따라 당사자들 스스로 평화적 방법으로 해결

9. 호혜적 이익과 협력을 촉진

10. 정의와 국제적 의무 존중[163]

이 최종 성명서의 내용들을 분석해 보자면 우선 첫 번째 원칙은 유엔 헌장을 참조한 것이며, 다섯 번째 원칙 역시 유엔 헌장의 자기 방어권 조항이 반영된 것이다. 나머지 두 번째부터 아홉 번째까지는 내정 불간섭과, 강대국의 이해관계에 따라 전쟁에 개입하는 것을 제한하는 등 중국의 제안이 반영되었고, 마지막 원칙에는 국제법의 단순 적용뿐만 아니라 정의라는 또 다른 원칙이 제시되었다. 따라서 이는 유엔이 창설된 이후 몇 년간, 특히 한국전쟁을 경험하면서 인도를 중심으로 아시아-아프리카 국가들이 평화와 협력을 위해 추구해 왔던 원칙들을 문서화하려는 시도이자, 미국 주도의 지역 집단 안보 구축에 대한 반대가 포함된 것이다.

결국 이 성명서와 원칙들에서 새로운 점은 ① '집단적 체제 선택권'으로서, 평화적으로 공존할 권리가 논의된 것, ② 유엔의 편향과 한계를 지적하고 개혁 요구를 광범위하게 표출한 것, ③ 서구 주도의 자유주의적

국제 질서가 그동안 반영하지 않았던 탈식민 제3세계 국가들의 요구를 이후 종합적으로 반영하게 될 개념으로 '정의'라는 단어가 등장한 것이다. 이는 반둥회의에서 제기된 최종 이념들이 기존의 모든 논의를 근본적으로 변화시키고 넘어선 무엇이 아니라, 그간 국제사회에서 형성된 규범들의 일부에 대한 반대와 문제 제기를 기반으로 보충 규범들subsidiarity을 제기한 것이라는 평가를 가능하게 한다.

무엇보다 반둥회의에 참여한 국가들은 전 지구적 차원의 규범이 형성되는 과정에서 자신들이 배제되었다는 인식을 공유했다. 유엔 헌장의 초안을 작성하던 샌프란시스코 회의에도 아시아 국가들은 거의 참석하지 못했다. 중국, 그리고 여전히 영국의 식민지였던 인도만이 참석했을 뿐이다. 1955년까지도 반둥회의의 참가국 절반 이상이 아직 유엔에 가입하지 못한 상태였다. 반둥에 참석한 국가들은 비개입 원칙을 주장하는 열강들의 기만을 눈치채고 있었고, 열강들이 원칙을 위반하는 것을 유엔이 막지 못하는 상황들을 지켜보고 있었다. 유엔은 인도차이나에 대한 강대국의 개입을 다룰 수 없었다. 반둥회의에서 유엔은 서이란 문제를 처리하지 못했다는 점에 대해 강한 비판을 받았다.[164]

이런 점에서 스리랑카 수상은 특히 "지난 10년간 쉽지 않은 여건 속에서도 평화를 유지한 것은 유엔이 아니었다. 세계 정치에서 한국전쟁이나 인도차이나 분쟁 같은 주요 쟁점들은 유엔의 틀 밖에서 협상을 통해 이루어졌다. 우리 아시아-아프리카 국가들이 요구하는 것은 유엔 기구가 전 세계 인민들을 완전히 대변하는 기구로 재구성되어, 모든 민족이 자유롭고 평등하게 만날 수 있게 되는 것이다."라며 유엔의 근본적인 개혁을 촉구했다.[165]

반둥회의는 또한 미국과 영국이 추진한 동남아시아조약기구에 대한 인도의 반발을 드러내는 계기가 되었다. 콜롬보 중립국들은 결국 동남아시아조약기구에 가입하지 않았으며, 이미 가입한 타이와 필리핀 또한 자신들이 동남아시아조약기구의 서구 회원국들에게 존중받지 못하는 것에 대해 점차 분개하게 되었다. 반둥에서 동남아시아조약기구가 비아시아적 기구라는 인식이 확산되자 필리핀 내부에서도 미국과 적당한 거리를 두자는 분위기가 형성되었고, 타이는 점차 중국에 협조적인 모습을 보이기 시작했다.[166]

소련과 미국은 반둥회의 결과에 큰 관심을 보이고 있었다.[167] 먼저 흐루시초프는 회담의 전반적인 정치적 논조를 환영했지만, 제3세계 지도자들이 너무 독립적으로 조직화되면 소련이나 제3세계 국가들의 공산주의 정당이 영향력을 얻기 어려워질 것을 걱정했다.[168]

미국은 즉각 반둥회의 이후의 상황을 분석하여 반둥의 선언이 실제로 추진될 것인지를 살폈다. 4월 27일 미 국무부의 첩보연구부서OIR 보고서는 반둥회의는 아시아-아프리카 국가들 간에 공산주의, 중립주의, 반공주의라는 정치 이념적 차이보다 강력한 합의가 존재한다는 사실을 보여주었다고 결론지었다. 네루와 저우언라이가 전체적인 분위기를 장악하려 했지만 단일한 지도 국가가 출현하지 못했고 작은 국가들끼리 협력하려는 정서가 나타났다는 것이다.

하지만 반둥회의에서는 미국이 걱정했던 반서구적인 내용의 비난들이 상대적으로 별로 없었다. 네루의 중립주의 블록은 분위기를 주도하지 못했고, 공산주의 진영도 전면적으로 선전을 하지는 않았으며, 저우언라이의 논조도 매우 타협적이었다. 그리고 친서구 국가들도 미국이 제공한 각본에 따라 역할을 했다. 최종 공동성명에는 서구 국가들이 골치 아플 것들이 거의 없었다.[169]

특히 덜레스는 반둥회의의 결과에 대해 상당히 놀라워했다. 국가안보회의에서 그는 반둥회의가 미국 외교의 뜻밖의 횡재라며, 반둥회의가 실제로는 서구와의 협력을 믿는 우호적인 아시아 국가들이 지배했다고 보고했다. 그는 최종 성명서는 대부분 미국이 거부할 수 없는 내용들이며, 식민주의에 대한 언급은 공개적으로는 입장을 표명할 수 없지만 마음으로는 동의하는 것이라고 고백했다.[170] 반둥회의는 네루에게는 심각한 역전이었고, 그나마 저우언라이에게는 외교관으로서 개인적인 성취를 얻은 정도였다. 중국은 미국을 제국주의자로, 중국을 동아시아의 해방자로 보이게 함으로써 타이완 해협 지역의 분쟁에 대해 지지를 받으려 했으나 오히려 휴전을 강조해야 했다. 저우언라이가 타이완 해협의 긴장을 줄이기 위해 대화하자고 제안한 것은 미국으로서 가장 환영할 만한 내용이었다.[171]

우려했던 것보다 결과가 자국에 우호적이었다고 판단한 미국 정부는 반둥회의를 '일종의 잃어버린 기회'로 여기기 시작했다. 즉 반둥회의는 미국 정부 내에서 새로운 외교적 사고들이 전개되는 전환점이 되었다. 예컨대 반둥회의 이후 기획조정단은 중립주의에 대한 대응을 모색하기 위해 연구를 시작했고, 그것이 반드시 불편한 것만은 아니라는 결과를 도출했다. 1955년 여름에 완성된 이 보고서에 따르면, 아시아-아프리카 중립주의는 이 국가들의 집단적 심리와 정치 게임이 결합된 것이었다. 후자의 측면에서 중립주의는 군사력이 약할 때 협상과 타협을 통해 위기를 피하고 강대국과 균형을 이루려는, 매우 이성적이고 논리적인 입장이었다. 중립주의는 권력 게임을 초월한 것처럼 보이지만 냉전의 권력 경쟁을 비판하는 작은 권력 투쟁의 도구를 제공했다는 것이다. 집단 심리의 측면에서, 아시아 국가들은 독립 이후에도 자신들이 운명의 주인이 아니라고 생각했고, 인종 문제에 대한 자각이 제3세계 중립주의에 강한 동력을 제공했다고 보았다. 즉 아시아-아프리카 중립주의에는 민족주의와 반식민주의의 문제가 긴밀히 연결되어 있었다. 이에 따라 보고서는 중립주의 국가에 대한 미국의 정책은 좀 더 인내심을 가지고 "개별 국가에 특화시켜 무대 뒤에서 작업"해야 한다고 조언했다.[172]

이런 인식은 비록 미국 정부의 외교에서 실제 행동의 변화를 가져오지는 못했지만 사고의 변화를 가져왔다. 예컨대 미국 정부 내에서는 이미 끝나 버린 것으로 여겼던 식민주의의 문제를 다시 고민하기 시작했다. 덜레스는 심지어 역 반둥회의, 즉 서구 국가들이 주도하는, 친서구적 탈식민화를 촉진할 회담을 구상했다. 물론 이는 영국에 의해 거부되었지만, 덜레스는 록펠러 재단의 딘 러스크에게 요청해 1956년 초에 식민주의 연구 그룹이 구성되었다. 결국 미국 내에서는 반둥회의 이후에야 비로소 아시아와의 관계에서 식민주의 문제가 중요하다는 사실을 인식하기 시작했지만, 영국의 완고함과 공산주의에 대한 두려움으로 인해 냉전 기간 내내 진전을 보이지는 못했다.[173]

중국은 반둥회의 이후 회의에 참여했던 국가들에 대한 외교에 주력했다. 1954년부터 1957년까지 베이징의 외교 공세는 의심의 여지없이 아시아·아프리카 국가들을 향한 것이었다. 중국은 아프가니스탄(1955년 1월), 네팔(1955년 8월), 이집트(1956년 5월), 시리아(1956년 8월), 예멘(1956년 9월), 스리랑카(1957년 2월)와 수교를 맺고, 평화공존 5대 원칙이 실제 외교에서 규범화되기를 기대했다.[174]

그리고 반둥의 중립주의에서 출발해 인도가 주도한 비동맹 운동은 점차 냉전과 거리를 두려는 운동이 아니라, 부유한 북부와 가난한 남부의 격차에 저항하는 운동으로 발전했다. 주목할 것은 서구가 강조했던 '평화' 개념에 대한 관심은 상대적으로 줄어들었으며, 대신에 유엔에서 남북 격차 문제가 본격적으로 제기되면서 결과적으로 제3세계의 경제적·정치적 부정의injustice에 대해 근본적인 관심을 촉발했다는 점이다. 비동맹 운동은 냉전에는 여러 차원이 있음을 강조했다. 즉 한편에는 강대국끼리의 충돌이 있지만 다른 한편에는 아시아-아프리카 국가들이 서구에 의한 경제적 착취와 정치적 지배로부터 자유로워지고 새로운 세계 질서의 틀에서 인종적 평등을 획득하기 위한 투쟁이 있었다. 이는 유엔의 도덕적 근거로서 평화라는 이상을 내세운 구회원국들과, 인간의 존엄성과 사회적 정의를 내세운 새로운 회원국들 간의 철학의 충돌이었다.[175]

4. 판문점 체제의 탄생과 '아시아의 패러독스'

결국 한국전쟁 정전 협상의 타결과 제네바 협상, 반둥회의로 이어지는 역사적 전개에서 우리는 유엔을 통한 보편적 법치 기획의 실패와 퇴조를 분명히 확인할 수 있다. 판문점, 제네바, 반둥은 모두 유엔의 틀에서 완전히 벗어나, 심지어 유엔에 반대하며 전개되었으며, 보편적 국제법과 국제기구 대신 국가 간 권력 균형 체제와 군사 동맹 체제가 등장했다. 결국 칸트적인 초국적 법치 기획은 한국전쟁 초기 국면에서 포기되었고, 대신 미국이 주도하는 홉스적 차별 기획이 대다수의 동아시아 국제 질서를 정초한 제도적 틀을 만들어 냈다고 결론지을 수 있다. 이른바 아시아 패러독스는 한국전쟁의 경험을 통해 본격화된 홉스적 차별 기획의 산물인 것이다.

아시아 패러독스의 역사적 기원은 매우 구체적인 평화 체제들의 형성 과정으로 이해되어야 한다. 특히 이렇게 탄생한 판문점 체제는 전형적인 홉스적 기획의 산물이었다. '아이젠하워 트랙'의 기반이 된 NSC-141이 제시한 군사 지원 계획의 세 가지 위계는 이를 뚜렷하게 보여 준다. 중동은 '내부 안보'를 중심으로 지원하고, 동남아시아는 '잠재적 지역 분쟁'에 활용할 수 있도록 지원하며, 한국은 더 나아가 '전 지구적 차원의 활용'을 염두에 둘 정도로 상징적 지원을 해준다는 것이다. 여기에 미국의 핵우산을 제공하고, 핵에너지를 활용하도록 한다는 것이 결합되었는데, 이것이 아이젠하워 트랙의 핵심 특징들이다. 미국은 이 동맹 관계 속에서 '발전'이라는 새로운 자유주의적 이상을 제시하고 냉전의 경쟁이라는 맥락에서 시범적이고 상징적인 경제 지원을 시작했다.

하지만 군사동맹의 제도적 성격을 보자면 한미 방위조약은 태평양 안전보장조약을 모델로 한 형식적 협약에 불과했다. 또한 중요한 것은 이 협약의 성격이 기존 연구들이 말하듯 단순히 아시아에 대한 서구의 편견 같은 문화적 요인 때문이 아니라, 좀 더 구체적인 역사성에 기인했다는 점이다. 즉 태평양안전보장조약 모델은 한국전쟁 초기 국면의 위헌 논쟁과 정전 협상을 둘러싼 갈등, 제네바 회담에서의 충돌 등 미국이 대면해야 했던 다층적인 반대들을 쉽게 피해 가면서 미국의 행위를 정당화할 수 있는 틀로 고안되었다는 것이 이 연구의 주장이다. 즉, 매우 형식적으로 규정된 한미 군사동맹의 특성은 미국이 한국전쟁 개입과 북대서양조약기구 관여를 둘러싸고 미국 내에서 위헌 논쟁을 경험한 이후 제3세계에서 큰 부담과 의무를 지지 않는 형태로 고안된 제도적 틀이었다.

따라서 아시아 패러독스는 단순히 문화적 편견의 산물이 아니라 매우 격렬한 전쟁과 충돌의 부작용이다. 즉 판문점 이후 미국의 홉스적 기획들은 상당한 반발과 부작용을 겪었다. 막상 제네바 회담에서부터 미국의 의도는 쉽게 관철될 수 없었다. 중국은 한국전쟁에서의 협상 경험을 통해 평화공존 정책과 좀 더 현실적인 외교 노선을 전개하기 시작했으며, 전쟁을 피하고자 했던 프랑스·영국·중국 등 열강들 간에 타협과 균형이 이루어졌다. 결국 제네바 회담은 한국 문제를 해결하지 못한 채 5대 열강이 인도차이나 문제에 대해 현실주의적 균형과 타협을 이룬 것이었다.

인도 역시 중립주의와 비폭력 노선을 제시하며 냉전적 갈등 자체를

표 7-3 | 아시아 패러독스의 역사적 기원과 세 가지 평화 체제

	판문점 체제(1953년)	제네바 체제(1954년)	반둥 체제(1955년)
제도적 구성	• 판문점 군사 정전 • 한미 군사동맹	• 임시 정전과 분할 • 군사적 지원	• 지역 회담 • 지역 간 협의체
핵심 원칙	• 안보, 군사동맹, 발전	• 권력 균형	• 탈식민, 중립, 평화공존 • 사회적 정의, 비폭력
배경 정책	• 아이젠하워 트랙 • NSC-141	• 유럽의 유럽방위공동체 • 중국의 평화공존 외교	• 동남아시아조약기구
함의와 평가	• 유엔 기획의 실패 • 중국과의 균형 • 한미 간 교환	• 정치적 해결의 포기 • 판문점 체제의 답습	• 판문점 체제와 제네바 체제의 거부 • 중립 평화 연대의 구축 • 대안적 유엔

거부했다. 인도네시아의 주도로 개최된 반둥회의는 탈식민주의라는 공통의 역사적 기반을 근거로 범아시아주의를 추구했다. 반둥은 기존의 판문점과 제네바 모델에 대한 반발로서 등장한 것이었다.

동남아시아조약기구 역시 미국이 소련의 거부권과 미국 의회의 반대를 피할 수 있는 기구였다. 그리고 1967년 설립된 아세안은 집단방위 체제에 대해 거론조차 하지 않았다.[176] 아시아 지역 질서에서는 민감한 정치 군사 문제를 직접 다루는 대신 경제나 문화 협력을 우선 강조하는 경향이 나타난 것이다.

동아시아 지역 질서에 대한 이런 해석의 전환은, 현재 동아시아에서 경제·문화 등 다양한 방면에서 교류가 이루어지고 있다고 해서 그것이 자연스럽게 갈등을 없애고 좀 더 전면적인 상호 협력으로 이어질 것이라는 기대가 구체적인 역사성에 대한 무지에서 비롯된다는 점을 잘 보여 준다. 따라서 이를 극복하기 위해서는 경제적 교역의 확대만이 아니라 극심한 충돌의 역사적 결과들과 대면해, 끈기 있고 섬세하게 역사적 상처들을 치유하려는 원칙과 자세가 필요하다는 것이다.

마지막으로 반둥회의가 기존 논의들을 얼마나 비판적으로 극복했는 지를 평가해 볼 필요가 있다. 결론적으로 보자면, 반둥은 기존 논의들을 극복한 대안을 만들어 내는 데에는 성공하지 못했다. 즉 냉전을 거부하고 중립주의를 적극적으로 제기하기보다는 탈식민주의를 내세움으로써 자유주의적 질서 속에서 인정 투쟁을 벌이고, 몇 가지 보충 규범을 제시하는 데 머물렀다. 그럼에도 불구하고 반둥회의에서 논의된 '다양성 속의 통합', 집단 안보가 아닌 '집단적 평화 체제', 우호적 공존과 비폭력 원칙은 매우 값진 유산이다. 특히 반둥의 기여는 이후 비동맹 운동으로 본격화된 것처럼, 평화와 안보만을 우선시해 왔던 기존의 자유주의적 기획들의 문제를 근본적으로 제기하고, 전 지구적 차원에서 사회적 정의라는 가치와 철학을 강조한 점이다.

반둥회의의 철학에서 볼 때 판문점에서 제네바로 이어지는, 동아시아 냉전의 전개 과정은 곧 유엔과 평화에 대한 논의가 안보와 동맹, 발전에 근거한 홉스적 국제 질서로 후퇴했고, 그에 대한 반발이 식민주의와 정의에 대한 강조로 수렴되는 과정이었다고 볼 수 있다.

이런 일반화는 판문점 체제와 동아시아의 홉스적 질서가 갖고 있는 근본적 문제와 대면하게 한다. 즉, 판문점 체제를 탄생시킨 홉스적 차별 기획은 평화에 대한 보편적 논의들을 안보와 안전 같은 낮은 수준의 보수적 가치로 대체했고, 보편적 정의에 대한 논의들을 동맹에 대한 지원과 차별적 발전이라는 처방과 교환했다. 보편적 평화와 정의가 특수한 안보와 차별적 발전으로 왜곡된 것이다.

결론

아시아 패러독스와
사회적 연대로서의 평화

1953년 덜레스는 한미 상호방위조약 체결을 앞두고 이 조약의 목적은 "한국이 자유의 최전선forefront of liberty임을 세계에 알리는 것"이라고 말했다. 그로부터 60년이 지난 2012년 4월, 판문점을 방문한 오바마는 38선을 '자유의 최전선'freedom's frontier이라고 불렀다.[1]

이런 정치적 수사는 지난 60년간 '자유세계'에서 한국의 위상이 변하지 않았음을 의미하는 것처럼 보이지만, 자세히 보면 의미가 다소 바뀌었음을 알 수 있다. 먼저 'liberty'는 '어디든 자신이 바라는 곳에서 살 자유, 원하는 곳으로 갈 자유'를 뜻하며, 'freedom'은 리버티를 포함하는, '통제나 제한을 받지 않고 원하는 대로 행동하고 말하고 생각할 수 있는 상태나 권리'라는 좀 더 포괄적인 의미를 갖는다. 그리고 'forefront'는 가장 중요하고 지도적인 위치를 뜻하지만, 'frontier'는 좀 더 미국적인 전통을 담는 말로 사람들이 살고 있는 발전된 지역과 야만스런 지역 간의 경계를 의미한다. 단어 그대로의 의미를 살려 풀어 보자면, 덜레스에게 한국은 전술적 요충지로서 원하는 곳으로 가서 살 수 있는 자유가 있는 곳이다. 곧 한국전쟁 반공 포로들의 땅이다. 반면 오바마에게 한국은 좀 더 포괄적인 자유를 위한 곳으로, 발전과 야만의 경계이다. 곧 한국은 발전된 자유세계와 야만적인 북한의 경계 지대인 것이다.

오바마가 주한 미군들에게 "우리(미국)의 번영을 보장하는 공간을 창출하고 있는 사람들"이라며 능동적 지위를 부여했음을 주목할 필요가 있다. 한국전쟁이 종식된 지 60여 년이 지난 지금 주한 미군은 유엔 헌장의 정신을 지키기 위한 '유엔군'이 아니라, 수익 공간을 창출하는 일종의 자본주의적 투사로 변화했다. 전쟁을 위법화하고 공산주의를 봉쇄하려던 자유주의 평화 기획의 목표가 자유 시장경제의 수호로 바뀌었고, 미국의 상징적 전초기지가 미국과 '함께' 비자유주의 국가들과 싸우고 있는 발전된 자유주의 국가로 바뀐 것이다.[2] 한국은 군사·경제·정치 등 여러 의미에서 자유주의 국제 질서의 모범생 같은 상징성을 갖고 있다.

이 연구는 자유주의 기획이 한국전쟁에 적용된 산물로서 판문점 체제의 기원과 그 성격을 검토했다. 한국전쟁의 사례를 평가한 결과, 판문점 체제는 자유주의의 보편적 원칙들을 군사력으로 강제로 관철시키는 데는 성공했지만, 결코 안정적인 영구 평화를 창출하지 못한 실패 사례이다.

왜냐하면 판문점 체제는 자유주의 기획이 일방적으로 관철되면서 그에 대한 반발과 타협으로 인해 포괄적 권위를 획득하지 못한 불완전한 체제이기 때문이다. 즉 안정적인 영구 평화 체제가 아니라 합의의 수준이 매우 낮은 군사 정전 체제이고, 지난 60여 년간 현존 질서유지에 대한 주변 강대국들의 강박에 의존해 겨우 유지된 불안하고 유동적인 체제이다. 서론에서 살펴본 뒤르켐의 통찰을 빌려 말하자면, 판문점 체제는 '권위에 의한 평화'가 아닌, '힘에 의해 강요된 임시적 평화'인 것이다. 낮은 수준의 합의와 불안한 권력 균형의 산물이라는 점에서 판문점 체제는 냉전이 심화되면서 아시아 지역 전반에 걸쳐 확산된 불안한 권력 균형 상태, 혹은 아시아 패러독스의 원형이자 모체이다. 좀 더 상세한 논의를 통해 판문점 체제의 특성과 함의를 종합적으로 정리해 보자.

1. 20세기의 자유주의 평화 기획

먼저, 이 연구는 기존 한국전쟁 연구를 틀 지웠던 냉전적 인식 틀을 넘어서기 위해 전쟁과 평화에 대한 국제법의 발전 과정과 그것이 한국전쟁에 적용되는 과정에 주목했다. 저변의 문제의식은 누가 전쟁을 촉발했고, 누가 처벌받아야 하는가가 아니라, 한국전쟁에는 어떤 평화의 원칙과 기획들이 적용되었는가 하는 것이었다. 이는 냉전 연구의 인식 기반을 넘어서야만, 한국전쟁을 단지 군사적 전투의 문제로 국한시키거나 미국과 소련 어느 한쪽의 책임을 묻는 비난 게임으로 수렴되는 기존 관점들의 한계를 넘어 좀 더 근본적인 문제들과 대면할 수 있다고 판단했기 때문이다.

한국전쟁에 적용된 국제법들을 검토한 결과, 한국전쟁에 관한 논쟁의 배경에 존재했던, 전쟁을 시작한 교전국에 대한 처벌, 즉 전쟁 위법화를 지향한 '형법적 사고방식'의 기원을 찾을 수 있었다. 그것은 바로 이 연구가 '칸트적 기획'으로 명명한, 자유주의 국제법과 기구를 통해 전쟁을 위법화하려 했던 초국적 법치 기획이었다.

칸트의 초국적 법치 기획은 19세기 유럽의 비엔나 체제에서 시작해 20세기의 베르사유를 거쳐 1945년 유엔의 설립으로 이어졌다. 유엔은 일

표 8-1 | 칸트적 평화 기획과 홉스적 평화 기획의 역사적 전환

	평화의 유형	배경	평화의 수단
1919~45	칸트적 평화 '전쟁 위법화'	제1, 2차 세계대전, 대공황, 파시즘	• 국제법과 기구(유엔, 국제연맹)의 개입, 법적 처벌과 중재
1946~89 냉전	홉스적 평화 '권력의 우위'	양극 체제와 경쟁	• 강력한 무력 우위, 핵무기, 군사동맹, 안보(national security), 지원
1990~	칸트적 평화 '국제법과 여론'	탈냉전	• 국제법과 기구의 개입 • 구호와 지원

종의 전 지구적 주권 기획의 출현을 상징했다. 즉 유엔은 기존의 권력 균형에 기반한 유럽식 19세기 국가 간 질서를 넘어 최초로 탈유럽 중심적인 초국적 질서를 입헌화하려던 것이었다.

그런데 냉전의 도래는 곧 칸트적 법치 기획으로부터 홉스적 기획으로의 전면적 후퇴였다. 홉스적 기획은 기존의 칸트적 기획을 도덕주의, 사법주의라고 비판하며 국익을 추구하는 국가들 간의 권력 균형 체제로 돌아가려 했다. 이런 경향은 냉전의 인식론, 곧 현실주의 관점에 그대로 투영되어 있었다. 홉스가 내전에 맞서는 리바이어던을 강조했듯이, 미국의 냉전 봉쇄 전략은 미국이 소련과 마주하고 있는 상황을 '전 지구적 내전'으로 간주했고, 미국 스스로 압도적 무력과 권위를 독점해 '자유주의적 리바이어던'이 되려 했다. 이런 점에서 냉전은 특정한 전쟁(전 지구적 내전)인 동시에 특정한 평화(압도적 권력 우세)를 추구했던 기획이었다.

홉스적 기획은 특히 '국가 안보' 개념과 제도를 광범위하게 발전시키며 보편적 평화보다는 자유세계의 '내적 안보'를 최우선시했다. 이에 따라 미국과 소련뿐 아니라 냉전에 참여한 모든 국가가 강력한 힘의 우위(억제)를 통해 평화를 유지하는 경쟁에 휘말렸다. 따라서 냉전은 곧 전 지구적 차원에서 전개된 홉스의 시대였다고 할 수 있다.

미국은 이때부터 칸트적 기획이 지향했던 세계 공동체나 다자주의적 국제기구, 보편적 국제법보다는 복합적 정치 갈등 속에서 미국이 정치적 거래 비용을 절감할 수 있는 군사력과 위계적 국제 관계를 추구했다. 홉스적 기획은 각 지역의 지정학적 중요성, 경제·정치적 우선순위에 따라 차별적이고 배제적인 평화 질서를 수립했다.

그리고 이제 우리는 탈냉전 이후인 1990년대부터 자유주의 평화론이 재등장했음을 목도하고 있다. 탈냉전 이후부터 비로소 현실주의의 국가 중심적 사고에서 벗어나 보편적 국제법과 규범, 자유무역과 국제적 제도 및 기구들이 중요해진 것이다. 자유주의 평화 기획의 재등장은 곧 냉전 이전부터 전개되었던 칸트적 평화 기획의 부활을 의미한다.

이렇게 20세기에 전개된 칸트적 기획과 홉스적 기획은, 평화라는 초국적 규범에 관한 국제적 권위를 양분해 독점한 두 개의 자유주의 기획이었다. 따라서 냉전을 포함한 20세기 이후 전쟁과 평화의 문제는 이 자유주의 기획들의 성격과 한계의 문제로 접근할 필요가 있다. 이는 곧 냉전의 권력 경쟁이 끝난다고 해서 사라지는 것이 아닌, 냉전 이전부터 존재했던 20세기 자유주의 기획 자체의 성격과 그 한계에 대한 성찰을 필요로 한다.

2. 한국전쟁기 자유주의 기획의 두 유형
: 칸트와 홉스

한국전쟁에는 이 두 가지 자유주의 평화 기획이 모두 적용되었다. 〈표 8-2〉에서도 볼 수 있듯이, 한국전쟁의 초기 국면과 세 번째 국면에서는 칸트적 기획 혹은 초국적 법치 기획이 적용되었다. 처음에는 유엔을 통한 결의안과 군사적 개입이라는 최대의 보편 기획이 적용되었고, 다음에는

표 8-2 | 한국전쟁의 네 국면과 주요 국제법 쟁점

	1기 정의로운 전쟁	2기 균형과 차별화	3기 개인의 인권	4기 갈등 확산과 대안
	1950년 6~10월	1950년 10월~1951년 9월	1951년 7월~1953년 1월	1953년 7월~1955년 4월
쟁점	유엔 개입, 38선 북진 : 영토 문제(침략, 38선)	중국 개입: 주권 문제와 영토 문제	전쟁 포로 자원 송환 : 전쟁 행위와 인구 문제	방위 협약, 지역 안보 기구
자유 주의 기획	새로운 국제법 원칙 적용, 전쟁 금지와 무력 개입 집단 안보	차별적 질서 구축 ① 중국 불인정 ② 탈정치적 정전 ③ 일본 경제적 포섭	새로운 국제법 원칙 (보편적 개인 인권) 적용	차별적 질서 구축 ① 군사 동맹 동남아시아조약기구 ② 정전과 분할 ③ 경제 발전과 근대화
대항 기획	결정의 절차와 적법성 논쟁	중국 승인 요구 휴전과 평화 협상 요구	전쟁범죄 비난, 기존 민족 주권 원칙 고수	대항 군사동맹 구축, 평화공존 외교, 탈냉전 중립주의, 지역주의
결과	냉전의 군사화(NSC-68), 중국의 한국전쟁 개입	중국 불인정, 한국의 판문점 체제, 일본의 샌프란시스코 체제	자원 송환 원칙 관철, 수용소 내부 갈등과 저항	한미 방위조약, 인도차이나 분할과 정전, 반둥의 탈냉전, 아시아주의

새로운 자유주의적 인권 원칙이 관철되었다.

반면 두 번째 국면과 네 번째 국면에서는 동아시아 지역적 차원으로 위기가 확대되면서 홉스적인 차별 기획이 적용되었다. 중국의 개입에 대해서는 미국의 세 가지 차별적 대응이 있었고, 한국전쟁 이후 냉전이 확산되는 과정에서는 양자 간 군사동맹 체제에 기반한 경제 지원이 확산되었다.

이를 개괄해 보면, 한반도 차원에서는 가장 이상적인 칸트적 보편 기획이 군사적인 방식으로 집행되었고, 아시아 지역 차원에서는 현실주의적 기획이 차별화된 군사·정치·경제적 해결을 도모했음이 분명해진다. 각각의 기획들이 어떤 유산을 남겼는지 상세히 검토해 보자.

1) 칸트적 기획의 유산들

(1) 칸트적 법치 기획의 적용과 처벌 기획의 한계

먼저, 한국전쟁의 초기 국면에서 칸트적인 초국적 법치 기획이 전개되었다. 유엔과 미국은 냉전 시기 전체를 포함해 유엔의 역사에서 유례가 없는 중요한 결정과 행동들을 매우 신속히 집행했다. 심지어 유엔의 권력구조가 바뀌고 다양한 헌법적 논란들이 제기되었다. 따라서 한편에는 가장 이상주의적인 입장을 반영해 한국전쟁이 곧 초국적 법치 기획의 최대치가 적용된 '정의로운 전쟁'이었다는 주장이 있었다. 이 주장은 유엔과 국제법에 의해 전쟁이 완전히 위법화되었다고 전제한다. 따라서 특정 지역에서 발생한 군사적 충돌을 국가 간 전쟁이 아닌, 지구 공동체 내부에서 발생한 범죄행위로 여겼다. 이 중세식 '정의로운 전쟁'의 관점은 교전상대를 범죄자로 간주해 모든 권한과 협상 가능성을 박탈하려 했다.

그러나 반대로, 유엔의 한국전쟁은 중세식의 정의로운 전쟁이 아니라 단지 법적 절차의 합법성과 불법성을 논하는 '법적 전쟁'이라는 반박이 있었다. 19세기 유럽식 실증주의 입장에 근거한 이런 반론은, 한국전쟁 초기 결정들과 개입 과정에 유엔 헌장과 미국 헌법의 차원에서 크나큰 법리적·절차적 문제와 위헌적 요소들이 있다고 주장했다. 왜냐하면 이 결정들은 한편으로는 유엔 헌장의 적법적 절차를 어겼으며, 다른 한편 미국 내 헌법적 절차와 권한을 위반했기 때문이다.

한국전쟁 초기 결정이 드러낸 이 같은 위헌적 요소들은 이것이 '정의로운 전쟁'으로 정당화되기 어렵다는 사실을 분명히 알려준다. 중세의 '정의로운 전쟁이' 정의에 대한 풍부한 사상적 논의와 폭넓은 사회적 합의에 의해 뒷받침되었다고 할 때,[3] 미국이 주도한 유엔의 한국전쟁 개입은 '정의로운 전쟁'이 아니라, 당장의 안보와 질서를 확보하는 데 급급한 퇴행적 조치였고, 자유 진영만의 입장을 관철시킨 것에 불과했다.

냉전의 인식론인 현실주의는 바로 이런 퇴행을 반영하고 있다. 현실주의는 국제법을 통해 평화를 이룬다는 접근의 무능과 무용성을 비난하고 유엔 자체를 평가 절하했다. 현실주의는 국익을 가장 중요한 가치로 전제한 후 이에 기반한 외교와 권력 균형을 강조했다. 이에 따르면 한국전쟁은 불법도 합법도 아닌 그저 한반도를 둘러싼 열강들의 국익 추구와 권력 균형의 연장선에서 발생한 문제였다. 현실주의는 국가들 간의 적나라한 자연 상태를 전제로 하는 홉스적 사고에 기반해 국익 중심의 권력 균형 체제로 되돌아가려 했다.

법과 권력, 어떤 것이 평화를 이루는 데 더 적합한 방식인가? 우선, 국익과 권력 균형을 중심으로 사고하는 것 자체가 법보다는 정치권력의 영향력이 커진 상태를 반영한다. 이럴 경우 칸트식으로, 즉 국제법과 연합을 통한 영구 평화 기획은 '전 지구적 내전'에 맞서고 있는 자유주의적 리바이어던의 힘과 권력투쟁을 견제하지 못하고 오히려 흡수된다. 한국전쟁 초기 유엔 안보리 결의안이 대표적인 경우이다. 안보리 결의안은 그 자체로는 국제법의 가장 이상적인 원칙들을 반영한다. 그러나 한국전쟁의 경우 이 결의안들은 엄밀한 의미에서 국제법의 집행이었다기보다는, 미국에 정치적으로 매우 유용한 제도적 틀이었을 뿐이다. 즉 미국은 이를 통해, 전쟁 수행에 동반되는 법적·정치적 갈등과 부담을 회피할 수 있었다. 유엔의 틀을 취함으로써 개별적인 공개 선전 포고를 하지 않을 수 있었고, 전쟁 상대를 불법적인 존재로 규정할 수 있었으며, 국내외적 권위와 정당성을 강조할 수 있었다. 이것이 유엔 결의안의 기능적 효용이었다.

이렇게 국제법이 정치적으로 도구화된 것도 문제이지만, 처벌적 기획 자체가 갖고 있는 한계도 지적할 필요가 있다. 뒤르켐의 법사회학적 분석에 따르면, 두 가지 다른 종류의 법 계열이 있는데, 하나는 범법자에게 고통을 주거나 손실을 부과하는 제재법repressive law이고, 다른 하나는 문제로 인해 손상된 관계를 정상적 관계로 회복시키는 배상적 규제법 restitutive law이다.[4]

그에 따르면 형법 같은 제재법을 통한 처벌은 사실 '범죄행위'를 줄이거나 모방 범죄를 예방하는 데 아무런 효과가 없다. 제재법의 기능은 누군가 '집단의식'을 침해했을 경우 그에 대응해 특정 사회집단의 공동 의식과 동질성, 사회적 결속력을 재확인하고 유지하는 것이다. 즉 처벌은 "범죄자에게 고통을 주어 범죄에 대한 집단적 혐오감을 표현하고", 집단의식을 확인하는 행위이다. 뒤르켐에 따르면 이런 집단의식이 가장 강한 사회가 바로 원시사회와 전통 사회였고 이런 사회에서 모든 법은 형법이었다.[5]

따라서 형법이란 공동체를 유지하기 위한 매우 원시적인 방식이라고 할 수 있다. 이를 한국전쟁 초기 사례에 대입해 보면, 유엔과 미국의 행동들은 미국이, 북한의 행위가 '자유세계'의 공동 의식을 침해한 것으로 여기고 다시 집단의식을 확인하고 강화하기 위한 것이다. 문제는 이 처벌 행위를 집행하기 위해 하나의 합의된 세계 공동체가 형성되어 있지 않았다는 것이다. 냉전은 서로 적대적인 두 개의 세계를 형성했고, 따라서 일방향적인 처벌의 정당성이 크게 결여되었다. 오히려 양측이 서로를 처벌하고 배제하려는 태도만 강화되었다.

한국전쟁 초기 결정 사례를 최종적으로 평가할 때, 미국은 칸트식 법치 기획을 도구화하여 관철시키고 전쟁을 범죄화하는 데 어느 정도 성공했다. 하지만 이는 엄청난 부작용을 초래했다. 이런 처벌적 기획은 기존의 국가 간 주권 원칙을 존중하지 않았고, 분쟁 당사자들 간의 평화를 유도하는 데 노력을 기울이지 않았으며, 유엔 헌장과 미국의 헌법에 규정된 적법적 절차를 위반했고, 수많은 반발과 보복을 초래했다. 이는 국제법을 정치적으로 도구화했으며, 동시에 처벌적 기획 자체의 한계를 여지없이 드러낸 사례이다.

(2) 칸트의 '숭고한 개인'과 반공 포로의 탄생

칸트적 기획은 한국전쟁 포로 협상의 과정에서 다시 한 번 전면화되었다. 국제법적 차원에 주목할 때, 한국전쟁 포로 협상에는 크게 세 가지 국제법 레짐이 충돌했다. 전범을 처벌해야 한다는 입장(베르사유 협약과 뉘른베르크 재판), 피해자 보호를 우선시하는 인도주의 전시법 계열(제네바 협약), 그리고 개인의 인권과 정치적 망명권 레짐(유엔과 미국)이 그것이다. 미국은 이 중 새로운 자유주의적 원칙인 개인의 자유와 망명권을 좀 더 보편적 상위 가치로 내걸며 자원 송환 원칙을 추진했다.

미국이 '자유로운 개인'의 선택을 확인하기 위해 채택한 방식은 유엔군 포로수용소 내부에서 포로들을 일일이 심사하는 것이었다. 그리고 심사를 통한 포로 선별 작업이 실제로 진행되자, 현실에서는 적나라한 폭력 사태와 함께 민간인 억류자, 동양 공산주의자, 정치 난민이라는 세 가지 냉전적 주체의 범주가 탄생했다.

먼저 '민간인 억류자'는 내전적 갈등의 상황에서 한국 정부의 사상 심사를 통과한 반공 포로들이었다. 이들은 호전적 반공주의를 자산으로 자신의 이해관계를 얻어내고 요구를 관철시켰던 반공주의 시스템의 하위 주체들이었다. 그리고 실제로 자원 송환 원칙이 기존의 국제법적 근거들을 모두 넘어선 새로운 자유주의 문명 원칙으로 부상하자, 수용소 내부에서는 이 심사 자체를 거부하는 포로들이 '동양 공산주의자'로 규정되며 이 중의 낙인과 폭력의 대상이 되었다. 심사를 최종 통과하고 공산주의 체제로부터 전향한 과거의 적들은 '정치적 난민'이라는 새로운 범주로 규정되어 망명권을 부여받았다. 이렇게 반공주의에 복무하는 포로들은 '냉전의 명예시민'이 되었지만, 공산주의 포로들은 '동양 공산주의자'로 낙인찍혀 서구 자유주의 문명에 반하는 이중적 타자로서 배제된 것이다.

과연 심사라는 방식은 '자유로운 개인'을 확인하고 실현하는 데 적합한 방식이었는가? 한국전쟁의 사례에서 확인된 것은 심사라는 형식을 통해 '자유로운 개인'을 선별하는 방식은 오히려 현실에서 적나라한 위계와 폭력을 부추기고 정당화했다는 점이다. 한국전쟁에서 '개인'은 이들의 정치·전략적 유용성을 식별하는 심사를 통해 선별되었을 뿐만 아니라, 포로수용소 내부에서 시행된 재교육 같은 인간 개조 프로젝트, 개인(집단)의 정치적 망명이나 전향을 장려하는 배신자 프로그램을 통해 '창조'되고 있었다. 무엇보다 '합리적 이성과 존엄한 인격을 가진 개인'이라는 자유주의의 이상이, 한국전쟁에서는 정치적 신념의 배신을 우대하는 차별적 보상 시스템, 정치체제에 가장 호전적으로 충성을 증명해야만 난민적 지위를 부여하는 망명 시스템으로 대체된 것은 이 전쟁의 진짜 비극적 결과가 무엇인지 여실히 보여 준다. 이는 정치적 대립 구도에서 새로운 이상적 원칙이 도입되면, 그 이상에 반하는 것들이 극단적으로 타자화되고, 그 이상을 도입하기 위한 제도들이 물신화될 수 있다는 것을 보여 주는 사례이다.

그러나 우리는 여기서 단지 바람직한 규범을 정당하게 현실화시키지 못한 정치의 한계, 목적과 수단의 괴리에 대한 관습적인 지적에 머물러서는 안 된다. 사실 이런 문제는 정치철학의 차원에서도 칸트가 홉스를 근본적으로 극복하지 못했다는 한계를 환기시킨다. 물론 칸트는 시민에게는 오직 자기 방어권만을 허락하고, 주권자에게 전권을 부여함으로써 주권자가 시민에 대해 불의를 행사하는 것을 막을 수 없도록 설계된 홉스의 권력 개념에 동의하지 않았다. 하지만, 그 역시 표현의 자유에 기반한

대의제 외에는 별다른 시민의 권리를 상정하지 않고 주권 권력하에서의 평화와 질서를 강조했다.[6]

즉 칸트의 자유주의적 개인은 홉스가 생각한 자기방어권보다는 진보적인 권리를 가진 주체로 상상되었지만, 개인들이 진정으로 자유로울 수 있는 조건들과 더 많은 권리들을 충분히 사고하지 못했다. 개인의 자유가 보장될 수 있는, 아래로부터의 권력 기반, 더욱 확장된 인간 권리의 목록들을 사고하지 못한 것이다. '자유로운 개인'만을 강조하는 것은 '안전'을 강조하는 홉스적 사고에 취약했으며, '개인의 자유' 이후 등장한 수많은 권리들을 고려하지 못했다.

2) 홉스적 기획의 유산들

(1) 중국의 개입과 아시아 패러독스의 기원

한국전쟁에 대한 중국의 개입은 바야흐로 홉스적 차별 기획의 전면화를 가져왔다. 그 결과 판문점 체제의 기반이 정초되었고, 동북아시아 냉전 지역 질서의 근간 즉 '아시아 패러독스'의 역사적 기원이 형성되었다.

이 연구가 보여 주려 한 것은 아시아 패러독스는 유럽의 다자주의와 아시아의 양자주의라는 단순한 이분법적 차이로 환원될 수 없으며, 이 차이를 단지 문화적 정체성과 편견의 문제로 해석할 수 없다는 것이다. 아시아 패러독스는 여러 평화 체제들이 형성되는 구체적 과정의 최종적 귀결로 이해되어야 하며, 이 과정을 이해하기 위해서는 한국전쟁이라는 역사적 경험을 결코 우회할 수 없다. 좀 더 구체적으로, 동아시아의 홉스적 국제 질서는 한국전쟁에서 기원하는, 다음과 같은 특성들을 갖고 있다.

첫째, 이는 한국전쟁에 대한 중국의 개입이 초래한 국가 간 힘의 균

표 8-3 | 한국전쟁의 유산과 아시아 패러독스의 구성 및 변화

층위	1950~54년 체제	2009~2014년 신냉전 체제
유엔	안보리 결의안, 경제 제재 (한국전쟁)	안보리 결의안, 경제 제재 (북한 핵문제)
미국	봉쇄정책 NSC48	'아시아로의 회귀, 미사일 방어 시스템 구축 환태평양동반자협정
동아시아	중국 불인정 샌프란시스코 체제	중국 유엔 가입, 안보리 상임이사국 샌프란시스코 체제
한국	북한 불인정 판문점 체제 아이젠하워 트랙	북한 불인정, 핵 개발 판문점 체제 핵 발전과 발전소 수출 6자회담
동남아시아	동남아시아조약기구 제네바 체제	아세안 제네바 평화 협약
반발	반둥과 비동맹회의의 '정의' 중국의 평화공존	역내포괄적경제동반자협정(RCEP)

형 상태의 산물이다. 중국의 개입으로 한국전쟁 초기 양 진영이 추구했던 보편적·이상적·군사적 기획들이 모두 좌절되었고, 지역적·현실적·정치적 기획으로 대체되었다.

둘째, 동아시아 국제 질서는 미국의 차별적인 대응이 제도화된 결과물이다. 먼저 미국은 중국과 북한의 주권을 인정하지 않아 자유주의 질서로부터 이들을 정치적으로 배제(비자유주의 국가 불인정)했고, 한국은 분쟁을 지역화·탈정치화(군사·기술적 정전)시켰으며, 일본은 자유주의 정치경제 시스템으로 깊숙이 포섭했다(자유주의적 평화). 중국과 북한에 대한 비자유주의 체제 불인정, 한국의 판문점 군사 정전 체제, 일본과의 샌프란시스코 자유주의 평화 협약, 이것이 동북아시아의 홉스적 국제 질서의 세 가지 핵심 요소였다.

셋째, 특히 샌프란시스코 체제는 동아시아에 제도화된 자유주의적 평화의 특징을 함축하고 있다. 사실, 냉전 시기 아시아에 북대서양조약기구, 유럽석탄철강공동체 같은 지역 안보, 경제 협력 기구가 없었던 가장 결정적인 이유는 제2차 세계대전 이후 독일 문제와 일본 문제에 대한 처리가 달랐기 때문이다. 독일 문제는 처음부터 영국·프랑스·러시아와 함께 풀어야 하는 지역적 문제였지만 일본 문제는 거의 미국 단독으로 처리했다. 유럽에서 미국은 초국적 관리 기구를 제안함으로써, 독일 재건에 대한 프랑스의 반대를 무마할 필요가 있었지만, 아시아에서는 제2차 세계대전과 관련해 중국이나 식민지 한국, 타이완을 인정조차 하지 않으려 했고, 러시아와도 논의를 회피하면서 단독 처리를 강행했다. 이 과정에서 미국은 일본의 재건과 재무장에 대한 아시아의 반대나 탈식민 전후 처리를 거의 무시했으며 대신 일본과 양자 간 상호방위조약을 체결했다. 이 연구가 밝혔듯이 이런 샌프란시스코 체제의 탄생 과정에서 한국전쟁의 영향은 결정적이었다.

결국 아시아 패러독스는 단지 양자 간 방위조약만이 아니라, 비자유주의 체제 불인정 원칙을 통한 중국과 북한의 정치적 배제, 한국에서의 군사적 균형을 추구하는 판문점 체제, 일본의 경제적 포섭이라는 샌프란시스코 체제 등 한국전쟁기 자유주의 평화 기획이 남긴 세 가지 유산들로 이루어져 있다. 이는 흡사 개별 국가들에게는 오직 자기 방어권밖에는 허락되지 않는 홉스적 리바이어던과의 계약 질서 혹은 전형적인 '강자의 질서'라고 할 수 있다.

(2) 판문점 체제와 동아시아 평화 모델

판문점 체제 역시 전형적인 홉스적 기획의 산물이다. 판문점 체제는 미국이, 중국의 개입이 초래한 복잡한 정치 문제를 분리하고 탈정치화시키려 대응한 결과, 정치적 쟁점이 완전히 제거된 임시적인 체제, 순수한 군사적 의제로만 국한된 군사 정전 체제로 구상되었다.

판문점 체제는 이른바 '아이젠하워 트랙'이라고 할 수 있는 미국의 대아시아 정책의 결과이기도 하다. 군사 동맹의 측면에서 볼 때, 한국은 중동이나 동남아시아보다 중시되었으므로, '내부 안보'와 '지역 전쟁'에 대한 대비뿐만 아니라 '전 지구적 차원의 활용'을 염두에 둔 지역으로 선택되었다. 여기에 미국의 핵우산 제공, 핵에너지 활용 지원 등이 결합된 것이 아이젠하워 트랙의 핵심 특성이다. 미국은 이 동맹 관계 속에서 '발전'이라는 새로운 자유주의적 이상을 제시하고 시범적이고 상징적인 경제 지원을 시작했다.

그러나 한미 방위조약의 실체는 태평양안전보장조약(1951년)을 모델로 한 형식적 협약에 불과했다. 한미 방위조약의 이런 성격 역시 한국전쟁 초기 국면의 위헌 논쟁과 정전 협상 갈등 같은 구체적인 역사성에서 비롯된 것이다. 태평양안전보장조약 모델은 미국이 한국전쟁과 동아시아 냉전에서 대면해야 했던 다층적인 저항들을 쉽게 피해 가면서 미국의 행위를 정당화할 수 있는 방식으로 고안된 것이었다. 이는 특히 미국이 한국전쟁 개입과 북대서양조약기구 관여를 둘러싼 미국 내 위헌 논쟁을 경험한 이후 큰 부담과 의무를 지지 않는 형태로 고안된 제도적 틀이었다.

이렇게 동북아시아에 제도화된 자유주의 평화는 샌프란시스코 체제와 판문점 체제로 대표된다. 두 체제에 기반한 아시아 패러독스는 단순히 아시아 국가들에 대한 문화적 편견 때문에 다자간 협력이 이뤄지지 못해 초래된 것이 아니라, 한국전쟁이라는 격렬한 전쟁의 후유증으로 이해하는 것이 더 정확할 것이다. 아시아 패러독스는 미국이 동아시아 국가들을 무시한 결과라기보다, 한국전쟁과 동아시아 냉전에서 직면했던 국내외적 저항과 반발의 결과 탄생한 제도적 유산들인 것이다.

이렇게 볼 때, 아시아 패러독스의 특징은 단지 다자주의의 부재가 아니라, 오히려 갈등을 해소하는 것으로서의 '정치'를 적극적으로 회피하게끔 제도화된 것이다.

예컨대 한국전쟁 이후 형성된 동남아시아조약기구 역시 미국이 소련의 거부권과 미국 의회의 반발을 피할 수 있는 기구였다는 점에 주목할 필요가 있다. 1967년 설립된 아세안에서는 집단방위 체제에 대해 거론조차 되지 않았던 것도 이 연장선에서 이해할 수 있다.[7] 아시아 지역 질서에서는 민감한 정치·군사 문제를 회피하고, 대신 경제나 문화 협력을 우선 강조하는 방식이 관습화되어 있다.

미국의 입장에서 샌프란시스코 체제와 판문점 체제는, 한국전쟁에 대한 중국의 개입에 대응하면서 미국의 부담을 최소화하고, 위기관리에 최적화된 경제·군사 중심적 질서, 철저히 마디마디가 분절된 유연한 위기관리 시스템을 도입한 것이다.

미국의 이런 홉스적 자유주의 기획들은 한국전쟁 이후 많은 반발과 부작용을 낳았다. 중국은 평화공존 정책과 좀 더 현실적인 외교 노선을 전개하기 시작했고, 인도 역시 중립주의와 비폭력 노선을 제시하며 냉전적 갈등 자체를 거부했다. 특히 반둥 회담은 기존의 판문점과 제네바 모델의 취약한 보편성에 대한 반발로 등장한 것이었다. 반둥 회담은 탈식민주의라는 공통의 기반에 근거한 범아시아주의를 추구했다.

물론 반둥이 이 모든 한계를 극복한 보편적 대안을 만들어 내는 데 성공한 것은 아니다. 그럼에도 반둥회의에서는 유엔과 냉전 체제의 보편성에 심각한 의문을 제기하면서, 탈식민 아시아의 역사적 경험을 반영할 수 있는 '다양성 속의 통합', 집단 안보가 아닌 '집단적 평화 체제', '우호적 공존'과 '비폭력 원칙' 등 매우 값진 대안적 가치들을 논의했다. 특히 반둥의 기여는 이후 비동맹 운동으로 본격화된 것처럼, 평화와 안보만을 우선시해 왔던 기존의 칸트적·홉스적 자유주의적 기획들의 근본적인 문제를 지적하고, 전 지구적 차원의 '사회적 정의'라는 대안적 가치와 철학을 강조하기 시작한 것이다.

결국 칸트적 기획과 홉스적 기획이 교차했던 한국전쟁과 동아시아 냉전의 전개 과정은 곧 유엔과 평화에 대한 논의가 안보와 동맹, 발전에 근거한 홉스적 국제 질서로 대체되면서, 그에 대한 충돌과 반발이 식민주의와 정의에 대한 논의로 수렴되는 과정이었다고 볼 수 있다. 따라서 이 긴 여정을 통해 더 분명해지는 판문점 체제의 특성은, 그것이 보편적 평화를 안보와 군사동맹 같은 부정적 개념과 특수 관계로 대체하고, 전 지구적 정의를 차별적 발전으로 처방한 체제라는 점이다.

필자는 이를 냉전 시기 '아시아형 자유주의 질서'로 개념화하고자 한다. 즉 아시아형 자유주의 질서의 기본 특징은 보편적 평화와 보편적 정의의 가치에 대한 포괄적 합의에 기반한 것이 아니라 '특수하고 예외적인 평화'와 '차별적 발전'에 기반한 질서라는 것이다.

이를 좀 더 긴 역사적 비교의 시선에서 평가하자면, 아시아 패러독스란 한국전쟁으로 탄생한 아시아적 자유주의 질서로서, 18세기 칸트의 계몽주의적 법치 기획을 강제로 도입하려던 것이 실패한 결과, 17세기 홉스의 초기 근대적인 국가 건설 기획에 따른 권력 균형 체제로 마무리된 역사적 산물이다. 60여 년간 지속된 이 퇴행적인 홉스적 질서는 21세기의 동아시아 국제사회가 반드시 극복해야 할 과제이다.

3. 연구의 함의

1) 판문점 체제의 성격과 자유주의 평화의 한계

판문점 체제는 자유주의 기획의 가장 전형적인 원칙들이 실제로 적용되

표 8-4 | 판문점 체제의 성격 비교 검토

	칸트적 기획	홉스적 기획	판문점 체제
평화의 유형	영구 평화, 국제법과 기구	권력 균형, 국가 간 평화 협약	임시 군사 정전
평화의 물리적 근거	국제연방과 초국적 규범	개별 국가	군사 동맹
자유주의의 성격	개인의 이성과 계몽, 표현의 자유와 대의제	개인의 자기방어 국가에 권리를 양도	우월한 단일 문명, 냉전적 반공-자유주의
정치	공화주의, 계몽 철학	국가의 권위-권력 독점	군사경제적 권력
보편성	보편적 영구 평화	특수한 국가의 평화	특수한 동맹과 발전
부작용	차별적 기획, 개인의 숭배	강자의 질서, 임시적 합의	적대적 집단의식, 차별적 발전주의

는 과정과 그 결과를 구체적으로 보여 준 사례이다. 따라서 이 경험적 사례를 통해 우리는 냉전의 인식론인 현실주의적 관점의 문제뿐만 아니라, 1990년대 이후 재등장한 자유주의 평화론의 적실성 또한 재검토해 볼 수 있다. 판문점 체제는 자유주의 평화 기획의 어떤 특성과 한계를 드러내 주고 있을까?

첫째, 판문점 체제는 칸트가 꿈꿨던 안정적인 영구 평화 체제도 아니고, 엄밀히 말하자면 칸트가 극복하려 했던 홉스적 권력 균형 질서, 즉 국가 간 타협으로 체결되는 불완전한 평화 협약 체제도 아니다. 사실 판문점 체제는 이 두 가지 기획의 지향에도 미치지 못하는, 현존 질서유지에 대한 주변 강대국들의 강박에 의존해 60여 년간 지속된 불안하고 유동적인 군사 정전 체제이다.

둘째, 판문점 체제는 칸트식 국제 연방 체제의 권위에 근거한 평화 체제도 아니고, 홉스적인 세계국가의 힘이 수립한 체제도 아니며, 그 권위와 힘이 모두 실패하고, 보편성마저 심각하게 결여된 협소한 군사 동맹 체제이다.

셋째, 판문점 체제는 개인의 자유와 대의제 원리에 기반해 구성된 공화국의 산물이 아니라, 하나의 정치 이념인 자유주의가 스스로를 우월한

표 8-5 | 자유주의 평화의 스펙트럼

	극-보수적 자유주의	보수적 자유주의	정통 자유주의	제도·문화/해방적 자유주의
해당 지역	**전략적 동맹**(제한된 지역)	**규범** 공유 동맹(제한 지역)	지정학적으로 묶여 있으나 보편적 지향	보편 지향
폭력의 양상	필요한 자원·영토에 방해되는 (비)정규전과 전쟁 역량	무역·자원·영토에 방해되는 (비)정규전	전쟁, 구조적 폭력, 저개발, 테러리즘, 무역 장애물, 규범과 국제 레짐 장벽	전쟁, 구조적 폭력, 정체성 갈등, 저개발, 테러리즘, 무역 장애, 자유로운 통신, **사회적 정의**
방법	무력 사용	강제력과 외교 휴전, 중재, 협상을 이끌기 위한 군사 개입	하향식 평화 구축	하향/상향식 평화 구축
행위자	국가 관료, (비)정규군	국가 관료, (비)정규군	국가 관료, (비)정규군, 국제기구, 민간 사회단체	국가 관료, (비)정규군, 국제기구, 지역 민간 사회단체
평화의 성격	승자의 평화 (군사적 우월성으로 결정)	승자의 평화, 헌법적 평화, 평화 협약, 평화 유지군 등 준군사적 방법	헌법-제도적 평화, 승자의 평화, 장기적 구상, 시민적 거버넌스, 문제 해결 지향	민간 평화(civil peace), 사회운동, 쟁점 지향, 사회복지와 정의, 외부 개입 경계
평화의 존재론	평화는 불가능하거나 매우 제한적, 영토적 제한	무력과 엘리트 외교에 의한 평화, 보편적 평화 미달	헌법과 제도에 의존하는 평화, 지식과 기술로 달성	사회정의와 사회 행위자들의 소통에 근거한 평화, 차이의 상호 인정

출처: Richmond(2006)에서 변형.

문명론으로 격상시켜 다른 모든 대항·대안 이념들을 문명/야만의 이분법으로 배제하고 자유주의적 제도를 물신화한 냉전적 자유주의 체제이다.

넷째, 판문점 체제는 탈식민과 전후 처리 같은 동아시아 사회의 요구를 회피하고 유예시킨 탈정치적 군사·경제 질서이다. 한국전쟁 당시 표출된 다양한 갈등과 문제들은 인정과 합의, 협상과 토론의 정치로 해결되지 않았고, 그저 군사와 경제라는 특화된 기능에 기반한 양자 관계들로 대체되었다.

마지막으로 판문점 체제는 보편적 평화와 보편적 정의가 아니라, 양자 군사동맹 체제라는 분리된 평화, 그리고 특수한 발전주의 기획의 상징이다. 이런 판문점 체제의 종합적 성격들은 한국전쟁 전후 동아시아 냉전이 심화되면서 지역 전반에 걸쳐 확산된 불안한 권력 균형 상태, 혹은 동아시아 패러독스의 원형이자 모체가 되었다.

고전적인 형태의 자유주의 평화론이 가장 일방적으로 관철된 판문점 체제가 여전히 갖고 있는 심각한 문제점들은 자유주의만이 평화를 담보할 이념이자 체제라는 단순한 이론적 주장에 심각한 의문을 제기한다. 왜냐하면 한국전쟁에서는 자유주의 기획들이 모두 적용되었으나 실패했고, 배타적 관계와 도구적인 기능 분업, 보편성의 결여라는 부작용만을 남겼기 때문이다.

자유주의 기획이 실패한 가장 큰 원인은 한국전쟁에 적용된 자유주의 기획들이 극단적으로 보수적인 성격을 갖고 있었기 때문이다. 즉, 판문점 체제는 〈표 8-5〉에 구분된 여러 자유주의 평화 기획들의 스펙트럼을 고려할 때, 가장 보수적이고 군사적인 형식이 적용된 사례이다. 보수적 자유주의 기획은 오직 정규전에 대항해 무력을 통해 무조건적인 평화를 수립하려 하고, 소수의 국가 관료가 관여하며, 제한적인 동맹 체제와 제한적이고 불안한 평화만을 성취했다.

자유주의 평화 기획 중에서도 반대편의 끝에 있는 해방적 모델이 지향하는 평화는, 특정한 동맹 체제나 규범을 공유한 국제법 질서를 넘어 좀 더 보편적인 성격을 가지며, 군사력에 의한 일방적인 승자의 평화가 아닌 시민사회가 참여한 평화이며, 다양한 상향식·하향식 협상과 중재 과정을 통해 수립된다는 것이다. 또한 여기에는 관료뿐만 아니라 각종 국제기구와 지역의 사회단체까지 관여하며, 전쟁뿐만 아니라 다양한 문화·사회적 위협에 대응해 사회정의와 소통, 상호 인정을 추구한다. 판문점 체제는 이 모델의 거의 모든 요소를 결여하고 있는 것이다.

2) 판문점 체제의 한계가 갖는 실천적 함의

이런 진단은 판문점 체제를 좀 더 완성된 평화 체제로 전환하기 위해 극복해야 할 실천적 지점들을 환기시킨다.

첫째, 임시 군사 정전 체제인 판문점 체제는 긍정적인 내용을 지향하는 적극적 평화 체제로 나아가야 한다. 정전 체제란 교전 당사자 간의 정치적 해결로 나아가지 못한 가장 낮은 단계, 즉 전쟁이 부재하다는 부정적 의미에서의 평화 상태이다. 남과 북이 각각 냉전 시기 미국/소련-중국과의 군사 동맹 체제로 편입되어 지금까지 큰 변화 없는 권력 균형 상태에 의존해 왔지만, 언제라도 권력 균형에 비대칭적 변화가 발생한다면 매우 불안하게 흔들리는 것이다. 이런 불안정성은 국내정치 차원에도 매우 부정적인 영향을 미친다. 즉 판문점 체제의 불안정성은 곧 작은 외적 안보 갈등 요소에도 한반도 전체가 늘 '예외 상태'에 처하게 되고 외부의 갈등이 곧 내부의 갈등으로 이어지게 되는 기본 조건이다. 따라서 전투가 부재하다는 부정적 의미의 정전 체제는 다양한 긍정적 내용들을 포함하는 적극적 평화 체제로 전환되어야 한다.

둘째, 경쟁적 군사 동맹 체제 간 군비경쟁을 억제하기 위해 공동 안보 기구가 수립되어야 한다. 탈냉전 이후 불안한 지역 질서와 중국의 부상으로 중-미 경쟁 구도가 전개되면서 현재 한국은 미사일 방어 체제와 한-미-일 삼각동맹 체제로, 북한은 중국과의 경제 교류에 기반한 자체 핵무기 개발 체제로 진입하고 있다. 이런 움직임의 근본적인 배경은 중-미 경쟁이다. 중국은 경제성장과 함께 매년 군사력 증강에 열을 올리고 있는 반면, 2008년 경제 위기 이후 방위비 지출 부담을 줄여 가는 미국은 개별 동맹 국가들의 경제 군사적 부담을 늘리기 위해 압력을 가하고 있다. 북한은 심화되는 남북 간 경제적 격차와 체제 유지의 불안감으로 인해 핵무기 개발에 열을 올리고, 이는 주변국들의 군비경쟁을 더욱 촉발시키는 등 국가 간 군비경쟁의 악순환이 예상된다. 이를 막기 위해 공동의 안보 협력과 교류는 미룰 수 없는 과제가 되었다.

셋째, 탈정치적이고 일방적인 샌프란시스코 체제를 넘어 포괄적 합의에 기반한 동아시아 협의 체제가 필요하다. 샌프란시스코 체제는 동아시아의 전후 처리에서 탈식민 문제를 방기한 탈정치적인 군사·경제적 동맹 관계였다. 샌프란시스코 체제가 전후 처리 문제를 보편적 기준에 따른 합의로 해결하지 않음으로써 동아시아에는 전쟁이 분명하게 종식되지 않았다. 전후 처리는 모두 매우 취약한 민주적 합의 절차를 거쳐 개별적으로 이루어졌다. 일본과 타이완이 평화조약을 맺었고(1952년 4월 28일), 차례로 한일기본조약(1965년 6월 22일), 중일평화우호조약(1978년 8월 12일)과 중미 외교 정상화(1979년 1월 1일)가 있었다. 하지만 아직 일본과 러시아는 평화 협약을 체결하지 않은 상태이고, 일본과 북한 간 전후 보상 처리가 유예되어 있으며, 미국과 북한이 평화 협약을 체결하지 않았다. 이에 대한 논의가 개별적인 합의와 협상에만 그치지 않고, 합의의 지속성과 안정성을 갖기 위해 상설 합의 기구가 반드시 설치되어야 할 것이다.

넷째, 적대적이고 배제적인 냉전 자유주의 체제와 배제적 민족주의는 지양되어야 한다. 한국전쟁 포로 문제를 처리하는 과정에서 보았듯이, 자유주의적 가치와 원칙들이 문명적 우월성을 갖고 비자유주의적 체제와 가치들을 타자화하는 것은 엄청난 부작용과 현실의 폭력, 상호 불신의 상처들을 초래한다. 이렇게 상대를 '우리 문명'의 '타자'로 적대시하는 문명론적 접근은 상대로 하여금 '대항 문명'을 자임하고 맞대응하도록 하는 부작용을 낳는다. 이 배제적인 문명론적 대립 구도는 각 국가 내부의 배제적 민족주의를 더욱 부추기며, 아시아 지역 차원에서 다양한 적대적 집단의식을 촉발하고 있다. 따라서 냉전의 양대 이데올로기인 자유주의와 공산주의 자체의 모태가 되었던 계몽철학과 공화주의 같은 사상의 의미를 되짚어 보는 노력, 냉전 이데올로기들 자체의 한계에 대한 열린 성찰에 기반해 대안적인 공존의 사상들에 주목할 필요가 있다.

마지막으로, 예외주의와 인정 투쟁을 넘어 평화와 정의의 보편성을 고양시켜야 한다. 이 연구는 자유주의 기획의 산물인 판문점 체제가 보편적 평화와 정의를 지향한 것이 아닌 특수한 동맹, 분리된 평화, 차별적 발전을 지향한 것으로 결론지었다. 자유주의는 그 원칙을 강제로 도입하거나 배제적인 문명론으로 접근하면 보편성에서 더욱 멀어지게 된다. 한편, 자유주의 기획을 제국주의로 비판하는 논의들은 서구적 기획의 강제적 면모를 잘 부각시키지만, 이 또한 역사적 트라우마에 근거해 모든 것을 무방향적으로 비난하는 예외주의, 특수주의로 흘러갈 위험이 있다. 매우 특수한 차별적 질서가 도입되면, 그런 강요된 위계질서에 반발하는 것 자체가 당장의 대안으로 사고될 수 있기 때문이다. 하지만 서구적 기획의 일방적인 도입이 실패했듯이, 유럽 중심주의를 비판하고 아시아주의라는 지역성을 내세운다고 해서 그것이 무조건 대안이 되기는 어렵다.

우리는 유럽적 가치와 제도뿐만 아니라 아시아적 가치와 제도에 대해서도 보편적 평화와 보편적 정의라는 기준으로 검토해야 한다. 보편적 차원에 대한 지향 없이, 즉각적 반발로 늘 갈등하고 서로를 강화해 그 퇴행적 상태가 영구히 지속된다면, 판문점 체제가 내포하고 있던 부정적 유산들이 고착화되는, 진정한 역사의 비극이 될 것이다.

3) 현재의 상태 : 자유주의 질서의 곤경

그렇다면 오늘날의 자유주의 국제 질서와 판문점 체제의 현 상태는 어떠한가? 탈냉전 이후 신자유주의적 경제 질서가 세계의 경제적 불평등 구조를 심화시키면서, 현재 세계가 목도하게 된 최종적 결과는 냉전의 정치적 양극화가 아니라 국가 간 부와 빈곤의 차이, 즉 경제적 양극화에 따라 전쟁과 평화의 공간적 분리가 이루어지는 경제·군사적 양극화의 수렴 양상이다.

구체적으로 이 양극화 현상은 세계를 세 지대로 분리한다. 첫째, 안보를 유지하기 위한 이중, 삼중의 지역 레짐과 안전장치들을 구축한 서구의 평화지대, 둘째, 취약한 국가권력으로 인해 심각한 사회 갈등, 반란과 내전 등이 발생하고 서구의 개입이 이루어지는 혼란의 지대, 마지막으로 불안한 균형 위에서 근대적 국가들이 강한 민족주의에 기반해 상호 권력 게임을 하고 있는 국민국가 간 갈등의 지대가 그것이다.[8] 이는 자유주의 기획이 치밀하게 계획한 바는 아니지만, 냉전의 차별적 기획과 신자유주의의 경제적 차별 구조가 맞물려 초래한 분업과 위계 구조의 역사적 결과이다.

'선진 국가들'의 평화지대에서는 이제 전쟁은 발생하지 않는다. 지난 수십 년간 발생한 군사 분쟁의 지배적 형태인 국지적 내전은 모두 이른바 '혼란 지대'의 빈곤 국가나 정부 구조가 취약한 지역에서 집중적으로 발생했다.[9]

이런 위계적 분리는 다양한 형태로 나타난다. 먼저 산업 발전의 수준에 따라 나라마다 군사력의 규모와 형태가 달라지고 있다. 즉 평화지대 선진국들의 군사 체계는 한편으로는 고도 기술에 기반한 군으로 진화하고 있으며, 다른 한편으로는 국가의 기능이 '시장화'marketization되면서 개별 국가의 재래식 전쟁 기능이 최소화되고 있다.[10] 그러나 혼란 지대에서는 무장 세력이 수십만 명의 소년병들을 동원하거나 외부에서 투입된 민간 군사 기구들에 의해 무력 분쟁이 일어난다.[11] 대표적인 갈등 지대라고 할 수 있는 동아시아 지역에서 대규모 노동인구를 보유한 신흥 산업국가는 대규모의 '노동 집약적 군대'를 유지하고 있으며, 군사력 확충을 추구하고 있다.

그림 8-1 | 자유주의 평화 기획과 평화와 전쟁의 공간적 분리

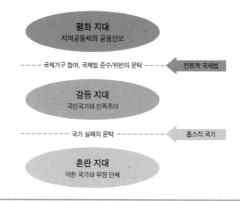

평화 유지를 위한 전략도 다르다. 평화지대에 포함된 국가들은 자국 뿐만 아니라 여타 지역의 평화와 안보에 관여하고 있다. 오늘날 가장 안전한 지대에서는 전쟁과 평화에 대한 고차원적인 규범과 원칙이 논의된다. 선진국들은 대체로 자국의 특별한 지식과 이해관계를 좀 더 보편적인 것으로 만들기 위한 전략적 경쟁에 뛰어들고 있다.[12] 그리고 이렇게 고도로 발전된 국제적 규범과 법, 가치들이 시시각각 여러 제도적 절차를 통해, 특정 지역에서 발생한 상황에 개입한다. 그 결과 한 국가나 지역에서 발생하는 문제들이 더욱 많은 외부의 개입과 권력 쟁투의 장으로 편입된다. 따라서 '혼란 지대'에서 내전이 발생하면, 무력 분쟁 지역의 주체들은 그 분쟁과 갈등을 스스로 해결할 수 있는 역량과 자원은 부족하고, 끊임없이 외부의 개입과 결정과 지원, 사태 해결에 의존하게 된다. 아무리 작은 규모의 내전도 세계시장 속에서 발생하기 때문에 외부로부터 끊임없이 무기가 공급되며 외부의 세력 관계에 영향을 받으면서 갈등이 오랜 기간 지속되고 있다.[13]

이 전쟁-평화의 공간적 분할이 가시화되는 상황에서 자유주의적 기획들은 어떻게 진화하고 있을까?

오늘날 '평화'라는 가치를 실현하려는 국제법이 어떤 갈등에 직면하고 있는지를 보여 주는 흥미로운 사례가 하나 있다. 2013년 4월 2일 유엔은 '재래식 무기' 수출을 억제하고 공동으로 관리하는 협약을 결의안으로 채택했으며, 9월 말까지 118개 회원국들이 서명했다.[14] 전 세계에서 매년 약 50만 명이 재래식 무기에 의해 사망하고 있다는 사실이 이 법안의 문제의식이었다.

그런데 세계에서 가장 많은 무기를 수출하고 있는 미국이 이 유엔 협약에 서명했다. 이런 미국의 태도 변화를 어떻게 볼 것인가? 냉전 초기 미국은 홉스적 리바이어던을 추구했다. 힘의 압도적 우세를 이루면, 전쟁으로부터 멀어질 수 있을 것이라던 홉스적 평화 기획은 끝없는 무력 경쟁을 추동했다. 미국의 무력과 경제력이 압도적이던 1990년대까지는 리바이어던의 자리가 도전받지 않았지만, 중국의 경제력에 추월당할 것이 예상되는 지금 미국은 점차 소프트 파워, 국제법, 규범에 호소하기 시작했다. 미국은 지난 60여 년간 자신이 만들어 놓은 이 카오스적 세상에서 벗어나고자, 불리한 경우 스스로 부정하기도 했던 칸트적 국제법이나 규범들을 다시 강조하고 있는 것이다. 미국은 최근 부시의 이라크 전쟁 같은 과도한 비용이 드는 재래식 전쟁의 수렁에서 벗어나 드론[15]이나 공해전[16] 같은 세련된 첨단 무기와 중앙정보국, 국가안전보장국NSA을 기반으로 하는 압도적 정보력을 통해 세계적 우위를 점하려는 전략으로 선회하고 있다.

반면 1919년 윌슨이 시작한 민족자결주의, 1945년 유엔 헌장이 규정한 자기방어권에 근거해 군비경쟁을 열심히 따라가고 있는 '작은 홉스'들, 즉 수많은 후발 국가들이 존재한다. 이 가운데 미국을 따라가기 위해 드론과 해군을 포함해 자체 무기의 개발·생산·증강에 여념이 없는 지역 강국 중국과 인도는 '기권'했다. 시리아·이란·북한은 이 협약에 반대했다. 이들은 탈냉전 이후 전개된 체제 변화와 전 지구화로 인해 선진국들과 경제적 격차가 심화되어 체제의 생존 자체가 위협받자, 핵이나 화학무기를 포함한 재래식 무기라도 확보해 체제의 생존을 보장받으려 했던 국가들이다. 시리아는 내전 중이고, 이란은 국제사회의 중재와 관리를 받아들였으며, 북한과의 6자회담은 중지되어 있다. 협약에 대응하는 세 국가군들의 태도는 현재 세계 질서가 3분화된 현 상황을 그대로 증거하고 있다.

그렇다면 60여 년간 지속된 판문점 체제는 현재 어디쯤 있는가? 판문점 체제는 이 협약에 찬성한 미국, 반대한 북한, 기권한 중국의 태도에 의해 좌지우지되고 있다. 판문점 체제는 이렇게 평화 지대에서 기원한 규범들이 혼란 지대에 속한 국가의 반발에 직면하고, 갈등 지대에 속한 국민국가들의 이해관계가 서로 대립·충돌하면서 지속되고 있다. 이 책이 보여 주듯이, 이는 판문점 체제가 처음부터 국제법과 국제기구, 여러 국가들의 기획과 협상의 산물이기 때문이고, 당시에 해결되지 못했던 문제들이 현재까지 방치되어 있기 때문이다.

이렇게 판문점 체제를 단순히 남과 북, 미국과 중국의 문제가 아닌, 다층적인 초국적 규범들과 이해관계의 복합적 충돌로 보는 것은 크게 두 가지 함의를 갖는다.

첫째, 우리는 한국전쟁의 발발, 전개, 종식과 처리의 문제 모두에 국제기구와 강대국들이 개입하고 관여했으며, 다양한 분업과 하청 관계 속에서 해결되었음을 분명히 인식할 필요가 있다. 그 결과 남북한 정부와 사회는 이 국제 문제와 대면해 해결할 능력을 키워 나갈 기회가 없었다고도 볼 수 있다. 1945년 이후 대부분의 탈식민 국가들이 그랬던 것처럼, 한국은 국제 질서와 연관된 자국의 문제를 스스로 해결하지 못했고, 주장을 한다 해도 국제사회에 받아들여지지 않았으며, 기껏해야 강대국의 결정을 수동적으로 지지하거나 거부하는 정도였다.[17] 즉 판문점 체제는 초국적 제도의 발전으로 인해 한반도가 자신의 문제에 수동적으로 관여했던 상황과 과정들이 제도화된 산물이다.

둘째, 수동적 관여가 지속되고 있다는 것이다. 즉, 판문점 체제가 외부의 개입으로 형성됨에 따라, 이 체제가 지속되는 것에 대한 당사자들의 낮은 책임감과 소극적 태도 또한 지속되고 있다. 이 문제에 대한 발상의 전환을 위해 한 가지 질문을 제기하려 한다. 한국 사회는 왜 정전 60년, 분단 70년이 지나도록 한국전쟁과 분단으로부터 폭력과 파괴, 단절과 갈등에 대한 깊이 있고 호소력 있는 성찰을 길어 올리지 못했을까? 한국전쟁은 왜 평화에 대한 지혜의 보고가 되지 못하고, 갈등과 냉전의 박물관으로 남아 있을까? 이는 한국 사회가 그동안 전쟁의 최전선에 있었던 것을 자랑스러워했으며, 평화를 성취하는 데 실패하고 국제 평화에 기여하지 못한 것을 조금도 부끄러워하지 않았기 때문이다.

냉전이 끝나고 동북아에 화해가 찾아와도, 수십 년간 반목하면서 적대적 상호 의존관계의 수혜자가 되어 온 과거 남과 북의 독재 정권들은 공히 한국이 냉전의 박물관으로 남아 있도록 만든 책임이 있다. 지금까지도 남과 북은 한반도 평화에 대한 논의를 주도하기보다는 각각 핵 개발과 미사일 사거리를 늘려 가며 해외로 무기를 수출하고, 전형적인 권력 균형 게임에 편승하거나, 미국과의 관계 유지 혹은 미국과의 협상에만 의존하고 있다.

지금의 현실은 마치 60년 전 아이젠하워의 뉴룩 정책이 설치한, 핵 발전과 핵무기라는 두 가지 경로를 남과 북이 시차를 두고 따라 들어선 결과처럼 보인다. 한국은 핵무기를 포기하고 핵 발전의 길을 걸으며 발전소를 수출하고 있고, 북한은 핵무기 보유를 추구해 정권의 대내외적 힘을 보증받으려 하고 있다. 이들은 냉전의 어느 한쪽 진영을 선택한 것으로, 그리고 다른 한쪽을 비난하는 것으로, 마치 국내외적 차원의 평화와 정의에 대한 책임에서 면죄부를 받은 듯이 행동한다. 이를 판문점 체제가 탄생할 때부터 이미 결정된, 역사적 전개의 경로 의존적 귀결로 받아들여야 할 것인가?

판문점 체제를 극복하기는커녕, 이 체제가 영구화되거나 더 악화될 수 있는 현재 시점에서, 그동안 제기된 평화론들이 얼마나 유효한지 냉정하게 평가해 볼 필요가 있다. 먼저 중국의 자유화가 진행될수록 북한의 붕괴나 흡수를 통한 자유화를 기대하면서 북한에 대한 제재와 압박을 주장하고 있는 보수적 자유주의 평화론은 여전히 한-미-일 정부가 고수하고 있는 지배적 관점이다. 이는 처벌적 기획을 지향했던 판문점 체제가 실패했음에도 불구하고 실패를 또 다시 반복하겠다는 발상으로, 미래 한반도 평화 구축을 위한 선택지가 될 수 없다.

19세기적 민족국가의 건설을 궁극적인 도달점이자 해결책으로 고대하는 태도 또한 설득력이 약해지고 있다. 하나의 민족국가 건설은 분단이전 상태로의 원상회복을 지향하는 자연스러운 이상일 것이다. 그러나 당위적인 목적을 설정하는 것만으로 냉전과 한국전쟁이 초래한 복잡한 유산과 현재의 문제를 대면하고 해결할 수 없다. 남과 북은 이미 민족국가의 시대 이후에 등장한 20세기적 이념 국가의 최전선에 건설된 두 개의 국가이다. 이 문제를 해결하기 위해서는 민족주의 그 자체를 궁극적 도달점으로 삼을 것이 아니라, 민족주의의 시대 이후에 제시된 가치들을 포괄하는, 민족주의를 넘어서는 가치들로 통합의 기반을 마련해야 한다.

중앙정부와 자치 정부로 분리하는 분권형 연방제 모델은 중앙 집중적인 국가의 폐해를 경험했던 국가들이 지향했던 모델이라는 점에서 주목할 만하다. 그러나 한국 사회는 분권형 정치체제에 대한 경험이 없으

며, 전쟁을 치른 두 분단 정부의 내·외부적 문제들을 분권형 정치체제가
효과적으로 해결할 수 있으리라 믿을 근거도 없다.

1990년대 이후 본격화된 경제적 지원과 협력 정책들은 인도적 지원
과 상호 교류라는 보편적 가치에 기반한 가장 자연스러운 방안이었다. 하
지만 이 모델은 이명박 정부 이후 인도적 지원에 대한 반발에 직면했고,
개성공단 건설이나 금강산 관광 등이 1970년대 마산 공단 건설과 관광
산업 육성 등 한국 사회의 발전주의적 경제성장 모델을 북한에 그대로 적
용했다는 점에서 한계가 있다. 그나마 남북 관계가 경색되고 중국과 북한
의 교류가 심화되는 상황에서 북한과의 경제협력은 이미 다른 국가들에
비해 뒤쳐지고 있는 상황이다.

또한 한국전쟁 당시 이미 유엔에서 제시된 수많은 대안들이 있었다
는 것도 기억해야 한다. 1950년 9월부터 제기된 동아시아의 포괄적 정치
회담은 실패했고 제네바 회담 이후 다시 논의된 바 없지만 다시 검토해야
할 방안이다. 6자회담의 틀에만 머물지 않고, 좀 더 포괄적인 아시아 정치
협상의 장을 적극적으로 고민해야 할 것이다.

박근혜 정부는 '통일 대박론'과 드레스덴 선언을 통해 통일의 경제적
이익을 강조했고 특정 분야에 대한 지원과 협력을 약속했다. 물론 통일
자체에 대한 관심과 지지가 약해진 한국 사회와 주변 국가들의 여론을 다
시 한 번 환기시켰다는 긍정적 평가도 있었다. 하지만 북한의 변화 없이
는 지원도 없다는 편협한 인식이 저변에 깔려 있으며, 인정과 포용의 정
신도 잘 보이지 않는다. 이런 변화는 한편으로는 국가의 통일 정책이 기
업의 투자 계획으로 바뀌어 가고, 다른 한편 평화나 통일에 대한 관심이
줄어들며 '우리만의 평화'에 안주하고 있는 사회상을 반영한 것이라고 할
수 있다.

4. 사회적 '연대로서의 평화'

그렇다면 오늘날 새롭게 필요한 평화의 기준은 무엇인가? 우리는 내전에 대항해 안보를 강조했던 홉스적 평화, 국제법과 국제기구에 기반한 칸트적 평화의 한계를 확인했다. 최근 세계적 차원에서는 전쟁과 평화가 공간적으로 분할되어 있고, 남과 북 간에는 교류 자체가 중단되어 있다. 기존 평화론들의 한계와 우리가 목도하고 있는 판문점 체제의 상황을 고려할 때 필자가 제시하려는 해답은 "교류와 접촉을 통해 관계와 사회를 형성하고, 관계의 구조적 불평등을 극복하며 사회정의라는 가치의 달성을 지향하는 사회적 평화[18]"이다. 홉스와 칸트를 넘어선 새로운 단계의 '사회적 평화'를 검토하기 위해, 판문점 체제를 하나의 '권위의 부재'로 바라볼 수 있게 해주었던 뒤르켐 사회철학의 출발점으로 돌아가 보자.

> 아노미(anomie)가 하나의 질병이라면 그 이유는 무엇보다도 사회가 아노미로부터 고통을 받기 때문이며, 우리는 사회적 결속력과 규칙성 없이는 살아남을 수 없기 때문이다. 규제가 없는 무정부 상태에서 매번 갈등과 무질서를 마주쳐야 하는 개인은 매우 고통스럽다. 인간들이 항상 함께 일하는 동료들과 늘 전쟁 상태에서 살고, 서로에 대해 적대감을 느끼며 상호 불신과 긴장을 경험해야 하는 것은 아주 고통스러운 일이다.[19]

뒤르켐의 아노미 개념은 흡사 홉스의 자연 상태와 비슷한, 고통스러운 갈등 상황을 의미한다. 그런데 그가 제시하는 해법은 강력한 국가의 건설이나 보편적 국제법의 구축이 아니라, 먼저 사회 자체의 분업의 전개로 인한 사회적 연대의 발전이다. 홉스와 칸트의 정치사상이 국제 질서에 대한 구상으로 확산되었듯이, 사회적 정의에 대한 철학 역시 국가 간 관계의 지향점으로 재검토해 볼 수 있을 것이다.

이는 국가 간 갈등과 평화의 문제에 대한 정치철학적 고려에서 사회철학적 성찰로의 전환을 요청하는 것임을 강조하고자 한다. 홉스는 내전이라는 극단적 갈등의 현상을 대면하고, 이 사태의 사회·경제적 원인이나 배경을 고민하지 않고 곧바로 강력한 국가의 권위와 힘이라는 대안을 제시했다. 절대주의 국가를 경험한 칸트는 국내에서는 존엄한 인격을 강조하는 개인주의를 강조했지만, 프랑스혁명이나 나폴레옹 전쟁을 경험하고는 그것의 확산을 두려워하며 국제법과 국제연맹을 통한 영구 평화를 대안으로 제시했다. 칸트 역시 사회적 차원에 대한 고민은 취약하다. 제1차 세계대전과 자유주의 국제 질서의 일방적 전개를 목격한 슈미트는 중세 신학적 관념으로 퇴행해 국내에서는 홉스적 절대 국가를, 국제 관계에서는 국가 간 협약 질서를 옹호했다. 냉전의 현실주의는 이렇게 국가주의적이고 반사회적인 홉스-슈미트적 세계관의 연장에 있었다.

하지만 20세기에 꽃피운 수많은 사회철학들은 극단적 갈등을 하나의 사회현상으로 보고 그 배경과 원인, 특성을 고민하고 사회단체나 사회적 연대[20], 사회정의와 사회국가[21] 같은 해결책을 제시했다. 그렇다면 뒤르켐과 당대의 사회학[22]은 어떤 해법을 제시했는가?

우선, 사회문제를 해결하기 위해서는 규제가 필요하다는 그의 원론적 입장을 확인할 필요가 있다. 예컨대 뒤르켐에게 사회의 목표는 홉스적인 '강자의 법칙'을 더 높은 목적에 종속시킴으로써 사람들 간의 전쟁을 없애거나 아니면 최소한 억제하는 것이다. 뒤르켐은 인간의 '자유'도 자연상태에 내재한 것이 아니기 때문에, 사회가 이런 자연을 '정복'하고 '규제'함으로써 획득할 수 있다고 믿었다.[23]

그렇다면 그 규제의 원칙은 무엇인가? 이를 설명하기 위해서는 뒤르켐의 '연대' 개념을 이해해야 하는데, 그는 사회 연대를 두 가지로 구분했다. '기계적 연대'는 ('민족주의' 같은) 공통된 집합 의식을 강조하며 개인을 사회의 일부로 조직화하는 방식이다. 반대로 '유기적 연대'는 개인의 고유한 행동 영역을 보장하고, 다양한 체계들이 기능적 사회관계로 결합되는 방식이다.[24]

따라서 전통 사회는 자연 상태나 아노미 같은 혼란 상황에 집단적 동질성을 강조하며 개인을 사회의 일부로 조직화하려 하지만, 새로운 원칙으로서 '사회적 연대'를 제시하는 사회는 이미 수많은 전문적 기능에 따른 분화와 상호 교류와 의존이 심화된 사회를 전제로 한다.[25] 뒤르켐은 전통적인 집단의식을 통한 기계적 연대가 점차 약화되고 개인주의나 다른 집단의식으로 대체되고 있는 현대사회에서는 사회 분업에 근거한 유기적 연대가 필요하다고 강조했다. 뒤르켐은 기본적으로 "단 하나의 동질적인 사회를 형성한다면 인간 사회 변화의 원천은 고갈될 것"이라며 분업과 다양성에 기반한 사회 구성을 주장했다.[26] 그런데 그는 전통적 민족주의나 집단의식뿐만 아니라 인간의 존엄성을 강조하는 개인주의만으로는 현대사회의 복잡함과 갈등을 해결하기에 충분하지 않다고 보았다.[27]

따라서 그에 따르면 칸트식 '개인주의'만으로는 충분하지 않으며, 경제학자들이 주장하듯이 사회 분업을 단지 원자적 개인들이 모여 경제적 생산성을 높이기 위한 것으로 보는 것도 잘못이다. 왜냐하면 사회 분업은 서비스의 교환이라는 도구적 관계를 넘어 "인간을 연결해 주는 권리와 의무의 체계"를 만들어 내기 때문이다.[28]

분업 관계에 따라 사람들을 연결해 주는 권리와 의무의 체계가 만들어질 때, 이 관계를 연결해 줄 수많은 매개 고리들이 필요하다. 사회로부터 멀리 떨어진 국가라는 조직은 복잡한 인간의 집단생활을 대표representation하기에 부적합하다. 따라서 국가와 개인 사이를 매개할 2차 집단(동업조합 혹은 직업집단)이 필요하다. 뒤르켐은 매개 조직이 없는 상황은 일종의

사회적 공백이자, 사회에 영향을 미치는 질병이라고 진단했다.[29]

분업에 기반한 '사회적 연대'의 규칙들을 수립할 때 고려해야 할 또 다른 차원은, 현대사회에서는 분업 자체가 불평등과 갈등을 만들어 낸다는 것이다. 뒤르켐은 대규모 산업이 출현하면서 노사 갈등과 계급 갈등이 격화되는 원인으로 '강제된 분업'을 지적한다. 선택의 여지없이 강제된 일을 하고 있는 계급 제도는 사회연대가 아니라 고통스러운 갈등을 낳는다는 것이다.[30]

따라서 분업 관계의 형성, 규범과 규제의 발달이 자연스럽게 사회적 연대로 이어지는 것은 아니다. 규범은 정의로워야 한다. 특히 분업의 발달이 불평등으로 이어지지 않도록 제어하기 위해 경쟁의 '외적 불평등'을 제거해야 한다. 뒤르켐은 태어날 때부터 부자와 가난한 사람이 있다면 정당한 계약은 성립할 수 없으며, "부가 오늘날과 같은 원칙에 따라 상속되는 것을 멈추지 않는 한, 무정부 상태는 사라지지 않을 것"이라고 진단한다. 과거의 전통 사회에서는 이런 불평등이 용납되었을지 모르지만, 구성원들이 연대 의식을 가져야만 유지될 수 있는 현대사회에서 불평등의 문제는 문명의 생존 자체가 걸려 있는 사안이다. 문명의 생존이라는 문제와 대면해 뒤르켐은 "모든 불평등은 자유 자체의 부정이다."라고 단언한다.[31] 여기서 뒤르켐은 불평등의 배경에 있는 계급 갈등, 즉 현대사회의 연대를 해치는 구조적 조건에 주목하고 있는 것이다.

요컨대, 자연 상태와 아노미 같은 혼란 상황에 대응하기 위해 아주 강력한 형법이나 민족주의 등의 집단의식, 단일화된 공동체적 삶을 유지하려는 것이 후진사회라면, 현대사회는 개인의 영역을 보장하고 나아가 사회적 관계에 더 많은 형평성을 도입하여 사회적으로 유용한 모든 힘들이 자유롭게 발전되도록 해야 한다.[32]

뒤르켐은 분업을 통한 연대만이 아노미를 궁극적으로 막을 수 있다고 말한다. '힘에 의해 강요된 타협'이나 '단순한 휴전'은 오래 지속될 수 없으며, 이런 불확실한 상황에서는 상호 불안한 상태가 계속되고 행위자 간의 접촉 빈도가 낮기 때문에 매순간 새롭게 상대방을 탐색해야 하므로 안정적인 관계가 불가능하다. 반면에 서로 연대 의식을 가진 기관들이 충분히 접촉하고, 그 접촉이 충분한 시간을 두고 계속되면 오히려 어디에서도 '아노미 상태는 불가능'하다. 그리고 사람들은 이렇게 새로운 접촉을 통해 공동체적 존재의 매력을 맛볼 때에만, 사회계약의 필요성을 느낀다. 즉, 인간은 자신이 이미 어느 정도 사회적 연대에 통합되었을 때에만 더욱 완전한 평화를 원한다는 것이다.[33] 뒤르켐은 이렇게 우선 충분히 접촉을 하고, 매개 단체들이 분업 관계에 필요한 규범을 형성하며 이때 발생할 수 있는 불평등의 외적 조건을 제거하고, 사회 내부에서 연대가 발생해 자연스럽게 완전한 평화를 요구하는 상태에서 비로소 사회적 평화가 달성될 수 있다고 보았다.

흥미로운 것은 뒤르켐이 이렇게 자연스러운 사람들 간의 접촉을 통해 이뤄진 임시적 합의를 '소극적 연대'라고 부르고, 이것이 '적극적 연대'에서 초래된다고 주장한 점이다. 뒤르켐은 인간이 서로를 인정하고 권리를 보장하기 위해서는 먼저 서로를 사랑해야 한다고 말한다. 즉, 개별적인 인간들의 상호 인정이 공동체에 대한 사랑으로 이어지는 것이 아니라, 공동체를 구성하고 있는 사회에 대한 애착으로부터 상호 인정이 비롯된다는 것이다. 따라서 사회의 기초로서 정의justice라는 원칙도 중요하지만, 자선charity은 그 정의를 완성하는 것이다.[34] 뒤르켐은 이렇게 적극적 연대를 통해 소극적 연대를 유도하고, 공동체에 대한 애착을 강화해 사회적 평화를 완성하는 것을 아노미에 대한 궁극적인 해법으로 제시했다.

뒤르켐의 사회철학은 국제 관계의 문제에 대한 처방으로 나아갔다. 그는 당시 매우 취약한 국가 간 합의에 근거해 있던 국제법들이 점차 권위를 갖게 된 것은 "유럽 각국이 전보다 더 상호 의존적 분업 관계를 갖고, 유럽이라는 더 큰 사회의 일부라는 자의식을 갖게 되었기 때문"이라고 보았다. 그는 이 유럽적 규모의 분업 관계가 발달함에 따라 특정 사회의 국민들이 자유롭게 왕래하기 위해서는 배타적 애국주의 속에 갇혀 있지 말고, 더 '개방적인 또 다른 애국주의'를 배워야 한다고 주장했다. 이처럼 뒤르켐은 단순한 국가 간 연합체가 아니라 하나의 '공통된 유럽 사회'를 상상하게 되는 것을 역사의 진보로 보았다.[35]

다시 말해 그는 인류가 전쟁이 아니라 서로 협력하고 살아가야 한다는 박애 사상을 실현하기 위해서는 궁극적으로는 모든 사람이 동일한 법칙에 종속된 하나의 '동일한 사회'를 형성해야 한다고 보았다. 사회들 간에 갈등이 생기더라도 그 사회들을 포괄하는 더 큰 사회의 규제에 의해 억제될 수 있다고 보았기 때문이다. 물론 그는 현실적으로 세계에는 너무나 많은 지적·도덕적 다양성이 있어 당장 이런 이상을 실현하기가 어렵다고 보았지만, 공통된 유럽 사회라는 구상의 등장 자체가 매우 희망적인 것이었다. 그리고 그가 강조했듯이, 바로 분업이 이를 가능케 한다는 것이었다. 즉 그는 분업의 발달 없이는 더 큰 사회가 형성되기 어려우며, 인류 박애에 대한 이상은 분업이 발달함으로써만 실현될 수 있다고 주장했다. 분업을 통해 서로 연결된 큰 사회의 형성이 바로 평화적인 공동체의 필수조건이라는 것이다.[36]

사회적 연대에 대한 뒤르켐의 다양한 논의는 전쟁과 평화, 통일과 교류에 대한 중요한 통찰을 제공한다. 무엇보다 이런 평화에 대한 사회철학에 비추어 볼 때 결국 한국전쟁이 초래한 판문점 체제의 평화가 얼마나 반사회적인 것이었는지가 분명히 드러난다. 홉스와 칸트, 슈미트와 켈젠의 사상에 결여되어 있고, 애치슨과 저우언라이, 덜레스와 이승만이 고려하지 않은 것, 네루가 제기하고 반둥에서 논의되었지만 좀 더 정교하게 발전되지 못한 것이 바로 이 평화의 사회철학이다. 판문점 체제는 홉스와 칸트

그림 8-2 | 연대로서의 평화와 판문점 체제의 극복

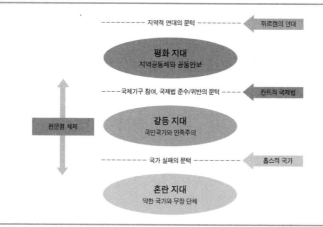

로 대표되는 자유주의 평화 기획이 일방적으로 관철된 산물이지만, 판문
점 체제가 60여 년간 지속된 것은 자유주의 평화론의 근본적인 사회철학
적 빈곤을 증거하고 있다.

　따라서 판문점 체제를 극복하기 위해서는 자유주의 평화에서 사회적
연대로서의 평화로 패러다임의 전환이 필요하다. 판문점 체제의 극복은 단
지 한국전쟁을 종식할 국가 간 평화 협약의 수준을 넘어서, 궁극적으로는
아시아 연대 네트워크의 구축을 지향해야 한다. 아시아 국가들 간의 무역
과 분업이 상호 연대의 발전으로 나아가야 하고, 이를 위해서는 정의로운
원칙과 공통의 규범, 수많은 교류와 매개 조직들이 필요하다. 또한 각 국
가 내부에서도 불평등을 완화하고 사회적 정의의 수준을 높여 공동체에
대한 애착을 높여야 한다.

　이는 판문점 체제만의 문제가 아니라, 냉전의 유산으로 인해 보편성
이 결여된 동아시아 자유주의 질서의 근본적인 한계를 극복하고, 동아시
아 사회가 현재 공통적으로 직면하고 있는 내외부적 아노미 상태를 완화

할 수 있는 유일한 대안이다. 즉, 사회적 연대로서의 평화가 대안이라는 관점은, 현재 국가 간 연대와 국내적 사회 연대가 동시에 파괴되고 있다는 판단에서 비롯된다. 특히 2008년 금융 위기 이후 세계 각국에서는 사회적 연대가 부분적으로 파괴되고, 테러와 지정학적 충돌이 발생하며, 폐쇄적 민족주의가 강화되고 있다. 특히 동북아에서는 남북한과 일본, 중국 모두 개방적이고 다양하고 유연한 체제가 아닌, 세습적 권위주의 체제로 퇴행하고 있다는 우려 속에서 출구 없는 외교적 경쟁을 하고 있다. 동북아 국가들은 또한 각국 내부에서는 사회의 내적 불평등 문제를 심화시키는 신자유주의적 정책의 문제를 대면하고 해결하는 데 어려움을 겪고 있다. 각국은 국내에서 사회적 연대의 악화도 쉽게 해결하지 못하고, 국가 간 분쟁과 갈등을 해결하는 데에도 무기력한 모습을 보이고 있다. 뒤르켐이 한 사회 내부의 불평등이 초래할 현대 문명 자체의 위기를 걱정했다면, 그 위기가 세계적 규모로, 국내외 수준에서 동시에 발생하고 있는 것이 오늘의 위기일 것이다.

판문점 체제는 이런 위기 상황에 취약하다. 판문점 체제하에서 남과 북은 정권의 안정과 안보만을 중시했고, 국가 간 평화의 문제는 권력 균형이나 비밀 협약으로 겨우 유지해 왔으며, 사회 내적으로는 보편적 평화와 정의를 지속적으로 유예시키고 제약해 왔기 때문이다.

만일 남과 북이 지금처럼 현존 질서를 유지해 발전의 과실을 조금 더 누린다는 근시안적 계산으로 국내외적 연대가 파괴되는 것을 방기하다가는, 불안한 임시 군사 정전 체제인 판문점 체제의 태생적 한계를 극복하지 못한 채, 그보다 더 퇴행할 위험이 있다.

이제는 강제된 분업이나 불평등의 문제를 간과하는 자유주의 평화론의 고상한 규범적 훈계나, 허약한 이상을 비난하며 홉스적인 권력을 추구하는 현실주의의 이분법적 폐쇄 회로에서 벗어날 때이다. 국내외의 사회적 연대가 파괴되고 있는 현재의 조건 자체가 '연대로서의 평화'가 대안임을 잘 보여 준다. 즉, 한반도 평화의 출발점과 궁극적 지향은 동아시아 지역 기구나 민족 통일, 안정된 국가가 아니라, 분업 관계로 연결되어 '연대가 흘러넘치는 사회'여야 한다.

우리에게 이 새로운 "이상이 숭고한 이유는 그것이 초월적이어서가 아니라 우리에게 넓은 관점을 제시해 주기 때문이다." 그리고 사회연대로서의 평화라는 새로운 이상은 "정부의 각료 회의에서 즉흥적으로 만들어질 수 있는 것"이 아니라는 점도 중요하다. 사회적 연대로서의 평화는 그것을 필요로 하는 사회 내부로부터의 압력에 의해 조금씩, 스스로 고양될 수밖에 없다.[37] 뒤르켐의 논의가 일깨워 주는 것은 가장 기본적인 접촉과 교류, 분업 관계의 필요성이다. 만남과 교류 자체가 닫혀 있는 판문점 체제는 사회적 평화를 위한 가장 기본적인 조건도 갖추지 못하고 있는 셈이다.

지속적인 만남과 자유로운 교류가 이어지고 분업 관계와 사회적 연대가 형성되며, 사회적 정의의 원칙으로 평화의 기반을 수립하는 것. '연대로서의 평화'라는 이런 원칙은 판문점 체제를 극복하고 동아시아의 아노미 상태를 해소할 수 있도록 매개할 초석이 될 것이다.

> "자신이 제공하려는 것에 비해 세상이 너무나 어리석고 비열해 보일지라도 이에 좌절하지 않을 자신이 있는 사람, 그리고 그 어떤 상황에 대해서도 '그럼에도 불구하고!'라고 말할 확신을 가진 사람, 이런 사람만이 정치에 대한 '소명'을 가지고 있다."[38]

부록 ———

유엔 헌장 ———

연표 ———

유엔 헌장

(Charter of the United Nations, 1945년 6월 26일)

제1장 유엔의 목적과 원칙

제1조 유엔의 목적은 다음과 같다.

1. 국제 평화와 안전을 유지하고, 이를 위하여 **평화에 대한 위협**의 방지, 제거 그리고 **침략 행위** 또는 기타 **평화의 파괴**를 진압하기 위한 유효한 집단적 조치를 취하고 평화의 파괴로 이를 우려가 있는 국제적 분쟁이나 사태들을 조정 혹은 해결하기 위해 평화적 수단을 도입하고 또한 정의와 국제법의 원칙에 따라 실현한다.

제2조 이 기구 및 그 회원국은 제1조에 명시한 목적을 추구함에 있어서 다음의 원칙에 따라 행동한다.

1. 유엔은 모든 회원국의 **주권 평등 원칙**에 기초한다.

5. 모든 회원국은 유엔이 이 헌장에 따라 취하는 어떤 조치에 대해서도 **모든 원조를 다해야** 하며, 유엔이 방지 또는 **강제 조치**enforcement measure를 취하는 대상 국가에 대해서는 **원조를 중단**해야 한다shall refrain.

6. 유엔은 국제 평화와 안전을 유지하는 데 필요한 경우에 한해, 유엔 **회원국이 아닌 국가도** 이러한 원칙에 따라 행동하도록 해야 한다 shall ensure.

제4장 유엔 총회

제10조 총회는 이 헌장의 범위 내에 있는 모든 문제, 혹은 이 헌장에 규정된 어떠한 기관의 권한 및 임무에 관한 모든 문제와 사항을 논의할 수 있으며, **제12조에 규정된 경우를 제외하고,** 이런 문제 또는 사항에 관하여 유엔 회원국 또는 안전보장이사회 또는 이 양자에 대하여 **권고**recommendations**를** 제시할 수 있다.

제11조

1. 총회는 군비축소 및 군비 규제를 규율하는 원칙을 포함해 국제 평화와 안전의 유지에 관한 협력의 일반 원칙을 심의할 수 있고, 그러한 원칙과 관련해 회원국이나 안전보장이사회 또는 이 양자에 대하여 권고할 수 있다.

2. 총회는 유엔 회원국, 안전보장이사회 또는 (제35조 제2항에 따라) 유엔 회원국이 아닌 국가에 의하여 총회에 회부된 국제 평화와 안전의 유지에 관한 어떠한 문제도 토의할 수 있으며, 제12조에 규정된 경우를 제외하고는 그러한 문제와 관련하여 1 또는 그 이상의 관계국이나 안전보장이사회 또는 이 양자에 대하여 권고할 수 있다. 그러한 문제로서 조치를 필요로 하는 것은 토의의 전 또는 후에 총회에 의하여 안전보장이사회에 회부된다.

3. 총회는 국제 평화와 안전을 위태롭게 할 우려가 있는 사태에 대하여 안전보장이사회의 주의를 환기할 수 있다may call the attention.

4. 이 조에 규정된 총회의 권한은 제10조의 일반적 범위를 제한하지 않는다.

제12조

1. 안전보장이사회가 어떠한 분쟁 또는 사태와 관련하여 이 헌장에서 부여된 임무를 수행하고 있는 동안에는 총회는 이 분쟁 또는

사태에 관하여 **안전보장이사회가 요청하지 아니하는 한** 어떠한 권고도 하지 아니한다.

2. 사무총장은 안전보장이사회의 동의를 얻어, 안전보장이사회가 다루고 있는 국제 평화와 안전의 유지에 관한 모든 사항을 총회의 매 회기에 통고한다. 또한 사무총장은 안전보장이사회가 그러한 사항을 다루는 것을 중지한 경우, 즉시 총회에 통고하고, 만일 총회가 회기 중이 아닐 경우에는 회원국들에게 통고해야 한다shall notify.

제14조 총회는, 제12조 규정에 따른다는 조건하에, 그 원인에 관계없이 일반적 복지 또는 국가 간의 우호 관계를 해할 우려가 있다고 인정되는 어떠한 사태에 대해 평화적 조정을 위한 조치를 권고할 수 있다. 이 사태는 유엔의 목적 및 원칙을 정한 이 헌장 규정의 위반으로부터 발생하는 사태를 포함한다.

제20조 총회는 연례 정기회기 및 필요한 경우에는 특별 회기로서 모인다. 특별 회기는 안전보장이사회의 요청 또는 유엔 회원국의 과반수의 요청에 따라 사무총장이 소집한다.

제5장 안전보장이사회

제23조

1. 안전보장이사회는 **15개 유엔 회원국**으로 구성된다. 중화민국, 프랑스, 소비에트사회주의공화국연방, 영국, 미합중국은 안전보장이사회의 **상임이사국**이다. 총회는 먼저 국제 평화와 안전의 유지 및 기구의 기타 목적에 대한 유엔 회원국의 공헌과 또한 공평한 지리적 배분을 특별히 고려하여 그 외 **10개**의 유엔 회원국을 안전보장이사회의 **비상임이사국**으로 선출한다.

2. 안전보장이사회의 비상임이사국은 2년의 임기로 선출된다. 안전
   보장이사회의 이사국이 11개국에서 15개국으로 증가된 후 최초
   의 비상임이사국 선출에서는, 추가된 4개 이사국 중 2개 이사국
   은 1년의 임기로 선출된다. 퇴임 이사국은 연이어 재선될 자격을
   가지지 아니한다.

3. 안전보장이사회의 각 이사국은 1인의 대표를 가진다.

제24조

1. 유엔의 신속하고 효과적인 조치를 확보하기 위하여 유엔 회원국
   은 **국제 평화와 안전의 유지를 위한 일차적 책임**을 안전보장이사
   회에 부여하며, 또한 안전보장이사회가 그 책임하에 의무를 이행
   함에 있어 회원국을 대신하여 활동하는 것에 동의한다primary
   responsibility.

2. 이러한 의무를 이행함에 있어 안전보장이사회는 유엔의 목적과
   원칙에 따라 활동한다. 이러한 의무를 이행하기 위하여 안전보장
   이사회에 부여된 특정한 권한은 제6장, 제7장, 제8장 및 제12장
   에 규정된다.

제27조

1. 안전보장이사회의 각 이사국은 1개의 투표권을 가진다.

2. 절차 사항에 관한 안전보장이사회의 결정은 **9개 이사국의 찬성투
   표**로서 한다.

3. 그 외 모든 사항에 관한 안전보장이사회의 결정은 상임이사국의
   동의 투표를 포함한 9개 이사국의 찬성투표로서 한다. 다만 제6
   장 및 제52조 제3항에 의한 결정에 있어서는 분쟁 당사국은 투표
   를 기권한다.

제7장 평화에 대한 위협, 평화의 파괴, 침략 행위에 관한 조치

제39조 안전보장이사회는 **평화에 대한 위협, 평화의 파괴 또는 침략 행위의** 존재를 결정하고, 국제 평화와 안전을 유지하거나 이를 회복하기 위하여 **권고하거나, 또는 제41조 및 제42조에 따라 어떠한 조치를 취할 것인지를 결정한다.**

제40조 사태의 악화를 방지하기 위하여 안전보장이사회는 제39조에 규정된 권고를 하거나 조치를 결정하기 전에 필요하거나 바람직하다고 인정되는 **잠정 조치**에 따르도록 관계 당사자에게 요청할 수 있다. 이 잠정 조치는 관계 당사자의 권리, 청구권 또는 지위를 해하지 아니한다. 안전보장이사회는 그러한 잠정 조치의 불이행을 적절히 고려한다.

제41조 안전보장이사회는 그의 결정을 집행하기 위하여 **병력의 사용을 수반하지 아니하는 어떠한 조치**를 취하여야 할 것인지를 결정할 수 있으며, 또한 유엔 회원국에 대하여 그러한 조치를 적용하도록 요청할 수 있다. 이 조치는 경세 관계 및 철도, 항해, 항공, 우편, 전신, 무선 통신 및 다른 교통통신 수단의 전부 또는 일부의 중단과 외교관계의 단절을 포함할 수 있다.

제42조 안전보장이사회는 제41조에 규정된 조치가 불충분할 것으로 인정하거나 또는 불충분한 것으로 판명되었다고 인정하는 경우에는, **국제 평화와 안전의 유지 또는 회복에 필요한 공군, 해군 또는 육군에 의한 조치**를 취할 수 있다. 그러한 조치는 유엔 회원국의 공군, 해군 또는 육군에 의한 시위, 봉쇄 및 다른 작전을 포함할 수 있다.

제43조

1. 모든 유엔 회원국은 국제 평화와 안전의 유지에 공헌하기 위하여 안전보장이사회의 요청과 하나 혹은 그 이상의 **특별 협정**special

agreement들에 따라, 국제 평화와 안전의 유지 목적상 필요한 무력, 원조 및 통과권을 포함한 편의를 안전보장이사회에 이용 가능하게 약속해야 한다.

2. 그러한 협정은 병력의 수 및 종류, 그 준비 정도 및 일반적 배치와 제공될 편의 및 원조의 성격을 규정한다.

3. 그 협정은 안전보장이사회의 발의에 의하여 가능한 한 신속히 교섭되어야 한다. 이 협정은 안전보장이사회와 회원국 간에 또는 안전보장이사회와 회원국 집단 간에 체결되며, 서명국 각자의 헌법상의 절차에 따라 동 서명국에 의하여 비준되어야 한다.

제44조 안전보장이사회는 무력을 사용하기로 결정한 경우 이사회에서 대표되지 아니하는 회원국에게 제43조에 따라 부과된 의무의 이행으로서 병력의 제공을 요청하기 전에, 그 회원국이 희망한다면 그 회원국 병력 중에 파견부대의 사용에 관한 안전보장이사회의 결정에 참여하도록 그 회원국을 초청한다.

제45조 유엔이 긴급한 군사 조치를 취할 수 있도록 하기 위하여, 회원국은 합동의 국제적 강제 조치를 위하여 자국이 보유한 공군 파견부대를 즉시 이용할 수 있도록 한다shall hold immediately available. 이러한 파견부대의 전력과 준비 정도 및 합동 조치를 위한 계획은 제43조에 규정된 하나, 혹은 그 이상의 특별 협정에 규정된 범위 안에서 군사참모위원회Military Staff Committee의 도움을 얻어 안전보장이사회가 결정한다.

제46조 병력 사용 계획은 군사참모위원회의 도움을 얻어 안전보장이사회가 작성한다.

제47조

1. 국제 평화와 안전의 유지를 위한 안전보장이사회의 군사적 필요, 안전보장이사회의 재량에 맡겨진 병력의 사용 및 지휘, 군비 규제

그리고 가능한 군비축소에 관한 모든 문제에 관하여 안전보장이 사회에 조언하고 도움을 주기 위하여 군사참모위원회를 설치한다.

2. 군사참모위원회는 안전보장이사회 상임이사국의 참모총장 또는 그의 대표로 구성된다. 이 위원회에 상임위원으로서 대표되지 아니하는 유엔 회원국은 위원회의 책임의 효과적인 수행을 위하여 위원회의 사업에 동 회원국의 참여가 필요한 경우에는 위원회에 의하여 그와 제휴하도록 초청된다.

3. 군사참모위원회는 안전보장이사회하에 안전보장이사회의 재량에 맡겨진 병력의 전략적 지도에 대하여 책임을 진다. 그러한 병력의 지휘에 관한 문제는 추후에 해결한다.

4. 군사참모위원회는 안전보장이사회의 허가를 얻어 그리고 적절한 지역 기구와 협의한 후 지역 소위원회를 설치할 수 있다.

제48조

1. 국제 평화와 안전의 유지를 위한 안전보장이사회의 결정을 이행하는 데 필요한 조치는 안전보장이사회가 정하는 바에 따라 유엔 회원국의 전부 또는 일부에 의해 취해진다.

2. 그러한 결정은 유엔 회원국에 의하여 직접적으로 또한 유엔 회원국이 그 구성국인 적절한 국제기관에 있어서의 이들 회원국의 조치를 통하여 이행된다.

제50조 안전보장이사회가 어느 국가에 대하여 방지 조치 또는 강제 조치를 취하는 경우, 유엔 회원국인지 아닌지를 불문하고 어떠한 다른 국가도 자국이 이 조치의 이행으로부터 발생하는 특별한 경제문제에 직면한 것으로 인정하는 경우, 동 문제의 해결에 관하여 안전보장이사회와 협의할 권리를 가진다.

제51조 이 헌장의 어떠한 규정도 유엔 회원국에 대하여 무력 공격이 발생한

경우, 안전보장이사회가 국제 평화와 안전을 유지하기 위하여 필요한 조치를 취할 때까지 개별적 또는 집단적 지위의 고유한 권리를 침해하지 아니한다. 자위권(right of self-defence)을 행사함에 있어 회원국이 취한 조치는 즉시 안전보장이사회에 보고된다. 또한 이 조치는 안전보장이사회가 국제 평화와 안전의 유지 또는 회복을 위해 필요하다고 인정하는 조치를 언제든지 취한다는, 이 헌장에 의한 안전보장이사회의 권한과 책임에 어떠한 영향도 미치지 아니한다.

제17장 과도기적 안전보장 조치

제106조 안전보장이사회가 제42조의 책임의 수행을 개시할 수 있다고 인정하는 제43조에 규정된 특별 협정이 발효할 때까지, 1943년 10월 30일에 모스크바에서 서명된 4개국 선언의 당사국 및 프랑스는 그 선언 제5항의 규정에 따라 국제 평화와 안전의 유지를 위하여 필요한 공동 조치를 기구를 대신하여 취하기 위하여 상호간 및 필요한 경우 다른 유엔 회원국과 협의한다.

제18장 개정

제108조 이 헌장의 개정은 총회 구성국의 2/3의 투표에 의해 채택되고, 안전보장이사회의 모든 상임이사국을 포함한 유엔 회원국의 2/3에 의해 각자의 헌법상 절차에 따라 비준되었을 때, 모든 유엔 회원국에 대해 발효한다.

제109조

1. 이 헌장을 재심의하기 위한 유엔 회원국 전체 회의는 총회 구성국

의 2/3 투표와 안전보장이사회의 9개 이사국의 투표에 의해 결정되는 일자 및 장소에서 개최될 수 있다. 각 유엔 회원국은 이 회의에서 1개의 투표권을 가진다.

2. 이 회의의 2/3의 투표에 의해 권고된 이 헌장의 어떠한 변경도, 안전보장이사회의 모든 상임이사국을 포함한 유엔 회원국의 2/3에 의해 그들 각자의 헌법상 절차에 따라 비준되었을 때 발효한다.

3. 그러한 회의가 이 헌장의 발효 후 총회의 제10차 연례회기까지 개최되지 아니하는 경우에는 그러한 회의를 소집하는 제안이 총회의 동 회기의 의제에 포함되어야 하며, 회의는 총회 구성국의 과반수 투표와 안전보장이사회의 7개 이사국의 투표에 의해 결정되는 경우에 개최된다.

• • •

출처 : "유엔 헌장"(Charter of the United Nations)(『유엔 개황』, 2008, 외교부)
　　　http://www.mofa.go.kr/trade/humanrights/file/10.pdf

연표

1524~1648	유럽 종교전쟁, 베스트팔렌 협약
1642	영국 내전
1651	홉스, 『리바이어던』
1789	프랑스혁명
1795	칸트, 『영구평화론』
1803~1815	나폴레옹 전쟁, 비엔나 협약
1823	먼로 독트린
1856	파리평화회의
1864	제네바 조약
1893	뒤르켐, 『사회분업론』
1899	제1차 헤이그 평화회의

20세기

1907	제2차 헤이그 평화회의
1914~1918	제1차 세계대전
1919	베르사유 협약
1920. 1.	국제연맹 수립.
1920	레닌, 미국 언론과의 인터뷰에서 아시아에 대한 정책 기조로 '평화적 공존' 언급.
1924	제네바 의정서
1927	카를 슈미트, 『정치적인 것의 개념』
1928	켈로그 브리앙 협약(파리 협약)
1931	일본의 만주 침공.
1932	스팀슨 독트린
1934	한스 켈젠, 『순수 법이론』

1940년대

1941~45	제2차 세계대전
1941. 1.	루스벨트 '네 가지 자유'(Four Freedom) 연설
1945. 10.	국제연합 창설.
1946. 1.	유엔 안보리, 인도네시아 문제 논의.
1946. 2.	유엔 안보리, 그리스 내전 문제 논의.
1947. 4.	팔레스타인 문제 논의를 위한 유엔 특별 총회 개최.
1947. 7.	네덜란드 인도네시아 침공.
1947. 7.	케넌 X 문건(X article), 트루먼 독트린, 국가안보법
1947. 8.	미국 정부, 일본과의 평화 협약을 위한 협약 초안 작성.
1947. 12.	인도 수상 네루, 카시미르 문제를 유엔 안보리에 회부.
1948. 12.	유엔 총회, 세계 인권 선언 채택.
1949. 4.	북대서양조약기구 창설.
1949. 8.	부상병, 포로, 민간인 보호에 관한 제네바 협약
1949. 6.	미국 정부 일본을 중심으로 하는 아시아 정책 NSC 48 수립.
1949. 10.	중화인민공화국 수립.

1950년

1. 13.	소련, 유엔안보리에서 중화인민공화국 인정을 위한 결의안이 거부되자 안보리를 보이콧.
4. 14.	미국 정부, 평시 군비의 대규모 증액을 기획한 NSC-68 정책 승인.
6. 25.	한국전쟁 발발, 유엔 안보리 소집, 한국전쟁 관련 결의안 통과.
6. 27.	유엔 안보리, 유엔 최초 한국에 대한 무력 지원 권고 결의안 통과.
6. 30.	미국, 한국에 미국 지상군 투입 결정.

7. 7.	유엔 안보리, 최초의 유엔 통합 사령부 설치 결의안 통과.
7. 13.	인도 수상 네루, 애치슨과 스탈린에게 한국전쟁의 평화적 해결을 촉구하는 서한을 보냄.
7. 31	소련 대표의 유엔 안보리 복귀.
9. 8.	트루먼, 일본과의 평화 협약 진행 공식 허가.
9. 15.	유엔군, 인천 상륙 작전 개시.
9. 20.	애치슨, 유엔 총회에서 '평화를 위한 단결' 연설.
10. 7.	유엔 총회, 유엔군의 38선 북진을 승인하는 결의안 통과.
10. 19.	중국인민지원군, 국경을 넘어 한국 전쟁에 개입.
10. 25.	맥아더, 미 8군 사령관에게 민간인 억류자 석방 고려 지시.
11. 3.	유엔 총회, 평화를 위한 단결 결의안 통과.
11. 6.	맥아더, 중국군의 한국전쟁 개입을 유엔에 공식 보고.
11. 17.	한국 정부, 포로들을 대상으로 한 심사 개시, '남한 출신 의용군' 선별.
11. 24.	중국 대표단, 유엔 안보리 회의에 참석하기 위해 뉴욕에 도착.
12. 4.	영국 총리 애틀리, 미국을 방문하여 정상회담.
12. 5.	인도 및 13개 아시아, 아프리카 회원국 한국전쟁 해결을 위한 '아시아 선언' 발표.
12. 11.	미국 정부 한국전쟁 휴전에 대한 원칙 NSC-95 승인.
12. 14.	유엔에서 휴전 그룹의 설립.
12. 22.	중국이 13개국의 정전 결의안 거부.

1951년

1. 11.	유엔 휴전 그룹, 한국전쟁 문제를 해결하기 위한 5원칙 제시.
1. 17.	중국, 유엔의 휴전 제안 거절.
2. 1.	유엔, 중국을 '침략자'로 비난하는 결의문 채택.
2. 18.	한국전쟁 유엔군 포로수용소 포로심사위원회 심사 결과 발표.
4. 11.	미국 트루먼 대통령, 유엔군 사령관 맥아더를 해임, 매튜 리지웨이로 교체.
4. 18.	유럽석탄철강공동체 창설.
4.	중국의 춘계 공세 실패.
5. 17.	미국 정부, 일본과의 평화 협상과 안보 협약에 대한 구상이 담긴 NSC45/5 승인.
5. 22.	한국 국회, 남한 출신 포로 4만 명 석방 요구 결의안 통과.
5. 31.	조지 케넌, 소련 측 유엔 대사 말리크를 만나 휴전 관련 논의.
6. 10.	김일성, 베이징과 모스크바 방문, 스탈린과 한국전쟁 이전 상태 회복에 합의.
6. 23.	유엔 소련 대표 말리크, "휴전과 정전"(cease fire and armistice)을 공식 제안.
7월초	미국 정부, 일본과의 평화 협약 초고 동맹국 회람.
7. 5.	미 육군 심리전 사령관 맥클루어, 자동 송환 전략 제시.
7. 10.	양측 정전 협상 대표 전체가 처음으로 개성에서 접촉하여 정전 협상 의제 조정.
7. 26.	정전 협상 의제에 대해 양측이 합의.
8. 15.	유엔군 포로수용소 내에서 포로들의 소요로 사망 사건 발생.
9. 4.	샌프란시스코 평화 회담 개최.
9. 8.	샌프란시스코 평화 조약 합의, 미일 안보 협약, 태평양안전보장조약 협약 서명.
10. 25.	정전 협상 장소를 변경하여 판문점에서 처음으로 협상 시작.
12. 10.	유엔군 사령관 리지웨이, 판문점 협상에서 포로의 1 : 1 교환 원칙 제시.
12. 13.	거제도 65포로수용소 남한 출신 포로들이 국회에 석방 진정서 제출.
12. 18.	양측, 억류 중인 포로 명단을 작성하여 서로 교환. 포로 수에 대한 논쟁 시작.
12. 21.	미 8군, 남한 출신 포로(민간인 억류자) 석방 공식 발표.

1952년

1. 2.	성전 협상 유엔 사령부 대표, 자원 송환 원칙 도입 제안. 공산 진영 거부(1월 8일).
2. 8.	트루먼 대통령, 애치슨이 제안한 자원 송환 원칙 승인.
2. 18.	거제도 유엔군 포로수용소 62수용동에서 포로 심사 중 대규모 폭력, 진압 사태 발생.
2. 27.	미국 정부, 백악관 회의를 통해 포로 자원 송환 원칙을 따르기로 최종 결정.
4. 8.	거제도의 유엔군 포로수용소에서 자원 송환을 위한 포로 심사 진행.
4. 19.	정전 협상에서 미국 대표는 공산 측에 송환을 희망한 포로의 수 통보(7만 명).

4. 28.	유엔군 정전 협상 대표 조이, 자원 송환과 북한 지역 내 공항 재건을 교환하는 일괄 제안 제시.
5. 2.	공산 진영 대표, 유엔의 제안 거부.
5. 7.	유엔군 포로수용소 사령관 돗드, 76수용동에서 포로들에 의해 납치.
5. 10.	돗드, 석방되고 동시에 해임, 유엔군 사령부 보트너가 신임 사령관으로 임명됨.
5. 12.	리지웨이가 유엔군 사령관에서 물러나고 마크 클라크로 교체. 조이가 정전 협상 대표에서 물러나고 윌리엄 해리슨으로 교체(5월 22일).
5월 말	유엔군 포로수용소, 송환 거부 포로를 모두 육지와 섬으로 이동.
6. 10.	보트너 신임 유엔군 포로수용소 사령관, 자원 송환 심사를 거부하던 76수용동 진압.
6. 30	유엔군, 억류 중인 '민간인 억류자' 2만7천 명 석방 시작.
7. 13.	유엔 대표, 정전 협상에서 재심사 이후 최종 결과를 전달(총 8만3천 명 송환 희망).
7. 26.	전체 정전 대표 회의 재개.
9. 28.	정전 협상 미국 대표, 5개월 만에 자원 송환 원칙에 대한 미국의 입장 최종 제안.
10. 8.	미국 정부, 공산 측의 거부에 정전 협상 무기한 휴회와 철수 선언.
10. 1.	중화인민공화국 설립 3주년에 제주시 수용소 7수용동에서 반란.
10. 16.	유엔 총회, 한국 문제와 포로 송환 문제 논의 시작.
10. 24.	미국이 유엔 총회에서 포로 문제 해결을 위한 '21강 결의안' 제시.
11. 4.	아이젠하워가 미국 대통령 선거에서 55%를 획득하여 차기 대통령에 당선.
12. 3.	유엔 총회, 자원 송환 원칙을 지지하는 유엔 결의안 승인.
12. 14.	봉암도 민간인 억류자 수용동에서 소요가 일어나 82명이 사망.

1953년

1. 19.	미국 정부, 아이젠하워 정부의 냉전 전략 변화를 반영한 NSC 141 승인.
2. 22.	클라크가 상병 포로 교환 제안.
3. 5.	스탈린 사망.
3. 27.	판문점에서 상병 포로 교환 동의.
4. 20.	양측, 상병 포로 교환 시작.
4. 26.	판문점에서 정전 협상 재개.
6. 8.	양측 대표, 정전 협상에서 포로 문제 타결.
6. 18.	이승만, 송환을 거부했던 반공 포로 일방적으로 석방.
7. 6.	덜레스 미 국무장관, 이승만에게 한미 방위 협약 초안 송고.
7. 27.	양측, 한국전쟁 정전 협상 서명.
8. 4.	덜레스와 로버트슨 등 미국 대표단, 한미 상호 방위조약을 논의하기 위해 방한.
10. 1.	한미 양국, 한미 상호방위조약 서명.

1954년

1. 25	미국·영국·프랑스·소련 외무상, 독일 문제를 논하기 위한 베를린 회담 개최.
1. 26.	미국 상원, 한미 상호방위조약 비준.
2. 18.	베를린 회담, 한국 문제와 인도차이나 문제를 해결하기 위한 제네바 회담 개최 합의.
4. 26.	한국 문제와 인도차이나 문제를 논의하기 위한 제네바 회담 시작.
4. 28.	인도·파키스탄·버마·인도네시아·스리랑카 수상들의 콜롬보 회담 시작.
4. 29.	중국과 인도, 무역 재개에 합의하며 평화공존 5대 원칙에 서명.
5. 8.	제네바 회담, 인도차이나 문제 논의 시작(디엔비엔푸 전투 전개).
5. 12.	중국 외무상 저우언라이, 제네바 회담에서 평화적 공존을 위한 다섯 가지 원칙 제시.
6. 15.	제네바 회담의 한국 문제 협상, 한국 문제에 대한 결론을 내리지 못하고 종결.
7. 21.	제네바 회담, 베트남을 17도선으로 분할하며 휴전하는 것으로 협상 타결.
9. 8.	미국, 영국, 호주, 뉴질랜드와 파키스탄, 필리핀, 타이완, 동남아시아조약기구 설립에 서명.
11. 17.	한미 상호방위조약 효력 개시.

1955년

4. 18.	인도, 중국 등 제3세계 국가의 지도자들이 모여 반둥 회의를 개최.

| 1장 |

1_John S. Duffield, "Why Is There No APTO? Why Is There No OSCAP? : Asia-Pacific Security Institutions in Comparative Perspective," *Contemporary Security Policy* vol. 22, no. 2(2001), pp. 69-95.

2_Robert A. Manning, "The Asian Paradox: Toward a New Architecture," *World Policy Journal* vol.10 no. 3(1993).

3_Peter J. Katzenstein, *Rethinking Japanese Security : International and external dimensions* (Routledge, 2008), p. 186.

4_최근 아시아 지역 수준의 국제기구가 증가하고 협력이 이루어지면서 많은 변화가 있었지만, 여전히 지역 전체를 아우르는 안보·협력 기구의 제도화는 매우 낮은 수준에 머물고 있다. Stephan Haggard, "The Organizational Architecture of the Asia-Pacific : Insights from the New Institutionalism," Miles Kahler and Andrew MacIntyre eds., *Integrating Regions: Asia in Comparative Context* (Stanford University Press, 2013), pp. 195-221.

5_Bruce Cumings, *The Korean War : A History* (Modern Library, 2010), pp. 223-30.

6_에밀 뒤르켐 지음·민문홍 옮김, 『사회분업론』(아카넷, 2012), pp. 18-19의 일부 표현을 다음 영문본을 참고하며 필자가 수정함. Emile Durkheim, *The division of Labour in Society* (Palgrave Macmillan, 1984[1893]), pp. 32-33.

7_James I. Matray, "Korea's war at 60: A survey of the Literature," *Cold War History* Vol. 11, No. 1(February 2011), p. 100.

8_한국전쟁 연구를 집대성한 최근의 성과물로는 박명림, 『역사와 지식과 사회』(나남, 2012)를, 논쟁과 관련된 사료들을 정리한 책은 정병준, 『한국전쟁 : 38선 충돌과 전쟁의 형성』(돌베개, 2006)의 서론을 참조.

9_예컨대 스몰과 싱어는 1816년 이후 발생한 전 세계의 모든 전쟁에 대한 기초 통계자료 (correlated war data)를 만들면서 내전과 국가 간 전쟁을 구분하기 위해 주권국가 여부를 기준으로 사용했다. Melvin Small and J. David Singer, *Resort to arms: International and civil war, 1816-1980* (CA: Sage, 1982).

10_물론 최근의 연구들이 밝히고 있듯이 베스트팔렌을 오늘날 국가 간 관계의 원형으로 보는 서술은 거의 대부분 환상에 근거한 것이다. 기본적으로 베스트팔렌 평화 협약은 주권, 독립,

불간섭, 권력 균형 문제에 대해 거의 언급하지 않았다. 근대적 주권 개념은 점진적 변화를 거쳐 19~20세기에야 고정된 것이다. 또한 이런 주권 개념은 철저히 유럽 중심적인 것이었다. John Gerard Ruggie, "Territoriality and Beyond: Problematizing Modernity in International Relations," *International Organization* 47-1(1993); Benno Teschke, *The Myth of 1648: Class, Geopolitics and the Making of Modern International Relations* (London: Verso, 2003); Andreas Osiander, "Sovereignty, International Relations and the Westphalian Myth," *International Organization* 55(2001).

11_Odd Arne Westad, *The Global Cold War: Third World Interventions and the Making of Our Times* (Cambridge University Press, 2007).

12_Stephen D. Krasner, *Sovereignty: Organized Hypocrisy* (Princeton University Press, 1999).

13_Vaughan Lowe ed., *The United Nations Security Council and War The Evolution of Thought and Practice since 1945* (Oxford University Press, 2008).

14_전쟁의 유형 구분과 국제 개입의 정당성 문제를 둘러싼 논쟁은 유엔의 인도주의적 개입과 가장 최근의 보스니아 전쟁에 대한 논란에서도 계속 반복되고 있다[메리 캘도어 지음, 유강은 옮김, 『새로운 전쟁과 낡은 전쟁: 세계화 시대의 조직화된 폭력』(그린비, 2010), p. 179].

15_근대적 자유주의 국제법은 현재 끊임없이 국가 주권에 대해 상승-하강 관점이 대립하며 그 사이에서 진동하고 있다. 국제법과 질서를 둘러싼 충돌의 사례에서 아래로부터의 입장을 강조하는 상승적 주장은 국제적 의무를 위반한 국가의 행위를 정당화하기 위해 국가의 주권 개념에 의지한다. 반대로 국가의 자유를 제한하고 규범을 도입하려는 하강적 입장은 늘 개별 국가 주권보다 상위의 자유주의적 원칙에 따라 개별 국가의 주권을 억제해야 한다는 주장을 하게 된다[Martti Koskenniemi, *From Apology to Utopia: The Structure of International Legal Argument* (Cambridge University Press, 2005), p. 226].

16_Anthony Arblaster, *The rise and decline of Western liberalism* (Oxford : Blackwell, 1984).

17_G. John Ikenberry, *Liberal Leviathan: the Origins, Crisis and Transformation of the American World Order* (Princeton, NJ: Princeton University Press, 2011).

18_David Reynolds, *America, Empire of Liberty: A New History* (Penguin Books, 2009); Jonathan Bell, *The Liberal State on Trial : The Cold War and American Politics in the Truman Years* (Columbia University Press, 2004); 안토니오 네그리·마이클 하트 지음·윤수종 옮김, 『제국』(이학사, 2001).

19_Mitchell Dean, "Nomos and the politics of world order," Wendy Larner and William Walters ed., *Global governmentality : Governing international spaces* (Routledge, 2004).

20_네그리, 『제국』.

21_Bardo Fassbender, "The United Nations Charter as Constitution of the International Community," *Columbia Journal of Transnational Law* vol. 36(1998), pp. 529-519.; Bardo Fassbender, *The United Nations Charter as the Constitution of the International Community* (Leiden: Martinus Nijhoff, 2009). 이런 주장은 하버마스에게 도 영향을 주었다. Jurgen Habermas, "Does the Constitutionalization of International Law Still have a Chance?" *The Divided West* (Cambridge: Polity, 2006), pp. 115-93.

22_Ikenberry, *Liberal Leviathan*.

23_Seyla Benhabib, *Another Cosmopolitanism* (Oxford University Press, 2008); Seyla Benhabib, *The Rights of Others: Aliens, Residents, and Citizens* (Cambridge University Press, 2011).

24_'세계 정체'(World Polity), '세계 사회'(World Society)가 있다고 상정하는 학파들의 최근 논의는 John W. Meyer, "World Society, Institutional Theories, and the Actor," *Annual Review of Sociology* 36(2010), pp. 1-20; John W. Meyer et al, "World Society and the Nation-State," *American Journal of Sociology* 103, 1(1997) 참조.

25_Ikenberry, *Liberal Leviathan*; Bruce Cumings, "Warfare, Security, and Democracy in East Asia," Tarak Barkawi and Mark Laffey, eds., *Democracy, Liberalism, and War: Rethinking the Democratic Peace Debate* (Lynne Rienner, 2001); Robert Latham, *The Liberal Moment : Modernity, Security, and the Making of the Postwar International Order* (Columbia University Press, 1997).

26_Mark Mazower, *No Enchanted Palace : The End of Empire and the Ideological Origins of the United Nations* (Princeton University Press, 2009); Mark Mazower, *Governing the World : The History of an Idea* (Allen Lane, 2012).

27_Charles Maier, *Among Empires: American Ascendancy and Its Predecessors* (Cambridge: Harvard University Press, 2006); Nial Ferguson, *Empire: The Rise and Demise of the British World Order and the Les-sons for Global Power* (New york: Basic Books, 2002); 제국주의와 관련된 논쟁들의 리뷰는 John Ikenberry, "The Illusions of Empire," *Foreign Affairs* vol. 82, no. 2 (March/April 2004), pp. 144-54; Alexander J. Motyl, "Is Empire Everything? Is Everything Empire?" *Comparative Politics* 39 (2006), pp. 229-49 참조.

28_Carl Schmitt, *The Nomos of the Earth in the Ius Publicum Europaeum* (New York: Telos Press, 2003[1950]); Carl Schmitt, "Forms of modern imperialism in International Law"(1933), "Grosraum versus universalism : the international legal struggle over the Monroe Doctrine"(1939), Stephen Legg ed., *Spatiality, Sovereignty and Carl Schmitt : Geographies of the nomos* (Routledge, 2011).

29_이켄베리는 자유주의 국제 질서가 끝없이 갈등해 온 다섯 가지 딜레마를 지적했다. 그 첫 번째가 전 지구적인 규범과 사법 질서에 기반한 질서 구축과 19세기식 국가 간 권력 균형에 기반한 질서 간의 딜레마이고, 두 번째가 초국적인 원칙으로 등장한 인권 원칙과 개별 국가의 주권과 자율성 간의 긴장이다. 세 번째는 자유주의 국제 질서의 개입이 초래하는 위험과 한계와 관련된 것이며, 네 번째는 국내 민주주의와 국제적인 권위 사이의 우선순위를 둘러싼 딜레마이다. 마지막으론 세계 질서를 패권적으로 지도할지, 합의를 통한 민주적 공동체주의를 추구할지를 둘러싼 갈등이다(Ikenberry, *Liberal Leviathan*).

30_유럽과 동아시아 국제 관계 연구에 담겨 있는 서구 중심적 시선을 극복하기 위해 몇몇 학자들이 아시아의 지역주의에 대한 독자적 이론의 필요성을 제기한 바가 있다[Amitav Acharya, Barry Buzan eds., *Non-Western International Relations Theory : Perspectives on and beyond Asia* (Routledge, 2010)]. 이는 유의미한 시도이지만, 아시아의 특수주의를 과도하게 강조하는 오류를 넘어서야 하며, 보편성을 추구할 체계적인 설명 틀이나 문제의식이 충분히 전개되어야 할 것으로 보인다.

31_Katzenstein, *Rethinking Japanese Security*, p. 185.

32_Michael C. Williams ed. *Realism Reconsidered: The Legacy of Hans Morgenthau in International Relations* (Oxford University Press, 2007); Oliver Jütersonke, *Morgenthau, Law and Realism* (Cambridge University Press, 2010); Michael Joseph Smith, *Realist Thought from Weber to Kissinger* (Louisiana State University Press, 1986).

33_냉전 연구는 흔히 ① 정통주의, ② 수정주의, ③ 후기 수정주의로 나눌 수 있는데, 정통주의 학파는 제2차 세계대전 직후 또 다른 거대한 갈등에 직면한 것에 주목하고, 냉전은 서구의 안보와 문명화된 가치에 대한 소련의 위협으로부터 시작되었다고 본다. 수정주의 학파는 그 반대편에서, 가장 중요한 문제는 미국에서 비롯되었다고 지적한다. 세 번째 학파의 메시지는 상호작용과 종합이다. 동과 서가 모두 책임이 있고, 미국보다는 소련에 조금 더 책임이 있다는 것이다. 무엇보다 이 세 학파의 등장과 쇠퇴는 당시의 정치적 맥락과 깊은 관계가 있다. ① 정통주의는 반공주의와 미국의 승리, 적색 공포에 대한 분노와 두려움에 기반한 것이었다. ② 수정주의는 전통적인 미국식 전쟁 방식이 베트남전에서 힘을 잃고 미국 내에서 사회운동이 활발했던 1960~70년대 분위기를 배경으로 한다. ③ 1990년대 냉전의 종식이라는 정치적 변동의 맥락에서 소련과 바르샤바 조약기구 문서고가 개방되자 냉전 초기 소련과 동구권 국가들의 역할이 세세하게 밝혀지며 다시 공산권 국가들의 책임이 더 강조된 것이었다 [Colin Gray, "Mission improbable, fear, culture, and interest : peacemaking, 1943-1949," Williamson Murray, Jim Lacey, *The Making of Peace Rulers States and the Aftermath of War* (Cambridge, 2009), pp. 268-69].

34_Steven J. Bucklin, *Realism and American Foreign Policy: Wilsonians and the Kennan-Morgenthau Thesis* (Praeger, 2001).

35_Ewan Harrison, *The Post Cold War International System: Strategies, institutions and reflexivity* (Routledge, 2004).

36_Odd Arne Westad ed., *Reviewing the Cold War : Approaches, Interpretations, Theory*(London, 2001), p. 3.; Odd Arne Westad, "The Cold War and the International History of the twentieth century," Melvyn P. Leffler and O. A. Westad eds. *The Cambridge history of the cold war* (Cambridge University Press, 2010), p. 9.

37_이런 권력·정치적 관점, 이른바 '전쟁 형성' 이론에 대해 러기(John G. Ruggie)는 전쟁 형성 과 군사력 경쟁이 큰 역할을 하는 것은 사실이지만, 국가들끼리도 제도적 모방이 발생하고 서로 협력하는 경우도 많다는 점에 주목했다[John Gerard Ruggie, *Constructing the World Polity* (Routledge, 1998)].

38_Michael Mann, *The Sources of Social Power*, Vol 2, *The rise of classes and nation-states, 1760-1914* (Cambridge University Press, 1993), pp. 740-799.

39_Stephen Hobden, *International Relations and Historical Sociology : Breaking Down Boundries* (NewYork : Routledge, 1998); Stephen Hobden and John M. Hobson, *Historical Sociology of International Relations* (Cambridge: Cambridge University Press, 2002); Charles Tilly, *Coercion, Capital, and European States, AD 990-1990* (USA: B.Blackwell, 1990); Charles Tilly, "War making and State making as Organized Crime," Peter B. Evans, Dietrich Rueschemeyer, Theda Skocpol eds., *Bringing the State Back In* (Cambridge: Cambridge University Press, 1985). 다우닝이 이런 입장을 더욱 확대했다. Brian Downing, *The Military Revolution and Political Change* (Princeton: Princeton University Press, 1992).

40_Westad, *The Global Cold War.*

41_Robert J. McMahon, *Colonialism and the Cold War: The United States and the Struggle for Indonesian Independence, 1945-1949* (Ithaca, NY: Cornell University Press, 1981); Robert J. McMahon, "The Cold War Comes to Asia," Robert J. McMahon and Thomas G. Paterson, eds., *The Origins of the Cold War* (New York: Houghton Mifflin Company, 1999), pp. 227-43; Robert J. McMahon, *The Limits of Empire: The United States and Southeast Asia Since World War II* (New York: Columbia University Press, 1999).

42_Akira Iriye, *The Cold War in Asia: A Historical Introduction*, Englewood Cliffs, (N.J.: Prentice-Hall, 1974); Akira Iriye and Yonosuke Nagai, eds, *The Origins of the Cold War in Asia* (New York: Columbia University Press, 1977); Marc S. Gallicchio, *The Cold War Begins in Asia: American East Asian Policy and the Fall of the Japanese Empire* (Columbia University Press, 1988).

43_Tsuyoshi Hasegawa, *The Cold War in East Asia: 1945-1991* (Stanford University Press, 2011); Z. Yangwen, H. Liu and M. Szonyi eda., *The Cold War in Asia: The*

Battle for Hearts and Minds (Brill, 2010); Kimie Hara, Cold War Frontiers in the Asia-Pacific: Divided Territories in the San Francisco System (Routledge, 2007).

44_Immanuel Wallerstein, "What Cold War in Asia? An Interpretative Essay," Zheng Yangwen, Hong Liu, Michael Szonyi eds., The Cold War in Asia: The Battle for Hearts and Minds (Brill, 2010).

45_Westad, The Global Cold War, pp. 3-6.

46_지구사의 주요 관점과 최근의 연구 흐름에 대한 가장 개괄적인 소개로는 Dominic Sachsenmaier, Global Perspective on Global History (Cambridge University Press, 2011)와 Sebastian Conrad, Globalgeschichte: Eine Einführung (C. H. Beck, 2013); Akira Iriye ed., Global Interdependence (Harvard University Press, 2014)를 참조.

47_John Lewis Gaddis, The Long peace: inquiries into the history of the Cold War (New York: Oxford University Press, 1987). 양극 군사동맹 체제가 장기간의 평화 유지에 기여했다는 통계적 검증은 John A Vasquez, "How and why the cold War became a long peace: Some statistical insight," Cooperation and Conflict 48(2013)을 참조. 이에 대항해 아시아에도 서구에 의한 근대화 이전에 유교의 문화적 가치를 기반으로 오랜 평화가 존재했다는 논의는 Robert E. Kelly, "A 'Confucian Long Peace' in pre-Western East Asia?" European Journal of International Relations, vol. 19, no. 3(2013)를 참조.

48_Westad, The Global Cold War ; Heonik Kwon, The Other Cold War (Columbia University Press, 2010).

49_정병준, 『한국전쟁』; 박명림, 『한국전쟁의 발발과 기원 1, 2』(나남, 1996); 박명림, 『한국 1950 전쟁과 평화』(나남, 2002); 박명림, 『역사와 지식과 사회』; Cumings, The Korean War.

50_한국전쟁의 발발·전개·결과를 둘러싼 수많은 쟁점들에 대한 가장 최근의 검토는 Matray, "Korea's war at 60: A survey of the Literature"를 참조.

51_김영호, 『한국전쟁 기원과 전개 과정』(성신여자대학교 출판부, 2006); 도진순, "한국전쟁의 기본 개념으로서 제한전(limited war)의 성립과 분화: 한반도에 대한 전략적 가치 평가와 관련하여," 『한국사 연구』 125집(2004).

52_박홍순, "한국전쟁과 UN 개입(1950): 과정과 배경"; 이서항, "UN과 한국전쟁의 휴전 과정"; 홍규덕, "UN과 제네바 회담의 의미와 교훈"; 오영달, "유엔의 한국전 개입이 유엔 체제에 미친 영향." 모두 강성학 편, 『UN과 한국전쟁』(리북, 2004)에 수록되어 있다. 이 밖에도 한국 전쟁기 유엔 조치에 대한 기존 연구들은 박치영, 『UN 정치와 한국 문제』(서울대학교 출판부, 1995), pp. 286-292; 강성학 엮음, 『동아시아의 안보와 유엔 체제』(집문당, 2002); 한표욱, 『한미 외교요람기』(중앙일보사, 1984); 조용상, "한국전쟁 : 미국과 UN의 역할," 『국제정치논총 특집: 한국전쟁의 재조명』(1990.6); 박홍순, "Collective Security and

International Order: The Role of the United Nations in the Korean War(1950) and the Persian Gulf War(1990)," Ph.D. Thesis, University of South Carolina(1993).

53_선즈화 지음·최만원 옮김, 『마오쩌둥, 스탈린과 한국전쟁』(선인, 2010); 沈志華編, 『朝鮮戰爭: 我國檔案館的解密文件』(上·中·下)(臺灣 : 中央硏究院近代史硏, 究所史料叢刊, 2003).

54_김보영, "한국전쟁 휴전회담 연구," 한양대학교 박사 학위논문, 2008; 조성훈, "미국 자료를 통해 본 휴전협상의 지연요인 연구," 『정신문화연구』(2000); 김행복, 『한국전쟁의 포로』 (국방군사연구소, 1996); 조성훈. "한국전쟁 중 유엔군의 포로정책에 관한 연구," 韓國精神 文化硏究院 韓國學大學院 박사 학위논문, 1999; 민경길, "한국전쟁과 포로송환 문제: 관련 국제법규의 검토," 『서울국제법연구』(서울국제법연구원, 1997); 정인섭, "한국전쟁이 국제 법 발전에 미친 영향 : 포로송환문제를 중심으로," 『서울대학교 법학』(서울대학교 법학연구 소 2001); 김학재, "진압과 석방의 정치: 한국전쟁기 포로수용소와 국민형성," 『제노사이드 연구』 제5호(2009); 김학재, "전쟁 포로들의 저항과 반공 오리엔탈리즘: 한국전쟁기 유엔군 포로수용소 내 사건들을 중심으로," 『사림』 제36호(2010).

55_Sydney D. Bailey, *The Korean Armistice* (New York: St Martin's Press, 1992); Barton J. Bernstein, "The Struggle Over the Korean Armistice: Prisoners of Repatriation?," Bruce Cumings ed., *Child of Conflict: The Korean-American Relationship, 1943-1953*(Seattle, WA: University of Washington Press, 1983), pp. 267-307; Allen E. Goodman ed. *Negotiating While Fighting: The Diary of Admiral C. Turner Joy at the Korean Armistice Negotiations* (Stanford, CA: Hoover Institution, 1978); Herbert Goldhamer, *The Korean Armistice Conference* (Santa Monica, Calif., 1994); Qingzhao Hua, *From Yalta to Panmunjom: Truman's diplomacy and the four powers, 1945-1953* (Ithaca, NY: Cornell Univ Press, 1993); Burton I. Kaufman, *The Korean War: Challenges in Crisis, Credibility, and Command* (Philadelphia: Temple University Press, 1986); Kenneth Hansen, *Heroes Behind Barbed Wire* (Princeton, 1957); William H. Vatcher, Jr., *Panmunjom: The Story of the Korean Military Armistice Negotiations* (NewYork: Praeger, 1958); Walter Hermes, *Truce Tent and Fighting Front* (Washington, D.C., 1966); Elizabeth A. Stanley, *Paths to Peace: Domestic coalition shifts, War termination and the Korean war* (Stanford University Press, 2009).

56_Rosemary Foot, *A Substitute for Victory : The Politics of Peacemaking at the Korean Armistice Talks* (Ithaca: Cornell University Press, 1990); William Stueck, *The Korean War: An International History* (Princeton, N.J.: Princeton University Press, 1995).

57_Shu Guang Zhang, *Mao's Military Romanticism: China and the Korean War, 1950-1953* (Lawrence: University of Kansas Press, 1995), ch. 9. 하지만 장의 책은 주로 한국에서의 군사적 경험의 중요성을 다루고 있다. 중국의 협상에 대한 연구로는 Alfred D.

Wilhelm Jr., *The Chinese at the Negotiating Table: Style and Characteristics* (Washington, D.C.: National Defense University Press, 1994). 중국 협상 행동에 대한 개괄적 연구로는 Richard H. Solomon, *Chinese Negotiating Behavior* (Washington, D.C.: United States Institute of Peace Press, 1999).

58_박명림, "한반도 정전 체제 : 등장, 구조, 특성, 변환," 『한국과 국제정치』 22권1호(2006); 박태균, "1950년대 미국의 정전협정 일부조항 무효선언과 그 의미," 『역사비평』(2003); 박태균, "작동하지 않는 정전협정, 그리고 천안함," 『역사와현실』 76(2010). 한국에서 이루어진 연구들에는 협상의 진행 과정을 상세히 분석한 나종일, "제네바 정치회담에 관한 연구(연구논문 시리즈 88-06)"(일해연구소, 1988), 각국의 이해관계 속에서 실패할 수밖에 없었던 맥락을 검토한 홍용표, "1954년 제네바 회의와 한국전쟁의 정치적 종결 모색," 『한국정치외교사논총』 28집 1호(2006), 중국의 입장과 동아시아 냉전의 맥락을 검토한 김연철, "1954년 제네바 회담과 동북아 냉전질서," 『아세아연구』 54권 1호(2001) 등이 대표적이다.

59_전재성, "한반도 평화 체제," 하영선 편, 『북핵위기와 한반도 평화』(동아시아연구원, 2006); 백승주, "한반도 평화협정의 쟁점," 『한국과 국제정치』 Vol. 22, No. 1(경남대학교 극동문제연구소, 2006); 장용석, "한반도 평화 체제와 평화협정," 『통일문제연구』(2010); 구갑우·박건영·최영종, "한반도 평화 체제 수립과 동아시아 다자간안보협력에 관한 연구," 『한국과 국제정치』 제21권, 12호(경남대학교 극동문제연구소, 2005); 이근관, "한반도 종전선언과 평화 체제 수립의 국제법적 함의," 서울대학교 『법학』 49(2008); O. Tara, "Building a Peace Regime on the Korean Peninsula and in Northeast Asia," *Korea and World Affairs* vol. 31, no. 4 (Winter, 2007); Lee Sang hee, "Toward a Peace Regime on the Korean Peninsula," *The Brookings Institution* May 2, 2007.

60_Michael W. Doyle, "Kant, Liberal Legacies, and Foreign Affairs," *Philosophy & Public Affairs* Vol. 12, No. 3 (Summer, 1983), pp. 205-235; Michael W. Doyle, "Kant, Liberal Legacies, and Foreign Affairs," Part 2, *Philosophy & Public Affairs* Vol. 12, No. 4 (Autumn, 1983), pp. 323-353.

61_이에 대한 연구 동향 검토는 다음 연구를 참조. Bruce M. Russett, *Grasping the democratic peace principles for a post-Cold War world* (Princeton, NJ 1995); Michael E. Brown, Sean M. Lynn-Jones and Steven E. Miller eds., *Debating the Democratic Peace* (Cambridge, MA: The MIT Press, 1996); John M. Owen, "Democratic Peace Research: Whence and Whither," *International Politics* Vol. 41, No. 4 (December 2004), pp. 605-617; Steve Chan, "In Search of Democratic Peace : Problems and Promise," *Mershon International Studies Review* 41(supp. 1, 1997), pp. 59-91; James Lee Ray, "Does Democracy Cause Peace?" *Annual Review of Political Science* 1(1998), pp. 27-46; Bruce Russett and Harvey Starr, "From Democratic Peace to Kantian Peace: Democracy and Conflict in the International System," Manus Midlarsky ed., *Handbook of War Studies* (2d ed., Ann Arbor:

University of Michigan Press, 2000).

62_Roland Paris, *At War's End: Building Peace after Civil Conflict* (Cambridge: Cambridge University Press, 2004), p. 43.

63_Rummel R. J., "Is Collective Violence Correlated with Social Pluralism?" *Journal of Peace Research* Vol. 34, No. 2(May, 1997), pp. 163-175; Rummel R. J. "Democracy, Power, Genocide, and Mass Murder," *The Journal of Conflict Resolution* Vol. 39, No. 1(Mar., 1995), pp. 3-26.

64_H°avard Hegre, Tanja Ellingsen, Scott Gates, and Nils Petter Gleditsch, "Toward a Democratic Civil Peace? Democracy, Political Change, and Civil War, 1816-1992," *American Political Science Review* vol. 95, no. 1 (March, 2001), pp. 33-48.

65_자유주의 평화론에 대한 비판과 그에 대한 반비판에 대한 연구 경향 검토는 다음을 참조. Susanna Campbell, David Chandler, Meera Sabarantam eds., *A Liberal Peace? The Problems and Practices of Peace Building* (London, Zedbooks, 2011); David Chandler, "The uncritical critique of 'liberal peace'," *Review of International Studies* 36(2010), pp. 137-155.

66_Dominico Losurdo, *Liberalism : A Counter History* (Verso, 2011).

67_Chantal Mouffe ed., *On the Political* (Routledge, 2005); Chantal Mouffe, "Carl Schmitt' Warning on the Dangers of a Unipolar World," L. Odysseos and F. Petito eds. *The International Political Thought of Carl Schmitt: Terror, Liberal War and the Crisis of Global Order* (Routledge, 2007).

68_Barkawi et al., *Democracy, Liberalism, and War*, p. 2.

69_I. Oren, "The Subjectivity of the 'Democratic' Peace: Changing U.S. Perceptions of Imperial Germany," *International Security* 20(2)(1995), pp. 147-184.

70_John Dryzek, *Democracy in Capitalist Times* (Oxford University Press, 1996).

71_Barkawi, *Democracy, Liberalism, and War*, pp. 14-19.

72_조지프(Jonathan Joseph)는 그의 *The Social in the Global*(Cambridge University Press, 2012)이라는 저서에서 오늘날 자유주의 질서의 지배 방식을 설명하기 위해 푸코의 통치성(governmentality) 개념을 빌려와 유럽연합과 세계은행 등의 국제기구를 분석했다. 그는 이 자유주의적 국내외 질서가 확산된 상황에서 국제 관계론이나 사회학의 주요 이론들이었던 전 지구화 이론이나 전 지구적 거버넌스(governance), 전 지구적 시민사회(global civil society), 네트워크와 사회자본(social capital), 성찰성(reflexivity)과 위험(risk)에 이르기까지, 영미권의 주요 사회 이론들이 불균등한 세계 질서 속에서 자유주의 사회라는 특정 사회들에만 적용될 수 있는 이론들이며, 나아가 이 자유주의 질서들을 정당화해 주는 기능을 하고 있다고 지적한다. 그리고 존 다우어(John Dower)는 샌프란시스코 평화 체제는

자유 진영만의 분리된 평화(separate peace)를 의미한다고 한계를 지적한다[John W. Dower, "The San Francisco System: Past, Present, Future in U.S.-Japan-China Relations," *The Asia-Pacific Journal* 12:8, No. 2, 2014)]. 자유주의 평화의 이런 성격에 대해서는 2장과 3장에서 상세히 다룰 것이다.

73_Robert Cooper, "The new liberal imperialism," *Observer* (April 17, 2002), http://obser ver.guardian.co.uk/worldview/; Robert Cooper, *The Post-modern State and the World Order* (2nd ed., Demos, 2002); Mitchell Dean, "Nomos and the politics of world order," Wendy Larner and William Walters eds., *Global Governmentality : Governing International Spaces* (Routledge, 2004), p. 55.

74_냉전 시기부터 현재까지 평화와 안보에 대한 연구의 흐름과 계보에 대한 상세한 설명은 Barry Buzan and Lene Hansen, *The Evolution of International Security Studies*, (Cambridge University Press, 2009), p. 222 참조.

75_Johan Galtung ed., *The Handbook of Peace and Conflict Studies* (Routledge, 2007), pp. 23, 31. 더 상세한 평화의 여덟 가지 요소는 Dietrich Fischer, "Peace as a self-regulating process," Galtung ed., *The Handbook*, p. 188.

76_이 시기의 평화 개념은 그 규모에 있어서 보편적인 평화가 아니라 씨족의 평화, 가정의 평화, 마을의 평화, 도시의 평화, 국가의 평화 등 특수한 평화를 의미했다.

77_빌헬름 얀센 지음·한상희 옮김, 『코젤렉의 개념사 사전 5 : 평화』(푸른역사, 2010), pp. 12-13, 18-19. 독일어 원본은 Wilhelm Janssen, "Friede," Otto Brunner, Werner Conze, Reinhart Kosellek, *Geschichtliche Grundbegriffe, Historisches Lexikon zur politish-sozialen Sprache in Deuschland* Vol. 2(Klett-Cotta, 1975) 참조.

78_얀센, 『평화』, pp. 23-24, 27, 30, 32.

79_정의로운 전쟁은 가톨릭에서 기원해 자연법과 신학에 근거를 두었으며, 잘못된 것에 대한 반응으로서 불법행위를 다루는 형법의 절차였다. 또한 정의로운 전쟁은 객관적으로 정의와 부정의한 전쟁을 구분했다. 정의로운 전쟁의 조건이 모두 충족되면, 그것은 부정의한 침략자에 대응하는 자기방어 전쟁이 될 수도, 자신의 권리를 행사하는 전쟁이 될 수도 있었다. 두 경우 모두 정의로운 전쟁이 군사적 측면에서 방어적으로 이뤄진 것인지 공격적으로 이뤄진 것인지, 누가 전쟁을 일으킨 것인지와 같은 실증법적 쟁점들은 중요한 것이 아니었다 [Josef L. Kunz, "Bellum Justum and Bellum Legale," *The American Journal of International Law* Vol. 45, No. 3(Jul., 1951), p. 531].

80_홉스의 생애와 사상의 각 국가별 수용 과정에 대한 개괄은 R. E. R. Bunce ed., *Thomas Hobbes*(Continuum 2009)를 참조. 실증주의적 법에 대한 근대적 사고의 기원으로서 홉스의 법사상에 대한 최근의 논의는 David Dyzenhaus, Thomas Poole ed., *Hobbes and the Law*(Cambridge University Press, 2012)를 참조.

81_얀센, 『평화』, p. 43.

82_Hans Joas and Wolfgang Knobl, *War in Social thought* (Princeton University Press, 2013) p. 18; 얀센, 『평화』, p. 45

83_'안보' 개념의 역사적 변화에 대해서는 Werner Conze, "Sicherheit, Schutz," Reinhart Koselleck et al ed., *Geschichtliche Grundbegriffe. Historische Lexikon zur politisch-sozialen Sprache in Deutschland* Vol. 5(Stuttgart: Ernst Klett Verlag, 1984), pp. 831-862.

84_J. Frederick, M. Arends, "From Homer to Hobbes and Beyond: aspects of 'Security' in the European Tradition," Hans Günter Brauch, et al. ed., *Globalization and Environmental Challenges : Reconceptualizing Security in the 21st Century*, (Springer-Verlag, 2008), pp. 272-274.

85_얀센, 『평화』, pp. 45-48.

86_얀센, 『평화』, pp. 49-52.

87_Joas, *War in Social thought*, p. 19.

88_얀센, 『평화』, p. 61.

89_얀센, 『평화』, pp. 74-78

90_Immanuel Kant, *Zum ewigen Frieden: Ein philosophischer Entwurf* (Suhrkamp, 2011), p. 20[이한구 옮김, 『영구 평화론』(서광사, 2008), p. 26].

91_얀센, 『평화』, p. 63.

92_Saint-Pierre, *Projet pour rendre la paix perpétuelle en Europe* (Utrecht: A. Schouten, 1713). 루소는 1750년대에 생 피에르의 유럽 연방제를 비판하는 글을 쓴 바 있다. 이에 대해서는 Jean-Jacques Rousseau, *A Lasting Peace through the Federation of Europe and The State of War*, trans. by C. E. Vaughan(London: Constable and Co., 1917).

93_Kant, *Zum ewigen Frieden*, p. 29; Joas, *War in Social thought*, pp. 46-51, 57; Benhabib, *Another Cosmopolitanism*.

94_Joas, *War in Social thought*, pp. 46-51; 얀센, 『평화』, pp. 81-82.

95_Kant, *Zum ewigen Frieden*, p. 42.

96_Joas, *War in Social thought*, pp. 88-89.

97_허버트 스펜서(1820~1903)는 군사 사회는 강제적 협력을 하지만 산업사회는 자발적 협력을 하며, 이것이 고도의 개인주의와 일반화된 평등 구조를 만든다고 보았다[Joas, *War in Social thought*, p. 93; John Offer, *Herbert Spencer and Social Theory* (Palgrave

Macmillan, 2010)].

98_얀센, 『평화』, p. 83; Joas, *War in Social thought*, pp. 33-41.

99_얀센, 『평화』, pp. 69, 84.

100_얀센, 『평화』, p. 93.

101_뒤르켐은 전근대사회의 기계적 연대 상태에서는 억압적 제재, 법을 통한 처벌이 지배적이었지만, 노동 분업이 발달함에 따라 유기적 연대가 발달하면, 문제가 생긴 개인과 관계를 민법과 보상법으로 회복시키려는 경향이 있다고 보았다[Durkheim, *The division of Labour*; Steven Lukes and Andrew scull eds., *Durkheim and the Law*(Palgrave Macmillan, 2013)].

102_공법 이론가 레온 뒤귀(Leon Duguit, 1859~1928년)는 국가라는 개념은 일종의 형이상학적 허구이며, 법은 노동 분업이 이루어지고 사람들이 상호 의존하게 되는 사회적 사실(social fact)로부터 출현한 것으로 보았다. 알바레즈(Alejandro Alvarez) 역시 법과 정의, 법과 사회적 사실을 이분법적으로 구분하는 법적 형식주의를 비판하며, 법이 사회변동과 대중, 개인들을 따라가야 한다고 주장했다. 알바레즈는 국제법 분야에서도 연대라는 이념이 중요하다고 보았다. 폴리티스도 국제법은 사회적 사실로부터 등장한 것이며, 국제 영역에서 국가의 권리는 기능적으로 필요한 경우에만 해당된다고 주장했다. 그는 기존의 국가 간 국제법이 국가의 권리로 보장해 온 중립 개념은 근대적 상황과 맞지 않는다고 보았다[Martti Koskenniemi, *The Gentle Civilizer of Nations The Rise and Fall of International Law 1870-1960* (Cambridge University Press, 2001), pp. 298-307].

103_Koskenniemi, *The Gentle Civilizer*, p. 269.

104_셀르는 사회주의적 급진주의자로서 노동법과 사회문제에 대한 생디칼리즘적 해결에 많은 관심을 보였다. 하지만 공산주의나 소련의 정책에 비판적이었고, 과두제나 민족주의에 회의적이었으며, 국제연맹을 열렬히 지지했다[Hubert Thierry, The European Tradition in international Law: Georges Scelle, *European Journal of International Law* Vol. 193(1990); Koskenniemi, *The Gentle Civilizer*, pp. 327-30].

105_하지만 셀르는 개인이란 합리주의적 개인주의가 말하는 것처럼 독립적인 원자가 아니며, 이들이 다양한 강도와 정도를 가진 수많은 연대로 연결되어 있고, 이런 연대가 사회생활의 기층을 이룬다고 보았다(Koskenniemi, *The Gentle Civilizer*, p. 330).

106_Koskenniemi, *The Gentle Civilizer*, p. 332

107_Hubert Thierry, "The European Tradition in international Law." 셀르는 민족주의나 다른 비기능적 사회 연합 원칙에 아무 공감대가 없었다. 비록 법이 인종적·종교적 소수자를 보호하는 것은 필요하지만, 이는 인공적 주관주의이다. 객관적 법은 소수나 다수와 상관없고, 종교나 인종을 구분하지 않는다. 이를 연방주의로 초월하려 한다. 셀르는 피식민 국가들의 자기 결정 주장에 대해 거의 관용을 보이지 않았다(Koskenniemi, *The Gentle*

Civilizer, pp. 331-35, 43).

108_Koskenniemi, *The Gentle Civilizer*, pp. 327-35

109_하지만 셸르의 연방주의적 유토피아와 과학은 유럽의 소위 '전간기'의 정치를 결코 극복하지 못했다. 스페인 내전(1936~39)에서 유럽 지식인들은 정치적 대결을 계속했고 현실적으로 무기력했다. 이런 논의는 냉전 시기 더 격렬해지고 일상화된 정치·외교적 투쟁을 극복하지 못했으며, 현실적 프로그램을 만들어 내기에는 너무 추상적이었다(Koskenniemi, *The Gentle Civilizer*, pp. 336-342).

| 2장 |

1_Doyle, "Kant, Liberal Legacies."

2_칸트의 자유주의 기획이 가진 역사적 차별성은 프랑스혁명에 대한 그의 입장에서 드러난다고 보기도 한다. 왜냐하면 이전까지 그는 정치에 대한 글을 거의 쓰지 않았지만, 프랑스 대혁명이 발발한 이후 폴란드 왕국이 사라지고 이웃 국가들에 의해 분할되자 자연법 이론가들이 유럽 문명의 평화적 성격에 대해 너무 안주했다고 여겨 이에 대항하기 위해 영구 평화를 향한 구상을 제시했기 때문이다(Mazower, *Governing the World*, pp. 15-16). 나아가 쉴리암은 칸트가 프랑스혁명의 현실적 영향들을 부정하기 위해 국제정치에 대한 글들을 썼다고 해석하여 그 보수성을 지적 했다(Robbie Shiliam, *German thought and International Relations : The Rise and Fall of a Liberal Project* (Palgrave Macmillan, 2009), p. 60].

3_Mazower, *Governing the World*, p. 16; J. Macmillan, "A Kantian Protest Against the Peculiar Discourse of Inter-Liberal State Peace," *Millennium Journal of International Studies* 24(1995).

4_슈미트의 이론은 1980년대에는 자유주의 비판과 의회주의 비판의 전거로 각광을 받았고, 9·11 이후 테러와의 전쟁과 미국의 제국주의적 정책이 강화되면서 더 주목을 받았다. 슈미트는 미국 대외 정책의 네오콘적 사상에 영향을 주었고 동시에 자유주의적 제국주의에 대한 후기 마르크스주의적 좌파들의 비판에도 영향을 주었다(Benno Teschke, "Fatal attraction : a critique of Carl Schmitt's international political and legal theory," *International Theory* vol. 3, no. 2(2011), p. 181].

5_Leo Gross, "The Peace of Westphalia, 1648-1948," *The American Journal of International Law* Vol 42. no. 1(1948), pp. 20-41. 이 글은 유엔에 대한 낙관적인 전망이 반영되어 이후 국제 관계학에서 평등한 주권국가 원칙을 수립한 베스트팔렌 질서라는 이미지를 각인시킨 글의 기원으로 지적되는 미국의 변호사 레오 그로스의 글이다.

6_Schmitt, *The Nomos of the Earth*, p. 70.

7_슈미트의 설명은 보수적 정치철학에 근거해 사회 내부 관계를 제거한다. 즉 슈미트의 지정학

적 사고와 자유주의 비판은 주로 위로부터의 국제 질서를 겨냥한 것이지, 국내에서 발생하는 내전, 혁명, 쿠데타 같은 사회정치적 현상과 전쟁, 테러리즘, 비정규전 같은 지정학적 위기를 포착할 범주가 없다. 테슈케는 슈미트의 서술은 탈사회학적·탈주체적 역사 서술이고 사회적 관계가 친구/적의 적대로 억압되거나 제거되어 있으며, 특히 국제적인 역사 사회학이 부재하다고 지적한다(Jeff Huysmans, "The Jargon of Exception : on Schmitt, Agamben and the Absence of Political Society." *International Political Sociology* 2(2008), pp. 165-83; Teschke, *Fatal attraction*, pp. 183-84, 216].

8_Koskenniemi, *The Gentle Civilizer*, pp. 240-249; Hans Kelsen, *Introduction to the Problems of Legal Theory* (Oxford, 1992), pp. 55-76.

9_James J. Sheehan, *The balance of power : History and theory* (Routledge, 1996).

10_Michell Foucault, *Security, Territory, Population: Lectures at the College de France(1977-78)* (Palgrave Macmillan, 2007), p. 411.

11_ "War, then, is not a relation between man and man, but a relation between State and State," Jean Jacques Rousseau, Susan Dunn eds., *The Social Contract and the First and Second Discourses* (Yale University Press, 2002), p. 160.

12_라틴어로 교전권(right to war)를 의미하는 이 용어는 전쟁을 시작하기 전에 이것이 정당한 전쟁으로 허용될 수 있는지를 결정하는 일련의 기준들을 의미했다.

13_Christiane Shields Delessert, *Release and Repatriation of Prisoners of War at the End of Active Hostilities : A Study of Article 118, Paragraph 1 of the Third Geneva Convention Relative to the Treatment of Prisoners of War*(Zurich: Schulthess Polygraphischer Verlag, 1977), p. 25.

14_Stephen C. Neff, *War and the Law of Nations A General History* (Cambridge, 2005), pp. 86-90.

15_Wilhelm G. Grewe, *The Epochs of International Law* (Walter de Gruyter, 2000), p. 512.

16_Grewe, *The Epochs of International Law*, pp. 530-32; Neff, *War and the Law of Nations*, pp. 161-162.

17_China Mieville, *Between Equal Rights : A Marxist Theory of International Law* (Brill NV, 2005), p. 242; Antony Anghie, "Finding the Peripheries: Sovereignty and Colonialism in Nineteenth-Century International Law," *Harvard International Law Journal* 40, 1(1999), p. 13; Grewe, *The Epochs of International Law*, p. 504.

18_ 1864년 야전 부상 군인의 처우 개선에 대한 제네바 협약과 1899, 1907년 전시법 협약이 등장하며 전시 인도주의적 보장에 관해서도 상당한 진전이 이루어졌다. 그리고 소수자(소수 민족) 보호에 대한 문제가 1878년 베를린 회의에서 논의되기 시작했고, 점령에 의한 영토

취득 문제가 1885년 콩고 회의에서 다루어졌으며, 분쟁의 평화적 해결과 중재에 대해서는 1889년 1907년 헤이그 평화 회의에서 논의되었다.

19_Grewe, *The Epochs of International Law*, pp. 513-514.

20_Quincy Wright, "How Hostilities Have Ended: Peace Treaties and Alternatives," *Annals of the American Academy of Political and Social Science* Vol. 392(1970), pp. 47-53.

21_Thomas Fitschen, "Vienna Congress(1815)," Rudiger Wolfrum ed, *The Max Planck Encyclopedia of Public International Law* (Oxford University Press, 2008~), online edition, www.mpepil.com(검색일: 2012/04/24).

22_칼 슈미트 지음·김효전 옮김, 『파르티잔 : 그 존재와 의미』(문학과지성사, 1998), pp. 23-24; 칼 슈미트 지음·최재훈 옮김, 『대지의 노모스 : 유럽 공법의 국제법』(민음사, 1995), pp. 152, 154.

23_실제로 비엔나 협약에 성문화된 국가들의 관심사는 상대적으로 단순했다. 비엔나에서의 주요 관심사는 여전히 평화, 안보, 영토 보존, 주권, 왕국의 정당성, 국경 문제 그리고 지배자에 대한 적절한 호칭이 무엇인가 하는 것이 중심적이었다[Eric D. Weitz, "From the Vienna to the Paris System: International Politics and the Entangled Histories of Human Rights, Forced Deportations, and Civilizing Missions," *American Historical Review* Vol. 113, No. 5(December 2008), pp. 1313-1343].

24_Teschke, *Fatal attraction*, pp. 205-207.

25_Hans-Ulrich Scupin, "History of International Law, 1815 to World War I," Rudiger Wolfrum ed, *The Max Planck Encyclopedia of Public International Law* ; Andreas Osiander, *The States System of Europe, 1640-1990: Peacemaking and the Conditions of International stability* (Oxford New York: Oxford University Press, 1994), pp. 316-322.

26_Grewe, *The Epochs of International Law*, pp. 433, 444, 515.

27_Mieville, *Between Equal Rights*, pp. 197-207, 230-37.

28_영국의 보호주의적인 항해조례(The Navigation Acts, 1651)들은 식민지 무역 독점을 유지하고 영국 해양 산업을 촉진하고 네덜란드와 경쟁하기 위한 중상주의적 정책의 도구였다. 하지만 그런데 해양에 대한 보호주의적 폐쇄, 독점에 대한 경쟁과 공격이 시작되었다. 네덜란드가 주도했고 많은 유럽 국가들이 이를 따랐다(Stephan Verosta, "History of International Law, 1648 to 1815," Rudiger Wolfrum ed., *The Max Planck Encyclopedia of Public International Law*).

29_Hans Ulrich Scupin, "History of International Law," Grewe, *The Epochs of International Law*, pp. 478, 513.

30_Joas, *War in Social thought*, p. 65.

31_중농주의자들은 보편주의적(universalistic) 특성을 갖고 있었다. 이들은 18세기의 코스모 폴리탄들이었다. 자유방임["내버려두어라, 그대로 통과시켜라"(Laissez-faire, laissez-passez)]은 중농주의자들의 가장 유명한 슬로건이었다. 중농주의는 전 세계가 하나의 거대한 '중상주의 공화국'(mercantile republic)으로 변화할 것이라고 기대했다. 이는 볼프나 바텔 등 동시대의 정통 실증주의자들이 갖고 있던 국가 중심적 성격과 대립되는 것이었다 [Stephen C. Neff, *Friends But No Allies: Economic Liberalism and the Law of Nations* (Columbia University Press, 1990), p. 33].

32_Foucault, *Security, Territory, Population*, pp. 52-56.

33_Foucault, *Security, Territory, Population*, p. 60.

34_Detlev Vagts, "Balance of Power," Rudiger Wolfrum ed., *The Max Planck Encyclopedia of Public International Law*.

35_Kant, *Zum ewigen Frieden*, p. 45; 얀센, 『평화』, p. 82.

36_Neff, *Friends But No Allies*, pp. 48-55.

37_Koskenniemi, *The Gentle Civilizer*, pp. 12-23; Mazower, *Governing the World*, pp. 66-93.

38_하지만 19세기 유럽의 백년 평화는 식민 전쟁(Colonial Warfare)과 공존한 것이었음을 지적해야 할 것이다. 식민지는 유럽의 질서가 적용되지 않는 외부이자 야만인들이 거주하는 미개척지, 전쟁과 무질서, 정치의 내부와 외부적 특징이 뒤섞여 있는 예외 상태적 공간으로 여겨졌다[Achille Mbembe, "Necropolitics," *Public Culture* Vol. 15, No. 1(2003), pp. 11-40].

39_Neff, *Friends But No Allies*, pp. 73-80.

40_윌리엄슨은 극단적인 형태로 진행된 전쟁과 국제 관계에서 중요한 요소로 등장한 여론, 1918년 11월에 갑자기 종식된 전쟁을 베르사유의 실패 원인으로 꼽는다. 협약 그 자체가 아니라 협약을 둘러싸고 독일이 이를 이행하게 할 동맹국들의 정치·군사적 노력들이 실패했다는 것이다[Williamson Murray, Jim Lacey, *The Making of Peace Rulers States and the Aftermath of War* (Cambridge, 2009), pp. 209, 230].

41_Randall Lesaffer ed., *Peace Treaties and International Law in European History*, (Cambridge University Press, 2004). 베르사유 협약 자체에 대한 구체적 연구는 다음을 참조. Boemeke, Manfred F., Gerald D. Feldman, and Elisabeth Gläser eds., *The Treaty of Versailles: A Reassessment After 75 Years* (Cambridge, United Kingdom: Cambridge University Press, 1998); Margaret MacMillan, *Paris, 1919, Six Months that Changed the World* (New York, 2001); Corona Brezina, *The Treaty of Versailles, 1919: A Primary Source Examination of the Treaty That Ended World War I* (New

York : Rosen, 2006).

42_그 결과 실증주의에 대비되는 자연법에 대한 재검토, 중세적 정의로운 전쟁과 국가 주권을 초월한 원칙들에 대한 고민들이 대두되기 시작했다. 알프레드 페어드로스(Alfred Verdross) 교수는 1923년 국제법의 구속력을 최초의 가설의 존재, 초 실증적인 자연 법에 닻을 내린 근본규범(Grundnorm)에 근거하려 했다. 이 점에서 베르드로스는 그의 스승인 실증주의의 마지막 수호자 한스 켈젠의 입장을 넘어서 나아가려 했던 것으로 평가된다. 이 시기에는 영 미 학술 문헌상에 '자연법 개념의 르네상스'가 나타났다. 영국에서는 라우터파흐트(Hersch Lauterpacht), 윌리엄스(John Fischer Williams), 브리얼리(Jame Brierly) 등이 기존 실증 주의 이론이 새로운 시대에 맞지 않는다는 입장을 대변했다(Grewe, *The Epochs of International Law*, pp. 603-604).

43_Grewe, *The Epochs of International Law*, p. 581.

44_Osiander, *The States System of Europe*, pp. 323-329.

45_Thomas J. Knock, *To End All Wars: Woodrow Wilson and the Quest for a New World Order* (New York: Oxford University Press, 1992).

46_첫 번째 원칙은 사적인 외교가 아니라 공적이고 공개된 외교를 통해 협상을 하자는 것이었 다. 이것부터 비밀스런 협상의 관행을 갖고 있던 유럽인들에게는 큰 변화였다. 두 번째 원칙 은 전시에도 해상 이동의 절대적인 자유 보장을 하자는 것이고, 세 번째는 모든 관련국의 경 제 장벽을 제거하고 자유로운 무역 조건 확립하자는 것으로 전통적인 자유무역의 정신을 반 영한 내용이었다. 그리고 네 번째에 국내 안전을 충족시킬 정도의 최저 수준으로의 무력 감 축이라는 조항이 포함되었다. 다섯 번째는 주민들의 주권적 이해와 관련된 문제에 동등성의 원칙에 따라 모든 식민지의 주장을 자유롭고 열린 마음으로 공정하게 다루자는 것으로 민족 자결 원칙을 제시했다. 이에 따라 러시아, 벨기에, 프랑스, 이탈리아, 오스트리아 헝가리, 루 마니아, 세르비아, 몬테니그로, 오토만 제국의 터키, 폴란드의 자기 결정권에 대한 쟁점이 제기되었다. 그리고 마지막 열네 번째로 모든 국가들이 상호간 정치적 독립과 영토적 통합 성을 보장하기 위한 협약하에서 국가들의 연합체를 설립하자는 주장을 제시했다("President Woodrow Wilson's 14 Points(1918)," Our Documents Web site, http://www.ourdocu ments.gov/doc.php? doc=62].

47_민족자결 원칙이 제3세계의 탈식민화에 미친 폭넓은 영향에 대해서는 Erez Manela, *The Wilsonian Moment: Self : Determination and the International Origins of Anticolo- nial Nationalism* (New York,2007); Allen Lynch, "Woodrow Wilson and the Principle of 'National Self-Determination' : A Reconsideration," *Review of International Studies* 28(2002), pp. 419-436.

48_Osiander, *The States System of Europe*, pp. 317-318, 331.

49_소수자 보호를 위해 국제연맹에 조사위원회(The Commission of Inquiry)가 설치되었고, 실제로 1919년 폴란드와의 협약에서 국제연맹이 보증자로서 소수자 처우에 관해 감독과 개

입 권력을 갖게 되었다(Weitz, *From the Vienna to the Paris System*, p. 1332).

50_Weitz, "From the Vienna to the Paris System", pp. 1314-21; Mark Mazower, "The Strange Triumph of Human Rights, 1933-1950," *Historical Journal* vol. 47, no. 2 (2004), p. 382; Christine Bell, *On the Law of Peace : Peace Agreements and the Lex Pacificatoria* (Oxford University Press, 2008), p. 91.

51_위임통치 제도는 제1차 세계대전 이후 독일제국과 오토만 제국 등 패전국들이 지배하던 특정 영토들의 통치 권한을 누구에게 어떻게 넘길 것인가를 규정한 법적 제도이다. 국제연맹 규약 22조가 이에 관한 원칙과 절차를 규정했으며, 이는 기존의 식민지나 보호령 제도와는 달리 주민들과 국제연맹의 의사와 결정을 따라야 했다. 그러나 국제연맹 규약은 강대국들의 논의를 거치면서 위임통치 대상 국가를 A, B, C라는 세 가지 등급으로 구분하여, 언제까지 국제연맹의 위임통치하에 있어야 하는지, 어떤 국가들이 독립국의 지위를 얻게 될 것인지를 결정했다. 제2차 세계대전 이후 이 영토 문제는 얄타 회담의 결정 사항으로 넘어갔고, 유엔 체제에서는 신탁통치 제도로 바뀌었다.

52_그레베(Wilhelm Grewe)는 1815년 이후 유럽의 국제 협약들은 더 이상 기독교를 참고하지 않았고, 문명국가라는 단어를 쓰기 시작했다는 것을 지적했다. 즉 유럽의 국제법이 보편적인 국제법으로 확장되는 과정에서 유럽이 사고하는 국제 공동체는 문명화된 국가들의 공동체라는 인식을 기반으로 했다는 것이다. 이 시기는 19세기 유럽 각국 내부에서 입헌주의(constitutionalism)와 의회주의(parliamentarianism)가 전개되며 헌법적인 발전이 이루어졌고, 유럽의 국제법을 외부에 적용할 때 사용하는 국가의 문명화라는 표준은 그 국가들이 유럽의 헌법적인 이상에 얼마나 접근했는지 정도에 따라 측정되었다(Grewe, *The Epochs of International Law*, pp. 446, 486).

53_Weitz, "*From the Vienna to the Paris System*", pp. 1326, 40; Koskenniemi, *The Gentle Civilizer*, pp. 171-75; Norman A. Graebner, *The Versailles Treaty and Its Legacy The Failure of the Wilsonian Vision* (Cambridge, 2011), p. 52.

54_Teschke, *Fatal attraction*, p. 211.

55_David A. Andelman, *A Shattered Peace : Versailles 1919 and the Price we pay today* (Wiley & Sons, 2008), pp. 6-13, 284.

56_Schmitt, *The Nomos of the Earth*, pp. 235, 255; Gowan, Peter, "American Lebensraum," *New Left Review* 30 (2004), pp. 155-64; Teschke, *Fatal attraction*, p. 209.

57_대표적인 인물들과 저술들은 다음과 같다. Quincy Wright, "Changes in the conception of War," *American journal of International Law* 18(1924); Quincy Wright, "The concept of Aggression in International Law," *American journal of International Law* 29(1935); Arnold McNair, "Collective Security," *British Yearbook of International Law* 17(1936); John Fischer Williams, "Sanctions under the Covenant," *British*

Yearbook of International Law 17(1936); Hersch Lauterpacht, The Covenant as the Higher Law, *British Yearbook of International Law* 17(1936); Georges Scelle, *Precis de droit des gens* Vol. 2(1932), p. 47; Georges Scelle, "Regles generales du droit de la paix," *Recueil des Cours* 46(1933).

58_Lesaffer, *Peace Treaties and International Law*, p. 410; Bell, *On the Law of Peace*, p. 91; Grewe, *The Epochs of International Law*, pp. 619-620.

59_슈미트, 『대지의 노모스』, pp. 314-330.

60_칼 슈미트 지음, 김효전·정태호 옮김, 『정치적인 것의 개념』(살림, 2012); Teschke, *Fatal attraction*, p. 190.

61_Neff, *War and the Law of Nations*, pp. 288-289.

62_Murray, *The Making of Peace*, p. 227.

63_John Maynard Keynes, *The Economic Consequences of the Peace(1919)* (Prometheus Books, 2004), pp. 76-80, 99; Donald Markwell, *John Maynard Keynes and International Relations* (Oxford University Press, 2011).

64_Murray, *The Making of Peace*, pp. 225-26; Stephen C. Schlesinge, *Act of Creation : The Founding of the United Nations* (Basic Books, 2004), pp. 21-25.

65_먼로 독트린의 핵심 모토는 '아메리카는 아메리카인들에게로'라는 지역주의적 원칙이었다. 이는 미국이 규정하는 이른바 서반구에 대한 외부 개입, 즉 유럽의 개입을 거부한 것이었다. 그런데 먼로 독트린은 비개입이라는 기본 원칙을 강조한 방어 수단에서 점차 아메리카 대륙 국가들의 내부 사안 개입을 정당화하는 패권 수단으로 전환되었다. 슈미트는 먼로 독트린의 핵심적 특징을 몇 가지 지적했다. 첫째, 먼로 독트린은 무엇보다 양자 간 협약이나 법 같은 것이 아니라 일방적인 선언이다. 이로 인해 먼로 독트린의 정의와 해석은 모두 전적으로 미국만의 문제가 되어 극도로 불명확하고 모호하며 때로는 모순적인 것이 된다. 둘째, 먼로 독트린은 입법 기구에 의해 발효된 것이 아니라 단지 공식 연설에 불과하다. 셋째, 먼로 독트린은 국제법이 아니라 순전히 정치적인 것이라는 성격에도 불구하고 선언만으로 자기방어권 같은 원칙을 적용할 수 있는 국제법의 본질적인 부분이 되었다(Schmitt, "Forms of modern imperialism in International Law," pp. 32-35).

66_Schmitt, "Grosraum versus universalism"; Teschke, *Fatal attraction*, p. 208.

67_Schmitt, "Grosraum versus universalism," p. 47.

68_슈미트, 『정치적인 것의 개념』.

69_슈미트가 제1차 세계대전 이후 독일의 범죄화에 대항하는 주장들을 한 것은 당시 전쟁범죄 조항을 공격하던 독일 외교부와, 베르사유 협약을 '강제 평화'(*Diktatfrieden*)라고 비난하던 독일 좌, 우 법조인들의 반응을 집약한 것이었다(Murray, *The Making of Peace*, p.

236; Koskenniemi, *The Gentle Civilizer*, p. 181). 어떻게 보면 슈미트의 베르사유 체제 비판은 제1차 세계대전 승전국인 프랑스를 비판할 수 없던 상태에서 책을 저술한 1950년의 시점에서 제2차 세계대전의 가장 강력한 적이었던 미국을 향한 것이었다고 볼 수 있다.

70_슈미트는 독일 국내 정치에 대해서는 매우 보수적인 입장을 취했다. 슈미트는 바이마르 공화국 시기 파업·내전·쿠데타·혁명 등 아래로부터의 저항, 그리고 베르사유 협약에 의한 외부로부터의 주권 자율성 상실을 모두 경험했다. 그런데 슈미트는 아래로부터의 문제는 '예외 상태'를 결정할 수 있는 권력으로서 주권 개념을 정의한 것으로 포착했고, 친구와 적이라는 적대적 쌍으로 정치를 정의한 것으로 보완되었다. 즉 슈미트는 한편으로는 자유주의적 자본주의의 무공간적 보편주의에 대항하고 다른 한편으로는 아래로부터의 사회주의혁명의 위협을 막기 위한 방어적 개념을 만든 것이다(Teschke, *Fatal attraction*, pp. 216-217).

71_국제연맹의 헌장은 영국 대표 중 하나인 남아프리카의 얀 스뮈츠(Jan Smuts)의 영향을 받은 것이었다. 그는 영구 총장 개념, 작은 집행 위원회와 큰 숙의 기구, 영토 전쟁을 다룰 의무 시스템, 노동과 소수자 권한에 관련된 조항들을 포함했다(Schlesinge, *Act of Creation*, p. 22; Mark Mazower, *No Enchanted Palace*).

72_Waldock, C. H. M. "The Regulation of the Use of Force by Individual States in International Law," *Academy of International Law* 81(1952), pp. 451-515.

73_Neff, *War and the Law of Nations*, p. 290.

74_Neff, *War and the Law of Nations*, p. 291.

75_Grewe, *The Epochs of International Law*, p. 586.

76_이 시기 국제법과 일본의 대외 정책 변화에 대한 상세한 분석은 Urs Matthias Zachmann, *Völkerrechtsdenken und Außenpolitik in Japan, 1919-1960*(The Discourse on International Law and Foreign Policy in Japan, 1919-1960)(Baden-Baden: Nomo, 2013) 참조.

77_Schlesinge, *Act of Creation*, pp. 26-27.

78_Grewe, *The Epochs of International Law*, pp. 587, 621.

79_Schmitt, "Forms of modern imperialism in International Law," p. 42.

80_Schmitt, "Forms of modern imperialism in International Law," pp. 42-43, 44.

81_Henry L. Stimson, "The Pact of Paris: Three Years of Development," 11(Special Supp) *Foreign Affairs* i-ix(1932).

82_Neff, *War and the Law of Nations*, pp. 293-96; Grewe, *The Epochs of International Law*, p. 601; Ruhl J. Bartlett ed. *The Record of American Diplomacy: Documents and Readings in the History of American Foreign Relations*(4th ed., New York: Alfred A. Knopf, 1964), p. 530.

83_Schmitt, "Forms of modern imperialism in International Law," p. 39.

84_Wright, "How Hostilities Have Ended," p. 54.

85_특히 마이어는 클레망소를 포함한 베르사유 체제의 지도자들이 중동부 유럽을 휩쓸고 있던 혁명을 매우 두려워했음을 지적한다[Arno J. Mayer, *The Politics and Diplomacy of Peacemaking: Containment and Counterrevolution at Versailles, 1918-1919* (New York, 1967)].

86_Andelman, *A Shattered Peace*, pp. 6-13; Murray, *The Making of Peace*, p. 231.

87_얀센, 『평화』, p. 90; Neff, *War and the Law of Nations*, p. 280.

88_Sydney D. Bailey, *How Wars End: The United Nations and the Termination of Armed Conflict, 1946-1964, Volume II* (Oxford, UK: Clarendon Press, 1982), p. 5

89_Grewe, *The Epochs of International Law*, p. 639.

90_Robert Latham, *The Liberal Moment : Modernity, Security, and the Making of the Postwar International Order* (New York: Columbia University Press, 1997).

91_Neil Smith, *American Empire : Roosevelt's Geographer and the prelude to globalization* (University of California Press, 2004), p. 375.

92_파스볼스키는 유엔의 기획 과정과 헌장 작성 과정의 핵심에 있었다. 1893년에 러시아에서 태어난 그는 반(反)차르적 입장의 부모와 함께 1905년에 미국으로 이민했다. 신문사 편집장으로 일하던 그는 1917년 레닌의 혁명 이후 강한 반공주의적 관점을 견지했다. 1919년에 파스볼스키는 파리 평화 협약에 대해 보도했고 이후 몇 차례의 경험을 거치며 윌슨주의에 강하게 동조하는 모습을 보였다.

93_Schlesinge, *Act of Creation*, p. 34; United States, Department of State, *Postwar Foreign Policy Preparation, 1939-1945* (Washington, D.C.: USGPO. Department of State Publication No. 3580, 1955).

94_Ruth B. Russell, *A History of the United Nations Charter* (The Brookings Institution, 1958), p. 33.

95_Thomas M. Campbell, *The Masquerade Peace: America's U.N. Policy, 1944-1945* (Florida State University Press, 1973), p. 11.

96_사실 제2차 세계대전에서 서구 열강들은 전체 나치 군의 3분의 1 정도만을 상대했다. 나머지는 거의 소련의 적군(赤軍)이 담당했다[Diane Shaver Clemens, *Yalta* (New York : Oxford University Press, 1970), p. 75].

97_Kalevi J. Holsti, *Peace and War Armed Conflicts and International Order 1648-1989* (Cambridge, 1991), pp. 249-258; Russell, *A History of the United Nations Charter*, p. 156.

98_Russell, *A History of the United Nations Charter*, p. 96.

99_Campbell, *The Masquerade Peace*, p. 193; Holsti, *Peace and War Armed Conflicts and International Order*, p. 248.

100_Russell, *A History of the United Nations Charter*, pp. 669-684.

101_R. Hilderbrand, *Dumbarton Oak: The Origins of the United Nations and the Search for Post war Security* (Chapel Hill, 1990); S. Amrith and G. Sluga, "New Histories of the United Nations," *Journal of World History* 19:3(Sept. 2008), pp. 251-74.

102_Holsti, *Peace and War Armed Conflicts and International Order*, p. 244.

103_트루먼은 루스벨트의 부통령으로 있던 12주 동안 아웃사이더로 남아 있었다. 대통령과 공식 면담은 여덟 번밖에 안 되었고, 트루먼이 전쟁 관련 지시를 하던 백악관의 지도실(map room)에는 들어가 본 적도 없었으며 원자폭탄이 있다는 것도 몰랐고, 러시아와 폴란드 문제를 두고 약간의 문제가 있다는 것만 인지하고 있었고, 약 두 달 전 얄타 회담에도 참가하지 못했다. 트루먼에게는 분명한 가이드가 없었다(Schlesinge, Act of Creation, pp. 3-11).

104_Schlesinge, *Act of Creation*, p. 260.

105_Hans Kelsen, *The Law of the United Nations* (New York: Praeger, 1950); Hans Kelsen, *Peace through Law* (Chapel Hill: University of North Carolina Press, 1944). 이 밖에 유엔의 법률적 역사에 대해서는 Alf Ross, *United Nations : Peace and Progress* (Totowa, N.J.: Bedminister Press, 1966); Benedetto Conforti, *The Law and Practice of the United Nations* (Boston: Kluwer Law International, 1996); Richard Falk, Samuel S. Kim and Saul H. Mendlovitz eds., *The United Nations and a Just World Order* (Boulder: Westview Press, 1991).

106_Grewe, *The Epochs of International Law*, pp. 645-646.

107_Holsti, *Peace and War Armed Conflicts and International Order*, pp. 263-264.

108_Smith, *American Empire*, pp. 376, 381, 414.

109_Holsti, *Peace and War Armed Conflicts and International Order*, pp. 266-67.

110_Grewe, *The Epochs of International Law*, p. 673.

111_Russell, *A History of the United Nations Charter*, p. 234.

112_뉘른베르크에 대해서는 다음을 참조. Bradley F. Smith, *Reaching Judgment at Nuremberg* (London: Andre Deutsch, 1977); Ann Tusa and John Tusa, *The Nuremberg Trial* (London: Macmillan, 1983); Telford Taylor, *The Anatomy of the Nuremberg Trials : A Personal Memoir* (Boston: Little, Brown, 1992). 도쿄 전범 재판

에 대해서는 다음을 참조. Arnold C. Brackman, *The Other Nuremberg: The Untold Story of the Tokyo War Crimes Trials* (London: Collins, 1989). 도쿄 전범 재판과 뉘른베르크 재판의 차이에 대한 비교 연구는 Madoka Futamura, *War Crimes Tribunals and Transitional Justice: The Tokyo Trial and the Nuremburg Legacy* (Routledge, 2007).

113_Neff, *War and the Law of Nations*, pp. 321-22.

114_Holsti, *Peace and War Armed Conflicts and International Order*, p. 268.

115_Neff, *War and the Law of Nations*, p. 324; Evan Luard, *A History of the United Nations: The Years of Western Domination, 1945-1955* (London: Macmillan, 1982).

116_Neff, *War and the Law of Nations*, pp. 314, 316, 335; Bailey, *How Wars End*, p. 2.

117_Neff, *War and the Law of Nations*, p. 281; Wright, "How Hostilities Have Ended," p. 54. 유엔의 경험에 대한 간략한 연구에 대해서는 Franck, Thomas M. *Recourse to Force: State Action against Threats and Armed Attacks* (Cambridge: Cambridge University Press, 2002) 참조.

118_Neff, *War and the Law of Nations*, pp. 326-327.

119_가장 충격적인 주장은 2002년에 미국이 주장한 '선제적 공격'론이었다. 미국은 "적에 의한 공격을 막기 위해 필요하다면 선제적으로 행동할 것"이라고 밝혔다. 그리고 2003년에 미국은 영국·오스트레일리아와 함께 이라크를 침공했고 정부를 전복한 후 군사점령을 통해 다른 정권을 수립했다(Neff, *War and the Law of Nations*, p. 329).

120_Neff, *War and the Law of Nations*, pp. 327-332. 이스라엘은 우간다에 1976년 비행기 납치로 억류되어 있던 인질들을 구출하기 위해 작전을 수행했다. 당시까지 이런 구출 행위가 자기방어로 정당화될 수 있는지에 대한 분명한 사법적 규정은 없다.

121_처음에 이런 논의는 라틴아메리카 때문이 아니라 동유럽에 대한 소련의 이해관계 문제로 인해 시작되었다. 원래 덤바턴 오크스에서는 어떤 지역 조직도 안보리의 승인 없이 강제 집행 행위를 할 수 없다는 것에 비공식적 동의가 있었다. 하지만 얄타에서 거부권 조항이 소련과 영국에 의해 받아들여지자, 단 하나의 거부권 행사만으로도 지역에서의 군사행동이나 개입을 막을 수 있게 되었다. 그러자 소련의 몰로토프가 동유럽 국경 지대에서 독일 군사주의가 부활하지 못하게 막는다는 이유로 소련과 영국·체코·프랑스·폴란드·유고 등과 맺은 다양한 양자 조약들을 도입했고, '긴급한 안보 목적에 따라 이미 이루어진 협약들'을 안보리의 결정 대상에서 제외시키려 했다(Smith, *American Empire*, p. 405).

122_Smith, *American Empire*, p. 405.

123_Smith, *American Empire*, pp. 406-9.

124_Holsti, *Peace and War Armed Conflicts and International Order*, p. 247; Grewe, *The Epochs of International Law*, pp. 649.

125_Schlesinge, *Act of Creation*, pp. 59-61; Holsti, *Peace and War Armed Conflicts and International Order*, p. 259.

126_Schlesinge, *Act of Creation*, p. 233 ; Russell, *A History of the United Nations Charter*, pp. 343-345, 587-584, 825.

127_Schlesinge, *Act of Creation*, pp. 233-236 ; Russell, *A History of the United Nations Charter*, pp. 815-817.

128_Smith, *American Empire*, pp. 410-411.

129_Grewe, *The Epochs of International Law*, p. 646.

130_Raymond F. Mikesell, *The Bretton Woods Debates: A Memoir* (Princeton, NJ, 1994); and Georg Schild, *Bretton Woods and Dumbarton Oaks* (New York, 1995).

131_Neff, *Friends But No Allies*, pp. 99-100.

132_John Maynard Keynes, *The General Theory of Employment, Interest and Money* (Palgrave Macmillan, 1936).

133_Jim Lacey, "The economic making of peace," Murray, *The Making of Peace*, pp. 298-301.

134_Holsti, *Peace and War Armed Conflicts and International Order*, pp. 267-269.

135_1941년 1월 6일 의회 연두 연설 "Four Freedoms' speech"(State of the Union Address). 연설 전문은 다음 웹사이트 참조. Franklin D. Roosevelt Presidential Library http://www.fdrlibrary.marist.edu/fourfreedoms.

136_Holsti, *Peace and War Armed Conflicts and International Order*, p. 246.

137_Jean-Pierre Cot, "History of United Nations Charter," Rudiger Wolfrum ed., *The Max Planck Encyclopedia of Public International Law*.

138_Schlesinge, *Act of Creation*, pp. 238-241.

139_Geoffrey Best, *War and Law since 1945* (Oxford: Clarendon Press, 1994); Bailey, *How Wars End*, p. 19.

140_Best, *War and Law since 1945*, pp. 207-208.

141_Stephanie Carvin, "Caught In The Cold: International Humanitarian Law and Prisoners of War During the Cold War," *Journal of Conflict & Security Law* Vol. 11, No. 1(2006), p. 74.

142_Best, *War and Law since 1945*, p. 67.

143_엔티엔 발리바르 지음·진태원 옮김, 『우리, 유럽의 시민들? : 세계화와 민주주의의 재발명』 (후마니타스, 2010), pp. 244, 253.

144_Best, *War and Law since 1945*, p. 67.

145_Mazower, "*The Strange Triumph of Human Rights*," pp. 385-393.

146_Mazower, "*The Strange Triumph of Human Rights*," pp. 95-397.

147_Adam Roberts and Richard Guelff eds., *Documents on the Laws of War* (3rd edn., Oxford University Press, 2000); Neff, *War and the Law of Nations*, p. 342.

148_Neff, *War and the Law of Nations*, pp. 315, 341.

149_Best, *War and Law since 1945*, p. 67.

150_네그리, 『제국』, pp. 29-39.

| 3장 |

1_얀센, 『평화』, pp. 95, 103-105.

2_Gary Ulmen, "Carl Schmitt and Donoso Cortés(Global Civil War)," *Telos* (fall 2002), pp. 80-86 ; Louiza Odysseos, "Liberalism's War Liberalism's Order : Rethinking the Global Liberal Order as a 'Global Civil War'," Paper prepared for pre-International Studies Association workshop on "Revising the Status of Liberal Internationalism," San Francisco, CA, 25 March 2008.

3_캘도어, 『새로운 전쟁과 낡은 전쟁』, p. 214.

4_John Lewis Gaddis, *The Long Peace : Inquiries Into the History of the Cold War* (Oxford University Press, 1989).

5_김학재, "한국전쟁 전후 민간인 학살과 20세기의 내전," 『아세아연구』 Vol. 142(2010).

6_푸코는 자유주의를 단지 하나의 정치 이념이나 경제적 원칙으로서가 아니라 하나의 통치 기예, 통치 기술, 나아가 통치성으로 바라보았고, 자유주의 질서의 근본 동력과 모순으로서 '자유와 안전'사이의 끝없는 순환과 갈등이 있다는 점을 지적했다[Wendy Larner and William Walters, *Global governmentality : Governing international spaces* (Routledge, 2004); William Walters, *Governmentality : Critical Encounters* (Routledge, 2012); Thomas Lemke et al. ed, *Governmentality : Current Issues and Future Challenges* (New York, Routledge, 2011)].

7_Arblaster, *The rise and decline of Western liberalism*, pp. 284-99 ; Amanda Anderson,

"Character and Ideology : the case of Cold War liberalism," *New Literary History* Vol. 42. No. 2(2011).

8_Arblaster, *The rise and decline of Western liberalism*, pp. 300-310.

9_이런 사고의 뿌리는 독일의 특수한 맥락을 고려하되 영국을 모델로 자유주의적 이상을 향하려 했던 베버의 현실 정치(Real Politik)론에서부터 찾을 수 있다. Max Weber, "Politics as a Vocation," H. H. Gerth and C. Wright Mills eds., *From Max Weber : Essays in Sociology* (London : Routledge & Kegan Paul, 1982).

10_Williams et al. eds., *Realism Reconsidered;* Jütersonke, *Morgenthau, Law and Realism*; Smith, *Realist Thought from Weber to Kissinger.*

11_Shiliam, *German thought and International Relations*, p. 2.

12_ Shiliam, *German thought and International Relations*, p. 185; Koskenniemi, *The Gentle Civilizer*, pp. 468-69.

13_Hans J. Morgenthau, *In Defence of the National Interest : A Critical Examination of American Foreign Policy* (New York, Alfred A. Knopf, 1951), pp. 93-96; Hans J. Morgenthau, *Politics among Nations : The Struggle for Power and Peace* (New York: Alfred A. Knopf, 1948).

14_Hans J. Morgenthau, *Scientific Man Versus Power Politics* (Chicago: University of Chicago Press, 1974), p. 69; Frei, C., *Hans J. Morgenthau: An Intellectual Biography* (Baton Rouge, LA: Louisiana State Press, 2001), p. 158.

15_Shiliam, *German thought and International Relations*, pp. 186-88.

16_Morgenthau, *Politics Among Nations*, pp. 431-448; Shiliam, *German thought and International Relations*, pp. 188-89.

17_Shiliam, *German thought and International Relations*, p. 185; Koskenniemi, *The Gentle Civilizer*, pp. 468-69.

18_레플러는 심지어 미국의 현실주의적 냉전 정책에서 인도주의적 충동들은 거의 영향을 미치지 못했다고 주장한다. Melvyn P. Leffler, *A Preponderance of Power : National Security, the Truman Administration, and the Cold War* (Stanford, 1992), pp. 26, 52.

19_Robert J. McMahon, *Dean Acheson and the Creation of an american World Order* (Free press, 2009); Robert L. Beisner, *Dean Acheson: A life in the Cold War : A Biography* (Oxford University Press, 2006).

20_Dean Acheson, *Present and Creation : My Years in the State Department* (WW Norton & Company, 1969), p. 111.

21_Acheson, *Present and Creation*, p. 112.

22_John Lewis Gaddis, *Strategies of Containment: A Critical Appraisal of Postwar American National Security Policy*, rev. ed.(New York, 2005).

23_Latham, *The Liberal Moment*; Cumings, "Warfare, Security, and Democracy in East Asia," pp. 148-149.

24_Pollard, Robert A. *Economic Security and the Origins of the Cold War, 1945-1950* (New York : Columbia University Press, 1985).

25_Latham, *The Liberal Moment*, pp. 2-3.

26_Cumings, "Warfare, Security, and Democracy in East Asia," p. 148.

27_Latham, *The Liberal Moment*, p. 3.

28_Takashi Fujitani, *Race for Empire : Koreans as Japanese and Japanese as American During World War 2* (University of California Press, 2011).

29_Michael Mann, *The Sources of Social Power* vol. 3(Cambridge University press, 2012).

30_Cumings, "Warfare, Security, and Democracy in East Asia," pp. 137, 147.

31_Latham, *The Liberal Moment*.

32_Teschke, "Fatal attraction," pp. 218-221.

33_Brad Evans, "Foucault's Legacy : Security, War and Violence in the 21st Century," *Security Dialogue* Vol. 41(2010).

34_Michell Foucault, *The Birth of Biopolitics : Lectures at the College de France (1978~79)* (Palgrave Macmillan, 2008), pp. 64-65.

35_Fouault, *The Birth of Biopolitics*, p. 67.

36_Foucault, *The Birth of Biopolitics*, pp. 66-68. Didier Bigo, "Security : A Field Left Fallow," Michael Dillon & Andrew Neal eds., *Foucault on Politics, Security and War* (London: Palgrave, 2008), pp. 93-114.

37_Leffler, *A Preponderance of Power*, pp. 51-52, 100, 497.

38_*Foreign Relations of the United States*(이후 *FRUS*) 1946. Ⅰ: pp. 1167-71; Gaddis, *Strategies of Containment*; Wilson D. Miscamble, *George F. Kennan and the Making of American Foreign Policy, 1947~1950* (Princeton, NJ, 1992).

39_Gray, "Mission improbable, fear, culture, and interest : peacemaking, 1943~1949," Leffler, *A Preponderance of Power*, pp. 108, 131.

40_George Kennan ("X"), "The Sources of Soviet Conduct," *Foreign Affairs* Vol. 25, no.

4(1947), pp. 566-82.

41_Leffler, *A Preponderance of Power*, pp. 181-191.

42_니츠 역시 NSC-68에서 미국이 직면한 문제들이 소련의 위험이 없었더라도 존재했을 것임을 인정했다[NSC-68, "United States Objectives and Programs," 14 Apr. 50, *FRUS*, 1950, Ⅰ, pp. 262-63].

43_Douglas B. Copland, "The Dollar Gap and the Commonwealth," *Foreign Affairs* (July 1950).

44_Leffler, *A Preponderance of Power*, p. 359.

45_Leffler, *A Preponderance of Power*, p. 359.

46_Doyle, "Kant, Liberal Legacies, and Foreign Affairs," p. 330; Wallerstein, "What Cold War in Asia? An Interpretative Essay," p. 16.

47_애치슨의 상원에서의 증언, Leffler, *A Preponderance of Power*, p. 407.

48_Westad, *The Global Cold War*, p. 19.

49_Anders Stephanson, "Liberty or Death: The Cold War as US Ideology," Westad ed., *Reviewing the Cold War*, p. 87; Schlesinge, *Act of Creation*, pp. 29-31.

50_Anders Stephanson, "Fourteen notes on the very concept of the Cold War," Gearoid O. Tuathail and Simon Dalby eds., *Rethinking Geopolitics* (Routledge, 1998), pp. 77-79; Ulmen, "Carl Schmitt and Donoso Cortés(Global Civil War)," Odysseos, "Liberalism's War Liberalism's Order."

51_Anne Armstrong, *Unconditional Surrender : The Impact of the Casablanca Policy on World War II* (New Brunswick: Rutgers University Press, 1961); Raymond G. O'Connor, *Diplomacy for Victory : FDR and Unconditional Surrender* (New York : Norton, 1971).

52_Westad, *The Global Cold War*, p. 20.

53_Stephanson, "Liberty or Death: The Cold War as US Ideology," pp. 80-83.

54_안토니오 네그리·마이클 하트 지음, 조정환 외 옮김, 『다중』(세종서적, 2004), pp. 43, 55, 73.

55_Latham, *The Liberal Moment*.

56_*Public Papers of the Presidents : Harry S. Truman* (1949)(US Government Printing Office, 1964), pp. 112-26.

57_Leffler, *A Preponderance of Power*, p. 27.

58_Leffler, *A Preponderance of Power*, pp. 64-65, 148; Lacey, "The economic making of peace," p. 306.

59_W. G. Beasley, *The Rise of Modern Japan*(London, 2000); Jim Lacey, "The economic making of peace," Williamson Murray and Jim Lacey eds. *The Making of Peace: Rules, States, and the aftermath of War* (Cambridge University Press, 2009) pp. 307-08.

60_Lacey, "The economic making of peace," pp. 315-22; Diane B. Kunz, "The Mashall Plan Reconsidered : A Complex of Motives," *Foreign Affairs*(May/June 1997); Michael J. Hogan, "The Search for a 'Creative Peace' : The United States, European Unity, and the Origins of the Marshall Plan," *Diplomatic History* 6(Summer 1982), pp. 267-85.

61_Leffler, *A Preponderance of Power*, p. 164.

62_Leffler, *A Preponderance of Power*, pp. 163, 173.

63_Douglas T. Stuart, *Creating The National Security State : A History of the Law that transformed America*(Princeton University Press, 2008), p. 8.

64_하버드의 에드워드 펜들턴 헤링(Edward P. Herring)은 진주만 공격 직전에 *The Impact of War : Our American Democracy under Arms*(1941)라는 중요한 저작을 출판했다. 헤링은 기술적 개발과 정치적 발전이 현재 미국에게 전례 없는 위협을 가져왔으며 대외·국방 정책의 운용과 형식을 위한 새로운 절차를 필요로 한다고 주장했다. 헤링은 평시 무장이 필요하다고 보았다. 결국 진주만 사건은 모든 미국인들로 하여금 헤링의 정책을 지지하게 만들었고, '국가 안보'를 대외 정책의 가장 중요한 원칙으로 받아들이게 했다. 헤링은 미국을, 너무 강력해서 어느 국가도 감히 공격할 수 없게 만드는 것이 최선의 길이라고 주장했고, 진주만 사건 이후 이런 주장에 대한 반대 여론은 사라졌다(Stuart, *Creating The National Security State*, pp. 5-6).

65_Melvyn P. Leffler, "The American Conception of National Security and the Beginning of the Cold War, 1945-48)," *American Historical Review* Vol. 89, No. 2(1984), pp. 346-381.

66_Stuart, *Creating The National Security State*, pp. 1-3.

67_Stuart, *Creating The National Security State*, p. 10.

68_Stuart, *Creating The National Security State*, p. 236.

69_*FRUS*, 1950, 1, pp. 170-72, 191, 225-26; Ernest R. May ed., *American Cold War Strategy : Interpreting NSC-68*(Boston, 1993), pp. 43, 54; Samuel F. Wells, Jr., "Sounding the Tocsin: NSC-68 and the Soviet Threat," *International Security* 4 (Spring, 1979), pp. 116-58; Paul H. Nitze, "The Development of NSC-68," *Interna-*

tional Security 4 (Spring, 1980), pp. 170-76.

70_Leffler, *A Preponderance of Power*, pp. 488, 496.

71_Leffler, *A Preponderance of Power*, pp. 314, 354-359.

72_NSC-68은 본질적으로 트루먼 정부 시기 미국의 대외 정책 목적 NSC-20/4을 재확인한 것이었다.

73_Leffler, *A Preponderance of Power*, pp. 356, 373.

74_Cumings, *The Korean War*.

75_Stuart, *Creating The National Security State*, pp. 239-240.

76_*Public Papers of the Presidents : Harry S. Truman*(1951) (US Government Printing Office, 1965), p. 8.

77_가장 분명한 사례가 미국과 쿠바의 협약이다. 미국은 1889년 쿠바를 위한다며 스페인에 전쟁을 선포했다. 그런데 미국은 새로 수립된 쿠바 공화국에 쿠바의 독립뿐만 아니라 공공 안보와 질서를 유지하고 (미국 시민의) 생명과 재산 개인적 자유를 보호하기 위해 미국이 개입할 권리를 보장하는 조약을 체결했다. 미국은 쿠바와 상호 조약을 맺고 이 내용을 쿠바 헌법에도 기입하게 했다. 이렇게 미국은 한 국가의 내부 사안에 개입할 수 있는 매우 유연한 개입 규칙을 창출했다(Schmitt, "Forms of modern imperialism in International Law," pp. 36-38).

78_네그리는 냉전 시기 유엔 헌장에 의해 유엔에 부여된 도구들을 통해 강대국들과 다른 회원국들에게 지구상의 특정 문제를 예방하거나 해결하고, 조약을 지키고 평화를 집행하기 위해 타국의 영토에 개입하는 것이 의무이자 권리가 되는 경향을 지적했다(네그리, 『제국』, p. 46).

79_Westad, *The Glocal Cold War*, p. 9.

80_Tarak Barkawi and Mark Laffey, "The Postcolonial moment in security studies," *Review of International Studies* (2006), pp. 32, 329-352.

81_미국은 독일을 서유럽 공동체에 통합시키는 것에 대한 프랑스의 반대를 무마하기 위해 북대서양 안보 협약을 구상했다. 1950년 5월 9일 프랑스 총리 슈먼이 프랑스와 독일의 석탄과 철강 산업을 초국적 권위(supranational authority)하에 두자고 제안했고, 이에 따라 1951년 4월 18일 파리 협약에 의해 유럽석탄철강공동체가 창설되었다(Leffler, *A Preponderance of Power*, pp. 211-286).

82_Robert J. McMahon, *Colonialism and the Cold War : The United States and the Struggle for Indonesian Independence, 1945-49*(Ithaca, NY, 1981); Michael Schaller, "Securing the Great Crescent : Occupied Japan and the Origins of Containment in Southeast Asia," *Journal of American History* 69(1982-3), pp. 392-414.

83_미국은 인도차이나에서 공산주의 게릴라들의 활동, 호치민에 대한 프랑스의 행위, 베트남전은 내전이 아니라 국제전의 일부라고 간주했다(Leffler, *A Preponderance of Power*, pp. 341, 354).

84_Barkawi, *Democracy, Liberalism, and War*, pp. 118, 120, 123.

85_Kaeten Mistry, "The Case for Political Warfare: Strategy, Organization & US Involvement in the 1948 Italian Election," *Cold War History* vol. 6, no. 3(August 2006), pp. 306-317; James E. Miller, "Taking Off the Gloves: The United States and the Italian Elections of 1948," *Diplomatic History* vol. 7, no. 1(January 1983), pp. 35-55; James E. Miller, *The United States and Italy, 1940-1950 : The Politics and Diplomacy of Stabilization* (Chapel Hill, NC, 1986), pp. 213-49.

86_George F. Miscamble, *Kennan and the Making of American Foreign Policy*(NJ.: Princeton University Press, 1992), p. 70.

87_PPS 22, "Utilization of Refugees from the Soviet Union in U.S. National Interest," (February 5, 1948); PPS 22/1, "Utilization of Refugees from the Soviet Union in U. S. National Interest"(March 4, 1948); *The State Department Policy Planning Staff Papers 1948* (Vol II)(Garland Publishing, 1983), pp. 88-102.

88_Scott Lucas and Kaeten Mistry, "Illusions of Coherence: George F. Kennan, U.S. Strategy and Political Warfare in the Early Cold War, 1946-1950," *Diplomatic History* Vol. 33, No. 1(January, 2009), pp. 40-41, 54-59; Leffler, *A Preponderance of Power*, p. 236. 예컨대 1949년 4월 설립된 자유유럽을위한국립위원회(National Committee for Free Europe, NCFE)에서는 미국 내에 동유럽 이주자들이 모여 책, 팸플릿, 프랑스의 대학, 풍선 작전, 유럽자유라디오(Radio Free Europe) 등 선전 작전을 수행했다(Miscamble, *George F. Kennan and the Making of American Foreign Policy*, pp. 205-7).

89_Stephanson, "Fourteen notes on the very concept of the Cold War," p. 83.

90_Bailey, *How Wars End*, p. 9.

91_그리스(1946), 말레이시아(1947), 티베트(1949), 중국(1949), 한국(1953), 퀴모이 마투스(1954), 헝가리(1956), 베트남(1961), 쿠바(1961), 라오스(1961), 도미니카공화국(1965), 인도네시아(1965).

92_James D. Fearon and David D. Laitin, "International Institutions and Civil War," January(http://sshi.stanford.edu/Dinners/Laitin-DinnerJan17.pdf)(2002), p. 3; Paul Collier and Nicholas Sambanis, *Understanding Civil War: Evidence and Analysis* (Washington, DC: World Bank 2005); Neff, *War and the Law of Nations*, p. 283.

93_하봄과 월렌스틴(Lotta Harbom and Peter Wallensteen)에 따르면 제2차 세계대전 이후 2004년까지 발생한 총 165개의 내전 중 외부 개입이 이루어진 무장 충돌은 약 1/5인 36개

에 달한다. 내전에 대한 외부 개입은 크게 세 가지 유형이 있었다. ① 열강 혹은 동맹국들이 상대 강대국에 대응하기 위한 전략적 이점을 얻으려는 개입(이른바 냉전적 패턴), ② 국경을 이웃하고 있는 국가가 자신의 이해관계를 고려한 개입(동맹적 관점), ③ 약소국의 내적 갈등에 강대국의 군사적 개입이 이루어지는 더욱 비대칭적인 개입(신식민주의적 유형이나 테러와의 전쟁 유형)이 그것이다. 7건이 냉전적 유형에 속하는데 이런 유형의 출발점이 바로 한국전쟁(1950)이고 그 다음이 쿠바(1961), 라오스(1963~73), 캄보디아(1970~89), 에티오피아(1975~83), 앙골라(1975~89), 아프가니스탄(1979~88) 순이다[Lotta Harbom and Peter Wallensteen, "Armed Conflict and Its International Dimensions, 1946-2004," *Journal of Peace Research* vol. 42, no. 5(2005), p. 62].

94_Tamara Duffey, "United Nations peacekeeping in the post-cold war world," *Civil Wars* vol. 1, no. 3(1998), p. 2; Best, *War and Law since 1945*, pp. 211, 214; Caroline Kennedy-Pipe, Clive Jones, "An introduction to civil wars," *Civil Wars*, vol 1. no.1 (1998), pp. 7-8.

95_김학재, "한국전쟁 전후 민간인 학살과 20세기의 내전."

96_Luard, *A History of the United Nations*, pp. 93-94.

97_안보리에서 상임이사국을 제외하고 2석을 라틴아메리카에, 하나는 서유럽, 하나는 동유럽, 다른 하나는 영국 그리고 하나는 아시아에 주었다. 이로써 적어도 8석이 서구에 의해 지배되는 상황이었다. 그리고 1948년 이후에는 사실상 9 대 1이 되었다. 총회에서의 비율은 51 개 중 공산주의 국가는 5개석에 불과했다. 결국 서구 국가들은 모든 투표에서 이길 수 있었다(Luard, *A History of the United Nations*, pp. 93-94).

98_Luard, *A History of the United Nations*, pp. 95-96.

99_*Yearbook of the United Nations, 1946-47*, pp. 327-336.

100_*Yearbook of the United Nations, 1946-47*, pp. 341-345.

101_Luard, *A History of the United Nations*, pp. 106-116, 112-114.

102_그리스에서는 제2차 세계대전 종식 직후 그리스의 왕을 지지하는 우익(영국의 지원)과, 반왕정주의적이고 반영국적인 그리스 민족해방전선(EAM과 ELAS) 간의 치열한 내전이 발생했다. 점차 왕정 지지 세력이 우세해졌고 이들은 영국군이 지속적으로 그리스에 주둔하는 것을 선호했다. 소련은 이런 상황을 결코 좋아하지 않았다. 따라서 소련은 1945년 6월 포츠담 회의에서, 9월의 외무장관 회의에서, 12월의 외무장관 회의에서 계속해서 영국군의 주둔에 항의했다.

103_*Yearbook of the United Nations*, 1946-47, pp. 336-338.

104_*Yearbook of the United Nations*, 1946-47, pp. 361-363.

105_UN, *Security Council Official Record*(이하 SCOR), 1st year, 1st series, 12th meeting(1946/02/07), pp. 180-2, 13th meeting(1946/02/09) pp. 193-4.

106_Bailey, *How Wars End*, pp. 1-3; Luard, *A History of the United Nations*, p. 134.

107_Luard, *A History of the United Nations*, p. 135; Bailey, *How Wars End*, pp. 4-5.

108_*Yearbook of the United Nations*, 1946-47, pp. 338-341.

109_안보리는 7월 31일 171차 안보리 회의부터 8월 1일까지 이를 논의했다. 1948년 7월까지 안보리에서 인도네시아 문제의 전개에 대해서는 *Yearbook of the United Nations*, 1947-48, pp. 362-387. 1948년 유엔의 활동에 대해서는 *Yearbook of the United Nations 1948-49*, pp. 212-237.

110_Luard, *A History of the United Nations*, p. 136; Bailey, *How Wars End*, p. 11.

111_Lothar Kotzsch, *The concept of war in contemporary history and international law* (Genève : Dorz, 1956), p. 282; Bailey, *How Wars End*, pp. 12, 21.

112_UN 문서 번호(S/459).

113_Bailey, *How Wars End*, p. 326.

114_Luard, *A History of the United Nations*, p. 139; Bailey, *How Wars End*, p. 13.

115_UN 문서번호(S/574, 10월 3일, S/597).

116_"*GOC Report*," paras 16, 18, 20. *SCOR*, (3rd year), Special Supplement no. 1, UN 문서번호(S/649/Rev. 1).

117_Bailey, *How Wars End*, pp. 22-36.

118_Luard, *A History of the United Nations*, pp. 145-46.

119_Luard, *A History of the United Nations*, p. 148; Bailey, *How Wars End*, pp. 339, 360-363.

120_사실 유엔 헌장 2조(7)에는 헌장의 7장하에서 강제 집행 조치를 수행하는 것을 제외하고는 헌장의 어떤 조항도 본질적으로 국가의 내부 사안에 대한 개입을 승인하지 않는다고 규정하고 있다.

121_Luard, *A History of the United Nations*, pp. 156-57.

122_아랍 국가들이란 이집트·이라크·레바논·사우디아라비아·시리아·요르단·예멘을 말한다. 이들은 1945년 3월 22일 아랍 연맹을 창설했다(Bailey, *How Wars End*, p. 161).

123_Luard, *A History of the United Nations*, pp. 162-65.

124_Bailey, *How Wars End*, p. 151; Trygve Lie, *In the Cause of Peace: Seven years with the United Nations* (The Macmillan Company, 1954), pp. 162-167.

125_UN 문서번호(S/714, I).

126_Bailey, *How Wars End*, p. 166.

127_미국은 이스라엘을 처음으로 인정했다. 이는 주변의 자문과 우려, 반대를 무릅쓴 트루먼의 단독 결정이었다. 소련 역시 5월 18일 사법적으로 승인했다(Bailey, *How Wars End*, p. 181).

128_Luard, *A History of the United Nations*, p. 190.

129_Trigeve Lie, *In the Cause of Peace*, p. 174: Luard, *A History of the United Nations*, p. 191.

130_UN 문서번호(A/C.1/298: General Assembly resolution 186(S-2)).

131_유엔 중재관 폴셰 베르나도테는 총회 결의안의 관점에 따라 안보리에서 임명되고 총회에 의해 5월 14일 승인(GA resolution 186(S-2))되었다(Bailey, *How Wars End*, p. 159). 그는 1948년 9월 17일 암살되었다.

132_UN 문서 번호(S/801).

133_Luard, *A History of the United Nations*, pp. 191-92; Bailey, *How Wars End*, p. 185.

134_Bailey, *How Wars End*, pp. 200-201.

135_UN 문서번호(S/902).

136_Luard, *A History of the United Nations*, p. 193; Kotzsch, *The concept of war in contemporary history and international law*, p. 285. 1946년에서 64년까지 안보리가 채택한 199개의 결의안 중 3개만이 39조하의 결정을 담고 있었다. 그 사례는 카슈미르(분란), 팔레스타인(평화에 대한 위협), 한국(평화에 대한 위반)이었다.

137_Luard, *A History of the United Nations*, p. 195.

138_Luard, *A History of the United Nations*, p. 196.

139_UN 문서 번호(S/1080).

140_팔레스타인화해위원회는 1948년 12월 11일 총회에서 설립되었다. 프랑스·터키·미국으로 구성되었고 지금도 존재하고 있다.

141_Luard, *A History of the United Nations*, p. 198.

142_아랍 국가들은 다른 문제를 논의하기 위한 사전 조건으로 난민 문제를 해결하기를 요구했고 이스라엘은 최종 해결의 의제로 이 문제를 다루길 원했다. 이 시기 미국은 이스라엘의 팔레스타인 난민들에 대한 공격적 태도에 유감을 갖고 있었다. 미 국무부는 대규모 난민에게 다양한 지원을 제공하고 있었다(Leffler, *A Preponderance of Power*, p. 287).

143_Luard, *A History of the United Nations*, pp. 200-204.

144_소련은 대다수가 폴란드 출신 유대인으로 구성된 이스라엘을 지지했고 체코를 통해 무기도 지원했다. 하지만 미국의 경우 중동의 경제 성장이 미국의 전략적 이해뿐만 아니라 서유럽의 회복을 유지하는 데도 핵심이었기에 아랍 국가들의 분노를 고려해야 했다. 결국 미국은 국내 정치와 지정학적 이해관계 사이에서 동요했다(Leffler, *A Preponderance of Power*, pp. 239-241).

145_1948년1월부터 6월까지 진행된 인도 파키스탄 문제에 대해서는 *Yearbook of the United Nations, 1947~48*, pp. 387-403.

146_Luard, *A History of the United Nations*, pp. 280-281.

147_UN 문서번호(S/651).

148_UN 문서번호(S/654).

149_1950년 5월 17일 활동을 종료했다.

150_Luard, *A History of the United Nations*, p. 281.

151_UN 문서번호(S/726), (S/819). 결의안의 단어들은 주로 헌장의 33조(분쟁의 평화적 해결)에서 온 것들이었다. 이는 안보리가 헌장의 27(3)조에 따라 표결을 통해 분쟁이 존재한다는 것을 공식 결정한 첫 사례였다(Bailey, *How Wars End*, p. 82).

152_1948년 4월 21일 안보리 결의안(UN 문서번호 S/726)으로 국민투표관리관(plebiscite administrator)을 임명하는 조항이 있었고, 1949년 3월 21일 사무총장 트리그브 리는 미국의 체스터 니미츠(Chester Nimitz)를 지명했다(Bailey, *How Wars End*, pp. 70-71).

153_Luard, *A History of the United Nations*, p. 282.

154_Luard, *A History of the United Nations*, pp. 283-284; Bailey, *How Wars End*, pp. 90-91, 127-129, 131-134.

155_Luard, *A History of the United Nations*, pp. 287-88.

156_Best, *War and Law since 1945*, p. 230; Wright, "How Hostilities Have Ended : Peace Treaties and Alternatives," pp. 59-60; Bailey, *How Wars End*, p. 2.

157_1874년 브뤼셀 선언에 따르면, '휴전 교섭 사절'(parlementaire)은 교전국에 의해 상대와 대화에 들어갈 권한을 가진 인물을 뜻했다. 그는 백기를 지니고 '나팔수'(bugler)나 '고수'(drummer)를 대동하고 갔다. 이런 조항이 1899년 헤이그 협약 2 규칙이 첨부되어 있고, 1907년 육전 규칙과 관습에 대한 협약 4에도 "휴전기(休戰旗)"(Flag of Truce)라는 제목으로 기입되어 있었다(Bailey, *How Wars End*, p. 30).

158_브뤼셀 선언에 따르면, 정전은 교전국 상호 간에 전 지역에서 혹은 지역적으로 모든 군사작전을 중지하거나 특정 반경 내에서 교전군의 일부 사이에만 적용되는 교전국 사이의 상호 합의에 의해 군사작전을 실제로 중지하는 것이었다. 정전 협상이 끝나면 즉시 당국에 통지되어 분쟁이 즉시 중지된다. 이런 조항들은 1899년, 1907년 헤이그 규칙에 기입되었

다(Bailey, *How Wars End*, p. 31). 이후 미국·영국·독일·프랑스 등의 정규군 군사 매뉴
얼에서도 정전은 단지 전투의 중지이지 일시적인 혹은 부분적인 평화를 의미하는 것이 아
니었다(Wright, "How Hostilities Have Ended: Peace Treaties and Alternatives," pp.
79-84).

159_Bailey, *How Wars End*, p. 32.

160_이 휴전들은 각각 유엔 안보리의 부속 기관인 주선위원회, 인도네시아위원회(Commission
for Indonesia), 유엔 인도와파키스탄위원회(UN Commission for India and Pakistan in
Kashmir)가 주도한 것이었다.

161_Bailey, *How Wars End*, pp. 33-39; Paul Mohn, "Problems of Truce Supervision,"
General Assembly Official Records, 4th session, Supplement no, 11A/966; Leland
M. Goodrich and Anne P. Simons, *The United Nations and the Maintenance of
International Peace and Security* (Brookings Institution, 1955).

162_Neff, *War and the Law of Nations*.

163_Wright, "How Hostilities Have Ended : Peace Treaties and Alternatives," pp. 85, 94.
정전 협상 자체가 적대의 중지이고 평화 상태를 회복한 것이라는 주장도 있었다. 몇몇 학
자들이 특히 중동의 정전 협상을 염두에 두고 정전 협상이 공식적인 최종적 평화 해결에
긍정적 기여를 했다고 주장했다. 하지만 정전 협상이 이루어진 상태에서 전투가 재발하고
있는 중동의 상황을 고려할 때 안보리의 의도적 해석이 이루어진 것이지 보편적인 것이 아
니었다. 비록 정전 협상의 법적 성격과 위상에 대해 논란이 있지만 정전 협상은 평화가 아
니며 법적인 전쟁 상태를 끝내지 못한다는 것에는 이견이 없다(Bailey, *How Wars End*,
pp. 32, 40).

164_Bailey, *How Wars End*, p. 39.

165_Bailey, *How Wars End*, pp. 1-3.

166_Wright, "How Hostilities Have Ended: Peace Treaties and Alternatives."

167_Martti Koskenniemi, 'Hegemonic Regimes', in Margaret A. Young eds. *Regime
Interaction in International Law - Facing Fragmentation* (Cambridge University
Press, 2012), p. 312.

168_Gunter Teubner, *Constitutional Fragments : Societal Constitutionalism and
Globalization* (Oxford University Press, 2012), pp.150-173.

| 4장 |

1_카를 슈미트는 "주권자란 예외 상태(비상사태)를 결정하는 자이다"라는 유명한 정의로 이 개

념을 전면에 부각시켰다. 그는 주권자란 어떤 상황이 급박한 상태인지를 결정하고, 이를 해결 (타개)하기 위해 무엇을 해야 할지를 결정하며, 그에게는 무제한의 전권을 부여해야 한다는 주권독재 개념을 통해, 비상사태 조항으로 집권과 통치를 정당화한 나치 체제를 옹호했다(슈미트, 『파르티잔 : 그 존재와 의미』, pp. 17-25). 아감벤은 예외 상태 개념을 '내부의 적을 제거하기 위해 내전을 법제화한 체제'로서 전체주의의 특성과 연관 지으며, 예외 상태란 단순한 독재가 아니라 법의 공백 공간이며, 모든 법적 규정이 작동하지 않는 아노미 지대라고 정의한다[아감벤 지음·김항 옮김, 『예외상태』(새물결, 2009), pp. 15-16, 99-101].

2_Glenn d. Paige, *The Korean War Decision - June 24-30, 1950* (New York, The Free Press, 1968), p. 90. 한 시간 내로 국무부 매튜와 유엔 문제를 위한 국무부 차관 히커슨, 필립 제섭, 유엔 정치 안보 문제국 차장 와인하우스, 극동문제국 베이컨이 소집되었다(FRUS 1950, p. 126).

3_Acheson, *Present at the Creation*, p. 402; Paige, *The Korean War Decision*, p. 95.

4_Acheson, *Present at the Creation*, p. 404; Paige, *The Korean War Decision*, pp. 98-99; FRUS 1950, p. 127.

5_FRUS 1950, p. 128.

6_당시 안보리는 5개의 상임이사국(영국·중국·프랑스·소련·미국)과 6개의 비상임이사국(쿠바·에콰도르·이집트·인도·노르웨이·유고슬라비아)으로 구성되어 있었다. 인적 구성을 살펴보면, 영국의 테런스 숀(Terence Shone), 프랑스의 쟝 쇼벨(Jean Chauvel), 인도의 라우 (B. N. Rau), 이집트의 화워지 비어(Fawzi Bey), 노르웨이의 브레도 스타벨(Bredo Stabell), 인도네시아의 빨라(L. N. Palar), 터키의 아드난 쿠랄(Adnan Kural), 오스트레일리아의 샨 (K. C. O. Shann), 유엔 사무총장 보좌관 등이었다.

7_FRUS 1950, p. 128; Luard, *A History of The United Nations*, p. 240.

8_Acheson, *Present at the Creation*, p. 404.

9_FRUS, 1950, pp. 144-147; UN 문서번호(S/PV. 473). 사무총장은 당시 중국의 유엔 대표 문제와 관련해 미국 보수 언론들로부터 소련에 항복했다는 비난을 받고 있던 상황이었고, 이런 이미지를 무마하기 위해 단호하게 대응하는 모습을 보여 주려 했다.

10_Paige, *The Korean War Decision*, p. 107.

11_회의 기록은 UN 문서번호(S/PV/473); SCOR, 5th year, 473rd meeting(1950.6.25), pp. 1-2.

12_Luard, *A History of The United Nations*. Paige *The Korean War Decision*, p. 118; FRUS 1950, p. 156; Bailey, *How Wars End*, p. 13. 유고는 당시까지 안보리가 최종적이고 분명한 책임을 평가하고 한쪽의 죄를 결정하기에 완전하고 균형 잡힌 보고가 충분히 이루어지지 않았다고 지적했다[UN 문서번호(S/1500); (A/1361), pp. 22-23].

13_Paige, *The Korean War Decision*, p. 119.

14_Bailey, *Korean Armistice*, p. 13.

15_UN 문서번호(S/1501).

16_Luard, *A History of The United Nations*, p. 241.

17_한국전쟁 초기 소련의 안보리 부재와 중국의 유엔 회원 가입 문제에 대해서는 5장에서 좀 더 상세히 다룰 것이다.

18 Bailey, *Korean Armistice*, p. 12; Paige, *The Korean War Decision*, p. 106; Luard, *A History of The United Nations*, p. 314.

19 Acheson, *Present at the Creation*, p. 405; FRUS, 1950, pp. 148-154; Paige, *The Korean War Decision*, p. 97.

20 Paige, *The Korean War Decision*, p. 125; Acheson, *Present at the Creation*, p. 406.

21_Acheson, *Present at the Creation*, p. 406.

22_Acheson, *Present at the Creation*, p. 406; FRUS 1950, p. 160.

23_Acheson, *Present at the Creation*, p. 408.

24_Luard, *A History of The United Nations*, p. 241.

25_Acheson, *Present at the Creation*, p. 408.

26_FRUS 1950, pp. 200-202.

27_FRUS 1950, pp. 202-203.

28_Bailey, *Korean Armistice*, pp. 14-15.

29_UN 문서번호(S/1508/Rev. 1).

30_FRUS 1950, pp. 204-205, 207.

31_Bailey, *Korean Armistice*, p. 16.

32_이 용어는 19세기 영국의 제국주의를 정당화했던 법적 제도의 명칭이다. 영국은 식민지의 중요성에 따라 개입과 침투의 정도를 구분했는데, 이 중 가장 전면적인 영토적 통합 형태가 바로 식민지와 식민지 보호령이었다. 그리고 더 느슨한 형태의 영토적 통제는 이해관계 영역(spheres of interest)과 영향권(spheres of influence) 제도로 발전되었다. 이해관계 영역은 아직 유럽의 세계 분할에 포함되지 않고 추후의 점령을 위해 선호되는 법적 지위가 주장되는 곳이었다(독일의 표현으로는 Hinterland). 영향권은 다른 국가의 영향 영역에 간섭하지 않겠다는 협약이었다. 영향권과 관련된 조약들은 주로 헌법적으로 취약하고 내적으로 붕괴되고 있는 지역들과 체결되었다. 제1차 세계대전 이후 이런 영향권이나 이해 영역에 기반한 조약들은 더 이상 체결되지 않았다. 1922년 워싱턴 회담에서 미국은 이해 영역을 분할

하는 제국주의 시스템에 반대하는 입장이었다(Grewe, *The Epochs of International Law*, 475-77). 냉전의 양극 체제는 더 극단적인 양대 영향권, 즉 '블록' 구축의 형태로 나아간 셈이다.

33_이 기록은 UN 문서번호(S/PV.474.)

34_Luard, *A History of The United Nations*, p. 242.

35_6월 30일 회의에서 이집트 대표는 정부로부터 지시를 받아 두 가지 이유로 기권한다고 선언했다. 첫째, 현재의 분쟁은 서구와 동구 블록 간의 일련의 분열의 새로운 국면에 다름 아니다. 둘째, 다른 종류의 침략과 주권, 영토에 대한 위반이 안보리에서 제기되었으나 안보리는 한국에서 한 것과 같은 조치를 취하지 않았다[UN 문서번호(A/1361), pp. 23-25; FRUS 1950, p. 262].

36_FRUS 1950, p. 266.

37_Appleman, *South to the Naktong, North to the Yalu*(Center of Military History United States Army, 1992); James F. Schnabel, *Policy and Direction*(Center of Military History United States Army, 1972).

38_Acheson, *Present at the Creation*, p. 412.

39_부시는 안보리 결의안에 의거해 1990~91년 이라크에서 전쟁을 수행했고, 빌 클린턴도 보스니아 공중 폭격이나 아이티에 대한 1994년 침공을 위해 안보리 결의안에 의존했다[Louis Fisher, "The Korean War: On What legal basis did truman act?" *The American Journal of International Law*, Vol 89, No. 1(Jan., 1995), p. 21].

40_애치슨은 의회의 개입을 '권력의 분립이란 족쇄'라고 표현했다[Acheson, *Present at the Creation*, p. 208, 410; Paige, *The Korean War Decision*, p. 217].

41_Acheson, *Present at the Creation*, p. 413, FRUS 1950, pp. 288-89; Leffler, *A Preponderance of Power*, p. 368.

42_Acheson, *Present at the Creation*, p. 414.

43_FRUS 1950, p. 300-22.

44_이 회의 기록은 UN 문서번호(S/PV.476.)

45_UN 문서번호(S/1588).

46_Luard, *A History of The United Nations*, p. 244.

47_Luard, *A History of The United Nations*, p. 244.

48_FRUS 1950, pp. 501-502. UN 문서번호(S/PV 479)

49_이 결정은 추후 총회에서 최종 승인되었다. S/1657. 유엔한국재건단은 1959년 12월 31일까

지 활동했다. UN 문서번호(A/1873), "Report of the security council to the general assembly(1950.7.16~1951.7.15)," p. 1-2.

50_Bailey, *Korean Armistice*, pp. 20-21.

51_Luard, *A History of The United Nations*, p. 245.

52_며칠 후인 6월 29일, 소련 외무상 안드레이 그로미코는 미국 대사 커크(Alan G. Kirk)와의 대화에서 이와 유사한 입장을 재확인했다. ① 소련 정부가 검증한 바에 따르면 한국에서 발생한 사건은 남한 당국이 국경 지대에서 무력 공격한 것에 의해 촉발된 것이다. 이 사건의 책임은 남한 당국에 있다. ② 알려진 것처럼 소련 정부는 한국에서 미국보다 먼저 철수했고 내부 문제에 대한 전통적인 비간섭 원칙을 유지해 왔다. ③ 소련이 안보리 회의에 참석을 거부한 건 사실이 아니다(FRUS 1950, p. 230).

53_FRUS 1950, p. 209.

54_FRUS 1950, p. 222.

55_Bailey, *Korean Armistice*, p. 17.

56_UN 문서번호(S/1517); US State Department, *United States Policy in the Korean Crisis*, p. 56.

57_UN 문서번호(A/1361), "*The report of Security Council to the General Assembly, 1949-1950*", p. 27.

58_UN 문서번호(S/1527, S/1554).

59_UN 문서번호(S/1583).

60_FRUS 1950, pp. 224-25.

61_6월 30일 국무부는 언론 보도 자료를 통해서 소련의 주장을 반박했다. Department of State, *United States Policy in the Korean Crisis*, p. 62. 이는 국무부 자료에 재수록 되었다. *Department of State Bulletin* (1950/07/10), p. 48 (http://www.bpl.org/online/govdocs/department_of_state bulletin.htm).

62_1948년 4월 16일 팔레스타인 정전 요청 결의안, 5월 22일 휴전 요청 결의안 등에서 소련이 기권했고 이때는 안보리 행위의 합법성이 문제되지 않았다. 소련은 1948년 1월 17일 카슈미르에서 공격적인 행동을 중단하라는 결의안, 4월 21일 휴전에 대한 결의안 등에서도 기권했다.

63_UN 문서번호(S/PV 482), p. 15.

64_UN 문서번호(S/PV 487), pp. 20, 26.

65_Luard, *A History of The United Nations*, p. 242.

66_"Decisions of the Security Council on all other matters shall be made by an affirmative vote of seven members including the concurring votes of the permanent members."

67_Kelsen, *The Law of the United Nations*, p. 244.

68_Kelsen, *The Law of the United Nations*, pp. 250, 290-4, Supplement: "Recent Trends in Law of the UN," p. 921; "The Action in Korea," pp. 940-941.

69_Leo Gross, "Voting in the Security Council: Abstention from Voting and Absence from Meeting," *The Yale Law Journal*, Vol. 60, No. 2(1951), p. 209.

70_Julius. Stone, *Legal Controls of International Conflict : A Treatise on the Dynamics of Disputes and War* (Garland Publishing, 1973), pp. 207-212.

71_Myres S. McDougal and Richard N. Gardner, "The Veto and the Charter: An Interpretation for Survival," *The Yale Law Journal* Vol. 60, No. 2(Feb., 1951), pp. 258-92.

72_Josef L. Kunz, "Legality of the Security Council Resolutions of June 25 and 27, 1950," *The American Journal of International Law* Vol. 45, No. 1(Jan., 1951), pp. 137-142.

73_FRUS 1950, pp. 295-96.

74_유엔 헌장은, 만일 평화에 대한 위협이나 위반, 침략 행위가 있는 경우 유엔 안보리가 헌장 41조에 따라 무력 사용을 제외한 권고를 하도록 규정하고 있다. 이 방법이 부적절할 경우 43조에 따라 유엔 회원국은 '특별 합의'를 맺어 안보리에 (무력 지원을 포함해) 지원을 하게 되어 있었다. 회원국들이 각자의 헌법적 절차에 따라 이 합의를 비준할 것으로 기대되었다 (Fisher, "The Korean War: On What legal basis did truman act?" p. 29).

75_켈젠에 따르면 헌장 39조는 권고를 41조, 42조에 의한 방식과 구분하고 있으며 권고와 집행 행위는 안보리의 두 가지 다른 기능이다. 만일 안보리가 39조하에서 결정을 했다면 41조나 42조에 의한 행동을 해야 한다. 즉 39조에 따른 집행 행위는 오직 안보리에 의해 '명령'될 수 있는 것이지 '권고'하는 것이 아니다. 즉 집행 행위는 오직 41조와 42조에 의해서만 이루어 져야 한다(Kelsen, "The Action in Korea," p. 932).

76_FRUS 1950, pp. 295-96.

77_Kelsen, "The Action in Korea," p. 933.

78_굿리치는 헌장의 43조하에서 어떤 군사적 방법을 취할 것인가에 대한 기반이 되는 기존 합의가 없었고, 이에 대한 기존 합의가 있었더라도 구체적인 논의 과정에서 시간이 지연되는 것을 회피하기 위해 권고를 사용했을 것이라는 의견을 보였다[L. M. Goodrich, *Korea. A Study of U.S. Policy in the U.N.* (New York: Council on Foreign Relations, 1956), p. 114].

79_*Department of State Bulletin* Vol. 23, July 31, 1950, pp. 173-78.

80_Fisher, "The Korean War: On What legal basis did truman act?" p. 35.

81_Fisher, "The Korean War: On What legal basis did truman act?" pp. 28, 34.

82_Holsti, *Peace and War*, pp. 249-250.

83_Schlesinge, *Act of Creation*, p. 278: Fisher, "The Korean War: On What legal basis did truman act?" p. 28.

84_Kelsen, "The Action in Korea," p. 933.

85_Michael J. Glennon, "The Constitution and Chapter VII of the United Nations Charter, 85," *American Journal of International Law* 74(1991), pp. 75-77.

86_Fisher, "The Korean War: On What legal basis did truman act?" p. 35.

87_Fisher, "The Korean War: On What legal basis did truman act?" p. 38.

88_FRUS 1950, Vol. 1, pp. 358-60.

89_Leffler, *A Preponderance of Power*, pp. 407-408.

90_Kelsen, "The Action in Korea," p. 935.

91_Kelsen, "The Action in Korea," p. 935.

92_Kelsen, "The Action in Korea," pp. 937-38.

93_Kelsen, "The Action in Korea," p. 939.

94_Kelsen, "The Action in Korea," p. 940.

95_UN 문서번호(S/1603); (A/1361) "The report of Security Council to the General Assembly, 1949-1950," pp. 28-29.

96_한국은 한국 문제에 대한 안보리 회의 첫날(6월 25일)부터 안보리의 만장일치 결정으로 회의에 참석하도록 초대되었다. 8월 4일 회의에서 소련 대표가 제기한 것은 6월 25일 결정 이후 한국 대표가 자동적으로 계속 초대되는 것에 대한 반대였다(FRUS 1950, p. 537).

97_FRUS 1950, pp. 516-25; UN 문서번호(S/1668).

98_UN 문서번호(S/1653).

99_FRUS, 1950, pp. 548-50.

100_각회의 기록은 UN 문서번호(S/PV 485), (S/PV 486).

101_UN 문서번호(S/PV 487).

102_FRUS 1950, p. 577; Bailey, *Korean Armistice*, p. 21.

103_UN 문서번호(S/PV 489).

104_이런 침략/침략자에 대한 정의는 1933년 5월 국제연맹 안보위원회에서 승인되었다.

105_Kelsen, "The Action in Korea," pp. 930, 934.

106_UN 문서번호(A/1873), "Report of the security council to the general assembly (1950.7.16~1951.7.15)."

107_Luard, *A History of The United Nations*, p. 246.

108_Appleman, *South to the Naktong, North to the Yalu*, p. 488.

109_Bailey, *Korean Armistice*, p. 25.

110_FRUS 1950, pp. 272, 386.

111_FRUS 1950, pp. 354-55.

112_이승만은 이미 7월 10일경 한국 신문사와 인터뷰에서 이와 같이 밝혔다. "소련이 북한을 원조하고 국제 신의를 파괴한 후 38도선은 자연 소멸하였다. 따라서 한국군은 한국 내 모든 장소에서 작전하고 한만(韓滿) 국경까지 진격하는 이유를 얻게 되었다. 38선을 취소하지 않는 한 한국은 통일할 수 없고 평화도 실현할 수 없다"(『경제신문』 1950/07/14).

113_Acheson, *Present at the Creation*, p. 451; FRUS 1950, p. 373; Foot, *A Substitute for Victory*, p. 27.

114_*Public Papers of the Presidents of the United States, Harry S. Truman, 1950*, p. 523. http://www.trumanlibrary.org/publicpapers/index.php?pid=822&st=&st1

115_FRUS 1950, pp. 709-711.

116_케넌은 애치슨에게 "한국에 대한 침략에 개입한 미국의 행위는 옳았다. 하지만 우리의 역량을 고려할 때 한반도 전체에 반소련 정권을 수립하는 것이 필수적인 것은 아니다"라며 38선 통과에 대한 반대 의견을 보였다[Acheson, *Present at the Creation*, p. 446; Chen Jian, *China's Road to the Korean War: The Making of the Sino-American Confrontation*(Columbia University Press, 1994), p. 165].

117_FRUS 1950, pp. 449-454, 469-473, 615.

118_FRUS 1950, pp. 458, 483.

119_FRUS 1950, pp. 393-94.

120_Acheson, *Present at the Creation*, p. 445.

121_7월 31일, 미 국방부가 준비한 미국의 한국에서의 행동 방침 비망록. "한국은 한 세기 동안 갈등의 교차로였다. 38선은 동질적인 민족의 자연스러운 단일성을 위반한 지정학적 인공물이었다. 이는 일시적인 군사적 편의를 위해 시작되었고, 철의 장막의 동쪽 전방 초소가

되었다"(FRUS 1950, pp. 502-509).

122_Acheson, *Present at the Creation*, p. 452.

123_UN 문서번호(S/PV 488).

124_FRUS 1950, p. 596.

125_NSC 76: U.S Courses of Action in the Event Soviet Forces Enter Korean Hostilities(1950.7.21) NSC 76/1: U.S Courses of Action in the Event Soviet Forces Enter Korean Hostilities(1950.7.25).

126_NSC 73/4 The Position and Actions of the U.S with Respect to Possible Further Soviet Moves in the Light of the Korean Situation(1950.8.25).

127_Bailey, *Korean Armistice*, p. 25; FRUS 1950, pp. 635-71.

128_FRUS 1950, pp. 685-93, http://www.hsdl.org/; http://legacy.wilsoncenter.org/cold warfiles/files/ Documents /Truman-library.NSC.81-1.pdf.

129_FRUS 1950, pp. 712, 716-718.

130_Bailey, *Korean Armistice*, p. 27.

131_*Public Papers of the Presidents of the United States: Harry S. Truman*, 1950, p. 644.

132_Luard, *A History of The United Nations*, p. 247.

133_Acheson, *Present at the Creation*.

134_Bailey, *Korean Armistice*, p. 24.

135_FRUS 1950, p. 704.

136_FRUS 1950, p. 738.

137_Luard, *A History of The United Nations*, p. 247; Acheson, *Present at the Creation*, pp. 448-50.

138_*Department of State Bulletin* Vol 23, October 2, 1950, pp. 523-29.

139_Luard, *A History of The United Nations*, pp. 246-47.

140_1950년 9월 20일자 서한(UN 문서번호 A/1375)과 9월 24일자 전문(A/1415). "Peace through Deeds and Condemnation of Propaganda against Peace"(1950.9.26) (A/C.1/595), Establishment of a Permanent Commission of Good Offices(1950.9.26) (A/1401), Duties of States in the Event of the Outbreak of Hostilities(1950.9.26) (A/1399).

141_Bailey, *Korean Armistice*, p. 28.

142_UN 문서번호(A/C.1/558).

143_UN 문서번호(A/C.1/SR 346).

144_FRUS 1950, pp. 826-28; Bailey, *Korean Armistice*, p. 29; YBUN 1950, p. 257.

145_Foot, *A Substitute for Victory*, p. 26.

146_Luard, *A History of The United Nations*, p. 248, FRUS 1950, pp. 904-6; *YBUN* 1950, p. 264; UN 문서번호(A/PV 294).

147_Schnabel, *Policy and Direction*.

148_Luard, *A History of The United Nations*, p. 249.

149_FRUS 1950, pp. 783, 835, 927, 1042.

150_즉 국무부는 이 보고서에서 ① 침략이라는 전쟁범죄, ② 전쟁 관습법에 대한 위반이나 민간인에 대한 잔혹 행위를 구분하려 했다. 여기서 후자의 범죄들에 대해서는 맥아더가 준비하고 있는 군사 명령을 통해 처리하기로 했다. 전자, 즉 군사적 침략이라는 전쟁범죄는 매우 정치적인 문제이므로 이는 유엔이 다루고 평가해야 한다고 보았다. 미 국무부는 뉘른베르크와 극동 군사재판의 경우처럼 침략 범죄 재판을 북한에 적용해 북한 정권을 전쟁범죄로 기소하는 것은 부적절하다고 판단했다. 그 이유는 이 전쟁의 주요 책임은 소련에 있으며, 전범 재판은 남과 북의 적대감을 부추기며 평화로운 정치적 통일을 더 어렵게 할 것이기 때문이었다. 국무부는 유엔 총회에서 전쟁범죄와 관련된 논의는 회피하거나 최소화하라고 제안했다(FRUS 1950, pp. 924-25).

151_이런 입장은 미 국무부가 준비한 10월 13일 미국의 유엔 행동의 원칙에 대한 문서(A/1881)에 잘 반영되어 있다.

152_FRUS 1950, p. 974.

153_FRUS 1950, p. 995; Appleman, *South to the Naktong, North to the Yalu*, 1992, pp. 670-71.

154_FRUS 1950, pp. 1007, 1016.

155_김용중은 일제강점기에 미국에서 독립운동을 했으며, 해방 이후 중립적 통일 운동을 한 후 민주화 운동에 몸을 담았다. 그는 1943년 11월에 워싱턴에서 '한국사정사'를 설립하고 월보 『한국의 소리』(*The Voice Of Korea*)를 간행하며, 반이승만 노선과 중도적 합리주의 노선을 취했다.

156_국방부 전사편찬위원회, 『한국전쟁 자료총서 49』, pp. 146-150.

157_관련 문서는 FRUS 1950 vol. 2, pp. 303. 이 결의안은 총회에 상정되기 이전 정치위원회에 제출된 내용이 미 공보원을 통해 한국에도 보도되었다(『서울신문』 1950/10/21).

158_*YBUN*, 1950, pp. 181-195.

159_평화감독위원회는 1960년까지 활동했고, 집단조치위원회는 2년만 활동했다. 하지만 이 기구들은 아무런 의미 있는 역할을 하지 못했다(Christian Tomuschat, "Uniting for Peace Resolution," http://untreaty.un.org/cod/avl/ha/ufp/ufp.html).

160_Kelsen, "*The Action in Korea*," pp. 953-54; Bailey, *Korean Armistice*, p. 38.

161_Christina Binder, "Uniting for Peace 1950," Rudiger Wolfrum ed., *The Max Planck Encyclopedia of Public International Law*(online edition, www.mpepil.com], visited on 2012.7.16).

162_Binder, "Uniting for Peace 1950"

163_Binder, "Uniting for Peace 1950"

164_Kelsen, "*The Action in Korea*," p. 970.

165_Kelsen, "*The Action in Korea*," pp. 971-73.

166_Kelsen, "*The Action in Korea*," p. 974.

167_YBUN 1950, p. 194.

168_Kelsen, "*The Action in Korea*," pp. 977-79, 84.

169_Kelsen, "*The Action in Korea*," p. 983.

170_YBUN 1950, p. 194.

171_Kelsen, "*The Action in Korea*," pp. 980-82.

172_Kelsen, "*The Action in Korea*," p. 979.

173_Kelsen, "*The Action in Korea*," p. 985.

174_Neff, *War and the Law of Nations*, pp. 324-25.

175_Luard, *A History of The United Nations*, pp. 272-273.

176_Quincy Wright, "Collective Security in the light of the Korean Experience," *Proceedings of the American Society of International Law at Its Annual Meeting(1921-1969)* Vol. 45(April 26-28, 1951), p. 165.

177_Quincy Wright, "The Outlawry of War and the Law of War," *American Journal of International Law* 47(1953), pp. 365-76.

178_Wright, "The Outlawry of War," p. 369

179_Wright, "The Outlawry of War," pp. 370-73

180_Wright, "Some thoughts about recognition," *American Journal of International law* (1950), p. 557

181_Wright, "The Outlawry of War," p. 365

182_Hans Kelsen, *Principles of International Law*(2nd edition)(Holt, Rinehart and Winston, 1966), p. 27

183_Neff, *War and the Law of Nations*, pp. 335-337

184_하지만 라이트 역시 선언만으로 전쟁이 완전히 금지되었다고 주장한 것은 아니었다. 라이트는 켈로그-브리앙 협약과 유엔 헌장을 추진한 운동은 장기적 전망을 갖고 사람들이 점차 전쟁을 새롭게 바라보고 이런 도덕·사회·심리적 변화가 분쟁의 발생에 영향을 줄 것이라는 희망을 갖고 있다고 보았다. 또한 라이트는 법적 의미의 전쟁과 물질적 의미의 전쟁을 구분하며, 법적 의미의 전쟁은 사라졌지만, 물질적 의미의 전쟁이 발발하면 여기에 적용되는 다양한 규칙들이 있다고 보았다. 라이트는 이 규칙들을 다섯 가지로 구분했다. ① 교전국에게 새 권력을 수여하는 규칙, ② 교전국에게 책임을 부과하는 규칙, ③ 군인과 민간인에게 개인의 권리를 부여하는 규칙, ④ 군인과 민간인에게 개인적 책임을 부과하는 규칙, ⑤ 교전권을 넘어선 행동을 어느 정도까지 유엔이 허용하는지에 대한 규칙(Wright, "The Outlawry of War," p. 374).

185_Josef L. Kunz, "The Chaotic Status of the Laws of War and the urgent necessity for their revision," *The American Journal of International Law* Vol. 45, No. 1(Jan., 1951), pp. 37-61

186_Neff, *War and the Law of Nations*, p. 339.

187_*Annuaire Annuaire de l'Institut de Droit International Vol.* 47 No. 1(1957), pp. 333-4.

188_미국 국제법학회의 유엔의 법적 문제에 대한 연구위원회 위원들은 다음과 같았다. 클라이드 이글턴(Clyde Eagleton, chairman), 바이븐스(W. J. Bivens), 릴랜드 곧리치(Leland M. Goodrich), 한스 켈젠(Hans Kelsen), 조세프 쿤츠(Josef L. Kunz), 루이스 존(Louis B. Sohn). Committee on the Study of the Legal Problems of the United Nations, "Should the Laws of War Apply to United Nations Enforcement Action?" *Proceedings of the American Society of International Law* 46(1952), pp. 216-20.

189_Neff, *War and the Law of Nations*, pp. 338-40.

190_라이트는 하버드 연구회의 결론을 근거로 했다. Harvard Research Draft on Aggression, Art. 14; Budapest, Articles of Interpretation *American Journal of International law*, vol. 33, 1939, pp. 830, 905.

191_Wright, "Collective Security in the light of the Korean Experience," pp. 165-66.

192_War Department of the US, General Order(100)(1863).

193_Wright, "The Outlawry of War," p. 365.

194_Wright, "The Outlawry of War," p. 376.

195_Wright, "The Outlawry of War," p. 367.

196_한스 켈젠은 *Law and Peace in International Relations*(1942, p. 52). Hans Kelsen, *General theory of Law and State*(1945)에서 국제법에 따라서 전쟁은 원칙적으로 금지되었고 범죄에 대한 대응, 제재로서만 허용되어야 한다고 주장했다.

197_Wright, "The Outlawry of War," pp. 367-68

198_Josef L. Kunz, "Bellum Justum and Bellum Legale," *The American Journal of International Law* Vol. 45, No. 3(Jul., 1951), pp. 529, 532; G. Schwarzenberger, "Jus Pacis ac Belli," *American Journal of International Law* Vol. 37(1943), pp. 460-477.

199_Kunz, "Bellum Justum and Bellum Legale," p. 532

200_Kunz, "Bellum Justum and Bellum Legale," pp. 532-33

201_Kunz, "Bellum Justum and Bellum Legale," p. 533

202_Kunz, "Bellum Justum and Bellum Legale," p. 533

203_Kunz, "Bellum Justum and Bellum Legale," p. 534

204_Morgenthau, *In Defence of the National Interest*; George F. Kennan, *American Diplomacy 1900-1950* (The University of Chicago Press, 1951).

205_Morgenthau, *In Defence of the National Interest*, pp. 92-104.

206_Morgenthau *In Defence of the National Interest*, pp. 100-102, 104.

207_Morgenthau, *Politics Among Nations,* pp. 266, 306, 415.

208_Morgenthau, *Politics Among Nations*.

209_Morgenthau, *Politics Among Nations*, pp. 177, 290, 343, 415-416.

210_Morgenthau, *In Defence of the National Interest*, pp. 147-150.

211_Kennan, *American Diplomacy 1900-1950*, p. 95.

212_Kennan, *American Diplomacy 1900-1950*, pp. 97-102.

213_Myres S. McDougal, "Law and Power," *The American Journal of International Law* Vol. 46, No. 1(Jan., 1952), p. 104.

214_이런 권력 개념의 근거는 보수적 정치학자이자 커뮤니케이션 학자인 라스웰과 카플란이

었다. Harold D. Lasswell and Abraham Kaplan, *Power and Society: A Framework for Political Inquiry* (Yale University Press, 1950).

215_McDougal, "Law and Power," pp. 108-9

216_McDougal, "Law and Power," p. 111

| 5장 |

1_Chen Jian, *China's Road to the Korean War: The Making of the Sino-American Confrontation* (Columbia University Press, 1994), p. 169.

2_Sydney D. Bailey, *Korean Armistice* (Macmillan Academy, 1992), p. 30; Luard, *A History of The United Nations*, p. 250; Acheson, *Present And Creation* p. 452; Chen Jian, *China's Road to the Korean War*, p. 172.

3_Chen Jian, *China's Road to the Korean War*, p. 186; Chen Jian, *Mao's China and the Cold War: The Making of the Sino- American Confrontation*(The University of North Carolina Press, 2001), p. 91.

4_Appleman, *South to the Naktong, North to the Yalu*, p. 762.

5_Luard, *A History of The United Nations*, p. 251; FRUS 1950, 1047; "Special Report of the United Nations Command in Korea: Consideration by the Security Council," *YBUN* 1951, 238; 518th meeting of the Security Council on 6 November 1950, (S/1884).

6_11월 7일 국무부 정책기획의 존 데이비스(John Davies)의 비망록, "중국 공산주의의 한국 개입"(FRUS 1950, 1080).

7_FRUS 1950, pp. 1175-76.

8_Foot, *A Substitute for Victory*, p. 27.

9_애치슨은 훗날 10월 26일부터 11월 17일까지가 재앙을 막을 수 있는 결정적 시기였다며, 맥아더에게 많은 재량권이 넘어가 있던 상황 때문에 이 기회를 놓친 것을 후회했다(Acheson, *Present And Creation* pp. 465-68).

10_FRUS 1950, p. 1150.

11_FRUS 1950, pp. 1178-83.

12_NSC 77: National Manpower Mobilization Policy(1950.8.1), NSC 77/1: National Manpower Mobilization Policy(1951.1.2).

13_NSC 79: U.S. and Allied War Objectives in the Event of Global War(1950.8.25).

14_NSC 68/1: U.S. Objectives and Programs for National Security(1950.9.21), NSC 68/2: U.S. Objectives and Programs for National Security(50.9.30), NSC 68/3: U.S. Objectives and Programs for National Security(50.12.8).

15_FRUS 1950, p. 1237.

16_1948년 11월 중국 북동부에서 가장 큰 도시인 선양에 도착한 중국 공산군은 지역에 미국의 총영사 워드를 포함해 다수의 서구 외교관들과 대면했다. 처음에는 중국공산당 선양 지역 점령 당국 지휘관들이 워드와 외교 관계를 수립하려 했지만, 중국공산당 중앙위원회와 마오 쩌둥의 지시로 미국을 포함한 서구 국가들의 영사들로부터 무선 송신기를 빼앗고 이들을 억류하는 일이 벌어졌다. 이후 수 개월간 해결되지 못한 이 사건은 미국에 큰 인상을 남겼다 (Jian, *China's Road to the Korean War*, pp. 34-38).

17_Jian, *China's Road to the Korean War*, pp. 39-41.

18_Jian, *China's Road to the Korean War*, pp. 41-42; Jian, *Mao's China and the Cold War*, pp. 47-48.

19_Jian, *China's Road to the Korean War*, pp. 43, 49-50.

20_내전 시기 미국의 중국 정책에 대해서는 Robert L. Messer, "American Perspectives on the Origins of the Cold War in East Asia," Akira Iriye and Warren I. Cohen, eds., *American, Chinese, and Japanese Perspectives on Wartime Asia, 1931-1949* (Wilmington: Scholarly Resources, 1990), pp. 254-61; Warren I. Cohen, *America's Response to China: A History of Sino-American Relations* (3rd edition)(New York: Columbia University Press, 1990), pp. 150-58.

21_① 공공질서를 유지하는 것을 포함해 사실상 영토와 행정 기구를 통제하는 것, ② 국제적 의무를 준수하려는 능력과 의지, ③ 정부의 권력에 대한 국민들의 전반적인 묵인이 그것이었다.

22_Acheson, *Present And Creation*, p. 340; Chen Jian, *China's Road to the Korean War*, p. 45.

23_*FRUS* 1948, Vol. 8, pp. 146-55.

24_Jian, *China's Road to the Korean War*, pp. 46-47.

25_NSC 34/2, "U.S. Policy toward China," February 28, 1949, FRUS 1949, vol.9, p. 494.

26_NSC 41, "Draft Report by the National Security Council on United States Policy Regarding Trade with China," February 28, 1949, FRUS1949, vol. 9, pp. 826-4.

27_Jian, *China's Road to the Korean War*, pp. 47-48; Leffler, *A Preponderance of Power*, p. 293.

28_1940년에 미국 의회에서 중국 로비스트들이 중국에 대한 정책을 변화시키지 말고 장제스에 대한 지원을 지속할 것을 촉구했다. 놀랜드, 웨리, 스미스 등 상원 의원들이 국무부의 정책

변화에 반대했다. 이들은 국민당의 패배가 국무부 내부의 배신의 결과라고 비난하기까지 했다(Jian, *China's Road to the Korean War*, pp. 49-50). 이에 대한 더 상세한 분석은 Nancy Bernkopf Tucker, *Patterns in the Dust: Chinese-American Relations and the Recognition Controversy, 1949-1950*(New York: Columbia University Press, 1983).

29_따라서 애치슨의 전략은 매우 자기 모순적이고 양가적이었다는 평가가 있다. 애치슨의 자기 모순적 정책에 대한 분석은 다음을 참조. Gordon H. Chang, *Friends and Enemies: The United States, China, and the Soviet Union, 1948-1972*(Stanford: Stanford University Press, 1990).

30_Jian, *China's Road to the Korean War*, pp. 49-50, 58.

31_Luard, *A History of The United Nations*, p. 313; Bailey, *How Wars End*, p. 80; Trygve Lie, *In the Cause of Peace : Seven years with the United Nations* (The Macmillan Company, 1954), p. 257.

32_Bailey, *How Wars End*, p. 80.

33_며칠 후 소련은 안보리에 국민당 그룹의 대표 자격을 인정해선 안 된다는 결의안 초고를 제출했다(S/1443).

34_인도·소련·유고는 찬성했고 영국·노르웨이는 기권했으나 6개국이 반대했다.

35_Luard, *A History of The United Nations*, p. 314, *YBUN* 1950, pp. 421-435.

36_Yuen-Li Liang, "Recognition by the United Nations of the Representation of a Member State: Criteria and Procedure," *The American Journal of International Law* Vol. 45, No. 4(Oct., 1951), p. 691.

37_UN 문서번호(S/C.1/S.R.113).

38_UN 문서번호(S/1466), 1950년 3월 8일, 유엔 사무총장이 회람시킨 "Legal Aspects of the Problem of Representation in the United Nations."

39_Trygve Lie, *In the Cause of Peace*, pp. 249-74.

40_Liang,"Recognition by the United Nations," p. 693.

41_Luard, *A History of The United Nations*, p. 315; Chen Jian, *Mao's China and the Cold War*, p. 38.

42_FRUS 1950, p. 366.

43_"본인은 귀하가 제시한 중화인민공화국이 포함된 5개국 상임이사국에 의한 안전보장이사회 결정으로 한국 문제를 평화적으로 해결하자는 제안에 공감하는 바이다. 본인은 한국 문제의 조기 해결을 위해서 한국인 대표를 안전보장이사회에 초청하여 증언 청취를 하는 것이 바람직하다고 믿고 있다. 경의를 표하며, 소련 수상 스탈린." 국방부 전사편찬위원회, 『국무

부 한국 국내 상황 관련 문서 VI; 한국전쟁 자료 총서 44』, pp. 96-97.

44_Jian, *Mao's China and the Cold War*, p. 89에서 재인용.

45_1950년 8월 26일 저우언라이의 중국공산당 중앙군사위원회 확대회의 연설.

46_UN 문서번호(S/PV 480), Rev1. pp. 36-40, 42-47.

47_소련은 사무총장에게 보낸 6월 29일 전문에서 안보리 6월 27일 결의안에 대해 소련과 중국 두 개의 상임이사국이 부재중이었으므로 법적 효력이 없다고 언급했다[UN 문서번호 (S/1517)].

48_*YBUN* 1950, pp. 425-29

49_8월 10일, 17일 유엔 미국 대사 오스틴의 발언에 대한 논의는 Whiting, Allen S. *China Crosses the Yalu: the Decision to Enter the Korean War*(New York: Macmillan, 1960), pp. 78-79.

50_Jian, *China's Road to the Korean War*, p. 147.

51_쿠바는 1950년 7월 19일자 서한을 통해 '유엔에 의한 회원국 대표의 인정'이라는 의제를 유엔 총회 5차 회기에 예비 의제로 상정하자고 요청했다(A/1292).

52_쿠바 결의안은 ① 영토에 대한 효율적인 권한, ② 주민들의 전반적 동의, ③ 유엔 헌장의 목적을 달성하고, 그 원칙을 준수하고, 국제적인 국가의 의무를 충족할 능력과 의지, ④ 인권과 근본적인 자유에 대한 존중을 강조했다(Liang, "Recognition by the United Nations," pp. 695-97).

53_영국 결의안은 내부의 변화와 과정의 결과 회원국의 대표 문제가 제기되면 유엔에서 회원국의 대표 문제는 그 정부가 모든 혹은 거의 모든 영토에 대한 효과적 통제와 권한을 행사하고 있는지, 상당수의 주민들이 이에 따르고 있는지, 이런 통제와 권위와 복종이 영구적인 성격을 보이는지에 따라 인정되어야 한다는 것이었다(Liang, "Recognition by the United Nations," p. 698).

54_UN 문서번호(A/A.C38/L45: 11월 21일)

55_Liang, "Recognition by the United Nations," pp. 699-700.

56_YBUN 1950, pp. 425-29

57_China Miéville, *Between Equal Rights: A Marxist Theory of International Law* (Brill Leiden 2005), p. 236.

58_Antony Anghie, "Finding the Peripheries: Sovereignty and Colonialism in Nineteenth-Century International Law," *Harvard International Law Journal* 40, 1 (1999).

59_미국은 1907년부터 중앙아메리카에서 새로 설립된 정부나 헌법이 선거를 통해 확정되기까

지는 혁명이나 쿠데타로 권력을 잡은 정부를 인정하지 않는 토바 독트린을 확립한 바 있었다.

60_Ulmen, G.L. 1987, "American Imperialism and International Law: Carl Schmitt on the US in World Affairs," *Telos* 72, pp. 43-1.

61_Grewe, *The Epochs of International Law,* pp. 599-602.

62_Leffler, *A Preponderance of Power,* p. 35.

63_UN 문서번호(S/1466).

64_"한 국가나 정부를 인정하는 정치적 행위는 인정하는 국가가 그 인정받는 국가와 정치적 관계에 들어갈 것이라는 것을 의미하는 것이다. 이 정치적 인정 문제는 인정하는 국가의 자의적 결정의 영역 안에 있는 행위이다. 인정은 일방적 선언이나 양자 간 서신 교환 등으로 이루어질 수 있다. 이 정치적 행위는 법적 효과가 없으므로 구성적(constitutive) 인 것이 아니고 따라서 선언적(declaratory)인 것이라 할 수 있다"[Hans Kelsen, "Recognition in International Law-Theoretical Observations," *The American Journal of International Law* Vol. 35(1941), p. 605].

65_Kelsen, "Recognition in International Law," p. 615.

66_Kelsen, "Recognition in International Law," pp. 606-8. 켈젠의 국가론에 대해서는 Hans Kelsen, *Allgemeine Staatslehre* (Berlin: Julius Springer Verlag, 1925) 참고.

67_Kelsen, "Recognition in International Law," pp. 608-9.

68_국가나 정부의 인정 외에 반란 세력을 교전권을 가진 세력으로 인정하는 것도 국제법에서 중요하다. 이는 내전 상황을 전제로 한다. 국제법에 의해 규정된 어떤 조건 속에서 이 내전은 국제전의 성격을 갖게 되는가? ① 반란 세력이 정부와 스스로 군사 기구를 갖고 있다. ② 반란 세력이 전쟁의 기술 형태를 수행한다. 이는 작은 반란 수준이 아니라 일반적 이해에 따른 진짜 전쟁 형태를 띤다. ③ 반란 정부가 내전이 발발한 특정한 영토를 사실상 통제한다. 질서가 확립되어 있다. 반란 세력을 교전 상대로 인정하는 법적 인정은 이런 사실이 존재하는 것을 의미한다. 이에 대해 의견들이 갈리는데, 공통적인 것은 전쟁과 중립성에 대한 국제 규범이 이들에게 적용 가능해진다는 것이다. 이런 인정 행위의 두 가지 가장 중요한 기능은 내전을 국제전으로 만든다는 것이고, 내전에 관여한 국가 내의 정치적 권력의 변화에 상응하는 국제적 책임의 규제이다(Kelsen, "Recognition in International Law," p. 616).

69_Kelsen, "Recognition in International Law," pp. 610-617. 이런 켈젠의 주장은, 법적 인정의 개념이 매우 제한적이며 국가들의 실제 행동들과 괴리된다는 비판을 받았다[Brown, "The Effects of Recognition," *American Journal of International Law* Vol 36(1942)].

70_Josef L. Kunz, "Critical Remarks on Lauterpacht's 'Recognition in International Law'," *The American Journal of International Law* Vol. 44, No. 4(Oct., 1950), p. 714.

71_H. Lauterpacht, "Recognition of States in International Law," *The Yale Law Journal* Vol. 53, No. 3(Jun, 1944), pp. 385-86.

72_Lauterpacht, "Recognition of States in International Law," p. 456.

73_Malbone W. Graham, "Some Thoughts on the Recognition of New Governments and Regimes," *The American Journal of International Law* Vol. 44, No. 2 (Apr., 1950), p. 357. 국제연맹 시기 국가의 인정 문제에 대한 좀 더 상세한 논의는 다음을 참조. Malbone W. Graham, *The League of Nations and the Recognition of States* (University of California, 1933).

74_Graham, "Some Thoughts on the Recognition," p. 360.

75_Lauterpacht, "Recognition of States in International Law."

76_Quincy Wright, "Some Thoughts About Recognition", *The American Journal of International Law* Vol. 44, No. 3(Jul., 1950), pp. 550-52; Quincy Wright, "The Chinese Recognition Problem," *The American Journal of International Law* Vol. 49, No. 3 (Jul, 1955), pp. 320-338.

77_Wright, "Some Thoughts About Recognition," p. 554.

78_Quincy Wright, *Legal Problems in the Far Eastern Conflict* (New York: Institue of Pacific Relations, 1941), p. 118.

79_Lauterpacht, "Recognition of States in International Law," p. 458.

80_Kunz, "Critical Remarks on Lauterpacht," pp. 713, 715.

81_Philip C. Jessup, *A Modern Law of Nations* (New York, 1948), pp. 43-67.

82_Kunz, "Critical Remarks on Lauterpacht," p. 715.

83_Kunz, "Critical Remarks on Lauterpacht," p. 715.

84_Kunz, "Critical Remarks on Lauterpacht," pp. 718-719.

85_C. G. Fenwick, "The Recognition of the Communist Government of China," *The American Journal of International Law* Vol. 47, No. 4 (Oct., 1953), p. 658.

86_Fenwick, "The Recognition of the Communist Government of China," p. 659.

87_Fenwick, "The Recognition of the Communist Government of China," p. 660.

88_Fenwick, "The Recognition of the Communist Government of China," p. 660.

89_FRUS 1950, pp. 1050, 1087-1093.

90_관련 논의는 *YBUN* 1951, pp. 265, 266 참조.

91_Luard, *A History of The United Nations*, p. 316; Bailey, *How Wars End*, pp. 76-77.

92_Foot, *A Substitute for Victory*.

93_FRUS 1950, p. 373; Bailey, *Korean Armistice*, p. 19.

94_NSC 80 : Pease Offensive Concerning Korea(1950.9.1)은 여기에 더해 미국의 사상자가 늘어날 경우 여론에 부정적 영향을 미치고, 군사적 교착상태 이후 생겨날 문제에 대비한 정교하게 준비된 심리·외교 공세를 시작하려 했다(FRUS 1950, p. 684).

95_Foot, *A Substitute for Victory*, p. 31.

96_UN 문서번호(S/PV 519, S/PV 520).

97_UN 문서번호(S/PV 519), p. 91, (S/PV 520), p. 37.

98_Luard, *A History of The United Nations*, p. 251; Bailey, *Korean Armistice*, p. 38; FRUS, 1950, Vol.II, pp. 548-50, 555; Ernest A. Gross, *The United Nations: Structure for Peace* (New York: Manhattan Publishing, 1959), pp. 113-115, 346-347.

99_FRUS 1950, p. 1107. 연설문은 *Department of State Bulletin*(1950.11.20), p. 818.

100_문서는 *Department of State Bulletin*(1950.11.27), p. 853.

101_*Public Papers of the Presidents of the United States, Harry, S. Truman, 1950*, p. 711; Luard, *A History of The United Nations*, p. 252; FRUS 1950, pp. 1158, 1161.

102_FRUS 1950, p. 1127.

103_UN 문서번호(S/PV 523).

104_UN 문서번호(A/1304) "Development of a Twenty-Year Programme for Achieving Peace Through the United Nations"(1950.6.6).

105_Luard, *A History of The United Nations*, p. 252.

106_FRUS 1950, p. 1235; Bailey, *Korean Armistice*, p. 39.

107_대표인 우슈취안은 미국에 도착한 것을 '신중국의 인민이 거인의 활보로 세계정세에 관련한 정치 무대에 등장했다'라고 회고했다[Wu Xiuquan, *Eight Years in the Ministry of Foreign Affairs (January 1950-October 1958): Memoirs of a diplomat* (Beijing: New World Press, 1985) 진유리 역, "오수권(伍修權) 외교회고록," 『중소연구』, 1984, p. 273].

108_UN 문서번호(S/PV 525).

109_Luard, *A History of The United Nations*, p. 253

110_UN 문서번호(S/PV 526, S/PV 527).

111_Wu Xiuquan(1985[1984]), p. 297.

112_11. 29. UN 문서번호((S/PV 528), 11. 30(S/PV 530).

113_Bailey, *Korean Armistice*, p. 40; FRUS 1950, p. 1268.

114_Bailey, *Korean Armistice*, p. 39; *SCOR* 5th year, Supplement for September to December 1950, 527th meeting(30 Nov. 1950), pp. 19-20; Wu, Xiuquan, *Eight Years in the Ministry of Foreign Affairs*, p. 45; FRUS, 1950, Vol. 7, pp. 923, 1025, 1071.

115_Acheson, *Present And Creation*, pp. 472, 491; FRUS 1950, p. 1246.

116_*Public Papers of the Presidents: Harry S. Truman* 1950, pp. 741-747.

117_Foot, *A Substitute for Victory*, p. 30; Acheson, *Present And Creation*, p. 475; FRUS 1950, p. 1240.

118_FRUS 1950, pp. 1490-96; Acheson, *Present And Creation*, p. 481.

119_Acheson, *Present And Creation*, p. 478.

120_Acheson, *Present And Creation*, p. 481; FRUS 1950, pp. 1348-1479.

121_Acheson, *Present And Creation*, p. 482; Foot, *A Substitute for Victory*, p. 29.

122_Acheson, *Present And Creation*, p. 481; Foot, *A Substitute for Victory*, p. 21; FRUS 1950, pp. 1348-1479.

123_UN 문서번호(A/PV 319).

124_Bailey, *Korean Armistice*, p. 44; FRUS 1950, pp. 1422-1485; Stueck, *Korean War*, pp. 139-40.

125_Stueck, *Korean War*, pp. 140-141.

126_UN 문서번호(A/C.1/SR 415).

127_아프가니스탄, 버마, 이집트, 인도, 인도네시아, 이란, 이라크, 레바논, 파키스탄, 필리핀, 사우디아라비아, 시리아, 예맨. UN 문서번호(A/C.1/641)

128_UN 문서번호(A/C.1/SR 416); *YBUN* 1951, pp. 244-49; FRUS 1950, pp. 1489, 1500-1512, 1536; Bailey, *Korean Armistice*, p. 44.

129_FRUS 1950, pp. 1441, 1529.

130_(NSC 95), 1950.12.12; FRUS 1950, vol.7, pp. 1529-1531.

131_Foot, *A Substitute for Victory*, pp. 31-32.

132_매튜가 제시한 일반 원칙은 ① 모든 북한군의 정규·비정규군은 분쟁을 중단하고 정전 혹은 휴전 협상과 관련해 통합사령관이 부과하는 군사적 요구를 따른다. ② 38선 남쪽의 모

든 북한군은 평화 협약에 의한 결정이 있을 때까지 유엔군에 억류된다. ③ 유엔군이 38선 북측 지역에 들어가 북한군의 무장해제를 감독한다. ④ 유엔 평화 협약이 수립될 때까지 북한 당국은 법과 질서를 유지할 책임을 진다. 이를 위해 사령관은 한정된 수의 민간 경찰에게 무기 보유를 허용할 수 있다. ⑤ 북한에 있는 모든 유엔 전쟁 포로와 민간 억류자들은 한 번에 석방되어야 하며 이들을 보호하고 돌보고, 지정 장소로 이송할 조항이 만들어져야 한다는 것이었다.

133_FRUS 1950, pp. 731-32.

134_Bailey, *How Wars End*, p. 116; Acheson, *Present And Creation*, p. 512.

135_1950년 12월 동안 베이징과 모스크바의 의견 교환에 대해서는 *Cold War International History Project Bulletin*(이후 *CWIHPB*), no. 6(Winter 1995~6), pp. 51-3.

136_K. M. Panikkar, *In Two Chinas*(London: Allen and Unwin, 1955), p. 118.

137_Bailey, *How Wars End*, p. 116.

138_UN 문서번호(A/PV 324).

139_Luard, *A History of The United Nations*, p. 254.

140_Bailey, *How Wars End*, pp. 117-118; YBUN. 1950, pp. 250-51; FRUS 1950, p. 1560.

141_Jian, *Mao's China and the Cold War*, p. 92.

142_Luard, *A History of The United Nations*, p. 255; *FRUS* 1950, vol. 7, pp. 1594-8.

143_Bailey, *How Wars End*, p. 117; Wu Xiuquan, *Eight Years in the Ministry*. p. 253.

144_UN 문서번호(A/C.1/643); YBUN 1951, p. 250.

145_Luard, *A History of The United Nations*, p. 255; YBUN 1951, pp. 209-210; Bailey, *How Wars End*, p. 118.

146_Acheson, *Present And Creation*, p. 513.

147_Luard, *A History of The United Nations*, p. 256; Bailey, *How Wars End*, p. 119; FRUS, 1951, vol. 7, pp. 91-2.

148_Luard, *A History of The United Nations*, p. 256; Foot, *A Substitute for Victory*, p. 29.

149_FRUS 1951, vol. 7, p. 93. 발표 원문은 *Department of State Bulletin*, January 29, 1950, p. 164. 당시 트루먼 정부는 이미 공화당 보수 세력들로부터, 중국 내전에서 민족주의자들을 충분히 지원하지 않아 중국을 잃었다는 식의 엄청난 공격을 받고 있었다(Luard, *A History of The United Nations*, pp. 256-57).

150_Foot, *A Substitute for Victory*, p. 30; Luard, *A History of The United Nations*, p.

257; FRUS 1951, pp. 115, 117, 130.

151_Bailey, *How Wars End*, p. 119; YBUN 1951, pp. 212-23; Luard, *A History of The United Nations*, p. 258.

152_Luard, *A History of The United Nations*, p. 258; Foot, *A Substitute for Victory*, pp. 32-33; Acheson, *Present And Creation*, p. 513; FRUS 1951, pp. 150-51.

153_Luard, *A History of The United Nations*, p. 260.

154_Acheson, *Present And Creation*, p. 513; FRUS 1951, pp. 190-94.

155_FRUS 1951, pp. 166-67.

156_Foot, *A Substitute for Victory*, p. 34; FRUS 1951, pp. 234-35.

157_Luard, *A History of The United Nations*, p. 259; FRUS 1951, pp. 298-301.

158_FRUS 1951, p. 337; *Public Papers of the Presidents of the United States: Harry S. Truman*, 1951, p. 223.

159_Jian, *Mao's China and the Cold War*, pp. 96-97.

160_1950년 12월 이후 김일성은 중국에 군 지휘권을 넘겼다.

161_ Jian, *Mao's China and the Cold War*, pp. 97-98.

162_마오가 김일성에게 보낸 서한(1951.6.13.), *CWIHPB* no. 6(Winter 1995-6), pp. 61-2.

163_Luard, *A History of The United Nations*, p. 261.

164_FRUS 1951, pp. 241-43; Foot, *A Substitute for Victory*, p. 36.

165_Acheson, *Present And Creation*, p. 533.

166_Jian, *Mao's China and the Cold War*, p. 99; [Stalin] to Mao Zedong remeeting in Moscow with GaoGang and Kim Il-sung, 13 June 1951, *CWIHPB* nos. 6(Winter 1995-96), pp. 60-61.

167_Stueck, *Korean War*, p. 208.

168_Foot, *A Substitute for Victory*, pp. 37-38; FRUS, 1951, vol. 7, p. 547.

169_Luard, *A History of The United Nations*, p. 262.

170_Foot, *A Substitute for Victory*, p. 40; FRUS 1951, pp. 598-99.

171_Acheson, *Present And Creation*, pp. 533-34.

172_Foot, *A Substitute for Victory*, p. 38.

173_Foot, *A Substitute for Victory*, p. 41.

174_차오관화는 독일 튀빙겐 대학에서 철학 박사를 취득하고 영어·독어·일어·러시아어·프랑스어를 할 줄 알았고 국제정보부 국장으로 일했다. 그는 1950년 11월 우슈취안 장군과 유엔을 방문했다(Yafeng Xia, *Negotiating with the enemy : U.S.-China Talks during the cold War 1949-1972* (Indiana University Press, 2006), p. 54.

175_Jian, *Mao's China and the Cold War*, p. 99.

176_Jian, *Mao's China and the Cold War*, p. 101.

177_*YBUN* 1951, p. 242.

178_Jian, *Mao's China and the Cold War*, p. 106.

179_제2차 세계대전 이후 식민주의 유산을 청산하려는 움직임으로 미국은 1946년에 필리핀의 독립을 허용했다. 1947년에는 영국이 통제력을 잃으며 인도가 독립했고, 1948년에 버마와 말레이시아 또한 독립했다. 네덜란드는 인도네시아의 독립을 막고자 군사행동까지 했으나 결국 1949년에 독립을 인정했고 프랑스만이 인도차이나를 지배했으며, 1950년부터 베트남 군사력과 프랑스군이 충돌하기 시작했다(John K. Franklin, *The Hollow Pact: Pacific Security And The Southeast Asia Treaty Organization*, (Dissertation at Texas Christian University, 2006), pp. 23-25].

180_이에 대한 기존 연구들은 다음을 참조. Kimie Hara, *The San Francisco System and Its Legacies: Continuation, Transformation and Historical Reconciliation in the Asia-Pacific*(Routledge, 2014); John W. Dower, "Peace and Democracy in Two Systems: External Policy and Internal Conflict", Andrew Gordon ed., *Post War Japan as History* (1993); John W. Dower, "The San Francisco System: Past, Present, Future in U.S.-Japan-China Relations," *The Asia-Pacific Journal* Vol. 12, Issue 8, No. 2, February 24, (2014); Yoshitsu, Michael M., *Japan and the San Francisco Peace Settlement* (New York: Columbia University Press, 1983).

181_Acheson, *Present And Creation*, p. 426

182_John M. Allison, "The Japanese Peace Treaty And Related Security Pacts," *Proceedings of the American Society of International Law at Its Annual Meeting(1921-1969)*, Vol. 46(1952), pp. 35-37.

183_Acheson, *Present And Creation*, p. 426.

184_*Department of State Bulletin* Vol. 13, Sep 23, 1945, pp. 423-27.

185_Leffler, *A Preponderance of Power*, p. 84.

186_Allison, "The Japanese Peace Treaty," p. 37.

187_Leffler, *A Preponderance of Power*, p. 256.

188_Allison, "The Japanese Peace Treaty," p. 38.

189_NSC 48: US. Policy toward Asia(1949.6.10); NSC 48/1 The Position of the U.S with Respect to Asia(49.12.23); NSC 48/2 The Position of the U.S with Respect to Asia(49.12.30).

190_FRUS 1949, vol 7, pp. 1215-20.

191_FRUS 1949, vol 7, pp. 1218-20.

192_Leffler, *A Preponderance of Power*, p. 334.

193_Acheson, *Present And Creation*, p. 430.

194_NSC 60: Japanese Peace Treaty(49.12.27).

195_Acheson, *Present And Creation*, p. 431.

196_Leffler, *A Preponderance of Power*, p. 347.

197_Leffler, *A Preponderance of Power*, pp. 344-46; Franklin, *The Hollow Pact,* p. 39; FRUS 1950, Vol. 6, pp. 1140-47, 1157-60, 1332.

198_Franklin, *The Hollow Pact*, pp. 27-31.

199_Amitav Acharya, "Norm Subsidiarity and Regional Orders: Sovereignty, Regionalism, and Rule-Making in the Third World," *International Studies Quarterly* (2011), p. 103; Matthew Jones, "A 'Segregated' Asia? : Race, the Bandung Conference, and Pan-Asianist Fears in American Thought and Policy, 1945-1955," *Diplomatic History* Vol. 29, No. 5(2005), p. 848; Franklin, *The Hollow Pact*, pp. 31-36.

200_Leffler, *A Preponderance of Power*, p. 347.

201_Allison, "The Japanese Peace Treaty," p. 38, Kimie Hara, *Cold War Frontiers in the Asia-Pacific : Divided Territories in the San Francisco System*(Routledge, 2007), p. 28.

202_Acheson, *Present And Creation*, p. 432; FRUS 1950, vol. 6, p. 1160.

203_Leffler, *A Preponderance of Power*, p. 391.

204_NSC 60/1: Japanese Peace Treaty(50.9.8); FRUS 1950, vol 6, pp. 1293-96.

205_Acheson, *Present And Creation*, p. 440; Leffler, *A Preponderance of Power*, p. 393; Franklin, *The Hollow Pact*, p. 39.

206_Franklin, *The Hollow Pact*, pp. 44-49; Allison, "The Japanese Peace Treaty," p. 38.

207_Leffler, *A Preponderance of Power*, pp. 426-27; Allison, "The Japanese Peace Treaty," pp. 38-39; Acheson, *Present And Creation*, p. 539.

208_Allison, "The Japanese Peace Treaty," pp. 38-39.

209_Allison, "The Japanese Peace Treaty," p. 39; FRUS 1950, vol. 6, pp. 1379-83.

210_Leffler, *A Preponderance of Power*, pp. 426-27.

211_John W. Dower, *Empire and aftermath: Yoshida shigeru and teh Japanese Experience, 1878-1954* (Harvard University Press, 1979), pp. 369-414.

212_Leffler, *A Preponderance of Power*, p. 428; Acheson, *Present And Creation*, p. 540; Allison, "The Japanese Peace Treaty," p. 40.

213_NSC-48/5는 기존 아시아 정책 시리즈의 연장이면서 일본에 대한 정책인 NSC-13 시리즈와 중국 정책인 NSC-22, NSC-34 시리즈, 타이완 정책인 NSC-37 시리즈, 일본 평화 협약에 대한 NSC-60/1 시리즈, 한국전쟁에서의 전쟁 목적을 규정한 NSC-81 시리즈 및 중국의 공세와 관련된 대응 정책 NSC-101 시리즈를 종합한 정책이었다. FRUS 1951, 6: 33. NSC 48/3 U.S Objectives, Policies and Course of Action in Asia(1951/04/26); NSC 48/4 U.S Objectives, Policies and Course of Action in Asia(1951/05/04); NSC 48/5 U.S Objectives, Policies and Course of Action in Asia(1951/05/17).

214_Leffler, *A Preponderance of Power*, pp. 429-430; Acheson, *Present and Creation*, p. 540; Allison, "The Japanese Peace Treaty," p. 40); FRUS 1951, vol. 6, p. 944.

215_FRUS 1951 vol 6, pp. 33-63.

216_Allison, "The Japanese Peace Treaty," p. 40.

217_한국 정부가 독도 문제, 재일 조선인, 협약 서명 참여 문제에 대해 항의한 기록은 1951년 7월 19일, *FRUS*, 1951, vol. 6, pp. 1202-06 참고.

218_Acheson, *Present And Creation*, p. 541; Leffler, *A Preponderance of Power*, p. 431; FRUS 1951, 6: 1134; Allison, "The Japanese Peace Treaty," p. 41.

219_Leffler, *A Preponderance of Power*, pp. 430-31; Acheson, *Present And Creation*, p. 541; Allison, "The Japanese Peace Treaty," p. 41.

220_Acheson, *Present And Creation*, pp. 541-44.

221_Acheson, *Present And Creation*, p. 547.

222_Leffler, *A Preponderance of Power*, p. 464.

223_John Foster Dulles, "Security In the Pacific," *Foreign Affairs* Vol. 30, No.2 January 1952, pp. 175-180.

224_Stanley D. Metzger, "The Liberal Japanese Peace Treaty," *Cornell Law Quarterly* 37 (1952), pp. 400-2; U.S. Department of State, *Records of Proceedings*, Pub No. 4392, International Organization and Conferences Series II, Far Eastern No. 3 (December, 1951).

225_Hara, *Cold War Frontiers*, p. 12.

226_회담에서 배제된 중국과 한국의 반응에 대해서는 John Price, *Orienting Canada: Race, Empire, and the Transpacific*, University of British Columbia Press, 2011, pp. 245-48.

227_특히 신중국이 수립된 이후 1949년부터 일본의 이해관계가 고려되면서 주일본 미 대사 시볼트(William J. Sebald)가 논의를 주도했다. 그는 독도에 대한 일본의 주장을 더 반영하고 특히 기후나 레이더 기지의 필요성을 고려해 한국으로 되돌려 줄 영토 목록에서 제외하자는 제안을 했다. 이후 시볼트는 독도를 일본 영토로 하자고 제안하기도 했다. 당시 미국은 향후 분쟁이 일어날 것을 예상했고 그럴 경우 국제사법재판소에서 해결할 것을 제안했다[Hara, *Cold War Frontiers*, pp. 25-27, 31-32; Lee, S, *Dokdo : The San Francisco Peace Treaty, International Law on Territorial Disputes, and Historical Criticism, Asian Perspective* vol. 35, no. 3(2011), pp. 361-380].

228_Dulles, "Security In the Pacific," pp. 180-87.

229_Leffelr, *A Preponderance of Power*, p. 427.

230_Franklin, *The Hollow Pact*, pp. 36-49, 63; Jones, Matthew, "A 'Segregated' Asia?," p. 848.

231_Franklin, *The Hollow Pact*, pp. 63, 78, 81, 93.

232_Peter Katzenstein, *A World of Regions: Asia and Europe in the American Imperium* (Cornell University Press, 2005).

233_Haggard, "The Organizational Architecture of the Asia-Pacific," pp. 195-221.

| 6장 |

1_Arblaster, *The rise and decline of Western liberalism*, p. 15.

2_'개인'에 대한 서구 자유주의 사상들의 다양한 이해는 다음을 참조. Larry Siedentop, *Inventing the Individual : The Origins of Western Liberalism*(Allen Lane, 2014).

3_칸트는 이성의 소유자로서 개인들이 빌둥(Bildung), 즉 '지식 계발과 스스로에 대한 교육(자기 계몽)'을 추구해야 한다고 역설했다. 이는 프랑스혁명 이후 프랑스에서 개인을 사회적인 존재로 이해하고, 사회적 연대의 복원 기획을 중시한 것과 비교하면 영국식 개인주의를 선호한 것으로도 볼 수 있다(Shiliam, *German thought and International Relations*, p. 21).

4_Shiliam, *German thought and International Relations*, pp. 7, 61.

5_포로의 대우에 관한 제네바 협정(1949년 8월 12일)은 다음을 참조. 김행복, 『한국전쟁의 포로』(국방군사연구소, 1996), pp. 261-278. 원문은 Jean S. Pictet ed., *Commentary,*

Geneva Convention: Relative to the Treatment of Prisoners of War Vol III (International Committee of the Red Cross, 1960).

6_Delessert, *Release and Repatriation of Prisoners of War*, pp. 25-29

7_Delessert, *Release and Repatriation of Prisoners of War*, pp. 47-50.

8_Sibylle Scheiper ed. *Prisoners in War* (Oxford University Press, 2010), p. 6; Delessert, *Release and Repatriation of Prisoners of War*, pp. 53-58.

9_Geoffrey Best, *Humanity in Warfare: The Modern History of the International Law of Armed Conflict* (London: Methuen, 1980), p. 53; Delessert, *Release and Repatriation of Prisoners of War*, p. 63

10_Stephanie Carvin, "Caught In The Cold: International Humanitarian Law and Prisoners of War During the Cold War," *Journal of Conflict& Security Law* Vol. 11 No.1(2006), p. 74.

11_Robert C. Doyle, *The enemy in our hands: America's treatment of enemy prisoners of war from the Revolution to the War on Terror* (Lexington, University Press of Kentucky, 2010), p. 344.

12_Carvin, "Caught in The Cold," p. 79.

13_적십자는 같은 전문을 평양에도 보냈다. Le Comite international de la Croix-Rouge, *et le Conflict De Coree: Recueil De Documents 1*(1950.6.26-1951.12.31), Geneve, 1952. pp. 4-7.

14_국방부정훈국 전사편찬회, 『한국전란 1년지』, c106쪽; 국사편찬위원회, 『남북한관계 사료집 12』, p. 128.

15_개인의 정치적 망명권은 오랜 역사를 거치면서 인정되었으며 20세기에 특히 확대되었다. 현재 집단적 망명권은 아프리카에서 내전으로 발생한 피난민들에게 적용되고 있다[United Nations High Commissioner for Refugees, *Voluntary Repatriation: International Protection* (Geneva, 1996)].

16_FRUS 1951, pp. 621-22

17_김행복, 『한국전쟁의 포로』, p. 19.

18_『한국전란 1년지』, pp. C66-67.

19_이임하, "한국전쟁기 부역자 처벌," 『사림』 제36권(2010), pp. 101-140.

20_『조선일보』(1950/11/17; 1950/11/27).

21_『서울신문』(1950/11/03).

22_FRUS 1950, pp. 1420-1421.

23_London Times(1950/10/25), Daily Worker(1950/10/26), Chicago Tribune (1950/11/09) 등이 일찍부터 한국의 부역자 처벌에 대해 보도하고 있었고, 홍제리 사건은 United Press(1950/12/17), Moffett(1950/12/17), International News Service(1950/12/17), Associated Press(1950/12/18), Shinohara North American Newspapers(1950/12/18), Macawelco(1950/12/17) 등의 언론에 보도되었다. "Alleged Atrocities by ROK Agencies against Political Prisoners," NARA RG 338 Provost Marshal, Records Relating to anticommunist POW 1950-51. Box 1. 노근리 파일 문서번호 1820-00-00008.

24_Bailey, *Korean Armistice*, p. 38; YBUN 1951, p. 231.

25_ICRC Archive, B AG 225 056-Detenus politiques et detenus de securite 1952-78, Coree du sud 1950-61 폴더 001 Generalite: 1950년 12월 비에리가 주고받은 서한.

26_FRUS 1950, p. 1577.

27_FRUS 1950, p. 1567. 윌프레드 버켓(Wilfred Burchett)과 앨런 위닝턴(Alan Winnington)은 *Koje Unscreened*(1953), *Plain Perfidy*(1954)을 통해 포로수용소 내부에서 발생한 다양한 사건들을 알렸다. George Burchett and Nicl Shimmin, *Rebel Journalism: The Writings of Wilfred Burchett*(Cambridge University Press, 2007), pp. 69-87.

28_『조선일보』(1950/12/24).

29_『민주신보』(1950/12/29).

30_『부산일보』(1950/12/29).

31_『동아일보』(1951/02/18).

32_『한국전쟁자료총서 55』, pp. 173-176.

33_NARA, RG 554, Top Secret 1951, Box 348.

34_HQ US Army, Pacific, "The Handling of Prisoners of War during the Korean War"(이하, "The Handling of POWs"로 줄임), 1960, p. 21; NARA, RG 389, Records of the Office of the Provost Marshal General, Series 452 B, Records of the Prisoners of war Division. Box 88.

35_『남북한관계 사료집 12』, p. 64; "The Handling of POWs," p. 21

36_『동아일보』(1951/04/10).

37_『부산일보』(1951/05/23).

38_Jian *Mao's China and the Cold War*, pp. 107-8; Foot, *A Substitute for Victory*, p. 87

39_맥클루어는 제2차 세계대전에서 연합군의 심리전을 담당했던 장교였다. 그는 미 육군부가

1951년 1월 15일 공식 설립한 미 육군 심리전국(Office of the Chief of Psychological Warfare)의 책임자가 되었다. 이 기구는 극동사령부 내에 있는 심리전 기구와 별개로 한국전쟁 및 잠재적인 전쟁의 심리전을 총괄할 구상하에서 수립되었는데, 특히 육군부 장관 페이스(Frank Pace)가 전폭적인 지지를 보냈다. 페이스는 한국전쟁을 심리전을 위한 특별한 기회로 보았고 심리전국의 활동에 지대한 관심을 보였다. 따라서 맥클루어의 제안은 갓 설립되어 조직의 역량을 키워야 했던 심리전국이 의욕적으로 만들어 낸 여러 정책 중 하나였다[Alfred H. Paddock, Jr, *US Army Special Warfare: Its Origins Psychological and Unconventional Warfare, 1941-1952,* University Press of the Pacific, 2002), pp. 83-93].

40_"Policy on Repatriation of Chinese and North Korean Prisoners," July 5, 1951, NARA RG 319, G-3, decimal file 383.6 TS box 174; Bernstein, 'The Struggle Over the Korean Armistice', p. 276; Foot, *A Substitute for Victory*, pp. 87-88.

41_『남북한관계 사료집 12』, p. 64.

42_FRUS 1951, p. 793.

43_미국은 제네바 협약에 1949년 8월 12일 서명했지만, 비준은 1956년 2월 2일에 했으므로 그 이후에야 공식 효력을 발휘하게 되었다. 하지만 1950년 7월 미국은 제네바 협약 원칙을 한국에 적용하는 데 동의했다. Marjorie M. Whiteman, *Digest of International Law* Vol. 10 (Washington, GPO, 1968), p. 60.

44_FRUS 1951 Vol 7, part 1, pp. 791-793; FRUS 1951, pp. 792-94.

45_로즈마리 풋은 1945년에는 애치슨의 태도가 달랐다고 지적했다. 애치슨은 당시 소련 난민들을 강제 송환하는 미국 정책에 반대했던 것이다(Foot, *A Substitute for Victory*, p. 88).

46_Foot, *A Substitute for Victory*, p. 87; FRUS 1951, 857.

47_『남북한관계 사료집 12』, pp. 65-66.

48_FRUS 1951, pp. 1068-71.

49_FRUS 1951, pp. 1049, 1068-71.

50_이들 가운데 일부는 북한의 초기 공세에 북한군으로 강제 동원된 사람도 있었고, 게릴라인 경우도 있었다. 그렇지 않은 경우이더라도 안전을 이유로 억류된 경우가 있었다. The Secretary of State for Foreign Affairs, *Korea: A Summary of Further Developments in the Military Situation, Armistice Negotiations and the Prisoner of War Camps to January 1953* (Her Majesty's Stationery Office, March 1953)[이하 The Secretary of State for Foreign Affairs, 1953].

51_"The Handling of POWs," p. 22. 미국이 적십자에 서한을 보낸 것은 1951년 12월 27일이었다.

52_『자유신문』(1951/12/21).

53_William Bradbury, Samuel Meyers, and Albert Biderman, *Mass Behavior in Battle and Captivity* (Chicago,1968), p. 296.

54_『남북한관계 사료집 12』, p. 129.

55_『자유신문』(1951/12/13); Bradbury, *Mass Behavior in Battle*, pp. 294, 297-98.

56_Bradbury, *Mass Behavior in Battle*, p. 296.

57_『자유신문』(1952/01/18).

58_Foot, *A Substitute for Victory*, p. 89.

59_북한은 이미 국제적십자위원회를 통해 명단과 정보를 받아 보고 있었다.

60_FRUS 1951, vol. 7, pp. 1421-3.

61_Foot, *A Substitute for Victory*, p. 90; Bernstein, "The Struggle Over the Korean Armistice," p. 279.

62_FRUS 1952, vol. 15, p. 6; Foot, *Substitute for Victory*, p. 96; Acheson, *Present and Creation*, p. 653.

63_Foot, A Substitute for Victory, p. 97; Jian, *Mao's China and the Cold War*; Xia, *Negotiating with the Enemy*, p. 68.

64_Acheson, *Present and Creation*, p. 653.

65_FRUS 1952, p. 35.

66_FRUS 1952, pp. 35-38.

67_당시 애치슨의 발언들이 트루먼에게 영향을 미쳤던 데에는 역사적 배경이 있었다. 트루먼은 제2차 세계대전 이후 유럽 지역에 남아 있던 소련 군인들이 소련으로 강제 송환되었던 것을 막지 못한 것을 후회하고 있었다. 제2차 세계대전 이후 소련군의 송환 문제에 대한 상세한 논의는 Mark R. Elliott, *Pawns of Yalta: Soviet Refugees and America's Role in Their Repatriation*(Urbana : University of Illinois Press, 1982), pp. 109-114, 247 참조.

68_FRUS 1952, p. 45.

69_FRUS 1952, pp. 45, 58, 76.

70_FRUS 1952, pp. 66-67, 77.

71_FRUS 1952, pp. 68-69.

72_Foot, *A Substitute for Victory*, p. 91; Bernstein, "The Struggle Over the Korean Armistice," p. 279.

73_YBUN 1951, p. 230.

74_The Secretary of State for Foreign Affairs, *Korea: A Summary of Developments in the Armistice Negotiations and the Prisoner of War Camps June 1951- May 1952* (Her Majesty's Stationery Office, June 1952).

75_The Secretary of State for Foreign Affairs, 1952.

76_FRUS 1952, pp. 70-71.

77_Hermes, *Truce Tent and Fighting Front*, pp. 168-69.

78_FRUS 1952, p. 91.

79_Foot, *A Substitute for Victory*, p. 98; FRUS 1952, p. 118.

80_FRUS 1952, p. 136.

81_The Secretary of State for Foreign Affairs, 1952.

82_FRUS 1952, pp. 136-37

83_Bernstein, "The Struggle Over the Korean Armistice," pp. 282-83; Foot, *A Substitute for Victory*, p. 91.

84_FRUS 1951, pp. 92-3

85_Acheson, *Present and Creation*, pp. 652-53.

86_1951년경 미국은 다음과 같은 두 범주를 포로로 규정했다. ① "유엔사령부에 의해 구금된, 1949년 8월 12일자 전쟁 포로 대우에 관한 제네바협정" 4조에 포함된 전쟁 포로의 정의에 해당하는 사람들 ② 유엔 사령부에 의해 수용 시설에 억류된 모든 사람들(NARA, RG 554, Entry Secret 1951 Provost Marshal Box 176).

87_Bradbury, *Mass Behavior in Battle*, p. 256.

88_『한국전쟁자료총서 64』, pp. 149-152.

89_『남북한관계 사료집 12』, p. 75.

90_1952년 2월 16일부터 29일까지 보고서 UN 문서번호(S/2619).

91_Bradbury, *Mass Behavior in Battle*, p. 242.

92_『한국전쟁자료총서 29』, pp. 258-259.

93_Bradbury, *Mass Behavior in Battle*, pp. 243-44.

94_Bradbury, *Mass Behavior in Battle*, pp. 244-45.

95_김선호는 법학을 전공한 전직 교사 출신으로 영어를 구사하는 한국군 장교였다. 1950년 11

월부터 1952년 10월까지 전범 조사 장교로 복무했으며, 이후 대구의 704 방첩부대에서 근무했다. 전범 조사관으로서 그는 수용소를 감시했다[김선호, "KoJe-Do in Complication: An Analysis of the Social and Political Organization of Korean Prisoners of War in UNC POW Camps, 1950-51," Psychological Warfare Division, Human Resources Research Office(The George Washington University, 1954), p. 9; Bradbury, *Mass Behavior in Battle*, p. 245].

96_김선호, "KoJe-Do in Complication," p. 10; Bradbury, *Mass Behavior in Battle*, p. 246.

97_Bradbury, *Mass Behavior in Battle*, p. 247.

98_맥아더는 1950년 7월 14일 극동군 사령부 법무참모(Judge Advocate)에게 책임을 부여해, 한국전쟁에서 적군들이 전쟁법을 위반했거나 잔혹 행위를 저지른 경우를 조사하게 했다. 이후 재판을 진행하는 데 필요한 증거를 수집하기 위한 것이었다. 1950년 10월 초가 되면, 극동사령부는 미 8군 사령부 법무참모국에 전범조사부(War Crime Division)를 별도로 설치할 것을 지시했다. 당시 26명의 장교와 35명의 사병이 이 기구에 배치되었다. 이후 전범조사국의 지휘 책임은 1952년 9월 1일부로 미 8군에서 한국통신지대(Korean Communication Zone)로 넘어갔다("Extract of Interim Historical Report: Korea War Crime Division, Cumulative to 30 June 1953." pp. 11-14. ICRC Archive B AG 202 056 Folder 011 War Crime Division의 1953년 6월 30일까지 역사 interim report "Extract of Interim Historical Report : Korea War Crime Division," Cumulative to 30 June 1953).

99_김선호, "KoJe-Do in Complication," pp. 11-13; Bradbury, *Mass Behavior in Battle*, p. 247.

100_포로수용소 내부에서 벌인 공산 측과 미국의 첩보활동에 대해서는 다음을 참조. "Report of the Military Police Board No. 53-4, Collection and Documentation of Material relating to the Prisoner of war interment program in Korea, 1950~53"(이하 "Collection"으로 줄임)(1957.11.29), pp. 122-150; NARA RG 389 Provost Marshal Entry 1A Box 18, Box 19.

101_김선호, "KoJe-Do in Complication," p. 12.

102_Bradbury, *Mass Behavior in Battle*, p. 248.

103_김선호, "KoJe-Do in Complication," p. 14; Bradbury, *Mass Behavior in Battle*, p. 248.

104_김선호, "KoJe-Do in Complication," pp. 19-20.

105_한국전쟁 시기 유엔군 포로수용소는 1950년 7월부터 부산에 설치되어 미 8군 산하의 부산병참사령부(Pusan Logistical Command)가 관리하기 시작했다. 이후 제2 병참사령부가 창설되면서 예하로 편입(1951년 1월 20일)되었다가, 다시 제3 병참사령부(1951년 1월 22일) 예하로 들어가면서 제60종합보급창이 관리를 맡아 거제도로 이동하는 '알바니 작전'을

수행했고, 이때부터 거제도 포로수용소 시절이 시작된다.

106_"The Handling of POWs," pp. 12-14.

107_Bradbury, *Mass Behavior in Battle*, p. 256.

108_Bradbury, *Mass Behavior in Battle*, pp. 250-252.

109_『한국전쟁자료총서 70』, pp. 169-173; NARA, RG 554, Entry Secret 1951 Provost Marshal, Box 176.

110_미국은 국민당 정부와 합의하여 타이완으로부터 23명의 중국인을 민간정보교육 강사로 고용했다. 타이완 인들이 한국전쟁에 직접 투입된 셈이었다(Bradbury, *Mass Behavior in Battle*, p. 259).

111_Foot, *A Substitute for Victory*, p. 115; Bradbury, *Mass Behavior in Battle*, p. 259; RG 319 G3 383. 6, box 309, "Interim report on progress of educational program for POWs," 1952.1.28; FRUS 1952, pp. 98-99.

112_Bradbury, *Mass Behavior in Battle*, p. 258.

113_CIE, Third Interim Report, May 19, 1952; Bradbury, *Mass Behavior in Battle*, p. 288.

114_Bradbury, *Mass Behavior in Battle*, pp. 334, 337.

115_조성훈, "한국전쟁 중 유엔군의 포로정책 연구," 정신문화연구원 박사학위논문, 1998, pp. 65-102.

116_Bradbury, *Mass Behavior in Battle*, p. 261.

117_1950년 5월 하이난 섬에서 마지막까지 공산군과 싸웠던 국민당 군 출신이었다(Bradbury, *Mass Behavior in Battle*, p. 253).

118_Bradbury, *Mass Behavior in Battle*, pp. 252-56.

119_Bradbury, *Mass Behavior in Battle*, p. 255.

120_Bradbury, *Mass Behavior in Battle*, pp. 262-63.

121_"Collections," pp. 53-54.

122_이 모범수들은 대체로 두 개의 상호 적대적인 친국민당 그룹으로 구성되었다. 첫째는 남중국과 하이난 섬에서 중국공산군에게 잡힌 전 중국군 헌병들이고, 두 번째는 중국해군사관학교(Chinese Naval Academy) 출신 중대급 장교들로 중국 공산군(Chinese Communist Forces)으로 흡수되며 사병으로 강등된 이들이었다.

123_Foot, *A Substitute for Victory*, p. 112; Bradbury, *Mass Behavior in Battle*, pp. 254. 311. 329; RG 59, 695A.0024, july 2, 1952. The Chinese communist army in action: the Korean war and its aftermath Mass behavior, pp. 77-244-56; FRUS 1952-54, vol.

15, pp. 98-99.

124_FRUS 1952, pp. 98-99.

125_김선호, "KoJe-Do in Complication," pp. 25-27, 32; Bradbury, *Mass Behavior in Battle*, p. 265.

126_김선호, "KoJe-Do in Complication," p. 31.

127_"Report of the central committee of the United democratic fatherland front of Korea on Atrocities Committed by the American aggressors against captured officers and men if the korean people's army"(이하 "Report on atrocities"),(1953.12.31), pp. 12-13; NARA, RG 59 Entry A1-205-KA Central Decimal Files 1950-1954, Box 2887; 김선호, "KoJe-Do in Complication," pp. 40-42.

128_"Disturbance at United Nations Prisoner of War Camp #1(1951.9.27)"(section 8C-1) p. 1; NARA RG 338 E A1 224 8th Army Enemy Prisoners of War Records Box 1653.

129_Bradbury, *Mass Behavior in Battle*, p. 265.

130_그는 이후 발각되어 1952년 10월 분리 수용되었다.

131_김선호 "KoJe-Do in Complication," pp. 34-37.

132_Bradbury, *Mass Behavior in Battle*, pp. 263-64; 김선호, "KoJe-Do in Complication," p. 44.

133_Bradbury, *Mass Behavior in Battle*, p. 261.

134_RG 554 Entry A-1 1320 KCOMZ Records Relating to Enemy Prisoners of War, Boxes 14-21: 1950년 6월~52년 2월까지 사건 보고(2·18사건).

135_YBUN 1951, p. 248; "Collection"(1957.11.29), pp. 7-8.

136_Bradbury, *Mass Behavior in Battle*, p. 300; ICRC Archive B AG 210 056- Generalites concernant les prisonniers de querre: rapports de visites de camps 1950-1969, Coree du Sud 1951-56 폴더 021 "UN POW Camp No. 1 KoJe-Do and POW Enclosure No. 10 Pusan, Visited by Mr. Fred Bieri, on 4 to 16 January, 1952," pp. 8-11.

137_"Report of Incident(1952.2.24)"(section 8C-5), pp. 1-3; NARA RG 338 E A1 224 8th Army Enemy Prisoners of War Records Box 1653; Hermes, *Truce Tent and Fighting front*, pp. 239-240.

138_FRUS 1952, p. 78.

139_"Report of Incident(1952.2.24)"(section 8C-5), pp. 1-3.

140_"The Handling of POWs," p. 25; "Report on atrocities," pp. 17-18.

141_Hermes, *Truce Tent and Fighting front*, pp. 239-240.

142_"The Handling of POWs," p. 25.

143_『경향신문』(1952/02/26); 『민주신보』(1952/02/28).

144_김학재, "전쟁 포로들의 저항과 반공오리엔탈리즘 : 한국전쟁기 UN군 포로수용소 내 사건들을 중심으로," 『사림』 제36호(2010), pp. 154-57.

145_Acheson, *Present and Creation*, p. 654

146_『남북한관계 사료집 12』, pp. 160-62. 보고서 원문은 ICRC Archive B AG 210 056-Generalites concernant les prisonniers de querre: rapports de visites de camps 1950-1969, Coree du Sud 1951-56 폴더 001.

147_제42조 "포로, 특히 도주하거나 도주를 기도하는 포로에 대한 무기의 사용은 최후의 수단으로 하며, 이에 앞서 반드시 무기 사용에 대한 적절한 경고를 해야 한다."

148_"거제도 사건에 관한 국제적십자위원회 각서," 『한국전란 1년지』, pp. C40~41.

149_Hermes, *Truce Tent and Fighting front*, p. 240.

150_Foot, *A Substitute for Victory*, p. 118.

151_"Collection," pp. 175-176.

152_이런 방침이 문제가 되고 돗드 사건이 터지자, 민간정보교육 프로그램의 로버트 오브라이언(Robert O'Bien) 대령은 6월 6일부로 즉각 면직되었다. 이후 개정된 민간정보교육 가이드라인은 어떤 형태의 이데올로기적 내용도 도입되어서는 안 된다며 금지되었다[Ron Robin, *The Making of the Cold war enemy* (New Jersey, Princeton University Press, 2001), pp. 159-160].

153_RG 389 Entry A1 1005 Enemy Prisoners of War/Civilian Internee Complaint and Investigation Files, Box 1-16: 1952년 4월 사건 보고서 FRUS 1952, pp. 144, 153.

154_FRUS 1952, p. 144.

155_FRUS 1952, p. 148, Foot, *A Substitute for Victory*, p. 94.

156_Bernstein, "The Struggle Over the Korean Armistice", p. 284.

157_Goodman, *Negotiating While Fighting*, p. 355.

158_Boatner, "Prisoners of War for Sale," *American Legion Magazine* (August 1962), p. 39; Bernstein, "The Struggle Over the Korean Armistice," pp. 285-86, FRUS 1952, p. 192.

159_Jian, *Mao's China and the Cold War*, p. 108.

160_The Secretary of State for Foreign Affairs, 1952, p. 11; Goodman, *Negotiating While*

Fighting, pp. 400-406.

161_Goodman, *Negotiating While Fighting*, pp. 355-356.

162_Goodman, *Negotiating While Fighting*, p. 361; FRUS 1952, pp. 162-63; Acheson, *Present and Creation*, p. 654.

163_"The Handling of POWs," pp. 26-27; "Collection," pp. 177-178.

164_FRUS 1952, pp. 184, 190; Bradbury, *Mass Behavior in Battle*, p. 301.

165_Foot, *A Substitute for Victory*, p. 100.

166_Bernstein, "The Struggle Over the Korean Armistice," p. 287; Foot, *A Substitute for Victory*, pp. 108-09.

167_"The Handling of POWs," pp. 27-29; HQ, POW Command, "A Study of the Administration and Security of the Oriental Communist Prisoner of War during the Conflict in Korea"(이하, "The Administration"), 1953.9, pp. 35-36; NARA, RG 338 E A1 224 8th Army Enemy Prisoners of War Records Box 1660.

168_UN 문서번호(S/2715); YBUN 1952, p. 159.

169_Foot, *A Substitute for Victory*, p. 119.

170_Hermes, *Truce Tent and Fighting front*, p. 264; Goodman, *Negotiating While Fighting*, pp. 423-437.

171_Jian, *Mao's China and the Cold War*, p. 112.

172_Hermes, *Truce Tent and Fighting front*, p. 262.

173_『남북한 관계 사료집 12』, p. 176.

174_Acheson, *Present and Creation*, p. 655.

175_FRUS 1952, p. 226.

176_"The Handling of POWs," p. 31.

177_Karl W. Gustafson, "The Korean Second Front: Prisoners of War"(US Army War College, Student thesis, 1963. 3.), p. 43.

178_미군은 수용동 내에 정보원들을 투입해 네트워크를 구축하는 방식으로 '첩보 프로그램'을 운용했다. 수용동 내 포로들이 효율적인 '방첩 시스템'을 구축하고 배반자를 단호하게 처리했기 때문에 정보원은 가능한 한 초기에 침투시켰다. 정보원들은 단기간밖에 써먹을 수 없었으므로 새로운 포로들이 유입되는 흐름에 따라 훈련된 예비 정보원들의 규모를 어느 정도 유지시켜 지속적으로 침투시켰다("The Administration" Vol II p. 63).

179_Hermes, *Truce Tent and Fighting front*, p. 259.

180_"Collection," pp. 180-181.

181_"The Handling of POWs," pp. 34-35.

182_Hermes, *Truce Tent and Fighting front*, p. 259.

183_"The Administration" Vol I , p. 40.

184_"Report on atrocities," p. 18.

185_YBUN 1952, p. 160.

186_FRUS 1952-1954 Vol 15, pp. 369-370.

187_김학재, "전쟁포로들의 저항과 반공오리엔탈리즘."

188_"The Administration" Vol II, pp. 62-63, 65.

189_"Collections," pp. 55-57.

190_Foot, *A Substitute for Victory*, p. 131.

191_마오가 스탈린에게 보낸 문서(1952.7.18.), *CWIHPB* no. 6(Winter 1995-6), pp. 78-79.

192_Jian, *Mao's China and the Cold War*, p. 109.

193_6월부터 8월 말까지 2만8,504명, 1952년 10월부터 다시 남한 출신 1만6천 명 가운데 민간인 억류자로 재분류한 1만1,407명을 석방해 총 3만9,464명을 석방했다.

194_원래 민간인 억류자로 분류된 포로들의 수는 3만7천 명이었다. 그런데 재심사 결과 약 1만 명이 북한 송환을 희망했다. 따라서 1952년 이들을 제외한 2만7천 명이 먼저 석방된 것이다.

195_『동아일보』(1952/06/23).

196_『조선일보』(1952/06/27); 『관보』: 통첩 사회 제405호 민간인 억류자 석방 및 원호에 관한 건.

197_"석방될 억류인 명부," 『동아일보』(1952/06/28~07/05).

198_The Secretary of State for Foreign Affairs, *Korea: A Summary of Further Developments in the Military Situation, Armistice Negotiations and the Prisoner of War Camps to January 1953* (Her Majesty's Stationery Office, March 1953).

199_FRUS 1952, pp. 458, 462, 483, 512.

200_FRUS 1952, pp. 512, 534-539.

201_The Secretary of State for Foreign Affairs, 1953.

202_*Department of State Bulletin*(1952.10.20), p. 600.

203_Bernstein, "The Struggle Over the Korean Armistice," p. 300; Jian, *Mao's China and the Cold War*, p. 112.

204_최근 러시아 문서에 근거한 글에서 웨더스비는 생물학전에 대한 중국의 비난은 날조된 것이며 이제 미국이 한국전쟁에서 생물학무기를 쓰지 않았다는 결론을 내릴 때라고 주장했다. Kathryn Weathersby and Milton Leitenberg, "Deceiving the Deceivers : Moscow, Beijing, Pyongyang, and the Allegations of Bacteriological Weapons Use in Korea," *CWIHPB* no. 11(Winter 1998), pp. 176-5.

205_Jian, *Mao's China and the Cold War*, p. 110. 이 캠페인은 1952년 말에서 1953년 초에 정점에 도달했다. The Secretary of State for Foreign Affairs, 1952; YBUN 1952, 321-331; FRUS 1952, 343.

206_Jian, *Mao's China and the Cold War*, p. 133.

207_FRUS 1952, pp. 340, 344, 348, 391.

208_FRUS 1952, pp. 453-55.

209_Acheson, *Present and Creation*, p. 696; Bernstein, "The Struggle Over the Korean Armistice," p. 301.

210_YBUN 1952, p. 179.

211_Foot, *A Substitute for Victory*, p. 153.

212_Bernstein, "The Struggle Over the Korean Armistice," p. 301.

213_*Department of State Bulletin*, Nov. 3. 1952, pp. 679-692.

214_1952년 7월 16일, 한국전쟁 포로의 법적 지위에 대한 프랑스 대사의 질문에 미 국무부는 유엔 인권선언에 근거해 송환 거부자들에게 망명의 권리가 있다고 설명했다. 미국은 인권선언 15조를 활용했다. 즉 ① 해당 포로가 박해에 노출되어 있는지, ② 유엔의 목적과 의도에 반하는 행동을 하지 않은 경우 망명권을 적용할 수 있다는 것이었다(『남북한관계 사료집 12』, p. 242).

215_1952년 7월 25일, 미 국무부는 소련이 자원 송환 원칙을 적용했던 사례들을 모두 기록해 두었다. 이 문서에 따르면, 소련은 1918년에서 1921년 사이에 체결한 다음과 같은 조약들에 비강제송환 원칙을 포함시켰다. ① 브레스트-리토프스크 조약(1918년 3월 3일) 5장 17조, ② 오스트리아-헝가리-소련 정치협약(1918년 5월 2일) 6조, ③ 덴마크-소련 협약(1919년 12월 18일), 코펜하겐에서 서명된 국적자 송환에 대한 상호 협약 1조와 2조 등이 그러하다(『남북한 관계 사료집 12』, p. 259).

216_YBUN 1952, pp. 185-87; FRUS 1952, p. 563.

217_Acheson, *Present and Creation*, p. 699; Bernstein, "The Struggle Over the Korean Armistice," p. 303.

218_21개국 결의안 UN 문서번호(A/C.1/725).

219_Foot, *A Substitute for Victory*, p. 154; YBUN 1952, pp. 195-200.

220_Acheson, *Present and Creation*, p. 701.

221_Acheson, *Present and Creation*, p. 702; Bernstein, "The Struggle Over the Korean Armistice," pp. 303-4; FRUS 1952, p. 652.

222_Foot, *A Substitute for Victory*, pp. 155-56; Bernstein, "The Struggle Over the Korean Armistice," p. 304; FRUS 1952, pp. 676, 684.

223_YBUN 1952, pp. 200-202; FRUS 1952, p. 702.

224_UN 문서번호(A/2354); FRUS 1952, p. 712.

225_YBUN 1952, pp. 204-207.

226_"The Handling of POWs," p. 41.

227_"The Handling of POWs," p. 43.

228_"The Handling of POWs," pp. 44-45; Foot, *A Substitute for Victory*, p. 113.

229_Bradbury, *Mass Behavior in Battle*, p. 262; RG 59, 695A.0024. Oct, 20. 1952. RG 59, 693.95A0024, Box 2005 July 7, 1952.

230_어떤 문서에는 미군 경비들이 방한(防寒) 대비 작업을 위한 작업 선발대를 소집하고자 수용동으로 들어갔다고 기록되어 있다. "UNC PW Camp 3a: 1 October 1952(1952.10.1)" (section 8C-17) p. 1; NARA RG 338 E A1 224 8th Army Enemy Prisoners of War Records Box 1653; "Incoming Message(1952.10.1.,10.3.)" (Tab 450), RG 338 E A1 224 8th Army Enemy Prisoners of War Records Box 1651.

231_UN 문서번호(S/2989).

232_"Cite AX 71709. From CG KComZ to CINCUNC(1952.12.17)," (Tab 138), NARA RG 338 E A1 224 8th Army Enemy Prisoners of War Records Box 1650; "Memorandum for the Record(1952.12.18)" (Tab 397), RG 338 E A1 224 8th Army Enemy Prisoners of War Records Box 1651.

233_"The Handling of POWs," p. 53.

234_『동아일보』(1952/12/17).

235_『민주신보』(1952/12/18).

236_YBUN 1952, p. 161.

237_김학재, "진압과 석방의 정치: 한국전쟁기 포로 수용소와 국민형성,"『제노사이드연구』제 5호(2009), pp. 70-79.

238_YBUN 1952, p. 204.

239_YBUN 1952, p. 205.

240_YBUN 1952, pp. 206-207.

241_FRUS 1952, pp. 713-718, 729.

242_FRUS 1952, p. 803.

243_『남북한관계 사료집 12』, pp. 448-452.

244_『남북한관계 사료집 12』, pp. 448-452.

| 7장 |

1_1954년 제네바 회담은 한국 문제에 대한 협상에 실패했고 인도차이나 문제에만 합의에 성공했기 때문에 주로 미국의 인도차이나 정책과 관련해 연구되었다. 기존의 한국전쟁 연구는 대체로 정전 협상의 종식까지만 검토하고 이후의 전개에 대해서는 거의 관심을 기울이지 않았다. Kevin Ruane, "Anthony Eden, British Diplomacy and the Origins of the Geneva Conference of 1954", *The Historical Journal* Vol. 37, No. 1(Mar., 1994), pp. 153-172; Brands, Henry W., Jr, "The Dwight D. Eisenhower Administration, Syngman Rhee, and the 'Other' Geneva Conference of 1954," *Pacific Historical Review* 56(1987). 한국에서 이루어진 연구로는 협상의 진행 과정을 상세히 분석한 나종일, "제네바 정치 회담에 관한 연구," 연구 논문 시리즈 88-06(일해연구소, 1988), 각국의 이해관계 속에서 실패할 수밖에 없었던 맥락을 검토한 홍용표, "1954년 제네바 회의와 한국전쟁의 정치적 종결 모색,"『한국정치외교사논총』 28집 1호(2006), 중국의 입장과 동아시아 냉전의 맥락을 검토한 김연철, "1954년 제네바 회담과 동북아 냉전 질서,"『아세아연구』 제54권 1호(2001) 등이 대표적이다.

2_반둥에 대한 국내 연구로는 다음을 참조. 노기영, "이승만 정권의 태평양동맹 추진과 지역 안보 구상," 부산대 석사 학위논문(1998); 백원담, "아시아에서 1960~70년대 비동맹 운동과 민족, 민중 개념의 창신,"『중국현대문학』 49호(2009); 이병한, "두 개의 중국과 화교 정책의 분기: 반둥회의 전후를 중심으로,"『중국근현대사연구』 45권(2010); 이동기, "반둥 아시아·아프리카회의 최종의정서,"『평화 텍스트 15선』(아카넷, 2013).

3_Katzenstein, *Rethinking Japanese Security.* 특히 8장 "Why is there no NATO in Asia? Collective identity, regionalism, and the origins of multilateralism," pp. 185-216. 참조.

4_Glenn H. Snyder, "The New Look of 1953," *Strategy, Politics and Defense Budgets*, ed. Warner R. Schilling, Paul Y. Hammond and Glenn H. Snyder (New York: Columbia University Press, 1962), pp. 383-524; Gaddis, *Strategies of Containment, pp.* 127-63; Richard H. Immerman, *John Foster Dulles and the Diplomacy of the Cold War: A*

Reappraisal (Princeton: Princeton University Press, 1990).

5_NSC 141: Reexamination of U.S Programs for National Security(1953.1.19).

6_FRUS 1952, Vol 2, pp. 209-21, 28.

7_FRUS 1952, Vol 2, p. 244.

8_FRUS 1952, Vol 2, pp. 259-62.

9_FRUS 1952, p. 817.

10_FRUS 1952, Vol 2, pp. 264-69, 272-73.

11_Foot, *A Substitute for Victory*, pp. 162-64; FRUS 1952, pp. 817-818, 827.

12_Foot, *A Substitute for Victory*, pp. 169-170, 174.

13_Staff of the Foreign Ministry of the Soviet Union, "Background Report on the Korean War, 9 August 1966," trans. Kathryn Weathersby, *Journal of American-East Asian Relations* 2 (Winter 1993) p. 445.

14_FRUS 1952, pp. 1091-92, 96.

15_① 중국군의 철수, ② 북한군의 무장해제, ③ 북한에 대한 제3국의 군사·경제적 지원을 유엔을 통해 저지, ④ 한국 문제에 대한 국제적 논의에 한국 정부의 참여, ⑤ 한국의 영토와 주권에 부정적인 영향을 주는 결정의 금지.

16_FRUS 1952, pp. 897, 902-3, 6, 10, 930, 938, 965.

17_1938년 9월 30일 뮌헨에서 나치 독일의 체코 병합에 대해 유럽 열강들과 합의가 이루어졌는데, 이는 이후 독일에 대한 '실패한 유화정책'의 상징이 되었다.

18_FRUS 1952, pp. 1097-98, 1102, 1108.

19_FRUS 1952, p. 1099, 1103, 1112.

20_FRUS 1953, pp. 1117-24.

21_Hermes, *Truce Tent and Fighting Front*, pp. 430-431; Vatcher, *Panmunjom*, p. 193.

22_*Public Papers of the Presidents of the united States: Dwight D. Eisenhower*, 1953, pp. 377-380.

23_FRUS 1953, pp. 1148-51.

24_FRUS 1953 pp. 1160-63.

25_FRUS 1953, pp. 1166-68.

26_FRUS 1953, p. 1188.

27_이 문서는 *Department of State Bulletin*, July 6, 1953, pp. 13-14; FRUS 1952, p. 1193.

28_『동아일보』(1953/06/19~29).

29_『한국전쟁자료총서 72』, p. 756.

30_FRUS 1953, pp. 1197-98.

31_FRUS 1952, p. 1197; Hermes, *Truce Tent and Fighting Front*, pp. 451-52, *Department of State Bulletin*, June 29, 1953, pp. 905-8.

32_*Department of State Bulletin*, June 29, 1953, p. 906, 907.

33_Foot, *A Substitute for Victory*, pp. 184-85.

34_FRUS 1953, pp. 1175-76, 89, 1200-02.

35_FRUS 1953, pp. 1206-08, 1265-1269.

36_FRUS 1953, pp. 1231-33.

37_타스카 보고서에 기반한 NSC-156이 6월 23일 승인되었다. NSC 156: Strengthening the Korean Economy(1953.6.23).

38_FRUS 1953, pp. 1237, 1266.

39_FRUS 1953, pp. 1280, 91-92, 96, 1326-28.

40_정전 이후의 대비 NSC 154: U.S Tactics Immediately Following an Armistice in Korea(1953.6.15); NSC 154/1: U.S Tactics Immediately Following an Armistice in Korea(1953.7.7).

41_NSC 154/1: U.S Tactics Immediately Following an Armistice in Korea(1953.7.7).

42_약간의 수정 후 NSC-157/1이 채택되었다. FRUS 1953, pp. 1272-74, 1300-7.

43_FRUS 1953, pp. 1365, 1403.

44_Bernstein, "The Struggle Over the Korean Armistice," p. 307.

45_FRUS 1953, pp. 1463-65.

46_FRUS 1953, pp. 1472-75.

47_FRUS 1953, p. 1484.

48_FRUS 1953, p. 1485.

49_FRUS 1953, p. 1486.

50_이 회담 이후 이뤄진 공동 연설과 한국과 미국의 상호방위조약 초고는 *Department of State Bulletin*, Aug 17, 1953, pp. 203-04.

51_FRUS 1953, pp. 1489, 1491.

52_Brands, "The Dwight D. Eisenhower," pp. 83-85.

53_FRUS 1953, pp. 1469-71, 1481.

54_유엔은 정전 협상이 타결되기 전인 1953년 4월 18일 유엔 총회에서 결의안 705(VII)를 채택해 정전 협상이 이루어지면 한국 문제를 논의할 회의를 재개하기로 했다.

55_*Department of State Bulletin*, Aug 17, 1953, pp. 284-87.

56_Luard, *A History of The United Nations,* pp. 267-68; FRUS 1952, p. 1503; YBUN, 1953, p. 126.

57_Shu Guang Zhang, "Constructing 'Peaceful Coexistence': China's Diplomacy toward the Geneva and Bandung Conferences, 1954-55," *Cold War History* Vol. 7, No. 4(November 2007), pp. 5-14.

58_Ruane, "Anthony Eden, British Diplomacy," pp. 155-56.

59_Ruane, "Anthony Eden, British Diplomacy," p. 157.

60_Ruane, "Anthony Eden, British Diplomacy," pp. 63, 65, 158.

61_이는 서독의 재무장에 대한 미국의 요청에 응답해 프랑스 대통령이 1950년에 제안한 계획으로서, 독일의 북대서양조약기구 가입을 승인하는 대신, 다른 형태의 범유럽 방위력을 별도로 구축하기 위한 제도였다. 관련 조약이 1952년 5월 27일 서명되었지만 발효되지 못했다. 프랑스 의회는 이 조약이 프랑스의 주권을 위협하며, 독일의 재무장 가능성이 있다며 비준을 거부했다(Kevin Ruane, *The Rise and Fall of the European Defence Community: Anglo-American Relations and the Crisis of European Defense, 1950~55*(Palgrave, 2000)].

62_Ruane, "Anthony Eden, British Diplomacy," pp. 167-70.

63_*Department state Bulletin*, March 1, 1954, pp. 317-318; FRUS 1952, Vol. 16, p. 1ff., Luard, *A History of The United Nations,* p. 269; FRUS 1952, p. 1750.

64_FRUS 1954, p. 19.

65_Brand, "The Dwight D. Eisenhower," p. 67.

66_FRUS 1954, vol. 16, pp. 29-32.

67_FRUS 1954, vol. 16, pp. 44-46.

68_FRUS 1954, vol. 16, pp. 113-115.

69_Jian, *Mao's China and the Cold War, p.* 139; Zhang, "Constructing 'Peaceful Coexistence'."

70_Zhang, "Constructing 'Peaceful Coexistence'," pp. 510-511.

71_Zhang, "Constructing 'Peaceful Coexistence'," pp. 513-514.

72_Zhang, "Constructing 'Peaceful Coexistence'," p. 511.

73_Chen Jian, "The Geneva Conference of 1954," *CWIHPB* Issue 16, (2007/2008), p. 8.

74_Zhang, "Constructing 'Peaceful Coexistence'," pp. 5-14; Jian, "The Geneva Conference of 1954," p. 8; Jian, *Mao's China and the Cold War, p.* 140.

75_Richard H. Immerman, "The United States and the Geneva Conference of 1954: A New Look," *Diplomatic History* (1990), p. 44.

76_Zhang, "Constructing 'Peaceful Coexistence'," p. 515.

77_홍용표, "1954년 제네바 회의와 한국전쟁의 정치적 종결 모색," p. 51; Brands, "The Dwight D. Eisenhower," p. 73; FRUS 1954, vol. 16, pp. 131-139; Foot, *A Substitute for Victory*, p. 204.

78_Department of State, *The Korean Problem at the Geneva Conference* 1954, pp. 6, 34-39.

79_홍용표, "1954년 제네바 회의와 한국전쟁의 정치적 종결 모색," p. 51; Brands, "The Dwight D. Eisenhower," pp. 74-76.

80_Department of State, *The Korean Problem at the Geneva Conference 1954*, pp. 45-53.

81_Zhang, "Constructing 'Peaceful Coexistence'," p. 515; 홍용표, "1954년 제네바 회의와 한국전쟁의 정치적 종결 모색," p. 51.

82_이는 회담이 진행됨에 따라 한국의 입장이 고립되고 있음을 감지한 변영태가 독자적으로 결정한 것이었다. 이승만은 이를 보고받은 후, 귀국한 변영태를 외무장관 직에서 즉시 사임시켰다(홍용표, "1954년 제네바 회의와 한국전쟁의 정치적 종결 모색").

83_Luard, *A History of the United Nations*, p. 270; Department of State, *The Korean Problem at the Geneva Conference* 1954, p. 7.

84_Gary Hess, "Redefining the American Position in Southeast Asia: The United States and the Geneva and Manila Conferences," Lawrence S. Kaplan et al ed. *Dien Bien Phu and the Crisis of Franco-American Relations, 1954~1955* (Wilmington, Del: Scholarly Resources, 1990), pp. 123-148.

85_Brand, "The Dwight D. Eisenhower," pp. 78-79; FRUS 1954, vol. 16. pp. 242-43, 284-287.

86_Department of State, *The Korean Problem at the Geneva Conference 1954*, p. 11.

87_Department of State, *The Korean Problem at the Geneva Conference 1954*, p. 12.

88_Brands, "The Dwight D. Eisenhower," p. 80.

89_Luard, *A History of the United Nations*, p. 270; Jian, "The Geneva Conference of 1954," pp. 19, 23, 32, 38; Department of State, *The Korean Problem at the Geneva Conference* 1954, pp. 12-14.

90_Jian, "The Geneva Conference of 1954," p. 42.

91_Jian, "The Geneva Conference of 1954," p. 45; FRUS 1954, vol. 16, pp. 347, 389; Department of State, *The Korean Problem at the Geneva Conference* 1954, pp. 16-18.

92_Brands, "The Dwight D. Eisenhower," p. 81.

93_Gary Hess, "Redefining the American Position in Southeast Asia," pp. 123-48.

94_Jian, Mao's China and the Cold War, p. 138.

95_Jian, Mao's China and the Cold War, pp. 139-40.

96_이 용어는 레닌이 1920년 4월 18일 『뉴욕 이브닝 저널』(*New York Evening Journal*)과의 인터뷰에서 처음 사용한 말이다. "아시아에서 우리의 기획? 그건 유럽과 같다. 모든 인민들과의 평화적 공존, 모든 민족의 노동자·농민이 새로운 삶으로 깨어나 지주와 자본가, 중상주의자들 없이 사는 것이다"(February 21, 1920, *New York Evening Journal* No. 12671).

97_Zhang, "Constructing 'Peaceful Coexistence'," p. 516; Jian, *Mao's China and the Cold War,* p. 141.

98_Jian, "The Geneva Conference of 1954," p. 8.

99_Jian, *Mao's China and the Cold War,* p. 142; Zhang, "Constructing 'Peaceful Coexistence'," pp. 516-517.

100_협약의 5조는 "베트남의 어느 지역도 군사동맹에 가입할 수 없으며, 캄보디아나 라오스도 군사동맹에 참여할 수 없다"고 규정했다.

101_Zhang, "Constructing 'Peaceful Coexistence'," p. 517; Jian, *Mao's China and the Cold War,* p. 143.

102_Ronald Keith, *The Diplomacy of Zhou Enlai* (New York: St. Martin's, 1989).

103_Jian, *Mao's China and the Cold War,* p. 143; Zhang, "Constructing 'Peaceful Coexistence'," p. 516.

104_Franklin, *The Hollow Pact*, p. 125.

105_Robert J. McMahon, "Eisenhower and Third World Nationalism: A Critique of the Revisionists," *Political Science Quarterly* 101(Centennial Year 1886-1986), pp. 453-73.

106_Immerman, "The United States and the Geneva Conference," pp. 46, 65.

107_Jian, *Mao's China and the Cold War*, p. 144; Jian, "The Geneva Conference of 1954," p. 7.

108_James Waite, *The End of the First Indochina War : A Global History* (Routledge, 2012).

109_Kweku Ampiah, *The Political and Moral Imperatives of the Bandung Conference of 1955* (Folkestone, Global Oriental, 2007), p. 22.

110_Leszek Buszynski, *SEATO: The Failure of an Alliance Strategy* (Singapore: Singapore University Press, 1983); Franklin, *The Hollow Pact*.

111_Acharya, "Norm Subsidiarity and Regional Orders," p. 102;, Franklin, *The Hollow Pact*, p. 1; FRUS, 1952-1954 vol. 13, p. 1259.

112_Acharya, "Norm Subsidiarity and Regional Orders," p. 102.

113_Franklin, *The Hollow Pact*, pp. 1-2; Acharya, "Norm Subsidiarity and Regional Orders," p. 103.

114_Franklin, *The Hollow Pact*, pp. 13-16.

115_Acharya, "Norm Subsidiarity and Regional Orders," p. 104; Franklin, *The Hollow Pact*, pp. 108-129.

116_Franklin, *The Hollow Pact*, pp. 120-23.

117_Sarvepalli Gopal, *Jawaharlal Nehru: A Biography, Volume 2*, 1947-1956 (London, 1979), p. 180.

118_Matthew Jones, "A 'Segregated' Asia?," pp. 851-52; Zhang, "Constructing 'Peaceful Coexistence'," p. 520.

119_이는 인도네시아 정부가 주도한 것이었다. 반둥회의 개최에서 인도네시아 정부의 역할과 국내 정치 상황에 대해서는 Dewi Fortuna Anwar, "Indonesia and the Bandung Conference: Then and Now," Amitav Acharya ed., *Bandung Revisited: The Legacy of the 1955 Asian-African Conference for International Order* (NUS Press, 2008), pp. 180-197.

120_Acharya, "Norm Subsidiarity and Regional Orders," p. 105; Jones, "A 'Segregated' Asia?," p. 852; George McTurnan Kahin, *The Asian-African Conference* (NY:

Kennikat Press, 1956), p. 2.

121_Zhang, "Constructing 'Peaceful Coexistence'," p. 520.

122_Acharya, "Norm Subsidiarity and Regional Orders," p. 105; Jones, "A 'Segregated' Asia?," p. 851; Franklin, *The Hollow Pact*, p. 125.

123_FRUS 1952-54, Vol. 16, p. 1415; FRUS 1952-54, Vol. 12, Part Ⅰ p. 664.

124_Acharya, "Norm Subsidiarity and Regional Orders," pp. 106-7.

125_네루와 마오의 회담 기록(1954.10.23), Ravinder Kumar and H. Y. Sharada Prasad ed. *Selected Works of Jawaharlal Nehru*, 2d series, vol. 26 (New Delhi, 2000), p. 34.

126_Kahin, *The Asian-African Conference*, p. 2.

127_Zhang, "Constructing 'Peaceful Coexistence'," p. 521; Jones, "A 'Segregated' Asia?," p. 852.

128_Zhang, "Constructing 'Peaceful Coexistence'," p. 522; Kahin, *The Asian-African Conference*, p. 3.

129_Kahin, *The Asian-African Conference*, p. 3.

130_Kahin, *The Asian-African Conference*, p. 5.

131_18 January 1955, *FRUS*, 1955-57, Vol. 21, pp. 11-16; Jones, "A 'Segregated' Asia?," p. 856; Jason C. Parker, "Small Victory, Missed Chance: The Eisenhower Administration, the Bandung Conference, and the Turing of the Cold War," Kathryn C. Statler and Andrew L. Johns ed. *The Eisenhower Administration, the Third World, and the Globalization of the Cold War* (Rowman& Littlefield Publishers, 2006), p. 156; Ampiah, *The Political and Moral Imperatives*, pp. 31, 66, 78.

132_5 August 1954, *FRUS*, 1952-54, pt. 1, Vol. 14: p. 518.

133_8 April 1955, *FRUS*, 1955-57, Vol 2: p. 460.

134_Jones, "A 'Segregated' Asia?," pp. 853-54.

135_Parker, "Small Victory, Missed Chance," pp. 157-58, 161.

136_Acharya, "Norm Subsidiarity and Regional Orders," p. 108; Jones, "A 'Segregated' Asia?," pp. 857-59;, Ampiah, The Political and Moral Imperatives, pp. 38-40, 76.

137_Parker, "Small Victory, Missed Chance," pp. 160-61.

138_1. 아프가니스탄, 2. 캄보디아, 3. 중화인민공화국, 4. 이집트, 5. 에티오피아, 6. (현)가나 공화국, 7. 이란, 8. 이라크, 9. 일본, 10. 요르단, 11. 라오스, 12. 레바논, 13. 라이베리아(코스타리카), 14. 리비아, 15. 네팔, 16. 필리핀, 17. 사우디아라비아, 18. 수단, 19. 시리아,

20. 타이, 21. 터키, 22. 베트남 민주공화국, 23. 베트남 국가(1949~55), 24. 예맨

139_Westad, *The Global Cold War*, p. 99.

140_Richard Wright, *The Color Curtain: A Report on the Bandung Conference* (Cleveland, OH: World Publishing Company, 1956).

141_Ampiah, *The Political and Moral Imperatives*, p. 41.

142_Zhang, "Constructing 'Peaceful Coexistence'," p. 522.

143_Kahin, *The Asian-African Conference*, p. 48.

144_수카르노의 1955년 4월 18일 연설, *Let a New Asia and a New Africa Be Born!* (Jakarta: Ministry of Foreign Affairs, 1955); Westad, *The Global Cold War*, p. 100에서 재인용.

145_Westad, *The Global Cold War*, p. 99; Jones, "A 'Segregated' Asia?," p. 861.

146_Kahin, *The Asian-African Conference*, pp. 42-43.

147_Westad, *The Global Cold War*, p. 100; Kahin, *The Asian-African Conference*, pp. 40-45.

148_Gopal, Sarvepalli ed., *Selected Works of Jawaharlal Nehru,* second series, vol. 28(1955.2.1~5.31), New Delhi: Jawaharlal Nehru Memorial Fund, 2001, p. 100.

149_Ampiah, The Political and Moral Imperatives, pp. 85-88); *China and the Asian-African Conference* (Foreign Languages Press, 1955), pp. 21-27.

150_Kahin, *The Asian-African Conference*, pp. 13-15.

151_Kahin, *The Asian-African Conference*, pp. 16-21.

152_Kahin, *The Asian-African Conference*, pp. 21-23.

153_Kahin, *The Asian-African Conference*, pp. 64-65.

154_반둥에서 네루는 북대서양조약기구를 식민주의의 가장 강력한 보호자로 묘사했다. 네루는 집단방위 협약은 탈식민 국가들의 주권과 존엄성에 위협이 된다고 지적하며 아시아와 아프리카 국가들이 여기에 참석한다는 것은 참을 수 없는 것이라고 주장했다(Acharya 2011, 108).

155_4월 22일 발언, Ravinder Kumar and H. Y. Sharada Prasad ed., *Selected Works of Jawaharlal Nehru*, 2d series, vol. 28(New Delhi, 2000), p. 108.

156_Kahin, *The Asian-African Conference*, pp. 12, 66-74.

157_Kahin, *The Asian-African Conference*, pp. 24-25.

158_Kahin, *The Asian-African Conference*, pp. 25-28, 52-62; *China and the Asian-African Conference* (Foreign Languages Press, 1955), pp. 29-31.

159_Westad, *The Global Cold War*, pp. 101-2.

160_Westad, *The Global Cold War*, p. 103; Kahin, The *Asian-African Conference*, p. 30; Nehru, *Selected Works*, second series, vol. 28, p. 124.

161_Kahin, *The Asian-African Conference*, pp. 82-83.

162_Kahin, *The Asian-African Conference*, pp. 84-85.

163_Kahin, *The Asian-African Conference*, pp. 76-85.

164_Acharya, "Norm Subsidiarity and Regional Orders," p. 109.

165_*Asia Africa Speaks from Bandung* (Jakarta: Department of Foreign Affairs), p. 40.

166_Acharya, "Norm Subsidiarity and Regional Orders," p. 106.

167_Cary Frasers, "An American Delimma: Race and Realpolitik in the American Response to the Bandung Conference," 1955, Plummer ed., *Window on Freedom: Race, Civil Rights, and Foreign Affairs, 1945-88* (Chapel Hill: University of North Carolina Press, 2003), pp. 115-140.

168_Westad, *The Global Cold War*, p. 103.

169_Parker, "Small Victory, Missed Chance," p. 163.

170_Minutes of a Cabinet Meeting, 29 April 1955, *FRUS*, 1955-57, 21, pp. 91-92.

171_Jones, "A 'Segregated' Asia?," p. 862; Parker, "Small Victory, Missed Chance," p. 164.

172_Parker, "Small Victory, Missed Chance," pp. 165-66.

173_Parker, "Small Victory, Missed Chance," pp. 166-70.

174_Zhang, "Constructing 'Peaceful Coexistence'," p. 523.

175_Ampiah, *The Political and Moral Imperatives*, p. 3.

176_Acharya, "Norm Subsidiarity and Regional Orders," pp. 111-2.

| 결론 |

1_http://www.bbc.co.uk/news/world-asia-17502867(2012.3.25).

2_이라크에서 일방주의적인 정책을 추진했던 부시였다면, 38선을 '악의 축'과 싸우는 성전의 전선이라고 했을 것이다. 흔히 이런 군사주의를 더 호전적이고 적극적인 것이라고 생각하기 쉽

지만, 실제로는 오바마의 입장이 자유주의 기획에 훨씬 능동적인 성격을 부여하고 있다. 즉, 전 지구적 자유주의 질서의 유지에 더 많은 역할과 비용 분담을 한국에 요구하고 있는 것이다.

3_중세의 정의로운 전쟁 원칙은 인간의 사회적 관계 전반에 대한 사상과 철학에 뿌리내리고 있었다. 중세에는 매우 상세하고 정교하게 발달한 자연법사상에 근거해 평화주의가 개진되었고, 정교한 기독교적 교리들이 이를 뒷받침했다. 하지만 1945년 이후에는 세계 평화의 규범을 뒷받침하는 상세하고 풍부한 원칙이 없었다. 유엔 헌장은 법률가들과 정치인들이 만든 '무력 사용을 금지한다'는 단순한 규칙에 근거한 것이었다. 이는 어떤 영원한 진리의 표현이라기보다는 지역적이고 즉각적인 요구와 조건에 대한 긴급한 응답 같은 것이었다. 결국 무력 사용을 금지하는 규칙은 폭넓게 공유되어 뿌리를 내린 가치라기보다는 두 차례의 세계대전이라는 극단적 경험을 반영한, 실현되기 힘든 희망 같은 것이었다(Neff, *War and the Law of Nations, p.* 317).

4_민법, 상법, 소송법, 행정법, 헌법 등이 이에 해당된다(뒤르켐, 『사회분업론』, p. 113.)

5_뒤르켐, 『사회분업론』, pp. 115, 129, 162-166.

6_Timo Airaksinen, Arto Siitonen, "Kant on Hobbes, peace and obedience", *History of European Ideas*, vol. 30, no. 3, pp. 315-328.

7_Acharya , "Norm Subsidiarity and Regional Orders," pp. 111-2.

8_Cooper, "The new liberal imperialism"; Cooper, *The Post-modern State and the World Order*; Dean, "Nomos and the politics of world order."

9_Small and Singer, *Resort to Arms*.

10_Joas, *War in Social thought*, p. 234.

11_Paul R. Verkuil, *Outsourcing Sovereignty: Why Privatization of Government functions threatens Democracy and What we can do about it* (Cambridge University Press, 2007); Coalition to Stop the Use of Child Soldiers, *Child soldiers: Global report* (2008).

12_Martti Koskenniemi, "Hegemonic Regimes," p. 315.

13_Joas, *War in Social thought*, pp. 229-232.

14_무기거래협약(The Arms Trade Treaty)은 유엔 총회에서 2013년 4월 2일 결의안으로 채택되었고, 2014년 4월 2일 현재 31개국이 비준했다.

15_Medea Benjamin and Barbara Ehrenreich, *Drone Warfare: Killing by remote Control*(Verso, 2013).

16_공해전(Airsea Battle)이란 미국의 군사 싱크 탱크인 전략예산평가센터에서 미국의 미래 전쟁 개념으로 제시한 개념이다. 앤드류 마셜(Andrew Marshal)이라는 미 국방부 자문이

1980년대 이후 군사기술혁명(RMA)론을 시작으로 만들어 낸 미래 전쟁 전략이다. 주요 작전 지역은 서태평양 지역으로, 중국을 겨냥하고 있다는 의혹을 받아 논란이 되었다(Jan Van Tol, *Air Sea Battle: a point-of Departure Operational Concepts*(CSBA, 2010), www.csbaonline.org/wp-content/.../2010.05.18-AirSea-Battle.pdf].

17_아시아 지역주의의 관점에서 살펴본 서구 규범의 지역화와, 그에 대응한 지역의 제도 변화, 순응, 저항의 개념화에 대해서는 Amitav Acharya, "How Ideas Spread: Whose Norms Matter? Norm Localization and Institutional Change in Asian Regionalism," *International Organization* Vol. 58. No. 2(2004), pp. 239-275.

18_프랑스에서 제1차 세계대전 이전까지 '사회적 평화' 개념이 어떻게 형성되고 어떤 정책과 논쟁을 통해서 변화되었는지에 대한 연구는 다음을 참조. Judith F. Stone, *The Search for Social Peace : Reform Legislation in France, 1890-1914* (State University of New York Press, 1985).

19_뒤르켐, 『사회분업론』, pp. 22, 36-37.

20_뒤르켐이 제기한 '연대' 개념이 19세기 말 프랑스에서 어떻게 해석되고 제도화되었는지에 대해서는 다음 연구들을 참조. J. E. S. Hayward, "Solidarity: The Social History of an Idea in Nineteenth Century France," *International Review of Social History* 4 (1959); J. E. S. Hayward, "Solidarist Syndicalism: Durkheim and Duguit," part 1 and 2, *Sociology Review* (July and December 1960); J. E. S. Hayward, "The Official Social Philosophy of the French Third Republic: Léon Bourgeois and Solidarity," *International Review of Social History* 6(1961); J. E. S. Hayward, "Educational Pressure Groups and the Indoctrination of the Radical Ideology of Solidarity, 1895-1914," *International Review of Social History* 8 (1963), pp. 1-7.

21_특히 독일 사회정책과 사회철학의 전통에 대해서는 다음을 참조. Franz Xaver Kaufmann, *Thinking About Social Policy : The German Tradition* (Springer-Verlag, 2013). 사회국가 개념의 역사에 대해서는 Gerhard A. Ritter, *Der Sozialstaat. Entstehung und Entwicklung im internationalen Vergleich* (2nd edn. Munchen 1991). 특히 바이마르 시기 뒤르켐의 영향을 받아 사회학적 관점을 견지하고 카를 슈미트와 한스 켈젠 등의 법철학을 비판하는 국가론을 개진한 헤르만 헬러(Hermann Heller)의 국가론은 다음을 참조. Christoph Müller ed. *Gesammelte Schriften* (Tübingen, Mohr, 1992); Eun-Jeung Lee, *Der soziale Rechtsstaat als Alternative zur autoritären Herrschaft* (Berlin : Duncker und Humblot, 1994).

22_뒤르켐 학파가 프랑스 학계에서 어떻게 제도화되고 학술·실천 활동을 전개했는지에 대해서는 다음을 참조. Terry Nicholas Clark, *Prophets and Patrons: The French University and the Emergence of the Social Sciences*(Cambridge, Mass.: Harvard University Press, 1973).

23_뒤르켐, 『사회분업론』, pp. 19, 573.

24_ 뒤르켐, 『사회분업론』, pp. 191, 194.

25_ 뒤르켐, 『사회분업론』, pp. 191, 194.

26_뒤르켐, 『사회분업론』, pp. 94-95, 257, 509.

27_"칸트에 이르면 모든 인간이 존엄하다는 개인주의는 모두의 인격을 존중할 것을 강조한다. 그런데 개인숭배 신앙은 진정한 사회적 연대를 형성하지 못한다. 개인에 의한 숭배 감정은 현대사회를 통합할 기초로는 불충분하다"(뒤르켐, 『사회분업론』, pp. 256, 593.

28_뒤르켐, 『사회분업론』, pp. 554, 604.

29_뒤르켐, 『사회분업론』, pp. 22, 55-59.

30_뒤르켐, 『사회분업론』, pp. 529, 557.

31_뒤르켐, 『사회분업론』, pp. 57-58, 562, 565, 604.

32_뒤르켐, 『사회분업론』, pp. 573-574.

33_뒤르켐, 『사회분업론』, pp. 36-37, 181, 547.

34_뒤르켐, 『사회분업론』, p. 183.

35_뒤르켐, 『사회분업론』, pp. 182, 417, 418.

36_뒤르켐, 『사회분업론』, pp. 601, 602. 이후 마르셀 모스는 '단일한 사회'를 상정한 뒤르켐보다 다층적인 사회적 교류와 연대적 관계를 고민했다. 뒤르켐은 다양한 국제적 교환과 문화적 전이, 이민과 디아스포라 같은 탈국경적 현상을 중점적으로 고려하지 못했다. 그러나 모스는 오랜 협력과 통합의 과정을 거쳐 연대에 기반한 사회가 등장한다고 본 뒤르켐과 달리, 공유된 제도가 먼저 만들어지고 이것이 사회 간 협력의 과정을 가속화할 것으로 보았다. 이에 대해서는 Jean Terrier, *Visions of the Social: society as a Political Project in France 1750-1950*(Brill, 2011), pp. 74-75, 159.

37_뒤르켐, 『사회분업론』, p. 606.

38_막스 베버 지음, 최장집 엮음, 박상훈 옮김, 『소명으로서의 정치』(후마니타스, 2013), pp. 223-231.

| 참고문헌 |

1. 1차 문헌

1) 해외 자료

(1) 미 국립문서보관소(워싱턴 D.C.)

RG 59, Entry A1 205-KA, Central Decimal files 1950-54, Box 2886-2888.

RG 319, G-3, decimal file 383.6 TS box 174.

RG 338, Entry A1 224 8th Army Enemy Prisoners of War File Box 1650-63.

RG 389, Entry A1 1005 Enemy Prisoners of War/Civilian Internee Complaint and Investigation Files, Box 1-16.

RG 550, Organizational history Files Entry A1(1) Box 86-87.

RG 554, Records of General HQ, FEC, SCAP and UNC, Military History Section, Command & Staff Section Reports, 1947~52, Top Secret 1951, Box 348.

RG 554 Entry A-1 1320 KCOMZ Records Relating to Enemy Prisoners of War, Boxes 14-21.

• 보고서와 수고(Reports and Manuscripts)

"The Handling of Prisoners of War during the Korean war", Military History Office, Office of the assistant chief of staff, G-3, 1960. 6. RG 389, Records of the Office of the Provost Marshal General, Series 452 B, Records of the Prisoners of war Division, Box 88.

"The Communist War in POW Camps" UN, FEC Military Intelligence Section, General Staff. 1953.1.28.

"A Study of the Administration and Security of the Oriental Communist Prisoner of War during the Conflict in Korea", HQ, POW Command, 1953.9.

"Report of the central committee of the United democratic fatherland front of Korea on Atrocities Committed by the American aggressors against captured officers and men if the korean people's army"(1953.12.31).

"KoJe-Do in Complication: An Analysis of the Social and Political Organization of Korean Prisoners of War in UNC POW Camps, 1950-51," Psychological Warfare Division, Human Resources Research Office, The George Washington University, 1954.

"Collection and Document of Material Relating to the Prisoners of war Interment Program in Korea 1950-1953"(1957), RG 389, Records of the Prisoners of war Division. Security-classified General Correspondence, 1942-1957, Box 30, Entry 452.

HumRRO, "The Political Behavior of Korean and Chinese Prisoners of War in the Korean War: A Historical Analysis" [William Bradbury, Samuel Meyers, and Albert Biderman, *Mass Behavior in Battle and Captivity* (Chicago, 1968)로 출간].

(2) 국제적십자(Interntional Committee of Red Cross) 문서 보관소(제네바)

● 1951~65년 자료 중 ACICR B AG 자료군

B AG 210 056 - Generalites concernant les prisonniers de querre: rapports de visites de camps 1950-1969, Coree du Sud 1951-56.

B AG 225 056 - Detenus politiques et detenus de securite 1952-78, Coree du sud 1950-61.

B AG 200 056 - Correspondence.

B AG 202 056 - Application of Geneva Convention.

ICRC, *Le Comite international de la Croix-Rouge et le Conflict De Coree, Recueil De Documents* 1, 2, Geneve, 1952(1권 : 1950/06/26~1951/12/31, 2권 : 1952/01/01~06/30)

Pictet, Jean S. ed. 1960. *Commentary, Geneva Convention: Relative to the Treatment of Prisoners of War Vol Ⅲ*. International Committee of the Red Cross.

(3) 유엔 자료

Yearbook of the United Nations(YBUN), 1946-47, 1947-48, 1948-49, 1950, 1951, 1952, 1953.

UN Security Council Official Records, 1946, 1949, 1950, 1951, 1952.

UN General Assembly Official Records, 1950, 51, 52, 53.

● 유엔의 결의안들과 회의록

유엔 공식 문서 데이터 베이스(http://documents.un.org/, http://www.un.org/en/documents/ods/)

● 보고서류

A/1873, "Report of the security council to the general assembly(1950.7.16~1951.7.15)."

A/1361, "The report of Security Council to the General Assembly(1949~1950)."

"Legal Aspects of the Problem of Representation in the United Nations"(1950.3.8).

A/1304, "Development of a Twenty-Year Programme for Achieving Peace Through the United Nations"(1950.6.6.).

(4) 미국 정부 공식 간행물

U.S. Department of State. *Foreign Relations of the United States* (Washington, D.C.: Government Printing Office).

1945, vol 1: General: The United Nations, 1967.

1947, vol 1: General: United Nations, 1973.

668

1948, vol 1: United Nations(two parts).

1949, vol 1: National Security.

1949, vol 2: United Nations.

1950, vol 1: National Security Affairs, 1977.

1950, vol 2: United Nations.

1950, vol 7: Korea, 1976.

1951, vol 7: China and Korea(two parts), 1983.

1952-1954, vol 15: Korea(two parts), 1984.

1952-1954, vol 16: The Geneva Conference, 1981.

U.S. Department of State. 1950. *Postwar Foreign Policy Preparation, 1939-1945,* Department of State Publication No.3580. Washington, D.C.: United States Government Printing Office.

U.S. Department of State. 1950. *United States Policy in the Korean Crisis.* Washington, D.C. USGPO.

U.S. Department of State. 1951. *United States Policy in the Korean Conflict 1950~1951.* Washington, D.C. USGPO.

U.S. Department of State.1951. *The Conflict in Korea Events Prior to the Attack on June 25, 1950.* Washington, D.C. USGPO.

U.S. Department of State. 1947, 1950, 1952, 1953, 1954. *Department of State Bulletin* (http://www.bpl.org/online/govdocs/department_of_state bulletin.htm).

U.S. Department of State. 1983. *The State Department Policy Planning Staff Papers* 1948-1950. New York.

U.S. Department of State. 1954. *The Korean Problems at the Geneva Conference, April 26-June 15, 1954.* Department of State publication 5609(October).

United States, 82nd Congress 2nd session, Senate, Executive Report No. 2, *Japanese Peace Treaty and Other Treaties relating to Security in the Pacific/Report of the Committee on Foreign Relations on Executives, A, B, C and D*, (Washington, D.C.: U.S. Government Printing Office, 1952).

United States, Department of State, International Organization and Conference Series II, *Far Eastern 3: Conference for the Conclusion and Signature of the Treaty of Peace with Japan, San Francisco, California, September 4--8, 1951, Record of Proceedings*, (Washington, D.C.: Division of Publications, Office of Public Affairs, December 1951).

● 대통령 연설문집

Public Papers of the Presidents: Harry S. Truman, 1949, 1950, 1951(US Government Printing Office, 1964).

(http://www.trumanlibrary.org/publicpapers/index.php?pid=822&st=&st1=)

Public Papers of the Presidents of the united States: Dwight D. Eisenhower, 1953.

• 공식 전사

Appleman, Roy E. 1992. *South to the Naktong, North to the Yalu*. Washington, D.C., Center of Military History US Army.

Schnabel, James F. 1992[1967]. *Policy and Direction*. Washington, D.C., Center of Military History US Army.

Hermes, Walter G. 1992. *The Truce Tent and Fighting Front*. Washington, D.C., Center of Military History US Army[육군본부 옮김. 1967. 『UN군 전사: 휴전 천막과 싸우는 전선(제2집)』].

(5) 영국 정부 자료

The Secretary of State for Foreign Affairs, *Korea: A Summary of Developments in the Armistice Negotiations and the Prisoner of War Camps June 1951- May 1952* (Her Majesty's Stationery Office, June 1952).

The Secretary of State for Foreign Affairs, *Korea: A Summary of Further Developments in the Military Situation, Armistice Negotiations and the Prisoner of War Camps to January 1953* (Her Majesty's Stationery Office, March 1953).

(6) 기타 정기간행물, 자료집

Foreign Affairs, 1945, 1950, 1952.

American Journal of International Law.

China and the Asian-African Conference (Foreign Languages Press, 1955).

Kahin, George McTurnan. 1956. *The Asian-African Conference*. NY: Kennikat Press.

(7) 온라인 데이터베이스

• 우드로 윌슨센터 국제냉전비교연구 프로젝트 저널(CWIHPBulletin)

  http://www.wilsoncenter.org/sites/default/files/CWIHPBulletin

• 막스프랑크 국제공법 백과사전(Max Plank Encyclopedia of Public International Law)

  www.mpepil.com

• 아발론 프로젝트Avalon Project 온라인 데이터베이스

  http://avalon.law.yale.edu

• 루즈벨트 대통령 도서관

  http://www.fdrlibrary.marist.edu/fourfreedoms

(8) 회고록

Acheson, Dean. 1969. *Present and Creation: My Years in the State Department*. WW Norton & Company.

Gross, Ernest A. 1959. *The United Nations: Structure for Peace*. New York: Manhattan Publishing.

Kennan, George F. 1951. *American Diplomacy 1900-1950*. The University of Chicago Press.

Dulles, John Foster. 1952. "Security in the Pacific." *Foreign Affairs* Vol 30, No.2 (January).

Panikkar, K.M. 1855. *In Two Chinas*. London: Allen& Unwin.

Kumar, Ravinder and H. Y. Sharada Prasad eds. 2000. *Selected Works of Jawaharlal Nehru*, 2d series, vol. 26, 28. New Delhi.

Lie, Trygve. 1954. *In the Cause of Peace: Seven years with the United Nations*. The Macmillan Company.

Wu, Xiuquan. 1985. *Eight Years in the Ministry of Foreign Affairs (January 1950-October 1958): Memoirs of a diplomat*. Beijing: New World Press.

2) 국내 자료

국사편찬위원회. 『자료 대한민국사』 1945~1953.

_____. 1995. 『남북한 관계사료집 12: 한국전쟁기 북한군 포로관계 문서(1950~1954)』.

김행복. 1996. 『한국전쟁의 포로』. 국방군사연구소.

국방부 전사편찬위원회. 1951. 『한국전란 1년지』.

_____. 『한국전쟁자료총서』 1~72집

2. 2차 문헌

(1) 국내 문헌

강성학. 2002. 『동아시아의 안보와 UN체제』. 집문당.

_____ 엮음. 2004. 『UN과 한국전쟁』. 리북.

구갑우·박건영·최영종. 2005. "한반도 평화체제 수립과 동아시아 다자간안보협력에 관한 연구." 『한국과 국제정치』 제21권, 2호. 경남대학교 극동문제연구소.

김보영. 2008. "한국전쟁 휴전회담 연구." 한양대학교 박사 학위논문.

김연철. 2001. "1954년 제네바 회담과 동북아 냉전 질서." 『아세아 연구』 제54권 1호.

김영호. 2006. 『한국전쟁 기원과 전개과정』. 성신여자대학교 출판부.

김학재. 2009. "진압과 석방의 정치: 한국전쟁기 포로 수용소와 국민형성." 『제노사이드연구』 제5호.

_____. 2010a. "전쟁포로들의 저항과 반공오리엔탈리즘: 한국전쟁기 UN군 포로수용소 내 사건들을 중심으로." 『사림』 제36호.

_____. 2010b. "한국전쟁전후 민간인학살과 20세기의 내전." 『아세아연구』 53-4. 고려대아세아문제연구소.

나종일. 1988. "제네바 정치회담에 관한 연구." 연구논문 시리즈 88-06. 일해연구소.

네그리, 안토니오, 마이클 하트 지음, 조정환 외 옮김. 2004. 『다중』. 세종서적.

네그리, 안토니오, 마이클 하트 지음, 윤수종 옮김. 2001.『제국』. 이학사.

노기영. 1998. "이승만 정권의 태평양동맹 추진과 지역안보 구상." 부산대 석사 학위논문.

도진순. 2004. "한국전쟁의 기본개념으로서 제한전(limited war)의 성립과 분화-한반도에 대한 전략적 가치 평가와 관련하여."『한국사연구』125집.

민경길. 1997. "한국전쟁과 포로송환 문제: 관련 국제법규의 검토."『서울국제법연구』. 서울국제법연구원.

박명림. 1996.『한국전쟁의 발발과 기원 1, 2』. 나남.

_____. 2002.『한국 1950 전쟁과 평화』. 나남.

_____. 2006. "한반도 정전 체제: 등장, 구조, 특성, 변환."『한국과 국제정치』22권 1호.

_____. 2012.『역사와 지식과 사회』. 나남.

박치영. 1995.『UN정치와 한국 문제』. 서울대학교 출판부.

박태균. 2003. "1950년대 미국의 정전협정 일부조항 무효선언과 그 의미."『역사비평』.

_____. 2010. "작동하지 않는 정전협정, 그리고 천안함."『역사와현실』76.

박홍순. 1993. "Collective Security and International Order : The Role of the United Nations in the Korean War(1950) and the Persian Gulf War(1990)." Ph.D. Thesis, University of South Carolina.

_____. 2004. "한국전쟁과 UN 개입(1950): 과정과 배경." 강성학 편.『UN과 한국전쟁』. 리북.

백승주. 2006. "한반도 평화협정의 쟁점."『한국과 국제정치』Vol.22, No.1. 경남대학교 극동문제연구소.

백원담. 2009. "아시아에서 1960~70년대 비동맹운동과 민족, 민중 개념의 창신."『중국현대문학』49호.

베버, 막스 지음, 최장집 엮음, 박상훈 옮김. 2013.『막스 베버, 소명으로서의 정치』. 후마니타스.

션즈화 지음, 최만원 옮김. 2010.『마오쩌둥, 스탈린과 한국전쟁』. 선인.

슈미트, 칼 지음, 김효전 옮김. 1998.『파르티잔: 그 존재와 의미』. 문학과지성사.

슈미트, 칼 지음, 김효전·정태호 옮김. 2012.『정치적인 것의 개념』. 살림.

슈미트, 칼 지음, 최재훈 옮김. 1995.『대지의 노모스: 유럽 공법의 국제법』. 민음사.

아감벤, 조르지오 지음, 김항 옮김. 2009.『예외상태』. 새물결.

뒤르켐, 에밀 지음, 민문홍 옮김. 2012.『사회분업론』. 2012.

발리바르, 엔티엔 지음, 진태원 옮김. 2010.『우리, 유럽의 시민들?: 세계화와 민주주의의 재발명』. 후마니타스.

이근관. 2008. "한반도 종전선언과 평화체제 수립의 국제법적 함의."『서울대학교 법학』49.

이동기. 2013. "반둥 아시아-아프리카회의 최종의정서."『평화 텍스트 15선』. 아카넷.

이병한. 2010. "두 개의 중국과 화교 정책의 분기: 반둥 회의 전후를 중심으로."『중국근현대사연구』45권.

이서항. 2004. "UN과 한국전쟁의 휴전과정." 강성학 엮음.『UN과 한국전쟁』. 리북.

이임하. 2010. "한국전쟁기 부역자 처벌."『사림』제36권, pp. 101-140.

장용석. 2010. "한반도 평화체제와 평화협정."『통일문제연구』.

전재성. 2006. "한반도 평화체제." 하영선 엮음.『북핵위기와 한반도 평화』. 동아시아연구원.

정병준. 2006.『한국전쟁: 38선 충돌과 전쟁의 형성』. 돌베개.

정인섭. 2001. "한국전쟁이 국제법 발전에 미친 영향 : 포로송환문제를 중심으로."『서울대학교 법학』.

서울대학교 법학연구소.

조성훈. 1999. "한국전쟁 중 UN군의 포로정책에 관한 연구." 한국정신문화연구원 한국학대학원
　　　박사학위논문.

＿＿＿. 2000. "미국 자료를 통해 본 휴전협상의 지연요인 연구."『정신문화연구』.

조용상. 1990. "한국전쟁: 미국과 UN의 역할."『국제정치논총 특집:한국전쟁의 재조명』(6월).

캘도어, 메리 지음, 유강은 옮김. 2010.『새로운 전쟁과 낡은 전쟁: 세계화 시대의 조직화된 폭력』. 그린비.

한표욱. 1984.『한미 외교요람기』. 중앙일보사.

홍규덕. 2004. "UN과 제네바 회담의 의미와 교훈." 강성학 엮음.『UN과 한국전쟁』. 리북.

홍용표. 2006. "1954년 제네바 회의와 한국 전쟁의 정치적 종결 모색."『한국정치외교사논총』 28집 1호.

(2) 해외 문헌

Acharya, Amitav. 2004. "How Ideas Spread: Whose Norms Matter? Norm Localization and Institutional Change in Asian Regionalism." *International Organization* Vol. 58. No. 2.

＿＿＿. 2011. "Norm Subsidiarity and Regional Orders: Sovereignty, Regionalism, and Rule-Making in the Third World", *International Studies Quarterly* 55, pp. 95-123.

Acharya, Amitav, and Barry Buzan eds. 2010. *Non-Western International Relations Theory: Perspectives on and beyond Asia.* Routledge.

Aho, James A. 1975. *German Realpolitik and American sociology: An inquiry into the sources and political significance of the sociology of conflict.* Lewisburg: Bucknell University Press.

Airaksinen, Timo, Arto Siitonen. 2004. "Kant on Hobbes, peace and obedience." *History of European Ideas* 30 : 3, pp. 315-328.

Allison, John M. 1952. "The Japanese Peace Treaty And Related Security Pacts," *Proceedings of the American Society of International Law at Its Annual Meeting(1921-1969)* Vol. 46(April), pp. 35-43.

Ampiah, Kweku. 2007. *The political and moral imperatives of the Bandung Conference of 1955.* Folkestone, Global Oriental.

Andelman, David A. 2008. *A Shattered Peace: Versailles 1919 and the Price we pay today.* Wiley & Sons.

Anderson, Amanda. 2011. "Character and Ideology: the case of Cold War liberalism." *New Literary History* Vol. 42, No. 2.

Anghie, Antony. 1999. "Finding the Peripheries: Sovereignty and Colonialism in Nineteenth-Century International Law." *Harvard International Law Journal* 40, 1.

＿＿＿. 2004. *Imperialism Sovereignty and the Making of International Law.* Cambridge University Press.

Anwar, Dewi Fortuna. 2008. "Indonesia and the Bandung Conference: Then and Now." Amitav Acharya ed. *Bandung Revisited: The Legacy of the 1955 Asian-African Conference for International Order.* NUS Press.

Arblaster, Anthony. 1984. *The rise and decline of Western liberalism.* Oxford: Blackwell.

Arends, J. Frederik M. 2008. "From Homer to Hobbes and Beyond: aspects of ‚Security' in the European Tradition." Hans Günter Brauch et al eds. *Globalization and Environmental Challenges: Reconceptualizing Security in the 21st Century.* Springer-Verlag.

Armstrong, Anne. 1961. *Unconditional Surrender: The Impact of the Casablanca Policy on World War II* (New Brunswick: Rutgers University Press.

Bailey, Sydney D. 1977. "Cease-Fires, Truces, and Armistices in the Practice of the UN Security Council." *The American Journal of International Law* Vol. 71, No. 3(Jul.), pp. 461-473.

_____. 1982. *How Wars End: The United Nations and the Termination of Armed Conflict, 1946-1964* Vol. II. Oxford, UK:Clarendon Press.

_____. 1992. *The Korean Armistice.* New York: St Martin's Press.

Barkawi, Tarak and Mark Laffey. 2006. "The Postcolonial moment in security studies." *Review of International Studies* 32, pp. 329-352.

Barkawi, Tarak and Mark Laffey eds. 2001. *Democracy, Liberalism, and War: Rethinking the Democratic Peace Debate.* Boulder, USA: Lynne Rienner.

Bartlett, Ruhl J. ed. 1964. *The Record of American Diplomacy: Documents and Readings in the History of American Foreign Relations* (4th ed.), New York: Alfred A.Knopf.

Beisner, Robert L. 2006. *Dean Acheson: A life in the Cold War : A Biography.* Oxford University Press.

Bell, Jonathan. 2004. *The Liberal State on Trial : The Cold War and American Politics in the Truman Years.* Columbia University Press.

_____. 2008. *On the Law of Peace: Peace Agreements and the Lex Pacificatoria.* Oxford University Press.

Benhabib, Seyla. 2008. *Another Cosmopolitanism.* Oxford University Press.

Benhabib, Seyla. 2011. *The Rights of Others: Aliens, Residents, and Citizens.* Cambridge University Press.

Benjamin, Medea and Barbara Ehrenreich. 2013. *Drone Warfare: Killing by remote Control.* Verso.

Bernstein, Barton J. 1983. "The Struggle Over the Korean Armistice: Prisoners of Repatriation?." Bruce Cumings ed. *Child of Conflict: The Korean-American Relationship, 1943-1953.* Seattle, WA: University of Washington Press, pp. 267-307.

Best, Geoffrey. 1980. *Humanity in Warfare: The Modern History of the International Law of Armed Conflict.* London: Methuen.

_____. 1994. *War and Law since 1945.* Oxford: Clarendon Press.

Bigo, Didier. 2008. "Security : A Field Left Fallow." Michael Dillon & Andrew Neal eds. *Foucault on Politics, Security and War.* London: Palgrave, pp. 93-114.

Binder, Christina. 2008. "Uniting for Peace 1950." Rudiger Wolfrum ed. *The Max Planck Encyclopedia of Public International Law.* Oxford University Press[online edition, www.mpepil.com(검색일: 2012/07/16)].

Boemeke, Manfred F., Gerald D. Feldman, and Elisabeth Gläser eds. 1998. *The Treaty of Versailles: A Reassessment After 75 Years*. Cambridge, United Kingdom: Cambridge University Press.

Brackman, Arnold C. 1989. *The Other Nuremberg: The Untold Story of the Tokyo War Crimes Trials*. London: Collins.

Bradbury, William, Samuel Meyers and Albert Biderman. 1968. *Mass Behavior in Battle and Captivity : The Communist Soldier in the Korean War*. Chicago.

Brands, H. W. 1989. *The Specter of Neutralism: The United States and the Emergence of the Third World, 1947-1960*. New York: Columbia University Press.

Brands, Jr, Henry W. 1987. "The Dwight D. Eisenhower Administration, Syngman Rhee, and the 'Other' Geneva Conference of 1954." *Pacific Historical Review* 56, p. 59.

Brezina, Corona. 2006. *The Treaty of Versailles, 1919: A Primary Source Examination of the Treaty That Ended World War I*. New York: Rosen.

Brown. 1942. "The Effects of Recognition." *Amerian Journal of International Law* Vol. 36.

Brown, Michael E., Sean M. Lynn-Jones and Steven E. Miller eds. 1996. *Debating the Democratic Peace*. Cambridge, MA: The MIT Press.

Bucklin, Steven J. 2000. *Realism and American Foreign Policy: Wilsonians and the Kennan-Morgenthau Thesis*. Praeger Frederick.

Bunce, R.E.R. ed. 2009. *Thomas Hobbes*. Continuum.

Burchett, George et al. 2007. *Rebel Journalism: The Writings of Wilfred Burchett*. Cambridge University Press.

Buszynski, Leszek. 1983. *SEATO: The Failure of an Alliance Strategy*. Singapore: Singapore University Press.

Buzan, Barry and Lene Hansen. 2009. *The Evolution of International Security Studies*. Cambridge University Press.

Campbell, Susanna, David Chandler, Meera Sabarantam eds. 2011. *A Liberal Peace? The Problems and Practices of Peace Building*. London, Zedbooks.

Campbell, Thomas M. 1973. *The Masquerade Peace: America's U.N. Policy, 1944-1945*. Tallahassee, Florida: FloridaState University Press.

Carvin, Stephanie. 2006. "Caught In The Cold: International Humanitarian Law and Prisoners of War During the Cold War." *Journal of Conflict& Security Law* Vol.11, No.1, pp. 67-92.

Carvin, Stephanie. 2010. *Prisoners of America's wars: from the early republic to Guantanamo*. London: C. Hurst.

Chan, Steve. 1997. "In Search of Democratic Peace: Problems and Promise." *Mershon International Studies Review* 41(supp.1), pp. 59-91.

Chandler, David. 2010. "The uncritical critique of 'liberal peace'." *Review of International Studies* 36, pp. 137-155.

Chang, Gordon H. 1990. *Friends and Enemies: The United States, China and the Soviet Union, 1948-1972.* Stanford, CA: Stanford University Press.

Charmatz, Jan P. and Harold M. Witt. 1952~53. "Repatriation of Prisoners of War and the 1949 Geneva Convention." *Yale Law Journal* 62, pp. 391-415.

Clark, Terry Nicholas. 1973. *Prophets and Patrons: The French University and the Emergence of the Social Sciences.* Cambridge, Mass.: Harvard University Press.

Clemens, Diane Shaver. 1970. *Yalta.* NewYork: Oxford University Press.

Coalition to Stop the Use of Child Soldiers. 2008. *Child soldiers: Global report.*

Cohen, Warren I. 1990. *America's Response to China: A History of Sino-American Relations (3rd edition).* New York: Columbia University Press, pp. 150-58.

Collier, Paul and Anke Hoeffler. 2000. "Greed and Grievance in Civil War," The World Bank Development Research Group, Policy Research Working Paper 2355.

Collier, Paul and Nicholas Sambanis. 2005. *Understanding Civil War: Evidence and Analysis.* Washington, DC: World Bank.

Conforti, Benedetto. 1996. *The Law and Practice of the United Nations.* Boston: Kluwer Law International.

Conrad, Sebastian. 2013. *Globalgeschichte: Eine Einführung.* C.H.Beck.

Conze, Werner. 1984. "Sicherheit, Schutz." Brunner, Otto; Conze, Werner; Koselleck, Reinhart eds. *Geschichtliche Grundbegriffe. Historische Lexikon zur politisch-sozialen Sprache in Deutschland* Vol. 5. Stuttgart: Ernst Klett Verlag.

Cooper, Robert. 2002a. "The new liberal imperialism." *Observer* (April I7) [http://observer.guardian.co.uk/worldview].

_____. 2002b. *The Post-modern State and the World Order.* London: Demos.

Cot, Jean Pierre. 2008. "History of United Nations Charter." Rudiger Wolfrum ed. *The Max Planck Encyclopedia of Public International Law.* Oxford University Press [www.mpepil,com, 검색일: 2012/04/24].

Cumings, Bruce. 2001. "Warfare, Security, and Democracy in East Asia." T. Barkawi and M. Laffey eds. *Democracy, Liberalism, and War: Rethinking the Democratic Peace Debate.* Boulder, USA: Lynne Rienner.

_____. 2010. *The Korean War: A History.* Modern Library.

Dean, Mitchell. 2004. "Nomos and the politics of world order." Wendy Larner and William Walters eds. *Global governmentality: Governing international spaces.* Routledge.

Delessert, Christiane Shields. 1977. *Release and Repatriation of Prisoners of War at the End of Active Hostilities: A Study of Article 118, Paragraph 1 of the Third Geneva Convention Relative to the Treatment of Prisoners of War.* Zurich: Schulthess Polygraphischer Verlag.

Dillon, Michael and Julian Reid. 2009. *The Liberal Way of War: Killing to Make Life Live.* London: Routledge.

Dower, John W. 1979. *Empire and aftermath: Yoshida shigeru and teh Japanese Experience, 1878-1954.* Harvard University Press.

_____. 1993. "Peace and Democracy in Two Systems: External Policy and Internal Conflict." Andrew Gordon. *Post War Japan as History.* University of California Press.

_____. 2014. "The San Francisco System: Past, Present, Future in U.S.-Japan-China Relations." *The Asia-Pacific Journal* Vol. 12, Issue 8, No. 2.(February 24).

Downing, Brian. 1992. *The Military Revolution and Political Change.* Princeton: Princeton University Press.

Doyle, Michael W. 1983a. "Kant, Liberal Legacies, and Foreign Affairs." *Philosophy & Public Affairs* Vol. 12, No. 3(Summer), pp. 205-235.

_____. 1983b. "Kant, Liberal Legacies, and Foreign Affairs, Part 2." *Philosophy & Public Affairs* Vol. 12, No. 4 (Autumn).

Doyle, Robert C. 2010. *The enemy in our hands: America's treatment of enemy prisoners of war from the Revolution to the War on Terror.* Lexington, Ky.:University Press of Kentucky.

Dryzek, John. 1996. *Democracy in Capitalist Times.* Oxford University Press.

Duffey, Tamara. 1998. "United Nations peacekeeping in the post-cold war world". *Civil Wars* 1(3), pp. 1-23.

Duffield, John S. 2001. "Why Is There No APTO? Why Is There No OSCAP?: Asia-Pacific Security Institutions in Comparative Perspective." *Contemporary Security Policy* 22, 2, pp. 69-95.

Durkheim, Emile. 1984[1893]. *The division of Labour in Society.* Palgrave Macmillan.

Dyzenhaus, David and Thomas Poole eds. 2012. *Hobbes and the Law.* Cambridge University Press.

Elliott, Mark R. 1982. *Pawns of Yalta: Soviet Refugees and America's Role in Their Repatriation.* Urbana: University of Illinois Press.

Evans, Brad. 2010. "Foucault's Legacy : Security, War and Violence in the 21st Century." *Security Dialogue* Vol. 41.

Falk, Richard, Samuel S. Kim and Saul H. Mendlovitz eds. 1991. *The United Nations and a Just World Order.* Boulder: Westview Press.

Fassbender, Bardo. 1998. "The United Nations Charter as Constitution of the International Community." *Columbia Journal of Transnational Law* Vol. 36, pp. 529-19.

_____. 2009. *The United Nations Charter as the Constitution of the International Community.* Leiden: Martinus Nijhoff.

Fearon, James D. and David D. Laitin. 2002. "International Institutions and Civil War"(January) (http://sshi.stanford.edu/Dinners/Laitin-DinnerJan17.pdf).

Fenno Jr., Richard F. ed. 1955. *The Yalta Conference.* Boston: D.C.Heath.

Fenwick, C. G. 1953. "The Recognition of the Communist Government of China." *The American Journal of International Law* Vol. 47, No. 4(Oct.), pp. 658-661.

Ferguson, Nial. 2002. *Empire: The Rise and Demise of the British World Order and the Les-sons for Global Power.* New york: Basic Books.

Fischer, Dietrich. 2007. "Peace as a self-regulating process." Galtung, Johan ed. 2007. *The Handbook of Peace and Conflict Studies.* Routledge.

Fisher, Louis. 1995. "The Korean War: On What legal basis did truman act?." *The American Journal of International Law* Vol 89, No. 1(Jan.), pp. 21-39.

Fitschen, Thomas. 2007. "Vienna Congress(1815)." R. Wolfrum ed, *Max Plank Encyclopedia of Public International Law.* (Oxford University Press, 2008), online edition.

Foot, Rosemary. 1990. *A Substitute for Victory: The Politics of Peacemaking at the Korean Armistice Talks.* Ithaca, NY: Cornell University Press.

Foucault, Michell. 2007. *Security, Territory, Population: Lectures at the College de France(1977~78).* Palgrave Macmillan.

_____. 2008. *The Birth of Biopolitics Lectures at the College de France(1978-79).* Palgrave Macmillan.

Franck, Thomas M. 2002. *Recourse to Force: State Action against Threats and Armed Attacks.* Cambridge: Cambridge University Press.

Franklin, John K. 2006. *The Hollow Pact: Pacific Security And The Southeast Asia Treaty Organization.* Dissertation at Texas Christian University.

Harbutt, Fraser J. 2014. *Yalta 1945: Europe and America at the Crossroads.* Cambridge University Press.

Frasers, Cary. 2003. "An American Delimma: Race and Realpolitik in the American Response to the Bandung Conference 1955." Plummer ed. *Window on Freedom: Race, Civil Rights, and Foreign Affairs, 1945-88.* Chapel Hill: University of North Carolina Press, pp. 115-140.

Frei, C. 2001. *Hans J. Morgenthau: An Intellectual Biography.* Baton Rouge, LA: Louisiana State Press.

Fujitani, Takashi. 2011. *Race for Empire: Koreans as Japanese and Japanese as American During World War 2.* University of California Press.

Futamura, Madoka. 2007. *War Crimes Tribunals and Transitional Justice: The Tokyo Trial and the Nuremburg Legacy.* Routledge.

Gaddis, John Lewis. 1987. *The Long peace: inquiries into the history of the Cold War.* New York: Oxford University Press.

_____. 2005. *Strategies of Containment: A Critical Appraisal of Postwar American National Security Policy.* New York.

Gallicchio, Marc S. 1988. *The Cold War Begins in Asia: American East Asian Policy and the Fall of the Japanese Empire.* New York: Columbia University.

Galtung, Johan ed. 2007. *The Handbook of Peace and Conflict Studies.* Routledge.

Garcia-Mora, Manuel R. 1956. *International Law and Asylumas a Human Right.* Washington, DC: Public Affairs Press.

Glennon, Michael J. 1991. "The Constitution and Chapter VII of the United Nations Charter." *American Journal of International Law* vol. 85, pp. 74-88.

Goldhamer, Herbert. 1994. *The Korean Armistice Conference.* Santa Monica, Calif.

Goodman, Allen E. ed. 1978. *Negotiating While Fighting: The Diary of Admiral C.Turner Joy at the Korean Armistice Negotiations*. Stanford,CA: Hoover Institution.

Goodrich, Leland M. and Anne P. Simons. 1955. *The United Nations and the Maintenance of International Peace and Security*. Brookings Institution.

Goodrich, Leland M. 1956. *Korea. A Study of U.S. Policy in the U.N*. New York: Council on Foreign Relations.

Gopal, Sarvepalli. 1979. *Jawaharlal Nehru: A Biography* (Volume Two, 1947~1956). Cambridge: Harvard University Press.

Gowan, Peter. 2004. "American Lebensraum." *New Left Review* 30, pp. 155-64.

Graebner, Norman A. 2011. *The Versailles Treaty and Its Legacy The Failure of the Wilsonian Vision*. Cambridge: Cambridge University Press.

Graham, Malbone W. 1933. *The League of Nations and the Recognition of States*. University of California.

_____. 1950. "Some Thoughts on the Recognition of New Governments and Regimes." *The American Journal of International Law* Vol. 44, No. 2(Apr.), pp. 356-360.

Gray, Colin. 2009. "Mission improbable, fear, culture, and interest: peacemaking, 1943-1949." Williamson Murray, Jim Lacey. *The Making of Peace Rulers States and the Aftermath of War*. Cambridge: Cambridge University Press.

Green, L. C. 1951. "The Nature of the 'War' in Korea." *International and Comparative Law Quarterly* 4, pp. 462-8.

Grewe, Wilhelm G. 2000. *The Epochs of International Law*. Walter de Gruyter.

Gross, Leo. 1948. "The Peace of Westphalia, 1648-1948." *The American Journal of International Law* Vol. 42, No.1. (Jan.), pp. 20-41.

_____. 1951. "Voting in the Security Council: Abstention from Voting and Absence from Meeting." *The Yale Law Journal* Vol 60, No. 2.

Gustafson, Karl W. 1963. "The Korean Second Front: Prisoners of War." U.S. Army War College, Student thesis(March).

Habermas, Jurgen. 2006. "Does the Constitutionalization of International Law Still have a Chance?" *The Divided West*. Cambridge: Polity, pp. 115-93.

Haggard, Stephan. 2013. "The Organizational Architecture of the Asia-Pacific : Insights from the New Institutionalism." Miles Kahler and Andrew MacIntyre eds. *Integrating Regions: Asia in Comparative Context*. Stanford University Press, pp. 195-221.

Hansen, Kenneth. 1957. *Heroes Behind Barbed Wire*. Princeton: Van Nostrand.

Hara, Kimie. 2007. *Cold War Frontiers in the Asia-Pacific: Divided Territories in the San Francisco System*. Routledge.

_____. 2012. "The San Francisco Peace Treaty and Frontier Problems in The Regional Order in East Asia A Sixty Year Perspective," *The Asia- Pacific Journal* Vol 10, Issue 17, No. 1, April 23,

_____. 2014. *The San Francisco System and Its Legacies: Continuation, Transformation and Historical Reconciliation in the Asia-Pacific*. Routledge.

Harbom, Lotta and Peter Wallensteen. 2005. "Armed Conflict and Its International Dimensions, 1946-2004." *Journal of Peace Research* vol. 42, no. 5, pp. 623-635.

Harrison, Ewan. 2004. *The Post Cold War International System: Strategies, institutions and reflexivity.* Routledge.

Harvey, David. 2009. *Cosmopolitanism and the Geographies of freedom.* Columbia University Press.

Hasegawa, Tsuyoshi. 2011. *The Cold War in East Asia: 1945-1991.* Woodrow Wilson Center Press with Stanford University Press.

Hayward, J. E. S. 1959. "Solidarity: The Social History of an Idea in Nineteenth Century France." *International Review of Social History* 4.

_____. 1960. "Solidarist Syndicalism: Durkheim and Duguit." part 1 and 2. *Sociology Review* (July and December).

_____. 1961. "The Official Social Philosophy of the French Third Republic: Léon Bourgeois and Solidarity." *International Review of Social History* 6.

_____. 1963. "Educational Pressure Groups and the Indoctrination of the Radical Ideology of Solidarity, 1895-1914." *International Review of Social History* 8, pp. 1-7.

Hegre, H°avard, Tanja Ellingsen, Scott Gates, and Nils Petter Gleditsch. 2001. "Toward a Democratic Civil Peace? Democracy, Political Change, and CivilWar, 1816-1992." *American Political Science Review* 95:1(March), pp. 33-48.

Hess, Gary. 1990. "Redefining the American Position in Southeast Asia: The United States and the Geneva and Manila Conferences." Lawrence S. Kaplan et al. eds. *Dien Bien Phu and the Crisis of Franco-American Relations, 1954~1955.* Wilmington, Del: Scholarly Resources.

Hilderbrand, R. 1990. *Dumbarton Oak: The Origins of the United Nations and the Search for Post war Security.* Chapel Hill.

Hobden, Stephen and John M. Hobson. 2002. *Historical Sociology of International Relations.* Cambridge University Press.

Hobden, Stephen. 1998. *International Relations and Historical Sociology: Breaking down boundaries.* Routledge.

Hogan, Michael J. 1982. "The Search for a 'Creative Peace' : The United States, European Unity, and the Origins of the Marshall Plan." *Diplomatic History* 6 (Summer), pp. 267-85.

_____. 1998. *A Cross of Iron: Harry S. Truman and the Origins of the National Security State, 1945-1954.* Cambridge University Press.

Holsti, Kalevi J. 1991. *Peace and War Armed Conflicts and International Order 1648-1989.* Cambridge: Cambridge University Press.

Hua, Qingzhao. 1993. *From Yalta to Panmunjom: Truman's diplomacy and the four powers, 1945-1953.* Ithaca, NY: Cornell Univ. Press.

Huysmans, Jeff. 2008. "The Jargon of Exception: on Schmitt, Agamben and the Absence of Political Society." *International Political Sociology* 2, pp. 165-83.

Ikenberry, G. John. 2004. "The Illusions of Empire." *Foreign Affairs* 82, no. 2(March/April), pp. 144-54.

_____. 2011. *Liberal Leviathan: the Origins, Crisis and Transformation of the American World Order.* Princeton, NJ: Princeton University Press.

Immerman, Richard H. 1990a. *John Foster Dulles and the Diplomacy of the Cold War: A Reappraisal.* Princeton: Princeton University Press.

_____. 1990b. "The United States and the Geneva Conference of 1954: A New Look." *Diplomatic History.*

Iriye, Akira. 1974. *The Cold War in Asia: A Historical Introduction.* Englewood Cliffs, N.J.: Prentice-Hall.

Iriye, Akira ed. 2014. *Global Interdependence : The World after 1945.* The Belknap Press of Harvard University Press.

Iriye, Akira, and Yonosuke Nagai eds. 1977. *The Origins of the Cold War in Asia.* New York: Columbia University Press.

Janssen, Wilhelm. 1975. "Friede." Otto Brunner, Werner Conze, Reinhart Kosellek. *Geschichtliche Grundbegriffe, Historisches Lexikon zur politish-sozialen Sprache in Deuschland* Vol. 2, Klett-Cotta[한상희 옮김. 『코젤렉의 개념사 사전 5: 평화』. 푸른역사. 2010].

Jessup, Philip C. 1948. *A Modern Law of Nations.* New York.

Jian, Chen. 1994. *China's Road to the Korean War: The Making of the Sino-American Confrontation.* Columbia University Press.

_____. 2001. *Mao's China and the Cold War: The Making of the Sino: American Confrontation.* The University of North Carolina Press.

Jian, Chen. 2007/2008. "The Geneva Conference of 1954." *Cold War International History Project Bulletin* Issue 16.

Joas, Hans and Wolfgang Knobl. 2013. *War in Social thought.* Princeton University Press.

Jones, Matthew. 2005. "A 'Segregated' Asia? : Race, the Bandung Conference, and Pan-Asianist Fears in American Thought and Policy, 1945~1955." *Diplomatic History* Vol. 29, No. 5 (November), pp. 841-68.

Joseph, Jonathan. 2012. *The Social in the Global: Social Theory, Governmentality and Global Politics.* Cambridge University Press.

Jütersonke, Oliver. 2010. *Morgenthau, Law and Realism.* Cambridge University Press.

Kant, Immanuel. 2011. *Zum ewigen Frieden: Ein philosophischer Entwurf.* Suhrkamp[이한구 옮김. 『영구평화론』. 서광사. 2008].

Karpov, Victor P. 1965. "The Soviet Concept of Peaceful Coexistence and its Implications for International Law." Hans Baade ed. *The Soviet Impact on International Law,* pp. 14-26.

Katzenstein, Peter J. 2005. *A World of Regions: Asia and Europe in the American Imperium.* Ithaca, Ny: Cornell University Press.

_____. 2008. *Rethinking Japanese Security: International and external dimensions.* Routledge.

Kaufman, Burton I. 1986. *The Korean War: Challenges in Crisis, Credibility, and Command.* Philadelphia: Temple University Press.

Kaufmann, Franz Xaver. 2013. *Thinking About Social Policy: The German Tradition.* Springer-Verlag.

Keith, Ronald. 1989. *The Diplomacy of Zhou Enlai.* New York:St. Martin's.

Kelly, Robert E. 2013. "A 'Confucian Long Peace' in pre-Western East Asia?" *European Journal of International Relations* 19(3).

Kelsen, Hans. 1925. *Allgemeine Staatslehre.* Berlin: Julius Springer Verlag.

_____. 1941. "Recognition in International Law-Theoretical Observations." *The American Journal of International Law* Vol. 35, p. 605.

_____. 1942. *Law and Peace in International Relations.* Cambridge: Harvard University Press.

_____. 1944. *Peace through Law.* Chapel Hill: University of North Carolina Press.

_____. 1945. *General theory of Law and State.* Cambridge: Harvard University Press.

_____. 1951. "Recent Trends in the Law of the United Nations." *The Law of the United Nations: A Critical Analysis of Its Fundamental Problems.* London: Stevens& Sons Limited.

_____. 1951. "The Action in Korea." *The Law of the United Nations: A Critical Analysis of Its Fundamental Problems.* London: Stevens& Sons Limited.

_____. 1964. *The Law of the United Nations: A critical analysis of its fundamental problems, 1950.* London, Stevens.

_____. 1966. *Principles of International Law* (2nd edn). Holt, Rinehart and Winston.

_____. 1992. *Introduction to the Problems of Legal Theory.* Oxford: Oxford University Press.

Kennedy-Pipe, Caroline and Clive Jones. 1998. "An introduction to civil wars." *Civil Wars* 1(1), pp. 1-15.

Keynes, John Maynard. 1936. *The General Theory of Employment, Interest and Money.* Palgrave Macmillan.

_____. 2004. *The Economic Consequences of the Peace(1919).* Prometheus Books.

Knock, Thomas J. 1992. *To End All Wars: Woodrow Wilson and the Quest for a New World Order.* New York: Oxford University Press.

Koskenniemi, Martti. 2001. *The Gentle Civilizer of Nations The Rise and Fall of International Law 1870-1960.* Cambridge University Press.

_____. 2005. *From Apology to Utopia: The Structure of International Legal Argument.* Cambridge University Press.

_____. 2011. *The Politics of International Law.* Oxford and Portland.

_____. 2012. 'Hegemonic Regimes'. in Margaret A. Young eds. *Regime Interaction in International Law : Facing Fragmentation.* Cambridge University Press.

Kotzsch, Lothar. 1956. *The concept of war in contemporary history and international law.* Genève : Dorz.

Krasner, Stephen D. 1999. *Sovereignty: Organized Hypocrisy.* Princeton University Press.

Kunz, Josef L. 1950. "Critical Remarks on Lauterpacht's 'Recognition in International Law'." *The American Journal of International Law* Vol. 44, No. 4(Oct.), pp. 713-719.

_____. 1951a. "Legality of the Security Council Resolutions of June 25 and 27, 1950." *The American Journal of International Law* Vol. 45, No. 1(Jan.), pp. 137-142.

_____. 1951b. "The Chaotic Status of the Laws of War and the urgent necessity for their revision." *The American Journal of International Law* Vol. 45, No. 1(Jan.), pp. 37-61.

_____. 1951c. "Bellum Justum and Bellum Legale." *The American Journal of International Law* Vol. 45, No. 3(July), pp. 528-534.

Kwon, Heonik. 2010. *The Other Cold War.* Columbia University Press.

Lacey, Jim. 2009. "The economic making of peace." Williamson Murray and Jim Lacey ed. *The Making of Peace: Rules, States, and the aftermath of War.* Cambridge University Press.

Larner, Wendy and William Walters. 2004. *Global governmentality: Governing international spaces.* Routledge.

Lasswell, Harold D. and Abraham Kaplan. 1950. *Power and Society : A Framework for Political Inquiry.* Yale University Press.

Latham, Robert. 1997. *The Liberal Moment: Modernity, Security, and the Making of the Postwar International Order.* New York: Columbia University Press.

Lauterpacht, H. 1936. "The Covenant as the Higher Law." *British Yearbook of International Law* 17.

_____. 1944. "Recognition of States in International Law." *The Yale Law Journal* Vol. 53, No. 3(Jun.), pp. 385-458.

_____. 1950. *International Law and human rights.* London: Stevens.

Lee, Eun-Jeung. 1994. *Der soziale Rechtsstaat als Alternative zur autoritären Herrschaft.* Berlin : Duncker und Humblot.

Lee, In Ho. 2008. "The Establishment o f a Peace Regime on the Korean Peninsula and the Future of the ROK-U.S. Alliance." *East Asian Review* Vol. 20, No.2(Summer).

Lee, S. 2011. "Dokdo : The San Francisco Peace Treaty, International Law on Territorial Disputes, and Historical Criticism." *Asian Perspective* Vol. 35(3), pp. 361-380.

Lee, Sang hee. 2007. "Toward a Peace Regime on the Korean Peninsula." The Brookings Institution(May 2).

Lee, Steven Hugh. 1995. *Outposts of Empire: Korea, Vietnam and the Origins of the Cold War in Asia, 1949~1954.* Montréal: McGill-Queen's University Press.

Leffler, Melvyn P. 1984. "The American Conception of National Security and the Beginning of the Cold War, 1945-48." *American Historical Review* Vol. 89, No. 2 (1984), pp. 346-381.

_____. 1992. *A Preponderance of Power: National Security, the Truman Administration, and the Cold War.* Stanford, CA.

Legg, Stephen ed. 2011. *Spatiality, Sovereignty and Carl Schmitt: Geographies of the Nomos.* Routledge.

Lemke, Thomas et al. eds. 2011. *Governmentality: Current Issues and Future Challenges.* New York, Routledge.

Lesaffer, Randall ed. 2004. *Peace Treaties and International Law in European History From the Late Middle Ages to World War One.* Cambridge.

Levie, Howard S. 1956. "The Nature and Scope of the Armistice Agreement." *The American Journal of International Law* Vol. 50, No. 4(Oct.), pp. 880-906.

Liang, Yuen-Li. 1950. "Abstention and Absence of a Permanent Member in Relation to the Voting Procedure in the Security Council." *The American Journal of International Law* Vol. 44, No. 4(Oct.), pp. 694-708.

_____. 1951. "Recognition by the United Nations of the Representation of a Member State: Criteria and Procedure." *The American Journal of International Law* Vol. 45, No. 4(Oct.), pp. 689-707.

Losurdo, Dominico. 2011. *Liberalism: A Counter History* (Verso).

Lowe, Vaughan ed. 2008. *The United Nations Security Council and War : The Evolution of Thought and Practice since 1945.* Oxford: Oxford University Press.

Luard, Evan. 1982. *A History of The United Nations: Volume 1: The Years of Western Domination, 1945-1955.* The Macmillan Press LTD.

Lucas, Scott and Kaeten Mistry. 2009. "Illusions of Coherence: George F. Kennan, U. S. Strategy and Political Warfare in the Early Cold War, 1946-1950." *Diplomatic History* Vol. 33, No. 1(January).

Lukes, Steven and Andrew Scull eds. 2013. *Durkheim and the Law.* Palgrave Macmillan.

Lynch, Allen. 2002. "Woodrow Wilson and the Principle of'National Self-Determination': A Reconsideration." *Review of International Studies* 28, pp. 419-436.

MacDonald, Callum A. 1989. "'Heroes Behind Barbed Wire': The U.S., Britain and the POW Issue in the Korean War." James Cotton and Ian Neary. *Korean War in History.* Humanities Press.

Mackie, Jamie. 2005. *Bandung 1955: non-alignment and Afro-Asian solidarity.* Singapore: Millet Jahr.

Macmillan, J. 1995. "A Kantian Protest Against the Peculiar Discourse of Inter-Liberal State Peace." *Millennium Journal of International Studies* 24.

MacMillan, Margaret. 2001. *Paris, 1919, Six Months that Changed the World.* New York: Random House Trade Paperbacks.

Maier, Charles. 2006. *Among Empires: American Ascendancy and Its Predecessors.* Cambridge: Harvard University Press.

Manela, Erez. 2007. *The Wilsonian Moment : Self-Determination and the International Origins of Anticolonial Nationalism.* New York.

Mann, Michael. 1993. *The Sources of Social Power (Vol 2) : The rise of classes and nation-states, 1760-1914.* Cambridge University Press.

_____. 2012. *The Sources of Social Power* vol. 3. Cambridge University Press.

Manning, Robert A. 1993. "The Asian Paradox: Toward a New Architecture." *World Policy Journal* Vol. 10(3).

Markwell, Donald. 2011. *John Maynard Keynes and International Relations*. Oxford University Press.

Matray, James I. 2011. "Korea's war at 60: A survey of the Literature." *Cold War History* Vol. 11, No. 1(February), pp. 99-129.

May, Ernest R. ed. 1993. *American Cold War Strategy : Interpreting NSC-68*. Boston, pp. 43, 54

Mayda, Jaro. 1953. "The Korean Repatriation Problem and International Law." *American Journal of International Law* 47, pp. 414-438.

Mayer, Arno J. 1967. *The Politics and Diplomacy of Peacemaking: Containment and Counterrevolution at Versailles, 1918-1919*. New York.

Mazower, Mark. 2004. "The Strange Triumph of Human Rights, 1933-1950." *Historical Journal* 47, no. 2, pp.379-398.

_____. 2009. *No Enchanted Palace: The End of Empire and the Ideological Origins of the United Nations*. Princeton University Press.

_____. 2012. *Governing the World: The History of an Idea,* Allen Lane.

Mbembe, Achille. 2003. "Necropolitics." *Public Culture* vol. 15, No. 1, pp. 11-40.

McCune, Shannon Boyd-Bailey. 2001. "50 years from San Francisco: Re-examining the Peace Treaty and Japan's Territorial Problems." *Pacific Affairs* Vol. 74, No. 3, pp. 361-382.

McDougal, Myres S. 1952. "Law and Power." *The American Journal of International Law* Vol. 46, No. 1(Jan.), pp. 102-114.

_____. 1955. "Peace and War: Factual Continuum with Multiple Legal Consequences." *The American Journal of International Law* Vol. 49, No. 1(Jan.), pp. 63-68.

McDougal, Myres S. and Richard N. Gardner. 1951. "The Veto and the Charter: An Interpretation for Survival." *The Yale Law Journal* Vol. 60, No. 2(Feb.), pp. 258-292.

McMahon, Robert J. 1981. *Colonialism and the Cold War : The United States and the Struggle for Indonesian Independence, 1945-49*. Ithaca, NY.: Cornell University Press

_____. 1986. "Eisenhower and Third World Nationalism: A Critique of the Revisionists." *Political Science Quarterly* 101(Centennial Year 1886~1986), pp. 453-73.

_____. 1999a. "'The Cold War Comes to Asia'." Robert J. McMahon and Thomas G. Paterson eds. *The Origins of the Cold War* (4th Edition). New York: Houghton Mifflin Company, pp. 227-43.

_____. 1999b. *The Limits of Empire: The United States and Southeast Asia Since World War II*. New York: Columbia University Press.

_____. 2009. *Dean Acheson and the Creation of an american World Order*. Free press.

McNair, Arnold. 1936. "Collective Security." *British Yearbook of International Law* 17.

Messer, Robert L. 1990. "American Perspectives on the Origins of the Cold War in East Asia." Akira Iriye and Warren I. Cohen, eds. *American, Chinese, and Japanese Perspectives on Wartime Asia, 1931-1949.* Wilmington: Scholarly Resources, pp. 254-61.

Metzger, Stanley D. 1951~52. "The Liberal Japanese Peace Treaty." *Cornell Law Quarterly* 37, pp. 382-402.

Meyer, John W. et al. 1997. "World Society and the Nation-State." *American Journal of Sociology* 103(1).

Meyer, John W. 2010. "World Society, Institutional Theories, and the Actor." *Annual Review of Sociology* 36, pp. 1-20.

Miéville, China. 2005. *Between Equal Rights: A Marxist Theory of International Law.* Leiden: Brill.

Mikesell, Raymond F. 1994. *The Bretton Woods Debates: A Memoir.* Princeton, NJ.: Princeton University Press.

Miller, James E. 1983. "Taking Off the Gloves: The United States and the Italian Elections of 1948." *Diplomatic History* 7, no. 1(January), pp. 35-55.

_____. 1986. *The United States and Italy, 1940-1950: The Politics and Diplomacy of Stabilization.* ChapelHill, NC.

Miscamble, Wilson D. 1992. *George F. Kennan and the Making of American Foreign Policy, 1947-1950.* Princeton, NJ.: Princeton University Press.

Mistry, Kaeten. 2006. "The Case for Political Warfare: Strategy, Organization & US Involvement in the 1948 Italian Election." *Cold War History* 6, no. 3(August), pp. 306-17.

Morgenthau, Hans J. 1951. *In Defence of the National Interest: A Critical Examination of American Foreign Policy.* New York, Alfred A. Knopf.

_____. 1973[1948]. *Politics Among Nations: The Struggle for Power and Peace.* Alfred A. Knopf.

_____. 1974. *Scientific Man Versus Power Politics.* Chicago: University of Chicago Press.

Motyl, Alexander J. 2006. "Is Empire Everything? Is Everything Empire?" *Comparative Politics* 39, pp. 229-49.

Mouffe, Chantal ed. 2005. *On the Political.* London: Routledge.

_____. 2007. "Carl Schmitt' Warning on the Dangers of a Unipolar World." L. Odysseos and F. Petito eds. *The International Political Thought of Carl Schmitt: Terror, Liberal War and the Crisis of Global Order.* London: Routledge.

Müller, Christoph ed. 1992. *(Hermann Heller) Gesammelte Schriften.* Tübingen, Mohr.

Murray, Williamson, Jim Lacey. 2009. *The Making of Peace Rulers States and the Aftermath of War.* Cambridge: Cambridge University Press.

Neff, Stephen C. 1990. *Friends But No Allies: Economic Liberalism and the Law of Nations.* New York, Columbia University Press.

_____. 2005. *War and the Law of Nations A General History.* Cambridge: Cambridge

University Press.

Newton, Scott. 1985. "The 1949 sterling crisis and British policy towards European integration." *Review of International Studies* 11.

Nitze, Paul H. 1980. "The Development of NSC-68." *International Security* 4(Spring), pp. 170-76.

O'Connor, Raymond G. 1971. *Diplomacy for Victory: FDR and Unconditional Surrender.* New York: Norton.

Odysseos, Louiza. 2008. "Liberalism's War Liberalism's Order: Rethinking the Global Liberal Order as a 'Global Civil War'." Paper prepared for pre-International Studies Association workshop on "Revising the Status of Liberal Internationalism." San Francisco, CA, 25(March).

Odysseos, Louiza and Fabio Petito eds. 2007. *The International Political Thought of Carl Schmitt: Terror, liberal war and the crisis of global order.* Routledge.

Offer, John. 2010. *Herbert Spencer and Social Theory.* Palgrave Macmillan.

Oren, Ido. 1995. "The Subjectivity of the 'Democratic Peace': Changing U.S. Perception of Imperial Germany." *International Security* 20(2), pp. 147-184.

Osiander, Andreas. 1994. *The States System of Europe, 1640-1990: Peacemaking and the Conditions of International stability.* Oxford New York: Oxford University Press.

_____. 2001. "Sovereignty, International Relations, and the Westphalian Myth." *International Organization* 55-2.

Owen, John M. 2004. "Democratic Peace Research: Whence and Whither." *International Politics* Vol. 41, No. 4 (December), pp. 605-617.

Paddock, Jr., Alfred H. 2002. *US Army Special Warfare: Its Origins Psychological and Unconventional Warfare, 1941-1952.* University Press of the Pacific.

Paige, Glenn D. 1968. *The Korean War Decision : June 24-30, 1950.* New York, The Free Press.

Paris, Roland. 2002. "International Peacebuilding and the 'Mission Civilisatrice'." *Review of International Studies* 28:4.

_____. 2004. *At War's End : Building Peace after Civil Conflict.* Cambridge: Cambridge University Press.

Parker, Jason C. 2006. "Small Victory, Missed Chance: The Eisenhower Administration, the Bandung Conference, and the Turing of the Cold War." Kathryn C. Statler and Andrew L. Johns. *The Eisenhower Administration, the Third World, and the Globalization of the Cold War.* Rowman& Littlefield Publishers.

Pictet, Jean S. ed. 1960. *Commentary, Geneva Convention: Relative to the Treatment of Prisoners of War* Vol III. International Committee of the Red Cross.

Pollard, Robert A. 1985. *Economic Security and the Origins of the Cold War, 1945-1950.* New York: Columbia University Press.

Potter, Pitman B. 1950. "Legal Aspects of the Situation in Korea." *The American Journal of International Law* Vol. 44, No. 4(Oct.), pp. 709-712.

Price, John. 2011. *Orienting Canada: Race, Empire, and the Transpacific*. University of British Columbia Press.

Ray, James Lee. 1998. "Does Democracy Cause Peace?" *Annual Review of Political Science* 1, pp. 27-46.

Reynolds, David. 2009. *America, Empire of Liberty : A New History*. Penguin Books.

Richmond, Oliver P. 2005. *The Transformation of Peace*. Basingstoke: MacMillan.

_____. 2006. "The problem of peace: understanding the 'liberal peace'." *Conflict, Security & Development* 6:3, pp. 291-314.

_____. 2011a. *A Post-Liberal Peace*. Routledge Champman & Hall(14. Juni).

_____. 2011b. *Liberal Peace Transitions: Between Statebuilding and Peacebuilding*. Edinburgh University Press.

Ritter, Gerhard A. 1991. *Der Sozialstaat. Entstehung und Entwicklung im internationalen Vergleich*(2nd edn). Munchen.

Robin, Ron. 2001a. *The Barbed-Wire College: Reeducating German POWS in the United States During World War II*. Princeton University Press.

_____. 2001b. *The Making of the Cold War Enemy*. Princeton University Press.

Ross, Alf. 1966. *United Nations: Peace and Progress*. Totowa, N.J.: Bedminister Press.

Rousseau, Jean Jacques. 1917. *A Lasting Peace through the Federation of Europe and The State of War*. London: Constable and Co.

Rousseau, Jean Jacques, Susan Dunn eds. 2002. *The Social Contract and the First and Second Discourses*. Yale University Press.

Ruane, Kevin. 1994. "Anthony Eden, British Diplomacy and the Origins of the Geneva Conference of 1954." *The Historical Journal* Vol. 37, No. 1(Mar.), pp. 153-172.

_____. 2000. *The Rise and Fall of the European Defence Community: Anglo-American Relations and the Crisis of European Defense, 1950~55*. Palgrave.

Ruggie, John Gerard. 1993. "Territoriality and Beyond: Problematizing Modernity in International Relations." *International Organization* 47-1.

_____. 1998. *Constructing the World Polity*. Routledge.

Rummel, R. J. 1995. "Democracy, Power, Genocide, and Mass Murder." *The Journal of Conflict Resolution* Vol. 39, No. 1(Mar.), pp. 3-26.

_____. 1997. "Is Collective Violence Correlated with Social Pluralism?" *Journal of Peace Research* Vol. 34, No. 2(May), pp. 163-175.

Russell, Ruth B. 1958. *A History of the United Nations Charter*. Washington, D.C.: The Brookings Institution.

Russett, Bruce M. 1995. *Grasping the democratic peace principles for a post-Cold War world*. Princeton, NJ.: Princeton University Press.

Russett, Bruce, and Harvey Starr. 2000. "From Democratic Peace to Kantian Peace: Democracy and Conflict in the International System." Manus Midlarsky ed. *Handbook of War Studies,* 2d ed. University of Michigan Press.

Sachsenmaier, Dominic. 2011. *Global Perspective on Global History : Theories and Approaches in a Connected World*. Cambridge University Press.

Saint-Pierre. 1713. *Projet pour rendre la paix perpétuelle en Europe*. Utrecht: A. Schouten.

Scelle, Georges. 1932. *Precis de droit des gens* Vol. 2.

_____. 1933. "Regles generales du droit de la paix." *Recueil des Cours* 46.

Schaller, Michael. 1982~83. "Securing the Great Crescent: Occupied Japan and the Origins of Containment in Southeast Asia." *Journal of American History* 69, pp. 392-414.

_____. 1985. *The American Occupation of Japan: The Origins of the Cold War in Asia*. New York: Oxford University Press.

Scheiper, Sibylle ed. 2010. *Prisoners in War*. Oxford University Press.

Schild, Georg. 1995. *Bretton Woods and Dumbarton Oaks*. New York.

Schlesinge, Stephen C. 2004. *Act of Creation: The Founding of the United Nations*. Basic Books.

Schmitt, Carl. 1985[1922]. *Political Theology: four chapters on the concept of sovereignty*, trans. G. Schwab. Cambridge, MIT Press[김항 옮김. 『정치신학』. 그린비, 2010].

_____. 1996a [1932]. *The Concept of the Political*, trans. J. H. Lomas. Chicago: University of Chicago Press [김효전·정태호 옮김, 『정치적인 것의 개념』. 살림. 2012].

_____. 2003[1950]. *The Nomos of the Earth in the Ius Publicum Europaeum*. New York: Telos Press.

_____. 2011a. "Forms of modern imperialism in International Law(1933)." Stephen Legg ed. *Spatiality, Sovereignty and Carl Schmitt: Geographies of the nomos*. Routledge.

_____. 2011b. "Grosraum versus universalism: the international legal struggle over the Monroe Doctrine(1939)." Stephen Legg ed. *Spatiality, Sovereignty and Carl Schmitt : Geographies of the nomos*. Routledge.

Schwarzenberger, G. 1943. "Jus Pacis ac Belli," *American Journal of International Law* Vol. 37, pp. 460-477.

Scupin, Hans Ulrich. 2008. "History of International Law, 1815 to World War I." Rudiger Wolfrum ed. *The Max Planck Encyclopedia of Public International Law*. Oxford University Press[online edition, www.mpepil.com, 검색일: 2012/04/24).

Sheehan, James J. 1996. *The balance of power : History and theory*. Routledge.

Shiliam, Robbie. 2009. *German thought and International Relations: The Rise and Fall of a Liberal Project*. Palgrave Macmillan.

Siedentop, Larry. 2014. *Inventing the Individual: The Origins of Western Liberalism*. Allen Lane.

Small, Melvin and David Singer J. 1982. *Resort to Arms: International and Civil War, 1816-1980*. CA: Sage.

Smith, Bradley F. 1977. *Reaching Judgment at Nuremberg*. London: Andre Deutsch.

Smith, Michael Joseph. 1986. *Realist Thought from Weber to Kissinger*. Louisiana State University Press.

Smith, Neil. 2004. *American Empire: Roosevelt"s Geographer and the Prelude to Globalization.* Berkeley: University of California Press.

Snyder, Glenn H. 1962. "The New Look of 1953." Wamer R. Schilling, Paul Y. Hammond, and Glenn H. Snyder eds. *Strategy, Politics and Defense Budgets.* New York: Columbia University Press.

Solomon, Richard H. 1999. *Chinese Negotiating Behavior.* Washington, D.C.: United States Institute of Peace Press.

Stanley, Elizabeth A. 2009. *Paths to Peace: Domestic coalition shifts, War termination and the Korean war.* Stanford University Press.

Statler, Kathryn C. and Andrew L. Johns eds. 2006. *The Eisenhower Administration, the Third World, and the Globalization of the Cold War.* Lanham, MD: Rowman and Littlefield.

Steiger, Heinhard. 2004. "Peace treaties from Paris to Versailles." Randall Lesaffer ed. *Peace Treaties and International Law in European History.* Cambridge University Press.

Stephanson, Anders. 1998. "Fourteen notes on the very concept of the Cold War." Gearoid O Tuathail and Simon Dalby eds. *Rethinking Geopolitics.* Routledge.

_____. 2001. "Liberty or Death: The Cold War as US Ideology." Odd Arne Westad ed. *Reviewing the Cold War : Approaches, Interpretations, Theory.* London: Cass.

Stone, Judith F. 1985. *The Search for Social Peace : Reform Legislation in France, 1890-1914.* State University of New York Press.

Stone, Julius. 1973. *Legal Controls of International Conflict. A Treatise on the Dynamics of Disputes and War.* Garland Publishing.

Stuart, Douglas T. 2008. *Creating the National Security State: A History of the Law that transformed America.* Princeton University Press.

Stueck, William. 1995. *The Korean War: An International History.* Princeton, N.J.: Princeton University Press.

Tan, See Seng ed. 2008. *Bandung revisited: the legacy of the 1955 Asian-African Conference for International Order.* Singapore: NUS Press.

Tara, O. 2007. "Building a Peace Regime on the Korean Peninsula and in Northeast Asia." *Korea and World Affairs* vol. 31, no. 4(Winter).

Taylor, Telford. 1992. *The Anatomy of the Nuremberg Trials : A Personal Memoir.* Boston: Little, Brown.

Terrier, Jean. 2011. *Visions of the Social: society as a Political Project in France 1750-1950.* Leiden: Brill.

Teschke, Benno. 2003. *The Myth of 1648: Class, Geopolitics and the Making of Modern International Relations.* London: Verso.

_____. 2011. "Fatal attraction: a critique of Carl Schmitt's international political and legal theory." *International Theory* 3:2, pp. 179-227.

Teubner, Gunter. 2012. *Constitutional Fragments : Societal Constitutionalism and*

Globalization. Oxford University Press, pp. 150-173.

Thierry, Hubert. 1990. "The European Tradition in international Law: Georges Scelle." *European Journal of International Law* Vol. 193.

Tilly, Charles. 1985. "War making and State making as Organized Crime." Peter B. Evans, Dietrich Rueschemeyer, Theda Skocpol eds. *Bringing the State Back In*. Cambridge: Cambridge University Press.

_____. 1990. *Coercion, Capital, and European States, AD 990-1990*. USA: Blackwell.

Tol, Jan Van. 2010. *Air Sea Battle: a point-of Departure Operational Concepts*. CSBA.

Tomuschat, Christian. 2008. "Uniting for Peace Resolution"(http://legal.un.org/avl/ha/ufp/ufp.html).

Tucker, Nancy Bernkopf. 1983. *Patterns in the Dust: Chinese-American Relations and the Recognition Controversy, 1949-1950*. New York: Columbia University Press.

Tusa, Ann and John Tusa. 1983. *The Nuremberg Trial*. London: Macmillan.

Ulmen, G. L. 1987. "American Imperialism and International Law: Carl Schmitt on the US in World Affairs." *Telos* 72, pp. 43-1.

_____. 2002. "Carl Schmitt and Donoso Cortés(Global Civil War)." *Telos*(fall), pp. 80-86.

United Nations High Commissioner for Refugees. 1996. *Voluntary Repatriation: International Protection*. Geneva: United Nations High Commissioner for Refugees.

Vagts, Detlev. 2008. "Balance of Power." R. Wolfrum ed, *Max Plank Encyclopedia of Public International Law*. Oxford University Press, 2008[online edition].

Vasquez, John A. 2013. "How and why the cold War became a long peace: Some statistical insight." *Cooperation and Conflict* 48.

Vatcher, Jr. 1958. William H. *Panmunjom: The Story of the Korean Military Armistice Negotiations*. New York: Praeger.

Verkuil, Paul R. 2007. *Outsourcing Sovereignty: Why Privatization of Government functions threatens Democracy and What we can do about it*. Cambridge University Press.

Verosta, Stephan. 2008. "History of International Law, 1648 to 1815." Rudiger Wolfrum ed. *The Max Planck Encyclopedia of Public International Law*. Oxford University Press [online edition, www.mpepil.com, 검색일: 2012/04/24).

Verplaetse, Julian G. 1963. "The ius in bello and Military Operations in Korea 1950-1953." *Zeitschrift Für Ausländisches Öffentliches Recht Und Völkerrecht* 23(4), pp. 679-738.

Waite, James. 2012. *The End of the First Indochina War: A Global History*. Routledge.

Waldock, C. H. M. 1952. "The Regulation of the Use of Force by Individual States in International Law." *Academy of International Law* 81, pp. 451-515.

Wallerstein, Immanuel. 2010. "What Cold War in Asia? An Interpretative Essay." Zheng Yangwen, Hong Liu, Michael Szonyi eds. *The Cold War in Asia: The Battle for Hearts and Minds*. Koninklijke BrillNV, Leiden.

Walters, William. 2012. *Governmentality : Critical Encounters*. Routledge.

Weitz, Eric D. 2008. "From the Vienna to the Paris System: International Politics and the

Entangled Histories of Human Rights, Forced Deportations, and Civilizing Missions."
American Historical Review Vol. 113, No. 5(December), pp. 1313-1343.

Wells, Jr., Samuel F. 1979. "Sounding the Tocsin: NSC-68 and the Soviet Threat."
International Security 4(Spring), pp. 116-58.

Westad, Odd Arne. 2007. *The Global Cold War : Third World Interventions and the Making of Our Times.* Cambridge University Press.

_____. 2010. "The Cold War and the international History of the twentieth century." Melvyn P. Leffler and O. A. Westad eds. *The Cambridge History of the Cold War.* Cambridge University Press, pp. 1-19.

Westad, Odd Arne ed. 2001. *Reviewing the Cold War : Approaches, Interpretations, Theory.* London: Cass.

White, William L. 1977. *The Captives of Korea: An Unofficial White Paper on the Treatment of War Prisoners.* Westport, Conn.:Greenwood Press.

Whiteman, Marjorie M. 1968. *Digest of International Law* Vol. 10. Washington, GPO.

Whiting, Allen S. 1960. *China Crosses the Yalu: the Decision to Enter the Korean War.* New York: Macmillan.

Wilhelm Jr., Alfred D. 1994. *The Chinese at the Negotiating Table: Style and Characteristics.* Washington, D.C.: National Defense University Press.

Williams, John Fischer. 1936. "Sanctions under the Covenant." *British Yearbook of International Law* 17.

Williams, Michael C. eds. 2007. *Realism Reconsidered: The Legacy of Hans Morgenthau in International Relations.* Oxford University Press.

Wright, Quincy. 1924. "Changes in the conception of War." *American journal of International Law* 18.

_____. 1935. "The Concept of Aggression in International Law." *American journal of International Law* 29.

_____. 1941. *Legal Problems in the Far Eastern Conflict.* New York: Institute of Pacific Relations.

_____. 1950. "Some Thoughts About Recognition." *The American Journal of International Law* Vol. 44, No. 3(Jul.), pp. 548-559.

_____. 1951. "Collective Security in the light of the Korean Experience." *Proceedings of the American Society of International Law at Its Annual Meeting(1921-1969)* Vol. 45 (April), pp. 165-182.

_____. 1953. "The Outlawry of War and the Law of War." *The American Journal of International Law* Vol. 47, No. 3(Jul.), pp. 365-376.

_____. 1955. "The Chinese Recognition Problem." *The American Journal of International Law* Vol. 49, No. 3(Jul.), pp. 320-338.

_____. 1957. "International Conflict and the United Nations." *World Politics* Vol. 10, No. 1(Oct.), pp. 24-48.

_____. 1964. *A study of war.* University of Chicago Press.

_____. 1970. "How Hostilities Have Ended: Peace Treaties and Alternatives." *Annals of the American Academy of Political and Social Science* Vol. 392, pp. 51-61.

Wright, Richard. 1956. *The Color Curtain: A Report on the Bandung Conference.* Cleveland, OH: World Publishing Company.

Xia, Yafeng. 2006. *Negotiating with the Enemy-U.S .-China Talks during the Cold War 1949-1972.* Indiana University Press.

Yangwen, Z., H. Liu and M. Szonyi eds. 2010. *The Cold War in Asia: The Battle for Hearts and Minds.* Brill.

Yoo, Tae Ho. 1965. *The Korean War and the United Nations: A Legal and Diplomatic History.* Louvain: Librairie Desbarax.

Yoshitsu, Michael M. 1983. *Japan and the San Francisco Peace Settlement.* New York: Columbia University Press.

Young, Marilyn B. 2004. "The Korean War: Ambivalence on the Silver Screen." Mark F. Wilkinson ed. *The Korean War at Fifty: International Perspectives.* Lexington, VA:Virginia Military Institute, pp. 191-201.

Young, Thomas Durell. 1992. *Australian, New Zealand, and United States security relations, 1951~1986.* Westview Press.

Zachmann, Urs Matthias. 2013. *Völkerrechtsdenken und Außenpolitik in Japan, 1919-1960 (The Discourse on International Law and Foreign Policy in Japan, 1919-1960).* Baden-Baden: Nomo.

Zhang, Shu Guang. 1995. *Mao's Military Romanticism: China and the Korean War 1950-1953.* Lawrence: University of Kansas Press.

_____. 2007. "Constructing 'Peaceful Coexistence': China's Diplomacy toward the Geneva and Bandung Conferences, 1954-55." *Cold War History* Vol 7, No. 4(November), pp. 509-528.

沈志華 編. 2003. 『朝鮮戰爭: 我國檔案館的解密文件』(上·中·下). 臺灣: 中央研究院近代史研. 究所史料叢刊.

후마니타스의 책 | 발간순

러시아 문화사 | 슐긴·꼬쉬만·제지나 지음, 김정훈·남석주·민경현 옮김

북한 경제개혁 연구 | 김연철·박순성 외 지음

선거는 민주적인가 | 버나드 마넹 지음, 곽준혁 옮김

미국 헌법과 민주주의 | 로버트 달 지음, 박상훈·박수형 옮김

한국 노동자의 임금정책과 임금실태 | 김유선 지음

위기의 노동 | 최장집 엮음

다보스, 포르투알레그레 그리고 서울 | 이강국 지음

과격하고 서툰 사랑고백 | 손석춘 지음

그래도 희망은 노동운동 | 하종강 지음

민주주의의 민주화 | 최장집 지음

민주화 이후의 민주주의(개정2판) | 최장집 지음

침묵과 열광 | 강양구·김범수·한재각 지음

미국 예외주의 | 세미무어 마틴 립셋 지음, 문지영·강정인·하상복·이지윤 옮김

조봉암과 진보당 | 정태영 지음

현대 노동시장의 정치사회학 | 정이환 지음

일본 전후 정치사 | 이시가와 마스미 지음, 박정진 옮김

환멸의 문학, 배반의 민주주의 | 김명인 지음

민주주의의 민주화 | 최장집 지음

어느 저널리스트의 죽음 | 손석춘 지음

전태일 통신 | 전태일기념사업회 엮음

정열의 수난 | 문광훈 지음

비판적 실재론과 해방의 사회과학 | 로이 바스카 지음, 이기홍 옮김

아파트 공화국 | 발레리 줄레조 지음, 길혜연 옮김

민주화 20년의 열망과 절망 | 경향신문 특별취재팀 지음

비판적 평화연구와 한반도 | 구갑우 지음

미완의 귀향과 그 이후 | 송두율 지음

한국의 국가형성과 민주주의 | 박찬표 지음

소금꽃나무 | 김진숙 지음

인권의 문법 | 조효제 지음

디지털 시대의 민주주의 | 피파노리스 지음, 이원태 외 옮김

길에서 만난 사람들 | 하종강 지음

전노협 청산과 한국노동운동 | 김창우 지음

기로에 선 시민입법 | 홍일표 지음

시민사회의 다원적 적대들과 민주주의 | 정태석 지음

한국 사회민주주의 정당의 역사적 기원 | 정태영 지음

지역, 지방자치, 그리고 민주주의 | 하승수 지음

금융세계화와 한국 경제의 진로 | 조영철 지음

도시의 창, 고급호텔 | 발레리 줄레조 외 지음, 양지은 옮김

정치적인 것의 귀환 | 샹탈 무페 지음, 이보경 옮김

정치와 비전 1 | 셸던 월린 지음, 강정인·공진성·이지윤 옮김

정치와 비전 2 | 셸던 월린 지음, 강정인·이지윤 옮김

정치와 비전 3 | 셸던 월린 지음, 강정인·김용찬·박동천·이지윤·장동진·홍태영 옮김

사회 국가, 한국 사회 재설계도 | 진보정치연구소 지음

법률사무소 김앤장 | 임종인·장화식 지음

여성·노동·가족 | 루이스 틸리·조앤 스콧 지음, 김영·박기남·장경선 옮김

민주노조운동 20년 | 조돈문·이수봉 지음

소수자와 한국 사회 | 박경태 지음

평등해야 건강하다 | 리처드 윌킨슨 지음, 김홍수영 옮김

재벌개혁의 현실과 대안 찾기 | 송원근 지음

민주화 20년, 지식인의 죽음 | 경향신문 특별취재팀 지음

한국의 노동체제와 사회적 합의 | 노중기 지음

한국 사회, 삼성을 묻는다 | 조돈문·이병천·송원근 엮음

국민국가의 정치학 | 홍태영 지음

아시아로 간 삼성 | 장대업 엮음, 강은지·손민정·문연진 옮김

우리의 소박한 꿈을 응원해줘 | 권성현·김순천·진재연 엮음

국제관계학 비판 | 구갑우 지음

부동산 계급사회 | 손낙구 지음

부동산 신화는 없다 | 전강수·남기업·이태경·김수현 지음, 토지+자유연구소 기획

양극화 시대의 한국경제 | 유태환·박종현·김성희·이상호 지음

절반의 인민주권 | E. E. 샤츠슈나이더 지음, 현재호·박수형 옮김

민주주의와 법의 지배 | 아담 쉐보르스키·호세 마리아 마리발 외 지음, 안규남·송호창 외 옮김

박정희 정부의 선택 | 기미야 다다시 지음

의자를 뒤로 빼지마 | 손낙구 지음, 신한카드 노동조합 기획

와이키키 브라더스를 위하여 | 이대근 지음

존메이너드 케인스 | 로버트 스키델스키 지음, 고세훈 옮김

시장체제 | 찰스 린드블롬 지음, 한상석 옮김

권력의 병리학 | 폴 파머 지음, 김주연·리병도 옮김

팔레스타인 현대사 | 일란 파페 지음, 유강은 옮김

자본주의 이해하기 | 새뮤얼 보울스·리처드 에드워즈·프랭크 루스벨트 지음,

너는 나다 | 손아람·이창현·유희·조성주·임승수·하종강 지음

(레디앙, 삶이보이는창, 철수와영희, 후마니타스 공동 출판)

정치가 우선한다 | 셰리 버먼 지음, 김유진 옮김

대출 권하는 사회 | 김순영 지음

인간의 꿈 | 김순천 지음

복지국가 스웨덴 | 신필균 지음

대학 주식회사 | 제니퍼 워시번 지음, 김주연 옮김

국민과 서사 | 호미 바바 편저, 류승구 옮김

통일 독일의 사회정책과 복지국가 | 황규성 지음

아담의 오류 | 던컨 폴리 지음, 김덕민·김민수 옮김

기생충, 우리들의 오래된 동반자 | 정준호 지음

깔깔깔 희망의 버스 | 깔깔깔 기획단 엮음

노동계급 형성과 민주노조운동의 사회학 | 조돈문 지음

시간의 목소리 | 에두아르도 갈레아노 지음, 김현균 옮김

법과 싸우는 사람들 | 서형 지음

작은 것들의 정치 | 제프리 골드파브 지음, 이충훈 옮김

경제 민주주의에 관하여 | 로버트 달 지음, 배관표 옮김

정치체에 대한 권리 | 에티엔 발리바르 지음, 진태원 옮김

작가의 망명 | 안드레 블첵·로시 인디라 지음, 여운경 옮김

지배와 저항 | 문지영 지음

한국인의 투표 행태 | 이갑윤

그들은 어떻게 최고의 정치학자가 되었나 1·2·3 | 헤라르도 뭉크·리처드 스나이더 지음,

정치학 강독 모임 옮김

이주, 그 먼 길 | 이세기 지음

법률가의 탄생 | 이국운 지음

헤게모니와 사회주의 전략 | 에르네스토 라클라우·샹탈 무페 지음, 이승원 옮김

갈등과 제도 | 최태욱 엮음

자연의 인간, 인간의 자연 | 박호성 지음

마녀의 연쇄 독서 | 김이경 지음

평화는 어떻게 만들어지는가 | 존 폴 레더라크 지음, 김동진 옮김

스웨덴을 가다 | 박선민 지음

노동 없는 민주주의의 인간적 상처들 | 최장집 지음

광주, 여성 | 광주전남여성단체연합 기획, 이정우 편집

한국 경제론의 충돌 | 이병천 지음

고진로 사회권 | 이주희 지음

올로프 팔메 | 하수정 지음

세계노동운동사 1·2·3 | 김금수 지음

다운사이징 데모크라시 | 매튜 A. 크렌슨·벤저민 긴스버그 지음, 서복경 옮김

만들어진 현실(개정판) | 박상훈 지음

민주주의의 재발견 | 박상훈 지음

정치의 발견(개정2판) | 박상훈 지음

세 번째 개똥은 네가 먹어야 한다(자유인 인터뷰 1) | 김경미 엮음

골을 못 넣어 속상하다(자유인 인터뷰 2) | 김경미 엮음

한국 사회 불평등 연구 | 신광영 지음

논쟁으로서의 민주주의 | 최장집·박찬표·박상훈·서복경·박수형 지음

어떤 민주주의인가(개정판) | 최장집·박찬표·박상훈 지음

베네수엘라의 실험 | 조돈문 지음

거리로 나온 넷우익 | 야스다 고이치 지음, 김현욱 옮김

건강할 권리 | 김창엽 지음

복지 자본주의 정치경제의 형성과 재편 | 안재흥 지음

복지 한국 만들기 | 최태욱 엮음

넘나듦(通涉)의 정치사상 | 강정인 지음

막스 베버 소명으로서의 정치 | 막스 베버 지음, 최장집 엮음, 박상훈 옮김

한국 고용체제론 | 정이환 지음

이것을 민주주의라고 말할 수 있을까? | 셸던 월린 지음, 우석영 옮김

경제 이론으로 본 민주주의 | 앤서니 다운스 지음, 박상훈·이기훈·김은덕 옮김

철도의 눈물 | 박흥수 지음

의료 접근성 | 로라 J. 프로스트·마이클 R. 라이히 지음, 서울대학교이종욱글로벌의학센터 옮김

광신 | 알베르토 토스카노 지음, 문강형준 옮김

뚱뚱해서 죄송합니까? | 한국여성민우회 지음

배 만들기, 나라 만들기 | 남화숙 지음, 남관숙·남화숙 옮김

저주받으리라, 너희 법률가들이여! | 프레드 로델 지음, 이승훈 옮김

케인스 혁명 다시 읽기 | 하이먼 민스키 지음, 신희영 옮김

기업가의 방문 | 노영수 지음

그의 슬픔과 기쁨 | 정혜윤 지음

신자유주의와 권력 | 사토 요시유키 지음, 김상운 옮김

코끼리 쉽게 옮기기 | 김영순 지음

사람들은 어떻게 광장에 모이는 것일까? | 마이클 S. 최 지음, 허석재 옮김

감시사회로의 유혹 | 데이비드 라이언 지음, 광조 옮김

신자유주의의 위기 | 제라르 뒤메닐·도미니크 레비 지음, 김덕민 옮김

젠더와 발전의 정치경제 | 시린 M. 라이 지음, 이진옥 옮김

나는 라말라를 보았다 | 무리드 바르구티 지음, 구정은 옮김